Blutige Hand nimmt kein

AF828469

Salzburger Studien
zum Europäischen Privatrecht

Herausgegeben von Prof. DDr. J. Michael Rainer

Band 36

PETER LANG

Michal Stefan Krupa

Blutige Hand nimmt kein Erbe

Eine rechtshistorische und -vergleichende Studie
zum Rezeptionsweg der römischen *indignitas*
in den französischen, österreichischen
und deutschen Privatrechtskodifikationen

PETER LANG

Bibliografische Information der Deutschen Nationalbibliothek
Die Deutsche Nationalbibliothek verzeichnet diese Publikation in der DeutschenNationalbibliografie; detaillierte bibliografische Daten sind im Internet über http://dnb.d-nb.de abrufbar.

Gefördert von der Evers-Marcic-Stiftung der Paris-Lodron-Universität Salzburg.

ISSN 1435-6090
ISBN 978-3-631-79513-2 (Print)
E-ISBN 978-3-631-79953-6 (E-PDF)
E-ISBN 978-3-631-79954-3 (EPUB)
E-ISBN 978-3-631-79955-0 (MOBI)
DOI 10.3726/b16069

© Peter Lang GmbH
Internationaler Verlag der Wissenschaften
Berlin 2019
Alle Rechte vorbehalten.

Peter Lang – Berlin · Bern · Bruxelles · New York · Oxford · Warszawa · Wien

Das Werk einschließlich aller seiner Teile ist urheberrechtlich geschützt. Jede Verwertung außerhalb der engen Grenzen des Urheberrechtsgesetzes ist ohne Zustimmung des Verlages unzulässig und strafbar. Das gilt insbesondere für Vervielfältigungen, Übersetzungen, Mikroverfilmungen und die Einspeicherung und Verarbeitung in elektronischen Systemen.

Diese Publikation wurde begutachtet.

www.peterlang.com

DIS MANIBUS

Stephani KRUPA

SACRUM

Vorwort

Die gegenständliche Abhandlung über die römische *indignitas* wurde im Sommersemester 2017 an der Rechtswissenschaftlichen Fakultät der Paris-Lodron-Universität Salzburg als Dissertation eingereicht. Sie bildet eine Antwort auf *Paul Koschakers* Aufruf zur dogmengeschichtlichen und rechtsvergleichenden Untersuchung einzelner privatrechtlicher Rechtsinstitute, den dieser in seinem für die römischrechtliche Forschung so inspirierenden Werk *Europa und das Römische Recht* verlautbarte. Das vorliegende Werk steht somit im Kontext eines breiter angelegten Forschungsvorhabens zu den konzeptionellen und historischen Grundlagen des Erbunwürdigkeitsrechts der französischen, österreichischen und deutschen Privatrechtskodifikationen.

Ich möchte mich recht herzlich bei meinen beiden Betreuern, die sich bereit erklärt haben, mein Dissertationsvorhaben zu betreuen, bedanken. Meinem akademischen Lehrer Herrn Prof. DDr. DDr. h.c. *Johannes Michael Rainer* danke ich vor allem für die dogmengeschichtliche Ausrichtung meiner Dissertation i.S. *Savignys* Lehren und für die Aufnahme in die Reihe *Salzburger Studien zum Europäischen Privatrecht.* Meinem Zweitbetreuer Herrn Prof. Dr. *Peter Mader* danke ich für die wertvollen Anregungen, die zur dogmatischen Verfeinerung meiner Dissertation beitrugen. Frau ao. Univ-Prof. Dr. *Monika Niedermayr* danke ich für die Erstellung des Zweitgutachtens und die darin enthaltenen Anregungen. Aus dem Kreise der Professorenschaft gebührt letztendlich Herrn Prof. Dr. *Stephan Kirste*, welcher mir im Rahmen des interdisziplinären Seminars in Vent im Ötztal äußerst wertvolle Vorschläge zur Konkretisierung meines Forschungsansatzes gab, mein herzlicher Dank.

Ich danke der Evers-Marcic-Stiftung für die Übernahme der Hälfte der Kosten der Drucklegung.

Von ganzem Herzen möchte ich mich bei meiner Lebenspartnerin *Vera Wageneder*, MA bedanken, welche mich im Rahmen meines Doktoratsstudiums nicht nur ständig unterstützte, sondern auch die mühevolle Aufgabe des Korrekturlesens übernahm. Ohne ihre für mich unschätzbare Unterstützung wäre das Verfassen dieser Arbeit in solch einem Ausmaß nicht möglich gewesen.

Mein Dank gilt auch meinem Freund Privatdozent Dr. *Daniele Mattiangeli* LL.M.. Ich konnte während meines Doktoratsstudiums immer auf sein offenes Ohr und seinen wertvollen Rat zählen. Bei meiner langjährigen Bekannten *Gaëlle Badufle* bedanke ich mich für die Unterstützung bei der Übersetzung der französischen Rechtstexte.

Ein Dank gilt auch meinen Eltern Dr. med. *Ewa Krupa* und Mgr. ing. *Eryk Krupa*, die mir die Anfänge meines wissenschaftlichen Weges in Österreich ermöglichten. Ich möchte mich außerdem bei *Rosalia* und *Friedrich Wageneder* bedanken, auf deren Hilfe und Unterstützung ich während meines Studiums immer zählen konnte.

Abschließend möchte ich mir auch bei Dir für alle Menschen, die ich auf meinem bisherigen Weg treffen und kennenlernen durfte, und für alle Gaben, die Du mir geschenkt hast, bedanken.

Ramsau am Dachstein, im März 2019
Michał Stefan Krupa

Podziękowania

Składam serdeczne podziękowania obydwum promotorom, Panu prof. dr. hab. iur. dr. phil. dr. h.c. *Johannesowi Michaelowi Rainerowi* oraz Panu prof. dr. hab. *Peterowi Maderowi*, za opiekę merytoryczną, za cenne uwagi i sugestie, dzięki którym możliwe było napisanie tej pracy. Pani prof. dr. hab. *Monice Niedermayr* dziekuję za sporządzenie drugiej recenzji pracy doktorskiej. Podziękowania należą się również Panu prof. dr. hab. *Stephanowi Kirste* za udzielenie cennych wskazówek podczas układania planu pracy. Fundacji *Evers-Marcic-Stiftung* pragnę podziękować za udzielone wsparcie finansowe.

Z całego serca pragnę podziękować mojej partnerce życiowej *Verze Wageneder* za wsparcie i poświęcenie, którego mi bezustannie udzielała podczas pisania pracy, jak również za podjęcie się niewyobrażalnego trudu korygowania niniejszej pracy. Dziękuję jej za jej poświęcony czas i za jej bezcenne stylistyczne i gramatyczne uwagi.

Podziękowania kieruję również na ręce dr. hab. *Danielle'a Mattiangeliego* za cenne rady i koleżeńską pomoc przy analizie rzymskich tekstów prawnych. *Gaëlle Badufle* dziękuję za pomoc przy tłumaczeniu francuskich tekstów. Podziękowania należą się również pracownikom Salzburskiej Biblioteki Uniwersyteckiej za życzliwą pomoc podczas badań bibliograficznych.

Moim rodzicom, *Ewie* i *Erykowi Krupa*, dziękuję za umożliwienie mojej drogi naukowej w Salzburgu. *Rosalii* i *Friedrichowi Wageneder* dziękuję za ich udzielone wsparcie duchowe.

Mojemu przyjacielowi *Mateuszowi Koralewskiemu* dziękuję za przekonanie mnie do podjęcia studiów na Uniwersytecie Salzburskim.

Podziękować chcę również Tobie za to, że mogłem spotkać na mojej drodze życiowej tylu wspaniałych ludzi, a także za wszystkie talenty, którymi mnie obdarowałeś.

Ramsau am Dachstein, marzec 2019
Michał Stefan Krupa

Inhaltsverzeichnis

Abkürzungen

ABGB	(österreichisches) Allgemeines Bürgerliches Gesetzbuch
AcP	Archiv für die civilistische Praxis
aF	alte Fassung
AfRG	Neues Archiv der Gesellschaft für ältere deutsche Geschichtskunde
Anm.	Anmerkung, Anmerkungen (Fußnote)
Art., art.	Artikel, article
Aufl.	Auflage
BGB	(deutsches) Bürgerliches Gesetzbuch
BGBl	(österreichisches) Bundesgesetzblatt
BlgNR	Beilage (-n) zu den stenographischen Protokollen des Nationalrates
bzw.	beziehungsweise
c.	caput
C.	Codex Iustinianus
ca.	circa
Cass.	Cour de cassation chambre civile
C. civ.	(französischer) Code civil
C. pén.	Code pénal (alt)
c. ult.	caput ultima
CMBC	Codex Maximilianeus Bavaricus Civilis
CodThe.	Codex Theresianus
Cod. Theod.	Codex Theodosianus
D.	Digesta Iustiniani
DRG	Deutsche Rechtsgeschichte
ErbRÄG	Erbrechts-Änderungsgesetz
Erläut. RV	Erläuterungen zur Regierungsvorlage
etc.	et cetera
EvBL	Evidenzblatt der Rechtsmittelentscheidungen in Österreichische Juristen-Zeitung
Feud. Tit.	Libri Feudorum titulus
ff	fortfolgend
FMSt	Frühmittelalterliche Studien
Frb	Freiburger Stadtrecht
FS	Festschrift

Gai Inst	Gaius-Institutionen
GP	Gesetzgebungsperiode
HRG	Handwörterbuch zur deutschen Rechtsgeschichte
hL	herrschende Lehre
Hg., Hgg.	der Herausgeber, die Herausgeber
IRMAE	Ius Romanum Medii Aevi
iF	in der Fassung
iSd	im Sinne des/der
JBl	Juristische Blätter
JGS	Justizgesetzsammlung, Gesetze und Verordnungen im Justizfach (1780–1848)
Jh.	Jahrhundert
Joseph. Erbpat.	Josephinisches Erbfolgepatent
JuS	Juristische Schulung
JZ	Juristen-Zeitung
KOM	Dokumente der Kommission der Europäischen Gemeinschaften
L. Alam.	Lex Alamannorum
L. Burg.	Lex Burgundionum
L. Sal.	Lex Salica
lib.	liber
LRomBurg.	Lex Romana Burgundionum
LRomVis.	Lex Romana Visigothorum
mE	meines Erachtens
MGH	Monumenta Germaniae Historica
n. Chr.	nach Christi Geburt
nF	neue Fassung
NJW	(deutsche) Neue Juristische Wochenschrift
Nnb	Nürnberger Stadtrechtsreformation
Nov	Novellae Iustiniani
Nov. Th.	Leges Novellae ad Theodosianum
NRHDFE	Nouvelle revue historique de droit français et étranger
NZ	Österreichische Notariats-Zeitung
Oe. Landr.	Österreichisches Landrecht von 1237
Oe. Ltf.	Landtafel oder Landrecht und Gebreuch des Erzherzogbhumbs Österreich ob der Ennß
OGH	(österreichischer) Oberster Gerichtshof
ÖJZ	Österreichische Juristen-Zeitung
pr.	Principium

PrALR	Allgemeines Landrecht für die Preußischen Staaten
Paul. sent.	Paulussentenzen
Püdler	Landtaffel oder landsordnung des hochlöblichen Erzherzogbhumbs Österreich under der Ennß 1573 (der sog. Entwurf Püdler)
RabelsZ	Rabels Zeitschrift für ausländisches und internationales Privatrecht
RNotZ	Rheinische Notar-Zeitschrift
Rz	Randzahl
Sachsp.	Sachsenspiegel
sächs. BGB	Sächsisches Bürgerliches Gesetzbuch
SC	senatus consultum
Schwabsp	Schwabenspiegel
sog.	sogenannte, sogenannter
SZ	Entscheidungen des österreichischen Obersten Gerichtshofes in Zivil- (und Justizverwaltungs-)sachen, veröffentlicht von seinen Mitgliedern
TE	*Schmitts* Teilentwurf
UE	Ulpiani Epitome
v. Chr.	vor Christi Geburt
vgl	vergleiche
WGGB	Westgalizisches Gesetzbuch
z.B.	zum Beispiel
ZeuP	Zeitschrift für europäisches Privatrecht
ZEV	Zeitschrift für Erbrecht und Vermögensnachfolge
ZRG (RA, GA)	Zeitschrift der Savigny Stiftung für Rechtsgeschichte (romanistische Abteilung, germanistische Abteilung)

Einleitung

Das im Titel der vorliegenden Monographie enthaltene friesische Rechtssprichwort *Blutige Hand nimmt kein Erbe*[1] bildet eine dogmatische Erkenntnis des germanischen Rechtsverständnisses. Niemand soll aus einem anderen gegenüber verübten Fehlverhalten Gewinn ziehen können. Vor allem nicht derjenige, der seinen Erblasser ermordet hatte, um in Besitz seines Vermögens zu gelangen. Diese Rechtsauffassung tauchte zum ersten Mal in schriftlicher Form auf deutschem Rechtsboden in den friesischen Gesetzen und in *Eike von Repgows* Sachsenspiegel auf. Dieser auf einem elementaren Gerechtigkeitsempfinden beruhende Rechtsgedanke stellt jedoch nicht die alleinige dogmatische Schöpfung der altdeutschen Rechtsüberzeugung dar. Der gegenständliche Sachverhalt samt seiner rechtlichen Abwicklung war bereits den römischen Juristen der klassischen Periode bekannt. Der kasuistisch aufgebaute *Corpus Iuris Civilis* enthielt eine Entscheidung Kaiser Antoninus Pius', die einen eingesetzten Erben als erbunwürdig aussprach, weil dieser seinen Testator umbringen ließ[2]. In Justinians Kompilationswerk wurde die Problematik eines unwürdigen Erben im 34. Digest unter dem Titel *De his quae ut indignis auferunutr* geregelt. Der gegenständliche Titel schildert Fälle, welche die Rechtslage und -folgen eines unwürdigen Erben bestimmten. Die dargestellten germanischen und römischen Überlieferungen schildern ein Rechtsinstitut, welches heute unter dem Namen *Erbunwürdigkeit* oder *Indignität*[3] bekannt ist. Da den römischen Juristen genaue detaillierte Definitionen einzelner Rechtsinstitute i.S.d. Begriffsjurisprudenz der *Historischen Schule* unbekannt waren, wurde die Indignität im Rahmen des römischen Fallrechts durch die konsequente Fortbildung neuer Fälle zu einem einheitlichen Rechtsinstrument fortgebildet[4]. Der Leitgedanke der Erbunwürdigkeit ist ebenfalls aus dem „reinen" germanischen Gewohnheitsrecht, das den Kontakt mit dem römischen Recht zum damaligen Zeitpunkt noch nicht erfahren hatte, zu entnehmen. Im Gegensatz zum römischen Recht, das eine Vielzahl erbunwürdiger Handlungen kannte, umfasste das altdeutsche Gewohnheitsrecht nur die Fälle eines Verwandtenmordes.

---

1 *Buma/Ebel*, Das Emsiger Recht (1967) 201; *Richthoften*, Friesische Rechtsquellen (1840) 237. Siehe dazu *Graf/Dietherr*, Deutsche Rechtssprichwörter (1864) 211–214.

2 Marcian. 5 reg. D. 34.9.3

3 *Indignitas* – die Unwürdigkeit; *indignus* – der Unwürdige

4 *Kaser*, Das römische Privatrecht I (1971) 602.

Im Mittelpunkt der Monographie steht das Rechtsinstitut der Erbunwürdigkeit, das seine inhaltlichen Wurzeln sowohl im klassischen römischen Recht als auch in der germanischen Rechtsüberzeugung hat. Aufgrund ihrer rechtsdogmatischen Herkunft ist die Erbunwürdigkeit in allen kontinentaleuropäischen Kodifikationen zu finden. Sie wurde sowohl von den naturrechtlichen Privatrechtskodifikationen – dem französischen *Code civile* und dem österreichischen *Allgemeinen Bürgerlichen Gesetzbuch* – als auch von dem pandektistischen deutschen *Bürgerlichen Gesetzbuch*[5] übernommen. Die Erbunwürdigkeit stellt in den gegenständlichen Rechtsordnungen einen Ausschließungsgrund von der Erbfolge dar[6]. Dieser Ausschluss stellt entweder einen Grund eines späteren Wegfalls der im Rahmen einer gesetzlichen oder einer rechtsgeschäftlichen Erbfolge erworbenen Erbschaft (Grundsatz der Entreißbarkeit) dar oder verhindert den Anfall der Erbschaft und macht dadurch einen Erbschaftserwerb unmöglich (Grundsatz der relativen Erbunfähigkeit). Sowohl die dogmatische Gestalt als auch die maßgeblichen Tatbestände und die *ratio legis* der Erbunwürdigkeit wurden bei den Entstehungsarbeiten der jeweiligen Kodifikation unterschiedlich geregelt. Die Erbunwürdigkeitsregelungen des französischen, österreichischen und deutschen Gesetzgebers präsentierten sich als ein aus vielen einzelnen Elementen zusammengestelltes Mosaik. Die aus dem römisch-gemeinen Recht stammenden Rechtselemente wurden je nach eigenem Rechtsbedarf und -gebrauch ganz unterschiedlich übernommen. Eine zur damaligen Zeit auf dem römisch-gemeinen Recht aufgebaute einheitliche Rechtslehre (die *communis opinio doctorum*[7]) konnte die nationale Rechtsbildung nicht überwinden. In der Privatrechtskodifikationszeit des 19. Jh. verlor die *communis opinio* ihre Einheit und die Rechtswissenschaft orientierte sich ab nun nur mehr an den nationalen Kodifikationen[8]. Der Fluss der römisch-gemeinen Rechtstradition schlug bezüglich der gemeinrechtlichen Indignitätslehre drei unterschiedliche Wege ein. Die von der *ius commune* vorgegebenen intellektuellen Rahmen haben mit den gegenständlichen Kodifikationswerken ihre Gültigkeit verloren. Ein vorher möglich gewesener inhaltlicher Rechtsdiskurs konnte nicht mehr stattfinden.

---

5 Art. 727ff C. civ. iF_{1804}; §§ 540ff ABGB iF_{1811}; §§ 2399ff BGB.

6 *Kroppenberg*, Erbfolge, in *Basedow/Hopt/Zimmermann* (Hgg.), Handwörterbuch des Europäischen Privatrechts I (2009) 419.

7 Siehe dazu *Lepsius*, Communis opinio doctorum, in *Cordes/Lück/Werkmüller* (Hgg.), Handwörterbuch zur deutschen Rechtsgeschichte (HRGdigital), URL: http://www.HRGdigital.de/HRG.communis_opinio_doctorum (Stand 11.07.2017).

8 Vgl. *Coing*, Die europäische Privatrechtsgeschichte der neueren Zeit, in *Coing*, Ius Commune I (1967) 27.

Warum ist es zu solchen Divergenzen gekommen, obwohl die Erbunwürdigkeit der kontinentaleuropäischen Gesetzbücher dem römisch-gemeinen Recht entstammt? Wie ist dieser Umstand zu rechtfertigen? Beruhen die Unterschiede auf Zufall oder reflektieren sie bestimmte kulturelle und geschichtliche Entwicklungen[9]? Welche Gedanken hatte der jeweilige Gesetzgeber bei der Formulierung der Indignitätsbestimmungen? Warum haben sich die französischen, österreichischen und deutschen Erbunwürdigkeitsrechte so entwickelt, wie wir sie heute vorfinden?

Die gegenständliche Untersuchung stellt eine Art „Ausgrabungsarbeit" dar, indem die Entstehungsgenese der französischen, österreichischen und deutschen Erbunwürdigkeitsrechte dargestellt und erläutert wird. Sie liefert i.S. *Koschakers* Forschungsprogramms[10] einen monographischen Beitrag zur Geschichte der Institutionen des Privatrechts, indem die Dogmengeschichte des Indignitätsrechts der genannten Rechtskreise vergleichend dargestellt und erläutert wird. Diese historisch und vergleichend angelegte juristische Monographie schildert die Entwicklung und das Schicksal der Indignitätslehre auf französischem, österreichischem und deutschem Boden ausgehend von ihren klassischen römischen und frühmittelalterlichen germanischen Anfängen über das Mittelalter, die Entstehung des gelehrten römisch-gemeinen Rechts (des *ius commune*), die Rezeption, die Periode des *Usus modernus pandectarum* und die Auseinandersetzung mit der Naturrechtslehre bis zu den gegenwärtigen Privatrechtskodifikationen. Diese Darstellung bildet einen Versuch einer Synthese zwischen der zivilistischen Dogmatik, der Rechtsgeschichte und der Rechtsvergleichung[11].

---

9 *Zimmermann*, FS Koziol (2010) 469.

10 *Ich könnte mir Untersuchungen vorstellen, die ein bestimmtes juristisches Problem für das römische Recht historisch mit allen modernen Mitteln erforschen, es aber über das Mittelalter hinaus rechtsvergleichend bis in die Gegenwart verfolgen. Koschaker*, Autobiographie, in *Grass* (Hg.), Österreichische Geschichtswissenschaft der Gegenwart in Selbstdarstellungen II (1951), 122; Siehe dazu *Koschaker*, Europa und das römische Recht (1966) 346. Auf diesem Forschungsprogramm basieren zahlreiche Veröffentlichungen *Zimmermanns*. Vgl. *Zimmermann*, Europa und das römische Recht, RabelsZ 2002, 245; *Zimmermann*, Savignys Vermächtnis (1998) 60ff; Siehe dazu *Zimmermann*, Testamentsformen: »Willkür« oder Ausdruck einer Rechtskultur, RabelsZ 2012, 471–507; *Zimmermann*, Das Verwandtenerbrecht in historisch-vergleichender Perspektive, RabelsZ 2015, 768–821; *Zimmermann*, Das Ehegattenerbrecht in historisch-vergleichender Perspektive, RabelsZ 2016, 39–91.

11 Das Erbrecht gilt immerhin als ein stabiles und von der Tradition und Kultur geprägtes Rechtsgebiet. Es wird als Teil des Kulturerbes präsentiert, als ein historisches Denkmal, welches durch die rechtsvergleichende Arbeit des europäischen Gesetzgebers quasi

Dieser Versuch einer aufgrund einer historisch untermauerten Rechtsvergleichung betriebenen Zivilistik[12] soll dem Leser das Bewusstsein für den europäischen Charakter unserer Privatrechte verdeutlichen. Die zivilrechtlichen Gestalten der kontinentaleuropäischen Erbunwürdigkeitsrechte bilden – wie andere im römischen Recht wurzelnde Rechtsinstitute, -maximen, -prinzipien, -begriffe etc. der Privatrechte Europas – ein Erzeugnis einer bis heute fortdauernden und historisch auf das römische Recht zurückreichenden gemeinsamen europäischen Privatrechtswissenschaft[13]. Das dogmatische Fundament dieser Privatrechtswissenschaft unterlag jedoch im Verlauf ihrer Entwicklung zahlreichen zeitgenössischen nationalen Modifizierungen und Anpassungen, die den inhaltlichen Bestand dieser im *Corpus Iuris Civilis* wurzelnden Rechtstradition veränderten. Dieser historisch orientierte Rechtsvergleich der Erbunwürdigkeit liefert einen Beitrag zum besseren Verständnis der gegenwärtig geltenden Erbunwürdigkeitsrechte. Er „blickt" über den Tellerrand der Landesjurisprudenz, erklärt die nationalen Umformulierungen des römischen Erbunwürdigkeitsrechts und erforscht ihre Ursachen.

In der Untersuchung werden folgende Thesen aufgestellt: Die vorhandenen Unterschiede sind durch den mannigfaltig verlaufenen Prozess der Aufnahme der durch die italienischen und französischen Glossatoren und Kommentatoren herausgearbeiteten und im römischen Recht wurzelnden Privatrechtswissenschaft zu erklären. Die unterschiedlich verlaufene Rezeption dieser Rechtswissenschaft in den untersuchten Ländern und die verschiedenartige Entwicklung des einheimischen Gewohnheitsrechts sowie sein Verhältnis und das Zusammenspiel mit dem neu aufgenommenen römischen Recht übten maßgeblichen Einfluss auf die nationalen Ausgestaltungen des Indignitätsrechts aus. Dieser Forschungsansatz bildet zugleich den Leitgedanken der vorliegenden Untersuchung. Er zeigt die Entstehung und das Nachleben des römischrechtlichen

---

abgerissen wird. Es gehört zu den wenigen Bereichen des Privatrechts, die bis zum Anfang des 21. Jahrhunderts durch keine europäische Regelung beeinflusst wurden. Bei jedem rechtsvergleichenden Projekt im Bereich des Erbrechts taucht die Frage auf, ob diese Rechtsgebiete wirklich so tief in unserer Kultur und Tradition verwurzelt sind, dass sie eine Harmonisierung als unerwünscht bzw. als problematisch erscheinen lassen. Vgl. *De Waal*, in *Reimann/Zimmermann* (Hgg.), Oxford Handbook of Comparative Law 1073; *Stumpf*, in EuZW 2006, 587.

12 Vgl. *Zimmermann*, RabelsZ 2015, 245; *Kaser* in Studi in memoria di Paolo Koschaker I 1954, 578.

13 Zimmermann, RabelsZ 249. Siehe dazu *Coing*, Europäisches Privatrecht Band I und II (1985 und 1989).

Instituts der Erbunwürdigkeit in den französischen, österreichischen und deutschen Rechtskreisen und erklärt die vorhandenen Unterschiede. Er berücksichtigt ebenfalls die Einflüsse des germanischen Rechtsverständnisses und bewertet ihre Rolle bei der Entstehung des jeweiligen nationalen Erbunwürdigkeitsrechts. Ebenso werden die Lage des heute geltenden Rechts – vor allem die Erbrechtsreformen in Österreich und Frankreich des 20. und 21. Jh. – und deren Anwendungsprobleme berücksichtigt.

Die Arbeit wird aus methodischer Sicht in drei Kapitel gegliedert[14]. Im ersten Teil wird das dogmatische Fundament der gegenständlichen Monographie, nämlich das römische Indignitätsrecht in seiner klassischen und nachklassischen Gestalt, dargestellt. In diesem Sinne werden die wichtigsten themenbezogenen Textstellen des antiken *Corpus Iuris Civilis* analysiert. Die römische *indignitas* verkörperte die dogmatische Grundlage der zwischen dem 11. und 14. Jh. entwickelten einheitlichen Indignitätslehre des *ius commune*, die als *communis opinio doctorum* den inhaltlichen Gegenstand der Rezeption des römischen Rechts im mittelalterlichen Europa bildete. Das zweite Kapitel stellt den Hauptteil der Arbeit dar und umfasst das Zeitalter der Rezeption des römisch-gemeinen Indignitätsrechts auf französischem, deutschem und österreichischem Rechtsboden. Es schildert sozusagen den Aufnahme- und Anpassungsweg der römischen *indignitas* in der europäischen Rechtslandschaft. Der gegenständliche Teil gliedert sich in drei Unterabschnitte. Den ersten bildet die Exegese der frühmittelalterlichen germanischen Rechtsquellen (der *Leges barbarorum*) unter dem Gesichtspunkt der klassischen römischen Indignitätslehre. Nahmen die Germanen das römische Verständnis eines Indignitätssachverhaltes in ihre Gesetze auf oder entwickelten sie eigene germanische Bestimmungen mit indignitätsrechtlichem Charakter? Kam es in den *Leges barbarorum* aus indignitätsrechtlicher Sicht zum ersten Zusammenspiel der römischen Rechtskultur mit der germanischen Rechtsüberzeugung? Der zweite Unterabschnitt widmet sich dem Einfluss der römisch-gemeinen Indignitätslehre auf die indignitätsrechtlichen Bestimmungen des gemeinen französischen Zivilrechts (*le droit commun francais*). In dieser Hinsicht wird der Entwicklungsweg dieses französischen Privatrechtes, welches das dogmatische Fundament des *Code civil* bildet, anhand der diese Entwicklung begleiteten Rechtsprechungssammlungen der französischen *parlements*, der Pariser *coutumes* und der gelehrten Rechtsliteratur unter dem Gesichtspunkt der römisch-gemeinen Indignitätslehre betrachtet. Welchen

---

14 Siehe dazu *Coings* Einteilung der Zeitabschnitte der europäischen Privatrechtsgeschichte. *Coing*, Ius Commune 5.

Einfluss übten die stark an das eigene Rechtsverständnis glaubende französische Rechtstradition, die einheimischen Gewohnheitsrechte (die *coutumes*) und die humanistisch geprägte Rechtsauslegungslehre der antiken römischen Rechtstexte (der *mos gallicus*) auf die Rezeption der römischen *indignitas* im französischen Rechtskreis aus? Das letzte Unterkapitel untersucht die Rezeption der römischen Indignität auf deutschem Rechtsboden. Im ersten Teil dieses Unterkapitels wird das erste Aufeinandertreffen der germanischen Erbunwürdigkeit und der Indignitätslehre des *ius commune* dargestellt und erläutert. Die germanische Erbunwürdigkeit wird anhand der einschlägigen Bestimmungen des Sachsenspiegels und der friesischen Gesetze dargestellt. Das oben erwähnte Aufeinandertreffen der beiden Rechtskulturen wird in dieser Periode anhand des Schwabenspiegels und der spätmittelalterlichen Stadt- und Landrechtsreformationen analysiert. Diese Rechtsquellen verbanden bzw. vermischten die Bestimmungen der römischen *exheredatio* und der *indignitas* miteinander und schufen dadurch eine Art der germanischen Enterbung. Der zweite Teil dieses Unterkapitels widmet sich der Periode des *Usus modernus pandectarum*. Im Rahmen dieses Teiles wird aus indignitätsrechtlicher Sicht die auf Grundlage des germanischen Rechtsverständnisses und des herrschenden Landesbrauches modifizierte Gestalt des *ius commune* ermittelt. Wie weit griffen die zeitgenössischen Anpassungen im Bereich des römisch-gemeinen Indignitätsrechts ein? Welche Rolle spielte im deutschen *Usus modernus pandectarum* das römisch-holländische Recht des 17. und 18. Jahrhunderts? Im Rahmen der Untersuchung der Modifizierungen des *Usus modernus pandectarum* werden unter anderem *Matthaeus'*, *Voets*, *Caprzovs*, *Stryks* und *Walthers* Schriften sowie die Rechtsprechung der deutschen Gerichte des 18. und 19. Jahrhunderts analysiert. Das letzte Kapitel fasst die inhaltlichen Erkenntnisse der gegenständlichen Untersuchung zusammen und schildert die Rezeption der römisch-gemeinen Indignitätslehre in den modernen Privatrechten Frankreichs, Österreichs und Deutschlands aus heutiger Sicht (Art. 727 ff C.civ, §§ 539 ff ABGB und § 2399 BGB).

Im Rahmen dieses Werkes soll das römische Recht – weder in seiner antiken klassischen noch in seiner mittelalterlichen gelehrten Form – auf keinen Fall als ein vorbildliches geistiges Gut mit einem überzeitlichen Geltungsanspruch dargestellt werden. Es soll hier nicht ein Prozess der Rückbildung des modernen Privatrechts auf seine historischen Grundlagen vorgeschlagen werden – *[...] als ob sich der Eichbaum in die Eichel zurückverwandeln ließe, aus der er einst entstanden ist [...]*[15]. Diese Arbeit soll einem romanistisch interessierten

15 *Zimmermann*, RabelsZ 2002, 312.

Juristen anhand der dargestellten Dogmengeschichte der Erbunwürdigkeit den *lebendigen Zusammenhang*[16] und die *unauflösliche Gemeinschaft*[17] zwischen der Rechtsdogmatik und der Rechtsgeschichte (zwischen der Gegenwart und Vergangenheit) bewusst machen. Es soll verdeutlicht werden, dass unsere modernen kontinentaleuropäischen Privatrechte und ihre Eigentümlichkeiten Variationen einer auf dem römischen Recht basierenden und sich in ständiger Weiterentwicklung befindenden gemeinsamen Rechtstradition sind. Denn ohne das Begreifen dieses bestehenden Zusammenhanges zwischen dem heute geltenden Privatrecht und seinem dogmengeschichtlichen Entwicklungsweg können wir nur die äußere Gestalt unserer Privatrechtsinstitute, nicht jedoch ihr inneres Wesen wahrnehmen und begreifen[18]. Ohne dieses Bewusstsein kann sich ein Jurist nicht über das Niveau eines bloßen Routiniers erheben[19]. Nur auf diese Weise ist es möglich, das bestehende Recht kritisch zu beurteilen, die internationalen Unterschiede und ihre Ursachen einzuschätzen und weitere mögliche Entwicklungen zu verfolgen. Denn vielleicht bilden die modernen kontinentaleuropäischen Privatrechtskodifikationen nur eine Etappe des Entwicklungsprozesses dieser gemeinsamen europäischen Rechtstradition. Vielleicht kehrt die europäische Rechtslandschaft zu ihrer romanistischen übernationalen Dogmatik zurück, indem in näherer Zukunft ein europäisches Privatrecht das Licht der kontinentaleuropäischen Rechtspraxis erblicken wird. Denn *[...] als historische Juristen wissen wir, dass das Gesetzbuch nichts sein wird, als ein Punkt in der Entwicklung, fassbarer gewiß als die Wasserwelle im Strome, aber doch nur eine Welle im Strome [...]*[20]. Die Herausbildung eines europäischen Privatrechts setzt nach *Koschakers* und *Zimmermanns* Ansichten die Zugrundelegung der vergleichenden dogmengeschichtlichen Studien über die einzelnen im römisch-gemeinen Recht wurzelnden und in den kontinentaleuropäischen Privatrechtskodifikationen zum geltenden Recht erhobenen Privatrechtsinstitute voraus. Diese Monographie soll eine Antwort auf *Koschakers* Forschungsprogramm sein, indem mit Hilfe der Prinzipien, Maximen und Inhalte der römischen Indignitätslehre ein dogmatischer Zusammenhang zwischen den kontinentaleuropäischen Privatrechtssystemen bewusst gemacht wird.

---

16 *Savigny*, System des heutigen römischen Rechts I, XI.

17 *Savigny*, Zeitschrift für geschichtliche Rechtswissenschaft I 1815, 3.

18 Vgl. *Zimmermann*, Savignys Vermächtnis 13.

19 *Rabel*, On Comparative Research in Legal History and Modern Law, in *Leser* (Hg.), Gesammelte Aufsätze III (1967), 259.

20 *Windscheid* in *Oertmann* (Hg.), Bernhard Windscheid, Gesammelte Reden und Abhandlungen (1904) 75–76.

Erstes Kapitel: Indignität nach römischem Recht

I. Geschichtliche Einführung

Die Geschichte des römischen Privatrechts erstreckt sich von den dunklen Anfängen des römischen Reiches und der Gründung der Stadt Rom um 753 v. Chr. bis zum Ausgang der Antike und dem Niedergang des römischen Imperiums im Jahr 476 n. Chr.. Eine fast tausendjährige Periode, welche von einem reichlichen juristischen Niederschlag umrahmt wird. Den Anfang machte das Zwölftafelgesetz, das erste gesetzgeberische Werk. Es folgten verschiedene Schriften und schriftliche Dispute klassischer Juristen wie Ulpian, Paulus oder Papinian. Die Krönung bildete Kaiser Justinians *Corpus Iuris Civils*.

Da eine Untersuchung einer über tausendjährigen Geschichte den Rahmen der Arbeit sprengen und sich zum Teil als nicht sehr sinnbringend erweisen würde – die Indignität erlangte ihren Höhepunkt erst in der Kaiserzeit – ist vorweg die Entscheidung zu treffen, auf welchen Zeitraum sich dieses Kapitel beschränken soll.

Die Geschichte des römischen Privatrechts wird in der Literatur meist in folgende Perioden gegliedert[21]:

- Die erste Periode wird als altrömische bezeichnet und reichte von den Anfängen der römischen Geschichte bis zum Beginn der Punischen Kriege (ca. 3. Jh. v. Chr.). Sie umfasst die Königszeit und die ältere Republik. Das Privatrecht wurde in der Königszeit durch Priester und im Zeitalter der älteren Republik durch Laienjuristen ausgeübt. Die Hauptquelle dieser Epoche ist das Zwölftafelgesetz (ca. 450 v. Chr.).
- Der nächste Zeitabschnitt erstreckte sich von der Mitte des 3. Jh. v. Chr. bis zum späteren Ende des 3. Jh. n. Chr. und wird in zwei Teilperioden gegliedert: Der Zeitraum zwischen dem 3. Jh. und dem 1. Jh. v. Chr. wird als Zeit der späteren Republik bezeichnet. Diese Teilperiode stellte eine Vorstufe auf das, was die Welt in den ersten Jahren nach der Geburt von Christus zu erwarten hatte, dar – nämlich das zukünftige Weltreich des römischen Imperiums. Es war dies die Zeit des intensiven Kulturaustausches mit der Strömung des Hellenismus. Vor allem die griechische Philosophie legte den Grundstein für die

---

21 *Kaser/Waldstein*, Römische Rechtsgeschichte (2014) 2–6.

Anfänge der römischen Rechtswissenschaft. Die Verbindung der römischen Praktikabilitätsgedanken mit der Methode des begrifflichen Denkens schuf eine neue Reihe römischer Juristen, welche unter dem Namen Vorklassiker bekannt wurden.
Anschließend folgte von 27 v. Chr. bis 284 n. Chr. die zweite Teilperiode, welche sich ungefähr mit der Zeit des Prinzipats deckte. Es war dies die Zeit des gesicherten Römischen Reiches. Seine Grenzen schlossen den gesamten Mittelmeerraum, Spanien, Britannien, Kleinasien sowie Teile Germaniens ein. In diesem von den Kaisern beherrschten Reich erlangte die römische Rechtswissenschaft, welche den Beinnamen klassische erhielt, ihren Höhepunkt.

- Die dritte Periode wird als nachklassische bezeichnet. Sie begann im 3. Jh. n. Chr. und endete im 6. Jh. n. Chr. mit dem Ausgang der Antike. Ein Zeitalter, welches mit dem Sieg des Christentums durch das Mailänderedikt von 313 n. Chr., mit der Teilung des Imperiums in zwei Teile (in ein west- und ein oströmisches Reich) und letztendlich mit der Völkerwanderung und dem endgültigen Untergang des weströmischen Reiches in Verbindung gebracht wird. Der Niedergang erfasste nicht nur die politische und militärische Ebene, sondern auch der Geist und die Schöpfungskraft der klassizistischen Jurisprudenz gingen verloren. Vulgarismen gewannen die Oberhand und drangen in die Reichsgesetzgebung des weströmischen Reiches ein. Im Gegensatz zum weströmischen Reich erstarkte das oströmische. Die Vulgarisierung des Rechtslebens wurde teilweise aufgelöst bzw. aufgehalten. Man kehrte langsam zu den klassizistischen Strömungen zurück. In Berytos (heute Beirut, Libanon) und Konstantinopel (heute Istanbul, Türkei) wurden neue Rechtsschulen gegründet. Dieses „Aufleben" des römischen Rechts nach der Teilung des Reiches wurde mit dem Gesetzgebungswerk Kaiser Justinians, dem *Corpus Iuris Civils,* gekrönt.

Das erste Kapitel der vorliegenden Arbeit befasst sich mit der rechtsgeschichtlichen Entwicklung der römischen Indignität (lat. *indignitas*), ihrer rechtlichen Natur und ihren Folgen in der klassischen und nachklassischen Periode. Die Indignität stellt ein fortgeschrittenes Rechtsinstitut dar. Sie ist in den Quellen der altrömischen Periode nicht zu finden, sondern tauchte das erste Mal im Zeitalter der römischen Republik auf. Ihren Höhepunkt erreichte sie in der Kaiserzeit. Die ersten historischen Überlieferungen der Erbunwürdigkeit stammen aus dem letzten Jahrhundert der römischen Republik. Damals verweigerte der zuständige Beamte einem unwürdigen Erben die *bonorum possessio* (Nachlasserwerb), ohne von Amts wegen einen Nächstberechtigten (in der Pandektenliteratur als *Ereptor* bezeichnet)[22] zu berufen. Von den ersten Fällen eines solchen Verfahrens berichtete Valerius Maximus. Der erste Sachverhalt umfasst die Verweigerung der bereits vom Prätor gewährten *bonorum possessio* gegenüber einem Cybelelpriester, der sich selbst entmannt hatte. Der zweite Sachverhalt skizziert ein Verfahren zwischen einem Prätor und einem Kuppler, welcher als ehrlose Person zur Ausschließung von der Erbschaft verurteilt wurde.[23] Die ersten Indignitätsfälle wurden in einem prätorischen Edikt zusammengefasst, welches unter dem Titel *Quibus non competit bonorum possessio* drei Tatbestände regelte[24]. Dem Betroffenen wurde der Nachlasserwerb untersagt, wenn er zum Verlust des Lebens, der Freiheit und der Bürgerrechte verurteilt wurde (*rei capitalis demantus est*)[25], den Erblasser an der Errichtung des Testaments hinderte oder zur Errichtung eines bestimmten Testaments zwang[26]. Ein Nachlasserwerb konnte ebenso aufgrund einer gesetzlichen Bestimmung, eines Senatsbeschlusses oder einer kaiserlichen Konstitution seitens des Prätors jederzeit verweigert werden[27].

Die dargestellten Tatbestände stellen rein dogmatisch gesehen ein unvollständiges Produkt dar. Vergleicht man sie mit der klassischen Indignitätslehre, so wird man die fehlenden Kernelemente des vollständigen Indignitätsrechts feststellen: das Zugriffsrecht des Berechtigten an der verfallenen Erbschaft, die detaillierte Umschreibung der einzelnen Indignitätstatbestände wie auch die Festlegung der Berufungsvoraussetzungen[28]. Die Relevanz der Indignitätslehre stieg in der nachklassischen Periode noch einmal, nachdem die Kaduzitätsvorschriften im Westen durch Kaiser Konstantin und im Osten durch Kaiser Justinian beseitigt wurden.

Aufgrund dieser Umstände befasst sich das folgende Kapitel mit der dogmatischen Entwicklung der Indignität in der klassischen und nachklassischen Periode. In dem Abschnitt über die klassische Periode wird vor allem auf Kaiser Antonius Pius' gesetzgeberische Schöpfungskraft sowie auf die vielfältigen

---

22 Als Ereptor wurde in der Pandektenliteratur eine ersatzberechtigte Person bezeichnet, welcher aufgrund der Indignität das entrissene Erbschaftsgut zufiel.

23 *Eck*, Indignität und Enterbung nach römischem und gemeinem deutschen Recht (1894) 16.

24 *Lenel*, Das Edictum perpetuum (1927) 260.

25 Afr. 5 quaest. D. 37.1.13: *Edicto praetoris bonorum possessio his denegatur, qui rei capitalis damnati sunt6 neque in integrum restituti sunt.*

26 *Lenel*, Edictum 260.

27 Ulp. 48 ed. D. 37.1.12.1: *Ubicumque lex vel senatus vel constitutio capere hereditatem prohibet, et bonorum possessio cessat.*

28 *Krüger*, Indignität und Erbunwürdigkeit (1906) 13.

Ansichten damaliger Juristen, wie Ulpian oder Gaius, eingegangen. In Bezug auf die nachklassische Periode wird vor allem Justinians Gesetzgebung samt seinen Novellen behandelt.

II. *De his quae ut indignis auferuntur* – Römische Indignitätslehre

1. Dogmatische Konstruktion der römischen *indignitas*

a. Indignitätsverhältnis aus rechtlicher Sicht

Die Römer sahen das Erbrecht vor allem als Fortsetzung des Familienrechts und als wichtiges wirtschafts- und sozialpolitisches Werkzeug des *pater familias* an. Mit diesem Instrument konnte das Familienoberhaupt die Familienpolitik nach seinen Wünschen gestalten bzw. einen gewissen Leitfaden in ihrer weiteren Entwicklung setzen. Die altrömische Erbfolgeordnung – vor allem die des XII. Tafelgesetzes – wies in diesem Bereich einige Schwächen auf. Die agnatisch ausgerichtete Intestaterbfolge, von der das Gesetz ausging, ließ eine Mehrheit von Erben zu und erfasste vor allem die Erhaltung der Erbgüter innerhalb der Familien desselben Namens. Das Zwölftafelgesetz schaffte damit einen geschlossenen bzw. „eigenen" Erbenkreis – die sog. *sui heredes*[29]. Erst in der justinianischen Periode kam das blutsverwandtschaftliche System (*cognatio*) zur Anwendung[30]. Dieses neue justinianische Intestaterbrecht[31] vertrat vor allem die

---

29 Nach dem Zwölftafelgesetz zählten dazu die Hauskinder des Erblassers zum Zeitpunkt seines Todes, ferner seine Enkel und Urenkel seitens des männlichen Deszendenten. Waren zum Zeitpunkt des Todes des Paterfamilias Hauskinder und eine Ehefrau (*uxoir in manu*) vorhanden, so wurden diese Personen als „eigene" Erben (*sui heredes*) zur Nachfolge des Verstorbenen berufen und traten an seine Stelle. Vgl. *Dernburg/Sokolowsky*, System des römischen Rechts II (1912) 1008–1009.

30 Die Agnation blieb bis zu Justinians Regierungszeit die Grundlage des gesetzlichen Erbrechts. Im Verlauf der jüngeren Republik und der klassischen Periode kam es zu gewissen Milderungen des agnatischen Systems. Die gesetzliche Grundlage bildete das prätorische Erbrecht, welches die Nachkommen (Verwandten) des Erblassers in Klassen unterteilte. Die erste Klasse bildeten die sog. *unde liberi* (eigene *sui* und emanzipierte Kinder), die zweite die sog. *unde legitimi* (weitere agnatische Verwandte i.S.d. XII. Tafelgesetzes), die dritte die sog. *unde cognati* (Blutsverwandte des Erblassers) und die letzte Klasse der überlebende Ehegatte (*unde vir et uxor*). Vgl. *Dernburg/Sokolowsky*, System des röm. Rechts II, 1010–1011; *Kaser*, Das römische Privatrecht I (1971) 671.

31 Die Ursachen der neuen Intestaterbfolge waren – neben den neuen humanen und christlichen Ideen (Verwandtschaftsnähe und Gleichberechtigung) – die innerhalb des

Ideen der Verwandtschaftsnähe und der Gleichberechtigung der Frauen gegenüber den Männern. Mit der Novelle 118 wurde das sog. Gradualprinzip eingeführt. Die Gradualerbfolge bevorzugte Deszendenten, Aszendenten, Geschwister und Geschwisterkinder ersten Grades.

Gelang den Erben keine Einigung, konnte jeder von ihnen die Erbteilung begehren und damit den ihnen allen zustehenden Hof des Erblassers unter sich zersplittern[32]. Erst die Einführung des Testaments im 4. oder 3. Jh. v. Chr. gab dem Erblasser eine gewisse Sicherheit bei der Ausgestaltung seiner Familienpolitik. Diese Einführung zielte vor allem darauf ab, den Hof dem leistungsstärksten Sohn zu überlassen. Die Testamentserbfolge und das stark im römischen Ansehen geprägte Prinzip der Testierfreiheit drängten die gesetzliche Erbfolge in den Schatten[33]. Sie kam letztendlich nur dann zur Anwendung, wenn der Erblasser es versäumt hatte, seinen letzten Willen wirksam zu errichten[34].

Die Berufung zur Erbfolge war daher ein Ausdruck des natürlichen oder des durch den letzten Willen nachgebildeten Familienbandes. Die Beziehung zwischen dem Erblasser und seinen Erben stellte daher nach römischer Rechtsanschauung ein inniges Band dar. Diese Auffassung zeigte sich nicht nur im bloßen Übergang des Vermögens des Verstorbenen, sondern auch in der Tatsache, dass sich die Erben auf eine *actio iniuriarum* berufen konnten. Diese Klage ermöglichte den Erben gegen jede Form der Beleidigung des Verstorbenen – gerichtet gegen seinen Leichnam oder seinen Ruf – vorzugehen. Deswegen war es angebracht und vernünftig, sich gegenüber dem Erblasser respektvoll zu verhalten und sich auf keinen Fall ein pietätloses Verhalten zu Schulden kommen zu lassen. Hielt sich der Erbe nicht an die moralischen Regeln, traten bestimmte Vorkehrungen der römischen Rechtsordnung in Kraft, um den Delinquenten so von der Erbeinsetzung fernzuhalten[35].

Der Hauptgedanke der Indignitätslehre war, dass eine Person, welcher die Erbschaft anfiel bzw. welche sie bereits angetreten hatte, sich durch eine bestimmte Handlung als erbunwürdig erwies. Als *indignus* wurde in der römischen Rechtssprache eine Person bezeichnet, welche von einer Nachfolge von Todes wegen

---

Reiches festgestellten Widersprüche zwischen dem Volksrecht und dem offiziellen Kaiserrecht. Justinian selbst berichtete über diese Unstimmigkeiten in den armenischen und römisch-syrischen Intestaterbrechten, deren Wurzeln im griechischen Recht zu finden sind.

32 *Kaser*, Das römische Privatrecht I 91–92.

33 *Kaser*, Das römische Privatrecht I 668–669.

34 *Kaser*, Das römische Privatrecht I 671.

35 *Köppen*, Lehrbuch des heutigen römischen Erbrechts (1895) 146.

nachträglich ausgeschlossen wurde. Unter dem Wort „nachträglich" verstand das römische Recht den Zeitpunkt des Ausschlusses, welcher entweder nach der Delation oder sogar nach dem Erwerb der Erbschaft eintreten konnte[36].

Die Rechtsfolgen der Indignität lassen sich einfach erklären: Derjenige, der es aufgrund seines Verhaltens nicht verdient hatte, die Vorteile einer Nachfolge von Todes wegen zu genießen, sollte von dieser ausgeschlossen werden. Der Betroffene war zwar erb- und erwerbsfähig, das hinterlassene Erbgut (*bona ereptoria* oder *ereptorium*) wurde ihm jedoch zugunsten des Staates entrissen (*aufertur, eripitur*). Das Recht auf Nachlass sollte nur jenen Personen gewährt werden, die dem Erblasser bei seinem Tode am nächsten standen. Es widersprach nämlich dem Wesen der Erbfolge, einen Erben einzuberufen, welcher gegenüber dem Erblasser böswillig gehandelt hatte. Ein solcher Widerspruch entsprach nicht den allgemeinen ethischen Anschauungen und dem sittlichen Charakter der Erbfolge[37]. Ausschlaggebend für die Wegnahme des erworbenen Gutes war, dass sich der begünstigte Erbe aufgrund von Verfehlungen gegen die Person des Erblassers, gegen seinen letzten Willen oder allgemein gegen die Gesetze als unwürdig erwiesen hatte[38].

Das Indignitätsverhältnis erfasste mit seinen Rechtsfolgen zwei Parteien: den Ereptor (das war grundsätzlich der römische Staat in Form des kaiserlichen Fiskus) und den unwürdigen Rechtsnachfolger von Todes wegen. Diese beiden Parteien können in Bezug auf ihre verfahrensrechtlichen Befugnisse als aktive und passive bezeichnet werden. Die handelnde Partei war der Staat – von ihm ging die Indignitätserklärung aus, er trat als Hüter der öffentlichen Moral auf und bestimmte mit seinem verfahrensrechtlichen Handeln die Wegnahme der Erbschaft. Der Rechtsnachfolger von Todes wegen wird in diesem Rechtsverhältnis als passive Partei bezeichnet, denn er war auf das Handeln des römischen Staates angewiesen. Er konnte sich durch sein späteres Wohlverhalten nicht von den Unwürdigkeitsfolgen befreien lassen[39]. Auch der Erblasser konnte das einmal entstandene Recht nicht mittels einer Verzeihung rückgängig machen. Das römische Recht machte dabei keinen inhaltlichen Unterschied zwischen den verschiedenen Varianten der Erbschaftsnachfolge. Daher zählten zu diesen sowohl die gesetzlichen und testamentarischen Erben und die Vermächtnisnehmer als auch die Empfänger einer Schenkung von Todes wegen.

---

36 *Krüger*, Indignität 15.

37 *Köppen*, Lehrbuch 146.

38 *Kaser*, Das römische Privatrecht I 602.

39 *Eck*, Indignität 31.

b. *Ereptionsrecht des Fiskus*

aa. *Vorbemerkungen*

Die Hauptrechtsfolge der Indignität war das Ereptionsrecht des kaiserlichen Fiskus. Die Ereption war ein privatrechtlicher Anspruch, welcher gegen die verfallene Erbschaft des unwürdigen Erben gerichtet war. *Eck* spricht von einer unentziehbaren Anwartschaft, welche auf zivilrechtlichem Weg durchzusetzen war[40]. In Bezug auf die Wegnahme der Erbschaft wurden hauptsächlich die Verben *eripitur* bzw. *aufertur*[41] sowie das Substantiv *poena*[42] verwendet. Die beiden erwähnten Verben beschreiben das tatsächliche Geschehen der Indignität, nämlich den Entzug der Erbschaft. Der Begriff *poena* ist dagegen m.E. aus dogmatischer Sicht nicht richtig. Eine Strafe setzte nach römischem Recht die Begehung einer Straftat voraus. Sie galt als Folgeübel dieser Tat und betraf den Täter. Die Indignitätshandlung stellte dagegen nicht immer ein strafrechtliches Delikt dar, denn wie sollte man eine erfolglose Anfechtung des Testaments als gefälscht aus strafrechtlicher Sicht beurteilen[43]. Man kann in dieser Hinsicht dem Kläger keine strafrechtlich relevante Schuld vorwerfen. Die römische Strafrechtsordnung sah die Konfiskationsstrafe als Nebenfolge von Kapitalstrafen vor[44]. Der Fiskus war im gegenständlichen Sachverhalt berechtigt, das Vermögen eines verurteilten Verbrechers zu konfiszieren. Nach Modestins *Liber de poenis* erstreckte sich diese Vermögenskonfiskation auch auf die Vermögensgegenstände, die der Verbrecher seinen Erben im Rahmen einer Erbfolge zugesprochen hatte[45]. Der Ereptionsvorgang des kaiserlichen Fiskus stellte m.E. eine Art der privatrechtlichen Strafe, die den zuständigen Fiskalbeamten des Kaisers einen privatrechtlichen Anspruch gewährte, um einer erbunwürdigen Person die Erbschaft zu entziehen, dar. Der dogmatische Inhalt des Ereptionsrechts wurde mit keinem direkten Quellenbeleg der Digesten näher erläutert. Es wurden nur der faktische

---

40 *Eck*, Indignität 43.

41 D. 34.9: *De his quae ut indignis auferuntur* – Über das, was wegen Erbunwürdigkeit entzogen wird.

42 Tryph. 5 disp. D. 34.9.22: *[…] et cum non suae personae iure, sed pupilli accusaverit, popriam poenam mereri non debet […].*

43 *Eck*, Indignität 76–77.

44 *Eck*, Indignität 77.

45 Mod. 2 poen. D. 48.2.20: *Ex iudiciorum publicorum admissis non alias transeunt adversus heredes poenae bonorum ademptionis, quam si lis contestata et condemnatio fuerit secuta, excepto repetundarum et maiestatis iudicio, quae etiam mortuis reis, cum quibus nihil actum est, adhuc exerceri placuit, ut bona eorum fisco vindicentur: adeo ut divus Severus et Antoninus rescripserunt, ex quo quis aliquod ex his causis crimen contraxit,*

Umstand, der Entzug der Erbschaft, und zum Teil seine rechtlichen Voraussetzungen wiedergegeben. Die genaue Darstellung des Ereptionsrechts setzt daher eine detaillierte Recherche und Ausarbeitung der recherchierten Fragmente des *Corpus Iuris Civilis* voraus.

bb. Die Entstehung des Ereptionsanspruches: ipso iure oder durch eine Willenserklärung?

Die zivilrechtliche Gültigkeit der Ereption verlangte das Vorliegen einer bereits festgestellten Indignitätshandlung und einer Delation der Erbschaft an den unwürdigen Erben[46]. Der Anfall der Erbschaft setzte logischerweise den Tod des Erblassers voraus. Starb der Erbe vor seinem Testator, konnte kein gültiger Ereptionsanspruch entstehen[47]. Das Erfordernis der Delation der Erbschaft lässt sich jedoch mit keinem direkten Quellenbeleg bestätigen. Man kann in diesem Zusammenhang ebenso fragen, warum die Rechtsfolgen der Indignität nicht mit dem Erbschaftserwerb eintreten konnten. Da die Indignität die Erbenstellung unberührt ließ, wäre eine solche Möglichkeit denkbar gewesen. Die folgende Hypothese kann man mit dem Verweis auf den Begriff *caducum* und auf die verfahrenstechnischen Gemeinsamkeiten zwischen der *indignitas* und der *incapacitas* widerlegen. Die beiden Rechtsinstitute wurden unter den gleichen verfahrensrechtlichen Termini technici *caduca* und *vindicatio bonorum (caducorum)* abgewickelt. Die Erwerbsunfähigkeit machte, wie der Name des Rechtsinstituts sagt, den Erbschaftserwerb unmöglich und die Erbunwürdigkeit ließ diesen Rechtsvorgang unberührt. Wäre daher für die Indignitätsfeststellung der Erwerb der Erbschaft maßgebend gewesen, so hätten die römischen Juristen die einheitliche Verwendung des Begriffes *caducum* bzw. *vindicatio caducorum* nicht zugelassen. Dies hätte zu einem inhaltlichen Widerspruch geführt[48].

Das einmal rechtsgültig entstandene Ereptionsrecht blieb bestehen und konnte nicht mehr erlöschen. Starb der Unwürdige nach dem Anfall der Erbschaft oder schlug er sie aus, so hatte dies für die bevorstehenden Rechtsfolgen keine Bedeutung – er blieb weiterhin unwürdig. Das Ereptionsrecht behielt seine Gültigkeit sogar nach dem Tod des *indignus*. Der Tod eines Erben, welcher

---

nihil ex bonis suis alienare aut manumittere eum posse. Ex ceteris vero delictis poena incipere ab herede ita demum potest, si vivo reo accusatio mota est, licet non fuit condemnatio secuta.

46 *Puchta*, Pandekten 785.

47 Scaev. 30 dig. D 34.9.26: *Si vivo testatore decesserit is, cui illicite legatum relictum erat, non fisco hoc vindicatur, sed apud eum a quo relictum est remanet.*

48 *Eck*, Indignität 47–48.

aufgrund der Versäumung der Rachepflicht unwürdig geworden war, hatte keinerlei Auswirkungen auf den Fortbestand der Indignitätsfolgen. Der folgende Sachverhalt wurde durch ein Rechtsgutachten von Paulus überliefert[49] und behandelt einen sehr wichtigen dogmatischen Punkt der römischen Indignität. Die Unwürdigkeit erlosch mit dem Tod des undankbaren Erben nicht. Sie „lebte" weiter und ging auf die Erben des *indignus* über. Diese Annahme findet ihre dogmatische Grundlage im folgenden Fragment von Marcianus:

> *Marcell. 30 dig. D. 48.10.26*
> *Si quis patris sui testamentum aboleverit et, quasi intestatus decessisset, pro herede gesserit atque ita diem suum obierit: iustissime tota hereditas paterna heredi eius eripietur.*[50]
>
> D. 48.10.26 (Marcellus im 30. Buch der Digesten)
> Wenn Jemand seines Vaters Testament unterschlagen und sich, als sei er testamentslos gestorben, als Erbe benommen hat, und so gestorben ist, so wird seinem Erben mit vollem Rechte die ganze väterliche Erbschaft entrissen werden.[51]

Ob die Entstehung der Ereption von einem konkreten Willensakt abhängig war, lässt sich mit keinem direkten Quellenbeleg der Digesten belegen. Auch in dieser Frage wird in der Forschung auf Hypothesen und Vermutungen verwiesen. Aus dogmatischer Sicht waren zwei Wege denkbar: Die Rechtsfolgen der Indignität traten entweder *ipso iure* oder durch eine konkrete Willenserklärung ein.

Windscheid[52] vertritt die Ansicht, dass die Indignität unmittelbar mit der Delation der Erbschaft an den *indignus* eintrat. Er beruft sich dabei auf den ulpianischen Kommentar zu den augusteischen Ehegesetzen: *Lege nobis adquiritur velut caducum velut ereptorium ex lege Papia Poppaea*[53]. Dieses ulpianische Fragment behandelt aber nur eine bestimmte Art des Eigentumserwerbes aufgrund eines Gesetzes und nicht die Entstehungsmodalitäten der Ereption. Die *bona caduca* und die *bona ereptoria* benötigten keinen besonderen *modus acquirendi* – anders als bei den Fällen der Manzipation. Der Eigentumserwerb erfolgte in diesen Fällen ohne eine weitere Handlung[54].

---

49 Paul. 16 resp. D. 29.5.22: *Gaius seius cum languesceret, questus est se veneno occidi a servo suo et sic exspiravit: cui heres exstitit lucia titia soror et mortem eius exsequi neglexit et ipsa post annum decimum decessit: exstitit qui bona nuntiaret gaii seii: quaero, an morte titiae extinctum sit crimen. paulus respondit causam, de qua quaeritur, cum sit pecuniaria, morte ingratae heredis extinctam non videri.*

50 Vgl. Pap. 13 resp. D. 48.10.12: *Cum falsi reus ante crimen illatum aut sententiam dictam vita decedit, cessante Cornelia quod scelere quaesitum est heredi non relinquitur.*

51 *Otto/Schilling/Sintenis* (Hgg.), Das Corpus Iuris Civilis (1830) 984.

52 *Windscheid/Kipp*, Lehrbuch der Pandekten III 438.

53 Ulp. tit. 17,1.

54 *Eck*, Indignität 51.

Der andere Teil der Pandektenvertreter[55] sprach sich für das Erfordernis einer gültigen Willenserklärung, der sog. Indignitätserklärung, aus. Diese wurde vom Fiskus als dem Vertreter des römischen Staates ausgesprochen. Diese Ansicht stützt sich auf folgende Digestenstellen:

Ulp. 24 Sab. D. 30.50.2
Si quis ante quaestionem de familia habitam adierit hereditatem vel necem testatoris non defenderit, legatorum persecutio adversus fiscum locum habet. quid tamen, si fiscus bona non adgnoscat?[...]

D. 30.50.2 (Ulpian im 24. Buch zu Sabinus[56])
Wenn jemand die Erbschaft antritt, ehe die Befragung des Sklavengesindes unter Folter stattgefunden hat, oder wenn er für den gewaltsamen Tod des Erblassers keine Vergeltung gesucht hat, sind die Vermächtnisse gegen den Fiskus gelten zu machen. Was aber, wenn der Fiskus das Vermögen nicht annimmt? [...][57]

Ulp. 60 ed. D. 40.5.4.17
Eadem constitutio prospexit, ut, si fiscus bona admiserit, aeque libertates competant: ergo sive iacent bona fisco spernente sive adgnoverit, constitutio locum habet [...]

D. 40.5.4.17 (Ulpian im 60. Buch zum Edikt[58])
Dieselbe Konstitution hat dafür gesorgt, dass, wenn der Fiskus das Vermögen an sich genommen hat, die Freiheiten auf gleiche Weise zustehen. Also mag nun der Nachlass, weil der Fiskus ihn nicht haben will, ruhen, oder mag er ihn angenommen haben, die Konstitution hat Statt. [...][59]

Die beiden zitierten ulpianischen Fragmente sehen in Indignitäts- und Kaduzitätsfällen einen Agnitionsakt des Staates vor. Dieser besagt, dass der Staat mittels einer Willenserklärung den Erwerb einer Erbschaft annehmen oder ablehnen konnte.

Das erste Fragment (D. 30.50.2) schildert einen Erbunwürdigkeitsfall, in welchem der Erbe den Mörder des Erblassers nicht gerichtlich verfolgte. Ulpian

---

55 Siehe dazu *Puchta*, Pandekten 785; *Köppen*, Lehrbuch 155–157; *Eck*, Indignität 65–66.

56 Das zitierte Fragment stammt aus Ulpians 24. Buch seiner Kommentarreihe *ad Masurium Sabinum*. Dieses Werk stellt die umfangreiche Darstellung des *ius civilie* nach dem System des Sabinus dar und enthält insgesamt 51 Bücher. Nach *Lenels* Palingenesie behandelt das 24. Buch die Vermächtnisse. Vgl. *Lenel*, Palingenesie II 1110.

57 *Knütel/Kupisch/Rüfner/Seiler* (Hgg.), Corpus Iuris Civilis V 286.

58 Die gegenständliche Digestenstelle entstammt dem 60. Buch des Kommentars zum prätorischen Edikt. Dieses Buch trägt den Titel *Quibus ex causis in possessionem eatur*. Das zitierte Fragment ist im zweiten Abschnitt dieses Kommentarbuches zu finden und befasst sich mit der Rechtslage nach dem vorzeitigen Tod des Erblassers (*Cui heres non extabit.*). *Lenel*, Palingenesie II 783.

59 *Otto/Schilling/Sintenis* (Hgg.), Das Corpus Iuris Civilis 144.

fragte in seinem Kommentar, an wen sich die Vermächtnisnehmer wenden sollten, wenn der Fiskus die Annahme der Erbschaft ablehnte.

Das zweite Fragment (D. 40.5.4.17) regelt die Rechtsfragen der Freilassung im Rahmen eines Fideikommisses. Ulpian stellte fest, dass die angesetzte Freilassung auch bei der Ablehnung der Erbschaft durch den Fiskus fortbestehen musste. Aufgrund der vorliegenden Fragmente kann man behaupten, dass der Eintritt der Ereption von einer Willenserklärung des Fiskus abhängig war. Er konnte den verfallenen Nachlass annehmen oder ablehnen[60].

Den letzten ungeklärten und zweifelhaften Punkt stellt die Frage dar, ob das römische Recht eine Verjährungsfrist für die Ereption vorsah. Die Digesten geben auch in dieser Hinsicht keine eindeutige Antwort. Eine bestimmte Frist wird im *Corpus Iuris Civilis* nicht genannt. Auch in diesem Fall wird man auf den Weg der Analogie verwiesen. Der erste Hinweis stammt von Marcianus. Dieser besagt, dass die Forderungen des Fiskus innerhalb von 20 Jahren verjährten, soweit der Kaiser nicht anders entschied[61]. Die kaiserliche Entscheidung konnte im Rahmen eines geäußerten Verzichtes vorliegen[62]. Die kaiserlichen Gnadenakte wurden in Rom in Bezug auf Steuerschulden häufig ausgesprochen.

cc. Die Rechtsstellung des kaiserlichen Fiskus

Mit dem Entzug des verfallenen Nachlasses trat der Eripient an die Stelle des Erbunwürdigen. Der folgende Rechtsvorgang ist aus dogmatischer Sicht sehr interessant und wirft viele strittige Fragen auf: Welche Rechte und Pflichten wurden im Rahmen dieses Rechtsaktes übertragen? Wurde der Eripient dadurch ein Erbe des Erblassers? In welchem Umfang wurde die verfallene Erbschaft entrissen?

Vor der Behandlung dieser Fragen werden im folgenden Absatz die Person des Eripienten und der Aufbau der fiskalischen Beamtenorganisation des römischen Kaisertums näher erläutert. Die römischen Quellenbelege erwähnen zwei Vertreter des römischen Staates, welche für die verfallenen oder weggenommenen Erbschaften zuständig waren – das *aearium populi* (die römische Staatskasse) und der kaiserliche Fiskus. Vor deren Zuständigkeit waren ursprünglich die Prätoren zur Einleitung des fiskalischen Verfahrens vor dem Ärarium berechtigt. Seit Kaiser

---

60 Vgl. *Eck*, Indignität 50–51; *Krüger*, Indignität und Erbunwürdigkeit 30–31; *Hempel*, Erbunwürdigkeit (1969) 18–19.

61 Marcian. 2 iud. publ. D. 48.17.3: *Quamcumque enim quaestionem apud fiscum, si non alia sit propria praescriptio, viginti annorum silentio praescribi divi principes voluerunt.*

62 Ulp. 24 Sab. D. 30.50.2: *[…]si fiscus bona non adgnoscat?[…].*

Neros Regierungszeit ging diese Zuständigkeit auf die sog. *praefecti aerarii*, kaiserliche Beamte senatorischen Rangs, über. Diese waren für das Verfahren und für den endgültigen Entzug der Erbgüter zuständig. Im Verlauf der Zeit bewies der kaiserliche Fiskus im Bereich des Heimfallrechtes eine immer stärkere Position und konnte ab Hadrians und Marcus Aurelius' Regierungszeiten die heimfallenden Erbschaften zur Gänze beanspruchen. Das Heimfallrecht des Fiskus verdrängte dabei nicht die prozessuale Jurisdiktion des Ärars in Heimfallprozessen. Zur Führung solcher Prozesse war der Vorsteher des jeweils zuständigen Ärars ermächtigt[63].

Im Rahmen der Ereption verdrängte der Fiskus den unwürdigen Erben aus seiner Erbenstellung und erwarb dadurch die ihm angefallene Erbschaft. Das Eigentumsrecht an den Erbschaftssachen ging somit auf den Fiskus über, die Erbenstellung des *indignus* blieb dagegen unberührt. Dem Fiskus standen ab diesem Zeitpunkt die einzelnen aus der Erbschaft herauswachsenden dinglichen Klagen zu[64]. Außerdem übernahm er sämtliche aus dem Nachlass stammenden Forderungen und Schulden, deren Inhalt unberührt blieb[65]. Der Eripient war weiters zur Erfüllung der testamentarisch aufgesetzten Vermächtnisse und Freilassungen verpflichtet.

In welchem Umfang der Fiskus berechtigt war, eine Erbschaft zu entziehen, war von der Art der Erbfolge abhängig. Ein testamentarisch eingesetzter *indignus* verlor all das, was ihm der Erblasser im Rahmen seines Testaments zugesprochen hatte. Einem unwürdigen Intestaterben wurde sein gesetzlich vorgeschriebener Teil entzogen und einem unwürdigen Vermächtnisnehmer das ausgesetzte Legat. Der Fiskus konnte je nach Art der Erbfolge entweder als Universalsukzessor oder als Singularsukzessor agieren. Dabei sollten die übrigen Teile des letzten Willens, soweit dies möglich war, geschont bleiben[66].

---

63 Noch unter Kaiser Augustus waren die Prätoren dafür zuständig. Seit Nero ging diese Zuständigkeit auf zwei kaiserliche Beamte senatorischen Rangs, *praefecti aerarii*, über. Der Fiskus wurde anfänglich überraschenderweise dem ordentlichen Zivilrechtsweg unterworfen und musste seine Forderungen vor dem Prätor durchsetzen. Erst mit Kaiser Claudius' Senatsbeschluss wurde die gesamte Ziviljurisdiktion zwischen dem Fiskus und den Privaten an die kaiserlichen Prokuratoren überwiesen. Letztendlich endete unter Kaiser Marcus Aurelius' Herrschaft der Zuständigkeitsweg bei den schon erwähnten *praefecti aerarii*. Vgl. C. 10.1.2; *Mommsen*, Römisches Staatsrecht II 1020.

64 Ulp. 6 fideic. D. 49.14.43: *Imperator noster rescripsit fiscum in rem habere actiones ex tacito fideicommisso.*

65 Pap. 15 resp. D. 34.9.18.1: *Bonis universis ex causa taciti fideicommissi fisco restitutis heredem onus aeris alieni non spectare convenit […]*

66 Vgl. *Keller*, Institutionen 417–418; *Puchta*, Pandekten 785–786.

Die Indignitätsfälle wurden mittels *bonorum vindicatio* (in der Fachliteratur auch als Ereptionsklage oder *vindicatio caduorum* bezeichnet) verfahrensrechtlich abgewickelt[67]. Sie war eine Universalklage und sah ihr Vorbild in der *hereditatis petitio*. Für die Klageerhebung waren ursprünglich die *procuratores fisci* und seit Kaiser Hadrian die *advocati fisci* zuständig.

Der Eripient war über weite Strecken ein sehr strittiges Thema in jenen Ländern, die das römische Recht rezipierten. Die Rechtsgelehrten waren nicht immer mit dem Entzugsrecht des Fiskus einverstanden. Der Vorwurf der ungerechtfertigten Benachteiligung der nächststehenden Angehörigen des Verstorbenen führte dazu, dass das Ereptionsrecht des Fiskus in vielen Fällen nicht übernommen wurde.

c. *Rechtsstellung des* indignus

aa. *Blieb der Erbunwürdige ein Erbe?*

Die dogmatischen Rechtsfragen bezüglich der rechtlichen Stellung des Unwürdigen orientieren sich grundsätzlich an den Veränderungen, die durch den Entzug der verfallenen Erbschaft eintraten. Ein romanistisch interessierter Jurist wird zuerst die Erbenstellung des *indignus* infrage stellen. Die Antwort auf diese Frage ist in Paulus' Rechtsgutachten zu finden.

> *Paul. 9 quaest. D. 28.6.43.3*
> *[…] respondi: qui in fraudem legum fidem accommodat, adeundo heres efficitur nec desinet heres esse, licet res quae relictae sunt auferuntur[…]*

> D. 28.6.43.3 (Paulus im 9. Buch der Rechtsfragen:[68])
> […] ich habe gutachtlich entschieden: Wer unter Umgehung des Gesetzes ein Versprechen gibt, wird mit dem Erbschaftsantritt Erbe und verliert auch nicht seine Erbenstellung, mögen ihm auch die Gegenstände, die ihm unter diesen Umständen hinterlassen wurden, entzogen werden […][69]

Paulus referiert einen Sachverhalt, in welchem ein Ersatzerbe mittels eines Fideikommisses dem Erblasser versprach, einem Erwerbsunfähigen einen Teil der Erbschaft zu übergeben. Da die Umgehung der Kaduzitätsgesetze mittels eines Fideikommisses einen Indignitätsgrund darstellte, verlor der Erbe seine Erbwürdigkeit. Paulus

---

67 Gai. 11 l. Iul. Pap. D. 49.14.14: *Dicitur, ex asse hereditates ex silaniano cum fiscus vindicasset, ut nec libertates nec legata tueatur. quod aperte nullam habet rationem, cum ex quibuslibet aliis causis fisco vindicatis hereditatibus et libertates et legata maneant.*

68 Das gegenständliche Fragment entstammt dem 9. Buch der Rechtsfragen. In diesem Buch behandelt Paulus die Rechtsfragen zu Testamenten (*de testamentis*) und Vermächtnissen (*de legatis*). Vgl. *Lenel*, Palingenesie I 1204.

69 *Knütel/Kupisch/Rüfner/Seiler* (Hgg.), Corpus Iuris Civilis V 121.

gibt deutlich zu erkennen, dass die festgestellte Indignität den bereits erfolgten Erbschaftsantritt nicht rückgängig machen konnte. Der *indignus* blieb dogmatisch gesehen weiterhin ein Erbe, die ihm unter diesen Umständen hinterlassenen Gegenstände wurden ihm jedoch vom Fiskus entzogen. Die zivilrechtliche Gültigkeit der aus dieser Erbenstellung herausgewachsenen Klagen wurde ihm verweigert[70].

Eine nächste wichtige Veränderung der Rechte des Unwürdigen stellte die Konfusion dar. Unter Konfusion verstand man die Vereinigung aller rechtlichen Verbindlichkeiten und Forderungen zwischen dem unwürdigen Erben und dem Erblasser. Diese trat nach der erfolgreichen Ereption der Erbschaft ein. Sobald die Klagen des Erben durch die Konfusion erloschen waren, konnten sie nicht mehr wiederhergestellt werden[71]. Die römische Jurisprudenz sah jedoch eine Ausnahme zugunsten des Erben vor. Die Restitution der Klagen wurde nur unter der Voraussetzung des fahrlässigen Handelns zugelassen. Papinian ließ ein erloschenes Klagerecht des Erben wiederherstellen, wenn dieser wegen Unkenntnis der Sachlage getäuscht war und daher unbewusst handelte. Er genoss in diesem Zusammenhang das Verteidigungsmittel des gutgläubigen Besitzers.

Ein weiterer Verweis auf die Besitzverhältnisse erfolgte bei der sog. Früchtefrage. Hatte der Erbe durch die Inanspruchnahme der Erbschaft Gewinn, Zinsen oder Früchte aus ihr gezogen, so war er verpflichtet, diese zurückzugeben. Er wurde dabei entweder wie ein gutgläubiger oder bösgläubiger Besitzer behandelt. Diese Beurteilung hing von der Intensität seiner Handlung, die entweder von Irrtum, Fahrlässigkeit oder Vorsatz getragen wurde, ab[72].

bb. Verfügungen am verfallenen Nachlass und ihre Gültigkeit

Die zuerkannte (beibehaltene) Erbenstellung des *indignus* lässt viele weitere strittige Fragen offen. Der Fiskus konnte dem *indignus* die verfallene Erbschaft

70 Ulp. 14 I. Iul. Pap. D. 34.9.9.2: *[…] denegatur eius quod testamento accepit persecutio[…];* D. 49.14.29.1 (Ulpianus libro octavo disputationum): *Eum, qui falsum testamentum dixit, posse adire hereditatem constat: sed denegatis ei actionibus fisco locus erit.* Vgl. *Kaser*, Das römische Privatrecht I 727.

71 Mod. 9 reg. D. 34.9.8: *Indigno herede pronuntiato adempta hereditate confusas actiones restitui non oportet.*

72 Pap. 13 resp. D. 34.9.17 (Papinianus libro tertio decimo responsorum): *Heredem, qui sciens defuncti vindictam insuper habuit, fructus omnes restituere cogendum existimavi nec probe desideraturum actionem confusam restitui: deceptum autem ignoratione facti bonae fidei possessoris defensionem habiturum ante motam scilicet controversiam, si ratio fructuum subducatur, nec improbe confusam actionem reddi postulaturum.* Siehe dazu ebenfalls Pap. 15 resp. D. 34.9.18.

unter zwei Umständen entreißen: Entweder wurde sie direkt nach der Delation oder erst später, nachdem sie dem Unwürdigen angefallen war, entzogen. Der erste Fall ist recht unproblematisch – der Betroffene konnte aus der Erbschaft weder Nutzen ziehen noch an ihr Schaden verursachen. Der zweite Fall sieht dagegen anders aus. Da dem *indignus* die Erbenstellung nicht entzogen wurde, konnte er über die erlangte Erbschaft frei verfügen. Aus dogmatischer Sicht ist es interessant, ob die bis zur Geltendmachung der Ereption getätigten Verfügungen über die Erbschaft ihre Gültigkeit beibehielten.

Eine direkte Digestenquelle, die diese Frage bejahen oder verneinen würde, ist nicht vorhanden. Die Pandektenliteratur vertritt in dieser Frage mehrheitlich eine gemeinsame Ansicht: Die Verfügungen seien *ex tunc* nichtig gewesen. *Windscheid, Keller, Köppen, Sintens, Baron, Dernburg*[73] berufen sich dabei auf das folgende Digestenfragment:

> *Scaev. 2 resp. D. 26.7.47.5*
> *Lucius titius mutuam pecuniam a tutore accepit et rem hereditariam pignori ei dedit: post triennium iam puberibus his, quorum tutela administrata est, fisco bona defuncti adiudicata sunt, quia mortem eius heres non est ultus: quaeritur, an id nomen pupillus recusare possit. respondi secundum ea quae proponuntur id nomen ad onus tutorum non pertinere.*

> D. 26.7.47.5 (Scaevola im 2. Buch seiner Rechtsgutachten[74])
> Lucius Titius hat von einem Vormund Geld als Darlehen erhalten und ihm eine Erbschaftssache als Pfand gegeben. Nach drei Jahren, als diejenigen, deren Vormundschaft geführt worden war, schon mündig waren, wurde der Nachlass des Verstorbenen durch Urteil zugesprochen, weil der Erbe dessen Tod nicht geahndet hatte. Es wird angefragt, ob das Mündel diese Forderung [bei der Rechnungslegung über die Vormundschaft] zurückweisen kann. Ich habe gutachtlich entschieden, dass nach dem, was vorgetragen wird, diese Forderung nicht zu Lasten der Vormünder geht.[75]

Lucius Titus erhielt als Tutor von seinem Mündel ein Darlehen. Zur Sicherung dieser Forderung gab Titus seinem Darlehensgeber (in diesem Fall dem Mündel) eine Erbschaftssache als Pfand. Nachdem das Mündel seine Mündigkeit erreicht hatte, wurde der Nachlass des Verstorbenen samt dem verpfändeten Erbgut durch ein Urteil dem Fiskus adjudiziert. Titus ahndete den Tod seines Erblassers nicht gemäß des Senatsbeschlusses *Silanianum* und wurde dadurch

---

73 *Windscheid/Kipp*, Lehrbuch der Pandekten III 830; *Köppen*, Lehrbuch 156; *Keller*, Institutionen 417; *Sintenis*, Grundriss zur Pandekten-Vorlesung 661; *Baron*, Pandekten 746.

74 Das gegenständliche Fragment stammt aus Scaevolas zweitem Buch der Rechtsgutachten. In diesem ist nach *Lenels* Palingenesie Fallmaterial zum Vormundschaftsrecht (*de tutelis*) gesammelt. Vgl. *Lenel*, Palingenesie II 294–295.

75 *Knütel/Kupisch/Seiler/Behrends*, Corpus Iuris Civilis IV 415.

erbunwürdig. Scaevola wurde in diesem Zusammenhang gefragt, ob das eingeräumte Pfand rechtswirksam war und ob die Darlehensforderung zu Lasten des Mündels ging. Nach der Erreichung der Mündigkeit war der Tutor zur Rechnungslegung über die Vormundschaftszeit verpflichtet. Scaevola entschied in seinem Rechtsgutachten, dass die gegenständliche Forderung zu den Aktivposten des Mündels zählte. Die Anerkennung dieses Anspruches bedeutete gleichzeitig, dass das Mündel nicht auf die verpfändete Sache zurückgreifen konnte. Diese wurde bereits seitens der fiskalischen Beamten in die kaiserliche Staatskasse eingezogen. Durch die geäußerte Indignitätserklärung ging das Eigentumsrecht der verpfändeten Sache auf den Fiskus über. Aus dieser Annahme ist folgende Schlussfolgerung zu ziehen: Das vom *indignus* eingeräumte Pfandrecht, eine zivilrechtliche Verfügung, war ungültig.

Eine gegenteilige Meinung vertritt *Eck*[76]. Er behauptet, dass *Windscheids* Lehre von der Nichtigkeit der Verfügungen des Erbunwürdigen durch ihr Gegenteil ersetzt werden muss: Die am Nachlass getätigten Verfügungen seien bis zur Ereption rechtsgültig gewesen. *Eck* weist vor allem auf die praxisfremden Folgen dieser Entscheidung hin. Der *indignus* wäre bis zur gerichtlichen Entscheidung über seine Erbunwürdigkeit mit der Verwaltung des Nachlasses zivilrechtlich quasi lahmgelegt geworden. Das Urteil konnte ebenso die Unwürdigkeit des Betroffenen ablehnen. Weiters wurden dadurch die Interessen eines möglichen Dritten wesentlich gefährdet. Ein Gläubiger des *indignus* konnte in Unkenntnis der Indignität die von ihm erworbenen Rechte mit dem Eintritt der Ereption verlieren[77]. Den entscheidenden Beweis für die Richtigkeit seiner Auffassung findet *Eck* in der folgenden Digestenstelle:

Paul. 1 fisc. D. 34.9.5.5
Si filius familias falsum accusaverit testamentum, videndum est, an denegari debeat actio patri: et puto, si invito patre accusavit, non esse denegandam patri actionem.

D. 34.9.5.5 (Paulus im 1. Buch über das Recht des Fiskus[78])
Wir wollen sehen, ob dem Vater die Klage [aus einem Testament] verweigert werden muss, wenn ein Haussohn das Testament angreift. Und nach meiner Ansicht darf sie dem Vater nicht verweigert werden, wenn der Sohn das Testament ohne Willen des Vaters angegriffen hat.[79]

---

76 *Eck*, Indignität 58.

77 *Eck*, Indignität 60.

78 Das gegenständliche Digestenfragment stammt aus Paulus' Einzelbuch, das sich ausschließlich mit dem kaiserlichen Fiskalrecht beschäftigt. Vgl. *Lenel*, Palingenesie I 1116.

79 *Knütel/Kupisch/Rüfner/Seiler*, Corpus Iuris Civilis V 694.

Ein Sohn wurde von einem *testator extraneus* als Erbe eingesetzt. Dieser focht das gegenständliche Testament als gefälscht an. Er wurde daher erbunwürdig. Der Sohn hatte seinerseits seinen eigenen *pater familias.* Dieser erwarb aufgrund seiner *potestas* all das, was sein Sohn zivilrechtlich erlangt hatte – auch die von ihm erworbene Erbschaft. Paulus wurde gefragt, ob der *pater familias* die zugewandte Erbschaft behalten durfte. Paulus machte diese Entscheidung vom Willen des Vaters abhängig. Handelte der Sohn eigenwillig und ohne Wissen seines Vaters, sollte das Familienoberhaupt die aufgrund seiner Machtstellung erworbenen Forderungen am Nachlass nicht verlieren. Genau mit dieser Verneinung begründet *Eck* seine aufgestellte Hypothese, *[...] dass die von Dritten als Rechtsnachfolgern des Indignus an der Erbschaft erworbenen Rechte auch nach der Ereption in Geltung bleiben*[80].

Die Problematik des mittelbaren Erbschaftserwerbs eines Familienoberhauptes von einem unwürdigen Familienangehörigen ist der vorliegenden Untersuchung nicht fremd. Diese Thematik wurde bereits von Paulus behandelt. In der Digestenstelle 48.20.7.4 heißt es aber, dass der *pater familias* die Rechte an der Erbschaft verlieren sollte. In der von *Eck* zitierten Stelle konnte der Familienvater den Nachlass jedoch behalten. Schaut man die beiden zitierten Quellen genauer an, so wird man feststellen, dass in beiden Fällen die Beweggründe bzw. die Motive unterschiedlich sind. Im ersten Fall (D. 48.20.7.4) war dem *pater familias* bewusst, dass seine Tochter den *testator extrenaus* getötet hatte. Er forderte sie sogar auf, die Erbschaft anzutreten. Im zweiten Fall (D. 34.9.5.5) war das Handeln des Sohnes dem Familienvater gänzlich unbewusst. Dadurch war er m.E. berechtigt, die Erbschaft zu behalten.

2. Indignität und andere erbrechtliche Sanktionen

a. Vorbemerkungen

Die Erbunwürdigkeit war nicht der einzige rechtliche Weg, um den unmoralischen bzw. gesetzesuntreuen Erben von der Erbschaft fernzuhalten. Die römische Rechtsordnung sah neben der Indignität die Rechtsinstitute der Enterbung (*exheredatio*), der Erwerbsunfähigkeit (*incapacitas*) und der Erbunfähigkeit (*testamenti factio passiva*) als mögliche Schutzmaßnahmen der Erblasser gegen die sittenwidrigen Handlungen der Erben an. In vielen Fällen griff sogar der römische Staat selbst zu diesen Maßnahmen, welche die Gestalt von staatlichen Sanktionen annahmen. Dabei gewannen das politische Kalkül und die kaiserliche

80 *Eck*, Indignität 61.

Finanzpolitik die Oberhand gegenüber den ursprünglichen moralischen Leitgedanken der genannten Rechtsinstitute, da sie als zusätzliche Geldquellen der römischen Kaiser fungieren sollten[81].

b. *Erbfähigkeit* (testamenti factio passiva)

Die Erbfähigkeit, welche bei Anfall der Erbschaft vorhanden sein musste, ermöglichte einer bestimmten Person, einen Nachlass auf testamentarischem oder gesetzlichem Weg zu erlangen. Als erbfähige Personen sah das römische Recht alle gewaltfreien römischen Bürger[82] sowie freigelassenen Sklaven an[83]. Darüber hinaus wurde die Erbunfähigkeit als Strafe eingesetzt. Der Betroffene wurde nicht nur von der gesetzlichen und der testamentarischen Erbfolge, sondern auch von jeglichem Erwerb von Todes wegen – z.B. im Rahmen eines Vermächtnisses oder einer *donatio mortis causa* – ausgeschlossen[84]. Dieser Rechtszustand trat vor allem dann ein, wenn der Erbe zu einer mit dem Verlust der Freiheit oder der Bürgerrechte verbundenen Strafe verurteilt wurde[85]. Dieser Entzug des Bürgerrechts stellte im römischen Strafrecht nie eine selbstständige Strafe dar, sondern war eine Rechtsfolge eines begangenen Staatsverbrechens und wurde zusätzlich zu der verhängten Strafe ausgesprochen[86]. Als Beispiel einer solchen Sanktion sei die sog. *deportatio* erwähnt.

> *Aelius Anton. C. 6.24.1:*
> *Qui deportantur, si heredes scribantur, tamquam peregrine capere non possunt, sed hereditas in ea causa est, in qua esset, si scripti non fuissent. Sine die et consule.*
>
> C. 6.24.1. (Der Kaiser Titus Aelius Antoninus an Antestiano):
> Deportierte können, wenn sie zu Erben eingesetzt worden sind, als Ausländer die Erbschaft nicht antreten, vielmehr ist die Erbschaft in derselben Lage, in welcher sie sein würde, wenn sie nicht zu Erben eingesetzt worden wären.[87]

Als *deportatio* verstand man eine mit dem Verlust des römischen Bürgerrechts verbundene zwangsweise Entfernung eines rechtskräftig verurteilten Verbrechers

---

81 *Bund*, FS Wieacker 51–53.

82 Vgl. Ulp Tit. 22, § 1f.

83 Vgl. Gai. Inst. 2, 185ff. Siehe dazu *Kaser*, Das römische Privatrecht I 683–684.

84 *Kaser*, Das römische Privatrecht II (1975) 487.

85 *Schirmer*, Handbuch des römischen Erbrechtes I (1863) 37.

86 *Mommsen*, Römisches Strafrecht (1955) 956–957.

87 *Haller*, Corpus Iuris Civilis. Das römische Zivilrecht. Der Codex Iustiniani. Buch VI [Elektronische Ressource] URL: http://www.opera-platonis.de/CI/CI_B6.pdf (Stand 02.06.2016)

zu einem lebenslänglichen Aufenthalt auf einer entlegenen Insel[88]. Diese Sanktion diente als bedeutendes und wirkungsvolles politisches Repressionsmittel gegenüber missliebigen und „problematischen" Angehörigen der Oberschicht[89]. Aufgrund dieses Verlustes war der verbannte Verbrecher von der Teilnahme am Rechtsverkehr der römischen Bürger nach dem *ius civile* ausgeschlossen. Er wurde wie ein *peregrinus* behandelt und konnte weder erben noch beerbt werden[90]. Der letzte Satz des zitierten Fragments schildert die gegenständlichen Rechtsfolgen der Deportationsstrafe: Die Erbfolge sollte so erfolgen, als wenn der verurteilte Erbe nicht eingesetzt worden wäre. Die Erbeinsetzung des Deportierten galt daher als nicht geschrieben. In der Regel kam danach die gesetzliche Erbfolge zur Anwendung[91].

Der Verlust des Bürgerrechts – und damit der Erbfähigkeit – trat ebenso bei Verurteilung zu lebenslanger Zwangsarbeit und zur Bergwerksstrafe (*damnatio in metallum*) ein. Durch die Verurteilung *in metallum* verlor der Verurteilte nicht nur sein Bürgerrecht und sein Vermögen, sondern auch seine Freiheit[92]. Er wurde letztendlich wie ein Sklave behandelt und trat in das Eigentum des Staates ein. Er wurde jedoch im Unterschied zu den anderen staatlichen Sklaven als „Strafsklave" (*servus poenae*) bezeichnet. Er konnte weder als Erbe eingesetzt werden[93] noch konnte er rechtskräftige Verfügungen von Todes wegen tätigen[94]. Im Falle der testamentarischen Einsetzung eines Verurteilten *in metallum* kam ebenso die Fiktion *pro non scripto habetur* zur Anwendung und ließ die Erbeinsetzung als nicht geschrieben gelten[95].

Die *testamenti factio passiva* war vor allem im anfänglichen Verfahrensstadium der Erbfolge, d.h. vor der Testamentserrichtung, von Bedeutung. Eine bestimmte Person konnte aufgrund der fehlenden Erbfähigkeit nicht als Erbe eingesetzt werden. Die schon erwähnte Fiktion *pro non scripto habetur* ließ die

88 *Holtzendorff*, Die Deportationsstrafe im römischen Altertum: hinsichtlich ihrer Entstehung und rechtsgeschichtlichen Entwicklung dargestellt (1859) 71.

89 *Holtzendorff*, Die Deportationsstrafe 53.

90 Der Verurteilte konnte nicht freigelassen werden (vgl. D. 48.22.2). *Mommsen*, Römisches Strafrecht 958.

91 *Müller-Eiselt*, Divus Pius Constituit: kaiserliches Erbrecht (1982) 220.

92 *Mommsen*, Römisches Strafrecht 958–959.

93 Marcian. 1 inst. D. 48.19.17: *Sunt quidam servi poenae, ut sunt in metallum dati et in opus metalli: et si quid eis testamento datum fuerit, pro non scriptis est, quasi non caesaris servo datum, sed poenae.*

94 Ulp. 8 Sab. D. 29.2.25.3: *Si quis plane servus poenae fuerit effectus ad gladium vel ad bestias vel in metallum damnatus, si fuerit heres institutus, pro non scripto hoc habebitur: idque divus pius rescripsit.* Vgl. *Mommsen*, Römisches Strafrecht 947–948.

95 *Müller-Eiselt*, Divus Pius Constituit 221–223.

Erbeinsetzung nicht zu – sie galt als nicht geschrieben. Welches Schicksal die Erbschaft zu erwarten hatte, ist unklar. In vielen Fällen erhob der römische Staat Ansprüche auf gegenständliche Erbschaftssachen. Bei einer Verurteilung *in metallum* argumentierte der Staat diese Befugnis mit dem Erwerb des Eigentumsrechts an dem als *servus poenae* eingestuften Verbrecher. Dieser Anspruch und seine gegenständliche Argumentation wurden von Kaiser Antoninus Pius zurückgewiesen[96]. Er bestritt zwar das bestehende Eigentumsverhältnis des „Strafsklaven" nicht, jedoch betonte er, dass es dem Kaiser verschmäht sei, Sachen anzunehmen, die ihm im Testament hinterlassen wurden[97].

c. *Erwerbsunfähigkeit* (incapacitas)

Die Erwerbsunfähigkeit wird vor allem mit Kaiser Augustus' Ehegesetzgebung und seinen bevölkerungs- und sozialpolitischen Reformen in Verbindung gebracht. Mit seinen Gesetzen setzte sich Augustus zum Ziel, die römische Bürgerschaft zu stärken und zu erneuern. Dieses Vorhaben sollte mit der Förderung der Eheschließung und der Kinderzeugung sowie mit der Verhinderung von unerwünschten Ehen erreicht werden[98]. Dies wurde in den beiden Hauptgesetzen *lex Iulia de maritandis ordinibus* (*Über die Verheiratung der Bürgerstände*) aus dem Jahr 18 v. Chr. und *lex Papia Poppaea*[99] aus dem Jahr 9 n. Chr. festgehalten. Die Gesetze enthalten ein abgestuftes System von Privilegien und Sanktionen zur Förderung der Geburt legitimer Nachkommen.

Die wichtigste Sanktion der *lex Iulia et Papia* war der völlige Ausschluss von Unverheirateten (*caelibes*) im ehepflichtigen Alter von der Annahme einer

---

96 Call. 6 cogn. D. 49.14.12: *In metallum damnatis libertas adimitur, cum etiam verberibus servilibus coercentur. sane per huiusmodi personam fisco nihil adquiri divus pius rescripsit: et ideo quod legatum erat ei, qui postea in metallum damnatus erat, ad fiscum non pertinere rescripsit magisque ait poenae eos quam fisci servos esse.* Vgl. Marcian. 11 inst. D. 34.8.3 pr.: *Si in metallum damnato quid extra causam alimentorum relictum fuerit, pro non scripto est nec ad fiscum pertinet: nam poenae servus est, non caesaris: et ita divus pius rescripsit.*

97 *Mommsen*, Römisches Strafrecht 948 Anm. 1.

98 *Kaser*, Das römische Privatrecht I 318.

99 Die *lex Iulia de maritandis ordinibus* wurde von Augustus selbst im Jahr 18 v. Chr. kraft seiner tribunizianischen Gewalt erlassen. Die *lex Papia Poppaea* war ein konsularisches Gesetz. Die Gesetze sind in der ursprünglich überlieferten Form nicht mehr vorhanden. Die Forschung ist in diesem Fall auf Justinians Digesten – unter dem Titel *ad legem Iuliam et Papiam* – und auf zahlreiche Kommentare römischer Juristen wie Ulpian, Gaius, Paulus, Marcellus, Terentius Clemens und Iunius Mauricianus angewiesen.

ihnen testamentarisch[100] vermachten Erbschaft oder eines Legats. Kinderlos Verheiratete (*orbi*) verloren dagegen nur die Hälfte[101]. Außerdem konnten kinderlose Ehepaare nur ein Zehntel ihres Vermögens voneinander erben[102]. Diese Beschränkung fiel weg, sobald die Ehegatten ein Kind zeugten. Waren aus anderen Ehen Kinder vorhanden, so steigerte sich die *capacitas* um jeweils ein weiteres Zehntel pro Kind[103]. Das Gesetz führte auch bestimmte Eheverbote, deren Missachtung mit der Auferlegung der *incapacitas* verbunden war, ein. So konnten Senatoren und ihre Kinder keine Freigelassenen heiraten[104]. Auch weibliche Angehörige des Senatorenstandes konnten mit freigelassenen Personen keine Ehe eingehen[105]. Freigelassenen wurde auf der anderen Seite die Heirat mit Kupplerinnen, öffentlich Verurteilten oder ehemaligen Schauspielerinnen untersagt[106]. Die verbotene Ehe war in sich zivilrechtlich gültig. Dieser Umstand hatte jedoch keine Auswirkungen auf die bevorstehenden Sanktionen[107]. Die betroffenen Ehepartner galten i.S.d. augusteischen Ehegesetze weiter als unverheiratet. Kinder aus einer unerlaubten Ehe wurden bei der Festlegung der *capacitas* nicht berücksichtigt[108]. Die augusteischen Gesetze enthielten einige Ausnahmeregelungen. Diese wurden jedoch in sehr verwickelter und nicht klarer Form überliefert. Eine volle Annahmefähigkeit besaßen jene Ehepartner, welche das

100 Die Sanktionen der augusteischen Gesetze umfassten nur die testamentarische Erbfolge. Die Intestaterbfolge wurde nicht berücksichtigt.

101 *Mette-Dittmann*, Die Ehegesetze des Augustus: eine Untersuchung im Rahmen der Gesellschaftspolitik des Princeps (1991) 152–153.

102 Ulp. tit. 15,1: *Vir et uxor inter se matrionii nomine decimam capere possunt […].*

103 Ulp. tit. 15,1: *[…]quod si ex alio matrimonio liberos superstites habeant, praeter decimam, quam matrimonii nomine capiunt, totidem decimas pro numero liberorum accipiunt.*

104 Ulp. tit. 13,1: *Lege Iulia prohibentur uxores ducere senatores quidem liberique eorum libertinas […].* Vgl. *Avenarius*, Liber singularis regularum (2005) 327. Siehe dazu Paul. I. Iul. Pap. D. 23.2.44 pr.

105 Dieses Verbot wurde erst durch Paulus überliefert. Der ulpianische Kommentar zu den julianischen (oder augusteischen) Gesetzen erwähnt dieses Verbot in keiner Weise. Vermutlich erfassten die gegenständlichen Eheverbote nur die Senatoren und die genannte Ausstreckung des Anwendungsbereiches auf den weiblichen Teil erfolgte erst in der nachaugusteischen Zeit.

106 Ulp. tit. 17,2.

107 Vgl. Ulp. I. Iul. Pap. D. 23.2.31.

108 Ulp. tit. 16,2: *Aliquando nihili inter se capiunt: id est, si contra legem Iuliam Papiamque Poppaeam contraxerint matrimonium, verbi gratia si famosam quis uxorem duxerit, aut libertinam senator.*

gesetzliche, für die Kindererzeugung vorgesehene Alter nicht erreicht hatten. Des Weiteren waren Blutsverwandte bis zum 6. Grad nicht zur Erzeugung von Kindern verpflichtet[109].

Incapes waren zwar einsetzungsfähig und konnten sogar als Testamentszeugen zugezogen werden, sie waren jedoch nicht erwerbsfähig. Alles, was den Gesetzen nach nicht erworben werden konnte, galt als „verfallen"[110]. In den römischen Rechtsquellen wird in diesem Fall ein *terminus technicus caducum* bzw. *bona caduca* verwendet. Ulpian definiert das *caducum* folgendermaßen:

> *Ulp. tit. 17,1 De caducis*
> *Quod quis sibi testamento relictum, ita ut iure civili capere possit, aliqua ex causa non ceperit "caducum" appellatur, veluti cecidit ab eo: verbi gratia si caelibi vel Latini Iuniano legatum fuerit, nec intra dies centum vel caelebs legi paruerit, vel Latinus ius Quiritium consecutus sit; aut si ex parte heres scriptus vel legatarius ante apertas tabulas decesserit vel peregrinus factus sit.*

> Ulpian Titel 17,1
> Wenn jemand aus irgendeinem Grund nicht angenommen hat, was ihm durch Testament so hinterlassen ist, dass er es nach dem Zivilrecht hätte annehmen können, dann wir es >verfallen< genannt, als ob es von ihm >abgefallen< wäre, z.B. wenn einem Unverheirateten oder einem *Latinus Iunianus* ein Vermächtnis ausgesetzt wurde, falls nicht innerhalb von hundert Tagen der Unverheiratete die gesetzlichen Anforderungen erfüllt oder der Latiner das Quiritische Recht erworben hat, oder wenn der zu einem Teil eingesetzte Erbe oder Vermächtnisnehmer vor Testamentseröffnung gestorben oder Peregrine geworden ist[111].

Caducum war ein Teil einer testamentarischen Verfügung, welche aufgrund der gesetzlichen Bestimmungen nicht angenommen werden konnte. Es galt als abgefallenes bzw. liegengebliebenes Gut[112]. Der Kaduzitätsvorgang sah aus rechtstechnischer Sicht folgendermaßen aus: Der Betroffene erwarb das Erbgut nach den Regeln des *ius civile* – in diesem Fall nach den Grundsätzen des römischen Erbrechts. Er war aber aufgrund der fehlenden *capacitas* nicht berechtigt, den Nachlass anzunehmen (*capere*). Die festgestellte Erwerbsunfähigkeit machte die bevorstehende Delation der Erbschaft unmöglich. Die *lex Papia* sprach den verfallenen Erbteil, wie nach altem Recht, den als Erben eingesetzten Aszendenten und

---

109 Ulp. tit. 16,1: *Aliquando vir et uxor inter se solidum capere possunt, velut si uterque vel alteruter eorum nondum eius aetatis sunt [...].* Für Männer war eine Altersgrenze von 25 Jahren und für Frauen von 20 Jahren vorgesehen.

110 Vgl. Ulp. tit. 12,3; 20,8.

111 *Avenarius*, Der Pseudo-Ulpianische liber 346.

112 *Avenarius*, Der Pseudo-Ulpianische liber 346.

Deszendenten des Erblassers bis zum dritten Grad zu[113]. Die fehlende *capacitas* konnte jedoch nachträglich innerhalb von hundert Tagen durch die Erfüllung der gesetzlichen Anforderungen wiedererlangt werden. Für den Fall, dass niemand zur Erbfolge berufen werden konnte, fiel der Erbteil zugunsten des *aerarium* an[114]. Eine Konstitution Kaiser Marcus Aurelius' sprach das verfallene Vermögen in diesem Fall dem Fiskus zu, wobei das Vorzugsrecht der nahen Angehörigen beibehalten wurde[115]. Das Vermögen ging mitsamt den auf ihm ruhenden Lasten auf den Fiskus über. Die auf der Erbschaft testamentarisch errichteten Vermächtnisse, Freilassungen oder Fideikommisse verloren ihre Rechtsgültigkeit nicht[116].

Im Unterschied zur *bona caduca* spricht man im Falle der Indignität von der *bona ereptoria*. Eine genaue Differenzierung zwischen den beiden Begriffen sowie zwischen der Erwerbsunfähigkeit und der Indignität spielen in der Forschung der Indignitätslehre eine wichtige Rolle. In den römischen Rechtsquellen sind Hinweise zu finden, nach welchen der *lex Papia et Poppaea* nicht nur die Kaduzitätsvorschriften, sondern auch die Indignitätslehre[117] zu verdanken sind. Diese Hypothese stützt sich auf das folgende Fragment von Ulpian:

> *Ulp. Tit. 19,17: „De dominiis et adqusitionibus rerum“*
> *Lege nobis adquiritur velut caducum vel ereptorium ex lege Papia Poppaea item legatum ex lege duodecim tabularum, sive mancipi res sint sive nec mancipi.*

> Ulpian Titel 19,17
> Aufgrund Gesetzes wird beispielsweise verfallendes oder >entrissenes< Vermögen nach der *lex Papia Poppaea* erworben; ebenso ein Vermächtnis aufgrund des Zwölftafelgesetzes, mag nun *res mancipi* oder *res nec mancipi* betreffen.[118]

---

113 Ulp. Tit. 18,1: *Item liberis et parentibus testatoris usque ad tertium gradum lex Papia ius antiquum dedit, ut heredibus illis institutis, quod quis ex eo testamento non capit, ad hos pertineat aut totum aut ex parte, prout pertinere possit.*

114 Vgl. Gai. Inst. 2, 150: *Nam ita demum ea lege bona caduca fiunt et ad populum deferri iubentur, sie defuncto nemo heres aut bonorum possessor existat“.*; Vgl. Ulp. 28, 7: *[…] et si nemo sit, ad quem bonorum possessio pertinere possit, aut si quidem, sed ius suum omiserit, populo bona deferuntur ex lege Iulia caducaria.*

115 Ulp. Tit. 17,2: *Hoide ex constitutione imperatoris Antonini omnia caduca fisco vindicantur; sed servato iure antiquo liberis et parentibus.* Vgl. *Mette-Dittmann*, Die Ehegesetze des Augustus 160–161.

116 Ulp. tit. 17, 3: *Caduca cum suo onere fiunt: ideoque libertates et legata fideicommissa ab eo data, ex cuius persona hereditas caduca facta est, salva sunt: sed et legata et fideicommissa cum suo onere fiunt caduca.* Vgl. *Avenarius*, Der Pseudo-Ulpianische liber singularis regularum 345–350.

117 *Eck*, Indignität 17–18; Vgl. *Weiss*, Institutionen des römischen Privatrechts (1949) 555.

118 *Avenarius*, Der Pseudo-Ulpianische liber 376.

Diese ulpianische Stelle behandelt einen zivilrechtlichen Erwerb aufgrund eines Gesetzes. Was aufgrund des augusteischen Gesetzes nicht erworben werden konnte, galt als verfallen und gelangte an andere Personen oder an den Staat. Der von Ulpian verwendete umstrittene Ausdruck *[...] vel ereptorium ex lege Papia Poppaea [...]* kann für Verwirrung sorgen. Die zitierte Stelle könnte einen Hinweis darauf geben, dass das Indignitätsrecht auf die *lex Iulia et Papia* zurückzuführen ist[119]. *Kaser*[120] weist auf eine ungenaue Ausdrucksweise hin. Das *vel ereptorium* sei möglicherweise nur eine Glosse[121]. M.E. ist diese Hypothese abzulehnen. Die ulpianische Formulierung und die damit verbundene Schlussfolgerung – *lex Iulia et Papia* hätte als dogmatische Grundlage des Indignitätsrechts fungiert – sind in keinen anderen Quellenbelegen zu finden. Das folgende Fragment umschreibt nur einen besonderen Modus des Eigentumsübergangs, welcher aufgrund einer gesetzlichen Bestimmung erfolgte[122].

Indignität und Erwerbsunfähigkeit weisen in materieller wie auch in formeller Hinsicht einige Gemeinsamkeiten auf. Sie verfolgten das gleiche Ziel – den Erbschaftserwerb eines Erben aufgrund einer gesetzlichen Bestimmung zu unterbinden. Im Gegensatz zur *capacitas* griffen die Rechtsfolgen der Indignität nicht in den Erwerbsprozess der Erbschaft ein. Der unwürdige Erbe erwarb die Erbschaft, diese wurde ihm aber letztendlich entrissen.

Die prozessuale Abwicklung der beiden Rechtsinstitute erfolgte in einem Kognitionsverfahren (*vindicatio caducorum),* welches für die Fälle der *incapacitas* und *indignitas* zuständig war[123]. Ob die Römer schon bei den augusteischen Gesetzen den feinen Unterschied zwischen *incapacitas* und *indignitas* inhaltlich feststellten, ist m.E. zu verneinen. *Bona caduca* galt ursprünglich als ein Gesamtbegriff und wurde in prozessualer Hinsicht für beide Rechtsinstitute verwendet. Die *lex Iulia et Papia* war zugleich das erste Gesetz, welches dem kaiserlichen Fiskus den Entzug der Erbschaft im Rahmen eines Fiskalverfahrens ermöglichte. Zeitlich gesehen könnte das Indignitätsrecht eine Art Ergänzung der augusteischen Ehegesetze gewesen sein.

Der Unterschied zwischen den beiden Rechtsinstituten wurde von *Jörs* treffend erfasst, indem bei der Erwerbsunfähigkeit die festgestellte Verletzung bzw. Unterlassung einer staatsbürgerlichen Pflicht und bei der Erbunwürdigkeit die Verletzung der öffentlichen Moral als ausschlaggebend für den „Verlust“ der

119 *Eck*, Indignität 8.
120 Vgl. *Kaser*, Das römische Privatrecht I 725 Anm. 34.
121 *Avenarius*, Der Pseudo-Ulpianische liber 377.
122 Vgl. *Avenarius*, Der Pseudo-Ulpianische liber 37.
123 *Kaser/Knütel*, Römisches Privatrecht[20] (2014) 20.

Erbschaft angesehen wurden[124]. Die Ehegesetzgebung Augustus' überstand die christliche Kaiserzeit nicht. Die Bevölkerung empfand die auferlegten Heirats- und Kinderzwänge verbunden mit schweren erbrechtlichen Sanktionen als zu hart. Zudem war das politische Interesse an der Erhaltung bzw. Erneuerung des römischen Bürgertums nicht mehr aktuell. Verantwortlich dafür war zum Teil die neue christliche Ausrichtung des römischen Staates[125]. Im westlichen Reich wurde die Erwerbsunfähigkeit im Jahre 320 n. Chr. durch Kaiser Konstantin beseitigt. Erst im Jahre 534 n. Chr., unter Kaiser Justinian, wurden die Kaduzitätsvorschriften im östlichen Kaisertum aufgehoben.

d. *Enterbung* (exheredatio)

Der Erblasser konnte auch mittels seines eigenen Willens einen Erben von der Erbfolge ausschließen. Das dafür vorgesehene Rechtsinstitut hieß Enterbung. Der Erblasser konnte den Erben aus einem bestimmten Grund wortwörtlich enterben oder ihn übergehen, wobei eine grundlose Enterbung und bloße Übergehung des Erben ohne Angabe eines Grundes die Nichtigkeit des Testaments zur Folge hatte. Sowohl der Enterbte als auch die Ursache seiner Enterbung mussten im Testament schriftlich enthalten sein – wie *heres esto, exheredes sunto*[126].

Die klassische Periode kannte noch keine aufgelisteten Enterbungsgründe. Das Pflichtteilsrecht bzw. der Begriff des Noterben war dem römischen Recht ursprünglich fremd. Die Römer empfanden es als selbstverständlich, nahe Verwandte mit dem Nachlass zu bedenken. Man sprach in diesem Zusammenhang von der sogenannten Verwandtenpflicht (*officium*). Die römische Rechtsanschauung baute in diesem Zusammenhang einen ausreichenden öffentlichen Druck auf, um die Einhaltung dieser moralischen Pflicht zu gewährleisten. Erst als dies nicht mehr der Fall war, sah sich der römische Staat gezwungen, einen Pflichtteil einzuführen (*portio legitima*)[127]. Mit der Anerkennung des

---

124 *Jörs*, Ehegesetze des Augustus (1893) 510.

125 *Vering*, Römisches Erbrecht in historisch-dogmatischer Entwicklung (1861) 284.

126 Der Erbe musste mit ausdrücklicher Namensnennung enterbt werden. Ursprünglich bezog sich diese Verpflichtung nur auf die männlichen *sui heredes*. Bei den anderen *sui* (Töchtern, Enkelkindern, *uxor in manu*) genügte eine gemeinsame Enterbung (*inter ceteros*). Erst mit der Anordnung der Gleichstellung der Geschlechter wurde die Namensnennung für alle Enterbungsfälle verpflichtend. Vgl. Inst. 2.13.5; *Kaser*, Das römische Privatrecht II 513.

127 Der Pflichtteil betrug im römischen Recht zuerst ein Viertel des gesetzlichen Erbteiles. Erst mit der Erlassung der Novelle 18 stieg die Quote erheblich. Zum Kreis der

Noterben- und Pflichtteilsrechts durch das Centumviralgericht wurden dem Erblasser gewisse materielle Schranken auferlegt.

Zwar verlangte das Gericht vom Erblasser nicht die Nennung bestimmter Gründe, doch musste er seine Vorgehensweise ausreichend rechtfertigen. Diese wurde nach den Umständen des Einzelfalles durch richterliches Ermessen beurteilt – wie bei der zensorischen Maßregelung. Hauptsächlich zählten zu diesen Gründen ehrloses Verhalten oder Vergehen gegen den Testator[128]. Erst die justinianische Novelle 115 caput 3. und 4. aus dem Jahr 542 n. Chr. enthielt eine erschöpfende Aufzählung von Enterbungsgründen. Das richterliche Ermessen wurde lediglich in Fällen des Undanks und der mangelnden Ehrerbietigkeit gegenüber dem Erblasser beibehalten[129].

Sowohl für Deszendenten als auch für Aszendenten waren größtenteils die gleichen Gründe in den Novellen enthalten[130]. Sie ließen sich inhaltlich in drei Gruppen gliedern: die Herabwürdigung bzw. Missachtung des Testators (wie körperliche Misshandlungen, die Erhebung einer Strafanklage gegen den Erblasser, die Lebensnachstellung gegen den Erblasser mit Gift, der Geschlechtsverkehr mit seiner Ehefrau oder seiner Konkubine und die Unterlassung der Hilfeleistung gegenüber einem geisteskranken oder gefangenen Erblasser), die Herabwürdigung des Willens des Testators (wie die Verhinderung der Testamentserrichtung oder die Heirat der Tochter gegen den Willen des Erblassers) sowie die ehrenlose Lebensführung (wie Zauberei, Prostitution oder Ketzerei)[131].

Enterbte der Erblasser den Erben rechtsgrundlos oder überging ihn, so konnte der Enterbte das Testament wegen Pflichtwidrigkeit mit einer *querela inofficiosi testamenti* anfechten. Die Anfechtung wurde meistens mit der *hereditatis petitio*[132] in einem einheitlichen Verfahren bewilligt. Ursprünglich trug der Querelkläger die Beweislast. Mit dem Inkrafttreten von Novelle 155 ging die Beweislast auf den Testamentserben über[133].

Die Enterbung war ein Ausdruck der Testierfreiheit des Erblassers und diente ausschließlich zur Geltendmachung seines Ausschließungswillens. Sie stellte

---

Pflichtteilsberechtigten zählten Deszendenten, Aszendenten sowie voll- und halbgebürtige Geschwister (sobald sie denselben Vater hatten).

128 *Kaser*, Das römische Privatrecht I 711; vgl. *Eck*, Indignität 13–15.

129 *Kaser*, Das römische Privatrecht II 520–521.

130 Das dritte Kapitel der Novelle regelte die Enterbungsgründe der Nachkommen und das vierte die der Vorfahren.

131 *Eck*, Indignität 33; Vgl. *Kaser*, Das römische Privatrecht II 521.

132 Aufgrund der Nichtigkeit des Testaments verlangte der Erbe die Herausgabe des Intestaterbteils.

133 *Kaser*, Das römische Privatrecht II 517.

daher, im Gegensatz zur Indignität, ein privatrechtliches Mittel dar und war ausschließlich vom Willen des Erblassers abhängig. Die Maßgeblichkeit des subjektiven Willens war besonders bei der Verzeihung sichtbar. Da die Enterbung ein privatrechtlicher Akt war, konnten ihre rechtlichen Wirkungen mittels einer geäußerten Verzeihung rückgängig gemacht werden. Eine solche Möglichkeit war dem Indignitätsrecht fremd.

Die beiden Rechtsinstitute verfolgten das gleiche Ziel – nämlich die Fernhaltung eines unwürdigen Erben von der Erbschaft –, wurden jedoch von verschiedenen Leitgedanken geprägt. Die *idignitas* vertrat vor allem die Aufrechterhaltung der öffentlichen Moral und sollte dem moralischen Ärgernis der Bevölkerung entgegentreten. Die *exheredatio,* als Bestandteil der Testierfreiheit und damit des Persönlichkeitsrechts, entsprach dem subjektiven Willen des Testators[134].

III. Indignitätsgründe

1. Vorbemerkungen

Das römische Recht kannte eine Vielzahl an Indignitätsgründen – besonders seit der klassischen Periode wurde die Indignitätslehre wesentlich ausgebaut, was automatisch die Erhöhung der Zahl der Tatbestände herbeiführte. *Windscheid*[135] zählte sogar 17 verschiedene Tatbestände, *Puchta* berichtete von 15 und *Keller* von 12. Das Rechtsinstitut, welches vor allem gegen das unsittliche Verhalten des Volkes gerichtet war, setzte nicht unbedingt den unmoralischen Vorsatz oder die boshafte Absicht voraus – es reichte die bloße Fahrlässigkeit bzw. war eine solche zum Teil nicht einmal notwendig. Nicht jedes unsittliche Verhalten wurde mit Indignitätsfolgen bestraft, sondern es waren bestimmte Tatbestände, denen das Gesetz die erwähnte Kraft beilegte[136]. Dafür war zum Teil der Entstehungsprozess der Indignität verantwortlich. Die Erbunwürdigkeit entstand nicht im Rahmen einer einheitlichen gesetzlichen Regelung. Die Indignitätslehre wurde durch eine konturierende Entwicklung und die Erlassung neuer Tatbestände fortgebildet, bis sie in dem späteren Prinzipat ihre inhaltliche Ausschöpfung erlebte.

Eine systematische Behandlung und Zuordnung der einzelnen Indignitätsgruppen im Sinne der neuzeitlichen Pandektenwissenschaft war dem römischen

---

134 *Eck*, Indignität 29.

135 Vgl. *Windscheid/Kipp*, Lehrbuch des Pandektenrechts III (1906) 670ff.

136 *Krüger*, Inidgnität 20.

Recht nicht bekannt. Ein Umstand, welcher mit der kasuistischen Natur der römischen Gesetzgebung zu rechtfertigen ist[137]. Die Untergliederung der einzelnen Indignitätsgründe wird in der Fachliteratur unterschiedlich präsentiert. Pandektisten wie *Vangerow, Vering* und *Puchta*[138] unterscheiden die Erbunwürdigkeitsgründe nach der Art der Erbfolge und ordneten bestimmte Indignitätstatbestände einer bestimmten Erbfolge zu (z.B. einer testamentarischen oder gesetzlichen oder einem Vermächtniserwerb). Für *Köppen* und *Sintenis*[139] waren die Ereption und die Person des Ereptors ausschlaggebend dafür, wer dazu berechtigt war, die *bona ereptoria* zu erlangen. Am sinnvollsten erscheint m.E. jedoch die Einteilung nach materiellen Gesichtspunkten der Verletztensphäre. Einer solchen Einteilung folgen vor allem *Windscheid, Dernburg, Keller* und *Eck*[140]. Gruppiert man die einzelnen Tatbestände nach der erwähnten Methode, lassen sich folgende Gruppen unterscheiden: *ratione testatoris, ratione testamenti* und die Verfehlungen gegen das Gesetz.

2. Fahrlässige und indirekte Tötung des Erblassers

a. Text und Übersetzung von D. 34.9.3

Marcian. 5 reg. D. 34.9.3
Indignum esse divius Pius illum dercrevit, ut et Marcellus libro duodecimo digestorum referet, qui manifestissime comprobatus est id egisse, ut per neglegentiam et culpam suam mulier, a qua heres institutus erat, moreretur.

D. 34.9.3. (Marcian im 5. Buch der Rechtsregeln)
Wie auch Marcellus im 12. Buch seiner Digesten berichtet, hat der vergöttlichte Kaiser Antoninus Pius bestimmt, jemand sei erbunwürdig, der es, wie ihm eindeutig nachgewiesen wurde, dahin gebracht hat, dass die Frau, von der er zum Erben eingesetzt worden war, durch seine Nachlässigkeit und seine Schuld zu Tode kam.[141]

---

137 Die römischen Gesetze verdankten ihre Entstehung meistens der Praxis des einzelnen Falles, indem kaiserliche Urteile, Bescheide und Responsen gelehrter Juristen mit Gesetzeskraft durch kaiserliche Autorität versehen wurden.

138 Vgl. *Vangerow*, Lehrbuch der Pandekten[7](1863) 577ff (§565); *Vering*, Römisches Erbrecht 287; *Puchta*, Pandekten[12] (1877) 786ff (§ 559).

139 Vgl. *Köppen*, Lehrbuch 147ff (§ 18); *Sintenis*, Das practische gemeine Civilrecht III §205.

140 Vgl. *Windscheid/Kipp*, Lehrbuch des Pandektenrechts. III 670ff; *Keller*, Institutionen, Grundriss und Ausführungen (1861) 390–419; *Dernburg*, Pandekten[6] III (1901) 105–108; *Eck*, Indignität 36–37.

141 Text nach *Knütels/Kupisch/Rüfners/Seilers* Ausgabe: Corpus Iuris Civilis. Text und Übersetzungen V 692–693.

b. Einleitung in die Problematik des Verwandtenmordes

Die „Maxime der blutigen Hand" bildet das Herzstück des modernen Indignitätsrechts. Der auf rein moralischem Empfinden beruhende Gedanke, dass niemand aus einem anderen gegenüber verübten Fehlverhalten Gewinn ziehen soll, hat seine Wurzeln im römischen Recht. Versucht man den Tatbestand der vorsätzlichen Tötung des Erblassers in klassischen Rechtsquellen zu finden, scheitert man an dieser Aufgabe. Es gibt keinen direkten Quellenbeleg, welcher die schuldhafte Tötung des Erblassers mit dem fiskalischen Entzug der Erbschaft sanktionierte. Bedeutet dies, dass die Römer einen solchen gravierenden Tatbestand übersehen hatten? Oder wurde dieser absichtlich nicht direkt geregelt?

Die Tötung des Erblassers stellte ein Verbrechen dar, welches mit großer moralischer Abscheu von Seiten der Gesellschaft und strafrechtlicher Verfolgung verbunden war. Das römische Strafrecht und sein Sanktionssystem lösten diese Frage auf, indem sie bereits für die Fälle eines Verwandtenmordes (*parricidium*) eine Konfiskationsstrafe vorsahen. Die im Jahr 70 v. Chr. von Konsul Pompeius erlassene *lex Pompeia de parricidio* schaffte die Todesstrafe ab und knüpfte an die Kapitalstrafen des cornelischen Gesetzes an[142]. Hatte der Erbe seinen Erblasser ermordet, so wurde sein Vermögen als *bona damnatorum* mittels *publicatio bonorum*[143] von der Staatskasse eingezogen[144]. Die Einziehung des Vermögens stellte eine Universalsukzession dar. Der Übergang des Vermögens erfolgte wie bei einer testamentarischen Erbfolge. Die *bona damnatorum* fiel dem Staat in demselben Umfang zu, in welchem sie dem Testamentserben gegeben werden hätte können. Die gesetzlichen Erben wurden in diesem Fall als Enterbte angesehen. Das pompeische Gesetz machte bei den Täterqualifikationen keinen Unterschied – es bestrafte den Anstifter eines Mordes genauso wie den unmittelbaren Täter[145].

c. Zur Digestenstelle 34.9.3. und ihrer Bedeutung

Die erste Quelle, in welcher der Terminus technicus *indignus* verwendet wurde, ist das von Marcianus überlieferte Dekret Kaiser Antoninus Pius'. Sie behandelte außerdem als erstes Fragment aus indignitätsrechtlicher Sicht einen Sachverhalt, in dem der Erblasser ermordet wurde. Das Fragment entstammt dem fünften Buch

---

142 *Mommsen*, Römisches Strafrecht 644–645.

143 Die Entziehung des Vermögens zugunsten der Gemeinden im Rahmen eines strafrechtlichen Verfahrens.

144 *Mommsen*, Römisches Strafrecht 1009.

145 *Mommsen*, Römisches Strafrecht 1005.

Marcianus' Rechtsregeln. Diese Bücher beschränken sich aus dogmatischer Sicht auf das Privatrecht. Man kann gewisse Ähnlichkeiten mit Marcianus' Hauptwerk, den 16 Büchern *Institutiones*, feststellen. Ein genaues System ist jedoch aus den 5 Büchern *Regulae* nicht zu erkennen[146]. So behandelt das 5. Buch, aus dem das oben zitierte Fragment stammt, nach *Lenels* Palingenesie[147] unterschiedliche Bereiche des Privatrechts wie das Familienrecht (das Adoptionsrecht und die Rechtsauswirkungen der Hausgewalt), das Sachenrecht (die Dienstbarkeiten und das Vermögen unselbstständiger Personen) oder den rechtlichen Status von Glückspielen.

Der Text stellt folgenden Sachverhalt dar: Ein Mann, der von seiner Frau als Erbe eingesetzt wurde, betrug sich so, dass diese durch seine Nachlässigkeit und seine Schuld zu Tode kam. Er sollte daher für unwürdig erklärt werden. Umstritten ist in diesem Fall die Intensität der Täterhandlung. *Id agere, ut* galt in der römischen Rechtssprache als Ausdruck eines gewollten und absichtlichen Handelns. Auf der anderen Seite war *ut per neglegentiam et culpam* ein einleitender Satz über eine fahrlässige Tat. Es ist daher fragwürdig, warum der Verfasser eine Ausdrucksweise für ein absichtliches Tun verwendete, wenn er nur ausdrücken wollte, dass die Erblasserin durch ein fahrlässiges Handeln des eingesetzten Erben umkam.

Die Fachliteratur vertritt überwiegend die Meinung[148], dass die vorliegende Pandektenstelle eine Art Erstreckung des Indignitätsrechts auf die fahrlässige Tötungshandlung darstellt. Da eine culpose Tötung eines Freien in einem ordentlichen Rechtsverfahren nicht bestraft wurde, konnte die *publicatio bonorum* nicht zur Anwendung kommen[149]. Der Täter hätte in diesem Zusammenhang von seiner Straftat wirtschaftlich profitieren können[150]. Eine andere Meinung vertritt *Zimmermann* – seiner Ansicht nach wollte Kaiser Pius die unmittelbare Tötungshandlung der mittelbaren Tatausführung gleichstellen. In diesem Zusammenhang betont er vor allem die intentionale Willenskomponente des Täters, denn genau diesem Umstand seien die verschiedenen Ausdrucksweisen geschuldet. Der Verfasser will die Intensität des Täters bewusst hervorheben: Unwürdig ist derjenige, der den Tod zwar nicht unmittelbar herbeiführte, jedoch die Erblasserin vorsätzlich in eine Lage brachte, in welcher sie

146 *Krüger*, Quellen und Literatur des Römischen Rechts (1912) 251.

147 *Lenel*, Palingenesia Iuris Civilis I (1899) 687.

148 *Kaser*, Das römische Privatrecht 726 Anm. 37; *Müller-Eiselt*, Divus Pius Constituit 250; *Zimmermann*, Zur Revision der Lehre von der Indignität, Archiv für practische Rechtswissenschaft 1880, 364; *Windscheid/Kipp*, Lehrbuch des Pandektenrechts III 723.

149 *Mommsen*, Römisches Strafrecht 839.

150 *Müller-Eiselt*, Divus Pius Constituit 250.

umkommen musste. Auch in diesem Fall reichte die mittelbare Tötung nicht aus, um den Täter strafrechtlich zu verfolgen[151]. Bei dieser Ansicht ist folgender Einwand zu beachten. Das Verlassen einer Person in einer lebensgefährlichen Lage stellte nach römischem Strafrecht eine Unterlassungstat dar. Der Unterlassungstäter wurde ebenso bestraft wie der „aktive" Täter, der Anstifter oder der Beitragstäter. In einer solchen Konstellation wurde der Unterlassungstäter der Kapitalstrafe unterstellt[152].

Die beiden Ansichten haben gemeinsam, dass die Erblasserin durch das Handeln des Erben ums Leben kam. Bei *Zimmermann* handelt es sich um einen Fall, in dem die Erblasserin von ihrem Erben nicht auf direkte Weise getötet wurde, die Tötungsabsicht war dem Erben jedoch vollkommen bewusst (*id agere, ut* – ihm kommt es darauf an). Der Täter konnte eine strafrechtliche Verurteilung vermeiden, durch sein Handeln wurde er jedoch als *indignus* eingestuft. Schließt man sich *Kasers* bzw. *Müller-Eiselts* Meinung an und legt man im gegenständlichen Text den Nachdruck auf *per neglegentiam et culpam* und versteht die Wendung *id egisse, ut* als *wer sich so verhält* (bzw. *wer sich auf diese Weise verhält*)[153], so muss man von einer fahrlässigen Tat sprechen. Auch in diesem Fall reichte die rechtliche Auswertung der Tat weder für eine strafrechtliche Verurteilung noch für eine Konfiskationsstrafe aus. Der Täter wurde ebenso als *indignus* eingestuft.

3. Indirekter Mord und bereicherter Hintermann

a. Text und Übersetzung von D. 48.20.7.4

Paul. port. lib. damn. conc. sing. D. 48.20.7.4
Praeterea ex his, quae per flagitium damnatusadquisiit, portiones liberorum non augentur:veluti si cognatum suum interemi curaverit et eius hereditatem adiit vel bonorum possessionem accepit: nam ita divus pius rescripsit.cui consequenter illud idem princeps constituit,cum filia familias veneno necasse convinceretureum, a quo heres instituta erat: quamvis iussu patris, cuius in potestate erat, hereditatem eam adiisset, tamen fisco eam vindicandam esse.

151 *Zimmermann*, „De bloedige hand en neemt geen erffenis" – Erbunwürdigkeit aufgrund Tötung des Erblassers: Römisches und römisch-holländisches Recht, FS Knütel (2009) 1471. Die vorsätzliche Tötungshandlung wurde ebenso von *Nardi* (I easi di indegnità nel dritto successorio romano 115) und *Fadda* (Dritto ereditario romano I 249) vertreten.

152 *Mommsen*, Römisches Strafrecht 627 Anm. 4.

153 *Zimmermann* Archiv für practische Rechtswissenschaft 1880, 364.

D. 48.20.7.4 (Paulus in der Einzelschrift über Vermögensanteile, die den Kindern Verurteilter belassen werden)
Außerdem werden die Anteile der Kinder dadurch, was der Verurteilte durch seine Straftat erworben hat, nicht vermehrt – z.B. wenn der Verurteilte seinen Verwandten umbringen ließ und seine Erbschaft antrat oder den Nachlassbesitz erhielt. Denn dies hat Kaiser Pius reskribiert. Dem entsprechend hat derselbe Kaiser auch reskribiert, als eine Haustochter überführt wurde, denjenigen mit Gift zu töten, von dem sie zur Erbin eingesetzt worden war, dass, wenn sie auch auf Befehl des Vaters, in dessen Gewalt sie stand, die Erbschaft angetreten habe, dieselbe doch dem Fiskus verfalle[154].

Der zweite zentrale Text wurde von Paulus referiert. Er liefert ein Reskript Antoninus Pius'[155], welches zwei kaiserliche Entscheidungen enthält. Die gegenständlichen Entscheidungen behandeln, ähnlich wie das marcianische Fragment, einen komplexen Tötungsfall. Die Indignität diente dem Kaiser als präjudizielle Voraussetzung, um eine rechtswidrige Vermögensverschiebung rückgängig zu machen. Nach *Lenels* Palingenesia entstammt der Text einer Einzelschrift Paulus', welche familienüberlassene Vermögensanteile eines Verurteilten behandelt[156].

b. Fall 1: Auftragsmord cognatum suum interemi curaverit *und Quotenfrage*

Die erste Entscheidung befasst sich inhaltlich mit der Bestrafung eines kriminellen Hintermannes[157], der seinen Verwandten umbringen ließ und ihn beerbte. Die eindeutige Folge dieser Tat war die Konfiskation der Erbschaft. In diesem Fall waren beide rechtlichen Wege zulässig: Die Erbschaft konnte entweder mittels *publicatio bonorum* oder *vindicatio caducorum* entzogen werden. Die eigentliche Ursache dieses Reskriptes war jedoch die sog. Quotenfrage. Die Konfiskationsstrafe sah unter gewissen Umständen eine besondere Quote für die verbleibenden Nachkommen des Täters vor. Sie sollte den Verbleibenden den nötigen Unterhalt

154 *Otto/Schilling/Sintenis* (Hgg.), Das Corpus Iuris Civilis 1040–1041.

155 Die *rescripta* des Kaisers waren schriftliche Rückäußerungen auf Anfragen beliebigen Inhalts und erstreckten sich infolgedessen auf das Gesamtgebiet der Rechtsordnung. Die *decreta* war ein Terminus technicus für die richterlichen Entscheidungen des Kaisers, die er im Rahmen der von ihm ausgeübten Gerichtsbarkeit fällte. Die Juristen hielten Dekrete immer von Reskripten und anderen Konstitutionen getrennt. *Waldstein/Rainer*, Römische Rechtsgeschichte[10] (2005) 189–190.

156 *Lenel*, Palingenesia Iuris Civilis I 1179.

157 D. 48.20.7.4.: *Praeterea ex his, quae per flagitium damnatusadquisiit, portiones liberorum non augentur: veluti si cognatum suum interemi curaverit et eius hereditatem adiit vel bonorum possessionem accepit: nam ita divus pius rescripsit[...].*

gewähren, um sie nicht auf den Bettelstab verweisen zu müssen. Die Quote wurde anhand des Vermögens des Verbrechers festgelegt. Kaiser Antoninus Pius befasste sich in seiner Entscheidung mit der Frage, ob bei der Festlegung dieser Quote die erworbene Erbschaft mitberücksichtigt werden sollte. Er lehnte die Berücksichtigung der Erbschaft aufgrund der Unwürdigkeit des Täters kategorisch ab. Die Angehörigen des Täters konnten in diesem Fall indirekt von der verübten Tat profitieren, was zu einer ungerechtfertigten Vermögensverschiebung, einer Bereicherung infolge einer Straftat, führen konnte. Die Feststellung der Indignität war in diesem Fall nur eine präjudizielle Voraussetzung für die Lösung des gegenständlichen Rechtsproblems – einer Trennung zwischen dem eigenen und dem auf ungerechtfertigte Weise erworbenen Vermögen[158].

c. *Fall 2: Giftmord an einem* testator extraneus

Die zweite Entscheidung der oben zitierten Digestenstelle liefert ebenso einen Sachverhalt, in welchem ein Dritter von einer Mordtat indirekt profitierte. In diesem Fall kam ein Testator durch Verabreichung eines Gifts seitens der Erbin ums Leben. Infolgedessen wurde die eingesetzte Erbin von ihrem *pater familias* beauftragt, die angefallene Erbschaft anzutreten. In diesem Zusammenhang ist es unerlässlich, die rechtlichen Stellungen der involvierten Personen näher zu erläutern. Der Verstorbene war ein *testator extraneus*[159]. Er setzte eine *filia familias* zu seiner Erbin ein. Diese hatte aber ihrerseits ihren eigenen *pater familias*. Aufgrund seiner Stellung erwarb dieser alles, was seine Tochter zivilrechtlich erlangt hatte. Durch den Totschlag machte sich die Erbin erbunwürdig. Sie konnte die Erbschaft zwar antreten, aber der Fiskus war jederzeit berechtigt, ihr diese zu entziehen. Die Erbin wurde in diesem Fall durch ihren *pater familias* aufgefordert, die angefallene Erbschaft anzutreten. Durch diese Befehlserteilung (*iussu patris*) erwarb das Familienoberhaupt die Eigentumsrechte am gegenständlichen Nachlass.

Wie in Marcianus' Fragment (D. 34.9.3.) reichte in diesem Fall die *publicatio bonorum* nicht aus, um die eingetretene ungerechtfertigte Vermögensverschiebung rückgängig zu machen. Daher erweiterte Antoninus Pius mittels seines zweiten Reskriptes die Indignitätsfolgen auf die Fälle des mittelbaren

158 Vgl. *Müller-Eiselt*, Divus Pius Constituit 245–247; *Zimmermann*, FS Knütel 1473–1474.

159 Ein *testator estraneus* war ein Erblasser, welcher in seinem Testament *extranei heredes* zu seinen Erben einsetzte. *Extranei heredes* waren Außenerben. Sie waren im Gegensatz zu Hauserben nicht mit dem Testator verwandt. Vgl. *Kaser*, Das römische Privatrecht 715.

Erbschaftserwerbs. Damit war ein Erwerb gemeint, welcher aufgrund der Weisung des Machtinhabers zustande kam[160].

d. *Tötung des Erblassers im Spannungsverhältnis zwischen* publicatio bonorum *und* vindicatio caducorum

Mod. 17 resp. D. 49.14.9
Lucius titius fecit heredes sororem suam ex dodrante, uxorem maeviam et socerum ex reliquis portionibus: eius testamentum postumo nato ruptum est, qui postumus brevi et ipse decessit, atque ita omnis hereditas ad matrem postumi devoluta est. soror testatoris maeviam veneficii in lucium titium accusavit: cum non optinuisset, provocavit: interea decessit rea: nihilo minus tamen apostoli redditi sunt. quaero, an putes extincta rea cognitionem appellationis inducendam propter hereditatem quaesitam. modestinus respondit morte reae crimine extincto persecutionem eorum, quae scelere adquisita probari possunt, fisco competere posse.

D. 49.14.9 Modestinus in 17. Buch der Respona – Rechtsantworten
Lucius Titus setzte seine Schwester zur Erbin auf drei Viertel, seine Gattin Mavia und seinen Schwiegervater auf die übrigen Anteile ein. Sein Testament wurde durch die Geburt eines Nachgeborenen umgestoßen: dieser Nachgeborene starb in kurzem selbst und die ganze Erbschaft kam auf die Mutter des Nachgeborenen. Die Schwester des Testators klagte Mavia der Vergiftung des Lucius Titus an. Da sie mit seinem gerichtlichen Vorgehen nicht durchdrang, so ergriff sie die Berufung. Unterdessen starb die Angeklagte, nichtsdestoweniger jedoch waren die Apostel erteilt. Ich frage: ob du dafürhaltest, dass nach dem Tod der Angeklagten die Prüfung der Appellation der erworbenen Erbschaft wegen vorgenommen werden soll? Modestinus begutachtete: da durch den Tod der Angeklagten das Verbrechen erloschen sei, so stehe dem Fiskus die Befugnis zu, Dasjenige, was erweislich durch ein Verbrechen erworben worden ist, gerichtlich in Anspruch zu nehmen.[161]

Mit einem Giftmord befasst sich ebenso Modestinus' Digestenstelle[162]. Im vorliegenden Fall wurde der Ehefrau des Testators vorgeworfen, dass sie ihren Mann durch die Giftmischung umgebracht habe. Die Klage wurde durch die

---

160 *Müller-Eiselt*, Divus Pius Constituit 247–248.

161 *Otto/Schilling/Sintenis* (Hgg.), Das Corpus Iuris Civilis 1085–1086.

162 Modestinus' Digestenstelle stammt ursprünglich aus dem 17. Buch seiner Rechtsgutachten, welche in 19 Büchern niedergeschrieben und nach der Digestenordnung zusammengefasst wurden. Das 17. Buch trägt den Titel *de iudiciis publici* und umfasst prozessuale Bestimmungen (wie das Anklage- und Berufungsverfahren), Regelungen des Senatsbeschlusses *Turpillianum* und Rechte des Fiskus. Vgl. *Lenel*, Palingenesia I 754.

Schwester des Testators eingereicht. Noch vor der rechtskräftigen Entscheidung in der gegenständlichen Sache starb die angeklagte Frau. Modestinus wurde nach dem rechtlichen Schicksal der Erbschaft gefragt. Hätten die Vorwürfe der klagenden Schwester gestimmt, hätte der Ehefrau die angefallene Erbschaft nicht mittels *publicatio bonorum* entzogen werden können. Diese war zum Zeitpunkt der strafrechtlichen Verurteilung bereits tot, wodurch die Gefahr einer ungerechtfertigten Bereicherung bestand. Der angefallene Nachlass hätte beispielsweise an die Kinder der Mörderin weiter vererbt werden können, wodurch diese von einer strafrechtlichen Handlung ihrer Mutter wirtschaftlich profitieren hätten können. Dies ist ein klares Beispiel für eine ungerechtfertigte Vermögensverschiebung. Modestinus löste dieses Rechtsproblem mit Hilfe des Indignitätsrechts, indem ein aufgrund eines Verbrechens erworbener Nachlass konfiskationswürdig war. Die gegenständlichen Erbgüter wurden aufgrund der Erbunwürdigkeit der strafbaren Erbin mittels *vindicatio caducorum* seitens des Fiskus eingezogen.

e. Vindicatio caducorum *als Auffangnetz?*

Die in den beiden vorangegangenen Abschnitten dieses Kapitels dargestellten Fälle bestätigen die von *Müller-Eiselt*[163] aufgestellte Hypothese, dass im Falle einer vorsätzlichen Tötung des Erblassers zunächst kein Bedarf bestand, einen solchen Tatbestand mit Indignitätsfolgen auszustatten. Diese Aufgabe wurde bereits durch das römische Strafrecht mittels der Konfiskationsstrafe übernommen. *Müller-Eiselts* Vermutung wird durch die dargestellten Digestenfragmente bestätigt. Diese befassen sich mit Sachverhalten[164], in denen die vorsätzliche Tötung noch vor deren rechtlicher Erörterung vorausgesetzt wurde. Die herangezogenen Stellen behandeln inhaltlich Rechtskonstellationen, in denen die Konfiskation des Vermögens mittels *publicatio bonorum* nicht möglich war. Die vorliegenden Entscheidungen funktionierten als ein „Auffangnetz“ für alle Tatbestände, die strafrechtlich nicht verfolgt werden konnten. Nichtsdestotrotz stellte das Verhalten des Erben eine unmoralische und abscheuliche Tat dar. Dies führte dazu, dass die Handlung zwar nicht straf-, jedoch konfiskationswürdig war.

163 *Müller-Eiselt*, Divus Pius Constituit 251–253.
164 Lediglich bei Modestinus (D. 49.14.9) handelte es sich um eine Rechtsanfrage.

4. Pflicht der *defensio mortis*

a. Text und Übersetzung von D. 29.5.5.2

Ulp. 50 ed. D. 29.5.3.18
Quod ad causam testamenti pertinens relictum erit ab eo qui occisus esse dicetur, id ne quis sciens dolo malo aperiendum recitandum describendumque curet, edicto cavetur, priusquam de ea familia quaestio ex senatus consulto habita suppliciumque de noxiis sumptum fuerit.

D. 29.5.3.18 (Ulpian im 50. Buch zum Edikt)
Im Edikt ist bestimmt, niemand dürfe wissentlich und willentlich dafür sorgen, dass die unter den Begriff des Testaments fallenden Schriftstücke, die von einer Person hinterlassen wurden, die, wie vorgetragen wird, getötet wurde, eröffnet, verlesen und abgeschrieben werden, bevor das Sklavengesinde gemäß dem Senatsbeschluss unter der Folter befragt und die Schuldigen hingerichtet wurden.

Ulp. 50 ed. D. 29.5.5.2
Non alias bona publicantur, quam si constabit esse occisum patrem familias et heredem ante quaestionem de familia habitam suppliciumque sumptum adisse hereditatem.

D. 29.5.5.2 (Ulpian im 50. Buch zum Edikt)
Zur Einziehung des Vermögens (des Hausvaters) kommt es nur, wenn feststeht, dass der Hausvater getötet wurde und dass der Erbe vor der Befragung der Sklaven unter Folter und ihrer Hinrichtung die Erbschaft angetreten hat.

b. SC Silanianum

Die zitierten Fragmente stammen aus Ulpians Kommentar zum prätorischen Edikt (*ad edictum praetoris*). In diesem Werk, welches aus 83 Buchrollen (*libri*) bestand, wurde das prätorische Recht von Ulpian kommentiert und ausgelegt. Der Kommentar wurde in der nachklassischen Zeit sichtlich viel benutzt[165] und konnte sich vor nachklassischer Überarbeitung nicht schützen[166]. Diese Fragmente werden nach *Lenels* Palingenesie[167] dem 2. Abschnitt des 50. Buches

165 *Schulz*, Geschichte der römischen Rechtswissenschaft (1961) 244.

166 Die Fragmente des ulpianischen Ediktkommentars wurden in der nachklassischen Periode durch juristische Bearbeitungen verändert. Der Inhalt des Kommentars wurde sowohl durch bestimmte Stellen ergänzt als auch gekürzt. Die Ergänzungen sind nachvollziehbar. Die Reichweite der Kürzungen ist dagegen nicht zu erkennen. Man kann vor allem die vom Autor herangezogenen jurisitschen Texte nicht mehr nachvollziehen. Vgl. *Schulz*, Geschichte der roemischen Rechtswissenschaft 247.

167 *Lenel*, Palingenesie II 737.

zugeordnet, der den Titel *Ad SC Silanianum et Claudianum quorum testamente ne aperiantur* trägt und gesetzliche Verbote zur Testamentseröffnung beinhaltet.

Die Pönalisierung der schuldhaften Nichterfüllung der Rachepflicht der Erben geht auf den Senatsbeschluss *Silanianum* zurück. Dieser wurde im Jahre 10 n. Chr. erlassen und behandelte ursprünglich die Bestrafung der Sklaven des Ermordeten und ihre Rolle bei der Aufklärung dieser Mordtat. Der Senatsbeschluss verurteile alle Sklaven, die bei der Ermordung ihres Herrn unter demselben Dach wohnten oder mit ihm als Begleiter auf einer Reise waren, zum Tode. Die Verurteilung geschah unabhängig von ihrer Schuld. Von der Tötung waren nur solche Sklaven befreit, die ihren Herrn unter eigener Lebensgefahr verteidigten. Selbst wenn der Herr seine Sklaven im Testament mit Freiheit bedacht hatte, nahm dies keinen Einfluss auf die bevorstehende Hinrichtung[168]. Noch vor ihrer Tötung wurden die Sklaven einer so genannten *quaestio,* einer peinlichen Befragung unter der Anwendung von Folter, unterzogen. Diese diente der genauen Aufklärung der Mordtat und der Findung des Täters. Der genaue Inhalt des Beschlusses ist leider unbekannt. Trotz seiner Grausamkeit und brutalen Schärfe fand er breite Anerkennung in der römischen Gesellschaft und deren Rechtsüberzeugung.

c. *Prätorisches Ausführungsdelikt zu* SC Silanianum *und Auferlegung der Rachepflicht*

Die Verbindung der Indignität mit dem *SC. Silanianum* ist auf den ersten Blick nicht ganz ersichtlich. Im Mittelpunkt dieses Beschlusses stand die Pflicht des Erben, dem verstorbenen Erblasser die ihm gebührende Beachtung und Ehre zu schenken. Die Erben waren verpflichtet seinen Tod, sobald er durch ein gewisses und mutmaßliches Verbrechen herbeigeführt wurde, mit allen ordentlichen Mitteln der Aufklärung zu verfolgen. Die schuldigen Hintermänner sollten ausfindig gemacht und einer verdienten Strafe unterstellt werden. Die Einstufung der Vergeltungspflicht der Erben zu einem Indignitätstatbestand erfolgte erst im Rahmen eines prätorischen Ausführungsediktes zu dem gegenständlichen Senatsbeschluss[169]. Ein Erbe, der dieser Pflicht nicht genügte, schien seines Erbteils unwürdig[170]. Eine vorzeitige Testamentseröffnung und eine schuldhafte Unterlassung der Aufklärungspflicht seitens des Erben führten zur Entziehung

168 *Finkenauer,* Die Rechtsetzung Mark Aurels zur Sklaverei (2010) 77.

169 Keller spricht hier von einer anschließenden Verordnung (Vgl. *Keller*, Institutionen 391).

170 *Keller*, Institutionen 391.

der Erbschaft zugunsten des Fiskus[171]. Das Gesetz machte dabei zwischen den möglichen Erbfolgen keinen Unterschied und umfasste neben der Eröffnung des Testaments auch den vorzeitigen Erbantritt oder die vorzeitige Erlangung der *bonorum possessio* am Nachlass[172].

Die Ereption trat in allen Fällen ein, in denen die gegenständliche Pflichtverletzung festgestellt wurde. Übernahmen z.B. die Nachkommen des untätigen Erben seine Pflicht, so hatte dies keinen Einfluss auf die bereits erfolgte Ereption[173]. Die Translation der Erbschaft war in diesem Fall nicht möglich. Tat jedoch der Erbe alles, um den Tod des Erblassers zu rächen und blieb bei diesen Handlungen ohne seine Schuld erfolgslos, so musste er den Verlust der Erbschaft nicht befürchten[174].

Aus geschichtlicher Sicht stellt das *SC. Silanianum* den ersten Fall des Entzuges der Erbschaft zugunsten des Fiskus dar. Ob man bereits in diesem Zusammenhang von der Entstehung der Indignitätslehre sprechen kann, ist zweifelhaft und nicht eindeutig klar. Auf jeden Fall kann man dem gegenständlichen Indignitätsgrund und dem Beschluss einen starken strafrechtlichen Charakter zusprechen. Der Entzug des Erbrechts wurde als Sanktion im Strafverfahren angeordnet[175]. Für die strafrechtliche Ausgestaltung des Beschlusses könnte seine *ratio legis* verantwortlich gewesen sein. *SC. Silanianum* galt als besonders grausames Gesetz und wurde aus der Furcht vor Vergeltungsakten und dem Gefühl der Wehrlosigkeit geboren. Es sollte als eine Art Abschreckung dienen[176]. Die Aufklärungspflicht des Erben und die harte Bestrafung der Sklaven waren ein Ausdruck der inneren Rechtsüberzeugung der römischen Bevölkerung. Kein römischer Kaiser

171 D. 29.5.5.2

172 Ulp. 50 ed. D. 29.5.3.29: *Non tantum ex testamento, sed etiam ab intestato hereditas ad hoc edictum pertinet, ut ne quis adeat bonorumve possessionem petat, antequam quaestio de familia habeatur, ne heres propter compendium suum familiae facinus occultaret.*

173 Marcian. del. sing. D. 29.5.15 p.r: *Si sequens gradus ultus fuerit necem testatoris, an priore hereditas ad illum transferatur? et ait papinianus non esse hoc: nam poena illius huius praemium esse non debet.*

174 Alex. C. 6.35.7: *Imperator Alexander Severus Si ideo ultio necis testatoris non est desiderata, quia caedis auctores reperiri non potuerunt, obesse heredibus, in quo nulla eorum culpa detegitur, non oportet.*

175 Ven. 2 iud. publ. D. 29.5.13: *In cognitione aperti adversus senatus consultum testamenti eius, qui a familia sua occisus dicatur, quinquennii tempus constitutum est senatus consulto tauro et lepido consulibus: quod tamen ad extraneos pertinet. namque eos, qui parricidii poena teneri possunt, semper accusare permittitur eodem senatus consulto.*

176 Seneca, ep. 47,5: *proverbium iactatur, totidem hostes esse quot servos.* (übers. Man habe so viele Feinde wie Sklaven)

schuf diesen Beschluss ab. Er wurde sogar durch Kaiser Trajan verschärft und von Kaiser Justinian noch ausdrücklich gelobt[177].

5. Vergehen gegen die Testierfreiheit des Erblassers

a. *Text und Übersetzung von D. 29.6.1pr*

Ulp. 48 ed. D. 29.6.1 pr.
Qui dum captat hereditatem legitimam vel ex testamento, prohibuit testamentarium introire volente eo facere testamentum vel mutare, divus hadrianus constituit denegari ei debere actiones denegatisque ei actionibus fisco locum fore.

D. 29.6.1pr (Ulpian im 48. Buch zum Edikt[178])
Wer sich einen Nachlass als gesetzlicher oder testamentarisch eingesetzter Erbe erschlichen hat, indem er zuvor den Testamentsschreiber daran gehindert hat, ins Haus zu kommen, als der Erblasser sein Testament machen oder ändern wollte, dem müssen nach einer Konstitution des vergöttlichen Kaisers Hadrian die (auf der Erbenstellung beruhenden) Klagen verweigert werden, und nach Verweigerung der Klagen tritt der Fiskus in die Erbenstellung ein.[179]

Testamentum est voluntatis nostrae iusta sententia de eo, quod quis post mortem suam fieri velit[180]. Mit diesen Worten beschreibt Modestinus das Rechtswesen von Testamenten. Diese drückten den letzten Willen des Erblassers (*ultima suprema voluntas)* aus. Der Erblasser konnte mittels seiner autoritativen Anordnung das Schicksal seines Vermögens für die Zeit nach seinem Tode regeln[181]. Der römische Staat wollte dieses Persönlichkeitsrecht[182] des Erblassers vor jeder Art der unbefugten Fremdeinwirkung oder Beeinflussung schützen. Eine nicht zu unterschätzende Rolle spielte dabei die Indignität.

---

177 Iust. C 6.35.11.pr; Vgl. *Finkenauer*, Die Rechtsetzung Mark Aurels zur Sklaverei 78.

178 Das zitierte Fragment entstammt Ulpians Kommentar zum prätorischen Edikt. Das 48. Buch beinhaltet nach *Lenels* Palingenesie allgemeine Regeln zum prätorischen Erbschaftserwerb und behandelt explizit den Ausschluss von der prätorischen Erbfolge. Der Titel des Buches lautet *De bonorum possessionibus: de clausulis generalius; Quibus non competit bonorum possessionibus*. Vgl. *Lenels*, Palingenesie II 724.

179 *Knütel/Kupisch/Rüfner/Seiler* (Hgg.), Corpus Iuris Civilis 242.

180 D. 28.1.1.

181 *Kaser*, Das römische Privatrecht I 678.

182 *Dernburg*, System des römischen Rechts 910.

b. Verhinderung an der Errichtung bzw. Abänderung des Testaments

Die Bestrafung einer rechtswidrigen Beeinflussung eines Testaments geht auf Kaiser Hadrians Verordnung zurück. Ein Erbe verlor den erworbenen Nachlass, sobald er diesen auf sittenwidrige Weise erschlich, indem er den Erblasser von der Errichtung bzw. Abänderung des Testaments abgehalten hatte. Nach Verweigerung seiner erbrechtlichen *actiones* trat der Fiskus an die Stelle des Erben und zog somit die angefallene Erbschaft an sich[183].

Die oben zitierte Regelung wurde ebenso auf Fälle betrügerischer und gewaltsamer Hinderung des Testierens[184] erstreckt. Eine arglistige Abhaltung der Formzeugen von der Hinterlegung der Unterschrift, sodass der Erblasser nicht in der Lage war, ein gültiges Testament zu errichten, bewirkte die Unwürdigkeit des Täters[185]. Umstritten erscheint letztendlich die Frage, ob auch eine umgekehrte Zwangsausübung (bzw. eine Betrugsausübung), nach welcher der Erblasser gezwungen war, eine bestimmte Person als Erben einzusetzen, mit den gleichen Rechtsfolgen verbunden war. Die klassischen Quellen können auf diese Frage keine eindeutige Antwort geben. Erst der justinianische Kodex stufte den gegenständlichen Tatbestand als eine Verletzung des *ius civile*[186] ein. Dies hatte zur Folge, dass das Testament letztendlich vom Prätor als nichtig klassifiziert wurde[187]. Dieser Indignitätstatbestand wurde ebenso in der nachklassischen Periode im *Codex Iustinianus* wiederholt:

> *Diocl./Maxim. C. 6.34.2*
> *Eos, qui, ne testamentum ordinetur, impedimento fuisse monstrantur, velut indignas personas a successionis compendio removeri celeberrimi iuris est.*

> C. 6.34.2: Die Kaiser Diokletian und Maximian an Nicagora
> Es ist auf wohl begründete Weise rechtens, dass Diejenigen, welche überführt werden, die Errichtung des Testamentes verhindert zu haben, als unwürdige Personen der Vorteile der Erbfolge verlustig gehen.

---

183 *Keller*, Institutionen 393.

184 Pauli sententiae 5.12.2 De jure fisci et populi: *Ei etiam velut indigno aufertur hereditas qui adfinem vel cognatum, cui ipse ab intestato successurus erat, testamentum facere prohibuit aut ne iure subsisteret operam dedit.* Vgl. D. 34.9.19.

185 Ulp. 48 ed. D. 29.6.1.2: *Si plures heredes instituti sint et omnes dolo fecerint, quo minus testamentum mutaretur, dicendum est actiones omnibus denegari, quia omnes dolo fecerunt.;* Vgl. D. 36.1.3.5.

186 Alex. C. 6.34.1: *Civili disceptationi crimen adiungitur, si testator non sua sponte testamentum fecit, sed compulsus ab eo qui heres est institutus, vel quoslibet alios quos noluerit scripserit.*

187 *Kaser*, Das römische Privatrecht 726 Anm. 43.

c. Unterdrückung des Testaments

Marcell. 30 dig. D. 48.10.26
Si quis patris sui testamentum aboleverit et, quasi intestatus decessisset, pro herede gesserit atque ita diem suum obierit: iustissime tota hereditas paterna heredi eius eripietur

D. 48.10.26 (Marcellus im 30. Buch zum Digesten[188])
Wenn jemand seines Vaters Testament unterschlagen und sich, als sei er testamentslos gestorben, als Erbe benommen hat und so gestorben ist, so wird seinem Erben mit vollem Rechte die ganze väterliche Erbschaft entrissen werden.[189]

Der Erbe hatte noch eine andere Möglichkeit, um die Erfüllung des letzten Willens des Erblassers zu verhindern. Er konnte das Testament entweder unterdrücken oder fälschen. Auch in diesem Fall richtete er sein Augenmerk auf die gesetzliche Erbfolge – er wollte mangels eines Testaments *ab intestato* sukzedieren. Marcellus unterstellte dieses Vorgehen dem Indignitätsrecht. Ein Sohn, der das Testament seines Vaters unterdrückte, war seines Erbrechts unwürdig. Die ganze väterliche Erbschaft wurde ihm vom Fiskus entrissen. Das gleiche Schicksal betraf auch Testamentsfälscher[190].

6. Gerichtliches Anfechten des letzten Willens

a. Text und Übersetzung von D. 49.14.13.9 und D. 5.2.8.14

Paul 7 l. Iul. Pap. D. 49.14.13.9
Eos, qui quasi indigni repelluntur, summovendos esse ab eiusmodi praemio: id est eos, qui de inofficioso egerunt vel falsum dixerunt testamentum, qui usque ad finem litis obpugnaverunt testamentum.

D. 49.14.13.9 (Paulus im 7. Buch zur *Lex Iulia et Papia)*
Diejenigen, welche als Unwürdige ausgeschlossen werden, sollen keine Ansprüche auf eine Belohnung der Art erhalten, d.h. Diejenigen, welche die Lieblosigkeitsklage

188 Das zitierte Fragment entstammt seinen Digesten, einer Sammlung des privatrechtlichen Stoffes in teils dogmatischer, teils kasuistischer Darstellung. Das Fragment selbst wurde im 30. Buch niedergeschrieben und wird inhaltlich nach *Lenels* Palingenesie den augusteischen Ehegesetzen zugeordnet. Vgl. *Lenel*, Palingenesie I 632.

189 *Otto/Schilling/Sintenis* (Hgg.), Das Corpus Iuris Civilis 984.

190 Ulp. 8 disp. D. 48.10.4: *Si quis, cum falso sibi legatum adscribi curasset, decesserit, id heredi quoque extorquendum est. inde divus quoque marcus, cum quidam a patre heres institutus codicillos intercidisset et decessisset, fisco tantum esse putavit vindicandum, quantum per codicillos erogari posset, id est usque ad dodrantem.*

angestellt oder die Verfälschung des Testaments behauptet, die das Testament bis zum Ende des Rechtsstreites angefochten haben.[191]

Ulp. 14 ed. D. 5.2.8.14

Meminisse autem oportebit eum, qui testamentum inofficiosum improbe dixit et non optinuit, id quod in testamento accepit perdere et id fisco vindicari quasi indigno ablatum. sed ei demum aufertur quod testamento datum est, qui usque ad sententiam iudicum lite improba perseveraverit: ceterum si ante sententiam destitit vel decessit, non ei aufertur quod datum est: proinde et si absente eo secundum praesentem pronuntietur, potest dici conservandum ei quod accepit. eo autem solo carere quis debet, cuius emolumentum ad eum pertinet: ceterum si id rogatus fuit restituere, non debet iniuria fieri. unde non male papinianus libro secundo responsorum refert, si heres fuit institutus et rogatus restituere hereditatem, deinde in querella inofficiosi non optinuit, id quod iure falcidiae potuit habere solum perdere.

D. 5.2.18.4 (Ulpian im 14. Buch zum Edikt)

Man muss aber bedenken, dass derjenige, der zu Unrecht das Testament als pflichtwidrig angegriffen und nicht obsiegt hat, das, was er durch das Testament erhalten hat, verliert und dass es, gleichsam einem Unwürdigen entzogen, für den Fiskus in Anspruch genommen wird. Aber nur demjenigen wird das entzogen, was ihm durch Testament zugewendet wurde, der bis zum Urteil der Richter auf dem zu missbilligenden Prozess beharrt; wenn er dagegen vor dem Urteil aufgegeben hat oder gestorben ist, wird ihm das Zugewendete nicht entzogen. Es darf einer aber nur das verlieren, was ihm als wirklicher Gewinn zusteht[192].

Die gegenständlichen Digestenquellen behandeln zwei Sachverhalte, in denen der Erbe den letzten Willen des Erblassers entweder als pflichtwidrig oder als gefälscht anfocht. Fühlte sich ein Erbe zu Unrecht enterbt oder als nicht entsprechend bedacht, so konnte er gegen den letzten Willen des Erblassers gerichtlich vorgehen. Ebenso konnte er auf gerichtlichem Weg behaupten, dass das Testament nicht dem wahren Willen des Erblassers entspreche und dadurch falsch sei. Der klagende Erbe wollte zum Ausdruck bringen, dass er den letzten Willen des Erblassers entweder bestritt oder an seiner Richtigkeit zweifelte. Beide Sachverhalte verlangten ähnliche Voraussetzungen und lösten analoge Rechtsfolgen aus. Trotz einigen materiellen und formellen Gemeinsamkeiten weisen die genannten Rechtsbehelfe einige Unterschiede auf.

b. *Anfechtung des Testaments als gefälscht*

Der gegenständliche Tatbestand der gerichtlichen Anfechtung eines Testaments als gefälscht entstammt Paulus' Kommentar *Ad legem Iuliam et Papiam*. Dieser

191 *Otto/Schilling/Sintenis* (Hgg.), Das Corpus Iuris Civilis 1087.

192 *Behrends/Knütel/Kupisch/Seiler*, Corpus Iuris Civilis. Text und Übersetzungen II 498.

Kommentar enthält zehn Bücher und hängt inhaltlich mit Paulus' späteren Monografien *Libri singulares de tacitis fideicommissis* und *De iure patronatus quod ex lege Iulia et Papie venit* zusammen. Das oben zitierte Digestenfragment (D. 49.14.13.9) wurde im zweiten Teil des 7. Kommentarbuches niedergeschrieben. Dieser Teil trägt nach *Lenels* Palingenesie[193] den Titel *De his, qui ipsi se deferunt* und behandelt die rechtlichen Auswirkungen des Selbstanzeigerechts.

Eine Anfechtung des Testaments als gefälscht setzte eine Inkongruenz des Erblasserwillens und der Testamentsniederschrift, welche mittels einer Klage zum Ausdruck gebracht wurde, voraus. Aus Sicht der römischen Rechtspraxis war dieses Rechtsvorgehen ein zweischneidiges Schwert. Lag der *accusator falsi* falsch, so musste er mit dem Verlust des ihm bereits im Testament zugedachten Nachlasses rechnen. Wies das Gericht sein Vorbringen mit einem rechtskräftigen Urteil zurück, so zog der Fiskus den testamentarischen Nachlass an sich[194].

Dem Ankläger wurde jeder Zeuge, Bürge bzw. derjenige, der ihm prozessuale Hilfe leistete, gleichgestellt[195]. Ebenso konnte ein mittels des gegenständlichen Testaments freigesprochener Sklave seine Freiheit verlieren, sobald er dieses Testament entkräften wollte[196]. Sogar ein Richter konnte für unwürdig erklärt werden, wenn er ein Testament für gefälscht erklärte und der testamentarische Erbe nach Einleitung der Appellation gegen seinen Spruch Erfolg hatte[197]. Frei von Indignitätsfolgen waren Kläger des kaiserlichen Fiskus (*advocatus fisci*[198]) wie auch *tutores* oder *curatores*, welche die Anklage im Namen eines Mündels führten[199].

Ulp. 14 ed. D. 34.9.4
Papinianus libro quinto quaestionum ait, si quis unum heredem quasi per falsum adscriptum accusavit, legatum ei non auferri a coherede relictum, quem non inquietavit.

---

193 *Lenel*, Palingenesie I 1132.

194 *Müller-Eiselt*, Divus Pius Constituit 257. Vgl. *Keller*, Institutionen 395.

195 Paul. 1 fisc. D. 34.9.5.10: *His vero, qui testimonio suo intentionem accusatoris adiuvaverunt, deneganda est actio: idque divus severus decrevit.* Vgl. Paul. 1 fisc. D. 34.9.5.11: *Sunt qui putant, et recte, et ei denegandam, qui accusatori adfuit vel fideiussor pro eo exstiterit.*

196 Paul. 1 fisc. D. 34.9.5.15: *An libertas ei servo data, qui testimonio suo infringere voluerit testamentum, auferri debeat, videndum est. fideicommissum utique non est dignus consequi: et de libertate divus pius iudicavit esse ea privandum.*

197 Paul. 1 fisc. D. 34.9.5.12: *Quidam et praesidem indignum putant, qui testamentum falsum pronuntiavit, si appellatione intercedente heres scriptus optinuit.*

198 Paul. 1 fisc. D. 34.9.5.13: *Advocatum fisci, qui intentionem delatoris exsequitur, in omnibus officii necessitas satis excusat.*

199 Paul. 1 fisc. D. 34.9.5.16: *Ei, qui tutor datus est, non prodest ad excusationem, quod falsum dixit: sed a legato removetur.*

D. 34.9.4 (Ulpian im 14. Buch zum Edikt[200])
Papian schreibt im 5. Buch der Rechtsfragen, wenn jemand einen Erben mit dem Vorwurf angreift, sein Name sein infolge einer Fälschung in das Testament gelangt, werde ihm ein Vermächtnis, das ihm zu Lasten eines Miterben ausgesetzt ist, den er nicht belangt hatte, nicht entzogen.[201]

Was die Wirkung der Anfechtung betrifft, so muss unterschieden werden, in welchem Umfang das Testament in Frage gestellt wurde – ob der Kläger die ganze letztwillige Verfügung oder nur eine einzelne Erbeinsetzung als falsch angriff. Die Anfechtung der einzelnen Verfügung verursachte im Falle des Erfolges nur eine Teilnichtigkeit. Diese Teilwirkung umfasste auch die Fälle eines negativen Ergebnisses. Wies nämlich das Gericht das Vorbringen des klagenden Erben zurück, so konnte dieser nur dann erfolgreich erben, wenn die zugunsten seiner Person niedergeschriebenen testamentarischen Dispositionen von seiner Klage unberührt blieben[202].

c. *Anfechtung des Testaments als pflichtwidrig*

Der von Ulpian zitierte Tatbestand der gerichtlichen Anfechtung eines Testamentes als pflichtwidrig entstammt seinem Kommentar zum prätorischen Edikt. Das Fragment selbst ist im 14. Buch des Kommentares zu finden und behandelt nach *Lenels* Palingenesie[203] ausschließlich die Problematik eines pflichtwidrigen Testaments.

Fühlte sich ein Erbe zu Unrecht enterbt oder als nicht entsprechend bedacht, so konnte er den letzten Willen des Erblassers wegen Pflichtwidrigkeit gerichtlich anfechten. Er konnte das gegenständliche Testament mittels der sog. *querela inofficiosi testamenti* anfechten. Der gegenständliche Indignitätstatbestand verlangte genau die gleichen Voraussetzungen wie die Anfechtung des Testamens als gefälscht. Der Erbe musste den letzten Willen gerichtlich bestreiten und den Anfechtungsprozess verlieren. Aufgrund der erfolglos eingebrachten Klage wurde er unwürdig, aus dem angefochtenen Testament zu erben.

---

200 Die zitierte Digestenstelle stammt aus dem 14. Buch des ulpianischen Kommentars zum prätorischen Edikt und enthält nach *Lenels* Palingenesie Bestimmungen über die Anfechtung eines Testaments als gefälscht und als pflichtwidrig. Vgl. *Lenel*, Palingenesie II 494.

201 *Knütel/Kupisch/Rüfner/Seiler*, Corpus Iuris Civilis V 693.

202 *Keller*, Institutionen, 394.

203 *Lenel*, Palingenesie II 495.

Im Gegensatz zu *falsum accusare* rügte der Kläger die materielle Fehlerhaftigkeit des Erblasserwillens[204]. Er behauptete, dass sein letzter Wille rechtswidrig entstanden sei. Die Einbringung der Klage verursachte eine Gesamtwirkung. War der Erbe mit seinem Vorbringen erfolglos, bestand keine andere Möglichkeit, aus dem angefochtenen Testament zu erben. Lag er jedoch richtig und beruhte der letzte Wille auf einem materiellen Fehler, so wurde das gesamte Testament mittels eines Urteils entkräftet. Der Erbe wurde in diesem Fall mit seinen Erbansprüchen auf die gesetzliche Erbfolge verwiesen[205]. Die Reichweite dieses Tatbestandes wurde in der nachklassischen Periode stark eingeschränkt. Die Einführung der Klage auf Ergänzung des Pflichtteils (*actio ad supplendam legitimam*[206]) ließ bei der Anfechtung des vermeintlich pflichtwidrigen Testaments den zivilrechtlichen Bestand dessen unberührt[207].

d. Ratio legis

Die *ratio legis* der betreffenden Indignitätstatbestände lag im unberechtigten Widerspruch zu der letztwilligen Verfügung des Erblassers. Der Erbe verhinderte zwar den Testator nicht an der Errichtung bzw. Abänderung des Testaments, vernichtete es jedoch auch nicht. Der entscheidende Punkt lag in der Auflehnung gegen seinen letzten Willen[208]. Der Erbe zweifelte an der Richtigkeit und der Gesetzmäßigkeit des letzten Willens seines Vorfahren. Die römische Rechtsauffassung sah sich daher gezwungen, diesen Bruch der familiären Werte als indignitätswürdig einzustufen. *Müller-Eiselt*[209] weist in diesem Zusammenhang auf den Umkehrschluss der folgenden Digestenstelle hin:

> *Pap. 18 quaest. D. 34.9.24*
> *Si testamentum patris iure factum filius negavit, quoniam de iure disputavit, non iudicium impugnavit aut accusavit, retinet defuncti voluntatem.*

---

204 *Müller-Eiselt*, Divus Pius Constituit 257.

205 *Kaser*, Das römische Privatrecht I 705.

206 Die Rechtsfolgen der Klage auf Pflichtwidrigkeit führten zu gewissen Widersprüchen. Die Rechtswirkungen der Querel – d.h. die Nichtigkeit des gesamten Testaments und der Eintritt der Intestaterbfolge – führten zu gewissen inhaltlichen Widersprüchen. Im Falle des Erfolgs der Klage bekam der siegreiche Erbe den gesetzlichen Erbteil, wobei der Pflichtteil nur ein Bruchteil des Intestaterbteils war. *Kaser*, Das römische Privatrecht I 705.

207 *Kaser*, Das römische Privatrecht II 519; 534 Anm 37.

208 *Müller-Eiselt*, Divus Pius Constituit 256.

209 *Müller-Eiselt*, Divus Pius Constituit 257.

D. 34.9.24 (Papinian im 18. Buch der Rechtsfragen[210])
Hat ein Sohn bestritten, dass das Testament des Vaters rechtmäßig errichtet worden so, behält er das, was der Verstorbene ihm zuwenden wollte, weil er über eine Rechtsfrage gestritten und nicht den letzten Willen seines Vaters bekämpft oder angegriffen hat.[211]

Ein Sohn, der die Rechtmäßigkeit der Testamentserrichtung bezweifelte, behielt das, was ihm der Verstorbene mittels seines Testaments zuwenden wollte. Der ausschlaggebende Unterschied lag in den Beweggründen des klagenden Sohnes. Er bestritt nur die rechtswidrige Entstehung des Testaments und nicht die Richtigkeit des letzten Willens seines Vaters. Sein Vorgehen war rein rechtlicher Natur.

7. Formloser oder mutmaßlicher Widerwille des Erblassers

a. Text und Übersetzung von D. 34.9.12

Pap. 16 quaest. D. 34.9.12
Cum quidam scripsisset heredes quos instituere non potuerat, quamvis institutio non valeret neque superius testamentum ruptum esset, heredibus tamen ut indignis, qui non habuerunt supremam voluntatem, abstulit iam pridem senatus hereditatem. quod divus marcus in eius persona iudicavit, cuius nomen peracto testamento testator induxerat: causam enim ad praefectos aerarii misit: verum ab eo legata relicta salva manserunt. de praeceptionibus eidem datis voluntatis erit quaestio: et legatum ei non denegabitur, nisi hoc evidenter testatorem voluisse appareat.

D. 34.9.12 (Papinian im 16. Buch der Rechtsfragen)
In dem Fall, dass jemand im Testament Erben benannt hatte, die er nicht einsetzen konnte, hat der Senat schon vor längerer Zeit – obgleich die Erbeinsetzung unwirksam und [daher] ein früheres Testament nicht umgestoßen war – den Erben [nach dem ersten Testament] dennoch die Erbschaft wegen Erbunwürdigkeit entzogen, weil sie sich nicht auf den letzten Willen berufen konnten. Entsprechend hat der vergöttliche Kaiser Mark Aurel hinsichtlich einer Person, deren Namen der Erblasser nach Abschluss des Testaments ausgestrichen hatte, durch Urteil entschieden. Er verwies den Fall nämlich an die Finanzpräfekten [damit sie die Erbschaft zur Staatskasse einziehen sollten]. Die Vermächtnisse, die zu Lasten des Gestrichenen angeordnet worden waren, blieben jedoch unberührt. Die Wirksamkeit der Vermächtnisse zur Vorwegnahme, die dem Gestrichenen selbst zugewendet worden waren, ist eine Frage des Erblasserwillens. Und man wird ihm das Vermächtnis nicht verweigern, wenn nicht feststeht, dass der Erblasser dies offensichtlich wollte.[212]

---

210 Die zitierte Digestenstelle entstammt dem 18. Buch der Rechtsfragen. Nach *Lenels* Palingenesie ist in diesem Buch Fallmaterial zu Vermächtnissen gesammelt. Vgl. *Lenel*, Palingenesie I 850.

211 *Knütel/Kupisch/Rüfner/Seiler*, Corpus Iuris Civilis V 704.

212 *Knütel/Kupisch/Rüfner/Seiler*, Corpus Iuris Civilis V 698.

b. *Frage der* ratio legis – *entsprach das Ereptionsrecht des Fiskus dem Erblasserwillen?*

Die zitierte Digestenstelle entstammt *Papinians* Sammlung der Rechtsfragen. Dieses 37-bändige Werk weist jedoch keinen „echten" Charakter einer römischrechtlichen Disputation vor. Die Form der eigentlichen Quaestionen tritt ganz zurück, indem Papinian neben kasuistischen Fällen auch dogmatische Erörterungen ohne Anknüpfung an einen konkreten Fall wiedergibt[213]. Im 16. Buch ist nach *Lenels* Palingenesie[214] Fallmaterial zu Vermächtnissen gesammelt.

Das gegenständliche Fragment liefert einen Indignitätsgrund, dessen *ratio legis* auf den ersten Blick schwer zu erkennen ist. Ein Erblasser setzte eine bestimmte Person in seinem Testament als Erben ein, der so die Erbschaft rechtsgültig antreten konnte. Der Testator überlegte sich diese Entscheidung noch einmal und formulierte ein neues, späteres Testament, in dem die betroffene Person nicht mehr genannt wurde. Nach Papinians Auffassung verlor der betroffene Erbe das Vertrauen des Erblassers und entsprach nicht mehr dessen *suprema voluntas*[215]. Der Erbe sei unwürdig gewesen und der ursprünglich eingesetzte Nachlass wurde ihm durch den Fiskus entzogen. Es war sogar bedeutungslos, ob das spätere Testament rechtsgültig war oder nicht.

Der folgende Leitgedanke findet seine Anwendung auch im zweiten Fall der papianischen Digestenstelle. Strich der Erblasser den Namen eines Erben nach der Perfektion des Testaments aus, so entsprach auch dieser nicht seiner *suprema voluntas*. Die testamentarisch ausgesetzte Erbschaft wurde ihm seitens des Fiskus entzogen, wobei die auferlegten Vermächtnisse und Freisetzungen ihre Gültigkeit beibehielten.

Der gegenständliche Indignitätstatbestand lässt einige Fragen offen, zum Beispiel wie das zivilrechtliche Schicksal eines Testaments aussah, wenn der Erblasser zwei Personen als Erben einsetzte und dabei nur einen Namen ausstrich. Konnte der „geschonte" Erbe die Erbschaft antreten oder war die ganze letztwillige Verfügung nichtig? Wie sah die rechtliche Lage aus, wenn der Testator, nachdem er die beiden Namen ausgestrichen hatte, verstarb und kein neues Testament errichtet hatte? Fiel die Erbschaft dem Fiskus zu oder wurde sie *ab intestato* vererbt?

---

213 *Wenger,* Die Quellen des römischen Rechts (1953) 513.

214 *Lenel*, Palingenesie I 846.

215 *Müller-Eiselt*, Divus Pius Constituit 256.

Die Antwort auf diese Frage ist in der folgenden ulpianischen Digestenstelle zu finden:

> *Ulp. 44 ed. D. 38.6.1.8*
> *Si heres institutus non habeat voluntatem, vel quia incisae sunt tabulae vel quia cancellatae vel quia alia ratione voluntatem testator mutavit voluitque intestato decedere, dicendum est ab intestato rem habituros eos, qui bonorum possessionem acceperunt.*

> D. 38.6.1.8 (Ulpian im 44. Buch zum Edikt[216])
> Wenn der eingesetzte Erbe den Willen [des Testators] nicht für sich hat, weil entweder das Testament zerschnitten, oder durchstrichen worden ist, oder der Testator auf andere Weise seinen Willen geändert und testamentslos hat sterben wollen, so werden diejenigen, das Vermögen testamentslos erhalten, die den Nachlassbesitz empfangen haben.[217]

Gab der Erblasser deutlich zu erkennen, dass sein Testament seinem Willen nicht mehr entsprach, indem er es z.B. unterdrückte oder den Namen des Erben ausstrich, so trat im Falle seines Todes und der Versäumung der neuen Testamentserrichtung die gesetzliche Erbfolge ein. Das Testament behielt dabei seine zivilrechtliche Wirksamkeit. Diese hing nämlich nur von der *nuncupatio* und seiner schriftlichen bzw. mündlichen Erklärung und nicht vom Fortbestand der Urkunde ab. Die *bonorum possessio secundum tabulas* (prätorische Erbfolge gegen das Testament) wurde jedoch seitens des Prätors verweigert. Er gab die *bonorum possessio intestati* (prätorische Ordnung der Intestaterbfolge) dem nach prätorischer Ordnung berufenen gesetzlichen Erben[218].

Müller-Eiselt behauptet, dass der gegenständliche Indignitätstatbestand eine Art Hilfe für den Erblasser war, um seinen wahren Willen gegen die strengen Regeln des *ius civile* durchzusetzen. Er weist außerdem die fiskalischen Motive des römischen Staates zurück und begründet dies mit der Aufrechterhaltung der Vermächtnisse und Freilassungen zu Lasten des Fiskus[219].

Zweifelhaft erscheint m.E. in diesem Rechtsproblem das Ereptionsrecht des Fiskus. Wäre es dem Erblasser eigentlich nicht lieber gewesen, das Vermögen mit seinen Verwandten zu teilen, anstatt es an die kaiserliche Staatskasse abzugeben? Entsprach die Einziehung der Erbschaft wirklich dem mutmaßlichen Willen

---

216 Das zitierte Fragment entstammt seinem Kommentar zum prätorischen Edikt. Nach *Lenels* Palingenesie behandelt das 44. Kommentarbuch aus inhaltlicher Sicht Regelungen zur Erbklasse *unde liberi* (aus der die Kinder berufen werden) in der prätorischen Erbfolge *de bonorum possessionibis*. Vgl. *Lenel*, Palingenesie II 720.

217 *Otto/Schilling/Sintenis* (Hgg.), Das Corpus Iuris Civilis 959.

218 *Kaser*, Das römische Privatrecht I 692.

219 *Müller-Eiselt*, Divus Pius Constituit 256.

des Testators? Zudem ließ das Ereptionsrecht des Fiskus in den meisten Fällen die testamentarisch auferlegten Vermächtnisse und Freilassungen unberührt[220]. Es spricht viel dafür, dass der gegenständliche Indignitätstatbestand einem fiskalischen Konzept unterworfen wurde. Die Indignität sollte in diesem Fall als zusätzliche kaiserliche Geldquelle dienen.

8. *Tacitum fideicommissum in fraudem iuris*

a. *Text und Übersetzung von D. 49.14.49*

Paul. leg. fideic. sing. D. 49.14.49
Cum tacitum fideicommissum is cui datum erat capere se nihil posse detulisset, in quaestionem venit, dodrantis an totius assis partem dimidiam ex beneficio divi traiani recipere debeat. de qua re exstat rescriptum imperatoris antonini in haec verba: " imperator antoninus iulio rufo. qui tacitam fidem accommodavit, ut non capienti restitueret hereditatem, si deducta parte quarta restituit, nihil retinere debet. quadrans autem qui heredi imponitur ipsius eripiatur et ad fiscum transferatur". unde dodrantis semissem solum capit qui se detulit.

D. 49.14.49 (Paulus in seinem Einzelbuch zum stillschweigenden Fideikommiss)
Als Jemand, welchen durch ein stillschweigendes Fideikommiss [die ganze Erbschaft] hinterlassen worden war, seine Erwerbsunfähigkeit angegeben hatte, wurde die Frage aufgeworfen, ob derselben in Gemäßheit der [von] vergöttlichen Trajan [verliehenen] Rechtswohltat die Hälfte von drei Vierteln der Erbschaft oder von der ganzen Erbschaft bekommen müsse? Hierüber ist ein Reskript des Kaisers Antoninus dieses Inhaltes vorhanden: „Der Kaiser Antoninus an Iulius Rufus. Wer stillschweigend sein Wort gab einem Erwerbsunfähigen die Erbschaft wieder herauszugeben, der kann, wenn er sich nach Abzug des Viertels herausgegeben hat, nicht behalten; das Viertel aber, welches dem Erben verbleibt, soll ihm entzogen und auf den Fiskus übertragen werden". Folglich empfängt derjenige, welcher sich angegeben hat, nur die Hälfte von drei Vierteln der Erbschaft.[221]

Die eigentliche Ursache der gesetzgeberischen Herausbildung dieses Indignitätstatbestandes lag in den strengen Kaduzitätsvorschriften der *lex Iulia et Papia*. Die augusteischen Ehegesetze schlossen unter gesetzlich vorgesehenen Umständen bestimmte Personen von der Erbfolge aus. Sie entzogen den Betroffenen ihre Erwerbsfähigkeit und machten dadurch die Annahme einer Erbschaft unmöglich. Die römische Bevölkerung fand jedoch einen Weg, diese gesetzlichen

220 Gai. 11 l. Iul. Pap. D. 49.14.14: *Dicitur, ex asse hereditates ex Silaniano cum fiscus vindicasset, ut nec libertates nec legata tueatur. Qquod aperte nullam habet rationem, cum ex quibuslibet aliis causis fisco vindicatis hereditatibus et libertates et legata maneant.*
221 *Otto/Schilling/Sintenis* (Hgg.), Das Corpus Iuris Civilis 1100.

Sanktionen zu umgehen. Als Hilfsapparat diente dabei das Rechtsinstitut des Fideikommisses. Dank diesem war es den Erblassern möglich, ihren Nachlass erwerbsunfähigen Erben zu übergeben.

Das folgende Fragment behandelt die Problematik der Umgehungsgeschäfte der römischen Bevölkerung. Die Indignität bot sich damals als erfolgreiche Lösung an, um diese gesetzwidrigen Tätigkeiten zu unterbinden, da sie diese mit Indignitätsfolgen sanktionierte. Die kaiserlichen Fiskalbeamten konnten den gesetzesuntreuen Erben nicht nur die vermachte Erbschaft, sondern auch das falzidische Viertel[222], welches jedem Erben nach der Abgabe eines Fideikommisses oder eines Vermächtnisses zustand, entziehen.

b. Fideicommissum tacitum – *stilles Versprechen des Erben*

Ein Fideikommiss war eine formlose Bitte des Erblassers, dessen Erfüllung von der Treue und Gewissenhaftigkeit des Versprechenden abhängig war[223]. Der Erblasser konnte seinem Erben – in diesem Fall auch als Fiduziar bezeichnet – die Bitte auferlegen, entweder den ganzen Nachlassbesitz oder auch nur einen bestimmten Teil des Nachlasses einem Dritten – als Fideikommissar bezeichnet – zu übergeben. Da das Fideikommiss (*fidei commissum*) an keine Formvorschriften gebunden war, konnte es schriftlich wie auch mündlich abgeschlossen werden. Aus diesem Grund war die rechtliche Existenz des

---

222 Eine überschuldete Erbschaft bzw. eine testamentarische Erbfolge mit vielen auferlegten Vermächtnissen oder Fideikommissen war für den testamentarischen Erben nicht unbedingt von Vorteil. Es bestand die Gefahr, dass der Erbe den Nachlass ausschlug, was gleichzeitig zur Ungültigkeit der testamentarischen Verfügung führte. Deswegen führte die *lex Falcidia* aus dem Jahr 40 v. Chr. die sog. *quarta Falcidia* ein. Die Vermächtnisse und Fideikommisse mussten vom Erblasser so angeordnet werden, dass dem Erben mindestens ein Viertel des Nachlasses zufiel. Belastete der Erblasser auch dieses Viertel, so wurden alle testamentarischen Verfügungen verhältnismäßig gekürzt. Die Fideikommisse wurden im Rahmen des Senatsbeschlusses *Pegasianum* den Regeln der falzidischen Quart unterworfen. Vgl. *Kaser*, Das römische Privatrecht I 756.

223 Ulp tit. 25, 1: *Fideicommissum est, quod non civilibus verbis, sed precative relinquitur, nec ex rigore iuris civilis proficiscitur, sed ex voluntate datur relinquentis.* Man unterschied zwischen Einzel- und Universalfideikomissen. Wie der Name des folgenden Instituts sagt, war mit Einzelfideikommiss ein Übergang bestimmter Sache möglich. Mittels Universalfideikomissen (auch als Erbschaftsfideikomisse bezeichnet) konnte der Fiduziar die ganze Erbschaft oder einen Teil davon einem weiteren Nachfolger übergeben. Vgl. *Kaser*, Das römische Privatrecht I 761.

vorliegenden Versprechens nicht immer nachweisbar. Die Nichteinhaltung eines Fideikommisses war ursprünglich auch nicht klagbar und stellte nur eine Sittenverletzung dar[224]. Dem Erben gebührte letztendlich für die Erfüllung des Versprechens die bereits erwähnte falzidische Quart. Die augusteischen Gesetze umfassten mit ihren Sanktionen zuerst nur testamentarische Verfügungen und Vermächtnisse. Ein Fideikommiss blieb daher zunächst unberührt und somit war es möglich, einem erwerbsunfähigen Erben den ganzen Nachlass zu übergeben. Der betroffene Erbe trat hier als Universalfideikommissar auf[225].

Als dies in der Öffentlichkeit bekannt wurde, dehnte Kaiser Vespianus mittels seines Senatsbeschlusses *Pegasianum* die Kaduzitätsvorschriften der *lex Iulia et Papia* auf die Fideikommisse aus[226]. Dieser Umstand verbesserte die Rechtslage kurioserweise nicht. Wie *Müller-Eiselt*[227] richtig bemerkt, unterlag das Abgeben eines Fideikommisses den Regeln der falzidischen Quart. Ein Erbe bekam durch die Erfüllung des Versprechens ein Viertel der Erbschaft. Somit war die Erfüllung dieser Bitte für ihn mit keinen weiteren Nachteilen verbunden. Er hatte eigentlich nichts zu verlieren. Erst dieser Umstand machte die rasche Verbreitung des *tacitum fideicommissum* in der Rechtspraxis möglich.

Was den eigentlichen Begriff des *tacitum fideicommissum in fraudem iuris* betrifft und wie die vorliegenden rechtlichen Umstände – vor allem die Formfreiheit dieses Rechtsinstitutes – die Umgehung der strengen Vorschriften der augusteischen Gesetze ermöglichten, erklärt am treffendsten Gaius' Digestenstelle[228].

> *Gai. 15 l. Iul. Pap. D. 34.9.10 pr.*
> *In fraudem iuris fidem accommodat, qui vel id quod relinquitur vel aliud tacite promittit restituturum se personae quae legibus ex testamento capere prohibetur, sive chirographum eo nomine dederit sive nuda pollicitatione repromiserit.*

224 Erst durch Kaiser Augustus wurde die Durchsetzbarkeit des Fideikommisses bestätigt. Im Gegensatz zu dem zivilrechtlichen Institut des Legates wurde dem Fideikommiss kein ordentlicher Rechtsweg vor dem Prätor gewährt. Aufgrund seiner Rechtsnatur als Sittlichkeitsverletzung wurde nur die Erhebung einer *cognito extra ordinem* möglich. Vgl. *Kaser*, Das römische Privatrecht I 758.

225 *Müller-Eiselt*, Divus Pius Constituit 263.

226 Gai. Inst. 2, 286; 286a; Vgl. *Kaser*, Das römische Privatrecht I 759.

227 *Müller-Eiselt*, Divus Pius Constituit 264.

228 *Keller*, Institutionen 409.

D. 34.9.10pr (Gaius im 15. Buch zur Lex Iulia et Papia[229])
Zur Umgehung von Rechtsvorschriften lässt sich auf eine Fideikomissbitte ein, wer heimlich verspricht, das, was ihm hinterlassen wird, oder etwas anderes an eine Person herauszugeben, der es durch die Gesetze verboten ist, aus einem Testament etwas zu erwerben – ob er nun zu diesem Zweck einen Schuldschein ausstellt oder bloß eine formlose Zusage abgibt.[230]

Der reizvolle Weg sah folgendermaßen aus: Der Erbe gab dem Erblasser das heimliche Versprechen, die Erbschaft (bzw. ein bestimmtes Erbgut) einem *incapax* zu übergeben. Diese Vorgehensweise wurde im Regelfall im Stillen vereinbart, somit war sie nicht immer aus einem Testament oder einem Kodizill ersichtlich – die Nachweisbarkeit dieses Versprechens war dadurch wesentlich erschwert. Wurde diese familiäre Vereinbarung geheim gehalten, so war es eigentlich unmöglich, diese gesetzeswidrige Abmachung zu erkennen. Es stand dem Erblasser nichts im Wege, um eine nach den Regeln des *ius civile* erwerbsunfähige Person testamentarisch zu bedenken.

c. *Das falzidische Viertel und sein Weg zur Indignität*

Das *fideicommissum tacitum* galt rechtspolitisch und gesellschaftlich gesehen als besonders gefährliches Mittel zur Umgehung von Kaduzitätsvorschriften. Die Verfügbarkeit über den Nachlass wurde einem zweiseitigen Rechtsgeschäft überlassen. Das Rechtsinstitut des Testaments wurde dabei von seiner praxisbezogenen Bedeutung und formellen Kraft „entkleidet“[231]. Der römische Staat wollte diese Umgehungsversuche mit allen Mitteln verhindern. Auch den Kaisern war bewusst, dass man diese private Vereinbarung nur von innen unterbinden konnte.

Als erster Unterbindungsversuch galt das sog. *Beneficium Divini Traiani*, welches im kaiserlichen *Edictum Divini Traiani* geregelt wurde. Das Edikt gab dem erwerbsunfähigen Fideikommissar die Möglichkeit, sobald er den Nachlass oder die Sache besaß, bei dem zuständigen Ärar eine Anzeige zu erstatten. Zur Belohnung erhielt er die Hälfte dessen, was ihm im Rahmen des Fideikommisses

229 Das zitierte Fragment entstammt Gaius' Kommentar zur *Lex Iulia et Papia*. Nach *Lenels* Palingenesie behandelt das 15. Kommentarbuch die Problematik eines stillschweigenden Fideikommisses aus Sicht der augusteischen Gesetze. Vgl. *Lenel*, Palingenesie I 250.

230 *Knütel/Kupisch/Rüfner/Seiler* (Hgg.), Corpus Iuris Civilis V 697.

231 *Keller*, Institutionen 411.

zugeschrieben war[232]. Die Anzeige musste jedoch etwas Neues vorbringen – bereits bekannte Tatsachen wurden nicht berücksichtigt. Hatte der Fiskus die Sachherrschaft über die betroffenen Erbschaftssachen bereits erlangt, so gefährdete dieser Umstand die Gültigkeit der Belohnung in keiner Weise[233]. Ein festgestellter *indignus* konnte sich nicht auf das *beneficum Traiani* berufen[234].

Der zweite Bekämpfungsversuch war gegen den gesetzeswidrig handelnden Erben gerichtet. Hatte er das dem Erblasser abgegebene Versprechen erfüllt und dem *incapax* den Nachlass übergeben, so musste er mit dem Verlust des falzidischen Quarts rechnen.

> *Pap. 15 quaest. D. 34.9.11*
> *Heres, qui tacitam fidem contra leges accommodavit, in ea parte, quae fraudem adhibuit, falcidia non utitur: et ita senatus censuit. sed si maior modus institutionis quam fraudis fuerit, quod ad falcidiam attinet, de superfluo quarta retibebitur*

> D. 34.9.11 (Papinian im 15. Buch der Rechtsfragen[235])
> Ein Erbe, der sich entgegen den Gesetzen auf eine heimliche Fideikomissbitte eingelassen hat, kann sich hinsichtlich des Teils, auf den sich die Gesetzesumgehung bezieht, nicht auf die Lex Falcidia berufen. So hat es der Senat beschlossen. Wenn aber die Einsetzung zum Erben einen größeren Umfang hatte als die [heimlich übernommene Herausgabepflicht zum Zweck der] Gesetzesumgehung, kann er von dem überschießenden Teil – soweit dies nach der Lex Falcidia zulässig ist – ein Viertel zurückbehalten.[236]

Diese Maßnahme wurde mittels eines Senatsbeschlusses, dessen Name aus der zitierten Quelle nicht zu erkennen ist, angeordnet. Der folgende Gesetzgebungsakt setzte den Erben gewaltig unter Druck. Der Erbe musste sich die Entscheidung, ob er ein solches Risiko eingehen wollte, gut überlegen. Gehörte er zum Kreis der gesetzlichen Erben, konnte er mit seinem gesetzlichen Erbteil

---

232 Paul. 7 l. Iul. Pap. D. 49.14.13 pr.: *Edicto divi traiani, quod proposui, significatur, ut, si quis, antequam causa eius ad aerarium deferatur, professus esset eam rem quam possideret capere sibi non licere, ex ea partem fisco inferret, partem ipse retineret.*

233 Val. 4 fideic. D. 49.14.42 pr.: *Arrianus Severus praefectus aerarii, cum eius, qui tacite rogatus fuerat non capienti fideicommissum reddere, bona publicata erant, pronuntiavit nihilo minus ius deferendi ex constitutione divi Traiani habere eum cui fideicommissum erat relictum.*

234 Paul. 1 fisc. D. 34.9.5.20: *Omnes, qui ut indigni repeilentur, summovednit sunt a praemio, quod secundum edictrum divi Traiani datur his qui se deferunt.*

235 Die zitierte Digestenquelle entstammt Papinians 15. Buch der Rechtsfragen. Nach *Lenels* Palingenesie trägt das Buch den Titel *Quibus non competit bonorum possessio.* Vgl. *Lenel*, Palingenesie I 843.

236 *Knütel/Kupisch/Rüfner/Seiler* (Hgg.), Corpus Iuris Civilis V 698.

spekulieren. Auf der anderen Seite konnte der Erblasser den Erben enterben, nachdem letzterer die Erfüllung des Fideikommisses abgelehnt hatte[237].

Eine Frage bleibt noch offen – nämlich der Weg des falzidischen Quarts zur Indignität. Die Herausbildung dieses Sachverhaltes zu einem vollwertigen Indignitätstatbestand geht auf Kaiser Antoninus Pius' Entscheidungen und Gesetzgebungsakte zurück.

Mod. 9 pand. D. 35.2.59.1
Praeterea qui non capienti rogatus est restituere hereditatem, senatus consulto planciano non conceditur quartam retinere: sed ea quarta, quam non retinuit, ad fiscum pertinet ex rescripto divi pii.

D. 35.2.59.1 (Modestinus im neunten Buch der Pandekten[238])
Es wird ferner demjenigen, der gebeten worden ist, die Erbschaft an einem Erwerbsunfähigen herauszugeben, [wenn er dies getan hat] nach dem Plancianischen Senatsbeschluss nicht gestattet, das Viertel zurückzubehalten, sondern es fällt dieses Vierteil, welches er nicht zurückbehält, dem Reskript des Kaisers Pius zufolge an den Fiskus.[239]

Das vorgelegte Fragment, welches den Namen des unbekannten Senatsbeschlusses verrät (*Plancianum*), setzt sich aus zwei Teilen zusammen. Zuerst verbot der Beschluss dem gesetzesuntreuen Erben, das falzidische Quart beizubehalten. Der zweite Satz beruft sich auf das am Anfang des Kapitels zitierte Reskript Kaiser Pius'. Dieses sprach das dem gesetzwidrig handelnden Erben entzogene Viertel dem kaiserlichen Fiskus zu[240].

Dieses Reskript definiert endgültig den Indignitätstatbestand der Umgehung der Kaduzitätsvorschriften mittels eines Fideikommisses. Der Pandektist *Keller* definiert diesen folgendermaßen: *Wer mittels eines heimlichen Fideicommisses es über sich nimmt, einem incapax ein Vermächtnis zu leisten, der verliert durch fiscalische Ereption, alles das, was ihm der Erblasser zur Deckung dieser Obliegenheit zugewandt hat, auch die Falcidische Quart [...]*[241].

---

237 *Müller-Eiselt*, Divus Pius Constituit 265.

238 Das zitierte Fragment entstammt dem 9. Buch der Pandekten. Der Titel dieses Buches wird in *Lenels* Palingenesie nicht genannt. Aus dogmatischer Sicht behandelt dieses Buch vor allem Bestimmungen zum falzidischen Viertel. Vgl. *Lenel*, Palingenesie I 725.

239 *Otto/Schilling/Sintenis* (Hgg.), Das Corpus Iuris Civilis 679.

240 Genau auf dieses Reskript beruft sich die am Anfang des Kapitels zitierte Quelle (D. 49.14.49 Paulus l.S. de tac. fideic.) Vgl. *Müller-Eiselt*, Divus Pius Constituit 266.

241 *Keller*, Institutionen 408.

9. Verbotene Ehen und Geschlechtsgemeinschaften

a. Text und Übersetzung von C. 5.5.4pr

Valent./Theod./Arcad. C.5.5.4 pr.
*Qui contra legum praecepta vel contra mandata constitutionesque principum nuptias forte contraxerit, nihil ex eodem matrimonio, sive ante nuptias donatum sive deinceps quoquo modo datum fuerit, consequatur, idque totum, quod ab alterius liberalitate in alterum processerit, ut indigno indignaeve sublatum fisco vindicari sancimus: * valentin. theodos. et arcad. aaa. ad andromachum com. rer. privat.**

C. 5.5.4pr. (Die Kaiser Valentinianus, Theodosius und Arcadius an Andromachus)
Wer wider die Vorschriften der Gesetze oder wider herrschaftliche Mandate oder Constitutionen eine Ehe abgeschlossen hat, soll aus dieser ehelichen Verbindung nichts, es mag vor der Hochzeit geschenkt oder später auf irgendeine Art gegeben worden sein, gewinnen, und alles das, was durch die Freigebigkeit des anderen Teils an ihn gelangt ist, muss ihm entrissen und, da weder Er noch Sie es verdient, nach gegenwärtiger Verordnung dem Reichsschatz, Fiskus, übergeben werden.[242]

Die zitierte Quelle stammt aus der nachklassischen Periode und formuliert eine Generalklausel. Diese unterstellte das Eingehen einer gesetzwidrigen Ehe den Rechtsfolgen der Indignität. Ein solcher Tatbestand war dem klassischen römischen Recht nicht unbekannt. Eine Heirat mit einem Ehebrecher stellte nach den Regeln der *lex Iulia de maritandis ordinibus* eine gesetzeswidrige Ehe dar. Diese Ehe war zwar gesetzeswidrig, aber keineswegs nichtig. Die augusteischen Ehegesetze behandelten solche Ehen als nicht bestehend. Da Unverheiratete von der erbrechtlichen Nachfolge komplett ausgeschlossen waren, konnten die in einer gesetzwidrigen Ehe lebenden Ehegatten nicht am erbrechtlichen Verkehr teilnehmen[243].

Es gab also zwei Rechtsinstitute, welche den gleichen Tatbestand mit ähnlichen Rechtsfolgen bestraften. Sie verfolgten dabei m.E. die gleiche *ratio legis* – nämlich die Verbreitung der *mores morum* innerhalb der römischen Gesellschaft und die Sanktionierung eines sittenwidrigen Handelns. Der leitende Gedanke dieses Tatbestandes gibt deutlich zu erkennen, dass der römische Gesetzgeber das öffentliche Interesse vor den privaten Willen des Erblassers stellte. Interessant

---

242 *Haller*, Corpus Iuris Civilis. Das römische Zivilrecht. Der Codex Iustiniani. Buch V [Elektronische Ressource] URL: http://www.opera-platonis.de/CI/CI_B5.pdf (Stand 02.06.2016).

243 Unverheiratete waren von der erbrechtlichen Nachfolge komplett ausgeschlossen. *Kaser*, Das römische Privatrecht I 319.

erscheint in diesem Zusammenhang das unterschiedliche Schicksal der verfallenden Erbschaft. Das *caducum* ging im Falle der Erwerbsunfähigkeit auf den nächsten testamentarischen Erben oder Legatare über. Diese mussten verheiratet sein und mindestens ein Kind haben. Erfüllte niemand aus dem betroffenen Erbenkreis die genannten Voraussetzungen, so fiel das *caducum* letztendlich der kaiserlichen Staatskasse zu[244]. Im Falle der Indignität war die Berücksichtigung des nächststehenden Erben nicht möglich. Der verfallende Nachlass wurde gänzlich seitens des Fiskus eingezogen.

b. Indignität als Folge einer rechtswidrigen Ehe

Das zitierte Fragment des *Codex Iustinianus* überliefert eine Verordnung der Kaiser Valentinian II, Theodos I und Arcadius. Der gegenständliche Rechtsakt formuliert den folgenden Grundtatbestand: Im Falle einer gesetzwidrigen Ehe wurde den beiden Ehegatten all das entrissen, was sie sich als *dos*, *donatio ante nupitas*[245] oder aus der gegenseitigen Liberalität zueinander geschenkt hatten. Das Zugewandte fiel dem kaiserlichen Fiskus zu[246]. Die aus der nachklassischen Zeit stammende Verordnung enthält in ihrem zweiten Teil Rechtfertigungsgründe des Ereptionsrechts. Der betroffene Ehegatte konnte sich auf einen Irrtum bzw. auf die fehlende Volljährigkeit bei der Eheschließung berufen. Der Erfolg dieser Berufung hing von der unverzüglichen – nach der Aufklärung des Irrtums oder der Erreichung der Volljährigkeit – Aufgabe der gegenständlichen Ehe ab. Beruhte die Gesetzwidrigkeit der Ehe jedoch auf einem natürlichen Mangel, wie dem fehlenden Alter, welcher durch eine natürliche Heilung, in diesem Fall durch den Zeitablauf, beseitigt werden konnte, so kam die kaiserliche Verordnung nicht zur Anwendung[247].

---

244 Zuerst fiel der Nachlass an das *aerarium* und später an den kaiserlichen *fiscus*. Vgl. *Kaser*, Das römische Privatrecht I 320.

245 *Donatio ante nupitas* stellte im römischen Familienrecht eine Eheschenkung dar. Diese wurde vom Ehemann an seine zukünftige Ehegattin gerichtet. Das rechtliche Zustandekommen der Schenkung und seine weitere zivilrechtliche Gültigkeit waren vom Bestand der Ehe abhängig. Seinen Namen verdankte dieses Rechtsinstitut dem in vorjustinianischer Periode herrschenden allgemeinen Schenkungsverbot zwischen Ehegatten. Eine Schenkung bzw. eine Schenkungsversprechung zwischen Eheleuten war nur vor der Ehe möglich – deswegen der lateinische Ausdruck *ante* (voraus, vorher). Erst unter Kaiser Justinian wurden Eheschenkungen von dem genannten Verbot ausgenommen (*donatio propter nupitas*). *Kaser*, Das römische Privatrecht II 193–194.

246 *Zimmern*, Grundriss des gemeinen in Deutschland geltenden Erbrechts (1823) 83.

247 *Keller*, Institutionen 407.

Die Problematik der verbotenen Ehen bzw. Geschlechtsgemeinschaften war aus der Sicht des Indignitätsrechts noch vor der Erlassung der nachklassischen Verordnung mehrfach von klassischen Juristen behandelt worden. So ordnete Papinian[248] in seinem Gutachten die fiskalische Ereption für den Fall des Eingehens einer Ehe mit einem Ehebrecher an: *Maevius in adulterio Semproniae damnatus eandem semproniam non damnatam duxit uxorem*[249]. Nahm Maevius Semproniae zu seiner Frau, so konnten diese voneinander keine gültigen Zuwendungen von Todes wegen erhalten – diese fielen an den Fiskus.

Der römische Gesetzgeber pönalisierte ebenso das Eingehen einer Ehe, in welcher der Mann eine gesetzliche Machtstellung besaß und diese zu seinen Gunsten ausnutzte. Ein Provinzgouverneur, der entgegen dem *mandata principum* eine Provinzangehörige heiratete, konnte von ihr nicht als testamentarischer Erbe eingesetzt werden[250]. Von der testamentarischen Erbfolge seiner Ehefrau war ebenso ein Tutor ausgeschlossen, welcher seine Mündel wider dem Senatsbeschluss[251], dessen Name unbekannt ist, heiratete[252]. In beiden Fällen konnte der Fiskus den anfallenden Nachlass für sich beanspruchen. Die beiden Digestenquellen ließen den umgekehrten Weg – eine testamentarische Einsetzung der Provinzangehörigen bzw. der Mündel seitens des Provinzgouverneurs oder des Tutors – trotz des Vorliegens einer ungültigen Ehe zu.

248 Pap. 32 quaest. D. 34.9.13: *Claudius seleucus papiniano suo salutem. maevius in adulterio semproniae damnatus eandem semproniam non damnatam duxit uxorem: qui moriens heredem eam reliquit: quaero, an iustum matrimonium fuerit et an mulier ad hereditatem admittatur. respondi neque tale matrimonium stare neque hereditatis lucrum ad mulierem pertinere, sed quod relictum est ad fiscum pervenire. sed et si talis mulier virum heredem instituerit, et ab eo quasi ab indigno hereditatem auferri dicimus.*

249 Vgl. D. 34.9.13.

250 Marc. 11 inst. D. 34.9.2.1: *Em si quis contra mandata duxerit uxorem ex ea provincia, in qua officium aliquid gerit, quod ei ex testamento uxoris adquisitum est divi Severus et Antoninus rescripserunt retinere eum non posse, tamquam si tutor pupillam contra decretum amplissimi ordinis in domum suam duxisset. utroque ergo casu etsi ex asse heres institutus adierit hereditatem, fisco locus fit: nam quasi indigno ei aufertur hereditas.*

251 Marc. 10 inst. D. 48.5.7: *Qui pupillam suam duxit uxorem contra senatus consultum, nec matrimonium est hoc et potest adulterii accusari, qui tutor vel curator fuit et intra vicensimum sextum annum duxit uxorem non a patre desponsam vel destinatam vel testamento denominatam.*

252 Marc. 2 inst. D. 30.128: *Si tutor pupillam suam contra senatus consultum uxorem duxit, illa quidem ex testamento eius capere potest, ipse autem non potest, et merito: delinquunt enim hi, qui prohibitas nuptias contrahunt et merito puniendi sunt: quod imputari non potest mulieri, quae a tutore decepta est.*

10. Weitere Vergehen gegen den Erblasser

a. *Erhebung des* status controversia *und die zu Unrecht geäußerte Denunziation*

Die folgende Indignitätsgruppe präsentiert Sachverhalte, in denen der Erbe dem Erblasser nicht den ihm gebührenden Respekt schenkte. Er verletzte ihn durch die Missachtung seiner Autorität und der damit verbundenen familiären Pflichten sittenwidrig.

> *Ulp. 14 l. Iul. Pap. D. 34.9.9.2*
> *Sed et si palam et aperte testatori maledixerit et infaustas voces adversus eum iactaverit, idem erit dicendum. si autem status eius controversiam movit, denegatur eius quod testamento accepit persecutio: ex qua specie statim fisco deferetur.*

> D. 34.9.9.2 (Ulpian im 14. Buch zur Lex Iulia et Papia[253])
> Wenn er aber einen Rechtsstreit über den Status des Erblassers beginnt, wird ihm die gerichtliche Durchsetzung der Rechte versagt, die er aus dem Testament erlangt hat. In diesem Fall wird dem Fiskus sofort Anzeige [von dem Konfiskationsfall] gemacht.[254]

Das zitierte Fragment behandelt die erbrechtlichen Rechtsfolgen der Erhebung eines *status controversia* gegen den Erblasser. Die gerichtliche Bestreitung des *status* einer bestimmten Person hatte die Erhebung der Zweifel an ihrer Rechtsfähigkeit zum Gegenstand. Wurde dieser Tatbestand beim kaiserlichen Fiskus zur Anzeige gebracht, so wurden dem klagenden Erben die aus dem vorliegenden Testament zustehenden Rechte verweigert. Die im Testament ausgesetzten Erbsachen wurden dadurch konfiskationswürdig.

Die oben zitierte Digestenquelle behandelt im ersten Abschnitt[255] einen Fall der sog. Todesfeindschaft (*inimicitiae capitales*)[256]. Damit wird eine tödliche Feindseligkeit, die zwischen dem Erblasser und einem Vermächtnisnehmer nach der Präfaktion des Testaments entstand, bezeichnet. Aufgrund dieser Tatbestände nahm der

---

253 Die zitierte Digestenstelle stammt aus dem 14. Buch des ulpianischen Kommentars zur *lex Iulia et Papia.* Dieses Buch trägt den Titel *Quae lege Papia caduca fiant* und beinhaltet nach *Lenels* Palingenesie sowohl Rechtsbestimmungen zum rechtlichen Schicksal der *bona caduca* aus Sicht der augusteischen Gesetze als auch allgemeine Regelungen zum Testament. Vgl. *Lenel,* Palingenesie II 948.

254 *Knütel/Kupisch/Rüfner/Seiler* (Hgg.), Corpus Iuris Civilis V 697.

255 Ulp. 14 l. Iul. Pap. D. 34.9.9 pr.: *Si inimicitiae capitales intervenerunt inter legatarium et testatorem et verisimile esse coeperit testatorem noluisse legatum sive fideicommissum praestari ei, cui adscriptum relictum est, magis est, ut legatum ab eo peti non possit.*

256 Sowohl die mittelalterlichen Rechtsquellen als auch die Pandektenliteratur des 19. Jh. verwendeten ebenso den Begriff der Capitalfeindschaft.

Gesetzgeber an, dass der mutmaßliche Wille des Erblassers – einer ausgewählten Person ein Vermächtnis zu leisten – mit dem Eintritt dieses Zustandes zu gelten aufhörte. Der gegenständliche Vermächtnisnehmer konnte daher das aufgesetzte Vermächtnis nicht mehr verlangen. Es ist jedoch festzuhalten, dass dieser Tatbestand keinen Indignitätsfall darstellte. Das Ereptionsrecht des Fiskus trat nicht ein. Es fand lediglich eine *expectio doli* gegen die Klage auf das Vermächtnis statt – wie in anderen Fällen der mutmaßlichen Willensänderung[257]. Die Heranziehung dieses Falles ist im Hinblick auf den weiteren Verlauf der Arbeit interessant und zugleich aus materieller Sicht wichtig. Der gegenständliche Tatbestand der Todesfeindschaft wurde mehrmals im Rahmen der Rezeption durch die mittelalterlichen Quellen zu Unrecht als Indignitätsfall eingestuft.

Den letzten Indignitätsfall dieses Unterpunktes stellt die zu Unrecht geäußerte Denunziation des Erblassers dar. Auch in diesem Fall wagte es ein Erbe, die Ehre des Erblassers zu verletzen, indem er ihn zu Unrecht der Begehung einer strafbaren Handlung beschuldigte. Der folgende Tatbestand stützt sich auf die Entscheidung der Kaiser Septimius Severus und Antoninus Caracalla. Diese entschieden aufgrund einer Anfrage, dass ein Freigelassener, der seinen Freilasser nach dessen Tod zu Unrecht der Begehung einer strafrechtlichen Tat beschuldigt hatte, seiner Freilassung unwürdig war[258].

b. Verschenkung der Erbschaftssachen ohne Zustimmung des Erblassers

Pap. 10 resp. D. 39.5.29.2
Donationem quidem partis bonorum proximae cognatae viventis nullam fuisse constabat: verum ei, qui donavit ac postea iure praetorio successit, quoniam adversus bonos mores et ius gentium festinasset, actiones hereditarias in totum denegandas respondit:

D. 39.5.29.2 (Papinian im 10. Buch der Rechtsgutachten[259])
Es war zwar außer Zweifel, dass die Schenkung eines Teils des Vermögens der nächsten noch lebenden weiblichen Verwandten richtig gewesen: aber [Papinian] begutachte, dem Schenker, welcher später nach dem prätorischen Recht zur Erbfolge gelangte, seine weil er gegen Sitte und Völkerrecht [mit der Schenkung] zu voreilig gewesen, die Erbschaftsklagen hinsichtlich des ganzen [Nachlasses] zu versagen.

---

257 *Keller*, Institutionen 402.

258 Marcian. 6 inst. D. 34.9.1: *Divi severus et antoninus rescripserunt quasi indignum carere legato seu fideicommisso libertum, quae ei testamento patroni relicta erant, cum patronum suum post mortem eius quasi illicitae mercis negotiatorem detulerat, quamvis et praemium meruit.*

259 Das zitierte Fragment entstammt dem letzten Abschnitt Papinians 10. Buches (*De manumissionibus et liberali*) der Rechtsfragen. Dieser Abschnitt trägt den Titel *De executione extraordinaria.* Vgl. *Lenel*, Palingenesie I 930.

Marcian. del. sing. D. 39.5.30[260]*:*
Nam ei ut indigno aufertur hereditas

D. 39.5.30 Marcian in der Einzelschrift über Anzeigende in Fiskalsachen
Denn die Erbschaft wird ihm als einem Unwürdigen entrissen.

Die Indignität schützte nicht nur die körperliche Unversehrbarkeit des Erblassers oder den geistigen Bestand seines letzten Willens, sondern auch das rechtliche Schicksal des hinterlassenen Nachlasses. In dieser Hinsicht befasst sich Papinian mit folgendem Sachverhalt: Ein Erbe war sich eines bevorstehenden Erbschaftserwerbes sicher, er sollte die Erbschaft nach prätorischem Recht erhalten. Ob es sich in diesem Fall um eine prätorische Testaments- (*bonorum possessio secundum tabulas*) oder Intestaterbfolge (*bonorum possessio intestati)* handelt, wird nicht ausdrücklich gesagt. Noch bevor der Erblasser verstarb, hatte der Erbe den Nachlass ohne dessen Erlaubnis verschenkt. In seinem *responsum* erkannte Papinian die Gültigkeit dieser Schenkung ab und stufte zugleich den Erben als erbunwürdig ein. Die Verweigerung der Erbschaftsrechte begründete er mit dem Verstoß gegen die guten Sitten und gegen das *ius gentium*. Nach römischem Recht war jeder Vertrag über die Erbschaft eines noch lebenden Dritten ohne dessen Zustimmung rechtsunwirksam.

Einen ähnlichen Fall bringt Marcellus in seinem 22. Buch der Digesten zum Ausdruck:

Marcell. 22 dig. D. 34.9.6
Rescriptum est a principe heredem rei quam amovisset quartam non retinere[...]

D. 34.9.6 Marcellus im 22. Buch seiner Digesten[261]
Der Kaiser [vermutlich Mark Aurel] hat auf Anfrage entschieden, ein Erbe dürfe von einer Sache, die er beiseite geschafft hat, das [falzidische] Viertel nicht zurückhalten. [...][262].

260 Nach *Lenels* Palingenesie entstammt das zitierte Fragment Marcianus' Einzelschrift über Anzeigende in Fiskalsachen. Diese Monografie enthält zahlreiche formelle und materielle Bestimmungen eines fiskalischen Streitverfahrens (wie das Veräußerungsverbot der Streitgegenstände, die Befugnis zur Erstattung einer Anzeige beim Fiskus oder das Verbot einer gerichtlichen Untersuchung des Rechtsstatus eines Verstorbenen nach Ablauf einer fünfjährigen Frist). Vgl. *Lenel;* Palingenesie I 640–644.

261 Das gegenständliche Fragment stammt aus Marcellus' 22. Buch der Digesten. Diese Bücherreihe stellt sein juristisches Hauptwerk dar und enthält insgesamt 31 Teile. Nach *Lenels* Palingenesie beschäftigt sich das 22. Buch mit den Regelungen des falzidischen Gesetzes. Vgl. *Lenel*, Palingenesie I 627–628.

262 *Knütel/Küpisch/Rüfner/Seiler* (Hgg.), Corpus Iuris Civilis V 696.

Marcellus zitiert ein Reskript Kaiser Mark Aurels, welches den folgenden Sachverhalt zum Gegenstand hat: Ein Erbe verlor sein Recht auf das falzidische Viertel, sobald er ein Erbgut aus dem Nachlass des Erblassers entwendet hatte. Dieses Viertel fiel aufgrund der Erbunwürdigkeit des Erben dem Fiskus zu. In diesem Fall stellt sich die Frage nach dem rechtlichen Schicksal des entwendeten Erbgutes. Schaffte ein Erbe einen ihm hinterlassenen Erbschaftsteil, z.B. im Rahmen eines Testaments oder eines Vermächtnisses, bösartig beiseite, so wurden ihm seine in Bezug auf diesen Erbschaftsteil zustehenden Forderungsrechte versagt. Diese Annahme stützt sich auf Paulus' 14. Buch der Rechtsgutachten[263]:

Paul. 14 resp. D. 36.1.50(48)
Paulus respondit: si certa portio hereditatis alicui relicta proponitur et is res hereditarias quasdam furatus sit, in his rebus, quas subtraxit, denegari ei petitionem oportere recte respondetur.

D. 36.1.50(48) (Paulus im 14. Buch seiner Rechtsgutachten[264])
Paulus hat das Gutachten erteilt: wenn jemandem eine bestimmte Erbschaftsportion hinterlassen worden ist, und dieser einige Erbschaftssachen diebisch entwendet hat, so wird richtig entschieden werden, es müsse ihm rücksichtlich derjenigen Sachen, welche er entfremdet hat, das Forderungsrecht versagt werden.[265]

In diesem Fall kam es zu einer zweifachen Bestrafung. Der Erbe verlor nicht nur den ihm zugedachten Erbteil, sondern auch das falzidische Quart.

c. *Missachtung des letzten Willens – Indignitätsfälle zugunsten eines Dritten*

Die Missachtung des letzten Willens des Erblassers charakterisierte sich vor allem durch die Nichterfüllung seiner im Testament aufgesetzten Bitten und Forderungen. Erfüllte ein testamentarisch eingesetzter Erbe, nachdem er seinen Erbteil erworben hatte, innerhalb eines Jahres die vom Erblasser auferlegten Vermächtnisse und Auflagen nicht, so verlor er alles, was ihm durch den letzten Willen zugedacht war. Er konnte lediglich das gesetzlich vorgesehene Viertel beanspruchen[266]. Der entrissene Nachlass fiel aber nicht dem kaiserlichen

---

263 Die Entwendung eines Vermächtnisses ist im folgenden Fragment des *Codex Iustianus* C. 6.37.5 enthalten.

264 Das zitierte Digestenfragment entstammt Paulus' 14. Buch der Rechtsgutachten. In diesem Buch ist nach *Lenels* Palingenesie Fallmaterial zu Fideikommissen gesammelt. Vgl. *Lenel*, Palingenesie I 1244–1245.

265 *Otto/Schilling/Sintenis* (Hgg.), Das Corpus Iuris Civilis 1448.

266 Novell. Iust. 1 „de heredibus et falcidia" cap 1 : *Si quis autem non implens quod dispositum est, sed dum competat ei qui honoratus est, quod relictum est, et ex decreto iudicis*

Fiskus – wie das nach klassischem Recht der Regelfall war –, sondern den vorhandenen Miterben zu. Waren keine anderen Miterben vorhanden, so ging der Nachlass auf die Fideikommissare oder auf andere Vermächtnisnehmer, welche die gegenständlichen Pflichten erfüllen mussten, über. Bestellte der Erblasser jedoch im Testament Substitute, so erlangten diese Vorzug vor den übrigen Miterben[267].

Der zweite nachklassische Indignitätstatbestand wurde in der justinianischen Novelle 115 *caput* 3 § 12 niedergeschrieben. Dieser sanktionierte die Nichtübernahme bzw. die Versäumung der Verpflegung eines geisteskranken Erblassers durch seinen Erben[268]. Wurde ein geisteskranker Erblasser von einem Fremden aufgenommen und bis zu seinem Tod versorgt, so konnte der Fremde durch die Übernahme dieser Verpflegung auf eine materielle Belohnung hoffen. Die Erben des Erblassers – ungeachtet dessen, ob sie als testamentarische oder als präsumtive gesetzliche Erben galten –, welche diese gerichtlich auferlegte Pflicht unterlassen bzw. versäumt hatten, wurden dagegen von der römischen Rechtsordnung als unwürdig ausgesprochen. Die verfallene Erbschaft fiel aufgrund dieser ungezwungenen Barmherzigkeit eines Dritten nicht dem Fiskus, sondern dem Fremden zu[269].

Im gleichen Sinne verlor ein Erbe sein Erbrecht, wenn er den Loskauf eines gefangenen Erblassers versäumte oder unterließ und dieser dadurch in Kriegsgefangenschaft verstarb[270]. Aufgrund der Missachtung dieser Pflicht galten die Erben in Bezug auf die voranstehende Erbschaft als unwürdig. Der Nachlass fiel in diesem Fall ausnahmsweise an die Kirche der Gemeinde, aus welcher der Erblasser stammte[271].

Des Weiteren wurde das testamentarisch bedachte Erbgut demjenigen entzogen, der die letztwillig auferlegte Erziehung eines Kindes des Erblassers ablehnte.

---

admonitus annum totum protraxerit, non agens hoc quod praeceptum est, si quidem aliquis illorum fuerit, qui necessarie ex lege percipiunt, in plus autem, quam quod lex ei dari vult, scriptus est heres, tantum accipiat solum, quantum lex ei dari secundum quartam aut ab intestato partem concedit, aliud vero totum auferri [...].

267 Vgl. Novell. Iust 1 cap. 1 § 3: *Si vero institutio etiam substitutionem habuerit, certum est, quia prius ad substitutum volentem venient omnes res secundum legem complentem quae relicta sunt.*

268 Siehe dazu Novell. Iust. 115: *ut cum de appellatione cognoscitur [...]* cap. 3 § 12.

269 *Keller*. Institutionen 415.

270 Siehe dazu Novell. Iust. 115 c. 3 § 13.

271 *Keller*, Institutionen 415. Vgl. *Köppen*, Lehrbuch 151.

Derjenige verlor den Nachlass an jene Person, welche diese Verpflichtung freiwillig übernahm[272].

Die bereits genannten Indignitätsfälle der justinianischen Novellen unterscheiden sich im Bereich des Ereptionsrechts von den klassischen Beispielen. Der gesetzliche Zuspruch des verfallenen Nachlasses einer privaten Person war eine Ausnahmeregelung in der römischen Indignitätslehre. Warum der römische Gesetzgeber genau in diesen Fällen so entschied, bleibt ungewiss. Zum einen kann man die Meinung vertreten, dass der römische Staat den Dritten aufgrund der freiwilligen Übernahme einer fremden Verpflichtung belohnen wollte. Man kann diese Entscheidung jedoch ebenso mit dem zunehmenden Einfluss des christlichen Glaubens im römischen Imperium begründen[273].

IV. Zwischenresümee

Die Indignität des römischen Rechts ist ein Rechtsinstitut, welches im Vergleich zu vielen anderen römischen Rechtsgebilden nicht durch einen einzelnen Gesetzgebungsakt entstand. Es bildete sich infolge fortdauernder juristischer Arbeit der römischen Rechtsgelehrten heraus. Durch diese ständige Fortbildung ist die Indignität erst in der späteren Hochklassik endgültig zu einem einheitlichen rechtlichen Gebilde aufgestiegen. Durch diesen Entstehungsprozess ist die Indignität zugleich ein perfektes Beispiel der römischen Kasuistik. Die Indignitätslehre wurde sehr verstreut überliefert. Das römische *Corpus Iuris Civilis* enthält zahlreiche Indignitätsbestimmungen, die jedoch in verschiedenen Titeln der Digesten niedergeschrieben wurden. Die Indignitätslehre wurde außerdem in vielen Fällen unvollständig geregelt. Das *Corpus Iuris Civilis* lässt viele materielle Fragen offen, wie bezüglich des dogmatischen Inhalts des Ereptionsrechts oder der Beurteilung der Rechtsgültigkeit der getätigten Verfügungen seitens des *indignus*. In der Forschung wird bezüglich solcher Fragen auf Hypothesen und Analogismen verwiesen.

Die praktische Bedeutung der Indignität war im römischen Reich zweifellos sehr groß. Die gesetzlichen und testamentarischen Erbschaften, wie auch die

---

272 Paul. 1 fisc. D. 34.9.5.2: *Amittere id quod testamento meruit et eum placuit, qui tutor datus excusavit se a tutela: sed si consecutus fuerit, non admittitur ad excusationem. diversum puto in eo, qui legatum tantum meruit et a matre pupilli tutor petitus excusare se maluit: hic enim nihil contra iudicium defuncti fecit. sed hoc legatum, quod tutori denegatur, non ad fiscum transfertur, sed filio relinquitur, cuius utilitates desertae sunt.*

273 Siehe dazu das Evangelium nach Matthias 25, 36: *[…] ich war im Gefängnis und ihr seid zu mir gekommen.*

Vermächtnisse, wurden in vielen Fällen aufgrund der festgestellten Unwürdigkeit vom Fiskus in Anspruch genommen. Der römische Staat wollte dadurch die Fälle eines sittenwidrigen und unmoralischen Handelns gegen die Person des Erblassers pönalisieren. Der Staat trat als Hüter der öffentlichen Moral ein, welcher mittels der Indignität den unwürdigen Erben die Nachlässe entzog. Man kann die Aufgabe des Instituts als Beseitigung ungerechtfertigt eingetretener Bereicherung bezeichnen. Diese Bereicherung erfolgte dadurch, dass ein Erbschaftserwerb aufgrund eines strafrechtlichen oder sittenwidrigen Handelns zustande gekommen war. Die Rolle der Indignität im römischen Kaisertum stieg in der nachklassischen Periode noch einmal, nachdem die Kaduzitätsvorschriften der augusteischen Gesetze sowohl im westlichen als auch im östlichen römischen Reich abgeschafft wurden. Die Indignität wurde dadurch die einzige Rechtsmaßnahme, die eine strafrechtliche Tat bzw. einen Bruch der guten Sitten mit dem Erbschaftsverlust bestrafen konnte.

Wem die europäische Rechtswissenschaft die Entstehung der Indignität zu verdanken hat, ist nicht eindeutig klar. Dieser Umstand wird grundsätzlich durch den komplexen Entstehungsprozess dieses Rechtsinstitutes verschuldet. Eine Vielzahl zeitlich unabhängig voneinander entstandener Tatbestände und eine Vielzahl an Autoren machen diese Aufgabe nicht leichter. Wie *Müller-Eiselt*[274] aber richtig bemerkt, ist im Verlauf dieses Herausbildungsprozesses eine gewisse Generalisierung der einzelnen Indignitätsfälle und seiner Rechtsfolgen festzustellen. Diese wird ohne Zweifel mit der Person von Kaiser Antoninus Pius in Verbindung gebracht. Diese Generalisierung charakterisiert den Abgang des ursprünglichen strafrechtlichen Charakters des Instituts. Dieser wurde vor allem durch das *SC. Silanianum* und die Bestrafung der untätigen Erben gekennzeichnet. Pius leitete dabei eine gewisse Fiskalisierung des Instituts ein, sodass die Indignität die Qualität einer rein fiskalischen Sanktion erlangte[275]. Ein weiterer Verdienst Pius' ist außerdem die in einem gewissen Rahmen erfolgte inhaltliche Abstimmung der Indignitätstatbestände, wie die Restitution der aus der Erbschaft gezogenen Früchte. Man kann ebenso zweifelsfrei feststellen, dass sich die späteren römischen Juristen bei der Herausarbeitung der späteren Indignitätsfälle auf Pius' gesetzgeberische Schöpfungen beriefen. Vor allem der Terminus technicus *indignus* wurde in vielen Fällen

274 *Müller-Eiselt,* Divus Pius Constituit 252.
275 *Müller-Eiselt,* Divus Pius Constituit 254.

der neuen Indignitätsentscheidungen mittels der Konjunktionen *quasi, ut* oder *velut*[276] wiedergegeben[277].

Die dogmatische Ausrichtung der Indignität und die vorgenommene Auswahl der Indignitätsgründe können keine eindeutige Antwort in Hinblick auf die *ratio legis* des gegenständlichen Rechtsinstituts geben. Im Verlauf dieses Kapitels sind m.E. drei mögliche Leitgedanken vorhanden: die Aufrechterhaltung der öffentlichen Moral, die Erfüllung des präsumtiven Willens des Erblassers und das fiskalische Konzept des Kaiserstaates.

Der öffentlich-rechtliche Charakter des Instituts wird in der schon oben erwähnten Funktion des Staates als Hüter der öffentlichen Moral und der guten Sitten dargestellt. Der Staat griff in Fällen ungerechtfertigten und sittenwidrigen Erbschaftserwerbs ein und entzog den strafbar handelnden Erben die bereits angefallene Erbschaft. Der römische Gesetzgeber wollte dadurch das Gerechtigkeitsempfinden der römischen Bevölkerung stärken. Auf der anderen Seite tauchten Bedenken auf, ob der Wille des Erblassers im Falle der Indignitätsfeststellung irgendeine Rolle spielte. Die Nichtberücksichtigung der seitens des Erblassers geäußerten Verzeihung deutete auf eine Ablehnung (Missbilligung) seines subjektiven Willens hin. Der Verzeihung wurden in Bezug auf die bevorstehende Ereption keine rechtsbefreienden Wirkungen zugesprochen. Das folgende Problem wurde auch von den römischen Juristen in keiner Weise behandelt. Das mag aber auch daran liegen, dass der subjektive Wille des Erblassers in Bezug auf den Ausschluss eines bestimmten Erben von der Erbfolge im Rahmen der Enterbung berücksichtigt wurde. Die Indignitäts- und Enterbungsfälle konkurrierten in einigen Fällen miteinander. Die weit aufgefassten Enterbungsgründe ließen dem Erblasser bei der Beurteilung der Unwürdigkeit des betroffenen Erben einen viel größeren Spielraum als bei detaillierten Indignitätsgründen. Die Unwürdigkeitserklärung ging im Falle der Enterbung vom einzelnen Individuum und bei der Erbunwürdigkeit vom Staat aus. Die Indignität konnte daher als eine Art der Versicherung des präsumtiven Willens des Erblassers gelten. Hatte dieser es nicht geschafft, den Erben auf testamentarischem Weg zu enterben, so griffen die Regeln der Indignität ein und ließen den unwürdigen Erben nicht am Genuss der Erbschaft teilnehmen.

---

276 *Müller-Eiselt*, Divus Pius Constituit 253.

277 Der früheste Beitrag stammt von Scavola D. 29.5.26 und enthält folgenden Ausdruck: *[…] an Titius nihilo minus eso heredes ut indignos accusare posit ob id […]*. Die weitere Verwendung der indignitätsrechtlichen Termini technici kann man aus Modestinus' (D. 34.9.8) und Callistratus' (D. 49.14.1. pr) Digestenstellen entnehmen.

Den zweiten strittigen Punkt stellt das Ereptionsrecht des Staates dar. Der Entzug der Erbschaft zugunsten des Fiskus musste nicht unbedingt dem mutmaßlichen Willen des Erblassers entsprechen. Es ist auf jedem Fall fraglich, ob es dem Erblasser nicht lieber gewesen wäre, die Erbschaft einem anderen Erben zu übergehen, als mit ihr die kaiserliche Kasse zu bereichern. Das fiskalische Konzept stand bei der Herausarbeitung der neuen Indignitätsfälle in der späteren Klassik immer mehr im Vordergrund. Man konnte bei den neuen Tatbeständen den moralischen bzw. sittlichen Bruch, wie das Ausstreichen eines Namens in einem Testament, nicht unbedingt feststellen. Da das Fiskalverfahren durch die *advocati fisci* geleitet wurde, liegt der Gedanke nicht fern, dass die römischen Kaiser genau in ihren Aktivitäten eine Schöpfungsquelle neuer Tatbestände sahen. Dies führte dazu, dass das Indignitätsrecht im Verlauf der Kaiserzeit immer stärkeren fiskalischen Charakter aufwies[278]. Die Fiskalisierung der Indignitätstatbestände sollte dabei eine zusätzliche kaiserliche Geldquelle schaffen. Das ursprüngliche Motiv, die Aufrechterhaltung der öffentlichen Moral, wurde bei diesem Entstehungs- und Fortbildungsprozess immer mehr in den Schatten gedrängt.

Trotz der fiskalischen Motive galt m.E. die Indignität vor allem als ein Rechtsinstitut, welches das Gerechtigkeitsempfinden innerhalb der römischen Gesellschaft bewahren sollte. Der Gerechtigkeitsfaktor wurde dadurch vertreten, indem der römische Staat sittenwidrige und ungerechtfertigte Vermögensverschiebungen rückgängig machte. Diese Verschiebungen wurden grundsätzlich durch eine strafbare oder sittenwidrige Handlung verursacht. Dabei sollte der mutmaßliche Wille des Erblassers im Sinne des ulpianischen Fragments *caduca cum suo onere fiunt*[279] berücksichtigt werden.

---

278 *Bund*, FS Wieacker 60.

279 Ulp. Tit. XVII, 3.

Zweites Kapitel: Indignität im Zeitalter des europäischen Rezeptionsvorgangs

I. Römischer und germanischer Indignitätsgedanke in den *leges barbarorum*

1. Geschichtliche Einführung

Den Ausgang der Spätantike und den Beginn des Frühmittelalters kann man aufgrund der geschichtlichen Ereignisse als Epoche des Umbruchs bezeichnen. Der Zerfall des römischen Westreiches um 476[280] und die Völkerwanderung der Germanen verursachten tiefgreifende Veränderungen der zur damaligen Zeit geltenden politischen, sozialen und rechtlichen Verhältnisse. Die germanischen Stämme wurden im Verlauf des Frühmittelalters immer mächtiger und eroberten Territorien des ehemaligen römischen Weltimperiums. Die ursprünglich wandernden Germanen – sie gründeten anfänglich keine festen Siedlungen, sondern galten als schlagkräftige und mobile Heerhaufen unter der Führung eines Kriegsfürsten (sog. *war lords*) – begannen nach längerem Kontakt mit der römischen „Welt" feste Königreiche zu gründen[281]. Die Herausbildung eigener geltender Rechtsformen war für das politische Bestehen und für die eigene Identifizierung dieser Königreiche von grundlegender Bedeutung.

Das frühmittelalterliche germanische Recht wurde zuerst mündlich verkündet. Es ist jedoch ungewiss, auf welche Weise die Verkündung und die Überlieferung des mündlich gewonnen Rechts erfolgten. Die Fachliteratur zu den altgermanischen Rechten vertritt die Ansicht, dass das Recht von „alten kundigen Männern" erfragt und dann regelmäßig in Dingen (germ. Gerichtssitzungen)

---

280 Der Zerfall des römischen Westreiches verursachte nicht gleichzeitig die Auflösung des römischen Weltimperiums. Nach dem Sturz des weströmischen Kaisers ging die juristische Einheit des römischen Staates an das byzantinische Imperium über. Die Einheit des *Imperium Romanum* ging dadurch nicht verloren. Siehe dazu *Koschaker*, Europa und das Römische Recht (1966) 8–9.

281 Die germanischen Herrscher übernahmen bei der Errichtung ihrer Königreiche die Verwaltungsstrukturen und Verwaltungsorganisationen der Römer. Vgl. *Steuer*, Germanen, in HRGdigital, URL: http://www.HRGdigital.de/HRG.germanen (Stand 27.11.2016).

vorgetragen wurde[282]. Die germanische Kulturwelt entdeckte relativ spät die Fähigkeit zur schriftlichen Fixierung der Rechtstexte. Überlieferungen schriftlicher Rechtsdenkmäler der Germanen sind mit einzelnen Ausnahmen bis heute nicht entdeckt worden. Alles deutet darauf hin, dass die Germanen die schriftliche Aufzeichnung der Rechtstexte erst nach der Auseinandersetzung mit der römischen Rechtskultur kennenlernten[283]. Infolge dieses Austauschprozesses vollzog sich in der germanischen Rechtswelt der Übergang vom mündlich überlieferten Gewohnheitsrecht zum schriftlich aufgezeichneten Recht und von der Rechtsfindung zur Rechtssetzung[284]. Die Ergebnisse dieser germanischen Rechtsaufzeichnungen wurden in der europäischen Rechtsgeschichte als *leges barbarorum*[285] bezeichnet und für den Zeitraum vom 5. bis zum 9. Jh. datiert.

---

282 *Sellert*, Aufzeichnung des Rechts und Gesetz, in *Sellert* (Hg.), Das Gesetz in Spätantike und frühem Mittelalter (1992) 68 Anm. 8; Siehe dazu *Buchner*, Beiheft der Rechtsquellen, in *Wattenbach/Levison* (Hg.), Deutschlands Geschichtsquellen im Mittelalter. Vorzeit und Karolinger (1953) 2–3.

283 *Sellert* in *Sellert* 68–69. Vgl. *Conrad*, Deutsche Rechtsgeschichte I (1962) 128: *Von den Römern konnten die Germanen die schriftliche Aufzeichnung des Rechts und die bewusste Rechtssetzung lernen*. Siehe dazu *Kannowski*, Aufzeichnung des Rechts, in HRGdigital, URL: http://www.HRGdigital.de/HRG.aufzeichnung_des_rechts (Stand 27.09.2016).

284 *Conrad*, Deutsche Rechtsgeschichte I 128.

285 In der Fachliteratur wurden diese germanischen Rechtsaufzeichnungen im Verlauf der Zeit unterschiedlich benannt. Der Begriff *leges barbarorum* ging von den französischen und italienischen Forschern des 17. und 18. Jh., *Dubos, Guizot* und *Canciani,* aus. Diese sahen i.S.d. von ihnen vertretenen „Barbarentheorie" die Germanen der Völkerwanderungszeit als Hauptschuldner des Zerfalles des römischen Imperiums und seiner Ordnung an. Diese Theorie ging jedoch von der Staatsfeindlichkeit der Germanen aus. Im Kreis der deutschen Rechtshistoriker des 18., 19. und beginnenden 20. Jh. stieß diese Ansicht auf Vorbehalte und Kritik. In der deutschen Rechtssprache etablierte sich die vom Ende des 19. Jh. von *Brunner* stammende Bezeichnung „die Volksrechte". Diese Bezeichnung wird jedoch ihrem Inhalt nicht gerecht. Die Leges verdankten ihre Entstehung nicht allein dem Konsens des jeweiligen Volkes, sie stellten vielmehr ein verordnetes Königsrecht dar. Zur Vermeidung einer einseitigen Begriffsbildung und mit dem Hinweis auf die pejorative Bezeichnung von *barbarus* schlug *Buchner* die bloße Zuordnungsbezeichnung „das Stammesrecht" vor. Demgegenüber erhob *Nehlsen* die Bedenken, dass die einzelnen Leges sich sowohl an germanische als auch an romanische Bevölkerungsteile des jeweiligen Königreiches richteten. Das *Edictum Theoderici*, die *Lex Visigothorum Reccesvindiana* und Leovigilds Gesetzbuch galten sowohl für Germanen als auch für Römer. *Nehlsen* griff selbst auf die im 18. Jh. herausgebildete Bezeichnung *leges barbarorum* der französischen und italienischen Forscher zurück und meinte, dass dieser Begriff seinen abwertenden

Die Leges wurden und werden noch immer mit den Germanen[286] assoziiert. Man liest in der Fachliteratur und hört in Vorlesungen zur Privatrechtsgeschichte oder zum römischen Recht von germanischen Rechtsaufzeichnungen. In dieser Hinsicht stellt sich die essentielle Frage, wie germanisch die Rechtsordnungen, die zwischen dem 5. und dem 9. Jh. auf dem Boden des ehemaligen römischen Imperiums aufgezeichnet wurden, wirklich waren. Über Jahrhunderte galten die Leges in den Augen der Rechtsgelehrten als Höchstleistung der germanischen Rechtskultur. *Johannes Basilius Herold* hob im Jahre 1557 in der ersten schriftlichen Edition[287] der Leges die Bedeutung dieser Rechtstexte als unbestreitbares Zeugnis der germanischen Rechtskultur hervor. Diese ließen in dieser Hinsicht sogar die römische Rechtskultur hinter sich. *Herold* vermutete sogar, dass erst die ersten germanischen Aufzeichnungen Kaiser Justinian zur Kompilation der römischen Gesetze zwangen[288].

An dieser Betrachtungsweise änderte sich viele Jahre nichts. Erst im 19. Jh. kamen die ersten Thesen einer möglichen Beeinflussung der Leges durch das römische Recht ans Tageslicht. Diese fielen jedoch aus Sicht der deutschen Juristen und Rechtshistoriker sehr marginal aus. *Eichhorn*, *Savigny* oder *Sohm*[289] stellten nur bei manchen westgotischen Gesetzen eine römischrechtliche Beeinflussung fest. Die übrigen Leges wurden von der damaligen deutschen Lehre als

---

Charakter nicht mehr innehatte. Mit dieser Meinung stimmten sowohl *Buchner* als auch *Schott* nicht überein. Die Bezeichnung *barbarus* sei mit einem abwertenden Charakter verbunden. In der gegenständlichen Arbeit werden dagegen die neutralen Bezeichnungen Leges und Lex verwendet. Vgl. *Schott*, Stand der Leges-Forschung, in *Hack* (Hg.), Frühmittelalterlichen Studien XII (1979) 31; *Olberg-Haverkate*, Leges barbarorum, in HRGdigital, URL: http://www.HRGdigital.de/HRG.leges_barbarorum (Stand 27.09.2016). Siehe dazu *Brunner*, Deutsche Rechtsgeschichte I (1887) 286–290, *Nehlsen*, Sklavenrecht zwischen Antike und Mittelalter (1972) 37 Anm. 1; *Buchner*, Die Rechtsquellen 4.

286 Vgl. *Jarnut* „Germanisch. Plädoyer für die Abschaffung eines obsoleten Zentralbegriffes der Frühmittelalterforschung, in *Dichler*, Leges-Gentes-Regna (2006) 69–77.

287 Das gegenständliche Werk trägt den Titel O*riginum ac germanicarum Antiquitatum libri, Leges cidelicet, Salicae, Riupariae, Allemannorum, Boioariorum, Saxonum, Vuestphalorum, Angliorum, Vuerinorum, Thuringorum, Frisionum, Burgundionum, Langobardorum, Francorum, Theutonum.*

288 Diese Behauptung schrieb *Herold* in der Vorrede zu seiner im selben Jahr erschienenen Übersetzung *Lycosthenes' Prodigiorum ac ostentorum chronicon* nieder.

289 Vgl. *Eichhorn*, Deutsche Staats- und Rechtsgeschichte I (1821) 86; *Savigny*, Geschichte des römischen Rechts im Mittelalter II (1834) 477;483; *Sohm*, Fränkisches Recht und römisches Recht (1880) 71. Siehe dazu *Nehlsen*, Sklavenrecht 39–40.

„ächt germanisch“[290] definiert. Einen anderen Ansichtspunkt vertraten die französischen Rechtshistoriker. *De Coulanges* und *Tardif*[291] erkannten die römischen Einflüsse in den fränkischen Leges an und gingen von der Kontinuität des römischen Rechts in den germanischen Rechtsaufzeichnungen aus.

Ein neues Licht auf diese Problematik warfen *Levys*[292] Forschungsergebnisse zum weströmischen Vulgarrecht[293]. Darunter versteht man das römische

---

290 *Eichhorn*, Deutsche Staats- und Rechtsgeschichte 90.

291 Vgl. *De Coulanges*, Histoire des institutions politiques de l'ancienne France I 431ff; *Tardif*, Histoire des sources du droit français (1890) 157ff.

292 Den Auftakt seiner Forschungsergebnisse stellte der am 15. August 1928 in Oslo im Rahmen des VI. Internationalen Historikerkongresses für Rechtsgeschichte gehaltene Vortrag „Westen und Osten in der nachklassischen Entwicklung“ dar (publiziert in ZRG RA 1929, 230–259). Aufgrund seiner nichtarischen Herkunft war *Levy* gezwungen in die USA zu emigrieren. Dort publizierte er seine Forschungsergebnisse unter den Titeln „West Roman Vulgar Law: The Law of Propert“ (1951) und „Weströmisches Vulgarrecht: Das Obligationenrecht“ (1955).

293 Das Vulgarrecht bedeutet in der modernen rechtsgeschichtlichen Diskussion, im Gegensatz zu seiner klassischen Variante, ein simplifiziertes römisches Recht. Als Kennzeichen des Vulgarrechts gelten sein vulgarer Denkstil und seine vulgare Ausdrucksweise. Das Wort *vulgus* bezeichnet vor allem das fachjuristisch nicht gebildete Volk. Ein Widerspruch, da die vulgaren Juristen im Recht gebildet waren. Der Schwund der Begrifflichkeit gegenüber den Schriften der klassischen Juristen, die Verwendung des rhetorischen Stilmittels sowie das Abstellen auf Billigkeitsgesichtspunkte führten dazu, dass die einmal gezeichneten Konturen der klassischen Rechtsinstitute entweder verwischt oder ganz aufgehoben wurden (wie die mangelnde Unterscheidung zwischen einem „Tatbestand“ und den von ihm ausgelösten „Rechtsfolgen“, zwischen Besitz und Eigentum oder zwischen dinglichem und obligatorischem Recht). Die Rechtsanwendung und -auslegung beruhten nunmehr auf Volksmeinungen und auf Rechtsgedanken, die in Laienkreisen verbreitet waren. Die Rechtsentstehung erfolgte auf gewohnheitsrechtliche Weise, indem die Rechtsansichten der Bevölkerung durch den Kaiser bestätigt wurden. Das unprofessionelle und laienhafte Rechtsverständnis war der damaligen Rechtspraxis näher als die juristischen Spitzenleistungen der klassischen Periode. Man kann das Vulgarrecht jedoch nicht ausschließlich mit einem negativen Beigeschmack assoziieren. In vielen Fällen bot es aus Sicht der damaligen Rechtspraxis nützliche Vereinfachungen, z.B. die Anerkennung einer begrenzten Rechtsfähigkeit der Sklaven, an. Zu den wichtigsten Erkenntnisquellen des römischen Vulgarrechts zählen vor allem die spätantiken Kaisergesetze (*Codex Theodosianus* und einige Konstitutionen aus *Codices Gregorianus* und *Hermogenianus*), die spätantiken Privatwerke (wie die Paulussentenzen oder *Epitime Gai*) sowie die Aufzeichnungen des römischen Rechts in den germanischen Staaten (die *Lex Romana Visigothorum*, die *Lex Romana Burgundionum* und die *Lex Romana Curiensis*). Vgl. *Wieacker*, Vulgarismus und Klassizismus im Recht der Spätantike (1955) 21–27; *Kaiser*, Der Neue

Recht in der Zeit der Abdankung Diokletians im Jahre 305 bis zur Entstehung des *Corpus Iuris Civilis*. Der Ausgang dieser Periode stimmte aus zeitlicher Sicht mit der Aufzeichnung der ersten germanischen Leges der Westgoten, Ostgoten, Burgunder und Franken auf damaligem römischem Boden überein. Im Rahmen seiner Arbeiten behandelte *Levy* die vulgarrechtlichen Aspekte nicht nur in römischen Rechtsquellen, sondern ebenso in den einzelnen Leges. In diesem Zusammenhang warf er der bisherigen Forschung vor, dass sie die möglichen römischrechtlichen Einflüsse in den germanischen Rechtsaufzeichnungen nur aus der Perspektive des klassischen Rechts und nicht aus vulgarer Sicht untersucht hatte[294].

Die aus rechtlicher Sicht zeitliche Kongruenz der Spätantike und des Frühmittelalters tritt bei der Beurteilung der rechtlichen Stellung der germanischen Stammesrechte immer stärker in den Vordergrund. *Schott*[295] betonte diesbezüglich, dass die Frage nach der Kontinuität der antiken Rechtsinstitutionen neu gestellt werden musste. Die Stellung der Leges als rein germanisches „Erzeugnis" geriet dadurch ins Wanken. Das für das Vulgarrecht kennzeichende Stilmittel und die Ausdrucksformen - nämlich „das Bedürfnis einerseits nach sinnlicher Anschaubarkeit der rechtlichen Vorgänge, anderseits nach unbefangener Realisierung der sozialen Funktionen eines Rechtsgutes"[296] - entsprachen gleichzeitig der Vorstellung der germanischen Bevölkerung. Diesbezüglich liegt *Schotts* Vermutung[297] nicht fern, dass erst dank der Vulgarismen die erste Etappe der Rezeption des römischrechtlichen Gedankengutes möglich war. Erst in ihrer vulgaren Form waren die Inhalte des römischen Rechts für das germanische Volk aufnahmefähig. In seiner klassischen Variante wäre dieses Recht aufgrund seiner komplexen Materie wahrscheinlich nicht rezipiert worden. Es stellt sich die Frage, ob man in diesem Zusammenhang die Leges als ein Endprodukt des römischen Vulgarrechts bezeichnen kann[298].

Gemäß der bereits erwähnten These wird im gegenständlichen Kapitel eine Antwort auf folgende Frage gesucht: In welchem Umfang weisen die in der Zeit vom ausgehenden 5. Jh. bis zum beginnenden 9. Jh. entstandenen Leges der Westgoten, Ostgoten, Burgunder, Franken, Langobarden, Alemannen, Bayern,

Pauly XII/2 (2003) 350–351; *Kaser*, Zum Begriff des spätrömischen Vulgarrechts, in Studi in onore di Emilio Betti II (1962) 539–572.

294 *Levy*, West Roman Vulgar Law 14–16. Siehe dazu *Nehlsen*, Sklavenrecht 46.

295 *Schott* in FMSt 1979, 30.

296 *Wieacker*, Vulgarismus 21.

297 *Schott* in FMSt 1979, 45.

298 Vgl. *Schott*, FMSt 1979, 45.

Thüringer, Sachsen und Friesen[299] eine Beeinflussung durch das römische Recht im Bereich der Indignitätslehre auf? In dieser Hinsicht werden die möglichen Indignitätsbestimmungen (bzw. die Bestimmungen, die einen indignitätsrechtlichen Charakter aufweisen) der einzelnen Leges einer horizontalen Betrachtungsweise unterzogen. Um die Besonderheiten der jeweiligen Stammesrechte zu betonen, wird die Darstellung der Ergebnisse für jeden Stamm getrennt erfolgen[300]. Um das Verständnis dieser Regelungen zu erleichtern, werden ebenso die Entstehungsgeschichte der jeweiligen Rechtsaufzeichnung sowie die grundlegenden Prinzipien der Erbfolge jedes Stammes näher erklärt.

Die erbrechtlichen Systeme der germanischen Leges stellten aus dogmatischer Sicht eine Mischung aus römischen und germanischen Rechtselementen dar. Mit der Gründung der ersten germanischen Königreiche auf dem Boden des ehemaligen römischen Imperiums kam es zu einer Kollision von zwei unterschiedlichen Rechtskulturen. Die Germanen gingen von einer gesetzlichen Erbfolge aus[301]. Eine den Römern bekannte und zum Regelfall gewordene testamentarische Erbfolge fand in der germanischen Rechtsvorstellung keine Anerkennung. Der auf das altgermanische Recht spezialisierte römische Jurist *Tacitus*

---

299 Die germanischen Leges kann man aus geschichtlicher Sicht in folgende zwei Entstehungsphasen gliedern. Die erste bildeten die Rechtsaufzeichnungen der ersten germanischen Stämme, die ihre Königreiche auf dem Boden des ehemaligen römischen Imperiums gründeten. Zu dieser Leges-Gruppe gehörten die Gesetze der West- und Ostgoten, Burgunder, Langobarden und salischen Franken, die zwischen dem 5. und 6. Jh. aufgezeichnet wurden. Die zweite Leges-Gruppe entstand bereits unter fränkischer Herrschaft und in den Gebieten mit überwiegend germanischer Bevölkerung. Innerhalb dieser Phase entstanden die Gesetze der Ribuaren (der im Teilreich um Köln lebenden Franken), Alemannen, Bayern, Angeln und Warnen, Sachsen, Friesen und chamavischen Franken. Vgl. *Nehlsen*, Sklavenrecht 61.

300 Diesem Forschungsschema folgte *Nehlsen* bei der Beurteilung der Einflussnahme des römischen Rechts auf die Sklavenvorschriften der germanischen Leges. Vgl. *Nehlsen*, Sklavenrecht 51–56.

301 Die germanische gesetzliche Erbfolge fand ihre dogmatische Grundlage in der Miteigentümerschaft eines Sippenverbandes. Dieses gesellschaftliche und soziale Gebilde des Frühmittelalters galt als Art familiärer Verband. Das vererbbare Vermögen stand im Gesamteigentum der Sippe. Seinen einzelnen Angehörigen, vor allem den ältesten männlichen Vertretern, stand ein Nutzungsrecht zu. Die Vererbung dieser Güter kann man in den Zeiten des nicht geschriebenen germanischen Rechts als gemeinschaftliches Nachrücken innerhalb des Gesamtgutes bezeichnen. Mit einem erbrechtlichen Vorgang hatte diese „Erbfolge“ aus dogmatischer Sicht nicht viel zu tun. Vgl. *Hübner*, Grundzüge des deutschen Privatrechts (1982) 734–737. Siehe dazu *Heusler*, Institutionen des deutschen Privatrechts II (1886) 519–523.

bezeugte in seinem Werk „Germania" diese Feststellung mit den Worten *heredes tamen successoresque sui cuique liberi, et nullum testamentum* (Germania 20,5)[302].

Die nächste prinzipielle Gemeinsamkeit der Volksrechte stellte die Erbfolgeordnung dar. Diese folgte einer sog. Parentelordnung[303]. Nach diesem System wurden die potenziellen Erben aufgrund ihrer blutsverwandtschaftlichen Nähe in eine sog. Parentel gegliedert. Anhand dieser Parentel wurden die einzelnen Verwandten der Reihe nach zur Erbfolge herangezogen. Die Ausrichtung dieser Reihenfolge war durch blutsverwandtschaftliche Verhältnisse geprägt. So wurden zuerst die Kinder des Erblassers und deren Abkömmlinge, danach seine Eltern und nach diesen seine Geschwister herangezogen. Es galt das Rechtssprichwort *je näher dem Blut, je näher dem Gut*[304]. Die älteste nachdrückliche Überlieferung dieser Erbfolgeordnung stammte ebenso von *Tacitus* und lautete *[...] si liberi non sunt, proximus gradus in possessione fratres, patrui, avunculi*[305] (Germania 20,5).

Der eben dargestellte Erbfolgevorgang soll jedoch nicht irreführend sein und vor allem nicht eine einheitliche Ausgestaltung des Erbrechts innerhalb der germanischen Rechtsaufzeichnungen vorenthalten. Die erbrechtlichen Bestimmungen der Leges sind durch ihre Diversität gekennzeichnet. Die gesetzliche Erbfolge und der allgemeine Vorrang der Deszendenten genossen innerhalb der Leges-Landschaft eine überdimensionale Anerkennung. Abgesehen von diesen beiden Grundsätzen ist es schwer, weitere erbrechtliche Gemeinsamkeiten der einzelnen germanischen Rechtsaufzeichnungen zu finden. Die erbrechtliche Stellung der männlichen und weiblichen Verwandten, die Ausrichtung der güterabhängigen Erbfolge oder das Enterbungsrecht bzw. die das Erbrecht verwirkenden Gründe wurden in den einzelnen Volksrechten unterschiedlich geregelt. Für diesen Umstand war m.E. die in unterschiedlichem Maße erfolgte Beeinflussung durch das römische Recht verantwortlich. Diese Bemerkung betrifft auch die indignitätsrechtlichen Bestimmungen. Man muss vorweg klar feststellen, dass die Indignität in ihrer klassischen Form nirgendswo in der germanischen Rechtswelt zu finden war. Nichtsdestotrotz schlug sich der Leitgedanke dieses Rechtsinstitutes – niemand soll aus einem anderen gegenüber

---

302 Text nach *Perls* Ausgabe: Tacitus Germania (1990) 100.

303 Siehe dazu *Mertens*, Überlegungen zur Herkunft des Parentelsystems, ZRG GA 1973, 149–164.

304 *Hübner*, Grundzüge des deutschen Privatrechts[5] (1930) 764–766.

305 *Perl*, Tacitus 100.

verübten Fehlverhalten, vor allem als Erbe, Gewinn ziehen können – auf eine „vulgare Art" in den erbrechtlichen Vorschriften der germanischen Rechtsaufzeichnungen nieder.

2. Indignität nach westgotischem Recht

a. Quellen des westgotischen Rechts

Das westgotische Recht wird vor allem mit den Gesetzgebungsakten der Könige Eurich und Reccesvinth in Verbindung gebracht. Das erste westgotische Gesetzbuch, das zugleich die erste bis heute erhaltene germanische Rechtsaufzeichnung darstellt, entstand in der Zeitspanne von 469 bis 477. Dieser Gesetzgebungsakt, dessen Name unbekannt ist, wurde unvollständig im Rahmen eines Palimpsestkodexes des Klosters Saint-Germain-des-Prés entdeckt. Lediglich 60 der ursprünglich 336 Kapitel – nämlich die Kapitel 276 bis 336 – sind der heutigen Forschung erhalten geblieben[306]. Nach *Zeumers* Forschungsergebnissen[307] wird diese Kodifikation König Eurich zugeschrieben und trägt in der Fachliteratur den Namen *Codex Euricianus* oder die *Pariser Fragmente*[308].

Seit dem *Codex Euricianus* lässt sich innerhalb des westgotischen Königreiches eine bis ins 8. Jh. andauernde zusammenhängende Gesetzgebungstätigkeit feststellen. Im Rahmen dieses legislativen Prozesses entstand rund um das Jahr 654 das nächste für die weitere Ermittlung des westgotischen Rechts ausschlaggebende Gesetz. In der Fachliteratur spricht man vom *Liber iudiciorum* oder allgemein von der *Lex Visigothorum* (*Reccesvindiana*). Dieses Gesetz, das von König Reccesvinth proklamiert wurde, basierte vor allem auf den legislativen Erzeugnissen früherer westgotischer Herrscher. Neben Vorarbeiten König Chindasvins, der diese Gesetzgebung eingeleitet hatte, enthält der *Liber iudiciorum* vor allem

---

306 *Wohlhaupter*, Gesetze der Westgoten (1936) XI-XII.

307 *Zeumer*, Geschichte der westgotischen Gesetzgebung I, Neues Archiv der Gesellschaft für ältere deutsche Geschichtskunde 1898, 421ff. *Zeumer* stützte sich bei seiner These auf Isidor von Sevillas Überlieferungen, der in diesen Folgendes über Eurich berichtet hatte: *Sub hoc rege Gothi legum instituta scriptis habere coeperunt. nam antea tantum moribus et consuetudine tenebantur.* (Unter diesem König erhielten die Goten ihre ersten geschriebenen Gesetze, vorher hielten sie sich an die Sitten und das Gewohnheitsrecht.). Dieses Ergebnis teilte ebenso der spanische Rechtshistoriker *d'Ors* in seinem aus dem Jahr 1960 stammenden Werk *El Codigo de Eurico. Estudios Visigoticos II.*

308 Vgl. *Nehlsen*, Art. Lex Visigothroum in *Erler/Kaufmann/Schmidt-Wiegand* (Hgg.), Handwörterbuch zur deutschen Rechtsgeschichte II (1978) 1966–1968. Siehe dazu *Nehlsen*, Sklavenrecht 153–156.

Teile eines verlorenen Gesetzbuches König Leovigilds (des sog. *Codex revisus*). Dieses Gesetzeswerk stellt nach Isidor von Sevillas Zeugnissen eine umfangreiche Revision des *Codex Euricianus* dar und bildet zugleich den größten Teil des *Liber iudiciorum*[309]. Reccesvinths Gesetzbuch besteht wie der *Codex Iustinanus* aus 12 Büchern[310], die wiederum in Titel und *erae* gegliedert sind. Der *Liber idudicorum* erlebte schlussendlich im Jahre 681 unter König Erwig seine letzte erwähnungsbedürftige Revision (*Lex Visigothorum renovata*). Infolge dieser Novellierung wurden einige Rechtsvorschriften abgeändert, andere aufgehoben und vor allem die Gesetze der Könige Wamba und Erwig eingefügt. Die Gestalt des *Liber iudiciorum* wurde dadurch aber nicht verändert[311]. Mit dieser Revision endete die westgotische Gesetzgebungsgeschichte.

Abschließend muss noch folgender westgotischer Gesetzgebungsakt, dessen Entstehung auf das Jahr 506 datiert wird, erwähnt werden – es ist die Rede von der *Lex Romana Visigothorum*. Es handelt sich um ein von König Alarich II. herausgegebenes Gesetzbuch, das für die nichtgermanischen Bevölkerungsschichten (die sog. Hispanoromanen) vorgesehen war. Aus dogmatischer Sicht besteht dieses Werk ausschließlich aus römischrechtlichen Regelungen und gilt zugleich als ein perfekter Vertreter des römischen Vulgarrechts. In der Neuzeit wurde die *Lex Romana Visigothorum* auch *Breviarum Alaricianum* genannt. Folgende römische Rechtstexte der Vulgarzeit bildeten die *Lex Romana*: der *Codex Theodosianus*, Textfragmente aus *Gaius Epitome*, Textsammlungen aus den Paulussentenzen, einige Texte aus dem *Codex Gregorianus*, zwei Reskripte aus dem *Codex Hermogenianus* sowie ein kurzer Text aus Papinians Responsen[312]. Mit dem Inkrafttreten Reccesvinths Gesetzbuches, welches das gesamte westgotische Königreich und seine Bevölkerung einer einzigen Rechtsordnung unterwarf, endete die Geltung der *Lex Romana Visigothorum*. Dieser Umstand änderte nichts an der Anerkennung der *Lex* in der römischrechtlichen Praxis. Sie bildete

309 Die Mehrheit der Bestimmungen des *Liber iudiciorum* wurde mit der Überschrift *antiqua* gekennzeichnet. Nach *Zeumers* Ansicht handelt es sich dabei um die aus Leovilgids Gesetzbuch stammenden Rechtsvorschriften. Vgl. *Nehlsen*, Sklavenrecht 158. Siehe dazu *Zeumer*, Neues Archiv 1898, 430ff und 476ff, *Nehlsen* in HRG II 1969.

310 Der *Liber iudiciorum* stellt eine Kompilation des Rechts dar. Seine Regelungen folgten keinem Schema und wurden nicht systematisch geordnet. Für die Titulierung der einzelnen Bücher siehe *Nehlsen*, Lex Visigothroum in HRG II 1972–1973.

311 *Wohlhaupter*, Gesetze der Westgoten XIV.

312 *Liebs*, Lex Romana Visigothorum, in HRGdigital, URL: http://www.HRGdigital.de/HRG.lex_romana_visigothorum (Stand 27.09.2016).

über Jahrzehnte eine wichtige Rechtsquelle des römischen Vulgarrechts und war für die Rechtspraxis sehr wichtig.

b. Indignitätsgedanke im westgotischen Erbrechtssystem

Die erbrechtlichen Bestimmungen des *Liber iudiciorum* entstammen vorwiegend Leovigilds Gesetzbuch. Die erbrechtlichen Vorschriften des *Codex Euricianus* sind dagegen in Bruchstücken überliefert und lassen sich nur zum Teil rekonstruieren[313]. Für das gegenständliche Thema liefern diese rekonstruierten Fragmente keine aufschlussreichen Erkenntnisse. Das westgotische Erbrecht des *Liber iuducorum* entstand i.S.d. Gleichberechtigung von Töchtern und Söhnen. Die Nachkommen des Erblassers sollten ohne Unterschied auf Geschlecht und auf die Art des Erbgutes zu gleichen Teilen den väterlichen Nachlass erben können – *Ut sorores cum fratribus equaliter in parentum hereditatem succedant*[314]. Die gegenständliche Ausrichtung der Erbfolge stand im Widerspruch zur allgemeinen Tendenz der germanischen Leges. Diese bevorzugten im Falle einer gesetzlichen Erbfolge die männlichen Vertreter der Deszendentenparentel. Es besteht kein Zweifel daran, dass die westgotische Lösung ein Ergebnis der römischrechtlichen Beeinflussung war[315]. Das westgotische Recht wird in der Forschung[316] als jene germanische Rechtsaufzeichnung wahrgenommen, die am meisten durch römischrechtliche Inhalte beeinflusst wurde. Die Ursachen dieses stärkeren Niederschlags lagen wahrscheinlich sowohl in der größeren Zahl der im Königreich lebenden römischen Bevölkerung als auch in der für diese Volksschicht vorgesehenen umfangreichen Kompilation des römischen Rechts.

Dieser Umstand erweckt gleichzeitig Hoffnungen darauf, dass das Rechtsinstitut der Indignität durch den stark vertretenen römischen Einfluss in der westgotischen Gesetzgebung zu finden ist. Die Realität sah jedoch anders aus. Die

313 *Kroeschell*, Söhne und Töchter im germanischen Erbrecht, in *Kroeschell* (Hg.), Studien zum frühen und mittelalterlichen deutschen Recht (1995) 38.

314 *L. Vis. IV,2,1 Antiqua.: Ut sorores cum fratribus equaliter in parentum hereditatem succedant. Si pater vel mater intestati discesserint, sorores cum fratrbus in omni paentum facultate absque aliquo obiectu equali divisione succedant.* Diese Regelung Leovigilds stellte wahrscheinlich die Novellierung des 320. Kapitels des *Codex Euricianus* dar. Text nach *Wohlhaupters* Ausgabe, Gesetze der Westgoten, 90–91.

315 Vgl. *Glasson*, Le droit de succession dans les lois barbares, in *Rozière/Dareste/Esmein/Fournier* (Hgg.) Nouvelle revue historique de droit français et étranger (1885) 596–597. Siehe dazu *Kroeschell* in *Kroeschell* 39

316 Vgl. *Nehlsen*, Aktualität und Effektivität der ältesten germanischen Rechtsaufzeichnungen, in *Classen* (Hg.), Recht und Schrift im Mittelalter (1977) 490ff.

Indignität wurde im westgotischen Recht weder aus dem eigenen Rechtsverständnis erzeugt noch wurde ihr römisches Vorbild rezipiert. Diese Antwort war sowohl aufgrund der germanischen Ausrichtung der Erbfolge als auch wegen der Schwierigkeit dieser Rechtsmaterie zu erwarten. Nichtsdestotrotz lassen sich Bestimmungen im *Liber iudicorum* feststellen, die einen Indignitätscharakter vorweisen. Damit sind Tatbestände gemeint, die einen Erben aufgrund der Begehung einer strafbaren oder sittenwidrigen Handlung von der Erbfolge ausschließen.

Der gegenständliche Gedanke ist in folgender Bestimmung des *Liber iudicorum* zu finden:

> Lex Visigothorum III, 2, 8 Antiqua. *Si absque volumtate parentum mulier ingenua marito se coniungant.*
>
> *[...] Quod si absque cognitione et consensu parentum eadem puella sponte fuerit viro coniuncta, et eani parentes in gratia recipere noluerint. mulier cum fratribus suis in facultate parentum non succedat, pro eo, quod sine volumtate parentum transierit pronior ad maritum. [...]*[317]
>
> Lex Visigothorum. III, 2, 8 Älteres Recht. Wenn eine Freie gegen den Willen der Eltern sich mit einem Freien verheiratet.
>
> [...] Wenn sich das Mädchen aus eigenem Antrieb, ohne Wissen und Willen der Eltern, dem Manne verbunden hat und die Eltern sie nicht mehr in Gnaden aufnehmen wollen, so erbe sie nicht mit ihren Brüdern am elterlichen Vermögen, weil sie gegen den Willen der Eltern allzu leichtsinnig zum Gatten gegangen ist [...][318]

Eine Tochter verlor ihren elterlichen gesetzlichen Erbanteil, sobald sie ohne Einwilligung ihrer Eltern einen Freien geheiratet hatte. Das Gesetz begründete die Verwirkung des Erbrechts sowohl mit der Respektlosigkeit gegenüber ihren Eltern als auch mit der Sittenwidrigkeit der Heirat.

Mit ähnlichen erbrechtlichen Konsequenzen musste ebenso eine Witwe, die nach dem Tod ihres Ehemannes innerhalb der einjährigen Trauerfrist wieder geheiratet oder Unzucht getrieben hatte, rechnen. In diesem Fall fiel die Hälfte ihres Vermögens an ihre erstehelichen Kinder. Im Falle des Nichtvorhandenseins von Kindern waren die nächstberufenen Erben zu dieser Maßnahme berechtigt. Diese Bestimmung sollte den hinterlassenen Nachkommen des verstorbenen Ehemannes einen lebensnotwendigen Unterhalt gewähren[319]. Auf den

---

317 Text nach *Wohlhaupters* Ausgabe: Gesetze der Westgoten 68.

318 *Wohlhaupter*, Gesetze der Westgoten 69.

319 L. Vis. III, 2, 1 Antiqua. *Si qua mulier post mortem mariti sni se alio infra aimum coniunxerit vel adulterium fecerit, medietatem rerum suarum filii sui ex priori coniugio procreati aut, si filii desunt, alii propmquiores defuncti viri heredes per iudicis instantiam*

ersten Blick erscheint die römische Herkunft dieser Regelung ganz offensichtlich. Die erbrechtlichen Sanktionen der sittenwidrig handelnden Witwe wurden im *Codex Iustinianus* (C. 5.9.3) geregelt.

Nach römischem Recht stellte vor allem der Tatbestand des Verwandtenmordes einen Hauptanwendungsfall der Indignität dar. Die Problematik des *parricidium* samt seiner straf- und vermögensrechtlichen Folgen fand ebenso inhaltliche Behandlung in der westgotischen Kompilation. Der Verwandtenmord des *Liber iudiciorum* wurde in folgenden zwei Rechtsvorschriften, die nacheinander Chindasvinuds und Leovigilds Gesetzgebung entstammen, geregelt.

Lex Visigothorum VI, 5, 17 (Chindasvindus) *De parricidis et eorum rebus. Cum nullum homicidium volumtate conmissum nostris legibus relinquatur inultum et illum magis oporteat mortem excipere, qui consanguinitate proximum presumsit occidere, proinde hoc omne per evum promulgamus edictuin, ut, quicumque parricidium fecerit, hoc est patrem aut matrem seu fratrem aut sororem vel quemcumque sibi propincum proposito vel intentione prave volumtatis occiderit, confestim conprehensus a iudice eadem morte puniatur, qua ipse alium punire presumsit. Ita ut, seu vir sive mulier sit, qui parricidii criraen admiserit, si filios non habuerit; omnis parricide hereditas ad heredes propinquos occisi pertineat. Si vero filios de alio coniugio habuerit, medietas facultatis eius filiis occisi proficiat et medietas filiis parricide; si tamen in scelere patris aut matris conscii non fuerint adprobati. Nam si conscios eos scelus parentum Iiabuerit, omnis parricide hereditas filiis occisi proficiat. Quod si neque parricida neque occisus filios reliquerint, tunc omnem facultatem parricide parentes occisi aut propinqui sibimet in omnibus vindicabunt, vel proximi, qui mortem eius ulciscendam instriterint, iuri suo adplicare non dubitent.*

Lex Visigothorum VI, 5, 17 (König Chindasvindus) Von Verwandtenmördern und ihrem Vermögen.

Nach unseren Gesetzen bleibt kein absichtlicher Mord straflos und derjenige, der seine Blutsverwandtschaft tötet, sollte viel härter als ein normaler Mörder bestraft werden. Hiermit verkünden wir ein Edikt, das von den nächsten Generationen zu beachten ist. Derjenige, der der Begehung eines Verwandtenmordes schuldig erklärt wird – d.h. wenn er absichtlich seinen Vater, seine Mutter, seinen Bruder, seine Schwester oder seinen nächsten Blutsverwandten ermordete –, soll unverzüglich in Haft genommen werden. Er soll in gleicher Weise getötet werden, wie er sein Opfer getötet hat. Hinterlässt der Verwandtenmörder keine Kinder, so soll sein ganzes Vermögen an die nächstberufenen Erben der ermordeten Person fallen. Hat der Verwandtenmörder Kinder aus zweiter

---

ipsarum rerum consequantur medietateill. Quam idcirco mulierem preeipue hnic volumus subiacere dispendio, ne hec, que a marito gravida relinquitur, dum immoderato desiderio ad secundi coniugii vota festinat vel adulterium perpetrat, spem partus, prinsquam nascatur, extinguat.

Ehe hinterlassen, so soll die Hälfte seines Vermögens den zweitehelichen Kindern zugesprochen werden. Die übrige Hälfte geht in diesem Fall auf die nächstberufenen Erben der ermordeten Person über, vorausgesetzt, dass sie *[die zweitehelichen Kinder des Mörders]* an der Tat ihres Vaters oder ihrer Mutter keine Schuld tragen. Waren sie jedoch an der gegenständlichen Tat mitbeteiligt, so fiel das ganze Vermögen an die Kinder des Ermordeten. Hinterließen weder der Verwandtenmörder noch das Opfer erbberechtigte Kinder, so haben die Eltern, die nächsten Blutsverwandten oder die Person, die den Tod des Ermordeten rächte, einen unbestrittenen Anspruch auf das Vermögen des Verwandtenmörders.

Lex Visigothorum. VI, 5, 18 Antiqua. *De his, qui proximos sanguinis.*
Si patrem filius aut pater filium seu maritus uxorem aut uxor maritum aut mater filiam aut filia matrem aut frater fratrem aut soror sororem vel socerum gener aut socer generura vel nurus socrum aut socrus nurum vel quemcumque con sanguinitate sibi proximum aut suo generi copulatum occiderit, morte damnetur. Quod si propter hoc homicida ad ecclesiam vel ad altaria sacra concurrens pietate principum vel iudicum fuerit reservatus ad vitam, perpetuo maneat persona eius exilio mancipata.
Omnem vero substantiam suam heredibus oecisi iuxta legis superioris ordinem iubenras addici, aut etiam fisco, si heredes proximos occisus non reliquerit, sociari. Nam homicida nec facultatibus suis liberatus utetur, etiam si penam mortis evadere mereatur.

Lex Visigothorum VI, 5, 18. (Älteres Recht) Von jenen die ihre nächsten Blutsfreunde getötet haben.
Wenn ein Sohn seinen Vater oder der Vater seinen Sohn, oder ein Mann die Frau oder die Frau den Mann, oder die Mutter die Tochter oder die Tochter die Mutter, oder ein Bruder den (anderen) Bruder oder eine Schwester die (andere) Schwester, oder der Schwiegersohn den Schwiegervater oder der Schwiegervater den Schwiegersohn, oder die Schwiegertochter die Schwiegermutter, oder die Schwiegermutter die Schwiegertochter oder einen nahen Blutsverwandten und Sippenangehörigen getötet hat, so werde er (oder sie) zum Tode verurteilt. Der Mörder, der deshalb zur Kirche oder zu den heiligen Altären flüchtet und dem durch die Gnade der Fürsten oder Richter das Leben geschenkt wird, muss auf immer in die Verbannung gehen.
Sein ganzes Vermögen soll man den Erben des Getöteten nach der oben gegebenen Folgeordnung zuweisen oder auch dem Fiskus, wenn der Getötete keine nächsten Erben hinterlassen hat. Denn der Mörder soll auch, wenn er mit dem Leben davonkommt, nicht die Freiheit seines Vermögens genießen."[320]

Neben der Verhängung der Todesstrafe[321] entzogen die beiden königlichen Gesetze dem Verwandtenmörder sein Gesamtvermögen und überreichten es den Erben des Getöteten. Diese Rechtsmaßnahme entstammte der Bestimmung

320 *Wohlhaupter*, Gesetze der Westgoten 167.

321 Chintasvintus forderte sogar, dass der Verwandtenmörder auf die gleiche Art wie sein Opfer sterben sollte – *[…] eadem morte puniatur, qua ipse alium punire presumsit.*

antiqua. Das Gesetz sagte Folgendes: *Omnem vero substantiam suam heredibus oecisi iuxta legis superioris ordinem [...]*. Das gesamte Vermögen fiel an die Erben des Erschlagenen, wobei die Reihenfolge der berechtigten Erben Chindasvindus Regelung entstammte. Diese sprach interessanterweise das Gesamteigentum des Verwandtenmörders den Erben seines Opfers erst dann zu, wenn der Mörder selbst keine Kinder hinterließ: *Ita ut, seu vir sive mulier sit, qui parricidii criraen admiserit, si filios non habuerit; omnis parricide hereditas ad heredes propinquos occisi pertineat*. Beide Bestimmungen stehen also in einem inhaltlichen Widerspruch zueinander. Sobald die ersteheIichen Kinder am Leben waren, blieb der Nachlass des Mörders innerhalb seines familiären Kreises. Die Kinder aus der zweiten Ehe des Mörders konnten sogar die Hälfte des erbrechtlichen Vermögens beanspruchen. Nur wenn der Mörder keine Kinder hinterließ, fiel sein Nachlass an die nächstberufenen Erben des Opfers. Das Gesetz verwendet dabei den Ausdruck *filios*, was darauf schließen lässt, dass damit die Deszendenten des Mörders gemeint sind. Gab es jedoch weder Nachkommen seitens des Verwandtenmörders noch seitens des Opfers, fiel der Nachlass entweder an die Eltern oder an die weitere Verwandtschaft des Getöteten. Starb das Opfer ohne Verwandtschaft zu hinterlassen, entzog der königliche Fiskus den gegenständlichen Nachlass – *[...] aut etiam fisco, si heredes proximos occisus non reliquerit, sociari*.

Der oben beschriebene Rechtsvorgang stellte aus dogmatischer Sicht jedoch kein römischrechtliches Indignitätsverhältnis dar[322]. Sowohl die Erbenstellung des Mörders zu seinem Opfer als auch die damit verbundenen erbrechtlichen Forderungen und Ansprüche, die als essentielle Merkmale dieses Rechtsinstitutes galten, wurden mit keinem Wort erwähnt. Die beiden Gesetze entzogen lediglich das Vermögen des Täters. Dieser sollte die Freiheit seines Vermögens nicht genießen können – *Nam homicida nec facultatibus suis liberatus utetur, etiam si penam mortis evadere mereatur*.

Ob im Rahmen dieses Vermögensentzuges bereits die Erbschaft des erschlagenen Opfers inkludiert war, ist aus den zitierten Quellen nicht zu entnehmen. Außerdem fiel das Vermögen des Mörders in erster Linie an seine Kinder. Dieser Rechtsvorgang widersprach komplett dem römischen Indignitätsvorgang. Von einer indignitätsrechtlichen Ereption oder sogar von einer strafrechtlichen *publicatio bonorum* kann in diesem Fall nicht die Rede sein. Diese römischen Rechtsvorgänge ließen es nicht zu, dass die Verwandten des Mörders von seinem Vermögen profitieren konnten. Dieses sollte als Strafe direkt der kaiserlichen Kasse

322 Vgl. *de Capèle*, De l'Indignité en matière de succession, en droit romain et en droit français (1886) 68.

zufließen. Das westgotische Recht sah eine solche Vorgehensweise erst dann vor, wenn weder der Verwandtenmörder noch sein Opfer legitime Erben hinterließen.

Ein ganz anderes Indignitätsbild ist dagegen in der *Lex Romana Visigothorum* zu sehen. Die für die im westgotischen Reich lebenden Hispanoromanen vorgesehene Kompilation des römischen Rechts behandelt die gegenständliche Materie in ihrer vulgaren Form. Die Indignitätsbestimmungen stammen ausschließlich aus den Paulussentenzen und ihren westgotischen *interpretationes*[323]. Diese Regelungen sind im ganzen Werk verstreut und im 3., 4. und 5. Buch und jeweils im 7. (*Ad Senatusconsultum Silanianum*), 5. (*De inofficiosi querela*) und 13. (*De iure fisci et populi*) Titel zu finden.

Auf den ersten Blick erscheint der 7. Titel des 3. Buches auffällig. Dieser behandelt den bereits erwähnten Senatsbeschluss *SC. Silanianum*. Dieser verbot den Erben unter Strafe der Erbunwürdigkeit den Antritt der Erbschaft bzw. die Eröffnung des Testaments eines ermordeten Erblassers, sobald sein Mörder nicht ausfindig gemacht und nicht zur gerechten Strafe geführt wurde. Eine identische Bestimmung ist in der *Lex Romana Visigothorum* zu finden:

> *Lex Romana Visigothorum, Paul. sent. 3.7.1*
> *Hereditas eius, qui a familia occisus esse dicitur, ante habitam quaestionem adiri non potest, neque bonorum possessio postulari.*
> *Interpretatio: Quicunque a familia sua occisus fuerit, hereditas illius ab herede adiri non potest, nisi prius de familia quaestio fuerit ventilata et mors occis fuerit vindicata.*[324]

---

323 Die sog. Paulussentenzen stellen ein nachklassisches juristisches Werk dar. Sie entstanden in einer westlichen Provinz rund um das Jahr 300. Der Inhalt dieser juristischen Privatarbeit stammte vorwiegend aus Iulius Paulus' Schriften. Die in der *Lex Romana Visigothorum* verwendeten paulianischen Sentenzen enthalten sog. *interpretationes*. Diese brachten sowohl zahlreiche Umschreibungen, Erläuterungen als auch inhaltliche Erweiterungen mit sich. War ein bestimmter Auszug inhaltlich vollendet, so lautete die Erklärung: *Ista interpretatione non indiget*. Ursprünglich nahm man in der Forschung an (vor allem *M. Conrat*), dass die *interpretatio* eine inhaltliche Schöpfung der Redaktoren der *Lex Romana Visigothorium* (sog. *prudentes*) war. Letztendlich ist man sich einig, dass die Interpretationen zu den Paulussentenzen zum größten Teil aus den Werken, die bereits im 5. Jh. im Westen des römischen Imperiums entstanden sind, entnommen wurden. Die Paulussentenzen fanden vor allem wegen ihrer klaren und knappen Form breite Anerkennung in der Rechtspraxis. Vgl. *Siems*, Lex Romana Visigothorum, in HRG II 1939–1947. Siehe dazu *Schellenberg*, Die Interpretationen zu den Paulussentenzen (1965) 11–12.

324 Text nach *Haenels* Ausgabe: Lex Romana Visigothorum (1849) 384.

Eine Erbschaft desjenigen, der als Opfer eines Verwandtenmordes galt, kann vor der erfolgten Queastio [einer Befragung unter der Heranziehung von Foltermitteln] weder angetreten noch als *bonorum possessio* vom Prätor beantragt werden.

Die gegenständliche Stelle des westgotischen Romanenrechts verbot den Erben des Getöteten seine Erbschaft anzutreten, sobald man die Familie des Mörders nicht gefoltert und den Tod des Erblassers nicht gerächt hatte. Es war belanglos, ob der Erblasser im Rahmen einer Gewalttat oder durch die Verabreichung eines Giftmittels ums Leben gekommen war[325]. Denn die Ehrbarkeit – *[...] honestati enim heredis convenit, qualemcumque mortem testatoris inultam non praetermittere* – verpflichtete den Erben dazu, den Mord an seinem Erblasser nicht unbestraft zu lassen[326]. Interessanterweise wurde in diesem Fragment mit keinem Wort ein Indignitätsverhältnis erwähnt. Die die Indignität beschreibenden Termini technici wie *indigno* oder *aufertur hereditas* wurden nicht verwendet. Man kann vermuten, dass der dogmatische Inhalt des Senatsbeschlusses unvollständig niedergeschrieben wurde. Das würde heißen, dass die Redaktoren dieser Kompilation auf das prätorische Ausführungsedikt[327], welches den Antritt der Erbschaft oder die Eröffnung des Testaments bei einem gleichzeitigen Versäumnis der Rachepflicht mit den Erbunwürdigkeitsfolgen bestrafte, verzichteten.

Eine indignitätsinitiierende Ausdrucksweise findet man dagegen in der letzten Bestimmung des 7. Titels des 3. Buches. Diese lautet folgendermaßen:

Lex Romana Visigothorum, Paul. sent. 3.7.10
Omnibus, qui contra voluntatem defuncti faciunt, ut indignis aufertur hereditas, si nihil testamento in fraudem legis fuerit cautum.

Interpretatio: Heredi scripto, qui aliquid contra ultimam defuncti fecerit voluntatem, ut indigno aufertur hereditas: si tamen nihil contra leges in eius testamento fuerit comprehensum.

Wenn irgendeine Handlung gegen den letzten Willen des Erblassers gesetzt wird, gilt der Handelnde als erbunwürdig und verliert die testamentarische Erbschaft. Es sei denn, dass der Inhalt des gegenständlichen Testaments gegen die herrschenden Gesetze verstößt.

Ein Erbe galt in Bezug auf die Erbfolge seines Testators als erbunwürdig, sobald er irgendetwas gegen seinen letzten Willen unternommen hatte. Was man genau unter den Wörtern *omnibus, qui contra voluntatem defuncti faciunt* verstehen

325 Paul. sent. 3,7,2. *Occisus videtur, non tantum qui per vi maut per caedem interfectus est, velut iugultus aut praecipitatis, sed et is, qui veneno necatus dicitur [...].*

326 *Conrat*, Breviarium Alaricianum. Römisches Recht im fränkischen Reich in systematischer Darstellung (1903) 537–538.

327 Vgl. *Eck*, Indignität 17–18.

kann, ist sowohl aus der zitierten Bestimmung als auch aus ihrer *interpretatio* – es wird die ebenso wenig aufschlussreiche Formulierung *qui aliquid contra ultumam defuncti fecerit voluntatem* verwendet – nicht eindeutig klar[328]. M.E. kann man darunter sowohl rechtliche Angriffe (wie eine gerichtliche Anfechtung eines Testaments als falsch oder inoffiziös) als auch tatsächliche (wie eine Unterdrückung oder eine Fälschung eines Testaments) subsumieren. Eine Hilfestellung bei der Festlegung der maßgeblichen Handlung können m.E. die jeweiligen Schlussformulierungen der beiden Bestimmungen leisten. Sobald das Testament *in fraudem iuris* errichtet wurde, konnte der Erbe für seine gegen diese letztwillige Verfügung vorgenommenen rechtlichen oder tatsächlichen Schritte nicht als *indignus* ausgesprochen werden. Diese Ansicht lässt sich mit der indignitätsrechtlichen Beurteilung des gerichtlichen Anfechtens eines Testaments nach römischem Recht argumentieren. Die Indignität wurde nur dann ausgelöst, wenn der Kläger mit seinem gerichtlichen Vorbringen scheiterte. Lag er mit seiner Behauptung richtig, weil ein Testament tatsächlich pflichtwidrig war, so konnte ihm seine Handlung nicht zur Last gelegt werden.

Das gerichtliche Anfechten eines Testaments als falsch oder pflichtwidrig wurde in der *Lex Romana Visigothorum* ausdrücklich mit den Erbunwürdigkeitsfolgen sanktioniert.

Lex Roman Visigothorum, Paul. sent. 5.13.3
Si pater vel dominus id testamentum, quo filius eins vel servus heredes instituti sunt aut legatum acceperunt, falsum redarguant, nee obtineant, fisco locus est.

Eine durch den Vater oder durch einen Herrn aufgesetzte testamentarische Erbschaft oder ein Vermächtnis fallen an den Fiskus, sobald der eingesetzte Sohn oder der Sklave das gegenständliche Testament oder das Vermächtnis als falsch anfechtet und den Anfechtungsprozess verliert.

Lex Roman Visigothorum, Paul. sent. 4.5.10
Heres institutus habens substitutum, si de inofficioso dixerit, nee obtinuerit, non id ad fiscum, sed ad substitutum pertinebit.

Hat ein testamentarisch eingesetzter Erbe das Testament als inoffiziös bezeichnet und den Anfechtungsprozess verloren, fiel sein Erbanteil an den testamentarischen Substituten und nicht an den Fiskus.

Ein Erbe verlor eine ihm gebührende Erbschaft, sobald er den letzten Willen des Testators erfolglos als falsch oder als inoffiziös angefochten hatte. Beide Bestimmungen knüpften inhaltlich an die aus dem klassischen römischen Recht

328 Vgl. *Conrat*, Breviarum 432.

stammende Indignitätsbestimmung des gerichtlichen Anfechtens des Testaments als gefälscht oder als pflichtwidrig an[329]. Die gesetzgeberische Formulierung dieser beiden Tatbestände ist m.E. fragwürdig. Die exzerpierten Paulussentenzen beschrieben konkrete Sachverhaltsvarianten. Gemäß der ersten Rechtsvorschrift verlor ein zum Erbe eingesetzter Sohn seine in einem Testament zugesprochene Erbschaft, sobald sein Vater das gegenständliche Testament erfolglos als falsch angefochten hatte. Das Gleiche betraf auch einen mittels eines Testaments freigesprochenen Sklaven, sobald sein Hausherr das Testament in gleicher Weise gerichtlich bestritt. Die entzogene Erbschaft fiel dem staatlichen Fiskus zu. Ob mit dieser Bestimmung auch die anderen Fälle des *falsum accusat* umfasst wurden, ist aus der zitierten Quelle nicht ersichtlich. Eine analogische Anwendung dieses Rechtssatzes auf die allgemeinen Fälle des *falsum accusat* wäre vorstellbar.

Das gleiche Problem betrifft auch die Anfechtung eines Testaments als pflichtwidrig. Auch in diesem Fall bediente sich die *Lex Romana Visigothorum* einer paulianischen Sentenz, die einen konkreten Regelungssachverhalt, der folgendermaßen lautete, zum Gegenstand hatte: Ein Erbe verlor seinen testamentarischen Nachlass an einen im Testament bestimmten Substitut, sobald er das Testament erfolglos als pflichtwidrig angefochten hatte. Auch hier ist es erneut nicht ersichtlich, ob diese Regelung in der westgotischen Rechtspraxis unter Hispanoromanen für die allgemeinen Fälle der gescheiterten Anfechtung eines Testaments als pflichtwidrig angewendet werden konnte. *Conrat*, der den dogmatischen Inhalt der *Lex Romana Visigothorum* in seinem Werk systematisch geordnet und behandelt hatte, ging nicht auf diese Problematik ein[330].

Der letzte aus den Paulussentenzen stammende Indignitätstatbestand behandelt eine dem römischen Recht sehr wohl bekannte Problematik der Verhinderung des Erblassers an der Testamentserrichtung[331]. Auch in diesem Fall wurde die für das Indignitätsverhältnis ausschlaggebende Ausdrucksweise *inidigno aufertur hereditas* verwendet.

Lex Romana Visigothorum, Paul. sent. 5.13.2
Ei (etiam) velut indigno aufertur hereditas, qui affinem vel cognatum, cui ipse ab intestato successurus erat, testamentum facere prohibuit aut ne iure subsisteret operam dedit.

Hindert ein Intestaterbe seinen Kognaten oder Agnaten an der Errichtung eines Testaments bzw. leistete er denen bei der Testamentserrichtung keinen rechtlichen Beistand, so wird ihm sein Erbanteil wie einem Erbunwürdigen entzogen.

329 Vgl. D. 49.14.12.9 und D. 5.2.8.14.
330 Vgl. *Conrat*, Breviarum 432.
331 Vgl. D. 26.6.1 und C. 6.35.

Einem gesetzlichen Erben wurde sein Erbanteil wie einem Erbunwürdigen entzogen, wenn er seinen Erblasser an der Errichtung eines Testaments gehindert hatte, um diesen *ab intestato* zu beerben[332]. Wer zum Entzug der Erbschaft berechtigt war und an wen sie fallen sollte, ist aus dem zitierten Fragment nicht ersichtlich. Man kann m.E. mittels der Verweise auf die anderen Indignitätsbestimmungen der *Lex Romana Visigothorum* annehmen, dass der entzogene Nachlass durch den kaiserlichen Fiskus eingezogen wurde.

Das Breviar enthält ebenso die das Erbrecht verwirkenden Bestimmungen, die ihre Rechtsgrundlagen im *Codex Theodosianus* haben. Eine Tochter verlor ihr gesetzliches Erbrecht in Bezug auf die elterliche Erbfolge, wenn sie sich von einem Entführer entführen ließ[333]. Eine Übereinstimmung zwischen dem *Liber iudicorum* und dem westgotischen Romanenrecht ist im Falle der erbrechtlichen Sanktionierung einer untreuen Witwe zu sehen. Die *Lex Romana* belegte eine Witwe, die innerhalb einer Trauerfrist entweder unzüchtig gelebt oder eine zweite Ehe geschlossen hatte, mit der Infamie. Diese bewirkte, dass die Witwe von ihrem verstorbenen Ehemann auf erbrechtlichem Wege nichts erwerben konnte. Der gegenständliche Nachlass ging in diesem Fall auf die ersteehelichen Kinder über[334].

Die eben zitierten Bestimmungen stellen nach klassischem römischem Recht selbstverständlich keine Indignitätsfälle dar. Sie wurden jedoch sowohl durch das westgotische Romanenrecht als auch durch die übrigen germanischen Leges als Regelungen mit indignitätsähnlichem Charakter aufgefasst. Diesen Umstand kann man m.E. mit dem mangelnden Rechtsverständnis und den verbreiteten Vulgarismen rechtfertigen. Der Verlust der methodischen Fachkunst der klassischen Zeit, die einfache vulgare Stilhaltung und das Streben nach prägnanten und simplen juristischen Begründungen könnten dazu geführt haben, dass die

---

332 Vgl. *Conrat*, Brevarium 433.

333 Cod. Theod. 9, 19, 1, § 2: De raptu virginum vel viduarum: *[…]neque his impunitas praestanda sit, quae rapiuntur invitae, quum et domi se usque ad coniunctionis diem servare potuerint et, si fores raptoris frangerentur audacia, vicinorum opem clamoribus quaerere seque omnibus tueri conatibus. Sed his poenam leviorem imponimus solamque eis parentum negari successionem praecipimus.*

334 Cod. Theod. 3, 8, 1. De secundis nuptiis: *Si qua ex feminis perdito marito intra anni spatium alteri festinaverit iam nubere (parvum enim temporis post decem menses servandum adicimus, tametsi id ipsum exiguum putemus), probrosis inusta notis, honestioris nobilisque personae et decore et iure privetur, atque omnia, quae de prioris mariti bonis vel iure sponsaliorum vel iudicio defuncti coniugis con secuta fuerat, amittat et sciat, nee de nostro beneficio vel annotatione sperandum sibi esse subsidium.*

Konturen der klassischen Indignität sowohl innerhalb der römischen als auch innerhalb der germanischen Bevölkerung zum Teil verschwanden.

c. *Exkurs: Indignität nach ostgotischem Recht*

Die wichtigste Rechtsquelle des ostgotischen Rechts bildete das *Edictum Theoderici*. Diese Rechtsaufzeichnung stellte kein typisches germanisches Volksrecht dar. Im Gegensatz zu anderen Leges war Theoderichs Edikt sowohl für Germanen (Ostgoten) als auch für Romanen vorgesehen[335]. Wie der Name des Ediktes vermuten lässt, müsste es wahrscheinlich ein Werk des ostgotischen Königs Theoderich des Großen gewesen sein, das circa um 500 erlassen wurde. Die Frage nach seinem Verfasser und seiner Entstehungszeit lässt sich jedoch bis heute nicht eindeutig beantworten[336]. *Schott* bezeichnet das *Edictum Theoderici* in Bezug auf seine geschichtliche Einordnung als „unsicherste Quelle der gesamten Leges-Gattung"[337]. Das Edikt stellte eine knappe, aus 155 Kapiteln bestehende Kompilation dar und zielte auf die Aufrechterhaltung von Ruhe und Ordnung ab. Es umfasste vor allem die in der Rechtspraxis am häufigsten auftretenden Rechtsverletzungen und gab zu deren Lösung knappe und durchschlagskräftige Regelungen[338]. Aus dogmatischer Sicht entstammen fast alle Regelungen des Ediktes dem römischen Recht. In das Edikt wurden die gleichen römischen Rechtsquellen, die für die Verfassung der beiden *Leges Romanae* verwendet wurden, exzerpiert. Germanischer Herkunft waren vor allem die strafrechtlichen Bestimmungen, die entgegen der römischen Rechtskultur sehr streng ausgerichtet waren[339].

---

335 Vgl. *Amira/Eckhardt*, Germanisches Recht I 28, *Brunner*, RG I 365 und *Becker*, Edictum Theoderici in HRG I 801.

336 Jahrelang gingen die Rechtsgelehrten davon aus, dass diese Rechtskompilation während Theoderichs Regierungszeit geschaffen wurde. Die aus dem 20. Jh. stammenden Forschungsergebnisse der italienischen und spanischen Rechtshistoriker lehnten Theoderichs Autorschaft ab. Sie erwähnten als mögliche Urheber des gegenständlichen Rechtstextes König Odowakar, den burgundischen Herrscher Gundobad oder den römischen *praefectus praetorio Galliarum* Magnus von Narbonne. Interessant erscheint *Vismaras* These, der das Edikt dem westgotischen König Theoderich II zuschreibt. In der deutschen Literatur wird man vor allem auf *Nehlsens* Ausführungen, die eindeutig von Theoderichs Urheberschaft ausgehen, verwiesen. Vgl. *Becker* in HRG I 801–802, *Schott* in FMSt 1979 34, *Nehlsen*, Sklavenrecht 120–122. Siehe dazu *Vismara*, Edictum Theoderici (Jus Romanum Medii Aevi I, 2, 1967).

337 *Schott* in FMSt 1979 34.

338 *Brunner*, RG I 366.

339 Die Todesstrafe war in insgesamt 27 Fällen vorgesehen.

Der indignitätsrechtliche Gedanke tauchte im *Edictum Theoderici* an folgenden zwei Stellen auf:

Edictum Theoderici 30. De falsariis
Sciat autem scriptus heres vel legatarius aut libertus, quod si eis conniventibus aut scientibus, tale aliquid temptatum fuerit, se non solum emolumento ipso vel fructu eius scripturae esse privandos, verum etiam falsi poenam declinare non posse. In hoc reatu erit quisquis operam aut studium faciendis adhibuerit talius testamentis : cum voluntates velimus esse liberas mortuorum et nihil ibi sibi aliena debeat persuasio vindicare.

Der testamentarische Erbe, der Vermächtnisnehmer und der freigesprochene Sklave mögen wissen, dass ihnen, wenn so etwas unter [fahrlässiger oder absichtlicher] Mitwisserschaft versucht werden würde, nicht nur der eigentliche Vorteil oder der Genuss aus dem Schriftstück [Testament] entzogen werden würde, sondern auch die Bestrafung eines Fälschers nicht abgewendet werden könnte. In dem Anklagezustand wird sich derjenige befinden, der Mühe anwendet, um [gefälschte] Testamente zu errichten.

Edictum Theoderici 33. De his, qui ab intestato possunt succedere.
Is qui ab intestato defuncti sperat hereditatem, si volentem testatorem prohibeat facere testamentum, tanquam ab indigno eius hereditas auferatur.

Ein Intestaterbe, der, um seinen gesetzlichen Erbanteil zu erwerben, den Erblasser absichtlich an der Errichtung eines Testaments gehindert hatte, verliert seine Erbschaft wie ein Erbunwürdiger (sie wird ihm entzogen).

Beide Rechtsvorschriften entlehnten ihre Rechtsgrundlagen dem römischen Recht. Gemäß der ersten Rechtsvorschrift (*de falsariis*) wurden einem Testamentsfälscher sämtliche letztwilligen Zuwendungen, die ihm in dem von ihm gefälschten Testament zugedacht waren, entzogen. Unter der Ausdrucksweise „letztwillige Zuwendungen" subsumierte die zitierte Quelle nicht nur den testamentarisch eingesetzten Erben, sondern auch einen Vermächtnisnehmer und einen mittels eines Testaments freigesprochenen Sklaven[340]. Der dogmatische Inhalt dieser Rechtsvorschrift wurde aus dem *Codex Theodosianus*[341] und aus dem dritten Buch Africanus' Rechtsfragen[342] exzerpiert.

340 Vgl. *de Capèle*, L'indignité 71.

341 Cod. Theod. 9.19.1 Ad legem Corneliam de falso. Imp. Constantinus a. Mechilio Hilariano correctori Lucaniae et Brittiorum.: *Nec vero is, qui ante fuerit tabellio, ad eludendam quaestionem super his, quae ante conscripsit, factus decurio defendi hac poterit dignitate, quoniam scripturae veritas, si res poposcerit, per ipsum debet probari auctorem.*

342 Afr. 3 quaest. D. 48.10.6 pr. : *Si quis decurio testamentum vel codicillos aut aliquam deficientis scripserit voluntatem, vel conscribendis publicis privatisque instrumentis praebuerit officium, si falsi quaestio moveatur, decurionatus honore seposito, quaestioni, si ita poposcerit*

Der zweite Tatbestand sprach einen Erben in Bezug auf die gesetzliche Erbfolge eines Testators als erbunwürdig aus, wenn er diesen an der Errichtung eines Testaments gehindert hatte[343]. Im Gegensatz zur erst zitierten Quelle wurden in diesem Fall für das Indignitätsverhältnis die aus dem klassischen Recht stammenden Termini technici verwendet – *[…] tanquam ab indigno eius hereditas auferatur*. Als Vorbild dieser Rechtsvorschrift galt das 48. ulpianische Buch zum Edikt[344]. Die exzerpierten Quellen des römischen Rechts wurden nie wortwörtlich wiedergegeben, sondern bildeten eine vulgare Auffassung der jeweils übernommenen Regelung.

3. Indignität nach langobardischem Recht

a. Quellen des langobardischen Rechts

Das langobardische Recht wurde in der Fachliteratur mehrmals für seine legislativen Erzeugnisse und Tätigkeiten gelobt. *Brunner* bezeichnete es als „die hervorragendste legislative Schöpfung aus der Zeit der Volksrechte"[345]. *Dilchler* erwähnt in seinem Beitrag im HRG mehrmals die besondere juristische Begabung des langobardischen Volkes. Zugleich betont er, dass diese Rechtsordnung als einziger germanischer Vertreter eine schulmäßige und wissenschaftliche Bearbeitung erfahren konnte. Durch diesen Umstand und eine durchgehende schriftliche Rechtstradition gewann das langobardische Recht eine europäische Bedeutung, die erst durch die Renaissance des klassischen römischen Rechts in italienischen Rechtsschulen und die Entstehung der *ius commune* verdrängt wurde[346]. Diesen Meinungen kann man sehr wohl zustimmen. Die langobardischen Gesetze wurden knapp, aufschlussreich und präzise verfasst. Im Vergleich zu anderen germanischen Leges wiesen sie keinen kompilatorischen Charakter auf. Der Rechtsstoff wurde nach einem bestimmten Plan geordnet[347].

---

causa, subdatur. Sed non statim desinit esse decurio, qui in huius modi facto fuerit deprehensus. Quantum enim ad municipales pertinet necessitates, decurio permanet; quantum ad rem gestam et veritatem reserandam, uti decurionatus honore non poterit.

343 Vgl. *de Capèle*, L'indignité 71.

344 D. 29.6.1.pr . Siehe dazu C. 6.34.2 sowie Paul. sent. 5.12.2.

345 *Brunner*, Deutsche Rechtsgeschichte I (1887) 369.

346 *Dichler*, Langobardisches Recht in HRGdigital, URL: http://www.HRGdigital.de/HRG.langobardisches_recht (Stand 27.11.2016).

347 *Brunner* gliederte das erste Gesetzbuch der Langobarden, das *Edictum Rothari*, in drei Teile. Der erste behandelte die Verbrechen gegen König und Staat sowie die Untaten,

Wenn man vom langobardischen Recht spricht, muss man auf folgende zwei Gesetze hinweisen. Das *Edictum Rothari*[348] stellte die erste langobardische Rechtsaufzeichnung dar. Das über 380 Kapitel umfassende und im Jahr 643 publizierte Gesetz gilt als Verdienst und Erzeugnis König Rotharis. In seinem in Anlehnung an die römischen Vorlagen[349] verfassten Epilog bezeichnete er sein legislatives Werk als Reform des geltenden Rechts. Als Quelle seiner Gesetzgebung nannte er das althergebrachte, bislang ungeschriebene und mündlich verbreitete Recht[350]. Aus dem Prolog wird ersichtlich, dass dem Verfasser die römischen Rechtsinhalte nicht unbekannt waren. Nichtsdestotrotz enthielt das Gesetz, bis auf wenige Ausnahmen, fast keine Bestimmungen römischrechtlicher Natur. Zwar wurden im Gesetz römische Rechtswendungen und Rechtsausdrücke verwendet, jedoch ist die Zahl der dadurch übernommenen römischen Rechtssätze sehr gering[351]. Das langobardische Recht galt deswegen als herausragendes Zeugnis germanischer[352] Gesetzgebungskultur[353]. Aufgrund des Fehlens

---

die an einer dritten Person begangen wurden. Im zweiten Teil wurden das Erb- und Familienrecht sowie Freilassungen geregelt. Der letzte Teil war dem Sachen- und Schuldrecht, den Verbrechen gegen das Vermögen und den beweisrechtlichen Grundsätzen gewidmet. Siehe dazu *Brunner*, DRG I 369.

348 In manchen Fachwerken auch *Edictus Rothari* genannt (z.B. *Beyerle*, Die Gesetze der Langobarden).

349 Der von Rothari formulierte Prolog entstammte den justinianischen Novellen. Die Worte des Prologs *[...] neccessarium esse prospeximus presentem corregere legen, quae priores omnes renovet et emender et quod deest adiciat et quod superfluum est abscidat [...]* stammten nach *del Giudice* zum Teil aus der Novelle 7 praef., wo Folgendes niedergeschrieben wurde: *[...] una compecti lege, quae priores omnes et renovet et emendet et quod deest adiciat et quod superfluum est abscidat.* Weitere Fragmente gingen wahrscheinlich auf die Novelle 8 praef. zurück. Vgl. *Brunner*, DRG I 368 Anm. 1. Siehe dazu *Nehlsen*, Sklavenrecht 358–359.

350 *Brunner*, DRG I 368.

351 Dem römischen Recht entstammen mit Sicherheit die Enterbungsgründe (Rothari 169 und sein römisches Äquivalent Nov. 115 c. 3 §§ 1,5,6), die zweijährige Frist zur Vollziehung einer Verlobung (Rothari 168 – C. 5, 1, 2) sowie die Verwendung des Verjährungsbegriffes (Rothari 227 und 228). Vgl. *Brunner*, DRG I 370.

352 Die rechtlichen Verhältnisse von Schuld und Haftung, die Stellung der unehelichen Söhne, das Muntrecht, das eheliche Güterrecht oder der Erbfolgevorgang folgten im *Edcitus Rothari* der germanischen Rechtsauffassung. Vgl. *Beyerle*, Die Gesetze der Langobarden (1947) XIII.

353 Das Gesetz wurde in vulgarem Latein verfasst. Es enthielt aber einige technische Ausdrücke, die der langobardischen Sprache vorbehalten waren. Die meisten von ihnen sind deutscher oder hochdeutscher Herkunft. Vgl. *Brunner*, DRG I 369. Siehe dazu

eines für die im *Regnum Lanbobardum* lebende römische Bevölkerung separaten Gesetzbuches kann man davon ausgehen, dass das *Edictum Rothari* für die beiden Volksschichten i.S.d. Territorialitätsprinzips galt[354].

Der Anteil sowohl römischrechtlicher als auch christlicher Einflüsse im langobardischen Recht änderte sich mit den kommenden Novellierungen. Die von Rotharis Nachfolgern erlassenen Gesetze galten als Nachträge zum ursprünglichen Werk und wurden diesem als eine Art des Beiheftes (sog. *volumina*) hinzugefügt. Die umfangreichste und einschneidendste Novellierung stammte von König Liutprand. Sein legislatives Werk entstand zwischen 713 und 735 und bestand aus 15 *volumina*, die in seinen folgenden 15 Regierungsjahren eingeführt wurden[355].

b. Indignitätsgedanke im langobardischen Erbrechtssystem

Das langobardische Erbrecht bestimmte den Vorgang einer Erbfolge i.S.d. traditionellen germanischen Vermögensgemeinschaft. Der Nachlass blieb innerhalb der Sippe und ging durch die Anwachsung an andere Sippenmitglieder über – meistens auf die ältesten Söhne des Verstorbenen[356]. Einen erbrechtlichen Übergang eines Gutes von einem Inhaber an den anderen sah das *Edictum Rothari* nicht vor. Hinterließ ein verstorbener Vater mehrere Söhne[357], erbten diese das Vermögen der Sippe zu ungeteilter Hand[358]. Die gegenständliche Rechtslage und die Festhaltung an traditionellen erbrechtlichen Institutionen änderten sich erst mit der Gesetzgebung König Liutprands. Innerhalb einer Sippe wurde die Anwachsung des Hausvermögens durch eine echte erbrechtliche Sukzession ersetzt[359].

Bluhme, Die Gens Langobardun II (1874); *Meyer*, Sprache und Sprachdenkmäler der Langobarden (1877).

354 Vgl. *Dilcher*, Langobardisches Recht, in HRGdigital URL: http://www.HRGdigital.de/HRG.langobardisches_recht (Stand 27.11.2015) und *Brunner*, DRG I 370.

355 *Brunner*, DRG I 370, *Beyerle*, Gesetze der Langobarden XIV-XV.

356 Vgl. Edictum Rothari caput 153. Siehe dazu *Beyerle*, Die Gesetze der Langobarden 48–50.

357 Auch die Töchter gehörten dieser Vermögensgemeinschaft an. Ihre Nutzungsrechte waren jedoch aufgrund der Munt des Vaters oder des Bruders beschränkt. An dieser Art der Erbfolge konnten die verheirateten väterlichen Töchter nicht teilnehmen. Mit der Eheschließung verließ eine Tochter das väterliche Haus und wurde mit einer Aussteuer (*faderfio*) abgefunden. Sie besaß in Bezug auf die väterliche Erbfolge keine legitimierte Erbenstellung (Ed. Roth. 181 *De nuptiis*). Vgl. *Kroeschell* in Kroeschell 57 und *Glasson* in NRHDFE 1885, 597.

358 *Kroeschell* in Kroeschell 57.

359 Zum Kunkelteil (Frauenerbteil) siehe *Kroeschell* in Kroeschell 58.

Die besondere juristische Begabung des langobardischen Volkes wurde durch die Festlegung der erbrechtlichen Rechtsfolgen eines Verwandtenmörders zu seinem Opfer bekräftigt. Das *Edictum Rothari* sah folgende Regelung vor:

> *Edictum Rothari, caput 163*
> *Si quis in mortem parentis sui insidiatus fuerit, id est sie frater in mortem fratis sui, aut barbanis, quod est patruus, seu consubrini insidiatus aut consiliatur fuerit, et ille, cui insidiatur, filius non dereliquerit, non sit illi heredes, cuius de anima tractauit, nisi alii parentes proximi; et si parentis alius proxumus aut legetimus non habuerit, tunc illi Curtis regia succedat. De anima autem illius homicidae sit in potestatem regis iudicare, quod illi placuerit; res uero, quas homicida reliquerit, parentes proximi et legetimi habeant; et si parentis non habuerit, tunc res ipsius curti regiae socientur.*[360]

> Gesetzbuch Rotharis, Kapitel 163
> Gesetzt, es stellt jemand dem eigenen Gesippen nach dem Leben (also der Bruder seinem Bruder, oder [der Neffe] seinem Onkel (dem Vaterbruder), oder [ein Vetter] seinem Vetter [sei's, dass er selber] es auf dessen Tod anlegt oder dazu anstiftet. Wenn nun der so Verfolgte keine Söhne hinterlässt, soll doch der andere nicht der Erbe dessen werden, auf dessen Tod er's angelegt hatte, vielmehr die anderen Nächstenverwandten. Hat er sonst keine Nächstgesippten oder rechten [Erben], so beerbt ihn der Königshof. Und in der Hand des Königs liegt es, über das Leben des [Verwandten-] Mörders so, wie es ihm [Recht] dünkt, zu erkennen. Das Gut aber, das [solch ein] Mörder hinterlässt, erhalten seine Nächstgesippten und rechten [Erben]. Und hat er keine [Nächst-] Gesippten, so wird sein Gut dem Königshofe einverleibt.[361]

Das *Edictum Rothari* ging i.S.d. römischen Indignitätslehre explizit auf die erbrechtlichen Forderungen des Verwandtenmörders zu seinem Opfer ein. Diese Regelung entstammte jedoch völlig dem germanischen Recht und wies m.E. keine römischen Einflüsse auf. Derjenige, der sein eigenes Sippenmitglied ermordete, wurde von der erbrechtlichen Anwachsung i.S.d. germanisch-erbrechtlichen Vermögensgemeinschaft ausgeschlossen. Somit konnte der Verwandtenmörder die Erbgüter seines Opfers nicht erben. Der Nachlass des Ermordeten ging zuerst auf die Söhne des Opfers und im Falle ihres Fehlens auf die nächstberufenen Verwandten (Sippenmitglieder) über. Hinterließ der Getötete keine zur Erbfolge ermächtigten Sippenmitglieder, fiel sein Nachlass der königlichen Staatskasse zu. Das Schicksal des Verwandtenmörders lag laut dem Gesetz in königlichen Händen. Ein Totschlag wurde im Regelfall mit der

360 Text nach *Beyerles* Ausgabe: Die Gesetze der Langobarden 54.
361 *Beyerle*, Die Gesetze der Langobarden 55.

Bezahlung eines Wergeldes[362] abgegolten. Von einem Vermögenseinzug[363] sah das Edikt jedoch ursprünglich ab. Daher konnte das Eigentum des Mörders von seinen nächstberufenen Verwandten (Sippenmitgliedern) vererbt werden.

Liutprands Gesetzgebung brachte folgende Änderung in der gegenständlichen Rechtslage.

Liutprandi Leges, Anni VIII, caput. 17
Si frater fratrem in peccatis occiderit, quamquam hoc anterior edictus contenit, ut proximi parentes humicidae succedant, nos proximios fratis appellamus. Si frater relictus fuerit, in res humicidae frater succedat, ita ut secundum qualitatem personae de ipsa substantia humicide, si ille qui occisus est filius reliquerit, conspositionem dare deueat; relicum autem quid fuerit, sibi habeat. Et sie pecunia ipsius humicidae in tantum fuerit sub extimatione, quantum ipsa conpositio est, aut forte minus, habeant eam filii ipsius qui occisus est. Quod si non reliquerit fratrem unum uel plures his qui occisus est, quantulacumque sit substantia humicidae, filii ipsius, qui occisus est, in ea succedere deueant. Quod si non habuerit filus, proxumus succedant ei parentes per gradus; quod sie nec parentes fuerent, qui ei legitime succedere possent, succedat ei curtis regia. De anima autem humicide illius sit in potestatem regis, sciut in anteriore edicto legitur.

Gesetze Liutprands, 8. Regierungsjahr, Kapitel 17
Da bringt jemand den eigenen Bruder um, in seinen [ungesühnten] Sünden. Zwar steht im früheren Satzungsbuch, dass [hier] die Nächstgesippten den Totschläger beerben. Wir aber berufen als nächste die Brüder. Hinterlässt [jener als] einen [zweigen] Bruder, so folgt [dieser] Bruder in das Gut des Totschlägers. [Versteht sich: nur] so, dass er den Söhnen des Erschlagenen, falls dieser welche hinterlässt, vom Gut des Totschlägers je nach Person die Buße geben muss. Was aber übrig bleibt, kann er für sich behalten. Verläuft das Gut des Totschlägers in sich also nur so hoch, wie auch die [Totschlags-] Buße ansteht, [immer] nach der Schätzung oder gar minder hoch so sollen es die Söhne des Erschlagenen erhalten. Hinterlässt der Erschlagene aber keine Brüder, weder einen noch mehrere, so folgen in das Gut des Totschlägers die Söhne [des Erschlagenen], so unbedeutend es auch sein mag. Hat er [indessen] keine Söhne, so beerben ihn die Nächstgesippten nach Gradnähe. Hat er auch keine Nächstgesippten, die ihn beerben könnten, so beerbt ihn der Hof des Königs.
Das Leben des Totschlägers aber steht in des Königs Hand, wie man im früheren Edikte lesen kann.[364]

---

362 Das *Edictum Rothari* verpflichtete den Mörder im Falle einer vorsätzlichen Tötung zur Bezahlung eines Wergeldes. Diese Strafe umfasste sowohl einen gewaltsamen als auch einen geheimen Mord (z.B. durch die Verabreichung eines Giftmittels). Siehe dazu *Edictum Rothari, capita* 41, 141 und 374.

363 Ein Vermögenseinzug wurde erst mit dem Gesetz König Liutprands eingeführt.

364 *Beyerle*, Die Gesetze der Langobarden 187.

Die zitierte Rechtsvorschrift änderte die Indignitätsfolgen des *parricidium* nicht. Der Verwandtenmörder war nach wie vor in Bezug auf die Erbfolge seines Opfers erbunwürdig. Die von Liutprand vorgenommene Novellierung betraf dagegen nur das Vermögensschicksal des Täters. Sein Vermögen bzw. im Falle der erfolgten Todesstrafe sein Nachlass konnte nicht mehr von seinen Verwandten vererbt werden, da dieses bzw. dieser an den Bruder des Totschlägers fiel. Der Bruder sollte mit der entzogenen Vermögensmasse das für die Tötung fällige Wergeld an die Söhne des Getöteten entrichten. War der Nachlass mehr wert als die zu entrichtende Strafe, so konnte der als quasi Treuhänder handelnde Bruder den Überschuss behalten. Hinterließ das Opfer keinen Bruder, so fiel der Nachlass direkt an seine Söhne und danach an die übrigen Verwandten. Falls kein einziger erbberechtigter Verwandter vorhanden war, wurde das Vermögen des Verwandtenmörders durch die königliche Kasse eingezogen. Liutprands Novellierung belegte den Verwandtenmörder zusätzlich mit einer Konfiskationsstrafe. Im Falle eines Verwandtenmordes galt der Täter nicht nur als erbunwürdig, sondern verlor außerdem sein gesamtes Eigentum an die Erben des Erschlagenen. Der Wert des übertragenen Vermögens sollte sich mit der Höhe des im *Edictus Rothari* geregelten Wergeldes decken. Mit dieser rechtlichen Maßnahme sollte der Mörder sein Leben von den Verwandten des Ermordeten loskaufen[365].

Das langobardische Recht löste aus erbrechtlicher Sicht den Tatbestand des Verwandtenmordes anders als sein westgotisches Äquivalent. Zum einen entzog der westgotische *Liber iudiciorum* dem Täter sein Gesamtvermögen und übertrug es an die kaiserliche Staatskasse. Zum anderen wurde die Erbenstellung des Totschlägers zu seinem Opfer nach westgotischem Recht in keiner Weise behandelt. Das langobardische Recht bot dagegen eine inhaltlich reife und einschneidende Regelung, die ein Ergebnis der eigenen Rechtserzeugung war, an. Die römischrechtlichen Einflüsse sind im Gegensatz zu den Enterbungsregelungen nicht aus der zitierten Rechtsvorschrift zu entnehmen. Man kann jedoch deutlich feststellen, dass die Indignität als selbstständiges Rechtsinstitut den

365 Liutprandi Leges, Anni IX, c. *20. […] Nam qui super alium ambolauerit et sic eum pro quacumque causa occiserit, omnem substantiam suam amittat, et habeant heredis ipsius, qui occisus fuerit, in hoc ordine. Ita sane, ut si minus fuerit ipsa substantia humicidae, quam anterior conpositio erat, aut nisi tantum, tunc et res suas perdat ipse humicida et persona eius tradatur ad propinquos defuncti. Nam sie amplius habuerit ipse humicida substantia, quam ipsa conpositio anterior erat, amittat omnes res suas; et accipiant heredis ipsius, qui occisus fuerit, in antea tantum, quantum consposititio antiqua fuit; et quod superfuerit: medietatem habeat curtis regia, et medietatem heredis defuncti; et ipse humicida animam suam liberit. Beyerle*, Die Gesetze der Langobarden 192.

langobardischen Gesetzen fremd war. Man kann damit argumentieren, dass die Enterbung aufgrund ihrer dogmatischen Nähe zur Indignität ihre Funktion im langobardischen Recht übernahm.

Sowohl die Funktionsweise der Enterbung als Rechtsinstitut als auch ihre Gründe entstammen völlig dem justinianischen Enterbungsrecht. Die Enterbung stellte nach langobardischem Recht einen privatrechtlichen Akt, der von der Willensäußerung des Erblassers (der sog. Enterbungserklärung) abhängig war, dar. Die Enterbungserklärung konnte sowohl vom Vater in Bezug auf die Erbfolge seines Kindes als auch vom Kind in Bezug auf die Erbfolge seines Vaters ausgesprochen werden[366]. Eine grundlose Enterbung war dagegen rechtsunwirksam[367]. Der erste Enterbungsgrund des Kapitels 169 des *Edictum Rothari* lautet folgendermaßen:

> *Edictum Rothari c. 169. De iustas culpas.*
> *Iustas autem culpas exhereditandi filium has esse dicimus: si filius contra animam aut sanguinem patris insidiatus aut consiliator fuerit [...] iuste a patre exhereditetur.*

> Gesetzbuch Rothari, 169. Rechtmäßige [Enterbungsgründe auf Grund[368]] Schuld.
> Rechtmäßige Enterbungsgründe aus Verschulden nennen Wir die folgenden: Wenn ein Sohn gegen Blut und Leben [seines] Vaters etwas unternimmt bzw. anstiftet [...] Da wird er mit Recht vom Vater enterbt[369].

M.E. kann man den Ausdruck *[...] si filius contra animam aut sanguinem patris [...]*[370] eindeutig als Mord bzw. als Mordversuch qualifizieren. Einen Tatbestand der Körperverletzung kann man aus diesem Satz nicht ableiten, da ein solches Vergehen als zweiter Enterbungsgrund im nachfolgenden Satz des gegenständlichen Kapitels genannt wird: *[...] aut si patrem percusserit uolontariae [...]*[371]. Damit war eigentlich der Tatbestand des Verwandtenmordes bereits in der Enterbungsbestimmung der 169. Rechtsvorschrift inkludiert. Diesbezüglich muss man die Sinnhaftigkeit des

366 Vgl. Edictum Rothari c. 170.

367 Vgl. Edictum Rothari c. 169.

368 Sehe Edictum Rothari c. 168 *De exhereditatione filiorum.*

369 *Beyerle*, Die Gesetze der Langobarden 59.

370 Die Vergehen gegen Blut und Leben.

371 *Beyerle*, Die Gesetze der Langobarden 59. Den letzten Enterbungsgrund bildet die Verübung eines Sündwerts mit der Stiefmutter. Das langobardische Recht entnahm dem römischen Recht also nur zwei justinianische Enterbungsgründe der Novelle 115, die als drei Tatbestände im *Edictum Rothari* niedergeschrieben wurden: Der Mord am Erblasser und die Begehung einer Körperverletzung an ihm entsprachen der Realinjurie – dem ersten justinianischen Enterbungstatbestand. Der Geschlechtsverkehr mit der Stiefmutter bildete dagegen den Enterbungstatbestand des Inzestes – den sechsten justinianischen Enterbungsgrund.

163. Kapitels hinterfragen, das neben den vermögens- und strafrechtlichen Konsequenzen auch eine Quasierbunwürdigkeitsfeststellung beinhaltet. M.E. stellt das 163. Kapitel eine Art des Auffangtatbestandes dar. Sobald der Ermordete keine Zeit hatte, um seinen Mörder zu enterben, verlor dieser seine erbrechtliche Stellung in Bezug auf die Erbfolge des von ihm ermordeten Verwandten.

4. Indignität nach fränkischem Recht

a. Quellen des fränkischen Rechts

Die fränkische Gesetzgebung wird in erster Linie mit der *Lex Salica* in Verbindung gebracht. Das salfränkische Volksrecht zeichnet sich, im Vergleich zu anderen germanischen Rechtsaufzeichnungen, vor allem durch seinen archaischen Charakter aus[372]. Das Recht der Salfranken war komplett von christlichen Elementen befreit und stellt ein wahres Zeugnis des germanischen Rechtsdenkens dar. Das Gesetz stellte und stellt die Forschung noch immer vor ungeklärte Fragen, da der ursprüngliche Text der *Lex Salica* nicht erhalten ist. Er wurde im Rahmen von 8 erkennbaren Textfassungen[373] (Handschriftentypen) überliefert. Ihr Inhalt lässt sich aus den vorhandenen Handschriften jedoch nicht vollständig feststellen. Vergleicht man die durch die einzelnen Handschriften übermittelten Inhalte der Lex, so lassen sich manche Stellen als nachträgliche Zusätze, Einschiebungen und Abänderungen feststellen[374]. Sowohl bezüglich der genauen Inhaltsfeststellung als auch bezüglich der Exegese der einzelnen Bestimmungen war und ist sich die Forschung nicht immer einig.

Gleichermaßen herrschte innerhalb der Rechtsgelehrten keine Einigkeit über die genaue Datierung der Lex. Die Forschungsliteratur geht davon aus, dass das salfränkische Gesetz noch vor Chlodwigs Tod entstanden sei. Über einen

372 *Schott* in FMSt 1979, 36.

373 Aus den 8 überlieferten Textfassungen heben sich 3 Überlieferungsgruppen heraus. Zu der ersten Gruppe gehört ein 65-Titeltext, der in Chlodvigs letzten Regierungsjahren (in der Textforschung als Handschrift A bezeichnet) entstand. In die zweite Gruppe wird eine 100-Titeltext umfassende und glossierte amtliche Neuredaktion des Gesetzes (die Handschrift D) eingeordnet. Diese Neuredaktion entstand zwischen 763 und 764 und gilt als Verdienst Pipins. Den vermittelten Abschluss bildet letztendlich die sog. *Lex Salica Karolina* oder *Lex Salica emendata* (Handschrift K). Diese Lex-Ausgabe entstand unter Karl dem Großen und stellt einen unglossierten und in 70 Titeln eingeteilten Text, der in seiner Sprache die Vulgarismen der alten Textausgaben möglichst vermeidet, dar. Vgl. *Schott* in FMSt 1979, 37. Zur genauen Textanalyse und der Gliederung der überlieferten Handschriften siehe *Brunner*, DRG I 293–294, *Schmidt-Wiegand*, Lex Salica in HRG II 1951–1953; *Nehlsen*, Sklavenrecht 251–258.

374 *Brunner*, DRG I 295.

genauen Entstehungszeitpunkt oder einen genauen Zeitrahmen ist sich die Fachlehre jedoch nicht einig. Entweder entstand die *Lex Salica* vor dem Übertritt der Salfranken zum Christentum im Jahr 486 oder erst danach, nämlich in Chlodwigs letzten Regierungsjahren (507 bis 511)[375].

Die *Lex Ribuaria* stellt dagegen kein Volksrecht im üblichen Sinne dar. Sie war ein merowingisches Gesetzbuch[376], das für die in der *terra Ribuaria* (entspricht weitgehend der ehemaligen römischen *civitas* Köln) lebende fränkische Bevölkerung vorgesehen war. Ihr Entstehungszeitpunkt wird seitens der Forschung auf das 7. Jh. bestimmt[377]. Aus dogmatischer Sicht stellte das Volksrecht der Ripuarien in gewisser Weise eine Art der Novellierung bzw. der neuen Auffassung des salfränkischen Rechts (*Lex Salica revisa*) dar. Es steht außer Zweifel, dass die *Lex Salica* als ihr inhaltliches Vorbild galt. Dies ist z.B. anhand der weitgehend abgebildeten Wergeld- und Wundbußenkataloge[378] zu sehen. Das Gesetz bekam auch die karolingische Epoche zu spüren, indem sein Inhalt mehrmals novelliert wurde[379].

Die letzte für die Feststellung des fränkischen Rechts maßgebliche Quelle stellten die Kapitularien[380] der fränkischen Herrscher[381] dar. *Ganshof* definierte

---

375 *Brunner*, DRG I 297. Siehe dazu *Lück*, Lex Salica in HRGdigital, URL: http://www.HRGdigital.de/HRG.lex_salica (Stand 27.09.2016).

376 Für die merowingische Zuweisung der Lex siehe *Brunner*, DRG I 306–307.

377 Vgl. *Brunner*, DRG I 306 und *Schmidt-Wiegand*, Lex Ribuaria in HRG II 1923–1924.

378 *Eichhorn* ging davon aus, dass bei der Rechtsaufzeichnung des ripuarischen Rechts die erste Textform der *Lex Salica* der ersten Handschriftengruppe A benutzt wurde. Siehe dazu *Eichhorn*, Deutsche Staats- und Rechtsgeschichte I (1843) 251.

379 Vgl. *Schmidt-Wiegand*, Lex Ribuaria in HRG II 1925.

380 Der Terminus technicus *capitulare* wurde auf fränkischem Boden zum ersten Mal im Rahmen des Kapitulars von Herstal im März 779 (siehe dazu *Boretius*, *Legum sectio* II Nr. 20), also zur karolingischen Zeit, verwendet. Nichtsdestotrotz verwendeten bereits die Merowinger die Kapitularien. Sie nannten sie jedoch nicht *capitulare*, sondern *decretio, edictum, pactus* oder *praeceptum* (wie *Decretio Childeberti* oder *Praeceptio Chotharii*). Sie erfüllten dabei die gleiche gesetzgeberische Rolle als zu Regierungszeiten der Karolinger. Die Kapitularien bilden jedoch nicht das alleinige Verdienst der karolingischen Gesetzgebungskunst. Sie wurden zum ersten Mal im langobardischen Reich verwendet. König Aistulf verkündete am 1. März 750 eine Ergänzung des langobardischen Ediktes mittels eines Kapitulars (*Previdimus enim, ut cum edictus Langobardum antiquorum regum precessorum nostrorum fuerat insitutus, paruit in eius volumine adaugeri et in capitulare affigere. Bererle*, Die Gesetze der Langobarden 358–359). *Ganshof* ging davon aus, dass Karl der Große diesen Terminus technicus aus dem *Regnum Langobardum* in das *Regnum Francorum* übernahm. Siehe dazu *Ganshof*, Kapitularien 16 und *Eckhardt*, Kapitularien in HRG II 625.

381 Die Kapitularien werden in der Rechtssprache ebenso als Königsgesetze bezeichnet. Der König bzw. später der fränkische Kaiser fungierte bei der Erlassung der

diese Rechtsakte folgendermaßen: *on appelle capitulaires des actes du pouvoir dont le texte était généralement divisé en articles (capitulum), et dont plusieurs souverains carolingiens ont fait usage pour publier des mesures d'ordre législatif ou administratif*[382]. Eine genaue Bezeichnung bzw. Titulierung dieses Rechtsaktes fiel schwer. *Eckhardt* bezeichnete die Kapitularien in seiner Übersetzung von *Ganshofs* „Recherches sur les capitulaires" als Erlasse der Staatsgewalt. Da die Kapitularien sowohl ein neues Recht setzten als auch verwaltungsrechtliche Angelegenheiten regeln konnten, fiel eine äquivalente rechtstechnische Bezeichnung der Kapitularien i.S.d. modernen Rechts schwer[383]. *Eckhardt* bezeichnete sie *als Gesetze oder als Verordnungen im undifferenzierten Sinne, indem beide Ausdrücke synonym verwendet wurden [...]*[384]. Die Kapitularien galten in ihrer legislativen Funktion vor allem als Rechtsmechanismen zur Novellierung des bestehenden Volksrechts. Sowohl die Merowinger als auch die Karolinger führten mittels der Kapitularien zahlreiche Revisionen der *Lex Salica* durch – wie die *Capitula legibus addenda*. Das gegenständliche Unterkapitel behandelt vor allem die gesetzgeberischen Erzeugnisse der *capitulare pro lege habendum Wormatiense* aus dem Jahr 829 in Bezug auf die vermögens- und erbrechtlichen Folgen eines Verwandtenmordes.

Kapitularien als Gesetzgebungsorgan. *Ganshof* nannte die Banngewalt (*bannum*) des Königs bzw. des Kaisers als bindende Kraft der Kapitularien. Dies entsprach jedoch nicht unbedingt der Rechtsvorstellung des germanischen Volkes. Dieses ging davon aus, dass das Volksrecht nur durch das Volk und nicht durch den König selbst geschaffen werden könne. Die seitens des Königs geplante Satzung eines neuen Volksrechts verlangte daher die Zustimmung des Volkes. Darunter wurde ein sog. *consensus populi* verstanden, der von den Großen des Reiches eingeholt werden musste. In gewisser Hinsicht waren die beiden Parteien bei der Satzung des neuen Rechts auf sich selbst angewiesen. Die Großen des Reiches konnten das neue Recht nur im Rahmen eines *mallus* (Gerichtssitzung), das wiederum unter dem Vorsitz eines königlichen Vertreters tagte und von ihm einberufen werden musste, beschließen. Der König konnte dagegen ohne Zustimmung des Volkes kein neues Recht setzen. Siehe dazu *Ganshof*, Kapitularien 53–62, *Brunner*, DRG I 375 und *Eckhardt* in HRG II 624.

382 *Ganshof*, Recherches sur les capitulaires (1958) 3. Diese Definition wurde von *Eckhardt* in der deutschen Ausgabe des gegenständlichen Buches folgendermaßen übersetzt: „Erlasse der Staatsgewalt, deren Text gemeinhin in Artikel (*capitula*) eingeteilt war, und deren sich mehrere karolingische Herrscher bedient haben, um Maßnahmen der Gesetzgebung oder der Verwaltung bekanntzumachen". *Ganshof*, Was waren die Kapitularien? (1961) 13.

383 Siehe dazu *Eckhardt*, Was waren die Kapitularien, ZRG GA 79 (1962) 237–241.

384 *Eckhardt*, Kapitularien, in HRG II 623.

b. Indignitätsgedanke im fränkischen Erbrechtssystem

Die Erbfolge nach salfränkischem und ripuarischem Recht folgte dem üblichen germanischen Schema und bevorzugte in erster Linie die Deszendenten des Erblassers gegenüber den Aszendenten und Kollateralverwandten. Bei der Verteilung der Erbgüter ging das fränkische Erbrecht von der Gleichberechtigung der männlichen und weiblichen Verwandten aus[385]. *Glasson* platzierte die Erbfolge des fränkischen Rechts in Bezug auf die Gleichberechtigungsfrage in der Mitte, zwischen dem westgotischen Volksrecht und den übrigen Leges[386]. Eine einzige Ausnahme machten in dieser Rechtsangelegenheit jedoch die *Lex Salica* und die *Lex Ribuaria*. Ein weiblicher Deszendent war von der Beerbung der sog. *terra Salica* (im ripuarischen Volksrecht als *hereditas aviatica* bezeichnet) ausgeschlossen[387]. Unter diesen beiden fränkischen Termini technici wurde ein familiär ererbtes Landgut, das unentgeltlich erworben wurde, verstanden[388].

Wie bereits erwähnt, stellte die *Lex Salica* ein Volksrecht, das frei von römischen und christlichen Einflüssen war, dar. Die Suche nach einer Bestimmung mit indignitätsrechtlichem Charakter erwies sich daher als vergeblich. Die Erbfolge folgte dem germanischen Schema und sah den dem Deszendenten zustehenden Erbteil als unentziehbar an. Das Fehlen christlicher Einflüsse ist deutlich an der gesetzlichen Nichtberücksichtigung des Verwandtenmordes als strafrechtlicher Tatbestand erkennbar. Die Tötung eines gesippten Verwandten wurde erst in der christlichen Zeit durch christlich-katholische Einflüsse zu einem vollständigen Tatbestand erklärt[389]. Die *Lex Salica* subsumierte den Verwandtenmord unter dem Tatbestand eines „normalen" Mordes[390]. Sie entsprach damit der ursprünglichen Rechtsvorstellung der Germanen: Die Tötung eines Blutsverwandten (Gesippten) wurde nach den allgemeinen, für die Tötung

---

385 Vgl. *Kroeschell* in Kroeschell 46.

386 Vgl. *Glasson* in NRHDFE 1885, 597.

387 Lex Salica 59, 5. De alodis: *De terra uero Salica nulla in muliere <portio aut> hereditas est, sed ad urilem sexum, qui fratres fuerint, tota terra pertineat.* Text nach *Eckhardts* Ausgabe: Pactus Legis Salicae (1962).

388 Vgl. *Kroeschell* in Kroeschell 47–49. Siehe dazu *Beyerle*, Sachkommentar zu Lex Ribvaria 56/57; *Beyerle/Buchner*, Lex Ribvaria 157.

389 Vgl. *Wilda*, Geschichte des deutschen Strafrechts: Das Strafrecht der Germanen (1842) 714.

390 Siehe dazu Lex Salica 41. *De homicidiis ingenuorum. §1 Si quis <uero> ingenuum Francum aut barbarum, qui lege Salica uiuit, occiderit, cui fuerit adprobatum, mallobergo leodi sunt, 8000 denarios qui faciunt solidos 200 culpabilis iudicetur. Eckhardt*, Pactus Legis Salicae 154.

geltenden Rechtsvorschriften – nämlich mit der Bezahlung eines Wergeldes – abgegolten[391].

In der ganzen *Lex Salica* lässt sich nur eine einzige Bestimmung, die einen indignitätsähnlichen Charakter aufweist, feststellen. Ein Familienmitglied verwirkte sein familiäres Erbrecht, sobald es zum Ausdruck gab, dass es sich von der Familie trennen wollte. Die sog. Brechung des familiären Bandes wurde im 60. Artikel folgendermaßen geregelt:

Lex Salica 60. De eo qui se de parentilla tollere uult.

1. *[Si quis de parentilla tollere se uoluerit] in mallo <autem> ante thunginum aut centenarium ambulare debet et ibi<dem> quatuor fustes alninos super caput suu, frangere debet, et illios in quatuor partes per quatuor angulos in <ipso> mallo iactare debet et ibi dicere <debet>, quod <se de> iuramento et de hereditate et <de> tota ratione illorum tollat.*
2. *Et sic postea <si> aliquis de suis parentibus aut occidatur, nulla ad eum nec hereditas nec conposito pertineat.*
3. *Si uero ille aut moriatur aut occidatur, conpositio aut hereditas suis parentibus non pertinet causa, sed ad fisco perueniat aut cui fiscus dare uoluerit,*[392]

Volksrecht der Salfranken 60. Von dem, Der sich von der Verwandtschaft scheiden will

1. Wenn jemand sich von der Verwandtschaft scheiden will, gehe er zum Gerichtstermin vor den Thingrichter oder Zentgrafen und zerbreche dort 4 Erlenstäbe über seinem Haupt; und er soll sie im Gerichtstermin nach vier Seiten werfen und dabei sagen, dass er sich von der Eidhilfe und vom Erbe und von jeder Beziehung zu ihnen scheide.
2. Und wenn hernach jemand von seinen Verwandten stirbt oder getötet wird, gelange von dessen Erbe oder von der Buße nichts an ihn.
3. Wer er aber getötet wird oder stirbt, gelange die Buße oder sein Erbe nicht an seine Erben, sondern an den Fiskus oder wem es der Fiskus geben will.[393]

---

391 Vgl. *Wilda*, Das Strafrecht der Germanen 714.

392 Text nach *Eckhardts* Ausgabe: Pactus Legis Salicae (MGH IV 1, 1962) 225. Eckhardts Ausgabe bildet eine harmonisierende Fassung der in der heutigen Forschung als A1 bezeichneten Handschrift Paris Lat. 4404. Sie berücksichtigt die Abweichungen sowohl der anderen A-Handschriften als auch der C-Handschriften. Als A1 wurde die ursprüngliche Version der *Lex Salica*, die von König Chlodwig in seinen letzten Regierungsjahren zwischen 507 und 511 gefertigt wurde, bezeichnet – die sog. *Recensio Chlodovea*.

393 *Eckhardt*, Die Gesetze des Karolingerreiches: Salische und ribuarische Franken (Germanenrechte 2/I, 1934) 95.

Problematisch kann in diesem Tatbestand die Feststellung der indignitätsinitiierenden Handlung sein. Der Indignitätsgedanke setzte voraus, dass ein unwürdiger Erbe aufgrund der Begehung einer sittenwidrigen (bzw. strafrechtlichen) Handlung eine ihm zustehende Erbschaft nicht erhalten sollte. In der zitierten Bestimmung kann man die Brechung des familiären Bandes als Indignität initiierende Handlung bezeichnen[394]. Ein Sippenmitglied das sich von seiner Verwandtschaft scheiden wollte, galt in Bezug auf die blutsverwandtschaftliche Erbfolge seiner Sippenmitglieder als erbunwürdig. Diese Brechung des familiären Bandes wirkte sich auf beide Seiten aus – die Verwandten des Geschiedenen konnten im Falle seines Todes nichts von seiner Erbschaft erhalten, da diese dem staatlichen Fiskus zufiel.

Der Sachverhalt des Verwandtenmordes und seine rechtliche Beurteilung tauchten auf fränkischem Rechtsboden zum ersten Mal mit der Kundmachung der *Lex Ribuaria* auf. Im 2. Paragraph des 63. Artikels des gegenständlichen Volksrechts scheint folgende Regelung auf:

> Lex Ribuaria 69. *De eo qui rege infidelis extitit.*
> *Si autem quis proximum sanguinis interficerit, vel incestum commisserit, exilio susteniat, et omnes ris suas fisco censeantur.*[395]

> Volksrecht der ribuarischen Franken 69. Von dem, der dem König treulos wird.
> Wenn aber jemand seinen Blutsverwandten tötet oder Blutschande begeht, so verfalle er der Verbannung, und alle seine Sachen sollen dem Fiskus zuerkannt werden.[396]

Das ripuarische Volksrecht verband die Entziehung des Vermögens mit dem Exil. Die gegenständliche Rechtsvorschrift weist inhaltliche Parallelen zur westgotischen Lösung auf. Der *Liber iudiciorum* entzog dem Verwandtenmörder ebenfalls sein Gesamtvermögen. Im Gegensatz zum westgotischen Gesetzbuch fiel das entzogene Vermögen direkt an den Fiskus und nicht an die nächstberufenen Erben des Erschlagenen. Des Weiteren ging das ripuarische Volksrecht, ähnlich wie das westgotische Äquivalent, nicht auf die erbrechtlichen Ansprüche des Mörders zu seinem Opfer ein. Man kann hier ebenso nur vermuten, dass das entzogene Vermögen bereits die erworbene Erbschaft des Opfers inkludierte. Es fehlt jedoch eine gesetzliche Feststellung, die diese Ansicht bestätigen würde.

Die Herkunft dieser Bestimmung ist ebenso ungewiss. M.E. kann sie entweder dem römischen Recht oder der christlichen Lehre entstammen. Auf die

---

394 Vgl. *de Capèle*, L'indignité 69.

395 Text nach *Eckhardts* Ausgabe: Die Gesetze des Karolingerreiches I: Salisische und ribuarische Franken (Germanenrechte 2/I, 1934) 188.

396 *Eckhardt*, Die Gesetze des Karolingerreiches I 189.

Einflüsse der römischen Rechtskultur deutet die Gleichstellung der Blutschande hin. Der Inzest stellte nach der justinianischen Enterbungslehre einen Enterbungsgrund dar. Die germanischen Rechtsbücher des Spätmittelalters (wie der Schwaben- und der Deutschenspiegel oder das Kleine Kaiserrecht) stuften die Begehung eines Inzestes als einen das Erbrecht verwirkenden Grund ein. Der Einfluss der christlichen Lehre ist dagegen selbst anhand des Tatbestandes des Verwandtenmordes zu sehen – das kanonische Recht galt als gesetzlicher Initiator der strafrechtlichen Relevanz dieses Deliktes[397].

Die geschilderte Rechtslage änderte sich mit dem Kapitular *Pro lege habendum Wormatiense* aus dem Jahr 829. Dieser von Ludwig dem Frommen erlassene Gesetzgebungsakt regelte den Tatbestand des Verwandtenmordes folgendermaßen:

> *Caput 2 De eo qui prpoter cupiditatem rerum quemcunque propinquorum suorum intersecerit.*
>
> *Quicunque propter cupiditatem rerum patrem, aut matrem, aut fratrem aut fororem, vel nepotem, vel alium propinquum suum intersecerit, hereditas ejus interfecti ad alios suos legitimos heredes perveniat; interfectoris vero hereditas in fiscum redigatur [...]*[398]
>
> Wer mit dem Bereicherungsvorsatz, sich mit dem Erwerb der Erbschaft bzw. mit deren Besitz zu bereichern, seinen Vater, seine Mutter, seinen Bruder, seine Schwester, seine Enkel oder seine anderen Blutsverwandten ermordete, verliert die gegenständliche Erbschaft an den Fiskus [...].

Das gegenständliche Kapitular bestimmte zum ersten Mal auf fränkischem Rechtsboden, dass ein Mörder niemals ein Erbe seines Opfers sein konnte. Neben strafrechtlichen Folgen dieser Tat (dem Entzug des Vermögens und der Bezahlung des Wergeldes) verwirkte er seine Erbenstellung zum Opfer. Der Nachlass fiel in diesem Fall an die nächstberufenen Erben des Ermordeten.

5. Indignität in den Leges des Karolingerreiches

a. Vorbemerkungen

Als Leges des Karolingerreiches bezeichnet man jene schriftlichen Rechtsaufzeichnungen, die unter fränkischer Herrschaft und in den Gebieten mit überwiegend germanischer Bevölkerung entstanden sind. Zu dieser Leges-Gruppe gehören die Rechtsaufzeichnungen der im Teilreich um Köln lebenden Franken

---

397 Vgl. *Wilda*, Das Strafrecht der Germanen 714.

398 Text nach *Balzues* Ausgabe: Capitularia Regum Francorum Additae sunt Marculfi Monarchi & aliorum Formulae veteres, & Notae doctissimorum Virorum I (1780) 669.

(*Lex Ribvaria*), Alemannen (*Pactus Alamannorum* und *Lex Alamannorum*), Bayern (*Lex Baiuvariorum*), Angeln und Warnen (*Lex Thuringorum*), Sachsen (*Lex Saxonum*), Friesen (*Lex Frisionum*) sowie der chamavischen Franken (*Lex Francorum Chamavorum*)[399].

Vorweg muss man jedoch festhalten, dass nicht alle germanischen Volksrechte, die unter fränkischer Herrschaft verfasst wurden, sich aus dogmatischer Sicht mit der Problematik des unwürdigen Erben auseinandergesetzt haben. Deswegen beinhaltet das gegenständliche Kapitel der rechtshistorischen und rechtsvergleichenden Exegese nur solche Leges, die den indignitätsrechtlichen Gedanken zum Gegenstand ihrer Aufzeichnungen hatten. Bestimmungen indignitätsrechtlicher Natur sind in den alemannischen, bajuwarischen, friesischen und ripuarischen[400] Volksrechten enthalten. Der *Lex Saxonum*, der *Lex Thuringorum* und der *Lex Francorum Chamavorum* war diese Problematik dagegen fremd.

b. Indignitätsgedanke im Erbrechtssystem des alemannischen, bajuwarischen und friesischen Rechts

Bei der inhaltlichen Erforschung der im fränkischen Reich entstandenen Volksrechte liegt der Schwerpunkt vor allem auf den indignitätsrechtlichen Folgen eines Verwandtenmordes. Dieser stellte ohnehin das Aushängeschild der römischen *indignitas* dar. Die vermögens- und erbrechtlichen Folgen dieser Tat fanden vor allem durch christliche Einflüsse ihren Niederschlag in den germanischen Rechtsaufzeichnungen der karolingischen Zeit[401].

Der Indignitätstatbestand des Verwandtenmordes wurde in den gegenständlichen karolingischen Leges jedoch unvollständig geregelt. Vor allem die aus dem römischen Recht stammenden ausschlaggebenden Indignitätseigenschaften wurden entweder gar nicht oder auf eine vulgare und unvollständige Weise rezipiert. Zwar musste ein Verwandtenmörder mit erb- und vermögensrechtlichen Benachteiligungen rechnen, jedoch wurden die erbrechtlichen Forderungen zu einem von ihm ermordeten Verwandten – mit einer einzigen Ausnahme – in den karolingischen Leges nicht behandelt.

---

399 Vgl. *Nehlsen*, Sklavenrecht 61.

400 Aufgrund seiner fränkischen Zugehörigkeit wird die *Lex Ribuaria* in der gegenständlichen Arbeit dem fränkischen Recht zugeordnet. Die indignitätsrechtlichen Bestimmungen werden daher zusammen mit der *Lex Salica* und den karolingischen Kapitularien untersucht.

401 Vgl. *Wilda*, Das Strafrecht der Germanen 714.

Der Verwandtenmord und die vermögensrechtlichen Folgen dieser Tat fanden in den *Leges Alamannorum* Berücksichtigung. Die alemannische Rechtsaufzeichnung besteht aus folgenden zwei Redaktionen: dem *Pactus Legis Alamannorum* und der *Lex Alamannorum*[402]. Das alemannische Stammesgebiet gehörte zur Zeit der Entstehung des eigenen Volksrechts teils in enger, teils in lockerer Bindung zum karolingischen Reich[403]. Dieser Umstand ist anhand der Ausrichtung der alemannischen Leges zu sehen. Diese nähern sich inhaltlich dem salfränkischen Recht an. Die gesetzliche Erbfolge wurde z.B. nach salfränkischem Vorbild bestimmt[404]. Was den inhaltlichen Aufbau der beiden Rechte betrifft, so inkludiert die *Lex Alamannorum* den *Pactus Legis Alamannorum*. Der *Pactus* bestand ausschließlich aus einem Bußenverzeichnis, das durch den dritten Teil der später entstandenen *Lex Alamannorum* inhaltlich aufgenommen, novelliert und wesentlich erweitert wurde. Was die Datierung der beiden Gesetze betrifft, so hinterließ die Forschung ein sehr kontroverses Feld. Die Schuld an diesem Umstand trägt die Art und Weise, auf welche die gegenständlichen Rechtsaufzeichnungen der Forschung überliefert wurden. Der *Pactus* wurde im Rahmen einer einzigen Handschrift in Bruchstücken überliefert – die *Lex Alamannorum* dagegen in 50 Handschriften. Die für die zeitliche und personelle Zuordnung der einzelnen Leges ausschlaggebenden Einleitungsformulierungen der erwähnten Handschriften weichen inhaltlich voneinander ab. Die Rechtshistoriker einigten sich darauf, dass der *Pactus Alamannorum* in der ersten Hälfte des 7. Jh. entstand, während die Redaktion und die Aufzeichnung der *Lex Alamannorum* in der Zeitspanne von 712 – 725 angenommen wird[405].

Wie bereits erwähnt, folgte das alemannische Recht bei der inhaltlichen Ausgestaltung des Erbrechts dem fränkischen Vorbild[406]. Es übernahm die blutsverwandtschaftliche Erbfolge, die in erster Linie die männlichen Deszendenten und ihre Abkömmlinge[407] bevorzugte. Der Indignitätsgedanke lässt sich nur an zwei Stellen der gesamten Lex erkennen.

---

402 Dazu *Schott*, Lex Alamannorum, in HRG II 1879–1885.

403 *Schott* in FMSt 1979, 39.

404 Siehe dazu *Koreschell* in Koreschell 58–59.

405 *Schott*, Lex Alamannorum in HRG II 1882.

406 Vgl. *Kroeschell* in Koreschell 58–59 und *Glasson* in NRHDFE 1885, 597.

407 Vgl. L. Alam. 57,1.

Die erste Bestimmung behandelt die Problematik des Verwandtenmordes. Diese lautet folgendermaßen:

Lex Alamannorum 40. De patricidiis, fratricidiis.
Si quis homo volens occidere patrem suum [aut patruum suum] aut fratrem suum aut avunculum suum aut filium fratris sui [aut filium avuncoli aut filium patrui sui] aut matrem suam aut sororem suam, cognoscat se contra deum egisset et secundum iussionem die fraternitatem non custodisse et id deum graviter delequisse et coram omnes parentes eius res infiscentur et nihil ad heredes eius perteneat amplius; poenitentiam autem secundum canones agat.[408]

Volksrecht der Alemannen 40. Von Vatermord und Brudermord
Wenn ein Mann willentlich seinen Vater oder Vatersbruder oder seinen Bruder oder seinen Muttersbruder oder den Sohn seines Muttersbruders oder den Sohn seines Vatersbruders oder seine Mutter oder seine Schwester tötet, wisse er, dass er wider Gott gehandelt und die Bruderliebe nicht gemäß dem Befehle Gottes bewahrt und schwer gegen Gott gefehlt hat, und vor allen Verwandten soll sein Vermögen eingezogen werden und nichts fürder an seine Erben fallen; die Buße entrichte er gemäß dem Kirchengesetz.[409]

Die alemannische Regelung entsprach inhaltlich der westgotischen Lösung. Der *Liber iudiciorum* sprach ebenfalls das gesamte Vermögen des Verwandtenmörders den Verwandten des Ermordeten zu. Das alemannische Gesetzbuch erwähnte im Gegensatz zu seinem westgotischen Äquivalent die vermeintliche *ratio legis* dieser Bestimmung: *[…] et nihil ad heredes eius perteneat amplius […].* Es sollte unmöglich sein, dass die Erben des Verwandtenmörders von seinem Vermögen profitieren konnten. Eine ähnliche Überlegung machte bereits Kaiser Antoninus Pius, der in seinem Reskript zur Quotenfrage eine ähnliche Entscheidung traf[410].

Ein römischrechtlicher Einfluss muss jedoch bei der Gestaltung dieser Regelung verneint werden. Der Verfasser ging nicht auf die für das Indignitätsrecht essentielle Erbenstellung des Mörders zu seinem Opfer ein. Ob dieser es beerben konnte, ist weder aus dem zitierten Fragment noch aus anderen Vorschriften der *Lex Alamannorum* zu erkennen.

Auf die zweite alemannische Vorschrift, die einen indignitätsrechtlichen Charakter aufweist, weist *de Capèle* hin[411]. Diese schildert folgenden Sachverhalt:

408 Text nach *Eckhardts* Ausgabe: Die Gesetze des Karolingerreiches II: Alemannen und Bayern (Germanenrechte 2, II, 1934) 28.

409 *Eckhardt*, Die Gesezte des Karolingerreiches II 29.

410 Vgl. D. 48.20.7.4 (Paulus libro singulari de portionibus, quae liberis damnatorum conceduntur).

411 Vgl. *de Capèle*, De l'indignité en matière de succession en droit romain et en droit français (1866) 71.

Lex Alamannorum 35

1. *Si quis dux habens filium contumacem et malum, ut revelare conetur contra patrem suum per stultitiam suam vel per consilium malorum hominem qui volunt dissipare provinciam, et hostiliter surrexerit contra patrem suum, dum adhuc pater eius potentas est et utilitatem regis potest facere [...]*
2. *Et si pater eum civerit et adprehendere potuerit, in sua sit potestate, aux exiliet eum de provinvia aut ubicumque transmittat eum, aut regi domino suo; et de hereditatem paternicam amplius ad eum nihil perteneat, quia inlicitam rem contra patrem suum fecit.*
3. *Et si fratres hauerit, ipsi fratres intra se per voluntatem regis dividant hereditatem patres eorum; ad illum autem qui revelavit contra patrem suum, non dent porcionem inter ipsis.*
4. *Et si amplius non fuerit nisi ille unus qui revelavit, tunc illa hereditas quod ille dux habuit, post mortem eius in potestatem regis sit; cui vult donet [...]*

Volksrecht der Alemannen 35

1. Wenn ein Herzog einen trutzigen und bösen Sohn hat, dass er sich gegen seinen Vater aus eigener Torheit oder infolge des Rates böser Menschen, die die Provinz vernichten wollen, aufzulehnen versuchen und sich feindlich gegen seinen Vater erhebt, während bisher sein Vater kräftig war und zum Nutzen des Königs handeln konnte ...
2. Und wenn der Vater ihn besiegt und ergreifen kann, behalte er ihn in seiner Gewalt oder verbannte ihn aus der Provinz oder schicke ihn irgendwohin oder dem König, seinem Herrn; und von der väterlichen Erbschaft stehe jenem nichts mehr zu, weil er eine unerlaubte Tat gegen seinen Vater beging.
3. Und wenn er Brüder hat, sollen diese Brüder auf die Entschließung des Königs hin die Erbschaft ihres Vaters unter sich teilen; jenem aber der sich gegen seinen Vater auflehnte, sollen sie keinen Anteil unter sich geben.
4. Und wenn es keinen weiter gibt außer dem einen, der sich auflehnte, denn stehe jenes Erbgut, das der Herzog hatte, nach seinem Tode in der Gewalt des Königs; er gebe es, wem er will [...][412]

In diesem Tatbestand sah *de Capèle* die für die römische Indignität charakteristischen Merkmale. Der Herzogssohn verlor seine Erbenstellung, da er gegenüber seinem Vater eine sittenwidrige und dadurch indignitätsinitiierende Handlung begangen hatte. Der ihm ursprünglich zustehende Nachlass wurde von der königlichen Kasse eingezogen. Sein zivilrechtliches Schicksal lag ab nun in königlichen Händen[413]. Man kann bezüglich der indignitätsähnlichen Merkmale

412 *Eckhardt*, Die Gesetze des Karolingerreiches II 23.

413 *De Capèle*, L'indignité 71–72.

dieser Regelung *de Capèle* zustimmen und von einem indignitätsähnlichen Rechtsvorgang sprechen. Der Leitgedanke dieses Rechtsvorganges stimmte mit der *ratio legis* der römischen *indignitas* überein. Ein sittenwidrig handelnder Erbe sollte durch sein Fehlverhalten nicht in der Lage sein, an der familiären Erbfolge teilnehmen zu können. Ein identischer Tatbestand wurde in der bajuwarischen Rechtsaufzeichnung niedergeschrieben[414].

Eine ganz neue Sichtweise auf die Erbenstellung eines Verwandtenmörders zu seinem Opfer zeigte innerhalb der karolingischen Leges das friesische Volksrecht. Die inhaltliche Bearbeitung der *Lex Frisionum*[415] erwies sich jedoch als sehr schwierig[416]. Das Volksrecht wurde nicht in handschriftlicher Form überliefert. Der Inhalt dieser Lex wurde erst im Jahr 1557 durch „Originum ac Germanicarum antiquitatum libri", eine von *Johannus Basilis Herold* angefertigte schriftliche Ausgabe der Volksrechte, bekannt. Dieses Werk wurde jedoch von der Forschung als wenig geglückt bezeichnet. *Eckhardt* machte darauf aufmerksam, dass der Text nicht frei von Fehlern sei und diese ausschließlich vom Herausgeber zu verschulden seien[417]. Problematisch erscheint nicht nur die Überlieferungsart der Lex, sondern auch ihr Inhalt. Der Gesetzestext weist trotz

---

414 *Lex Baiuvariorum 2, 9. Si quis filius ducis tam superbus vel stultus fuerit, vel patrem suum dehonestare voluerit per consilio malignorum vel per fortiam, et regnum eius offerre ab eo, dum pater eius adhuc potest eius auferre ab eu, dum adhuc pater eius potest iudicium contendere, in exercitu ambulare, populum iudicare, equum viriliter ascendere, arma sua vivaciter baiulare, non est surdus nec cecus, in omnibus iussionem regis potest inplere, sciat se ille filius contra legem fecisse et de hereditate patris sui esse deiectum et nihil amplius ad eum pertinere de facultatibus patris sui. Et hoc in potestate patris sui erit, ut exiliet eum si vult. Nihil aliud habeat in potestatem, nisi per misericordiam pater eius dare ei voluerit. Et si supervixerit patrem suum et alios fratres habuerit, non dent ei portionem, quare contra legem peccavit in patrem suum. Et si ille solus heredes eius supervixerit patrem suum, in regis exit potestate; cui volt donet, aut illi aut alteri.* Text nach *Eckhardts* Ausgabe: Die Gesetze des Karolingerreiches II 96.

415 Die Bezeichnung *Lex Frisionum* entstammte Herolds Ausgabe der Volksrechte (*Incipit lex frisiorum* – schrieb Herold in seinem Einleitungssatz zum friesischen Recht). Die Lex selbst verwendete andere Bezeichnungen wie *Fresiones, Fresia, fresionicus.* Die *Lex Ribuaria* (36,4) dagegen bezeichnete das friesische Recht mit dem Adjektiv *Fresionem.* Vgl. *Brunner*, RG I 341 Anm. 1; *Amira/Eckhardt*, Germanisches Recht I (1960) 66.

416 *Eckhardt* beschrieb den Forschungsstand zur *Lex Frisionum* folgendermaßen: „Während bei den anderen Volksrechten der fränkischen Zeit zwar Meinungsverschiedenheiten, aber keine grundsätzlichen Differenzen bestehen, ist über Wesen und Ursprung der *Lex Frisionum* keinerlei Übereinstimmung erzielt worden". *Amira/Eckhardt*, Germanisches Recht 67. Siehe dazu *Schott* in FMSt (1979) 42.

417 Amira/Eckhardt, Germanisches Recht I 66.

einer guten Gesetzgebungstechnik[418] viele inhaltliche Unstimmigkeiten und Wiederholungen auf. Auf der einen Seite findet man im Gesetz Rechtsvorschriften mit christlichem Charakter wie das Verbot der Sonntagsarbeit (L. Fris. 18), den Schutz des Kirchenfriedens (L. Fris. 17,2) oder die Trennung von unerlaubten Ehen (L. Fris. Add *Wulemarus*). Auf der anderen Seite besitzt die Lex heidnische Rechtssätze wie die erlaubte Kindestötung (L. Fris. 5,1) oder die rituelle Bestrafung des Schänders eines heidnischen Tempels (L. Fris. Add. XI)[419]. Die Forschung kann bis heute keine überzeugende Erklärung zu diesem Umstand abgeben. Aufgrund dieser inhaltlichen Widersprüche und Unvollständigkeiten geht der Großteil der Forschungsliteratur zum friesischen Recht davon aus, dass die *Lex Frisionum* einen unfertigen Gesetzesentwurf ohne endgültige Redaktion, der im Rahmen des Aachener Reichstages zwischen 802 und 803 bekannt geworden ist, darstellt[420].

Die *Lex Frisionum* bestimmte die Rechtsfolgen des Verwandtenmordes folgendermaßen:

Lex Frisionum 19. Der parricidiis
1. *Si quis patrem suum occiderit, perdat hereditatem, quae eum pertinere debebat.*
2. *Si quis fratrem suum occiderit, solvat eum proximo heredi, sive filium aut filiam habuerit, aut si neuter horum fuerit, solvat patri suo vel matri suae cel fratri cel etiam sorori suae; quod si nec una de his personis fuerit, solvat eum ad patrem regis*[421].

Volksrecht der Friesen 19. Vom Verwandtenmord.
1. Wenn jemand seinen Vater tötet, verliere er die Erbschaft, die an ihn fallen sollte.
2. Wenn jemand seinen Bruder tötet, zahle er für ihn dem nächsten Erben, sei es, dass er einen Sohn oder eine Tochter hat, oder wenn von diesen keiner da ist, zahle er seinem Vater oder seiner Mutter oder dem Bruder oder auch seiner Schwester, wenn aber auch nicht eine von diesen Personen vorhanden ist, zahle er für ihn an den Teil des Königs.[422]

---

418 Die Lex zeichnete ein außergewöhnlicher Sinn für Systematik (z.B. bei der Regelung der Totschlagstatbestände – vgl. *lex Frisionum* I, 1–10) und ein hohes Abstraktionsvermögen, welches die Regelung verschiedener Tatbestände unter einer Norm ermöglichte (vgl. *lex Frisionum addenda* IX), aus. Es ist erkennbar, dass die einzelnen Vorschriften präzise durchdacht und formuliert wurden. Bei den verschiedenen Tatbeständen in den Ständerelationen traten keine Abweichungen auf. Vgl. *Siems*, Lex Frisionum, in HRG II 1919.

419 Vgl. *Brunner*, RG I 341–342; *Siems* in HRG II 1921.

420 Siehe dazu *Brunner*, RG I 45–46, *Siems* in HRG II 1922, *Schott* in FMSt (1972) 42 und *Amira/Eckhardt*, Germanisches Recht I 68.

421 Text nach *Eckhardts* Ausgabe, Die Gesetze des Karolingerreiches III: Sachsen, Thüringer, Chameven und Friesen (Germanenrechte 2 1934) 90, 92.

422 *Eckhardt*, Die Gesetze des Karolingerreiches III 91, 93.

Der 19. Artikel des friesischen Volksrechts regelte die Erbenstellung des Verwandtenmörders zu seinem Opfer ausdrücklich. Wer das Blut des eigenen Vaters an seinen Händen hatte, sollte von der väterlichen Erbfolge ausgeschlossen sein. Zu einer solchen inhaltlichen Erkenntnis kamen bisher nur das langobardische *Edikt Rothari* und das Kapitular *pro lege habendum Wormatiense*. Kein anderer Vertreter der germanischen Leges bestimmte das gegenständliche Erbverhältnis so präzis. Der zweite Absatz der gegenständlichen Rechtsvorschrift bestimmte dagegen die Rechtsfolgen der Tötung eines Kollateralverwandten. Der friesische Gesetzgeber ging in diesem Fall nicht auf die erbrechtlichen Ansprüche des Mörders zu seinem Opfer ein. Es wurde lediglich festgestellt, an wen das Wergeld im Falle der Tötung[423] zu zahlen war.

6. Indignität nach burgundischem Recht

a. Quellen des burgundischen Rechts

Beyerle bezeichnete in seinem Werk das burgundische Volksrecht als jenes Rechtsdenkmal, das *im Zwielicht zwischen germanischem Altertum und Spätantike*[424] steht. Das burgundische Königreich wurde auf dem ehemaligen Staatsgebiet des römischen Imperiums gegründet. Dieser Umstand wirkte sich positiv auf die Aufnahme des römischrechtlichen Kulturgutes in die burgundische Rechtsaufzeichnung aus. Ungeachtet dieses römischen „Fundaments" wies die zwischen 481 und 502 entstandene *Lex Gundobada*[425] einen starken germanischen Charakter auf. Vor allem die Rechtsbereiche des Familiengüter-, des Ehe- und des Erbrechts wurden durch das eigene Rechtsverständnis geprägt[426].

---

423 Siehe dazu Lex Frisionum 20.

424 *Beyerle*, Gesetze der Burgunden (Germanenrechte X, 1936) XIII.

425 Das burgundische Volksrecht wurde und wird in der Fachsprache noch immer als *Lex Gundobada* oder *Lex Burgundionum* bezeichnet. Der Namen *Lex Gundobada* lässt sich auf den Gesetzgeber, den burgundischen König Gundobad, zurückführen. Eine weitere wichtige Persönlichkeit der burgundischen Gesetzgebungsgeschichte war Gundobads Sohn Sigismund. Die der Forschung überlieferte Lex-Ausgabe ist die im Jahr 517 entstandene und von Sigismund angeordnete novellierte Fassung der *Lex Gundobada*. Zu weiteren Ausführungen der Textgeschichte des burgundischen Volksrechts siehe *Nehlsen*, Lex Burgundionum, in HRG II 1901–1905; *Brunner*, DRG I 333–336; *Beyerle*, Gesetze der Burgunden V-X.

426 Vgl. *Beyerle*, Gesetze der Burgunden XIII-XIV. Zur germanischen Rechtsauffassung gehörten vor allem das güterrechtlich ausgerichtete Eherecht, die Hausgemeinschaft zwischen Vätern und Söhnen sowie das Erbrecht und die damit verbundene Zurücksetzung der Frau.

Die zweite burgundische Rechtsaufzeichnung, die *Lex Romana Burgundionum*[427], war für die im Königreich lebende römische Bevölkerung vorgesehen. Sie entstand ebenso unter der Regierungszeit König Gundobads und wies dabei zahlreiche inhaltliche und systematische Parallelen zur *Lex Gundobada* auf. *Brunner* bezeichnete diese Rechtsaufzeichnung sogar als Nachbildung des burgundischen Volksrechts[428]. In der Tat wurden in vielen Fällen die dogmatischen Inhalte der burgundischen Lex durch die entsprechenden römischen Rechtsquellen wiedergegeben. Nur ein Bruchteil der Rechtssätze der burgundischen *Lex Romana* erwies sich als selbstständig[429].

b. Indignitätsgedanke im burgundischen Erbrechtssystem

Die germanische Denkart wird bei der Suche nach indignitätsrechtlichen Bestimmungen deutlich erkennbar. Die Erbfolge der *Lex Gundobada* folgte dem germanischen Schema und setzte als oberstes Prinzip die Aufrechterhaltung der familiären Erbgüter innerhalb des blutsverwandtschaftlichen Kreises voraus[430].

---

427 Die *Lex Romana Burgundionum* erfüllte die gleiche Rolle wie die bereits erwähnte *Lex Romana Visigothorum*. Sie schaffte die rechtlichen Rahmen für die römische Bevölkerung des burgundischen Königreiches. In Bezug auf den Umfang des Gesetzes und die Zahl der exzerpierten römischen Rechtsquellen stellt die *Lex Romana Burgundionum* nur ein Fünftel ihres westgotischen Äquivalents dar. Dabei muss man jedoch die unterschiedlichen Funktionen der beiden Rechtsaufzeichnungen erwähnen. Die burgundische *Lex Romana* war eine private Rechtsarbeit. Sie wies eine mehr beratende als befehlende Form auf. Sie sollte im Gegensatz zum westgotischen Vertreter, der eine umfassende Kompilation des römischen Rechts darstellte, knappe und präzise Leitfäden zur Lösung dringender Fälle des Rechtslebens liefern. Da die burgundische Rechtsaufzeichnung des römischen Rechts keine ausschlaggebenden Hinweise auf die Verwendung der *Lex Romana Visigothroum* als Vorbildfunktion beinhaltet, kann man annehmen, dass der burgundische Vertreter vor dem westgotischen entstanden ist. Siehe dazu *Nehlsen*, Lex Romana Burgundionum in HRG II 1927–1933; *Brunner*, DRG I 354–358.

428 *Brunner*, DRG I 354.

429 Vgl. *Brunner*, RG I 354.

430 Das burgundische Recht bestimmte in erster Linie die Abkömmlinge des Verstorbenen als Erben erster Klasse. Die Lex ging ebenfalls von einer grundsätzlichen Gleichberechtigung von Söhnen und Töchtern aus. Nur in einem einzigen Fall wurden die männlichen Verwandten bevorzugt. *Koeschell* vertritt die Ansicht, dass ein Sohn nur in Bezug auf die sog. *terra sorits titulo adquista* (damit war ein Landlos gemeint, das ein Burgunder bei seiner Ansiedlung bekam) einen Vorrang gegenüber einer Tochter bekam. Siehe dazu *Kroeschell* in Kroeschell 42–46.

Das burgundische Gesetz enthält in seinen Reihen nur eine einzige Bestimmung, die einen Verlust der Erbschaft bzw. eine Verwirkung des Erbrechtes zum Gegenstand hat.

> Lex Gundobada XII, 5. *De raptibus puellarum:*
> *Romana vero puella, si sine parentum suorum voluntate aut conscientia se Burgundionis coniugio sociaverit, nihil se de parentum facultate noverit habituram.*[431]

> Gesetzbuch Gundobads 12, 5. Vom Mädchenraub
> Ein Römermädchen aber merke sich, dass es vom elterlichen Gute nichts erhält, wenn es ohne der Eltern Wissen oder Willen sich mit einem Burgunden ehelich verbindet.[432]

Ein römisches Mädchen galt in Bezug auf die elterliche Erbfolge als erbunwürdig, sobald es ohne Einwilligung seiner Eltern einen Burgunder geheiratet hatte. Die Ausdrucksweise *se sociaverit* lässt auf die Zustimmung des Mädchens sowohl zur Entführung als auch zur Eheschließung vermuten[433]. Interessanterweise betraf diese Regelung nur die römischen Mädchen. Einer burgundischen Jungfrau, die einem Mann in sein Haus nachrannte und dann wieder unbeschlafen in das Elternhaus zurückkehrte, wurden die erbrechtlichen Ansprüche wieder anerkannt. Ein Mann, der ein burgundisches Mädchen in seinem Haus aufnahm, musste den dreifachen Brautpreis an ihre Eltern entrichten[434]. Weitere indignitätsähnliche Bestimmungen lassen sich aus der *Lex Gundobada* nicht gewinnen.

Die Gesetzgebungstechnik der *Lex Romana Burgundionum* – nämlich die Nachbildung der Bestimmungen der *Lex Gundobada* durch die Heranziehung der entsprechenden römischen Rechtsbestimmungen – lässt sich bereits an folgendem indignitätsrechtlichem Tatbestand erkennen:

> *Lex Romana Burgundionum. IX, 2. De raptibus virginum et viduarum.*
> *Nec parentibus liceat de hoc crimine cum raptore sub qualibet pactione conponere. Quod si facere praesumpserint, interfecto raptore conpositores ipsius criminis in exilio deputentur quoniam tali se conditione iungentibus parentum successio denegatur.*[435]

---

431 Der Text nach *Beyerles* Ausgabe: Gesetze der Burgunden 26.

432 *Beyerle*, Gesetze der Burgunden 26.

433 Vgl. *Bauer-Gerland*, Das Erbrecht der Lex Romana Burgundionum (1994) 146.

434 Vgl. Lex Gundboada XII De raptibus puellarum. *4. Si vero puella sua sponte expetierit virum et ad domum illius venerit, et ille se cum illa miscuerit, nupitale pretium in triplum desolvat; si autem incorrupta redierit in domum suam, remota omni calumnia revertatur. Beyerle*, Gesetze der Burgunden 26. Siehe dazu *de Capèle*, L'indignité 69.

435 Text nach *Salis*' Ausgabe: Leges Burgundionum (1892) 132.

Die bereits oben erwähnte Rechtsvorschrift der *Lex Gundobada* (XII, 5. *De raptibus* puellarum) stellte eine Parallelnorm für die gegenständliche römische Regelung dar. Ein Mädchen, das mit seinem Entführer eine Ehe schloss, verlor ihr elterliches Erbrecht (*parentum successio denegatur*). Aus der zitierten Quelle ist jedoch nicht eindeutig feststellbar, ob es sich um eine freiwillige oder eine gezwungene Entführung[436] handelte. *Bauer-Gerland* sieht in der vom Verfasser gewählten Ausdrucksweise *se iuengentibus* die Freiwilligkeit des Mädchens[437]. Außerdem erweist sich in dieser Rechtsfrage der 3. Absatz der gegenständlichen Rechtsvorschrift als hilfreich. Eine entführte Tochter wurde von der elterlichen Erbfolge ausgeschlossen, wenn sie zwar mit der Entführung selbst nicht einverstanden war, jedoch gegen diese Handlung keine zumutbaren Abwehrreaktionen geleistet hatte[438].

Einen Verlust des Erbrechts enthält auch die letzte Vorschrift des Titels *De raptibus virginum et viduarum*[439]. Die Kinder aus einer zwischen einem Entführer und einer von ihm entführten Nonne geschlossenen Ehe konnten ihre Eltern nicht beerben[440]. In diesem Fall fällt es schwer, den gegenständlichen Tatbestand als eine Indignitätsregelung bzw. als eine indignitätsähnliche Regelung zu bezeichnen, da der Erbe in diesem Fall keine indignitätsinitiierende Handlung beging. Die Ursache der Verwirkung des Erbrechts liegt in der Untat, die von den Eltern des potenziellen Erben verschuldet wurde. Die Indignitätstatbestände wurden oft mit den Erbunfähigkeitstatbeständen vermischt und durcheinandergebracht. Die indignitäts- und erbunfähigkeitseinleitenden römischen

---

436 Auf diese Unterscheidung geht der erste Paragraph der Regelung LRomBurg. IX, 1 ein: *Raptorum probata crimina taliter punienda, ut, si quis puellam, cum parentibus nihil ante depectus, rapuerit aut volentem abduxerit, una cum facinoris ipsius intercurrentibus vel admissoribus puniantur.*

437 *Bauer-Gerland*, Das Erbrecht der Lex Romana 145.

438 LRomBurg. IX, 3: *Cuius admissi persecutio intra quinquennium exercenda; post quinquennium vero actio persequendi criminis denegatur, secundum legem Theudosiani libro nono ad populum datam.* Siehe dazu *Bauer-Gerland*, Das Erbrecht der Lex Romana 145.

439 LRomBurg. IX, 4: *Quod si devotam deo puellam raptor abduxerit, et de coniunctione viri illa consenserit, filii ex tali conditione nati, punitis his secundum legem Theudosiani ad Secundum praefectum praetorio datam, qui se taliter coniunxerint, in hereditatem non veniant; quibus etiam si principali beneficio praestatur vita, filios legitimos in potestate habere non possunt, nec eorum hereditatem quoquo modo vindicare; sed facultas ipsa proximis parentibus adquirenda.*

440 Vgl. *Bauer-Gerland*, Das Erbrecht der Lex Romana 147.

Rechtsquellen wurden wechselhaft zur Begründung der erwähnten Rechtsinstitute herangezogen.

Die beiden nächsten Tatbestände besitzen dagegen keine Parallelnorm in der *Lex Gundobada*. Sie stellen ausschließlich ein Erzeugnis des römischen Vulgarrechts dar und haben ihre Bezugsnormen in den römischen Rechtsquellen. Aus dem *Codex Theodesianus* (Cod. Theod. 3.8.1) entstammte folgende Rechtsvorschrift[441]: Eine Witwe verlor sämtliche aufgrund einer ehelichen Zuwendung von Todeswegen erworbenen Erbgüter ihres Ehemannes, sobald sie innerhalb des Trauerjahres eine neue Ehe geschlossen hatte. Diese Regelung wurde ebenso in der nach dem burgundischen Romanenrecht entstandenen *Lex Romana Visigothorum* aufgezeichnet. Die Verwirkung des Erbrechts wurde als Folge der Infamie der Witwe begründet: *[…] quod si fecerint, infames habentur, ita ut de facultate mariti prioris, etiam si ei dimissa fuerit, nihil habeat; pari et de donatione nuptiali conditione servata.*. Ob man aus dieser Rechtsvorschrift eine allgemeine Verwirkung des testamentarischen Erbrechts der Infamen ableiten kann, geht nicht eindeutig hervor. *Bauer-Gerland* geht durch die Heranziehung der entsprechenden Bezugsnorm des *Codex Theodosianus* (Cod. Theod. 3.8.1) und ihrer vulgaren Interpretation (Inst. Theod. 3.8.1) von dieser Feststellung aus[442].

Die nächste Rechtsvorschrift der *Lex Romana Burgundionum* (LRomBurg. XXXVI, 4[443]) entzog einer Mutter ihr gesetzliches Erbrecht in Bezug auf die Erbschaft ihres verstorbenen unmündigen Kindes, sobald sie für dieses binnen eines Jahres keinen Tutor bestellt hatte. Als Bezugsnorm dieser Regelung gilt der 11. Titel der theodosianischen Novellen (*De Tutoribus*)[444].

441 LRomBurg. XVI, 1. *De mulieribus ad secundas aut tertias nuptias transeuntibus: Mulieres ad secundas aut tertias nuptias ante anni spatium transire non licet; quod si fecerint, infames habentur, ita ut de facultate mariti prioris, etiam si ei dimissa fuerit, nihil habeat; pari et de donatione nuptiali conditione servata.*

442 Vgl. *Bauer-Gerland*, Das Erbrecht der Lex Romana 151–152.

443 LRomBurg. XXXVI, 4. De tutelis minorum: *Si vero mater tutorem filio intra annum non petata, et ad secundas nuptias transeat aut forte non transeat, successionem filii, qui intra pubertatem moritur, pro culpa non petiti tutoris amittit; quae agnatis, vel si hi defuerint, cognatis, qui ad successionem iure veniunt, adquiratur. Secundi vero mariti bona praeteritae tutille ratiociniis teneantur obnoxia, secundum legem novellam: de tutoribus pupillis nominandis.*

444 Novell.Theod. 11,1 De tutoribus. *[…] Sciant itaque qui ad successionem vocantur pupilli mortui, si defuncto eius patre tutorem ei secundum leges non petierint intra annum, omnem eis, sive ab intestato sive iure substitutionis, successionem eius, si inpubes moritur, denegandam.* Text nach *Mommsens/Meyers* Ausgabe: Leges Novellae ad Theodosianum (1962) 27.

Interessanterweise wurde dieser Sachverhalt bereits in der klassischen Periode aus indignitätsrechtlicher Sicht beurteilt. Modestin entzog einer Frau die ihr aus der gesetzlichen Erbfolge ihres testamentslos verstorbenen Kindes zustehenden erbrechtlichen Klagen, sobald sie ihrem Kind zu seinen Lebzeiten keinen Tutor bestellt hatte[445]. Im früheren Fragment der gegenständlichen Digestenstelle stufte Modestin eine derart handelnde Mutter als erbunwürdig ein. Durch ihre Nachlässigkeit erschien sie unwürdig, die gesetzliche Erbschaft ihres verstorbenen Kindes anzutreten[446].

Die Problematik des *parricidium* wurde aus indignitätsrechtlicher Sicht weder in der *Lex Gundobada* noch in der burgundischen *Lex Romana* behandelt. Nichtsdestotrotz unterscheiden sich diese beiden Gesetze bezüglich der vermögensrechtlichen Konsequenzen eines Mordes. Die *Lex Gundobada* sah im Falle eines offenkundigen Mordes an einem freien Burgunder die Todesstrafe vor[447]. Ein Wergeld wurde nur im Falle eines Totschlages festgesetzt. Dieses war an die Nächstverwandten des Erschlagenen zu entrichten. Seine Höhe hing vom gesellschaftlichen Stand des Opfers[448] ab. Das burgundische Romanenrecht entzog dagegen einem in die Kirche geflohenen Mörder die Hälfte seines Vermögens und sprach sie den Erben des Erschlagenen zu[449].

---

445 Vgl. Mod. 1 excus. D. 26.6.2.2. Aus der gegenständlichen Digestenstelle geht deutlich hervor, dass der Mutter die erbrechtlichen Klagen verweigert werden sollten. Sie sollte kein Recht haben, das Vermögen ihrer testamentslos verstorbenen Kinder als Erbin zu beanspruchen – *[…] et ideo quae mater vel non petierit tutores idoneos filiis suis vel prioribus excusatis reiectisve non confestim aliorum nomina dederit, ius non habeat vindicandorum sibi bonorum intestatorum filiorum.*

446 Vgl. D. 26.6.2.1.

447 L.Gund II, 1.

448 L. Gund. II, 2.

449 LRomBurg. II, 5 De homiciidis. *De ingenuo vero homicida intra ecclesiam posito de interempti precio principis est expectanda sententia; et quia de preciis occisorum nihil evidenter lex Romana constituit, dominus noster statuit observandum: ut si ingenuus ab ingenuo fuerit interemptus, et homicida ad ecclesiam confugerit, is ipse, qui homicidium admisit, cum medietate bonorum suorum occisi heredibus serviturus addicatur; reliqua medietas facultatis eius homicidiae heredibus derelinquatur.*

II. Indignität nach dem *ancien droit français*

1. Indignitätsgedanke im französischen *droit coutumier*

a. *Geschichtliche Einführung:* Ancien régime *im Spiegel des* droit coutumier *und des* droit écrit

Das *ancien droit français*[450] wird in der französischen Rechtsgeschichte als Gesamtbegriff für das herrschende Recht im *Ancien Régime*[451] bezeichnet. Seine Herausbildung begann mit der Machtzersplitterung im Fränkischen Reich, die vom 6. bis zum 10. Jh. andauerte. Das Ende der Karolinger- und der Beginn der Kapetingerzeit brachten die Zerstückelung der öffentlichen Gewalt, die Schwäche der Königsherrschaft und das Aufkommen des Lehenswesens mit sich[452]. Das fränkische Reich zerfiel im Rahmen dieses Prozesses in zahlreiche kleine Territorien. Das gleiche Schicksal betraf auch das französische Rechtswesen. Es entstanden neue regionale Gewohnheitsrechte, die durch germanisches Rechtsgedankengut beeinflusst wurden. Das Recht, das sein dogmatisches Fundament in den germanischen *leges barbarorum*[453] hatte, begann sich zu differenzieren.

450 Die Herausbildung des französischen Rechts kann man in drei Abschnitte unterteilen. Den ersten bildete das fränkische Recht. Unter diesem Begriff versteht man in der französischen Rechtsgeschichte das Recht der Franken vom 5. bis zum 9. Jh.. Die Geltung dieses Rechts fiel in die Regierungszeiten der Merowinger und Karolinger. Zu diesem Rechtskreis gehörten vor allem die auf fränkischem Boden geltenden *leges barbarorum* (wie *Lex Salica, Lex Ribuaria* und *Lex Francorum Chamavorum*), die Königssatzungen des Merowingerreiches sowie die Kapitularien der Karolinger. Den zweiten Abschnitt bildete das *ancien droit* – ein Recht des *Ancien Régime,* das bis zum Ausbruch der Französischen Revolution galt. Es umfasste dadurch drei französische Königsdynastien – die Kapetinger (987–1328), die Valois (1328–1589) sowie die Bourbonen (1589–1792). Das Recht nach der Revolution, das nicht nur durch politische sondern auch durch rechtliche Gedanken geprägt war, wird dagegen als *droit contemporain* bezeichnet. Vgl. *Gergen*, Französisches Recht, in *Cordes/Lück/Werkmüller* (Hgg.), Handwörterbuch zur deutschen Rechtsgeschichte (HRGdigital), URL: http://www.HRGdigital.de/HRG.franzoesisches_recht (Stand 27.11.2016)

451 Das *Ancien Régime* wird in der französischen Rechtsgeschichte vor allem mit der Regierungszeit der Bourbonen in Verbindung gebracht. Diese Epoche endete mit dem Ausbruch der französischen Revolution im Jahr 1792.

452 *Gergen*, Französisches Recht, in HRGdigital; Siehe dazu *Koschaker*, Europa und römisches Recht 74–80; *Wesenberg/Wesener*, Neuere deutsche Privatrechtsgeschichte (1976) 59–67.

453 Zu den bedeutendsten Volksrechten, die auf französischem Boden galten, zählten vor allem *Lex Salica, Lex Ribuaria* und *Lex Francorum Chamavorum.* Die größte

Zwar waren die *leges barbarorum* in schriftlicher Form nicht mehr vorhanden, jedoch lebte ihr dogmatischer Inhalt im Rechtsbewusstsein der französischen Bevölkerung weiter[454]. Das auf diese Weise entstandene Recht entwickelte sich dabei von einem an die Person gebundenen Gesetz zu einer Territorialnorm – einem Recht, das innerhalb eines bestimmten Territoriums galt[455]. Bereits im 10. und 11. Jh. tauchten die ersten Satzungen einzelner Machthaber mit regionaler Geltung auf. Ob dieses herausgebildete Gewohnheitsrecht mit Siedlungsräumen einer bestimmten Volksgruppe zusammenfiel, kann man aufgrund fehlender historischer Quellen nicht eindeutig beantworten. *Mitteis* lehnt jedoch einen äquivalenten Vergleich mit mittelalterlichen deutschen Stammesrechten ab. Die nichtvorhandene Verbundenheit eines Rechts mit einem bestimmten Stamm ist für *Mitteis* der ausschlaggebende Grund für den raschen Übertritt vom Personal[456]- zum Territorialprinzip[457] auf französischem Rechtsboden. Auch die französische Fachliteratur des *Ancien Régime* zum französischen Gewohnheitsrecht ging von einer regionalen Geltung der *coutumes* aus[458]: *[...] toutes Coutumes sont réelles*[459].

Das im Zuge dieses Rechtspartikularismus entstandene Recht wird in der französischen Rechtssprache als *coutumes* bezeichnet. Dieser Begriff entspricht dem lateinischen *consuetudo* und umfasst anerkannte Sitten, Bräuche und Gewohnheiten im volkskundlichen Sinn[460]. Die *coutumes* wurden anfänglich bis zum Jahr 1000 als subjektives Recht ausgelegt. Eine zunehmende Objektivierung und Anerkennung als Gewohnheiten erfolgte im 12. Jh.. Erst ab diesem

---

Ausstrahlungskraft wurde dem Recht der Salfranken zugesprochen. *Buchner* bezeichnete es als *das berühmteste aller germanischen Stammesrechte*. Die *Lex Salica* beeinflusste unter anderem die deutsche Rechtskultur. Ihre Einflüsse sind z.B. in den deutschen Rechtsspiegeln zu finden (z.B. Sachsenspiegel Landrecht III 54 § 4 oder Schwabenspiegel Landrecht 123b).; *Schumann*, Fränkisches Recht in HRGdigital, URL: http://www.HRGdigital.de/HRG.fraenkisches_recht (Stand 27.11.2016).

454 *Mitteis*, Die germanischen Grundlagen des französischen Rechtes, ZRG GA 1943, 152.

455 *Gergen*, Französisches Recht, in HRGdigital.

456 Der Übergang vom Personalitäts- zum Territorialprinzip bedeutete zugleich einen Übertritt von Stammes- zu Landrechten. Die Beurteilung der Rechtszugehörigkeit erfolgte nunmehr aufgrund örtlicher Zugehörigkeit und nicht nach Zugehörigkeit zu einem bestimmten Stamm.

457 *Mitteis*, ZRG GA 1943, 153

458 *Chénon*, Histoire général du droit français public et privé des origines à 1815 I (1926) 487

459 *Loisel*, Institutes coutumières d'Antoine Loysel (1846) II (Seite) relge 4.

460 *Chénon*, Histoire 321; Siehe dazu *Gilissen*, La coutume (1982) 13

Zeitpunkt erhielten sie die Bedeutung des allgemeinen Gewohnheitsrechts und entwickelten sich zu einigen der wichtigsten Rechtsquellen des mittelalterlichen und neuzeitlichen Frankreichs[461].

Ein einheitliches Rechtssystem wurde dadurch jedoch nicht geschaffen, da es nämlich zur rechtlichen Spaltung des Landes in zwei Rechtsgebiete kam. Zwei entscheidende Rechtsströmungen beeinflussten die Rechtsbildung und -auslegung der *coutumes.* Auf der einen Seite stand das einheimische Recht, das seine dogmatische Grundlage in den germanischen *leges barbarorum* hatte. Auf der anderen Seite wuchs erneut die Stärke des römischen Rechts, das aus Italien durch die Leistung der Glossatoren angetrieben wurde. Diese beiden Strömungen führten zu einer „rechtlichen" Spaltung des mittelalterlichen Frankreichs in ein nördliches und ein südliches Rechtsgebiet. Diese Teilung wird in der französischen Rechtsgeschichte mit den Begriffen *les pays du droit coutumier* und *les pays du droit écrit* assoziiert.

In Südfrankreich, dem Gebiet des *droit écrit* (des geschriebenen Rechts), setzte sich der römische Rechtsgedanke stärker durch als im Norden. Das entscheidende Fundament für diese Renaissance des römischen Rechts bildete die frühere Geltung der frühmittelalterlichen *leges romanae*[462]. Auf den südfränkischen Territorien galten folgende zwei Volksrechte – die *Lex Romana Visigothorium* und die *Lex Romana Burgundionum*[463]. Diese Gesetze stellten für die in den Königreichen der Westgoten und Burgunder lebende römische Bevölkerung eine Kodifikation des römischen Rechts in seiner vulgaren Form dar. Ihr Inhalt wurde stark durch die römische Rechtslehre geprägt, wodurch die Kenntnisse des gelehrten Rechts in Südfrankreich bereits zum Teil vorhanden waren. Für die Aufnahme des römischen Gedankengutes sprachen nicht nur rechtliche, sondern auch kulturelle Gründe. Nicht zu Unrecht verweist *Rainer* in diesem Zusammenhang auf den fördernden Einfluss der provenzalischen Kultur[464]. Die provenzalische Sprache, die *langue d'Oc*, förderte wegen ihrer größeren Nähe zur lateinischen Sprache die Aufnahme der römischen Rechtstexte. Eine gesetzliche

---

461 *Bühler*, Coutumes, in HRGdigital URL: http://www.HRGdigital.de/HRG.coutumes (Stand 27.11.2016).

462 *Mitteis*, ZRG GA 1943, 156. Siehe dazu *Wesenberg/Wesener*, Privatrechtsgeschichte 58.

463 Aufgrund ihrer geistigen Überlegenheit erlangte die *Lex Romana Visigothorum* nicht nur in den Gebieten des früheren westgotischen Königreiches, sondern auch in den südlichen Teilen Frankreichs allgemeine Anerkennung. Im Laufe der Zeit wurde die *Lex Romana Burgundionum* durch ihr westgotisches Äquivalent aus der Geltung komplett verdrängt.

464 *Rainer*, Das Römische Recht in Europa (2012) 67.

Geltung erlangte das römische Recht in Südfrankreich jedoch nicht. Es galt die dem *ius scriptum* entsprechende *consuetudo*[465].

Nordfrankreich, das Gebiet des *droit coutumier* (des Gewohnheitsrechts), galt dagegen als Hochburg des germanischen Rechtsgedankens. Die Einflüsse des gelehrten Rechts traten daher rund um Paris in deutlich schwächerem Ausmaß auf als im Süden. Sie waren aber den Rechtsgelehrten und -praktikern des Nordens nicht fremd. Das *droit coutumier* war ein aus eigener Überzeugung geltendes Gewohnheitsrecht. Viele Rechtselemente und Rechtsgedanken wurden aus der im Frühmittelalter geltenden fränkischen Rechtstradition übernommen[466].

Aus rechtstechnischer Sicht kann man die beiden Rechte nicht als eine Gegenüberstellung von Gesetztes- und Gewohnheitsrechten darstellen. Weder *droit coutumier* noch *droit écrit* bestanden einheitlich aus dem Gewohnheitsrecht einerseits und aus dem gesetzten Recht anderseits[467]. *Tout le France était coutumière* betonte *Chénon*. Im Grunde genommen handelte es sich hier um zwei sich gegenseitig beeinflussende Gewohnheitsrechte verschiedener Herkunft[468]. Das *droit écrit* enthielt neben römischrechtlichen Rechtssätzen viele Bestimmungen fränkischer Rechtsnatur[469]. Im *droit coutumier* wurde dagegen das römische Recht zum Teil direkt übernommen und mit dem herrschenden Gewohnheitsrecht vermengt oder sogar als solches überliefert[470].

Eine erste öffentliche Feststellung dieser rechtlichen Spaltung des französischen Königreiches erfolgte erst im Jahr 1251 in der Ordonnanz der französischen Regentin Blanka von Kastilien[471]. Dieser königliche Akt beschrieb den südlichen Teil Frankreichs als Gebiet des *ius scriptum*[472]. Sowohl die Festlegung

465 *Mitteis* sprach hier von einem Paradox, dass das *ius scriptum* als *ius non scriptum* galt. Siehe dazu *Mitteis*, ZRG GA 1943, 157.

466 Vgl. *Chénon*, Histoire 489–496.

467 *Bühler*, Coutumes, in HRGdigital.

468 *Mitteis*, ZRG GA 1943, 156.

469 Einige südfranzösische Städte (wie Toulouse, Bordeaux oder Saintonge) besaßen *coutumes* mit starkem germanischem Niederschlag. Vgl. *Mitteis*, ZRG GA 1943, 158. Siehe dazu *Egger*, Vermögenshaftung und Hypothek im fränkischen Recht (1903).

470 *Bühler*, Coutumes, in HRGdigital; unterstützend *Chénon*, Histoire 488–489.

471 *Chénon*, Histoire 488.

472 Ord. Du 8 avr. 1250, art. 4: *[...] quod licet de consuetudine gallicana aliter observetur, qui tamen terra illa regi consuevit, ut dicitur, et adhuc regitur iure scripto, volumus [...];* dazu *Isambert*, Anciennes lois francais. Tome I 258. Diese Bezeichnung darf man selbstverständlich nicht wortwörtlich verstehen. *Ius scriptum* betonte in dieser Hinsicht nur den römisch-rechtlichen Charakter des im Süden geltenden Gewohnheitsrechts.

einer präzisen Grenze zwischen diesen beiden Rechtsgebieten als auch der exakten Geltungsbereiche der einzelnen *coutumes* innerhalb des französischen Königreiches lassen sich nur für den Zeitraum vom 15. bis zum 17. Jh. feststellen. Eine genaue geographische Darstellung von Geltungsräumen der einzelnen *coutumes* wurde im Jahre 1837 von *Klimrath*[473] gefertigt. Dieser schilderte jedoch nur die Rechtslage zwischen dem 16. und 17. Jh – also für die Periode des langsamen Niederganges der *coutumes*[474]. Auf der Grundlage von *Klimraths* Leistungen fertigte *Gilissan* eine Landkarte der rechtlichen Teilung des französischen Königreiches an[475].

Einen Meilenstein in der weiteren Entwicklung des französischen Rechts bildeten die sog. *coutumiers*. Dieser französische Ausdruck bezeichnet mittelalterliche private Sammlungen lokal geltender Rechte[476]. Die ersten Rechtsaufzeichnungen erfolgten im 13. Jh.. Von der Typologie, dem Aufbau und der Verwendung dieser „Rechtsbücher" kann man sie mit deutschen Rechtsspiegeln des 13. Jh. gleichsetzen. Die Verfasser dieser Sammlungen waren grundsätzlich Praktiker wie hohe Richter oder *baillis* (französische Verwaltungsbeamte, Provinzgouverneure). Da sie mit dem aufgezeichneten Rechtsstoff ständig in Kontakt waren, beherrschten sie ihn vollständig. Sie verfügten außerdem über breite Kenntnisse des gelehrten Rechts, die sich im Gegensatz zu deutschen Rechtsaufzeichnungen[477] in Form und Inhalt ihrer Werke niederschlugen[478].

Zu den wichtigsten Beispielen dieser Rechtssammlungen zählen vor allem *Tres ancien coutumier de Normandie* und *Grand coutumier de Normandie* eines unbekannten Autors (entstanden jeweils zwischen 1200/1220 und 1255/1258), Pierre de Fontaines' *Conseil á un ami* (entstanden von 1253 bis 1258), *Livres de Jostice et de Plet* aus der Gegend von Orléans (entstanden um 1259), *Établissements de St. Louis* (entstanden gegen 1270), *Coutumes de Beauvaisis* (entstanden zwischen 1280/83) des größten Rechtstechnikers und Sprachmeisters des mittelalterlichen Frankreichs, Philippe de Beaumanoir,[479] sowie praxisrelevante Werke

473 Vgl. *Klimrath*, Ètudes sur les coutumes (1837) 31–74.

474 *Gilissen*, La coutume 33–34.

475 *Gilissen*, La coutume 34.

476 Als *coutumier* wurden ebenso die Bewahrer der *coutumes* bezeichnet. Siehe dazu *Bühler*, Coutumes, in HRGdigital.

477 Dem Sachsenspiegel waren römische Einflüsse völlig fremd. Der Schwabenspiegel wies dagegen einige römische Elemente auf.

478 *Horn*, Die legistische Literatur der Kommentatorenzeit. Frankreich, in *Coing* (Hg.), Handbuch der Quellen und Literatur der neueren europäischen Privatrechtsgeschichte I (1973) 279.

479 *Mitteis*, ZRG GA 1943, 154.

aus späterer Zeit wie Jean Boutilliers *Somme rural* (entstanden vor 1401) und Jacques d'Ableiges' *Grand Coutumier de France* (entstanden vor 1401)[480].

b. Erbfolge nach dem droit coutumier

Die römische Indignitätslehre war dem französischen Gewohnheitsrecht ursprünglich fremd. Der Leitgedanke dieses Rechtsinstitutes – einem unwürdigen Erben aufgrund eines begangenen Vergehens den Nachlass als Strafe zu entziehen – entsprach nicht der französischen Rechtsanschauung. Der eben dargestellte Rechtsvorgang verstieß gegen die Form und die Grundausrichtung der Erbfolge nach dem *droit coutumier.* Diese Ausrichtung gab dem Indignitätsgedanken keine materielle Deckung, um ihm so eine vollständige Rezeption zu ermöglichen. Der hinterlassene Nachlass galt als unentziehbares Eigentum der Familie[481]. Dieser musste innerhalb des familiären Kreises bleiben und konnte ihn nicht verlassen. Die Entziehung der Erbschaft war deswegen aus gewohnheitsrechtlicher Sicht fast unvorstellbar. Das *droit coutumier* sah diesbezüglich drei unterschiedliche Rechtskonstruktionen, welche die Aufbewahrung des familiären Vermögens im Falle einer Erbfolge gewährleisten sollten, vor[482]. Zu diesen zählten *le système de la succession aux propres, la réserve coutumière* und *le retrait lignager*[483].

480 *Horn* in Coing 279.

481 *Lepointe,* Droit romain et ancien droit français (1958) 274.

482 *Glasson,* Le droit de succession au moyen âge (1893) 60.

483 *Le retrait lignager* (in *Coutume de Bretagne* auch als *presme* oder *prémesse* bezeichnet) stellte einen Rechtsmechanismus dar, mittels dessen man ein verkauftes Eigenvermögen durch Bezahlung des Kaufpreises und der eventuellen zusätzlichen Kosten zurück erwerben konnte. Dieses Recht stand denjenigen Verwandten des Erblassers (und zugleich des Verkäufers des Gegenstandes), die derselben Abstammungs- und Seitenlinie angehörten, zu. Die Kinder des Verkäufers konnten dieses Recht noch zu seinen Lebzeiten ausüben. Die übrigen Erben konnten dagegen erst nach dem Tod des Verkäufers von diesem Rechtsbehelf Gebrauch machen. Übten mehrere Verwandte dieses Recht aus, so wurde nach der *coutumes de Paris* jenem Erben ein Vorzug zugesprochen, der als erster den *retrait lignager* beantragt hatte. *Le retrait lignager* stellte einen Bestandteil familiärer Ausrichtung der Erbfolge nach dem *droit coutumier* dar. Da *le retrait lignager* jedoch aus indignitätsrechtlicher Sicht keine Rolle spielte, wird im Verlauf dieses Kapitels nicht weiter auf dieses Rechtsinstitut eingegangen. Siehe dazu *Gans,* Das Erbrecht des Mittelalters II (1835) 203.

c. *Güterabhängige Erbfolge* – le système de la succession aux propres

Das französische Gewohnheitsrecht gliederte das Vermögen des Verstorbenen in drei verschiedene Gattungen: *les propres*, *les biens meubles et acquis* und *les biens nobles*[484]. Diese Teilung war zugleich ein Ausdruck rechtlicher Vielfalt, die im mittelalterlichen Frankreich herrschte. Das Aufeinandertreffen einheimischer (i.S.d. germanischen Rechtstradition), römischer und feudaler Rechtssysteme ermöglichte die Etablierung verschiedener Rechtsgedanken[485]. Die güterabhängige Erbfolge stellte ein Ergebnis dieses Prozesses dar. Im Rahmen der Untersuchung der Ansätze des Indignitätsrechts im *ancien droit français* war die Erbfolge von *les propres* und *les bien meubles et acquis* von besonderer Bedeutung.

Als *les biens meubles et acquis* (auch *acquêts* genannt) bezeichnete das *ancien droit français* sowohl das bewegliche als auch das unbewegliche Vermögen des Erblassers, das von ihm erworben wurde. In der deutschsprachigen Fachliteratur wurden diese Güter als Errungenschaften bezeichnet[486]. Der aus diesen Gütern stammende Nachlass fiel zu gleichen Teilen und ohne Privilegien der Erstgeburt und der Männlichkeit an die nächststehenden Deszendenten des Erblassers. Im Falle des Fehlens legitimer Nachkommen rückten die Aszendenten als zweite Erbenklasse nach. Die Kollateralverwandten bildeten dagegen den dritten Typus und wurden erst beim Fehlen von Deszendenten und Aszendenten bevorzugt. Innerhalb der einzelnen Erbklassen entschied wiederum die Gradesnähe über den Zuspruch des Nachlasses. In diesem Sinne schloss ein näherer Verwandter einen entfernteren aus[487]. Diese Errungenschaften waren außerdem an keine rechtlichen Schranken gebunden und somit völlig der Entscheidungsfreiheit des Erblassers überlassen. Der Erblasser konnte daher im Rahmen einer letztwilligen Verfügung nach Belieben über diese Art des Vermögens disponieren.

Die *propres* stellten dagegen das unbewegliche Vermögen des Verstorbenen, welches dem familiären Besitz entstammte, dar. Man kann es als Eigenvermögen bezeichnen. Dieses konnte im Rahmen einer gesetzlichen Erbfolge oder einer rechtsgeschäftlichen Verfügung von Todes wegen nur auf legitimierte familiäre Angehörige übergehen[488]. *Grand Coutumier de France* definierte diesen

484 Als *les biens nobles* bezeichnete man in der französischen Rechtssprache das feudale Vermögen. Für die Vererbung dieses Vermögenstypus sah das französische Recht eine eigene Erbfolge vor. Siehe dazu *Lepointe*, Ancien droit français 285–293.

485 *Glasson*, Le droit de succession 10.

486 Vgl. *Gans*, Das Erbrecht des Mittelalters 173.

487 *Glasson*, Le droit de succession 9–13; Siehe dazu *Lepointe*, Droit romain 280–281.

488 *Dupin*, Œuvres de Pothier content les traités du droit français (1825) 649.

Vermögenstypus folgendermaßen: *Le propre héritage, est l'immeuble venu au de cujus par prochaineté de lignage*[489]. *Beaumanoir* sprach von *un propre naissant*[490] – einer Sache, die aufgrund der legitimen Geburt erworben wurde. Er schloss sowohl Errungenschaften als auch unbewegliches Vermögen, das aufgrund einer vertraglichen Zuwendung oder einer ehelichen Sukzession erworben wurde, von dieser Vermögensart aus[491].

Die Erbfolge der *propres* galt als erste Schutzmaßnahme gegen den Verlust des familiären Vermögens. Ihre dogmatische Ausrichtung wurde durch zwei aus dem feudalen Recht[492] stammende Maximen geprägt: *propres ne remontent* (lateinische Variante *feuda non ascendunt*) und *paterna paternis, materna maternis*. Um den Bestand dieser Güter innerhalb des Familienkreises zu gewährleisten, konnten sie nur von den Deszendenten des Verstorbenen vererbt werden. Aszendenten und Kollateralverwandte wurden bei dem Vorhandensein von Deszendenten komplett von der Erbfolge ausgeschlossen. Die Gradesnähe spielte dabei keine Rolle. Ein Urenkel konnte z.B. den Vater des Erblassers erfolgreich von der Sukzession verdrängen[493] (*propres ne remontent*).

Starb der Erblasser ohne legitimierte Nachkommen, so kam in diesem Fall die zweite Maxime zur Anwendung. Im Falle des Fehlens von Deszendenten kehrten die *propres* zu ihrem ursprünglichen familiären Kreis zurück. Bei dieser Vorgehensweise wurden im Rahmen der gesetzlichen Erbfolge die Güter ihrer Abstammung nach zwischen der väterlichen und der mütterlichen Verwandtschaftsseite

---

489 *Laboulaye/Dareste*, Le Grand Coutumier de France. Nouvelle Èdition (1968) 208.

490 Coutumes de Beauvoisis, Chapitre XIV, § 31 : *Chascuns doit savoir que quiconques acquiert écritages, s test comme l'acqueste vint à ses oirs, ce devient leur propres écritages, puis que l'acqueste descent un seul degré [...]*. Text nach *Beugnots* Ausgabe: Les Coutumes de Beauvoisis I (1842) 243–244.

491 *Glasson*, Le droit de succession 62.

492 Trotz vieler Elemente des Feudalrechts liegt die genaue Herkunft dieser güterabhängigen Erbfolge in den germanischen Volksrechten (*leges barbarorum*). Bereits die *Lex Salica* ging von einer Gütertrennung im Bereich der Erbfolge aus. Sie unterschied in diesem Zusammenhang zwischen ländlichem Grundbesitz und übrigen Gütern. Diese Art der Gütertrennung setzte sich ebenso in der Erbfolge nach feudalem Recht durch. Ein Lehnsgut, ein vom Lehnherrn überlassenes Grundstück, konnte nur vom Vasallen und seinen Deszendenten vererbt werden. Siehe dazu *Glasson*, Le droit de la succession 61.

493 Coutumes de Beauvoisis, Chapitre XIV, § 22 : *Aucun ont doute que puis que li héritages est partis du père ou de le mère et venus à lor enfans par don ou par lor otroi ou par aucune manière, qu'ilne puist puis revenir au père ne à le mère, mais si fet [...]*. *Beugnot*, Les Coutumes de Beauvoisis I 236.

vererbt (*paterna paternis, materna maternis*)[494]. Die Ausführung dieses Prinzips verlief von *coutumes* zu *coutumes* unterschiedlich. Grundsätzlich bildeten sich zwei mögliche Systeme heraus: *les coutumes souchères* und *les coutumes de simple côté*. Das erste System war ein wenig kompliziert. Es bevorzugte Verwandte des Ersteigentümers des betroffenen unbeweglichen Erbvermögens (*propres*). Man musste vom Ersterwerber abstammen, um dieses Erbgut zu erwerben[495]. Im Falle des Fehlens einer solchen Person wurde dieses Vermögen nach den Regeln der Erbfolge von *acquêts* vererbt[496]. *Beaumanoir* und die meisten großen *coutumes* folgten dem zweiten Schema. *La coutume de simple côté* forderte diese Eigenschaft nicht. Sie sprach die *propres* dem nächsten Verwandten jener Seite, von welcher das Gut selbst abstammte, zu. Dieses System wurde endgültig durch das gemeine französische Recht (*droit commun de la France*) übernommen[497].

d. La réserve coutumière

Die zweite Schutzmaßnahme hieß *réserve coutumière*. Dieses Rechtsgebilde des französischen Gewohnheitsrechts stellte einen unausweichlichen und unwiderruflichen Teil des familiären Eigenvermögens (*les propres*), der nur von legitimierten Erben des Verstorbenen erworben werden konnte, dar. Die *réserve* sollte den Fortbestand des familiären Eigentums gewährleisten, indem man es vor Veräußerung oder testamentarischer Willkür des Erblassers schützte. Der Erblasser konnte im Rahmen einer privatrechtlichen Verfügung von Todeswegen nur über einen bestimmten Teil des Eigenvermögens nach seinem Belieben verfügen[498]. Ganz im Gegensatz zur Erbfolge von *acquêts*, die in dieser Hinsicht an keine rechtlichen Schranken gebunden war, schränkte die *réserve* die Entscheidungsfreiheit des Erblassers ein.

Die Höhe dieses Anteils wurde in den einzelnen *coutumes* verschieden gestaltet. Sie variierte zwischen vier Fünfteln, einem Drittel, zwei Dritteln oder sogar der Hälfte der *propres*[499]. Die meisten *coutumes* folgten der Lösung von Paris und

---

494 *Glasson*, Le droit de succession 63–64. Siehe auch *Lepointe*, Droit romain 282–284.

495 *Glasson*, Le droit de succession 63–64.

496 *Gans*, Das Erbrecht des Mittelalters 189.

497 *Glasson*, Le droit de succession 65.

498 *Glasson*, Le droit de succession 151–152.

499 Innerhalb der einzelnen *Coutumes* unterschied man sogar zwischen feudalen und anderen *propres*. Auch innerhalb dieser Unterscheidung bildeten sich verschiedene Quoten der *réserve* heraus. So konnte der Testator z.B. über ein Fünftel des Lehnsgutes und über die Hälfte, ein Drittel oder ein Viertel des übrigen Vermögens frei verfügen. Vgl. *Dupin*, Œuvres de Pothier 329.

Orléans und erlaubten dem Erblasser, neben *les meubles et acquêts*, nur über ein Fünftel der *propres* testamentarisch verfügen zu können[500]. Was mit Argumentum e Contrario zum Ausdruck bringt, dass den legitimierten Erben ein Teil von vier Fünfteln der *propres* zustand[501]. Die französische Rechtssprache des *Ancien Régime* fasste diesen Grundsatz folgendermaßen zusammen: *Peut tester de ses meubles et acquêts et quint des propres, et non plus avant*[502]. Eine vom Erblasser errichtete letztwillige Verfügung verlor ihre Gültigkeit, sobald sie das Fünftel des Eigenvermögens überschritten hatte.

Die *réserve* stand den Angehörigen dieser Abstammungs- und Seitenlinie, aus welcher das Erbgut selbst stammte, zu. Im Falle des Fehlens berechtigter Personen fiel die *réserve* weg und die Erbschaft konnte von übrigen Verwandten wie *les biens ordinaires* vererbt werden. Dieser Umstand betont zugleich ein wichtiges Merkmal dieses Rechtsinstitutes. Der Anspruch auf die *réserve* hing von der Zugehörigkeit zu bestimmten Abstammungs- und Seitenlinien ab. Eine erst aufgrund dieser Kriterien festgestellte Erbenqualität ermöglichte den Erhalt dieses Anteils[503]. Ein Kind hatte in dieser Hinsicht einen Anspruch auf vier Fünftel der *propres* – sowohl von der mütterlichen als auch von der väterlichen Seite. Dem Vater des Erblassers (einem Aszendenten der väterlichen Seite) stand die *réserve* aus der gesetzlichen Erbfolge der Ehefrau seines verstorbenen Sohnes nicht zu. Dieser Teil der *réserve* entstammte einer anderen Abstammungslinie.

Dieser Umstand stellte auch den wichtigsten Unterschied zur römischen *portio legitima* dar. Die *réserve* fiel nur gesetzlichen Erben einer bestimmten Abstammungs- und Seitenlinie zu. Sie umfasste nur das Eigenvermögen (*propres*) und sollte seine Aufbewahrung in der Familie gewährleisten. Die *portio legitima*, die komplett aus dem römischem Recht übernommen wurde, fiel an nahestehende Verwandte des Verstorbenen, die aufgrund der Gradesnähe bestimmt wurden. Sie folgte dabei dem justinianischen Schema und ließ die Relevanz der Abstammung aus einer bestimmten Seitenlinie außer Acht. Außerdem erfasste sie das

---

500 Auch Beaumanoir folgte diesem Schema und erlaubte dem Erblasser nur über ein Fünftel der *propres* frei zu entscheiden: *Çascuns gentixhons ou hons de poeste, qui n'est pas sers a, pot, par nostre coustume, laissier en son testament ses muebles, ses conques et le quint de son héritage,là u il li plest, exeptés ses enfans as quix il ne pot plus laissier à l'un qu'à l'autre. Mais li sers ne pot lessier en son testament plus grant somme ' que cinq saus. (Coutumes de Beauvaisis, cap. XII, § 3.* Siehe dazu *Beugnot*, Les Coutumes de Beauvoisis 180).

501 *Dupin*, Œuvres de Pothier 329.

502 *Dupin*, Œuvres de Pothier 337.

503 *Dupin*, Œuvres de Pothier 332.

ganze Vermögen des Verstorbenen. Nach damaliger französischer Rechtslage zählten zur *legitima* sowohl *les biens meubles et acquêts* als auch *les propres*. Im Gegensatz zur *réserve* stellte vor allem die Gewährung eines Unterhalts ihre *ratio legis* dar[504].

Ein romanistisch interessierter Jurist wird bei der Frage nach dem Ursprung dieses Anteils wahrscheinlich auf die römische *lex Falicida* verweisen. Aufgrund dieses Rechts war der Erblasser zur Überlassung eines Viertels seines Nachlasses (des sog. falzidischen Viertels) gegenüber seinen legitimierten Nachkommen verpflichtet. Im Falle der Nichteinhaltung dieser Obliegenheit, indem der Erblasser mittels letztwilligen Verfügungen von Todeswegen (wie Testamenten, Vermächtnissen oder Schenkungen) sein Vermögen verschenkte, wurden diese Verfügungen entsprechend gekürzt. Auch in diesem Fall wurde die testamentarische Entscheidungsfreiheit durch den römischen Gesetzgeber beschränkt. Im Gegensatz zur französischen *réserve* umfasste die *lex Falcida* den ganzen Nachlass des Verstorbenen. Sie unterschied ebenso nicht zwischen erworbenem und eigenem Vermögen. Der Ursprung der *réserve coutumiere* müsste daher entweder in der germanischen Rechtstradition oder im feudalen Rechtssystem liegen. Die fränkischen *leges barbarorum* gingen zwar von einer familiären Miteigentümerschaft aus und bestimmten den Verbleib des Nachlasses innerhalb der legitimierten Nachkommen des Verstorbenen. Sie bestimmten jedoch keinen unwiderruflichen Teil des Nachlasses, der einem bestimmten Erben (meistens einem Deszendenten) zugesprochen wurde – ebenso sah das kanonische Recht keinen familiär gebundenen Erbteil vor. Dies müsste heißen, dass das Feudalrecht ein Vorbild der *réserve* war. Eine solche Meinung wurde von *Glasson* vertreten. Die französische *réserve* sei laut ihm eine analoge Übernahme der feudalen Quote gewesen[505]. Ein Vasall konnte sowohl über sein Lehnsgut als auch über zwei Drittel des Eigenvermögens nicht frei disponieren. Diese mussten legitimierten Nachkommen zufallen.

e. Indignitätsgedanke in den französischen Rechtsspiegeln

Eine aus erbrechtlicher Sicht so ausgerichtete Vermögensteilung gab der römischen Indignitätslehre kein dogmatisches Fundament, um ihr so eine Anwendung in der Rechtspraxis zu ermöglichen. Das *droit coutumier* schaffte es aus eigener Rechtsüberzeugung nicht, ein eigenes Indignitätsrecht zu entwickeln. Ein Entzug eines von der Rechtsordnung zugesprochenen familiären

504 *Glasson*, Le droit de succession 154.
505 *Glasson*, Le droit de succession 152.

Erbvermögens war mit den französischen *coutumes* und dem Rechtsverständnis der französischen Bevölkerung unvereinbar. Diese Feststellung lässt sich in den Rechtsspiegeln (*coutumiers*) des 13. und 14. Jh. wiederfinden. Eine vollständige Indignitätslehre ist in diesen privaten Rechtsaufzeichnungswerken nicht zu finden. Diese war weder in schriftlicher Form noch im Rechtsbewusstsein der Rechtsuntertanen vorhanden. Die Indignität brauchte daher in diesem Fall einen starken externen Impuls, um ihren Leitgedanken in der Rechtsanschauung der französischen Bevölkerung zu etablieren. Ein solcher geistiger Anstoß konnte im damaligen Zeitraum nur vom römischen Recht ausgehen. Eine derartige Vorgehensweise lässt sich in den stark romanisierten *coutumiers* (wie *Conseil á un ami* oder *Somme rural*) feststellen. Ihre Autoren übernahmen in vielen Fällen römische Rechtsbestimmungen und begründeten sie mit entsprechenden Passagen des *Corpus Iuris Civilis*.

Im Bereich des Indignitätsrechts verlief dieser Prozess aus dogmatischer Sicht meistens unvollständig. Der Indignitätsgedanke wurde entweder ohne sachlichen Zusammenhang mit seinem römischen Vorbild oder als Mischung einheimischer und gelehrter Rechtselemente überliefert. Als exzellente Beispiele einer solchen Vorgehensweise gelten Jean Boutilliers *Somme rural* und Philippe de Fontaines' *Conseil à un ami*.

Einen Ansatz der Indignitätslehre kann man im 73. Titel des ersten Buches von *Somme rural* feststellen. Dieser regelte den Verlauf der Erbfolge im Falle der Ermordung des Erblassers (*De succession d'homme occis ou meurdry*):

> *Somme rural, Tiltre LXXVIII*
> *[…] Item & s'il aduenoit que aucun fust occis ou meurdry à recele : scachez que parle droict ecrit sa succession ne doit pas venir à l'hoir de luy demeuré, s'ainsi n'est que celuy hoir face grande & pleine diligence à loy, de scavoir qui ce meurdre ou homicide a faict […] ou autrement il sembleroit que l'hoir eust éste consenant de la mort. Et s'ainsi ne fait l'hoir, le seigneur à cause demettre la mein en ladite succession, comme à chose estraiere*[506].

Ein Erbe des Getöteten oder des Ermordeten kann die Erbschaft nur dann antreten, wenn er nach den Grundsätzen des geschriebenen Rechts versucht hat, den Mord zu erforschen und den Mörder zu bestrafen. Andernfalls erweckt die Untätigkeit des Erben den Anschein, dass er mit dem Mord seines Verwandten einverstanden ist. Im Falle seiner Untätigkeit tritt der Lehnsherr, der diese Erbschaft wie ein vakantes Gut erwarb, an seine Stelle.

---

506 Text nach *Le Carons* Ausgabe : Le Grand Coustumier et practique du droit civil et canon observé en France (1621) 454.

Die von *Boutillier* verfasste Bestimmung stellte eine unvollständige Rezeption des Indignitätstatbestandes des Senatsbeschlusses *SC. Silanianum* dar. Ein Erbe, der die Ermordung des Erblassers nicht erforscht hatte, konnte die Erbschaft nicht erwerben. Mit seiner Untätigkeit gab der Erbe zum Ausdruck, dass er mit diesem Mord einverstanden war. Höchst interessant erscheint m.E. der letzte Satz dieser Bestimmung. Dieser enthält eine Übernahme des römischen Ereptionsrechts. Im Falle der Untätigkeit des Erben erwarb ein zuständiger Lehnsherr (*seigneur*) die entzogene Erbschaft wie ein vakantes Erbgut (*chose estraiere*[507]). Boutillier gab ausdrücklich zu, dass diese Regelung dem römischen Recht entnommen wurde: *[…] scachez que parle droict ecrit sa succession de doit pas venir à l'hoir de luy demeuré […].*

Eine ähnliche Vorgehensweise und eine äquivalente Einführung des Indignitätsgedankens in das Erbfolgesystem des *droit coutumier* ist in *Conseil à un ami* zu sehen. In seinem Werk behandelte *de Fontaines* aus indignitätsrechtlicher Sicht die Rechtsfolgen einer Testamentsanfechtung als pflichtwidrig (*de inofficioso testamento*).

Le Conseil à un ami, Chapitre XXXIII,§ 17	*Ulp. 14 ed. D. 5.2.8.14*
Il covient, ce dit la lois, que l'en « ait en mémoire que cil qui dit venqui pas le plet, « doit perdre ce qu'il a de cel testament, et la borse l'empereor le doit avoir; voirs est que l'en li « doit tolir ce que li fu lessié en tel testament, quant il maintint à tort le plet, jusque à tant que li « juges ot doné jugement ; et se il leisse le plet « ainz que sentence soit donée, ce que li fu doné ne « li ert pas tolu : et por ce, s'il ne vient pas à jor « et sentence est donée por celui qui est présenz « l'en peut dire que l'en « a recez. § Aucuns doit perdre ce sanz plus de « quoi li prez apertient à lui[508]	Meminisse autem oportebit eum, qui testamentum inofficiosum improbe dixit et non optinuit, id quod in testamento accepit perdere et id fisco vindicari quasi indigno ablatum. Sed ei demum aufertur quod testamento datum est, qui usque ad sententiam iudicum lite improba perseveraverit: ceterum si ante sententiam destitit vel decessit, non ei aufertur quod datum est: proinde et si absente eo secundum praesentem pronuntietur, potest dici conservandum ei quod accepit. Eo autem solo carere quis debet, cuius emolumentum ad eum pertinet: ceterum si id rogatus fuit restituere, non debet iniuria fieri. unde non male Papinianus libro secundo responsorum refert, si heres fuit institutus et rogatus restituere hereditatem, deinde in querella inofficiosi non optinuit, id quod iure Falcidiae potuit habere solum perdere.

507 Siehe dazu das Wort *estrahier* in *Godefroy*, Dictionnaire de l'ancienne langue française et de tous ses dialectes du IX au XV siècle III (1982) 636.

508 Text nach *Marniers* Ausgabe : Le Conseil de Pierre de Fontaines ou traité de l'ancienne jurisprudence française (1846) 387.

Auch in diesem Fall kam es zur Übernahme einer indignitätsrechtlichen Bestimmung des römischen Rechts. Im Gegensatz zu *Somme rural* übernahm *de Fontaines* nicht nur den dogmatischen Inhalt einer römischen Regelung, sondern auch ihre originäre Wortwahl. Die Testamentsanfechtung wegen Pflichtwidrigkeit entstammte dem 14. Buch Ulpians Kommentarediktes, das im 5. Buch der Digesten (D. 5.2.8.14) niedergeschrieben wurde. Ein Erbe, der behauptete, dass ein Testament pflichtwidrig war und damit gegen das geltende Recht verstieß, verlor all das, was ihm in diesem Testament hinterlassen wurde. *De Fontaines* übernahm sogar das Ereptionsrecht des Fiskus: *[…] et la borse l'empereor le doit avoir (et id fisco vindicari)*[509]. Im Vergleich zu *Boutillier* behandelte *de Fontaines* diese Problematik viel ausführlicher. Er stellte nicht nur den Verlust der Erbschaft fest, sondern ging auch auf die Nebenauswirkungen der festgestellten Unwürdigkeit ein. Der Rechtsgelehrte bearbeitete sowohl formelle Voraussetzungen der Klageführung (wie die Rückgabe eines Vermächtnisses vor Klageeinbringung oder die Reihenfolge der Klageprüfung innerhalb der Verwandten durch den entscheidenden Richter[510]) als auch Auswirkungen der Testamentsanfechtung auf andere Rechtsinstitute (wie auf den zivilrechtlichen Bestand einer Schenkung von Todeswegen im Falle einer gerichtlich festgestellten Pflichtwidrigkeit eines Testaments[511]).

Boutillier und *de Fontaines* gaben die behandelten Tatbestände in ihren Rechtsaufzeichnungen ohne den sachlichen Zusammenhang mit der römischen Indignitätslehre wieder. Man muss in dieser Hinsicht betonen, dass diese Fälle nicht als Teil des Indignitätsrechts überliefert wurden. Sie stellten aus dogmatischer Sicht meistens „Ausschlussbestimmungen von der Erbfolge", die einem strafbar bzw. sittenwidrig handelnden Erben eine Teilhabe am Nachlass verweigerten,

509 *Marnier,* Le Conseil de Pierre de Fontaines 387.

510 Conseil à un ami, Chapitre XXXIII, § 18–19. Siehe dazu *Marnier,* Le Conseil de Pierre de Fontaines 388–389.

511 Conseil à un ami, Chapitre XXXIII, § 19. Siehe dazu *Marnier,* Le Conseil de Pierre de Fontaines 388.

dar. Diese Fälle wurden quasi von ihrer ursprünglichen dogmatischen Hauptmaterie losgelöst. Die von *de Fontaines* und *Boutillier* angebotenen Lösungen stellten auch keine gewonnene Erkenntnis der eigenen gewohnheitsrechtlichen Rechtsüberzeugung dar. Sie waren lediglich vollständige Reproduktionen der römischrechtlichen Bestimmungen.

Die Indignität setzte sich letztendlich sogar mit Hilfe der Strömungen des gelehrten Rechts nicht in der französischen Rechtsanschauung des mittleren Mittelalters durch. Man kann vermuten, dass die *indignitas* in Südfrankreich aufgrund ihres engen Verhältnisses zum römischen Recht ein bekannter Begriff war – ob sie jedoch eine relevante Rolle in der Rechtspraxis spielte, bleibt ungewiss. Aufgrund fehlender Quellen und praxisnaher Überlieferungen kann man diese Frage nicht eindeutig beantworten. Diese Ablehnung der Indignität kann man auf der einen Seite mit den starken Einflüssen des feudalen und germanischen Rechts argumentieren, die vor allem im Bereich des Erbrechts und der Erbfolge präsent waren. Auf der anderen Seite wurde bereits ein anderes erbrechtliches Institut des römischen Rechts rezipiert, das aus laienhafter bzw. vulgarer Sicht teilweise eine ähnliche und in manchen Fällen sogar die gleiche Rolle erfüllte – nämlich das Rechtsinstitut der Enterbung.

Die Enterbung könnte m.E. einen verhinderten Einfluss auf die Rezeption der Indignität gehabt haben. Diese beiden Rechtsinstrumente verursachten auf den ersten Blick ähnliche Rechtsfolgen. Sie schlossen einen bestimmten Erben von der Erbfolge aus. Obwohl diese Institute aus römischrechtlicher Sicht streng voneinander unterschieden wurden, konnte die rezipierte Enterbung in einem gewissen Umfang zugleich die Rolle der Indignität übernehmen[512].

Eine interessante Lösung bot in diesem Zusammenhang *Beaumanoir* an. In seinem Landrecht modifizierte er auf eigene Weise Enterbungsregeln, indem er römische Elemente mit einheimischen verband. *Beaumanoir*, der nicht immer mit den Inhalten des römischen Rechts einverstanden war, lehnte die fix vorgeschriebenen justinianischen Gründe und den Umfang der Enterbung ab. Das einheimische Element ist anhand der Festhaltung an der *réserve coutumiere* zu sehen. Die Ausschlussregelungen wurden als Negativbestimmungen in Bezug auf die Testierfreiheit des Erblassers niedergeschrieben[513]. Der Erblasser konnte

---

512 *De Capèle*, De L'Indignité en matière de succession en droit romain et en droit français (1866) 78.

513 *Coutumes de Beauvaisis, Capitres XII, § 17.*

Nous avons dit, en cest capitre meismes, que çascuns pot laissier en son testament le quint de son heritage et ses meubles et ses conquès. Neporquant, se li remanas de son heritage n'est pas si grans qu'il soufisse à le soustenance de ses enfans, et li meuble et li catel

beim Enterbungsvorgang die von der *réserve coutumier* aufgestellten Grenzen nicht überschreiten. Er konnte dem Enterbten nur seine Errungenschaften und ein Fünftel seines Eigenvermögens im Rahmen der Enterbung entziehen.

> *Coutumes de Beauvaisis, Capitre XII, § 17*
> *Et se je le voil oster de mon testament, je doi dire en mon testament: « Je ne voil pas que tix «ou tele, qui est mes hoirs, prengne riens en mes « muebles, en mes conques ne el quint de mon hérite tage; car il m'a meffet en tele manière que je croi « mix fere le porfit de m'ame à autre persone qu'à li.*[514]
>
> Wenn ich ihn in meinem Testament enterben will, dann schreibe ich in meinem Testament Folgendes: „Ich will nicht, dass dieser, der mein Erbe ist, an meinen Güter Teilhabe hat, denn er hat gegenüber mir ein Fehlverhalten begangen".

Das römische Element ist dagegen in der Auswahl der Enterbungsgründe zu sehen. Zwar zählte *Beaumanoir* keine taxativen und verbindlichen Enterbungsgründe auf, er blieb jedoch mit seiner Regelausgestaltung nicht weit vom justinianischen Schema entfernt:

> *Coutumes de Beauvaisis, Capitre XII § 17*
> *Li secons cas en coi nul restors ne doit estre fes as hoirs, si est, s'il fet mention el testament que li hoir li aient meffet, parquoi il ne lor vaut riens laisser el testament ; car se je voi mon fils, me fille ou me mere, ou cele qui doit estre mes oirs, mener si deshoneste vie que ce soit escanlles à son linage, je ai bone reson de li oster de mon testament. Et li escanlles, si est des pechiés de cors, d'aus vilainnement et honteusement demener, ou de mariege desavenant, fet pas eles contre me voulenté ; ou de si fole larguece c'on voie que che qui vient en lor main est perdu. Et male cose seroit s'il me convenoit laissier en mon testament à me fille ou à me mere qui serion mariée à mon anemi.*[515]
>
> Den zweiten Fall, der mir die Enterbung meiner Erben ermöglichte, bildet ein von meinen Erben begangenes Fehlverhalten. Sobald ich es feststellen kann, dass mein Sohn, meine Tochter, meine Mutter oder derjenige, der mein Erbe sein sollte, ein schändliches Leben führt, habe ich legitime Gründe, um diese Person in meinem Testament zu enterben. Skandale, begangene Sünden, schändliches Leben, Heirat ohne väterliche Bewilligung oder Trennung von der Familie geben mir das Recht, diese Person zu enterben. Ein schändliches Verhalten stellt ebenso die Heirat meiner Tochter oder meiner Mutter mit meinem Feind dar.

---

sont grant, et il n'en laisse nul à ses enfans, ançois les laisse toz à estranges persones : noz ne nous acordons pas que tex testmens soit tenus, ançois doit estre retret du testament, tant que li hoir puissent resnablement vivre et avoir lor soustenance selon lor estat, exepté deus cas […] Mais voirs est que des quatre part de mon heritage ne puis je pas oster à mes hoirs ce que coustume et drois donne, ne por nuls des cas dessus dis. Text nach *Beugnots* Ausgabe : Les Coutumes de Beauvoisis 187–188.

514 *Beugnot,* Les Coutumes de Beauvoisis 188.

515 *Beugnot,* Les Coutumes de Beauvoisis 187–188.

Ausschlaggebend für den Ausspruch der Enterbung war laut *Beaumanoir* die vom Erben begangene Untat (*meffet, méfait*). Diese Untat wurde jedoch nicht konkret bestimmt. *Beaumanoir* nannte lediglich ausschlaggebende Beispiele (wie die Begehung eines gegen den Testator gerichteten Verbrechens, eine unanständige Lebensführung, Verschwendungssucht, die Heirat eines Kindes ohne die Zustimmung des Elternteiles, die Eingehung einer Ehe seitens der Tochter oder der Mutter mit dem Feind des Erblassers, die Unterlassung von Hilfeleistung gegenüber einem in der Not lebenden Testator oder körperliche Gewaltakte[516]), welche die Ausübung dieses Rechts rechtfertigen konnten. Die Auswahl dieser Beispiele entstammt vollständig dem römischen Recht. Ob ein konkreter Fall als enterbungswürdig galt, wurde der Entscheidungsfreiheit des Erblassers überlassen.

Die Enterbungsregeln der *Coutumes de Beauvaisis* stellen m.E. ein perfektes Beispiel einer Anpassung bzw. Modifikation eines rezipierten Rechtsinstitutes an die eigene Rechtsauffassung dar. *Beaumanoir* blieb in dieser Hinsicht jedoch ganz alleine. Die übrigen Verfasser, wie *de Fontaines* oder *Boutillier*, folgten in dieser Rechtsmaterie vollständig dem römischen Recht. Sowohl der Umfang der Enterbung als auch die Auswahl der maßgeblichen Gründe entstammten der justinianischen Enterbungslehre[517].

2. Indignitätslehre nach dem *droit commun français*

a. *Geschichtliche Einführung: Rezeption des römischen Rechts auf französischem Boden und die Rolle der* rédaction des coutumes

Die bereits dargestellte Rechtslage des französischen Gewohnheitsrechts ermöglicht es, in Bezug auf das Indignitätsrecht folgende Hypothese aufzustellen: Die Indignitätslehre war nach derartiger Rechtsauffassung nicht in der Lage, von sich selbst aus das Licht der französischen Rechtspraxis zu erblicken. Die inhaltlichen Erkenntnisse der *coutumes* erwiesen sich im Bereich des Indignitätsrechts in der ersten Entwicklungsperiode des *ancien droit français* (bis zur öffentlichen Rechtsaufzeichnung der *coutumes*) als nicht ausreichend, um die Etablierung der Indignität entweder kraft des eigenen Rechtsverständnisses oder kraft vorhandener Einflüsse des römischen Rechts zu bewerkstelligen. Der Austausch mit dem

516 *Encore y a il autre reson parquoi je puis oster mes oirs de mon testament, … ou se je fui aucune fois povres et il estoient rique et lor requis qu'il m'aidassent et il me faillirent ; ou s'il mirent main à mi par mal talent : de toz tex cas les puis je oster de mon testament […]. Beugnot,* Les Coutumes de Beauvoisis 188.

517 *Glasson*, Le droit de succession 158.

gelehrten Recht musste daher noch intensiver werden, um so das Eindringen der Indignität in die Rechtspraxis zu ermöglichen.

Zu einem solchen Austausch kam es durch die Rezeption des römischen Rechts, welche die Rechtsbildung und -auslegung im europäischen Rechtsraum für die folgenden Jahrhunderte geprägt und weiterentwickelt hat. Dieser Prozess verlief auf französischem Rechtsboden jedoch in viel kleinerem Ausmaß als in anderen europäischen Ländern. Zu einer vollständigen Übernahme eines fremden Rechts, wie es in Deutschland der Fall war (Rezeption *in complexu*), kam es nicht. Das französische Königreich, welches durchaus ein abgeneigtes Verhältnis zum römischen Recht entwickelt hatte, kann man bezüglich der Auswirkungen der Rezeption auf das einheimische Rechtssystem in der Mitte zwischen England und Deutschland platzieren.

Diese teilweise ablehnende Haltung gegenüber dem römischen Recht wurde m.E. durch zwei Faktoren, einen äußeren und einen inneren, verschuldet. Der äußere Umstand bezieht sich auf die mittelalterliche Betrachtungsweise und die Publizität des römischen Rechts. Dieses wurde stark mit dem deutschen Kaiserreich in Verbindung gebracht. Die deutschen Kaiser sahen sich als legitimierte Nachfolger Justinians und sein Reich als Fortsetzung des römischen Imperiums[518]. Daraus ergab sich von selbst, dass das römische Recht als Rechtsordnung des *Imperium Romanum* ein rechtmäßig beanspruchtes Erbe des deutschen Kaisertums war. Das römische Recht galt daher als kaiserliches und erhob Anspruch auf Geltung in anderen westeuropäischen Ländern[519]. Diese Ansicht stieß auf die Opposition anderer westeuropäischer Königreiche, die nicht damit einverstanden waren, sich dem kaiserlichen Recht zu unterwerfen[520]. Diese

518 Die Idee, dass das römische Imperium niemals untergegangen sei und es als abendländisches und christliches Imperium weitergelebt habe, wurde auch seitens der Glossatoren aufgegriffen und für ihre Zwecke, nämlich der Ausbreitung der römischen Rechtslehre, verwendet und propagiert. Das Kaiserrecht hätte daher das römische Recht gewesen sein müssen. Dieser Umstand führte dazu, dass aus Glossatoren enge Verbündete der deutschen Kaiser wurden. In dieser Hinsicht konnten die Glossatoren auf kaiserliche Privilegien zählen, sobald sie den deutschen Herrschern rechtliche Hilfe geleistet hatten, wie eine legistische Begründung der kaiserlichen Machtbefugnisse unter Heranziehung der Fragmente des *Corpus Iuris Civilis* zeigt. Ein Beispiel eines solchen Privilegs stellt ein im Jahre 1158 von Friedrich I. Barbarossa erteiltes Scholarenprivileg (*authentica habita*), aufgrund dessen die Universität in Bologna eine gewisse Autonomie erhielt, dar. Siehe dazu *Koschaker*, Europa und das Römische Recht 70–73.

519 *Koschaker*, Europa und das Römische Recht 70.

520 *Koschaker*, Europa und das Römische Recht 75.

Wiederstände wurden im französischen Reich immer stärker und stammten unmittelbar aus dem königlichen Kreis. Man wollte durch die Übernahme des römischen Rechts seine eigene Souveränität nicht gefährden. Einen ersten Schritt in dieser Entwicklung machte Papst Honorius III. im Jahr 1219 mit der Veröffentlichung seiner Dekretale *Super speculam*[521]. Diese auf die Initiative des französischen Königs ergangene päpstliche Entscheidung verbot unter der Strafe der Exkommunikation das Studium des römischen Rechts an der Pariser Universität[522]. Der innere Faktor der abgeneigten Haltung lag im eigenen Rechtssystem. Das Vorhandensein eines eigenen Rechts und dazu einer zentralen Jurisdiktionsgewalt boten der eigenen Rechtstradition entscheidende Hilfe, um den Überlebenskampf mit dem römischen Recht nicht zu verlieren.

Nichtsdestotrotz konnte die französische Rechtswissenschaft nicht komplett auf die geistige Ausstrahlungskraft des gelehrten Rechts verzichten. Dieses bot Lösungen, die für die weitere eigene Rechtsentwicklung unerlässlich waren. Es trieb nicht nur die Fortbildung des *droit coutumier* an, sondern stellte auch die nötigen Rahmen dazu zur Verfügung. Das römische Recht diente den französischen Königen außerdem zur Begründung ihrer Herrschaftsrechte. Ihre Unabhängigkeit und absolute Macht wurden mittels der Regel *rex Franciae est imperator in regno suo* begründet. Der französische König galt als partikulärer Imperator – ein Herrscher im eigenen Machtbereich. Die französischen Legisten trugen in diesem Zusammenhang alle rezipierten Bestimmungen des *Corpus*

521 Für die vollständige Textausgabe des gegenständlichen päpstlichen Dekrets siehe *Fournier*, L'église et le Droit Romain, in Nouvelle revue historique de droit français et étranger (1890) 115. Die Auszüge dieser Entscheidung wurden außerdem in das *Corpus Iuris Canonici* (c. 28 X. de priv. 5,33) aufgenommen. Mehr dazu siehe *Mitteis*, ZRG GA 1943, 159 Anm. 72.

522 Nach der Untersagung der Lehre des römischen Rechts an der Pariser Universität erlangte die Universität in Orléans innerhalb des französischen Königreiches eine Hegemonie in der wissenschaftlichen Bearbeitung der römischen Rechtskunde. Diese von Anfang an unter dem Einfluss der italienischen Rechtswissenschaft stehende akademische Bildungsstätte galt im französischen Königreich als Basis der Legistik der *ultramontani*. Sie diente als wichtiger Ausbildungsort für die Verwaltungselite hoher kirchlicher Ämter und Mitglieder der *curia regis*. Die Universität in Orléans war wesentlich an der Entstehung der Rechtsschulen in Toulouse (etwa ab 1289) und Montpellier (etwa ab 1290) beteiligt. In Orléans wurden außerdem die zwei berühmtesten französischen Rechtsgelehrten des *mos italicus*, Jacques de Révigny und Pierre de Belleperche, ausgebildet. Vgl. *Horn* in Coing 277–278. Siehe außerdem *Mitteis*, ZRG GA 1943, 159.

Iuris Civilis, die dem römischen Kaiser absolute Macht gewährten, auf den französischen Herrscher über[523].

Trotz dieses abgeneigten Verhältnisses spielte die römische Rechtskultur eine wichtige Rolle in der Bildung des gemeinen französischen Privatrechts (*droit commun français*). Diese Rolle ist vor allem im Zuge der *rédaction des coutumes* zu sehen. Diese stellte eine von König Karl VII. mittels der Ordonnanz von Motilz-les-Tours aus dem Jahr 1454 angeordnete öffentliche Aufzeichnung lokal herrschender *coutumes* (Gewohnheiten) dar. Dieses Aufzeichnungsverfahren wurde von den französischen Höchstgerichten (*parlements*) begleitet. Das im Rahmen dieses Prozesses gewonnene Recht wurde durch die konsequente Urteilsfällung ständig fortgebildet und ausgelegt. Erst diese Mischung verhalf den redigierten *coutumes* ihre Gestalt langsam herauszukristallisieren und die Leitfäden für den zukünftigen Entwicklungsweg aufzusetzen[524]. Dieser zeichnete sich durch den ständigen Austausch einheimischer und fremder Rechtselemente aus. Durch diese Vergleiche und Kommentierungen[525] bildete sich ein neues Recht[526] – das *droit commun français*[527] – heraus.

Die geistigen Vorzüge des römischen Rechts verhalfen dem *droit coutumier* seine Vollständigkeit zu erreichen. Im Rahmen dieses Austausches wurde das eigene Recht mit Hilfe des römischen verbessert und verfeinert. Ein Vorzeigebeispiel einer solchen Entwicklung stellte die *Coutume de Paris* dar. Dieses im Jahr 1510 aufgezeichnete und im Jahr 1580 von *Charles Dumouilin* und *Christophe de Thou* unter der besonderen Berücksichtigung des römischen Rechts und

523 *Bouteillier* schrieb in seiner *Somme rurale* im II, 1: *Le roi de France que est empereur en son royaume peut faire [...] tout et autant que à droict impérial appartient, peut faire ordonnances qui tiennent et vaillent loy.* Diese Lehre dauerte bis zur zweiten Hälfte des 16. Jh. an. Sie wurde durch *Bodins* Souveränitätslehre aufgelöst. Siehe dazu *Koschaker*, Europa und das römische Recht 77–78.

524 *Mitteis*, ZRG GA 1943, 168–171.

525 *Koschaker*, Europa das römische Recht 123.

526 Zu den Gesetzgebungsakten des *Ancien Régime* gehörten vor allem die königlichen Ordonnanzen, die auf königlichen Befehl hin aufgezeichneten homologierten *coutumes* sowie die Beschlüsse der obersten Gerichte mit gesetzesähnlichem Charakter (*arrêts de règlement des parlements*). Die ersten beiden werden auch als *Lois royales* oder *Lois du Rui* (das königliche Recht) bezeichnet. Siehe dazu *Dölemeyer*, Bibliographie der Gesetzgebung des Privatrechts und Prozessrechts in Frankreich, in *Coing* (Hg.), Handbuch der Quellen und Literatur der neueren europäischen Privatrechtsgeschichte II/2, 187.

527 *Wesenberg/Wesener*, Privatrechtsgeschichte 58.

im Sinne des *mos gallicus*[528] kommentierte Gewohnheitsrecht wurde zum gemeinen Recht Frankreichs und zu einer wichtigen Quelle der späteren französischen Privatrechtskodifikation[529]. Dabei muss besonders die Rolle des *Parlement de Paris* betont werden. Die Rechtsprechung dieses Höchstgerichts erreichte im *Ancien Régimes* eine überregionale Dimension, indem sie das französische *droit commun* aus wissenschaftlicher Sicht kontinuierlich behandelte und auslegte. Die Entscheidungen des Pariser Hofgerichts[530] rückten dabei mehr und mehr ins Zentrum des französischen Rechtsdenkens, ohne dass es einer formellen Vereinheitlichung bedurfte[531]. Die *parlements* konnten in ihren Jurisdiktionsbereichen allgemein gültige und verbindliche Beschlüsse (*arrêts de règlement*) fassen. Sie konnten sich mit den verschiedenen Rechtsmaterien befassen und hatten normalerweise einen konkreten Sachverhalt zum Gegenstand. Die aus diesem bestimmten Sachverhalt ergangenen Urteile hatten eine hinausgehende und allgemeine Geltung (*à l'égard de tous*). Sie waren „rechtlich" den königlichen Ordonnanzen unterworfen, widersprachen sie diesen, so konnten sie aufgehoben werden. In vielen Fällen galten die *arrêts de règlement* als Initiatoren einer neuen königlichen Gesetzgebung.

---

528 *Mos gallicus* gilt als Aushängeschild der französischen Rechtswissenschaft des Humanismus. Die Hegemonie der italienischen Juristen (der Glossatoren und Kommentatoren) im Bereich der Auslegung und des Vortragens des römischen Rechts wurde durch die französischen Juristen zerbrochen. *Mos gallicus* war im Gegensatz zu seinem Antonym *mos italicus* vom autoritären Denken des Mittelalters befreit. Der Humanismus verlangte von seinen Vertretern nicht, die auferlegte Wahrheit zu behandeln, sondern diese im modernwissenschaftlichen Sinne selbst zu erforschen. Diese Vorgehensweise betraf vor allem die Exegese des *Corpus Iuris Civilis*. Die justinianische Gesetzgebung sollte aus allen möglichen Perspektiven – wie durch die Berücksichtigung des historischen Hintergrundes oder die Heranziehung nichtjuristischer Werke – behandelt werden. Im Gegensatz zu den italienischen Juristen wurde das römische Recht des *Corpus Iuris Civilis* nur aufgrund seiner inneren und geistigen Vorteile bevorzugt. Für die Humanisten spielte die Herkunft dieses Rechts keine Rolle. In Bezug auf die Praxisrelevanz der beiden Methoden der Quellenkommentierung kann man sie als Gegenüberstellung von Juristen- und Professorenrechten darstellen. Die Leistungen der Juristen des *mos italicus* waren praktisch und rechtsschöpferisch und die der Humanisten des *mos gallicus* wissenschaftlich im modernen Sinn des Wortes. Dem einen mangelte es an einer tiefen wissenschaftlichen Auseinandersetzung und dem anderen an dem Bezug zur Rechtspraxis. Vgl. *Koschaker*, Europa und das römische Recht 105–116.

529 Mitteis, ZRG GA 1943, 170–171.

530 *Dölemeyer* in Coing 220–221.

531 *Wesenberg/Wesener*, Privatrechtsgeschichte 60.

Ein in beiden Rechtsmaterien ausgebildeter Juristenstand des Pariser *parlement* galt als perfekte Schutzmaßnahme gegen die Entfremdung der eigenen Rechtskultur. *Brunner*[532] verglich die Rolle dieser Zentralbehörde mit einer „prophylaktischen Impfung“ gegen die Infektion mit einer fremden Rechtskultur[533]. Darin liegt auch die Besonderheit der Entwicklung des französischen Privatrechts. Dieses ist in Verbindung mit dem römischen Recht und nicht in einem Konflikt mit ihm entstanden[534]. An dieser Konstellation, der politischen Abneigung zum römischen Recht als Kaiserrecht und der vollzogenen Vereinbarkeit der beiden Rechtssysteme in der Praxis musste die Rezeption *in complexu* an der Mauer der französischen Rechtstradition brechen. *Olivier-Martin* fasste die Ergebnisse der Rezeption mit dem Satz *Nous avons pris du droit Romain, mais nous ne l'avons pas reçu* zusammen[535].

b. Qui sont les personnes indignes d'être héritiers – *dogmatisches Gerüst der Indignitätslehre nach* dem droit commun français

Der vorweg geschilderte Entstehungsprozess des *droit commun français* spiegelt sich im Rezeptionsverlauf des Indignitätsrechts wider. Die Indignität stellte ein Rechtsinstitut, das dem germanischen Rechtsverständnis fremd und auf die Erkenntnisse des gelehrten Rechts angewiesen war, dar. Zu einer vollständigen Aufnahme der römischen Indignitätslehre kam es im Rahmen des Rezeptionsvorganges jedoch nicht. Das französische Indignitätsrecht entstand in Verbindung mit seinem römischen Rechtsvorbild und stellte ein Mischprodukt der beiden Rechtsmaterien dar. Das *droit commun français* übernahm zwar die fundamentalen Elemente seines rezipierten Vorbildes, es verzichtete dabei jedoch nicht auf eigene Modifikationen und Ausführungen. Eine entscheidende Rolle in der Entstehung und Platzierung dieser Rechtsmaterie innerhalb des gemeinen französischen Privatrechts spielten die französischen *parlements*. Sie bildeten diese Rechtsmaterie mittels der eigenen Rechtsprechung kontinuierlich fort. Die schriftlichen Werke der Rechtsgelehrten des *Ancien Régimes* (wie *Dumoulin*, *Le Brun*, *Pothier*, *Domat* oder *Furgole*) leisteten einen adäquaten Beitrag in diesem Austauschprozess. Diese kurioserweise dem Universitätsleben fremd[536]

532 *Brunner*, in Holtzendorffs Enzyklopädie I 158.

533 *Mitteis*, ZRG GA 1943, 171.

534 *Koschaker*, Europa und das römische Recht, 223.

535 *Olivier-Martin*, Histoire de la Coutume de la Prévôté et Vicomte de Paris I (1928) 24.

536 Auf den französischen Universitäten wurden bis zum Jahr 1679 ausschließlich das römische und das kanonische Recht gelehrt. Erst mit der Erlassung des Ediktes von

gebliebenen Rechtspraktiker ermöglichten dem Indignitätsrecht – wie auch allgemein dem neu entstehenden gemeinen französischen Privatrecht – seine Vollkommenheit zu erreichen.

Auf die Frage, ob die Indignität ein fester Bestandteil der Rechtspraxis des *Ancien Régime* war, kann man keine eindeutige Antwort geben. Dieser Umstand könnte vor allem durch seine materielle Nähe zu anderen erbrechtlichen Rechtsinstituten, wie der Erbunfähigkeit und der Enterbung, verschuldet gewesen sein. Vor allem war in der Rechtspraxis nicht immer eine strikte Unterscheidung zwischen den genannten Instituten gegeben, denn diese verursachten aus rechtspraktischer Sicht ähnliche Rechtsfolgen. In allen drei Fällen wurde einem bestimmten Erben die Teilhabe an einem ihm hinterlassenen Nachlass verweigert. Dabei erfüllten diese Rechtsinstitute nach römischem Recht eine unterschiedliche *ratio legis*.

Das erste inhaltliche Spannungsverhältnis bestand zwischen der Indignität (*l'indignité*) und der Erbunfähigkeit (*l'incapacité de succéder*). Die Indignität entzog nach römischem Recht einem Erben die Erbschaft, da dieser eine die Erbunwürdigkeit initiierende Handlung begangen hatte. Sie stellte daher ein Mittel des Erbschaftsentzuges, das durch eine aktive und gewollte Handlung des Erben verursacht wurde, dar. Die Erbunfähigkeit bildete dagegen ein rechtliches Faktum, einen tatsächlichen Umstand, der mit rechtlichen Folgen verbunden war. Der Eintritt dieses Umstandes verwirkte einer Person die Fähigkeit, eine Erbschaft anzutreten. Im Gegensatz zur Indignität galt die Erbunfähigkeit als Mittel des Erbschaftsausschlusses. Diese dogmatische Unterscheidung wurde grundsätzlich auch im *droit commun français* übernommen. Eine endgültige Klarheit wurde jedoch dadurch nicht geschaffen. *Furgole* sah in der Ablehnung des Ereptionsrechts des Fiskus den ausschlaggebenden Grund für die entstandenen Verwechslungspraktiken der beiden Rechtsinstitute[537]. Das Entzugsrecht der kaiserlichen Staatskasse wurde in Frankreich nicht rezipiert. Die einem *indignus* entzogene Erbschaft fiel dem nächstberufenen Erben zu. Eine identische Vorgehensweise war bei der Abwicklung der Erbfolge eines erbunfähigen Erben

---

Saint-Germain im Jahr 1679 (siehe dazu *Isambert*, XIX 196) wurde das heimische Recht (*droit commun français*) als Unterrichtsfach aufgenommen. Im gleichen Jahr wurde außerdem die Lehre des römischen Rechts wieder an der Pariser Universität zugelassen. Vgl. *Walter*, Rechtsprechungs- und Konsiliensammlungen. Frankreich, in *Coing* (Hg.), Handbuch der Quellen und Literatur der neueren europäischen Privatrechtsgeschichte II/2, 1264. Siehe dazu *Mitteis*, ZRG GA 1943, 174.

537 *Furgole*, Traité des Testamens, codiciles, donations a cause de mort et autres dispositions de derniere volonté (1745) 482.

festzustellen, da auch in dieser Rechtskonstellation an Stelle des Erbunfähigen der nächstberufene Verwandte zum Zuge kam. Die Erbschaft blieb in beiden Fällen innerhalb des familiären Kreises. *Bourjon* kam in seiner Aufzeichnung der *Coutume de Paris* ebenso zu dieser Feststellung: *[...] indignité plus forte encore que l'incapacité; elle produit donc le meme effet que cette derniere [...]*[538].

Diese Verwechslungspraktiken kann man m.E. durch die beiden folgenden Argumente widerlegen. Das erste Argument liegt in den unterschiedlichen Auslösern der beiden Rechtsinstitute. Die Indignität verlangte im Gegensatz zur Erbunfähigkeit die Begehung eines Unwürdigkeit initiierenden Verhaltens. *Domat* sprach in dieser Hinsicht von der Verletzung einer dem Erblasser gegenüber bestehenden Pflicht[539]. Diese Pflichtverletzung galt als Rechtsfolge entweder eines sittenwidrigen oder eines strafbaren Verhaltens und hatte mit dem rechtlichen Status des unwürdig handelnden Erben nichts zu tun. Die Erbunfähigkeit wurde dagegen aufgrund eines erfüllten gesetzlichen Tatbestandes, der von einem bewussten Handeln des betroffenen Erben unabhängig war[540], kraft Gesetzes bewirkt.

Das zweite entscheidende Gegenargument für die gleichwertige Betrachtungsweise liegt im unterschiedlichen rechtlichen Status des Erbunfähigen und des Erbunwürdigen. Die Erbunfähigkeit erzeugte ein unbezwingbares Hindernis, das den Erwerb einer Erbenstellung samt der angefallenen Erbschaft unmöglich machte. Die Indignität ließ dagegen die Erbfähigkeit des Unwürdigen unberührt. Dieser war berechtigt, die Erbschaft zu erwerben. Ein Gesetzgebungsakt des *Ancien Régime*, der die Annahme und den Erwerb der Erbschaft seitens des Unwürdigen verhinderte, ist anhand der vorhandenen historischen Rechtsquellen nicht zu finden. Weder eine königliche Ordonnanz noch eine *coutume* oder ein höchstgerichtliches Urteil entzogen mit vollem Rechte dem *indignus* seine

538 *Bourjon*, Le droit commun de la France et la coutume de Paris I (1770) 812. Die Indignität ist stärker als die Unfähigkeit. Sie verursacht also die gleichen Rechtsfolgen wie diese [...]. (Übersetzung)

539 *Domat*, Les loix civiles 82.

540 Die die Erbunfähigkeit initiierenden Gründe teilte *Domat* in tatsächliche und rechtliche. Zur ersten Tatbestandsgruppe gehörten Umstände, die eine tatsächliche und äußerlich erkennbare Eigenschaft darstellten. Diese die Erbfähigkeit entziehenden Eigenschaften wurden totgeborenen Kindern sowie wahnsinnigen, tauben und stummen Menschen zugesprochen. Zur zweiten Tatbestandsgruppe zählten Personen, die aus rechtlichen Gründen nicht erben konnten. In diesen Fällen stufte ein Gesetz bzw. eine Gewohnheit eine bestimmte Person aus bestimmten rechtlichen Gründen als erbunfähig ein. Zu dieser Gruppe zählten uneheliche Kinder (*bâtards*), Ausländer (*aubains*) und Ordensleute. Siehe dazu *Domat*, Les loix civiles 42–80.

Erbfähigkeit[541]. Man kann sehr wohl annehmen, dass das *ancien droit français* in dieser Hinsicht vollkommen dem römischen Recht folgte.

Die bedeutendste Modifizierung des rezipierten Vorbildes stellte die bereits erwähnte Ablehnung des Ereptionsrechts dar. Das als Aushängeschild der römischen Indignitätslehre geltende Ereptionsrecht sprach den dem *indignus* entzogenen Nachlass dem kaiserlichen Fiskus zu. Dieser Rechtsvorgang war mit dem französischen Rechtsverständnis unvereinbar. Der Nachlass stellte einen unausweichlichen Teil des familiären Vermögens dar. Er durfte diesen familiären Kreis nicht verlassen, indem er beispielsweise von fremden Privatpersonen oder von staatlichen Institutionen entzogen wurde. In diesem Sinne ging die entzogene Erbschaft auf den nächstberufenen Erben des Erblassers über. Diese Rechtsmaßnahme setzte sich nicht nur im *droit coutumier*, sondern auch im stark romanisierten *droit écrit* durch. Die einheitliche Nichtrezeption des Ereptionsrechts des Fiskus wurde nicht nur in den privaten Werken der Rechtsgelehrten[542], sondern auch in der Rechtsprechung der nord- und südfranzösischen Höchstgerichte vertreten. *Domat* beschrieb den Ereptionsvorgang nach dem *droit commun français* folgendermaßen:

> *Mais par notre usage lorsque l'heritier se trouve indigne de la succession, elle passe à la personne qui doit succeder à son défaut, soit qu'il s'agisse d'une succession testamentaire, ou d'une succession abintestat. Car la peine de l'heritier indigne ne doit tomber que sur luy, & non sur celuy à qui l'heredité doit appartenir par son exclusion. Ainsi, on voit dans notre usage plus d'humanité que dans le Droit Romain, & plus d'équité.*[543]

> Nach unserem Gebrauch fällt die Erbschaft eines erbunwürdigen Erben an die nächstberufene Person, die beim Fehlen des Unwürdigen im Regelfall zur Erbfolge berufen werden würde. Es spielt dabei keine Rolle, ob es sich im gegenständlichen Fall um eine gesetzliche oder testamentarische Erbfolge handelt. Denn die Strafe, die der unwürdige Erbe tragen muss, betrifft nur ihn und geht nicht auf andere legitime Erben über. Unser Gebrauch bietet eine Lösung, die humaner und gerechter ist als das römische Vorbild.

Aus rechtstechnischer Sicht wurde jener Verwandte zur Erbfolge herangezogen, der beim Fehlen des Unwürdigen im Regelfall anspruchsberechtigt gewesen wäre. Dieser Rechtsvorgang hing natürlich von der Art der Erbfolge ab und erfolgte aufgrund der unterschiedlichen Stellungen der testamentarischen Erbfolge nach dem *droit coutumier* und dem *droit écrit* verschieden – eine mittels eines Testaments erfolgte Erbeinsetzung war nach dem *droit coutumier* ungültig. Diese Regelung

541 *Furgole*, Traité 484.

542 Vgl. *Dupin*, Œuvres de Pothier 35 ; *Domat*, Les loix civiles 81 ; *Le Brun*, Traité de succession (1692) 556.

543 *Domat*, Les loix civiles 81.

stellte das dogmatische Fundament der neuen französischen Indignitätslehre dar, denn das Ereptionsrecht des Fiskus sei laut *Domat* ein Verstoß gegen das natürliche Gerechtigkeitsempfinden gewesen. Die dogmatischen Inhalte des rezipierten Rechts wurden im Bereich des Ereptionsrechts an eigene Erkenntnisse angepasst[544].

Ein weiteres Beispiel einer solchen Vorgehensweise stellte m.E. die Rezeption und die eigene Ausgestaltung der Aufrechterhaltung der testamentarisch aufgesetzten Vermächtnisse und Fideikommisse bei der Abwicklung der Indignität dar. Diese gingen nach römischem Recht auf den Fiskus über[545], da dieser in die Rechtsverhältnisse des Unwürdigen eintrat. Der Fiskus übernahm dadurch alle Rechte und Pflichten aus der entzogenen Erbschaft. Das französische Recht passte diese Vorgehensweise an die eigenen Rechtsverhältnisse an und verpflichtete den nächstberufenen Erben zur Übernahme und Erfüllung dieser testamentarisch aufgesetzten Verpflichtungen[546]. *Furgole* begründete diese Ansicht mit folgendem Urteil des Pariser Hofgerichtes vom 11. Februar 1716[547]. Dieses Gericht sprach einen Erben als erbunwürdig aus, da dieser ein stillschweigendes Fideikommiss mit dem Erblasser abgeschlossen hatte. Die testamentarisch aufgesetzten Dispositionen verloren dabei ihre zivilrechtliche Gültigkeit nicht. Zu ihrer Erfüllung war der anstelle des *indignus* eingetretene gesetzliche Erbe verpflichtet[548].

Die Indignität nach dem *droit commun français* wurde im Rahmen eines gerichtlichen Verfahrens ausgesprochen. Die Beweislast für eine indignitätsinitiierende Handlung trug die klagende Partei. Sie hatte im Gegensatz zum römischen Recht keine *ipso iure* Wirkung, weshalb ein unmittelbarer Erbschaftserwerb des *indignus* nach gemeinem französischem Recht nicht möglich war[549].

544 Vgl. *Bourjon*, Le droit commun de la France 812.

545 Ulp. 3 fideic. D. 36.3.5: *Si is, qui rogatus fuerit hereditatem restituere, ante quaestionem de familia habitam vel tabulas aperuerit vel hereditatem adierit vel quid eorum quae senatus consulto prohibentur fecerit ac per hoc publicata fuerit hereditas, fiscus cum suis oneribus hereditatem adquirit. Quare commodum quartae, quod erat habiturus heres institutus, id ad fiscum pertinet et ex Trebelliano actiones transeunt. Sed et si prohibuerit testamentarium introducere vel testes convenire vel mortem testatoris non defendit vel ex alia causa hereditas fisco vindicata est, aeque quartae quidem commodum ad fiscum pertinebit, dodrans vero fideicommissario restitueretur.* Vgl. D. 34.9.12 ; D. 49.14.3.4

546 *Furgole*, Traité 483.

547 Laut seinen Angaben war *Furgole* bei dieser Verhandlung selbst anwesend: *C'est que j'ai vu un Arret du Parlement de Paris du 11 Février 1716.*

548 *Furgole*, Traité 483.

549 *Dupin*, Œuvres de Pothier 35.

c. Des causes qui rendent l'heritier indigne – *Indignitätsgründe nach dem* droit commun français

aa. Vorbemerkungen

Der Leitgedanke der römischen Indignitätslehre wurde im französischen Rechtssystem also vollständig übernommen: Ein unwürdiger Erbe sollte von jeglichem Erbschaftserwerb ausgeschlossen sein. Die Erbunwürdigkeit eines Erben wurde anhand der gegenüber dem Erblasser begangenen Pflichtverletzung festgestellt. Die Verletzungsart wurde jedoch gesetzlich nicht explizit bestimmt. Das gemeine französische Recht ging nicht von fixen Indignitätstatbeständen aus. Diese blieben undefiniert und wurden mittels der verkündeten Rechtsprechung der französischen Hofgerichte fortgebildet. Dabei wurde dem entscheidenden Richter eine Ermessungsmacht zugebilligt. Die Entscheidung ob ein bestimmter Erbe als erbunwürdig eingestuft werden sollte, hing von der Qualität der Tat und ihren Begleitumständen ab. Bei der Ausgestaltung und Herausbildung dieser Tatbestände spielten neben Einflüssen der römischen Indignitätslehre vor allem gute Sitten und Billigkeitsregeln eine entscheidende Rolle[550].

Diese richterliche Ermessungsmacht, verbunden mit der rechtlichen Teilung des Landes in ein gewohnheitsrechtliches und ein römisches Gebiet, führten dazu, dass bestimmte Indignitätstatbestände eine regionale Geltung besaßen. Dies verursachte eine unterschiedliche rechtliche Beurteilung von gleichen Indignitätsfällen innerhalb des französischen Königreiches. Die Auswahl der Gründe variierte je nach der rechtlichen Tradition eines bestimmten Gebietes. Ein Toulouser und ein Pariser Gerichtshof konnten einen identischen Sachverhalt aus indignitätsrechtlicher Sicht ganz unterschiedlich beurteilen.

Pothier und *Le Brun* nannten in diesem Zusammenhang noch eine zusätzliche Erkenntnisquelle der Indignitätsgründe – die justinianischen Enterbungstatbestände der Novelle 115 c. 3. Damit wird das zweite Spannungsverhältnis der Indignität, dieses Mal mit dem Enterbungsrecht, innerhalb des französischen Erbrechtssystems angesprochen. Die genannten Juristen gingen davon aus, dass die Enterbungs- und Indignitätstatbestände parallel eintreten konnten[551]. Diese stimmten nach römischem Recht inhaltlich in vielen Fällen überein. Genau dieses Bild war ebenso im gemeinen französischen Zivilrecht zu sehen. Ein Mord am Erblasser, eine Verhinderung der Testamentserrichtung oder eine Denunziation des Erblassers waren sowohl indignitäts- als auch enterbungswürdig. Die

550 *Domat*, Les loix civiles 82.

551 *Dupin*, Œuvres de Pothier 34; *Le Brun*, Traité des successions 555.

Rechtsfolgen der beiden Institute konnten daher beim Vorliegen des gleichen Sachverhaltes gleichzeitig zur Anwendung kommen. *Pothier* und *Le Brun* sprachen dadurch das enge und komplizierte Verhältnis zwischen der Enterbung und der Indignität an. Diese Beziehung sowie die daraus resultierenden Rechtsfolgen wurden von *Pothier* mit folgendem Satz treffend zusammengefasst:

> *Le mêmes causes, pour lesquelles j'aurais pu être exhérédé par quelqu'un de mes parens, si elles fussent venues à sa connaissance, et qu'il eut eu le temps de faire cette exhérédation, me rendent indigne de sa succession, si elles ne son pas venues à sa connaissance, ou s'il n'a pas eu un temps suffisant*[552].

> Die Enterbungsgründe und die Indignitätsgründe stimmten miteinander überein. Die Enterbung trat ein, sobald ich von der Verfehlung meines Verwandten erfuhr und ausreichend Zeit hatte, um sie auszusprechen. Die Indignität trat dagegen erst dann ein, wenn ich weder von der Verfehlung meines Verwandten wusste noch ausreichend Zeit hatte, um die Enterbung auszusprechen.

Pothier schildert die beabsichtigte Funktionsweise und die Zusammenarbeit der beiden Rechtsinstitute folgendermaßen: Ein unwürdiger Erbe musste bei Vorliegen einer strafbaren oder sittenwidrigen Handlung vom Erbschaftserwerb ausgeschlossen werden. Dies konnte entweder mittels des Erblasserwillens oder kraft einer gesetzlichen oder gewohnheitsrechtlichen Bestimmung erfolgen. Bei Vorliegen der gleichen Enterbungs- und Indignitätstatbestände griffen die Rechtsfolgen des zweiten Rechtsinstitutes erst dann ein, wenn der Erblasser es versäumt hatte, den unwürdig handelnden Erben zu enterben. Die Indignität erfüllte dabei die Rolle eines „Auffangtatbestandes". Man kann es nicht außer Acht lassen, dass die Enterbung als privatrechtliches Institut vom Willen des Erblassers abhängig war. Sprach dieser sie nicht aus, weil er über die Sachlage keine Kenntnis hatte oder dem unwürdigen Erben einfach verzieh, so kam es zu keinem Erbschaftsentzug. Die Indignität sollte daher diese bevorstehende Vermögensverschiebung, die aufgrund einer strafbaren Tat und der Barmherzigkeit des Erblassers zustande kam, verhindern. Die Rechtsauswirkungen der Indignität waren daher vom Ausgang des Enterbungsvorganges unabhängig. Ein Erbe, der eine strafbare Tat gegenüber dem Erblasser begangen hatte, konnte seinen Erbschaftsantritt nicht mit väterlicher Zuneigung rechtfertigen[553]. *Le Brun* betonte diesen Umstand mit dem Schutz und der Berücksichtigung des öffentlichen Interesses:

---

552 *Dupin*, Œuvres de Pothier 34.
553 *Dupin*, Œuvres de Pothier 34.

> *[...] si ce n'est que l'heritier ait esté la cause criminelle de sa mort, auquel cas, il est de l'interest public, que l'on n'adhere pas à l'affectuin paternelle, ni à la clemence du défunt qui aura pardonné sa mort à son heritier.*[554]
>
> In den Fällen, in denen ein Erbe aufgrund eines kriminellen Verbrechens ausgeschlossen wurde, lehnt das öffentliche Interesse die väterliche Zuneigung ab. Ein Gnadenakt des Erblassers, den er gegenüber seinem Erben äußerte, kann seinen Tod nicht rechtfertigen.

Die Enterbungs- und Indignitätsgründe enthielten auch solche Tatbestände, die zwar sittenwidrig waren, aber aus strafrechtlicher Sicht nicht sanktioniert wurden, wie die Verhinderung des Erblassers an der Testamentserrichtung. In diesem Zusammenhang taucht die Frage auf, ob eine in Bezug auf einen sittenwidrigen Enterbungsgrund geäußerte Verzeihung ihre Gültigkeit beibehalten konnte. *Le Brun* unterschied in diesem Zusammenhang zwischen *l'interest public* und *l'interest domestique*. Verletzte der Erbe mit seiner Tat das öffentliche Interesse in keiner Weise, so sah *Le Brun* diesen Umstand als nicht ausreichend an, um die Gültigkeit einer geäußerten Verzeihung[555] aufzuheben. Er berief sich dabei in analoger Weise auf den 2. Artikel der königlichen Ordonnanz aus dem Jahr 1639. Diese schloss minderjährige Kinder von der Erbfolge ihres Vaters aus, sobald sie ohne seine Zustimmung geheiratet hatten. Eine in diesem Fall seitens des Vaters ausgesprochene Verzeihung ersetzte die benötigte Zustimmung und „entwaffnete" die gesetzlichen Bestimmungen. *Le Brun* begründete diese Ansicht mit dem familiären Charakter und den fehlenden strafrechtlichen Elementen dieses Verstoßes[556]. *Pothier* behandelte diese Thematik aus einer anderen Perspektive, er kam jedoch zu einem gleichwertigen Ergebnis. Dem Erblasser, der seit längerer Zeit vom Verstoß seines Erben gewusst und trotz dieses Umstandes nichts unternommen hatte, wurde die Verkündung einer präsumtiven Verzeihung zugemutet. Dieser mutmaßliche Willensakt hob die Schuld des Erben auf und ermöglichte ihm den Erbschaftsantritt. Die Auffangfunktion der Indignität kam in diesem Fall nicht zur Anwendung. Die Verkündung dieser präsumtiven Verzeihung wurde bei einer strafrechtlich relevanten Tat, z.B. bei einem Verwandtenmord, nicht berücksichtigt[557].

---

554 *Le Brun*, Traité 555.

555 *Le Brun* sprach in diesem Zusammenhang nicht nur von einer geäußerten, sondern auch von einer präsumtiven Verzeihung. Sie lag dann vor, wenn der Erblasser trotz der Kenntnis des gegebenen Enterbungsgrundes über einen längeren Zeitraum nichts gegen diesen unternommen hatte. Man nahm in diesem Fall an, dass der Erblasser durch seine Untätigkeit dem Erben verziehen hatte.

556 *Le Brun*, Traité 555 (chap. 9, n. 14).

557 *Dupin*, Œuvres de Pothier 34.

bb. Parricidium

Der Tatbestand des Verwandtenmordes stellte nach gemeinem französischem Recht das Herzstück der Indignität dar. Seine praktische Relevanz verdankte er vor allem seiner auf dem natürlichen Gerechtigkeitsempfinden basierenden *ratio legis*: Ein Mörder soll aus seiner verbrecherischen Tat keinen Gewinn ziehen können, indem er das Opfer bererbt. *Pothier* definierte die Stellung des *parricidium* aus indignitätsrechtlicher Sicht folgendermaßen:

> *La principale cause, qui rend un parent indigne de la succession de son parent, c'est lorsqu'il est coupable de sa mort; car son crime ne doit pas lui procurer l'avantage d'une succession.*[558]

> Den Hauptanwendungsfall des Erbschaftsentzuges aufgrund festgestellter Indignität stellt die schuldhafte Verursachung des Todes dar, denn ein begangenes Verbrechen darf nicht dazu beitragen, eine Erbschaft zu erwerben.

Diese Rechtsauffassung entsprach sowohl dem germanischen als auch dem römischen Rechtsverständnis. Dieser Umstand ermöglichte bezüglich der inhaltlichen Ausgestaltung dieses Indignitätsgrundes einen reibungslosen und effizienten Austausch der beiden Rechtskulturen. Die französischen Rechtsgelehrten waren sich über die überdimensionale Geltung dieses Tatbestandes einig. Dies bestätigen die Rechtsprechungssammlungen der französischen Höchstgerichte treffend. Diese sprachen im ganzen Königreich einen Erben als erbunwürdig aus, sobald dieser den Tod seines Verwandten zu verschulden hatte. Aus dogmatischer Sicht stellte dieser Tatbestand eine Mischung aus französischen und römischen Rechtselementen dar. Vor allem die Rechtsverhältnisse nach dem Entzug der Erbschaft wurden seitens des französischen Rechts durch eigene Erkenntnisse neu gestaltet.

Ein Erbe galt als erbunwürdig, sobald er den Tod des Erblassers auf schuldhafte Weise verursachte. Die Art der Verwandtschaftsnähe des Opfers spielte bei der rechtlichen Beurteilung der Tat keine Rolle. Es war belanglos, ob man seinen Deszendenten, Aszendenten oder Kollateralverwandten tötete. Ausschlaggebend für die Feststellung der Indignität war eine legitimierte Erbenstellung des Unwürdigen in Bezug auf die Erbfolge des Ermordeten. Man konnte schlichthin nur das vorhandene Recht verwirken. Die festgestellte Indignität führte sowohl zum vollständigen Ausschluss von der gesetzlichen Erbfolge als auch zur zivilrechtlichen Ungültigkeit der zugunsten des Unwürdigen getätigten testamentarischen Verfügungen[559].

---

558 *Dupin*, Œuvres de Pothier 34.

559 *Furgole*, Traité 498–499.

Der Tatbestand des Verwandtenmordes wurde seitens der französischen Höchstgerichte sehr breit bestimmt. Vor allem die aus indignitätsrechtlicher Sicht kausale Verantwortung des Erben für den eingetretenen Tod führte dazu, dass man ein breites Spektrum möglicher Sachverhalte unter diesem Tatbestand subsumieren konnte. Als erbunwürdig galt nicht nur der Erbe, der den Tod des Erblassers durch aktives beabsichtigtes Handeln verschuldete, sondern auch derjenige, der diese Tat im Rahmen einer Nachlässigkeit (*par négligence*) herbeiführte[560]. Als nachlässige Handlungen wurden jene definiert, die im Rahmen einer Unterlassungstat und nicht im Rahmen einer aktiven Handlung durchgeführt wurden. Marcianus' Digestenstelle D. 34.9.3 diente den französischen Rechtsgelehrten als dogmatische Grundlage der Tötung *par négligence*. Dieses in der gegenständlichen Arbeit bereits behandelte Fragment überlieferte einen Sachverhalt, nach welchem eine Frau durch die Nachlässigkeit und die Schuld ihres Ehemannes zu Tode kam. *Le Brun* bestätigte die rechtliche Gültigkeit dieses Tatbestandes mit der Entscheidung des Gerichtes in Rouen. Dieses sprach einen Sohn als erbunwürdig aus, da dieser seinem sterbenden und an der Pest erkrankten Vater keine Hilfe geleistet hatte[561].

Zur gleichen rechtlichen Beurteilung, die von *Brodeau*[562] in seiner Rechtsprechungssammlung aufgezeichnet wurde, kam auch der Pariser Gerichtshof in seiner Entscheidung vom 11. Februar 1602. Ein Erbe wurde zu einer fünfjährigen Verbannung und Erbunwürdigkeit verurteilt, da er nichts gegen das bevorstehende und auf das Leben seines Bruders gerichtete Attentat unternahm, obwohl er die ganze Zeit von der Absicht des Mörders gewusst hatte. Der unwürdige Bruder wurde in diesem Zusammenhang wie ein Komplize des Mörders behandelt. Als dogmatische Grundlage dieser Entscheidung galt neben dem marcianischen Fragment auch Scaevolas Digestenstelle[563]. *Domat*, der diese Problematik auch in seinem Werk behandelte, stellte den untätigen Erben sogar dem Mörder des Erblassers gleich. Die Verweigerung der Hilfeleistung, die für den Tod des Verwandten letztendlich kausal war, war für *Domat* der ausschlaggebende Faktor für den Ausspruch der Indignität[564].

560 Vgl. Furgole, Traité 589–590; *Le Brun*, Traité 552.

561 *Le Brun*, Traité 555.

562 Siehe dazu *Brodeau*, Recueil d'aucuns notables arrests donnez en la Cour du Parlement de Paris (1616) 1062–1064.

563 Marcian. 14 inst. D. 48.9.2: *Sed sciendum est lege Pompeia de consobrino comprehendi, sed non etiam eos pariter complecti, qui pari propioreve gradu sunt. Sed et novercae et sponsae personae omissae sunt, sententia tamen legis continentur.*

564 *Domat*, Les loix civile 83.

Aufgrund der gelieferten gerichtlichen Entscheidungen lässt sich deutlich erkennen, dass die schuldrechtliche Komponente (Vorsatz oder Fahrlässigkeit) des *indignus* ausschlaggebend bei der rechtlichen Beurteilung der Indignität war. Es stellt sich somit in diesem Zusammenhang die Frage, ob ein von der Schuld nicht getragenes Verhalten (ein sog. „entschuldbarer Mord") eine Indignität initiieren konnte. Einen solchen Fall stellte z.B. die Tötung eines Verwandten im Falle einer Notwehrhandlung dar. Die Rechtsgelehrten des *Ancien Régime* waren sich in dieser Rechtsfrage nicht einig. Auch die römischen Rechtsquellen liefern diesbezüglich keine ausreichenden Erkenntnisse, um diesen Tatbestand aus indignitätsrechtlicher Sicht zweifelsfrei zu beurteilen. Das römische Recht ließ zwar unter bestimmten Voraussetzungen die Tötung eines Sklaven oder einer ehebrecherischen Frau zu[565], diese Bestimmungen spielten in der französischen Rechtspraxis jedoch keine Rolle. Sie erwiesen sich als antiquiert oder praxisfremd und wurden nicht rezipiert. Im Gegensatz zum römischen Recht stellte ein Mord an einer ehebrecherischen Frau ein straf- und indignitätswürdiges Verhalten dar[566]. Außerdem gab es im französischen Königreich keine Sklaven. In der Fachliteratur des *Ancien Régime* bildeten sich zwei Meinungen heraus, welche die Problematik des entschuldbaren Mordes aus indignitätsrechtlicher Sicht behandelten – die eine stammte von *Pothier* und die andere von *Le Brun*.

Pothier verwies auf die schuldrechtlichen Komponenten der Indignität. Demjenigen, der in Notwehr handelte, konnte keine schuldhafte Handlung vorgeworfen werden. Er betonte damit den strafrechtlichen Charakter der Erbunwürdigkeit.

---

565 Nach römischem Recht war es erlaubt, einen Sklaven zu töten, sobald dieser ein Verbrechen oder eine Schandtat begangen hatte (D. 30.53.3 und D. 45.1.96). Ebenso konnte ein Vater seine Tochter töten, wenn er sie in seinem Haus oder im Haus seines Schwiegersohnes in flagranti beim Ehebruch ertappt hatte. Ein ähnliches Recht stand dem Ehemann der ehebrecherischen Frau zu. Dieser konnte aber nur den Ehebrecher straflos töten (C. 9.9.4). Im Falle der Tötung seiner ehebrecherischen Frau musste der Ehemann zwar nicht die Todesstrafe nach den Regeln der *Lex Cornelia* befürchten, er blieb jedoch auch nicht unbestraft. Aufgrund seiner Tat wurde er, abhängig von seiner gesellschaftlichen Position, entweder zu Zwangsarbeit oder einer Verbannung auf eine Insel verurteilt (D. 48.5.38.8).

566 Der Pariser Gerichtshof sprach in seinem Urteil vom 10. April 1603 einen Ehemann in Bezug auf die gegenseitige eheliche Erbfolge (*unde vir et uxor*) als erbunwürdig aus, da er seine Ehefrau beim Ehebruch getötet hatte. Siehe dazu *Le Caron*, Responses ou decisions du droict françois (1605) 500–501 (livre 13 réponse 39).

[…] que s'il a été commis par un cas fortuit, ou par la nécessié d'une juste défense, il n'en doit résulter aucune indignité ; car l'indignité est une peine, et il ne doit point y avoir de peine où il n'y a point de faute […][567]

Wurde der Verwandtenmord entweder durch eine fahrlässige Tat oder im Rahmen der Notwehr verursacht, so kann diese Tötung keine Indignität verursachen. Denn die Indignität stellt eine Strafe dar. Es kann keine Strafe verhängt werden, wenn es keine Schuld vorhanden ist.

In diesem Sinne konnte ein Erbe aus indignitätsrechtlicher Sicht nur dann zur Verantwortung gezogen werden, wenn ihm sein Verhalten strafrechtlich, durch das Vorhandensein der entsprechenden Willenskomponenten, vorgeworfen werden konnte. *Pothier* führte zur Bestätigung dieser Regel folgendes Beispiel an: Ein Kind, das seinen Verwandten umgebracht hatte, konnte aufgrund des fehlenden Alters und der fehlenden Einsichtsfähigkeit nie als erbunwürdig ausgesprochen werden – *cum nulla sit infantis voluntas, cum infans culpae capax non sit*[568].

Eine gegenseitige Meinung vertrat *Le Brun*. Der Rechtsgelehrte bestritt den Umstand nicht, dass die Rechtsordnung in bestimmten rechtfertigenden Fällen von der strafrechtlichen Verfolgung absah. Es widersprach jedoch dem natürlichen Gerechtigkeitsempfinden, die Güter des Ermordeten seinem Vollstrecker zuzusprechen.

Cependant l'on peut dire, que quelque necessité, qui puisse obliger quelqu'un, de trempet ses mains dans le sang de ses proches, c'est toujours une cause legitime de la priver de la succession.[569]

Man muss in diesem Zusammenhang eine Notwendigkeit erwähnen. Das Durchnässen der eigenen Hände im Blut der Verwandtschaft bildet immer einen legitimen Grund, um demjenigen die ihm aufgrund der Intestaterbfolge zustehende Erbschaft zu entziehen.

Das Blut eines Verwandten an den eigenen Händen stellte immer einen legitimen Indignitätsfall dar – auch dann, wenn die Tötungshandlung Notwehr war. Die römischen Rechtsquellen geben diesbezüglich ebenso keine eindeutige Antwort. Es gibt weder direkte Quellenbelege, die diese Ansicht bestätigen, noch solche, die sie verneinen. Dem Forscher wird in dieser Frage der Weg der Analogie überlassen. Hilfe bietet Pomponius' Digestenstelle 24.3.10.1[570]. Ein Ehemann,

567 *Dupin*, Œuvres de Pothier 35.

568 *Dupin*, Œuvres de Pothier 35.

569 *Le Brun*, Traité 552.

570 Pomp. 15 Sab. D. 24.3.10.1: *Si vir uxorem suam occiderit, dotis actionem heredibus uxoris dandam esse proculus ait, et recte: non enim aequum est virum ob facinus suum dotem sperare lucri facere. Idemque et e contrario statuendum est.*

der seine Ehefrau ermordet hatte, verlor sämtliche Erbschaftsforderungen, die ihm kraft des Rechtes *unde vir et uxor*[571] zustanden – *[…] non enim aequum est virum ob facinus suum dotem sperare lucri facere […]*. Aus dem Text geht deutlich hervor, dass der Ehemann sich durch ein begangenes Verbrechen wirtschaftlich nicht bereichern durfte. Diese Verwirkung gegenseitiger Erbschaftsforderungen war unabhängig von den rechtfertigenden Gründen, die für eine strafrechtliche Beurteilung maßgeblich waren. Starb die ehebrecherische Frau im Rahmen des Racheaktes ihres Ehemannes, so hatte dieser strafmildernde Umstand keine Auswirkungen auf den Verlust des ehelichen Erbschaftsrechts[572].

Eine weitere inhaltliche Unstimmigkeit zwischen *Le Brun* und *Pothier* lässt sich in der Frage feststellen, ob ein Erbe des Verwandtenmörders das Opfer beerben konnte. Ging die festgestellte Erbunwürdigkeit des Täters auf seine Erben über, obwohl diese nicht an der Straftat beteiligt waren? Die Antwort auf diese Frage lässt sich erneut nicht mit Hilfe der römischen Indignitätslehre beantworten. Da die entzogene Erbschaft dem Fiskus zufiel, war die gestellte Problematik den Römern fremd. Die Erben des Mörders konnten sowieso nicht an die Erbgüter des Opfers gelangen. Da jedoch das *droit commun français* das Ereptionsrecht der kaiserlichen Staatskasse nicht rezipierte, war eine gegenständliche Konstellation in der Rechtspraxis des *Ancien Régime* möglich.

Pothier bestätigte seine bereits erwähnte Meinung, dass der Indignitätsausspruch von der Schuld des Handelnden abhängig war. Die Verwandten des Täters konnten nicht für dessen Fehler zur Verantwortung gezogen werden[573]. Diese Feststellung entsprach ebenso den römischen Rechtsgrundsätzen. Die strafrechtlichen Konsequenzen sollten nur den Urheber des Verbrechens treffen. Den Verwandten des Täters wurde, wenn sie nicht am Verbrechen beteiligt

571 Theod./Valent. C. 6.18.1: *Maritus et uxor ab intestato invicem sibi in solidum pro antiquo iure succedant, quotiens deficit omnis parentium liberorum seu propinquorum legitima vel naturalis successio, fisco excluso. Unde vir et uxor* regelte die gegenseitige Erbfolge zwischen den Ehegatten. Diese erbten gegenseitig den ganzen Nachlass, sobald keine legitimen und anspruchsberechtigten Erben vorhanden waren. Dieser Erbschaftsanspruch hing von der Rechtmäßigkeit der Ehe ab. Kam die Ehe unrechtmäßig zustande, so konnte der Nachlassbesitz weder als gesetzlicher Erbteil noch aus dem Testament gefordert werden – *[…] Ceterum si iniustum fuerit matrimonium, nequaquam bonorum possessio peti poterit, quemadmodum nec ex testamento adiri hereditas vel secundum tabulas peti bonorum possessio potest: nihil enim capi propter iniustum matrimonium potest.*“ (D. 38.11 pr. *unde vir et uxor*).

572 *Furgole*, Traité 499.

573 *Dupin*, Œuvres de Pothier 35.

waren, kein Rechtsbruch vorgeworfen, denn weder aus Verwandtschaft noch aus Freundschaft konnte eine Schuld entstehen[574]. Dies bezog sich ebenso auf erbrechtliche Verhältnisse. Ulpian[575] überlieferte in diesem Zusammenhang ein Reskript der kaiserlichen Gebrüder mit folgendem inhaltlichem Ergebnis: Ein Enkelkind konnte die Erbschaft seines Großvaters antreten, obwohl sein Vater dem Großvater die Begehung eines Kapitalverbrechens angeschuldigt hatte. Die kaiserliche Entscheidung kam zum Entschluss, dass das Enkelkind weder durch den Sinn des Gesetzes noch durch das prätorische Edikt durch die Person seines Vaters vom Nachlass seines Großvaters ausgeschlossen sein sollte. *Crimen vel poena paterna nullam maculam filio infligere potest: namque unusquisque ex suo admisso sorti subicitur nec alieni criminis successor constituitur [...]*[576] schrieb diesbezüglich Callistratus. Der Jurist betonte dadurch, dass ein Verbrechen oder eine Strafe des Vaters nicht zu Lasten seines Sohnes gehen konnte, denn jeder musste für seine Tat einstehen und niemand durfte für ein fremdes Verbrechen zur Verantwortung gezogen werden.

Die oben überlieferten Fragmente des *Corpus Iuris Civilis* behandelten die gegenständliche Problematik nur aus strafrechtlicher und nicht aus indignitätsrechtlicher Sicht. Im justinianischen Werk lässt sich jedoch ein Fragment finden, das die gegenständliche Problematik zumindest teilweise aus indignitätsrechtlicher Sicht betrachtet. Es handelt sich hierbei um Paulus' Digestenfragment

574 Arcad./Honor. C. 9.47.22: *1. Propinquos notos familiares procul a calumnia submovemus, quos reos sceleris societas non facit: nec enim adfinitas vel amicitia nefarium crimen admittunt. 2. Peccata igitur suos teneant auctores nec ulterius progrediatur metus, quam reperietur delictum.*

575 Ulp. 11 l. Iul. Pap. D. 37.14.17: *Divi fratres in haec verba rescripserunt: "Comperimus a peritioribus dubitatum aliquando, an nepos contra tabulas aviti liberti bonorum possessionem petere possit, si eum libertum pater patris, cum annorum viginti quinque esset, capitis accusasset, et proculum, sane non levem iuris auctorem, in hac opinione fuisse, ut nepoti in huiusmodi causa non putaret dandam bonorum possessionem. Cuius sententiam nos quoque secuti sumus, cum rescriberemus ad libellum Caesidiae Longinae: sed et Volusius Maecianus amicus noster ut et iuris civilis praeter veterem et bene fundatam peritiam anxie diligens religione rescripti nostri ductus sit ut coram nobis adfirmavit non arbitratum se aliter respondere debere. Sed cum et ipso Maeciano et aliis amicis nostris iuris peritis adhibitis plenius tractaremus, magis visum est nepotem neque verbis neque sententia legis aut edicti praetoris ex persona vel nota patris sui excludi a bonis aviti liberti: plurium etiam iuris auctorum, sed et Salvi Iuliani amici nostri clarissimi viri hanc sententiam fuisse.*

576 Call. 1 cogn. D. 48.19.26.

D. 29.6.2 pr.[577], welches einen Indignitätstatbestand der Verhinderung der Testamentserrichtung zum Gegenstand seiner Erörterung hatte. Paulus kam in seinem Ediktskommentar zu folgender Feststellung: *Fratris autem factum fratri non nocet*. Die Indignitätshandlung des Unwürdigen sollte seinem Bruder nicht zur Last gelegt werden.

Le Brun erkannte es an, dass die Schuld eine persönliche Eigenschaft des Täters war und, dass sie nicht auf andere Personen übergehen konnte. Nichtsdestotrotz durfte das natürliche Band zwischen einem Vater und seinem Kind nicht außer Acht gelassen werden. Der Vater konnte durch sein Kind wirtschaftlich profitieren, sobald dieses den Nachlass des Opfers erwerben konnte. Dies widersprach laut *Le Brun* der Grundausrichtung der Indignität. Die erwähnte schuldbezogene Verantwortung betraf laut ihm nur die körperliche Strafe (*la peine corporelle*) und nicht die Indignitätsfolgen, denn diese bezogen sich nur auf den Nachlass des Verstorbenen und nicht auf die Person des Täters[578]. Als Hauptargument seiner Ansicht ließ *Le Brun* Paulus' Digestenstelle 48.20.7.4 gelten. Dieses bereits zitierte Fragment verbot den Kindern die Erbgüter des Vaters, die er im Rahmen eines Verbrechens erworben hatte (die sog. Quotenfrage), zu beerben. Dieser Argumentation muss man folgenden Einwand entgegenhalten: Die Unmöglichkeit der Vererbung dieser Erbgüter resultierte aus der festgestellten Indignität des Vaters und nicht aus dem Übergang der Indignitätsfolgen auf seine Erben. Nachdem dem *indignus* der Nachlass entzogen wurde, galt er als nicht erworben.[579] Ein Übergang bzw. eine zwangsweise Vererbung der Indignitätsfolgen auf die Erben des Unwürdigen lässt sich nicht aus der von *Le Brun* zitierten Digestenstelle ableiten.

Le Brun bestätigte seine Meinung mit folgenden beiden gerichtlichen Urteilen, welche die Nachkommen des Verwandtenmörders aufgrund der festgestellten Indignität von der Erbfolge des Opfers ausschlossen. Das erste Urteil wurde von *Le Brun* selbst überliefert. Es handelt sich um *un arrêt de la Morineau* – ein Urteil der *Audience de la grand Chambre* des Pariser Höchstgerichtes vom 15. Mai 1665 mit folgendem Sachverhalt: Eine Frau tötete ihren Vater und flüchtete vor der strafrechtlichen Verurteilung. Nachdem die Strafe verjährt war, kehrte sie zurück und beauftragte ihre Tochter, die Erbschaft des ermordeten

577 Paul. 44 ed. D. 29.6.2 pr., 1 : *Si quis dolo malo fecerit, ut testes non veniant, et per hoc deficiatur facultas testamenti faciendi, denegandae sunt actiones ei qui dolo fecerit, sive legitimus heres sit sive priore testamento scriptus. ; 1. Fratris autem factum fratri non nocet.*

578 *Le Brun*, Traité 554.

579 *Furgole*, Traité 505.

Vaters als seine Enkelin anzutreten. Der Ermordete hinterließ jedoch eine zweite Tochter (die Schwester der Mörderin), die ebenso ihre Erbschaftrechte erhob. Das Gericht sprach den Nachlass letztendlich der zweiten Tochter des Ermordeten zu. Die Enkelin wurde aufgrund der festgestellten Indignität ihrer Mutter von der gegenständlichen Erbfolge ausgeschlossen (*horror matris transif ad filos*)[580]. Eine fundamentierte inhaltliche Begründung dieser Entscheidung überlieferte *Le Brun* jedoch nicht.

Sein zweites gerichtliches Beispiel stellte das Urteil des Pariser Hofgerichtes vom 7. August 1604 dar. Diese Entscheidung stammte aus *Brodeaus* und *Loüets*[581] Rechtsprechungssammlung, anhand welcher man im Gegensatz zu *Le Bruns* erster Überlieferung einen genauen Prozessverlauf samt den Entscheidungsgründen verfolgen kann. Das Gericht hatte einen ähnlichen Sachverhalt zum Gegenstand seiner Entscheidung: Eine Frau ermordete mit Hilfe ihres Sohnes ihren Bruder. Sie wurden beide als erbunwürdig ausgesprochen. Die Kinder der verbrecherischen Frau beabsichtigten die Erbschaft des ermordeten Bruders (ihres Onkels) anzutreten. Die Verwandten des Ermordeten väterlicherseits wendeten die Indignität der Nachkommen der unwürdigen Frau ein. Diesem Einspruch gab das entscheidende Gericht recht und schloss die Kinder der mörderischen Schwester von der Erbfolge ihres Onkels aus. *Brodeau* und *Loüet* beschrieben die Argumentation des Gerichtes folgendermaßen:

> *[…] comme le pere eust esté privable du bien, aussi doit estre le fils: que tels meurtriers estans condamnez, ne pouvoient transporter le droict de succeder à leurs enfans, telles successions ne sont deferees par la coustume, que iure reprasentationis; la mere indigne de la succession, partant ses enfans qui la representent: ce seroit en effect admettre les enfans à profiter du delict de leur pere […]*[582]

Wie dem Vater die Privatgüter entzogen werden konnten, so können sie auch dem Sohn entzogen werden. Wenn die Mörder wegen des begangenen Mordes verurteilt wurden, kann ihr Erbrecht nicht auf ihre Kinder übergehen. Es sei denn, dass sie [die Kinder]

---

580 *Le Brun*, Traité 554–555.

581 Siehe dazu *Brodeau*, Recueil 1057–1061. Die gegenständliche Rechtsprechungssammlung wurde von dem Pariser Advokaten *Brodeau* zusammengefasst. In seinem Werk überlieferte er jedoch die gerichtlichen Berichtssammlungen des Pariser Advokaten *Loüet*. Das gegenständliche Urteil ist unter dem Buchstaben S und der Nummer 20 zu finden und trägt den Titel *Quand les enfans sont exclus de succeßion pour le delict du pere, pu de la mere*.

582 *Brodeau*, Recueil 1059. *Siehe dazu auch […] les enfans de cette soeur venans à la succession du defunct, non tam iure suo, que per reprasentationem matris, soeur du defunct, soeur condamnee long temps apres le meurtre […]. Brodeau*, Recueil 1061.

> aufgrund des Gewohnheitsrechts einen eigenen Berufungsgrund zur Erbfolge vorweisen können. Liegt dieser Grund jedoch im Repräsentationsrecht, so wird den Kindern der Erbschaftserwerb verwehrt. Auf diese Weise hätten sich die Kinder aufgrund des begangenen Verbrechens ihrer Vorfahren bereichern können.

Aus diesem zitierten Satz des aufgezeichneten Urteils ist der Entscheidungsgrund des Gerichtes deutlich erkennbar: Die Kinder der Mörderin konnten die Erbschaft ihres Onkels nicht mittels des Repräsentationsrechts erwerben. Ausschlaggebend für dieses Ergebnis war der Umstand, dass die Kinder keinen direkten Anspruch (*non tam iure suo que per reprasentationem matris*) auf den Erwerb des gegenständlichen Nachlasses vorweisen konnten. Dieser stand der zweiten Schwester des Verstorbenen zu. Aus dieser gerichtlichen Entscheidung lässt sich folgende dogmatische Erkenntnis gewinnen: Die Nachkommen des *indignus* konnten das Opfer nur dann beerben, wenn sie selbst einen direkten Erbtitel gegen den gegenständlichen Nachlass hatten. Sobald die materielle Grundlage ihres Erbschaftsanspruches im Repräsentationsrecht ihrer Eltern lag, gingen die Indignitätsfolgen des Elternteiles auf sie über und verhinderten dadurch den Erbschaftserwerb.

Diese Ansicht vertrat ebenso *Furgole*[583]. Er bestätigte diese Meinung mit der Gegenüberstellung folgender beider Urteile. Das erste wurde durch das Pariser Hofgericht am 18. Januar 1652 verkündet. Das Gericht kam zu folgendem Entschluss: Der Bruder des Ermordeten konnte seine Erbschaft antreten, obwohl der Täter der eigene Vater war. Die Indignitätsfolgen gingen nicht auf ihn über, da er einen direkten Erbtitel als Kollateralverwandter des Verstorbenen gegen den Nachlass des Ermordeten hatte[584]. Das zweite Urteil wurde durch das Gericht in der Bretagne am 4. Dezember 1573 verkündet. Ein Sohn brachte seinen Vater um und wurde dadurch erbunwürdig. Der ermordete Vater hinterließ neben einem Sohn auch eine Tochter. Der Sohn wurde aufgrund seiner Tat erbunwürdig. Da die Tochter des Verstorbenen am Leben war, konnten die Kinder des mörderischen Sohnes dessen Teil der väterlichen Erbschaft nur mittels des Repräsentationsrechts erwerben. Sie konnten in dieser Erbfolge keinen „eigenen" Erbtitel vorweisen. Sie mussten daher das Unwürdigkeitsstigma ihres Vaters tragen. Das entscheidende Gericht sprach die Erbschaft der Tochter des Verstorbenen, der Schwester des *inidgnus*, zu[585].

---

583 *Furgole*, Traité 503–508.

584 *Furgole*, Traité 503.

585 Siehe dazu *Le Caron*, Responses 216–219.

Das Stigma der Unwürdigkeit an den Erbschaftsgütern blieb jedoch nicht immer bestehen. Die Rechtspraxis des *Ancien Régime* ermöglichte es, die Indignitätsfolgen mittels eines indirekten Erbschaftserwerbes zu umgehen. Damit war ein Erbschaftserwerb eines Dritten, der die ursprünglich aufgrund der Indignität entzogene Erbschaft im Rahmen einer separaten Erbfolge erwarb, gemeint. Ein Mörder konnte daher im Rahmen der Erbfolge seiner Kinder in Besitz des Nachlasses seines Opfers gelangen. Zu diesem Ergebnis kam das Pariser Gericht am 7. Juli 1615 – folgender Sachverhalt stellte den Gegenstand der Entscheidung dar: Ein Mann erstach seine Frau, die er beim Ehebruch in flagranti ertappt hatte. Aufgrund dieser Tat wurde er erbunwürdig. Die Erbschaft der ermordeten Frau trat ihre gemeinsame Tochter an. Nachdem sie im testierfähigen Alter verstarb, erhoben ihr Vater und ihre Kollateralverwandten mütterlicherseits Ansprüche auf ihre Erbschaft. Der Vater begründete seinen Erbanspruch mit der justinianischen Novelle 118. Dieses Gesetz räumte ihm ein Vorzugsrecht gegenüber der seitlichen Verwandtschaft ein, sobald der Erblasser weder eigene Nachkommen noch Geschwister hinterließ. Außerdem handelte es sich bei dieser Erbfolge um die Erbschaft seiner Tochter und nicht um die seiner von ihm ermordeten Frau. Die Kollateralverwandten wendeten dagegen die Erbunwürdigkeit des Ehemannes und die Anwendung des gewohnheitsrechtlichen Grundsatzes *paterna paternis, materna maternis* ein. Das entscheidende Gericht gab dem Vater recht und ließ ihn die Erbschaft seiner Tochter antreten. Da die Tochter die Erbschaft ihrer Mutter gültig erworben hatte, änderte sich gleichzeitig die Güterabstammung (*materna esse desierant*). Da der Ehemann die Erbschaft seiner Tochter antrat, konnte ihm der Vorwurf der Unwürdigkeit in Bezug auf die Erbfolge seiner von ihm ermordeten Frau nicht schaden[586]. Diese Entscheidung lässt sich ebenso mit Hilfe Modestins Digestenstelle D. 34.9.7 belegen: *Qui Titii testamentum falsum dixit nec optinuit, heredi eius heres exsistere prohibendus non est, quia non principaliter in Titii hereditatem succedit.*[587]

Ein letzter Punkt bleibt in den Ausführungen zum *parricidium* noch erwähnenswert, nämlich seine Unverjährbarkeit aus indignitätsrechtlicher Sicht. In dieser Rechtsfrage waren sich die beiden bereits erwähnten Juristen *Le Brun* und *Pothier* ausnahmsweise einig. Der Erste begründete diese inhaltliche Feststellung mit dem bereits geschilderten Urteil *Morineaus*: *[…] cet Arrêts décida, que la peine du parricide se prescrit par le temps; mais que l'indignité demeure toujours […]*[588].

586 *Bretonnier*, Œuvres de M. Claude Henrys III (1772) 723–753.
587 Siehe dazu Paul. 1 fisc. D. 34.9.5.7.
588 *Le Brun*, Traité 551.

Pothier[589] betonte, dass die Verjährung nur von der strafrechtlichen Verurteilung befreite, die Last der Indignität jedoch dagegen für immer am Unwürdigen bestehen blieb[590].

cc. SC. Silanianum und sein französischer Rezeptionsvorgang

Wie der römische Teil der Arbeit erklärt, bestand der Senatsbeschluss *Silanianum* aus zwei Teilen. Der erste verbot den testamentarischen Erben das Testament des im eigenen Haus ermordeten Testators aufzumachen, abzulesen oder abzuschreiben, sobald die zum Haus gehörenden Sklaven unter Anwendung der Folter nicht verhört oder bei der festgestellten Schuld nicht hingerichtet wurden[591]. Eine wissentliche und willentliche vorzeitige Eröffnung (bzw. ein wissentliches und willentliches Ablesen) dieses Testamentes führte zur Konfiskation der testamentarisch aufgesetzten Sachen[592]. Aufgrund seines antiquierten und praxisfremden Charakters fand diese Regelung in der Rechtspraxis des *Ancien Régime* keine Anwendung[593].

Der zweite Teil beinhaltete dagegen eine gesetzliche Rache- und Verfolgungspflicht der Erben des ermordeten Erblassers. Derjenige, der diese Pflicht versäumte, verlor den ihm sowohl kraft Gesetztes als auch kraft eines Testaments zustehenden Nachlass[594]. Über die Rezeption und die Anwendbarkeit dieser Regelung in der Rechtspraxis herrschte zwischen den französischen Rechtsgelehrten der Rezeptionszeit keine Einigkeit. Der Großteil von ihnen (wie *Domat*, *Le Brun*, *Merlin* oder *Furgole*[595]) ging von der Aufnahme dieser Regelung aus. Dieser Meinung widersprach *Pothier*, der neben dem fehlenden

---

589 Pothier bezweifelte außerdem die Glaubwürdigkeit des *arrets Morineau. Le Brun prétend que l'indignité de l'homicide descend à ses enfans, et il en rapporte quelques arrets, ce qui me parait souffrir queique difficulté. Dupin*, Œuvres de Pothier 35.

590 *Dupin*, Œuvres de Pothier 35.

591 Ulp. 50 ed. D. 29.5.3.18: *Quod ad causam testamenti pertinens relictum erit ab eo qui occisus esse dicetur, id ne quis sciens dolo malo aperiendum recitandum describendumque curet, edicto cavetur, priusquam de ea familia quaestio ex senatus consulto habita suppliciumque de noxiis sumptum fuerit.*

592 Ulp. 50 ed. D. 29.5.5.2: *Non alias bona publicantur, quam si constabit esse occisum patrem familias et heredem ante quaestionem de familia habitam suppliciumque sumptum adisse hereditatem.* Vgl. C. 6.35.3; Paul. sent. 3,5,12a.

593 *Furgole*, Traité 596.

594 Marcian. del. sing. D. 29.5.15.2: *Heredibus autem, qui in ulciscenda morte defuncti cessaverant, tam testamento quam ab intestato auferuntur bona: forte et si quasi patronus venit, quamvis hi suo iure admittantur.*

595 Vgl. *Domat*, Les loix civiles 86 ; *Lerbun*, Traité, 552–553 ; *Furgole*, Traité 595–613.

gewohnheitsrechtlichen Charakter dieser Bestimmung auch im *ministère public* ihren richtigen Empfänger sah[596].

Diese Frage kann daher nur anhand der Beurteilung gerichtlicher Entscheidungen beantwortet werden. Die Rechtsprechungssammlungen der französischen Höchstgerichte geben in dieser Hinsicht eine eindeutige Antwort: Die Verfolgungspflicht des Senatsbeschlusses *Silanianum* war einer von vielen Gegenständen gerichtlicher Verhandlungen. *Le Caron, Brodeau & Loüet, Maynard* oder *Boniface*[597] überlieferten in ihren Aufzeichnungen Urteile, die den Urheber dieser Pflichtverletzung mit Indignitätsfolgen bestraften[598]. Sowohl die Rezeption dieser römischen Regelung als auch ihre Praxisexistenz können daher nicht mehr bezweifelt werden. In dieser Hinsicht erscheint es höchst interessant, unter welcher Form diese barbarisch klingende Rache- und Verfolgungspflicht im gemeinen französischen Recht umgesetzt wurde. Inwiefern und unter welchen Umständen war der Erbe zur Verfolgung verpflichtet? Musste der Erbe durch den Richter oder durch die Verwandten des Ermordeten zur Pflichterfüllung beauftragt werden? Mussten konkrete Mordbeweise vorliegen, um ein gerichtliches Vorgehen initiieren zu können?

Die Verfolgungsleistung wurde seitens *Domats* folgendermaßen beschrieben:

> *L'heritier soit testamentaire ou abintestat qui neglige de poursuivre en justice la punition des coupables de la mort de celuy à qui il devoit succeder, se rend par la indigne de la succession [...]*[599]
>
> Ein testamentarischer oder gesetzlicher Erbe, der die Feststellung und die Verfolgung des Mörders seines Erblassers vernachlässigte, gilt als erbunwürdig.

Die einem ermordeten Erblasser seitens seiner Erben geschuldete Leistung wurde als gerichtliches Vorgehen gegenüber dem Mörder definiert. Dieser musste für seine Tat zur strafrechtlichen Verantwortung gezogen werden. *Merlin* definierte ebenso das Wort *venger* als *[...] exercer une poursuite régulière [...]*[600] und betonte zugleich, dass das reine Auffinden des Mörders bzw. die Feststellung seiner Identität als nicht ausreichend galt. Der Ausdruck des „gerichtlichen Vorgehens“ kann jedoch unterschiedlich verstanden und ausgelegt werden. Eine Unterlassung der Klageerhebung scheidet aufgrund des im

596 *Dupin*, Œuvres de Pothier 35.

597 Siehe dazu *Le Caron*, Pandectes ou digestes du droict françois 536; *Brodeau*, Recueil 523.

598 *Furgole*, Traité 600.

599 *Domat*, Les loix civiles 86.

600 *Merlin*, Répertoire universel et raisonné de jurisprudence VI (1813) 79.

Mittelalter herrschenden Inquisitionsverfahrens aus. Diese bis zur Erlassung des *Code d'instruction criminelle* im Jahre 1808 geltende Prozessart berechtigte nur den obrigkeitlichen Ankläger bei der Begehung eines Offizialdeliktes, eine Klage von Amts wegen und im öffentlichen Interesse zu erheben. Eine Privatperson war dazu nicht berechtigt.

Eine mögliche Verletzung der Verfolgungspflicht konnte daher eine Nichtteilnahme als Zeuge an einem gegen den Mörder ausgerichteten Prozess darstellen. Der Zeuge galt im Inquisitionsverfahren als fundamentales Beweismittel. Durch die Verweigerung dieser Leistung wurde die Beurteilung des Mörders wesentlich erschwert. Zu diesem Entschluss kam der Pariser Gerichtshof am 24. Juli 1573. Das von *Brodeau* aufgezeichnete Urteil sprach die Kinder des ermordeten Vaters als erbunwürdig aus, da diese trotz einer gerichtlichen Ladung und der Gewährung einer Frist nicht an dem gegen den Mörder ausgerichteten Prozess teilnahmen[601]. *Brodeau*, der selbst als Advokat einer der Parteien im Gerichtsaal anwesend war, beschrieb die Entscheidungsgründe mit folgenden Worten:

> *[...] la rusticité, simplicité & ignorance ne profite de rien, & n'est point cosiderable, lors que lon fait quelque chose contraite au droit de nautre [...] que le mesme instinct nautrel, qui nos porte à aimer nos pere & mere, & autres parens, nous porte pareillement à les secourir, les defendre, & à venger leus sang; lequel autrement crieroit vengeance debant Dieu: la loy divine nous y oblige [...]*[602]

> Aus der Ungehobeltheit, der Gleichgültigkeit und der Ignoranz kann man nicht profitieren. Es ist nicht erheblich, wenn man gegen das Naturrecht verstößt. Denn der gleiche natürliche Instinkt, der uns befiehlt unseren Vater, unsere Mutter und unsere Verwandtschaft zu lieben, befiehlt uns auch, ihnen zu helfen, sie zu verteidigen und das familiäre Blut zu rächen. Zu dieser Rache ruft uns Gott. Das göttliche Recht verpflichtet uns dazu.

Höchst interessant erscheint m.E. die Darstellung eines aus der Unterlassung der Rachepflicht möglichen wirtschaftlichen Gewinnes (als Folge des erworbenen Nachlasses) als Verstoß gegen die Grundsätze des Naturrechts. Das Naturrecht verpflichtete die Erben dazu, ihre Verwandten mit Liebe und Respekt zu behandeln und im Falle ihres Todes ihr Blut zu rächen. Die von *Brodeau* überlieferten Entscheidungsgründe stellten ein Aufeinandertreffen von römischen und naturrechtlichen Rechtsgedanken dar. Dies kann man bereits bei den inhaltlichen Erörterungen des Verwandtenmordes aus indignitätsrechtlicher Sicht bemerken. Auch da hieß es, dass es dem Naturrecht widersprach, wenn ein Verwandtenmörder sein Opfer beerbte.

---

601 *Brodeau*, Recueil 523.

602 *Brodeau*, Recueil 524–525.

Das von *Le Caron* überlieferte Urteil vom 24. Juli 1673 kam zu dem gleichen Ergebnis. Ein Sohn konnte seinen ermordeten Vater nicht beerben, da er seinen Mörder nicht gerichtlich verfolgt hatte. *Le Caron* betonte zwar, dass *le Procureur du Roy* für die gerichtliche Verfolgung und Verurteilung des Mörders zuständig war, jedoch musste der eigene Sohn alles tun, um den Mörder seines Vaters zur gerechten Verurteilung zu bringen[603].

Sowohl das von *Brodeau* aufgezeichnete Urteil als auch das von *Le Caron* blieben in Bezug auf die inhaltlichen Ausführungsmodalitäten dieser gerichtlichen Verfolgungspflicht wenig informationsreich. In dieser Hinsicht überlieferte die Rechtsprechung der französischen Hofgerichte fast keine eigenen inhaltlichen Erkenntnisse. Der Indignitätstatbestand der Rachepflicht verwies laut den vorhandenen Urteilen des *Ancien Régime* in viel stärkerem Ausmaß auf die römischrechtlichen Inhalte, als dies beim *parricidium* der Fall war. Zur Bestätigung dieser Bemerkung verwies *Furgole* auf die unterschiedliche Beurteilung der Verfolgungspflicht bei einem geheimen und einem offenkundigen (*per caedem et vi aperta*) Mord. Diese Beurteilung entstammte völlig der römischen Indignitätslehre. Im Falle einer heimlichen Tötung (z.B. durch die Verabreichung eines Giftes oder durch einen Meuchelmörder) konnte der Erbe die Erbschaft noch vor der Erfüllung der Verfolgungsleistung antreten. Dem Erben konnten in diesem Fall weder Nachlässigkeit noch Versäumnis zur Last gelegt werden[604]. Im Falle eines offenkundigen Mordes stand dem Erben ein solches Recht nicht zu. Jede vorzeitige Testamentseröffnung bzw. jeder vorzeitige Erbschaftsantritt war mit der Erbunwürdigkeit eines Erben verbunden. *Furgole* und *Merlin*, die von der Anwendbarkeit dieser Regelungen im gemeinen französischen Recht ausgingen, beriefen sich auf die entsprechenden Passagen des *Codex Iustinianus* (C. 6.35.7[605] und C. 6.35.9[606]). Ihre Ansichten konnten sie jedoch mit keinem Urteil eines französischen Höchstgerichtes bestätigen.

Der Indignitätstatbestand des *SC. Silanianum* des gemeinen französischen Privatrechts bestand jedoch nicht nur aus den rezipierten Inhalten seines römischen Rechtsvorbildes, sondern besaß ebenso eigene dogmatische Erkenntnisse. Diese

603 *Le Caron*, Pandectes ou digestes du droict francois IV (1610) 536.

604 Siehe dazu *Furgole*, Traité 603–605 ; *Merlin*, Répertoire 79.

605 Alex. C. 6.35.7: *Si ideo ultio necis testatoris non est desiderata, quia caedis auctores reperiri non potuerunt, obesse heredibus, in quo nulla eorum culpa detegitur, non oportet.*

606 Diocl./Maxim. C. 6.35.9: *Cum fratrem tuum veneno peremptum esse adseveras, ut effectus successionis eius tibi non auferatur, mortem eius ulcisci te necesse est. Licet enim hereditatem eorum, qui clandestinis insidiis perimuntur, hi qui iure vocantur adire non vetantur, tamen, si interitum non fuerint ulti, successionem obtinere non possunt.*

sind vor allem anhand der Rechtfertigungstatbestände der Verfolgungsleistung zu sehen, die neben römischen Regelungen vorwiegend eigene Regelungen enthielten.

Der römischrechtlichen Gruppe wurden folgende rechtfertigende Sachverhalte zugeschrieben: Ein Erbe musste den Tod seines Erblassers gerichtlich nicht erforschen, wenn er entweder das 25. Lebensjahr noch nicht vollendet hatte[607] oder die Identität des Mörders unauffindbar war[608]. Beide Bestimmungen finden ihre Rechtsgrundlage im justinianischen Kodex[609].

Die drei anderen Rechtfertigungsgründe stellten dagegen ein Produkt der eigenen Rechtserzeugung dar. Auch in diesem Fall spielten bei der inhaltlichen Ausgestaltung dieser Gründe naturrechtliche Gedanken eine entscheidende Rolle. Das wichtigste Beispiel der eigenen Rechtsauffassung stellte eine Regelung dar, die besagte, dass der Erbe den Verwandtenmörder gerichtlich nicht verfolgen musste, wenn dieser mit ihm selbst verwandt war[610]. Ein Erbe war daher nicht dazu verpflichtet, gegenüber seinen Blutsverwandten eine Klage zu erheben. Interessant erscheint in diesem Zusammenhang, bis zu welchem Grad man mit dem Mörder verwandt sein musste, um im Falle der Versäumnis der Rachepflicht von den Indignitätsfolgen freigesprochen zu werden. *Le Brun*, *Furgole* und *Merlin*[611] waren sich darüber einig, dass Deszendenten und Aszendenten sich gegenseitig im Sinne des gegenständlichen Indignitätstatbestandes weder beschuldigen noch verfolgen mussten. Ein Sohn, der seinen mörderischen Vater gerichtlich nicht verfolgt hatte, konnte wegen der Versäumnis dieser Verfolgungsleistung nicht als erbunwürdig ausgesprochen werden. Das Gleiche betraf auch den Vater, der seinen Sohn nicht des Mordes beschuldigen musste. Um die *ratio legis* dieses Rechtfertigungstatbestandes näher zu erläutern, verwies *Furgole* auf folgende Argumentation von *Dumoulin*:

> *L'amour, le respect & la soumission que le fils doit à son pere, qui sont fondez sur les droits de la nature, doivent, sans contredit le dispenser d'une telle obligation, dont il ne pourroit s'acquitter qu'en contrubuant à la mort de son pere [...] le pere ou autre ascendant est heritier de celui qui a été tuße par son fils ou autre descendant; car il y auroit de l'inhumanité de vouloir obliger un pere à poursuivre la mort de son fils*[612].

607 Alex. C. 6.35.6: *Minoribus quinque et viginti annis heredibus non obesse crimen inultae mortis placuit.* Vgl. C. 6.35.1.1.

608 C. 6.35.7.

609 Siehe dazu *Bourjon*, Le droit commun 812 ; *Furgole*, Traité 610–611; *Domat*, Les loix civiles 86 ; *Le Brun*, Traité 553.

610 *Furgole*, Traité 611.

611 *Le Brun*, Traité 553; *Furgole*, Traité 611; *Merlin*, Répertoire 80.

612 *Furgole*, Traité 611.

> Die Liebe, der Respekt und die Unterwerfung, die der Sohn gegenüber seinem Vater beachten muss, finden ihre Wurzeln im Naturrecht. Dieses Naturrecht, ohne der gegenständlichen Pflicht ihre Gültigkeit abzusprechen, verlangt von einem Sohn nicht, dass dieser seinen Vater der Begehung eines Mordes beschuldigen muss. Denn es ist inhuman, den Vater zur strafrechtlichen Verfolgung seines Sohnes wegen des begangenen Mordes zu zwingen.

Die Grundsätze des Naturrechts bildeten die Hauptgrundlage für die Befreiung von Verfolgungsleistungen[613]. Ein Erbe, der zur Teilnahme an einer gegen seinen Verwandten gerichteten gerichtlichen Verhandlung als Hauptzeuge gezwungen worden war, hätte nach damaliger Rechtslage den Tod des angeklagten Verwandten verursachen können. Ein Mörder wurde in den Zeiten des *Ancien Régime* normalerweise zur Todesstrafe verurteilt[614]. *Merlin* war der Meinung, dass der Gesetzgeber in dieses familiäre Band nicht eingreifen und es so vor allem nicht brechen sollte[615].

Zur Bestätigung dieser Meinung verwiesen *Le Brun* und *Furgole* auf ein von *Maynard* überliefertes Urteil des Hofgerichtes von Bordeaux vom 7. Februar 1608. Den Gegenstand der Entscheidung bildete folgender Sachverhalt: Eine Frau ermordete ihren Sohn. Ihr Vater, der zugleich auch der Großvater des Ermordeten war, rächte seinen Enkel nicht und sah von der gerichtlichen Verfolgung seiner Tochter ab. Das Gericht sprach ihn von dieser gesetzlichen Verpflichtung frei und ließ ihn die Erbfolge seines Enkels antreten. Ausschlaggebend dafür war die zwischen dem Vater und seiner Tochter vorhandene verwandtschaftliche Nähe. Auch in diesem Fall begründete, laut *Maynard*, das entscheidende Gericht sein Urteil mit naturrechtlichen Grundsätzen, denn ein Vater sollte nicht dazu gezwungen werden, seine eigene Tochter gerichtlich zu verfolgen und dadurch vielleicht in den Tod zu schicken[616].

Unterschiedliche Meinungen gab es zwischen den französischen Rechtsgelehrten in der Frage, ob eine kollateralverwandtschaftliche Nähe zwischen dem Mörder und dem Erben als anerkannter Rechtfertigungsgrund für die Unterlassung der gerichtlichen Verfolgung des Mörders galt. Es stellte sich die Frage, ob ein Bruder seine Schwester wegen der Tötung eines gemeinsamen Erblassers (ihres Vaters) gerichtlich verfolgen sollte. *Maynard* lehnte die rechtfertigenden Auswirkungen der Kollateralverwandtschaft kategorisch ab. Er berief sich dabei

---

613 *Le Brun*, Traité 553; *Furgole*, Traité 611.

614 *Furgole*, Traité 611.

615 *Merlin*, Répertoire 80.

616 *Maynard*, La troisiesme partie des notables et singulieres questions du droict escrit (1617) 8.

auf folgendes Urteil des Gerichtshofes von Bordeaux vom 7. September 1566. Dieses sprach einen Sohn in Bezug auf die Erbfolge seines ermordeten Vaters als erbunwürdig aus, da er seinen Mörder, der zugleich sein Bruder war, gerichtlich nicht verfolgt hatte. Laut *Maynards* Überlieferung konnte die geschwisterliche Zuneigung nicht mit der elterlichen komparieren[617]. Diese schätzte er als viel schwächer ein und verwies in diesem Zusammenhang auf den Spruch *Fratrum concordia rara* (Brüder vertragen sich selten) des deutschen neulateinischen Dichters Hieronymus Osius[618].

Frugole und *Le Brun*[619] vertraten diesbezüglich gegenseitige Meinungen. Die Juristen begründeten ihre Ansichten mit der Entscheidung des Gerichtshofes aus der Provence vom 28. Januar 1684, welche von *Boniface* in seiner Rechtsprechungssammlung aufgezeichnet wurde. Das gegenständliche Urteil erlaubte einer Frau die Erbfolge ihres ermordeten Sohnes anzutreten, obwohl sie seinen Mörder, der zugleich ihr Bruder war, gerichtlich nicht verfolgt hatte. Diese Entscheidung entsprach nicht nur dem Naturrecht, sondern auch der römischen Rechtslehre[620]. Diese belegten einen Bruder, der seinen eigenen Bruder der Begehung eines schwerwiegenden Kapitalverbrechens angeklagt hatte, mit einer Verbannungsstrafe[621]. Ein entfernter Kollateralverwandter konnte sich dagegen nicht auf diesen Rechtfertigungsgrund berufen.

Letztendlich wurden die rechtsbefreienden Auswirkungen der verwandtschaftlichen Nähe auch innerhalb eines ehelichen Bundes anerkannt. In diesem Sinne mussten sich die Eheleute nicht gegenseitig der Begehung eines Mordes beschuldigen, um von den Indignitätsfolgen freigesprochen zu werden[622]. Eine ausführliche Behandlung dieser Problematik wurde von *Claude Henrys*[623] vorgenommen. Der Jurist stellte in seinem Œuvre folgende Frage: *Si une femme est tenue d'accuser son mari qui a fait mourir l'enfant qu'elle avoit eu d'un premier mari?*[624] Er lehnte die Frage ab und begründete seine Meinung ebenso mit

617 *Maynard*, Notables et singuliéres questions de droit écrit jugées au Parlement de Toulouse I (1751) 7.

618 *Maynard*, Notables et singulieres questions 8.

619 *Furgole*, Traité 612. Unterstützend *Le Brun*, Traité 553.

620 *Furgole*, Traité 612.

621 Diocl./Maxim. C. 9.1.13: *Si magnum et capitale crimen ac non leve frater contra fratrem suum instituerit, non solum audiendus non est, sed etiam exilii poena plectendus.*

622 *Furgole*, Traité 612; *Le Brun*, Traité 553.

623 Siehe dazu *Bretonnioer*, Œuvres de M. Claude Henrys II (1771) 604–606.

624 *Bretonnier*, Œuvres, 604; Der Jurist überlieferte folgenden gerichtlichen Sachverhalt: Eine Frau hatte einen vermögensreichen Sohn aus erster Ehe. Ihr zweiter Ehemann ermordete ihren erstehelichen Sohn und täuschte seinen Abgang von der

naturrechtlichen Argumenten. Laut ihm sollte eine Ehefrau nicht dazu gezwungen werden, ihren Ehemann wegen Mordes an ihrem Kind anzuzeigen. *Henrys* verglich diese Konstellation (Tötung des Kindes durch den Vater) mit einem Konflikt naturrechtlicher Grundsätze. Auf der einen Seite verpflichtete das Naturrecht dazu, das Blut des ermordeten Sohnes zu rächen. Auf der anderen Seite verwies *Henrys* auf die Einigkeit des ehelichen Bundes: *[...] le mari & la femme ne sont qu'une meme chair [...]*[625]. *Furgole*, der neben *Le Brun*[626] ebenso von den rechtsbefreienden Wirkungen einer Ehe ausging, unterstützte diese Meinung mit der christlichen Lehre und verwies dabei auf folgendes Fragment des Evangeliums nach Markus – *erunt duo in carne una*[627]. Er unterstrich damit die rechtliche Einigkeit eines ehelichen Bundes.

Schlussendlich konnten die Erben auch dann von der Erfüllung der Rachepflicht befreit werden, wenn der getötete Erblasser seinem Mörder verziehen hatte oder wenn die in Armut lebenden Erben die Verfolgung aus wirtschaftlichen Gründen nicht tragen konnten[628]. Die rechtsbefreienden Wirkungen der Verzeihung wurden durch das Urteil des Pariser Höchstgerichtes vom 30. Juli 1630 bestätigt[629]. Das Gericht schloss weder die Witwe von den ehelichen Zuwendungen von Todes wegen noch die Kinder von der gesetzlichen Erbfolge ihres verstorbenen Vaters aus, da dieser seinem Mörder verziehen hatte. Das Gericht verwies in seiner Entscheidung auf folgenden Satz Ulpians: *[...] nec pietas pro servis nec sollicitudo heredis optinere debet, ut ad poenam vocentur, quos absolvit dominus ipse*[630].

Familie vor. Dieser wollte dadurch mittels der Erbfolge seiner Ehefrau an das Vermögen des getöteten Sohnes gelangen. Nachdem die Leiche des Sohnes im Brunnen gefunden wurde, flüchtete der Mörder, um so der strafrechtlichen Verfolgung zu entgehen. Da die Ehefrau sowohl vor als auch nach der Enthüllung dieser grausamen Tat keine gerichtlichen Verfolgungsaktivitäten gegen den Mörder vorgenommen hatte, wurde ihr nicht nur das Versäumnis der Rachepflicht, sondern auch die Komplizenschaft vorgeworfen.

625 *Bretonnier*, Œuvres de M. Henrys II 604.

626 Siehe dazu *Furgole*, Traité 612; *Le Brun*, Traité 553.

627 Evg. Markus Kapitel 10, Vers 8.

628 *Furgole*, Traité 613.

629 Siehe dazu *du Fresne*, Journal des principales audiences du parlement I (1757) 114–115.

630 Call. 5 cogn. D. 29.5.2: *Divus Marcus Commodus Pisoni rescripsit in haec verba: "Cum constiterit apud te, Piso carissime, Iulium donatum, posteaquam conterritus adventu latronum profugerat villam suam, vulneratum esse, mox testamento facto purgasse*

dd. *Verhinderung an der Errichtung bzw. an der Abänderung eines Testaments*

Der gegenständliche Indignitätstatbestand umfasste mit seinen Auswirkungen jegliche Fälle, die eine Verletzung bzw. Missachtung des letzten Willens des Testators zum Gegenstand hatten. Dieser Tatbestand setzte logischerweise das Vorhandensein eines gültigen Testaments voraus. Dieses erreichte im gemeinen französischen Recht jedoch keine einheitliche Gestalt. Der Grund dafür lag in der unterschiedlichen Rezeption des römischen Testamentsrechts innerhalb des französischen Königreiches.

Das Testament als privatrechtlicher, einseitiger und widerruflicher Verfügungsakt von Todes wegen, welches es nach römischem Recht war, „erlebte" auf französischem Rechtsboden einen sehr holprigen Rezeptionsweg. Die ersten Einflüsse des römischen Testamentsrechts sind bereits während der Herrschaft der Merowinger festzustellen. Das Testamentsrecht wurde in diesem Zeitraum jedoch meistens ohne inhaltlichen Zusammenhang zu seinem römischen Vorbild überliefert. So begegnete man in dieser Zeit den typischen Testamentsformeln der klassischen Periode[631], ohne dabei von einem Testament im römischen Sinne sprechen zu können. Die *leges barbarorum*, die vom römischen Recht geprägt waren, hinterließen ihre Spuren[632]. Mit dem Ende der Merowingerherrschaft und dem vorübergehenden Aussterben der Traditionen des *le Bas-Empire*[633] verschwand zuerst das Testament aus dem Rechtsbewusstsein vor allem der in Nordfrankreich lebenden französischen Bevölkerung[634]. Seine Renaissance[635] im Hochmittelalter verdankte es der katholischen Kirche[636]. Im Norden tauchte

---

officium servorum suorum, nec pietas pro servis nec sollicitudo heredis optinere debet, ut ad poenam vocentur, quos absolvit dominus ipse. Siehe dazu *Furgole*, Traité 612.

631 *Ita do, ita lego, ita testor, i[ta, vos mihi, Quirites, testi]munium testanti citeri citerque proxemi proximaeque tribuitote, pristote atque habetote.* Siehe dazu *Tardif*, Monuments historiques (1866) 22.

632 Diese übernahmen vom römischen Recht das Erfordernis der Zuziehung von sieben Testamentszeugen (*Lex Burgundium, XLIII, 1).*

633 Als *Bas-Empire* wird seitens der französischen Historiker die letzte Phase des römischen Imperiums, welche zwischen den Jahren 284 und 476 datiert wird, bezeichnet. Der Name selbst entstammte der aus dem Jahr 1752 stammenden 28. Bücherreihe *Charles le Beaus* unter dem Titel *L'histoire du Bas-Empire.*

634 *Coing*, Europäisches Privatrecht I (1985) 564.

635 Vgl. *Lepointe*, Droit romain 310.

636 Der Siegeszug der christlichen Rechtsdoktrin begann mit Papst Alexanders III Dekret aus dem Jahr 1171 (1172). Diese Entscheidung erlaubte dem Testator das Testament entweder vor einem Pfarrer oder vor einem Vikar unter der Heranziehung von zwei

es rund um das Jahr 1100 wieder auf[637]. Im Süden, wo die Einflüsse des römischen Rechts in stärkerem Ausmaß vorhanden waren, wird von der Kenntnis des Testamentsrechts, zumindest in der Form einer Schenkung von Todeswegen (*post obitur inter vivos*), ausgegangen[638].

Ursprünglich lag das Testament in der geistlichen Gerichtsbarkeit und wies einen starken säkularen Charakter vor. Nach christlicher Auffassung sollte sich der Testator mittels eines Testaments für sein bisheriges Leben bei Gott bedanken, indem er der Kirche die Teilhabe an seinem Vermögen mittels *legs pieux* (eines barmherzigen Vermächtnisses) ermöglichte[639]. Derjenige, der diese Pflicht nicht erfüllte, galt als ohne Beichte und ohne Konfession verstorben[640]. Des Weiteren konnte ihm sogar das kirchliche Begräbnis verweigert werden[641]. *Auffroy* bezeichnete das Testament sogar als Teil des kirchlichen Sakraments – *c'est un accessoire d'un sacrement*[642]. Dieser religiöse Abdruck ist sogar anhand eines Testamentsmusters zu erkennen, welches von *Beaumanoir* in seinem Landrecht niedergeschrieben wurde[643].

Sowohl die Rechtslage des Testaments als auch die damit verbundene testamentarische Erbfolge gelten als perfekte Beispiele der rechtlichen Spaltung des französischen Königreiches zwischen Norden und Süden. In *les pays du droit écrit* setzte sich das römische Testamentsrecht vollständig durch. Eine mittels eines Testaments

oder drei Zeugen zu errichten. Diese Vorgehensweise widersprach dem römischen Recht, das ein von weniger als sieben Zeugen bezeugtes Testament als ungültig betrachtete. Diese kirchliche Testamentsform setzte sich überwiegend im französischen Königreich (*Ancien Régime*) durch und wurde im Art. 89 der Pariser Coutumes niedergeschrieben. Siehe dazu *Glasson*, Le droit de succession 136.

637 *Auffroy*, Evolution du testament en France des origines au XIII siècle (1899) 441.

638 *Coing*, Europäisches Privatrecht 564.

639 Siehe dazu *Timbal*, Les legs pieux au Moyen- Âge, in La mort au Moyen- Âge. Colloque de l'Association des historiens médiévistes français réunis à Strasbourg en juin 1975 au Palais Universitaire (1975) 24–25.

640 *Glasson*, Le droit succession 135.

641 *Coing*, Europäisches Privatrecht 564.

642 *Auffroy*, Evolution, 373. Unterstützend *Lepointe*, Droit romain 306; *Coing*, Europäisches Privatrecht 564.

643 Diese Formel fing mit folgenden Worten an: *Coutumes de Beauvaisis Capitre XII § 58 : En nom du Pere et du Fil et du Saint-Esprit, amen. Je, Pierres, de tel lieu ses savoir à toz presens et à venir que je, por le profit de m'ame, en men bon sens et en men bon memore […] Primes, je voil et ordenne que toutes mes detes soient paiées et tout mi torfet soient amendé.* Text nach *Beugnots* Ausgabe : Les Coutumes de Beauvoisis 209. Siehe dazu *Lepointe*, Droit romain 317.

eingesetzte Person galt als rechtmäßiger Erbe. Sie übernahm dadurch jegliche Passiva und Aktiva des Testators[644]. Nicht nur die Erbeinsetzung, sondern auch die Formvorschriften des römischen Rechts wurden in diesem Bereich rezipiert[645].

Anders sah dagegen die Rechtslage im Norden (*les pays du droit coutumier*) aus. Der wichtigste Unterschied, neben den Divergenzen innerhalb der formellen Vorschriften[646], bestand in der Ablehnung einer testamentarischen Erbeinsetzung durch die *coutumes* des Nordens. In dieser Hinsicht hielt das französische Gewohnheitsrecht im Sinne des Spruches *Solus Deus heredem facere potest non homo*[647]des anglo-normannischen Rechtsgelehrten *Glanville* die Berufung eines *héritier* durch ein Testament für rechtlich unmöglich. Das französische Äquivalent des gegenständlichen Prinzips lautete *Institution d'héritiers n'a point de lieu*[648] und wurde zur allgemeinen Regel des französischen Gewohnheitsrechts und fand in der Mehrheit der nordfranzösischen *coutumes* gesetzliche Anerkennung[649].

Das Aufkommen des *Ancien Régime* änderte aus dogmatischer Sicht die unterschiedlichen Ausrichtungen des Testaments nicht. Die Divergenzen im Bereich

644 *Gans*, Das Erbrecht des Mittelalters 195.

645 Die Rechtspraxis der *pays du droit écrit* übernahm folgende römische Testamentsformen – ein fremdhändiges (*nuncupatio*) und ein geschriebenes Testament. Zur rechtmäßigen Bezeugung des Testaments mussten ein Notar und sieben Zeugen zugezogen werden. Das päpstliche Dekret aus dem Jahr 1171 (1172) fand in Südfrankreich keine Anwendung. Was die Testierfähigkeit betraf, so musste der Testator die Pubertät (*pubertas*) erreichen. Siehe dazu *Glasson*, Le droit succession137.

646 *Le testament coutumier* gab es in der Praxis der nördlichen Gebiete in schriftlicher und mündlicher Form (auch als Nuncupatio bezeichnet) – wobei ein mündliches Testament, sobald man es unter Heranziehung dreier Zeugen bezeugen konnte, den Vorrang bekam. Die Gewohnheiten sprachen jeder Person, die im Genuss des Zivilrechts stand (so waren z.B. Ordensleute, Verbannte oder zum „bürgerlichen Tod" Verurteilte von diesem Recht ausgenommen), das Testierrecht zu. Dieser Umstand war grundsätzlich mit dem Erreichen eines bestimmten Alters verbunden. Dies wurde jedoch durch die einzelnen *coutumes* unterschiedlich geregelt. Diese nannten in ihren schriftlichen Aufzeichnungen unterschiedliche Altersgrenzen – von 12 bis 14, 15 oder sogar 20 Jahren. Nach der vollendeten *redaction des coutumes* folgte die Mehrheit der *coutumes* dem Pariser Vorbild und übernahmen das Alter von 20 Jahren (Art. 293 *Coutumes de Paris de 1580*). Siehe dazu *Glasson*, Le droit de succession 136 ; *Lepointe*, Droit romain 316–319.

647 *Glanville*, lib. VII, cap. 1.

648 *Loisel*, Institutes coutumières 298.

649 Art. 299 Coutumes de Paris, Art. 271 coutumes d'Anjou, Art. 237 Coutumes de Maine und Art. 258 Coutumes de Touraine. Siehe dazu *Loisel*, Institutes coutumières 298–299.

der testamentarischen Erbeinsetzung zwischen Norden und Süden blieben bestehen. Man kehrte lediglich teilweise von der kirchlichen Ausrichtung des Testaments zurück[650]. Die im 14. Jh. begonnene Evolution übertrug die gerichtliche Zuständigkeit über das Testamentsrecht auf die weltlichen Gerichte[651]. Diese Rechtslage bestimmte das Testamentswesen auf französischem Boden bis zum Ausbruch der Französischen Revolution, welche das Ende des *Ancien Régime* bedeutete.

Die unterschiedlichen Rechtslagen des Testamentsrechts zwischen Nord- und Südfrankreich, vor allem in der Frage der Erbeinsetzung, verursachten innerhalb dieser Rechtsgebiete zugleich eine differenzierte Betrachtungsweise jener Indignitätstatbestände, die ein Vergehen gegen das Testament zum Gegenstand ihrer rechtlichen Erörterung hatten.

Als erstes Beispiel einer solchen Bemerkung galt der Indignitätstatbestand der Verhinderung an der Testamentserrichtung, der im *Codex Iustinianus* (Diocl./ Maxim. C. 6.34.2) seine materielle Grundlage fand. Dieser bestimmte, dass ein präsumtiver Erbe, der seinen Erblasser an der Testamentserrichtung verhindert hatte, sein testamentarisches Erbrecht verlor. Dies trat ungeachtet dessen, ob diese Handlung mittels Gewalt oder Arglist erfolgte, ein[652]. Es machte auch keinen Unterschied, ob der Testator an der Errichtung eines ersten oder eines weiteren Testaments gehindert wurde.

Die Frage, ob dieser römische Indignitätsgrund durch das französische Recht rezipiert wurde, kann man durchaus bejahend beantworten. Er tauchte sowohl in den gerichtlichen Überlieferungen als auch in der Fachliteratur des *Ancien Régime* auf. *Le Brun*, *Domat* und *Furgole* waren sich über die Rezeption dieser Bestimmung einig. Ein gesetzlicher oder testamentarischer Erbe, der im Rahmen einer gewaltsamen oder arglistigen Handlung den Erblasser an der Errichtung eines Testaments gehindert hatte, galt in Bezug auf die Erbfolge seines Testators als erbunwürdig[653]. Aufgrund der unterschiedlichen Stellungen des Testaments zwischen Norden und Süden erlangte dieser Indignitätstatbestand vor allem im

650 Immerhin konnte das kanonische Recht das Testamentswesen bis zur Erlassung der Ordonnanz de d'Aguesseau im Jahr 1735 in wesentlich stärkerem Ausmaß prägen als das Gewohnheitsrecht. Bis dorthin waren z.B. die *legs pieux* ein fixer Bestandteil des Testaments, obwohl dieses der kirchlichen Gerichtszuständigkeit entzogen wurde.

651 Vgl. *Lepointe*, Droit romain 457.

652 Ulp. 48 ed. D. 29.6.1.2: *Si plures heredes instituti sint et omnes dolo fecerint, quo minus testamentum mutaretur, dicendum est actiones omnibus denegari, quia omnes dolo fecerunt.*

653 Siehe dazu *Domat*, Les loix civiles 87, *Le Brun*, Traité 555 ; *Furgole*, Traité, 520–527.

Bereich der durch die Indignität ausgelösten Rechtsfolgen eine unterschiedliche rechtliche Beurteilung.

Die für den Ausspruch der Indignität maßgebliche Handlung (die Verhinderung der Testamentserrichtung) blieb in beiden Teilen des Königreichs gleich. Diese Handlung stellte jedoch einen sehr auslegungsreichen Tatbestand dar, unter dem einige Sachverhalte im Rahmen der rechtlichen Beurteilung subsumiert werden konnten. Bezüglich der rechtlichen Beurteilung war der Richter bei seiner Entscheidung mit der Ermessungsmacht ausgestattet. Er sollte anhand der vorhandenen Begleitumstände und der seitens der involvierten Parteien vorgebrachten Beweise entscheiden, ob eine bestimmte Handlung als Verhinderung der Testamentserrichtung galt[654]. Eine Verhinderung stellte z.B. die Abhaltung der Testamentszeugen von der Bezeugung des letzten Willens dar. Ein solcher Sachverhalt entstammte der römischen Rechtspraxis und wurde von Ulpian überliefert: Ein Erbe wurde seiner Erbenstellung verlustig, da dieser dem Testamentsschreiber den Zutritt ins Haus des Erblassers verweigert hatte[655]. Ein ähnlicher Sachverhalt wurde in der Spruchtätigkeit der französischen Gerichte festgestellt. Sowohl *Le Caron*[656] als auch *Maynard*[657] übermittelten Urteile, die einen solchen Sachverhalt zum Gegenstand ihrer Entscheidungen hatten. Ein Erbe wurde als erbunwürdig ausgesprochen, weil er einen Notar und andere Testamentszeugen an der Bezeugung eines zugunsten der Kollateralverwandten getätigten Testaments verhindert hatte.

Was die Erbenstellung des an der Verhinderung einer Testamentserrichtung schuldigen Erben betraf, so muss man zwischen der Rechtslage nach dem *droit coutumier* und dem *droit écrit* unterscheiden. Die Indignitätsfolgen im römischrechtlichen Sinne setzten sich in Südfrankreich durch. Zwar wurde das Ereptionsrecht des Fiskus nicht übernommen, jedoch verlor der *indignus* aufgrund der festgestellten Indignität seine Erbenstellung zugunsten des nächststehenden gesetzlichen Erben des Testators[658]. Dies sah aufgrund der unterschiedlichen Stellungen der testamentarischen Erbfolge (*institution d'héritiers n'a point de lieu*) in den nördlichen Gebieten des französischen Königreichs anders aus. Die Härte des römischen Rechts wurde in diesem Fall nicht übernommen. Zwar stellte dieses Verhalten ein strafrechtliches Vergehen dar, jedoch konnte es

654 *Furgole*, Traité 520.
655 Vgl. D. 29.6.1pr (Ulpianus libro quadragensimo octavo ad edictum).
656 Siehe dazu *Le Caron*, Responses 514.
657 Siehe dazu *Maynard*, Notables et singulieres questions 846–849.
658 Vgl. *Furgole*, Traité 522; *Le Brun*, Traité 555.

aufgrund der gewohnheitsrechtlichen Ausrichtung der Erbfolge nie zum Verlust des gesetzlichen Erbrechts führen. Sowohl die Testierfreiheit des Erblassers als auch der gegenständliche Indignitätstatbestand konnten einem rechtmäßigen Erben nicht einen ihm nach der Gewohnheit zustehenden Erbanteil entziehen. Dies widersprach der blutsverwandtschaftlichen Ausrichtung der Erbfolge des *droit coutumier*[659].

Diese Rechtslage schildert am besten die Gegenüberstellung folgender beider Urteile eines südlichen und eines nördlichen Gerichtshofes, die in *Le Carons* Rechtsprechungssammlung zu finden sind. Das erste Urteil wurde im Toulouser Gerichtshof am 20. Mai 1597 verkündet. Folgender Sachverhalt lag der Entscheidung zugrunde: Ein Ehemann hatte mit seiner Frau zwei Söhne – einer davon war todkrank. Als seine Frau ein Testament errichten wollte, hinderte der Ehemann sie mit einem bösartigen Hintergedanken daran. Ihre Erbgüter sollten mittels der gesetzlichen Erbfolge durch die beiden Söhne vererbt werden. Da der Ehemann bereits wusste, dass der eine Sohn aufgrund seiner Krankheit bald sterben wird, hätte er als gesetzlicher Erbe des Sohnes die Erbschaft der verstorbenen Frau erwerben können. Das Gericht wendete in diesem Fall die Strenge des römischen Indignitätsrechts an und entzog dem unwürdigen Vater die Hälfte der Erbschaft, die er als gesetzlicher Erbe seines Sohnes erworben hatte. Diese fiel dem zweiten Sohn zu[660].

Das zweite Urteil wurde in einem nördlichen Gerichtshof, dessen Name in der Aufzeichnung nicht genannt wird, am 23. März 1559 verkündet. Das Gericht verurteilte die Erben des Testators, die einen Notar und übrige Testamentszeugen an der Bezeugung eines Testaments gehindert hatten, „nur" zur Herausgabe der Erbgüter an jene Person, die im nicht zustande gekommenen Testament mit diesen Gütern bedacht war[661].

Einen weiteren Fall des Angriffes auf den letzten Willen des Testators und seine Testierfreiheit bildete die Erpressung des Testators zur Errichtung eines Testaments mit einem bestimmten von seinem Autor ungewollten Inhalt. Das gemeine französische Recht folgte in der rechtlichen Ausgestaltung dieses Tatbestandes gänzlich dem römischen Recht. Ein auf diese Weise errichtetes Testament entsprach nicht dem Willen seines Verfassers. Es blieb deswegen ungültig und löste keine verbindlichen Rechtsfolgen aus. Der Erpresser konnte sich daher

659 *Furgole*, Traité, 526.

660 Siehe dazu *Le Caron*, Responses 410–411.

661 Siehe dazu *Le Caron*, Responses 215. *Le Caron* verweist auf die starken gewohnheitsrechtlichen Elemente und vor allem auf die Ablehnung der testamentarischen Erbeinsetzung.

nicht auf die im Testament ausgesetzten Erbgüter berufen[662]. Dieser Tatbestand stellte ein strafrechtliches[663], aber kein indignitätsrelevantes Vergehen dar. Ein Erpresser konnte daher sein Intestaterbrecht dadurch nicht verlieren[664]. Dies entsprach nicht nur der neuorientierten Indignitätslehre des gemeinen französischen Rechts, sondern auch seinem römischen Äquivalent. Das sah in dieser Handlung ebenfalls keinen rechtmäßigen Indignitätsgrund. Aufgrund dieser entstandenen Rechtslage und der Ungültigkeit des Testaments kam im Regelfall die gesetzliche Erbfolge zur Anwendung. Zwar wurde diese Ansicht in der Fachliteratur nicht bestätigt, jedoch kann man davon ausgehen, dass diese rechtliche Lösung sowohl im Norden als auch im Süden galt. Sie verletzte in keiner Weise das durch die blutsverwandtschaftlichen Gedanken geprägte Intestaterbrecht des *droit coutumier*.

ee. *Anfechtung des Testaments als gefälscht oder pflichtwidrig*

Als weiteres Beispiel eines testamentarischen Indignitätsgrundes galt das gerichtliche Anfechten des letzten Willens des Testators. Aus indignitätsrechtlicher Sicht waren folgende beide Anfechtungsarten maßgeblich: Entweder meinte der Erbe, dass das Testament nicht dem letzten Willen des Erblassers entsprach[665] oder er beklagte die Pflichtwidrigkeit des Testaments[666]. Die beiden Tatbestände beinhalten einige Gemeinsamkeiten: Der klagende Erbe musste die Anfechtungsklage beim zuständigen Gericht einbringen, den aus ihr resultierenden Anfechtungsprozess bis zum Endurteil führen und ihn letztendlich auch verlieren[667]. Nur bei einer solchen Konstellation war der kaiserliche Fiskus nach römischem Indignitätsrecht berechtigt, dem *indignus* die Erbschaft zu entziehen. Der Umfang dieses Entzugsrechts hing dabei von der Art der Anfechtung ab[668].

---

662 *Domat*, Les loix civiles 87. Siehe dazu *Furgole*, Traité 518.

663 Alex. C. 6.34.1: *Civili disceptationi crimen adiungitur, si testator non sua sponte testamentum fecit, sed compulsus ab eo qui heres est institutus, vel quoslibet alios quos noluerit scripserit.*

664 *Furgole*, Traité 519.

665 Vgl. Paul. 7 l. Iul. Pap. D. 49.14.13.9.

666 Vgl. Ulp 14 ed. D. 5.2.8.14.

667 Vgl. Gord. C. 6.35.8.

668 Die Anfechtung des Testaments als falsch konnte entweder zur Gesamt- oder Teilnichtigkeit des Testaments führen. Dies war vom Inhalt der Klage abhängig. Focht der Erbe nur einen bestimmten Teil des Testaments an und lag dabei richtig, so konnte er nur die Nichtigkeit dieses Teiles bewirken. Der Rest des Testaments, wenn dieser von der Klage unberührt blieb, verlor seine Gültigkeit nicht. Dieses Ergebnis betraf auch

Der Rezeptionsausgang dieses Indignitätsgrundes verlief im Norden und Süden überraschenderweise einheitlich und dies trotz der unterschiedlichen Stellungen der testamentarischen Erbfolge zwischen diesen beiden Regionen. Die beiden Anfechtungsklagen spielten aus indignitätsrechtlicher Sicht in der Rechtspraxis des *Ancien Régime* keine Rolle. Diese stellten nach gemeinem französischem Recht kein wirksames Indignitätsmittel dar. Die Mehrheit der französischen Fachliteratur verwies in dieser Frage auf *Ricards* Argumentation[669]. Dieser meinte, dass ein berechtigtes gerichtliches Vorgehen gegen ein Testament keinen Erbschaftsentzugsfall darstellen konnte, sobald seine Anfechtung mit keiner boshaften Absicht und mit keiner Gewalthandlung verbunden war[670]. Außerdem waren diese Anfechtungsklagen aus Praktikabilitätsgründen außer Gebrauch. Dies betraf vor allem die *querela inofficiosi testamenti*, welche die Pflichtwidrigkeit eines Testaments voraussetzte. Da sowohl eine rechtswidrige Enterbung als auch eine grundlose Übergehung eines pflichtteilberechtigten Erben nach gemeinem französischem Recht die Nichtigkeit der ganzen letztwilligen Verfügung von Anfang an initiierte[671], spielte diese Klage in der Rechtspraxis keine Rolle.

Ricards Meinung folgten neben *Furgole* und *Duvail*[672] auch *Henrys*, der in seinem Œuvre folgenden gerichtlichen Sachverhalt überlieferte: Eine Frau focht das Testament ihrer Schwester als gefälscht an. Sie verlor sowohl den von ihr eingeleiteten Prozess als auch die darauf anschließende Appellation. Weder die Entscheidung des Erstgerichts (*le bailliage*) noch die des Appellationsgerichts (*le cour*) sprachen die Klägerin als erbunwürdig aus. Sie konnte das im Testament zur ihren Gunsten ausgesetzte Vermächtnis erwerben[673]. Als treuer Anhänger des römischen Rechts erwies sich in dieser Rechtsfrage *Maynard*, der sich als

---

das Ereptionsrecht des Fiskus. Dieser konnte im Falle eines negativen Urteils nur das entziehen, was im Rahmen der Klage angefochten wurde. Anders sah dagegen die Situation bei der *querela inofficiosi testamenti* aus. Dieses gerichtliche Mittel sah keine Zwischenlösungen vor und konnte entweder mit der Klageablehnung oder mit der Entkräftung des Testaments enden. War der Erbe mit seinem Vorbringen erfolglos, bestand keine andere Möglichkeit, aus dem angefochtenen Testament zu erben. Lag er jedoch richtig und beruhte der letzte Wille auf einem materiellen Fehler, so wurde das gesamte Testament mittels eines Urteils entkräftet. Der Erbe wurde in diesem Fall mit seinen Erbansprüchen auf die gesetzliche Erbfolge verwiesen.

669 Vgl. *Furgole*, Traité 542 und *Henrys*, Œuvres 507.

670 *Ricard*, Traité des donations entre vifs et testamentaires I (1754) 488.

671 *Duval*, Institutions du droit françois (1725) 455–456.

672 Siehe dazu *Furgole*, Traité 546.

673 *Henrys*, Œuvres 507.

einziger der von *Ricard* vorgegebenen Meinung widersetzte. Für ihn reichte es aus, dass der Erbe es gewagt hatte, die Rechtmäßigkeit des letzten Willens des Erblasers zu bezweifeln. Ein gerichtlicher Ausgang dieser Klage spielte laut ihm in dieser Hinsicht keine Rolle[674].

Der letzte Wille des Erblassers konnte auch dadurch verletzt werden, indem der Erbe das Testament unterdrückte oder fälschte. Das römische Recht behandelte den Testamentsunterdrücker aus indignitätsrechtlicher Sicht gleich wie einen Fälscher[675]. Dieser unterlag den strafrechtlichen Bestimmungen der *lex Cornelia*[676] und galt darüber hinaus als erbunwürdig in Bezug auf die gesetzliche Erbfolge des Testators[677]. Die Erbunwürdigkeit betraf nicht nur die gesetzlichen Erben, die ein Testament in Hinblick auf eine mögliche Intestaterbfolge unterdrückt oder verheimlicht hatten, sondern auch die Vermächtnisnehmer und Fideikommissare. Die Verfügungen, die im Rahmen des unterdrückten Testaments gemacht wurden, galten als nicht geschrieben[678].

Dieser Indignitätstatbestand wurde in der Fachliteratur des *Ancien Régime* marginal behandelt, was auch die Gewinnung von Erkenntnissen über seinen Rezeptionsweg wesentlich erschwert. Seine Geltung in Nordfrankreich erscheint m.E. ausgeschlossen zu sein. Dies kann man, wie in den früheren testamentarischen Indignitätstatbeständen des römischen Rechts ersichtlich ist, mit der zivilrechtlichen Ungültigkeit einer testamentarischen Erbeinsetzung argumentieren. Was die Rechtslage in Südfrankreich betraf, so muss man leider feststellen, dass zu diesem Indignitätsgrund fast keine rechtlichen Überlieferungen vorhanden sind.

---

674 *Furgole*, Traité 546–547.

675 Diocl./Maxim. C. 9.22.14: *Eum, qui celavit vel amovit testamentum, committere crimen falsi publice notum est.*

676 Paul. 3 Sab. D. 48.10.2: *Qui testamentum amoverit celaverit eripuerit deleverit interleverit subiecerit resignaverit quive testamentum falsum scripserit signaverit recitaverit dolo malo cuiusve dolo malo id factum erit, legis Corneliae poena damnatur.*

677 Marcell. 30 dig. D. 48.10.26. Das Hauptmotiv des Testamentsunterdrückers oder -fälschers war die Verhinderung der testamentarischen Erbfolge. Ein so handelnder Erbe beabsichtigte, die Erbschaft des Testators mittels Intestaterbfolge zu erwerben.

678 Iust. C. 6.37.25: *Si legatarius celaverit testamentum et postea hoc in lucem emerserit, an possit legatum sibi derelictum is qui celaverit ex eo testamento vindicare, dubitabatur. Quod omnimodo inhibendum esse censemus, ut non accipiat fructum suae calliditatis, qui heredem voluit hereditate defraudare: sed huiusmodi legatum illi quidem auferatur, maneat autem quasi pro non scripto apud heredem, ut, qui alii nocendum esse existimavit, ipse suam sentiat iacturam […].*

Die Unterdrückung eines Testaments wurde aus indignitätsrechtlicher Sicht lediglich von dem Grenobler Advokaten *Basset* behandelt[679]. Der Jurist überlieferte in der Sammlung seiner gerichtlichen Plädoyers ein Urteil des Grenobler Gerichtshofes vom 19. Dezember 1640. Der Entscheidung dieses in Südfrankreich gelegenen Gerichtshofes lag folgender Sachverhalt zu Grunde: Iean Vellein de la Verpilliere setzte in seinem Testament seinen einzigen Sohn Pierre zum Erben ein. Der gegenständliche letzte Wille enthielt zusätzlich eine Substitutionsbestimmung im Falle eines kinderlosen Todes des eingesetzten Erben. Hinterließ dieser nämlich keine legitimen Kinder, so ging die Erbschaft mittels einer erbrechtlichen Substitution auf den Bruder des Erblassers, Francois Vellein, über. Aufgrund dieser Bestimmung verbrannte der darüber verärgerte Sohn das Testament seines Vaters. Das Gericht erklärte den Erben der Begehung der Testamentsunterdrückung schuldig und sprach ihn in Bezug auf die väterliche Erbfolge als unwürdig aus[680].

Basset bezeichnete diese gerichtliche Entscheidung als Ausdruck des gemeinsamen Rechts (*le droit commun*)[681]. Interessanterweise wurden in *Bassets* Sammlung zur Begründung des gefällten Urteiles keine römischen Rechtsquellen wiedergegeben. Die Begründungen der gefällten Urteile wurden fast immer mit den entsprechenden Verweisen auf die Regelungen des *Corpus Iuris Civilis* begründet. Diese Vorgehensweise stellte den typischen Usus der französischen Verfasser von Rechtsprechungsaufzeichnungen dar. M.E. entspricht die von *Basset* überlieferte Entscheidung des Grenobler Gerichtes aus dogmatischer Sicht Marcellus' Digestenstelle D. 48.10.26[682]. Dieses Fragment bestimmte nicht nur den Urheber der Testamentsunterdrückung, sondern auch seine Nachkommen als erbunwürdig in Bezug auf die Erbschaft des Verfassers des unterdrückten Testaments[683].

Einen schwer zuordenbaren Indignitätstatbestand stellte die Erfüllung eines stillschweigenden Fideikommisses dar. Nach römischer Rechtslage galt ein Erbe (hier auch Fiduziar genannt) als erbunwürdig, sobald er seinem Erblasser ein Versprechen abgegeben hatte, einer erb- bzw. erwerbsunfähigen Person (als Fideikommissar bezeichnet) den Nachlass zu übergeben[684]. Dieser

679 Siehe dazu *Furgole*, Traité 550.

680 *Petit*, Plaidoyez de maistre Iean Guy Basset (1668) livre 5, page 3, chapitre III.

681 *Petit*, Plaidoyez Iean Guy Basset, livre 5, page 3, chapitre III.

682 Marcell. 30 dig. D. 48.10.26 : *Si quis patris sui testamentum aboleverit et, quasi intestatus decessisset, pro herede gesserit atque ita diem suum obierit: iustissime tota hereditas paterna heredi eius eripietur.*

683 *Furgole*, Traité 550–551.

684 Vgl. Paul. leg. fideic. sing. 49.14.49.

Vermögensübergang erfolgte mittels eines sog. stillschweigenden Fideikommisses (*fideicommissum tacitum*). Die Funktionsweise und die daraus resultierende Problematik dieses rechtlichen Phänomens erreichte laut *Furgole*[685] auch die französische Rechtspraxis. In dieser Hinsicht stellt sich die Frage, ob neben der Funktionsweise dieser Praktika auch seine römischrechtliche Lösung übernommen wurde.

Domat und *Furgole*[686] gingen von der Rezeption dieses Indignitätstatbestandes aus. Ein im Stillen abgegebenes rechtswidriges Versprechen initiierte die Erbunwürdigkeit des handelnden Erben im Verhältnis zum auftragsgebenden Testator. Die im Rahmen eines stillschweigenden Fideikommisses auferlegten Verfügungen galten als rechtsunwirksam. Sowohl der Fiduziar als auch der Fideikommissar wurden von der Erbfolge ausgeschlossen. *Domat* beschrieb diesen Rechtsvorgang folgendermaßen: Der Fideikommissar konnte die Erbschaft nicht erwerben, da dieser erbunfähig war. Der Fiduziar, der zwar erbfähig war, galt aufgrund seiner gesetzwidrigen und betrügerischen Handlung als erbunwürdig in Bezug auf die Erbfolge des Testators[687]. Diese Meinung teilte ebenso *Furgole*. Er verwies zugleich auf den ersten Artikel der Ordonnanz aus dem Jahr 1735. Dieser königliche Akt sprach jeglichen Dispositionen eines Testaments, die nicht in schriftlicher Form verfasst wurden, ihre zivilrechtliche Gültigkeit ab[688]. Zu solchen Entschlüssen kam der Pariser Gerichtshof am 2. Juli und am 17. August 1708. Die an diesen Tagen verkündeten Urteile stuften die letztwilligen Verfügungen eines Ehemannes, der mittels eines stillschweigenden Fideikommisses seine erbunfähige Frau bedenken wollte, als nichtig ein[689]. Da das Ereptionsrecht des Fiskus rechtlich nicht praktiziert wurde, fielen die „ungültig gewordenen" Nachlassteile nach herrschender Ansicht an die nächstberufenen gesetzlichen Erben des Erblassers.

ff. Spezielle Indignitätsgründe des droit écrit

Die rechtlichen Unterschiede zwischen den *pays du droit écrit* und den *pays du droit coutumier* gingen im Bereich der Indignitätsgründe weit auseinander. Dieser Umstand wurde vor allem durch den unterschiedlichen Niederschlag der römischen Rechtskultur in der Rechtspraxis der beiden erwähnten

685 Vgl. *Furgole*, Traité 566.

686 *Domat*, Les loix civiles 88; *Furgole*, Traité 566–568. Siehe dazu *Merlin*, Répertoire 84.

687 *Domat*, Les loix civiles 88.

688 *Furgole*, Traité 568.

689 Beide Urteile wurden im *Journal des principales audiences du parlement. Tome 5* aufgezeichnet. Die Urteile befinden sich im 8. Buch auf den Seiten 167–171 und 194–197.

Regionen verursacht. Man kann in den Rechtsprechungssammlungen der südlichen Gerichte Indignitätstatbestände finden, die im Norden des französischen Königreichs keine rechtliche Anerkennung fanden. Dieser Umstand erschwerte es wesentlich, den Inhalt des Indignitätsrechts nach dem *droit commun français* zu ermitteln.

Vor einem solchen Problem stand ebenso *Pothier*. Ihm bereiteten die zahlreichen Divergenzen zwischen den Indignitätsgründen des Nordens und des Südens ebenso Kopfzerbrechen. Er beschrieb diese Situation mit folgenden Worten:

> *J'aurais de la peine à croire que c'en fut une parmi nous; il souffit que la convention suit nulle, comme contraire aux bonnes moeurs;-il y a plusieurs autres causes d'indignitém dans le droit romain, qui ne sont point recues par nos usages.*[690]
>
> Es gibt viele andere Indignitätsgründe des römischen Rechts, die keinen Niederschlag in unserem Gebrauch fanden.

Der erste Teil dieses Satzes bezieht sich auf seine Meinung zur Rezeption des römischen Indignitätstatbestandes der unerlaubten und eigenwilligen Verfügung über die Erbschaftssachen des Erblassers[691]. Diese rechtliche Konstellation hätte man laut *Pothier* mit einer viel einfacheren Regelung lösen können – nämlich mit der Nichtigkeit dieser Verfügung, die mit der Sittenwidrigkeit zu begründen gewesen wäre[692]. Eine Bestimmung eines Erben als erbunwürdig war in diesem Fall für ihn überflüssig. Auch über die Praxisrelevanz anderer Indignitätstatbestände des römischen Rechts gab es sowohl in den privaten Rechtsprechungssammlungen als auch in den einzelnen Fachwerken keine einschlägigen Informationen. Zwar berichteten *Domat* und *Furgole* von rezipierten Indignitätsgründen des römischen Rechts – wie der Verletzung der Ehre des Erblassers, der Nichtübernahme einer testamentarisch geforderten Vormundschaft oder der Erhebung einer Statusklage –, jedoch konnten die genannten Juristen ihre gerichtliche Anwendbarkeit mit keinem einzigen gerichtlichen Urteil beweisen. Sie verwiesen lediglich auf die entsprechenden Fragmente des *Corpus Iuris Civilis*. Ob man aufgrund dieser Erkenntnisse von einer rechtlichen Anwendbarkeit der übrigen römischrechtlichen Indignitätstatbestände in den *pays du droit écrit* ausgehen kann, bedarf einer eigenen Untersuchung zur Anwendbarkeit der römischen Inhalte des *Corpus Iuris Civilis* in der rechtlichen Praxis der

690 *Dupin*, Œuvres Pothier 35.
691 Vgl. Marcian. 11 inst. D. 34.9.2.
692 *Dupin*, Œuvres Pothier 35.

pays du droit écrit. Die dem *droit coutumier* zuwiderlaufenden Indignitätsgründe kann man dagegen, stützend auf *Pothiers* Meinung[693], für die nordfranzösischen Gebiete[694] einheitlich verneinen.

In einigen Fällen setzte das *droit écrit* sogar das Vorhandensein eines äquivalenten römischrechtlichen Indignitätstatbestandes nicht unbedingt voraus. Einige Indignitätsgründe des *droit écrit* wurden im Rahmen des Rezeptionsprozesses neu gebildet. Auf diese Weise entstandene Gründe entstammten zwar dem römischen Recht, sie wurden aus dogmatischer Sicht jedoch nicht der römischen Indignitätslehre zugeordnet.

Zu dieser Gruppe gehörten vor allem die Fälle der *peines des secondes noces*[695] und der Verletzung des Trauerjahres (*le deuil*)[696]. Unter diesen beiden Begriffen subsumierte man in Südfrankreich erbrechtliche Sanktionen, die eine Witwe tragen musste, nachdem sie die Ehre ihres verstorbenen Ehemannes verletzt hatte. Die tatrelevante Handlung war für diese beiden Tatbestände gleich. Die Witwe konnte die Würde des Ehemannes entweder durch das Nachgehen einer zweiten Ehe oder durch die Führung eines unzüchtigen Lebensstiles verletzen. Die unterschiedlichen Rechtsfolgen dieser Verletzungen hingen vom Zeitpunkt der „Tathandlung“ ab – entweder erfolgten sie innerhalb der einjährigen Trauerfrist oder erst danach.

Um seinem verstorbenen Ehemann die gebührende Ehre zu erweisen, war die Witwe nach seinem Tod zur Einhaltung eines Trauerjahres verpflichtet. Die Eingehung einer zweiten Ehe bzw. eines Konkubinats oder die Führung eines unzüchtigen Lebensstils (wie die Prostitutionsausübung) innerhalb dieser Zeit führten zur Erbunwürdigkeit der Witwe[697]. Die mit diesem Verstoß verbundenen erbrechtlichen Sanktionen waren im Vergleich zu den *peines de secondes noces* viel rigoroser. Eine schamlose Witwe musste mit einem zweifachen Verlust rechnen. Zum einen wurde sie gänzlich von der Erbfolge ihrer ersteehelichen Kinder ausgeschlossen, zum anderen verlor sie sämtliche erbrechtlichen Vorteile, die sie von ihrem verstorbenen Ehemann bekommen hatte. Die Rechtspraxis der *pays du droit écrit* machte dabei bezüglich der Art der ehelichen Zuwendung keinen Unterschied. Diese umfasste sowohl den gesetzlichen Erbteil des überlebenden

693 *Dupin*, Œuvres Pothier 35.
694 *Dupin*, Œuvres Pothier 35.
695 Siehe dazu *Astruc*, Traité des peines des secondes noces (1752) 3ff.
696 Siehe dazu *Astruc*, Traité 122ff.
697 *Denisart*, Collection de décisions nouvelles et de notions relatives à la jurisprudence actuelle I (1766) 101–102.

Ehegatten (*l'augment*) als auch die zur ihren Gunsten getätigten letztwilligen Verfügungen des verstorbenen Ehemannes[698].

De Cambolas überlieferte in diesem Fall ein Urteil des Toulouser Gerichtshofes vom 2. Jänner 1578. Dieser entzog einer schamlosen Witwe, die innerhalb der einjährigen Trauerfrist das Delikt der *adultere* begangen hatte, die Morgengabe samt ehelichem Erbteil[699]. Der *Journal du palais ou recueil de plusieurs arrets remarquables du Parlement de Toulouse* überlieferte ein Urteil vom 18. Dezember 1696, das einer Witwe aufgrund der festgestellten Indignität sämtliche testamentarischen Verfügungen entzog, da diese innerhalb des Trauerjahres eine zweite Ehe geschlossen hatte[700]. Ein ähnlicher Sachverhalt wurde von *de Cambolas* übermittelt. Ein Toulouser Gerichthof sprach am 16. Juli 1630 eine Witwe in Bezug auf ein testamentarisch aufgesetztes Vermächtnis als erbunwürdig aus, da diese mit der Wiederverheiratung innerhalb der Einjahresfrist die Ehre des Verstorbenen verletzt hatte[701].

Die auf diese Weise entzogenen Erbgüter fielen nicht der königlichen Staatskasse, sondern den nächstberufenen Erben des verstorbenen Ehemannes zu. Bei der Bestimmung des Nächstberechtigten spielte die verwandtschaftliche Abstammung die ausschlaggebende Rolle. Die Erbgüter des verstorbenen Ehemannes konnten nur von Verwandten väterlicherseits (*la cote paternell*) und nicht von jenen mütterlicherseits (*la cote maternel*) erworben werden. Zu dieser Erkenntnis kam das Toulouser Gericht am 14. Februar 1585. Eine Witwe wurde als erbunwürdig ausgesprochen, da sie die Trauerfrist nicht eingehalten hatte. Der ihr entzogene eheliche Erbteil fiel an die nächstberufenen Erben des verstorbenen Ehemannes, die der väterlichen Seite angehörten. Den Erben des Verstorbenen mütterlicherseits stand das Ereptionsrecht nicht zu. Laut *Maynard*, der dieses Urteil aufgezeichnet hatte, hob das entscheidende Gericht die Einbehaltung der guten Sitten als Hauptbewegungsgrund des gefällten Urteils hervor[702].

Als *peines des secondes noces* bezeichnete man dagegen in der Rechtssprache des *droit écrit* den Ausschluss einer Witwe von der Erbfolge ihrer ersteheIichen Kinder, nachdem sie eine zweite Ehe geschlossen hatte[703]. Dieser Sachverhalt stellte einen

698 Vgl. *Le Brun*, Traité 556 ; *Furgole*, Traité 556–557.

699 Siehe dazu *de Cambolas*, Decisions notables sur diverses questions du droit, jugées par plusieurs arrêts du Parlement de Toulouse (1744) 228–230.

700 Journal du palais ou recueil de plusieurs arrets remarquables du Parlement de Toulouse I (1759) 12–13.

701 Siehe dazu *de Cambolas*, Decisions 466.

702 Siehe dazu *Maynard*, Notables et singulières questions 388.

703 *Le Brun*, Traité 555–556. Vgl. *de Capèle*, L'indignité 94.

Gegenstand der gerichtlichen Befragung in der *Chambre des Enquetes* des Toulouser Höchstgerichtes dar[704]. Die Rechtslage war deswegen problematisch, weil die Wiederverheiratung erst nach Verstreichen der einjährigen Trauerfrist erfolgte. Das Gericht verwirkte der Witwe ihre Erbschaftsforderungen aus der gesetzlichen Erbfolge ihrer ersteheIichen Kinder. Das entscheidende Argument lag in der fehlenden *ex tunc* Wirkung der ersten Ehe, die der Witwe die legitimierte Erbenstellung verwirkte. Eine rückwirkende Geltung der ersten Ehe war nur bei der Beurteilung der Ehelichkeit der Kinder relevant[705].

Sowohl die Bestimmungen der *peines de secondes noces* als auch die Nichteinhaltung des Trauerjahres fanden ihr Rezeptionsvorbild im römischen Recht. Beide entstammten dem 9. Titel des 5. Buches (*de secundis nuptiis*) des *Codex Iustinianius*[706]. Dieser Teil des justinianischen Gesetzgebungswerkes befasste sich jedoch in keiner Weise mit dem Indignitätsrecht, sondern überlieferte ein grundlegendes Gesetz Theodosius' I. über Ehen, die nach der ersten eingegangen wurden. Dieses Gesetz belegte eine Witwe, nachdem sie durch die Wiederverheiratung innerhalb des Trauerjahres die Ehre ihres verstorbenen Ehemannes verletzt hatte, mit der Infamie[707]. Sie wurde dadurch sowohl von der gesetzlichen als auch von der testamentarischen Erbfolge des ersten Ehemannes ausgeschlossen (darunter fielen ebenso alle zur ihren Gunsten getätigten Vermächtnisse, Fideikommisse sowie Schenkungen von Todeswegen). Der Nachlass sollte den testamentarischen oder gesetzlichen Erben des Verstorbenen zufallen[708]. Eine Witwe konnte die Intestaterbfolge bis zum dritten Verwandtschaftsgrad nicht

704 *de Cambolas*, Decisions 228–230.

705 *de Cambolas*, Decisions 229.

706 Grat./Valent./Theod. C. 5.9.3 : *Feminae, quae susceptis ex priore matrimonio filiis ad secundas post tempus luctui statutum transierint nuptias, quidquid ex facultatibus priorum maritorum sponsalium iure, quidquid etiam nuptiarum sollemnitate perceperint, aut quidquid mortis causa donationibus factis aut testamenti iure directo aut fideicommissi vel legati titulo vel cuiuslibet munificae liberalitatis praemio ex bonis, ut dictum est, priorum maritorum fuerint adsecutae, id totum, ita ut perceperint, integrum ad filios, quos ex praecedente coniugio habuerint, transmittant vel ad quemlibet ex filiis (dummodo ex his tantum, quos tali successione dignissimos iudicamus), in quem contemplatione meritorum liberalitatis suae iudicium mater crediderit dirigendum.*

707 Grat./Valent./Theod. C. 5.9.1 pr.: *Si qua mulier nequaquam luctus religionem priori viro nuptiarum festinatione praestiterit, ex iure quidem notissimo sit infamis.* Siehe dazu *Kaser*, Das römische Privatrecht II 180–181.

708 Grat./Valent./Theod. C. 5.9.1.3 : *His etiam amittendis, quae prior maritus ei suprema reliquerit voluntate, quamquam haec, quae mulieri a priore viro relinquuntur et per immaturum matrimonium vacuata esse coeperunt, primo a decem personis edicto*

antreten[709]. Außerdem konnte sie dem neuen Ehemann sowohl durch die Eheschließung als auch durch eine testamentarische Erbfolge nur ein Drittel ihres Vermögens einbringen[710]. Eine für die Indignitätslehre charakteristische Vorgehensweise, nämlich der Entzug des „unwürdigen" Nachlasses zugunsten des kaiserlichen Fiskus, wurde sogar von den entscheidenden Kaisern selbst verneint[711].

Zwar erreichte eine solche Härte nicht die Rechtspraxis des *droit écirt*, jedoch bildete der Indignitätsgrund der Wiederverheiratung innerhalb des Trauerjahres einen festen Bestandteil der südfranzösischen Rechtsprechung[712]. Die Rechtslage in den *pays du droit coutumier* dagegen ist sowohl aus privaten Rechtsprechungsaufzeichnungen als auch aus einschlägigen Fachwerken nicht genau zu ermitteln. Die Urteile der nordfranzösischen Gerichte, die die gegenständliche Problematik zum Gegenstand ihrer Entscheidungen hatten, wurden nicht überliefert. *Le Brun* bestritt die Geltung der *peines de secondes noces* im Norden und besagte, dass eine Wiederverheiratung nicht mit erbrechtlichen Sanktionen verbunden war. Ein überlebender und wiederverheirateter Ehegatte konnte im vollen Recht von seinen ersteheIichen Kindern erben[713]. *Le Brun* konnte seine Ansicht jedoch mit keinem Urteil des nordfranzösischen Gerichtes begründen. Zur Anwendbarkeit der Verletzung des Trauerjahres und dem Ausschluss von der Erbfolge des verstorbenen Ehepartners gab er keine Erklärung ab. *Denisart* meinte dagegen, dass die Einhaltung der einjährigen Trauer in der Rechtspraxis der *pays coutumier* Anwendung fand, diese jedoch mit keiner gesetzlichen Norm festgelegt wurde[714].

Als letztes Beispiel eines mit der römischen Indignitätslehre unvereinbaren Indignitätsgrundes gilt die Erhebung einer plötzlich eingetretenen Kapitalfeindschaft zwischen einem testamentarischen Erben und seinem Testator. Der in Ulpians

---

praetoris enumeratis, id est adscendentibus et descendentibus et ex latere usque ad secundum gradum, scilicet gradibus servatis, deinde praesumi a fisco iubemus.

709 Grat./Valent./Theod. C. 5.9.1.4 : *Eandem quoque mulierem infamem redditam hereditates ab intestato, vel legitimas vel honorarias, non ultra tertium gradum sinimus vindicare.*

710 Grat./Valent./Theod. C. 5.9.1.1 : *Praeterea secundo viro ultra tertiam partem bonorum in dotem ne det neque ei testamento plus quam tertiam partem relinquat.*

711 Grat./Valent./Theod. C. 5.9.1.2: *Omnium praeterea hereditatum legatorum fideicommissorum suprema voluntate relictorum, mortis causa donationum sit expers. Haec namque ab heredibus vel coheredibus aut ab intestato succedentibus vindicari iubemus, ne in his, quibus correctionem morum induximus, fisci videamur habere rationem.*

712 *Denisart*, Collection 102.

713 *Le Brun*, Traité 556.

714 *Denisart*, Collection 102. Eine gegenseitige Meinung vertrat diesbezüglich *de Capèle*. Siehe dazu *de Capèle*, L'indignité 95.

Digestenstelle D. 34.9.9.pr[715] dargestellte Sachverhalt der Kapitalfeindschaft (*inimicitiae capitales*) stellte nach römischem Recht keinen Indignitätsgrund dar. Eine andere Meinung vertraten in dieser Hinsicht *Domat* und *Furgole*[716]. Die beiden Rechtsgelehrten stuften die entstandene Feindschaft als einen legitimen Indignitätsgrund ein. Laut *Domat* sei der Ausspruch der Indignität eine natürliche Schlussfolgerung der zwischen dem Erben und seinem Erblasser entstandenen Feindschaft gewesen. Der Eintritt dieser Feindseligkeit verursachte eine präsumtive Willensänderung des bereits verstorbenen Testators. Dieser Umstand rechtfertigte den Ausschluss des ursprünglich testamentarisch eingesetzten Erben von der Erbfolge. Wenn ein Testator das Recht hatte, eine bestimmte gegenüber ihm verdiente Person zu seinem Erben einzuberufen, so hätte dieses Beurteilungsschema auch gegenüber einer ihm feindhaft eingestellten Person gelten müssen. Auch dann, wenn dies aufgrund des vorzeitigen Todes des Testators nur im Rahmen einer präsumtiven Willensänderung erfolgen hätte müssen[717].

Zwar ist in der gegenständlichen Digestenstelle nur die Rede von Vermächtnisnehmern und Fideikommissaren, jedoch erstreckte *Domat* die Auswirkungen dieser Regelung auch auf testamentarische Erben aus. Der Jurist argumentierte seine Entscheidung mit dem Verhältnis zwischen der aus der Feindseligkeit resultierenden Undankbarkeit und dem Ausmaß der Beschenkung im Falle einer testamentarischen Erbfolge. Die Zuwendung sei laut ihm viel umfangreicher als bei einem Vermächtniserwerb gewesen. Wenn ein undankbarer Vermächtniswerber wegen seiner Undankbarkeit (gegenüber seinem Testator) mit der Erbunwürdigkeit versehen wurde, hätte dies auch in Bezug auf einen testamentarischen Erben gelten müssen[718].

Dieser Indignitätstatbestand war laut *Domat* nur im Falle einer testamentarischen Erbfolge von Bedeutung. Eine Kapitalfeindschaft zwischen dem Erben und dem Erblasser spielte bei der Intestaterbfolge keine Rolle. *Domat* begründete diese Ansicht mit den unterschiedlichen Berufungsmotiven der jeweiligen Erbfolgeart. Bei der testamentarischen Erbfolge wurde die Erbeinsetzung mit

715 Ulp. 14 l. Iul. Pap. D. 34.9.9 pr.: *Si inimicitiae capitales intervenerunt inter legatarium et testatorem et verisimile esse coeperit testatorem noluisse legatum sive fideicommissum praestari ei, cui adscriptum relictum est, magis est, ut legatum ab eo peti non possit.*

716 Siehe dazu *Domat*, Les loix civiles 84–85 ; *Furgole*, Traité 517.

717 *Domat*, Les loix civiles 84.

718 *[…] la regle semble à plus forite raison juste à l'égard de l'heritier; puisque le bienfait est plus grand, & l'ingratitude plus grand aussi & que celuy qui est indigne d'une moindre grace, est à plus forte raison indigne d'une autre plus considerable.* (*Domat*, Les loix civiles 84).

dem Willen des Testators begründet. Der testamentarische Erbe verdankte seine Erbenstellung dem Willen des Erblassers. Im Falle einer Intestaterbfolge wurde man aufgrund einer gesetzlichen Bestimmung zum Erben berufen. Die subjektiven Vorstellungen des Erblassers spielten dabei keine Rolle. Eine zwischen dem präsumtiven Erben und seinem Erblasser entstandene Feindseligkeit, die zugleich die Enterbungsnormen nicht überschritt, konnte keinen Ausschluss von der gesetzlichen Erbfolge verursachen[719].

III. Römische *indignitas* auf deutschem Rechtsboden – Aufeinandertreffen des germanischen Rechtsverständnisses und des *ius commune*

1. Indignitätsgedanke nach altdeutschem Recht

a. Geschichtliche Einführung: Lage des deutschen Rechtswesens am Vorabend der Rezeption

Die Entwicklung des deutschen Rechtswesens war vom Mittelalter bis zur Neuzeit durch politische Ereignisse geprägt. Auf der einen Seite trat der deutsche Staat die Epoche des Mittelalters als Miterbe des karolingischen Reiches und seit der Ottonendynastie als Träger der Imperiumsidee an[720]. Das herausgebildete Staatsgebilde, das Heilige Römische Reich (ab nun in der Arbeit als deutsches Reich bezeichnet), galt i.S.d. *translatio imperii* als Fortsetzung des römischen Imperiums[721]. Der deutsche König trug ab nun den Titel *Imperator Romanorum Augustus*[722] und die römische Rechtsordnung galt als sein beanspruchtes

719 *Domat*, Les loix civiles 85.

720 *Wieacker*, Privatrechtsgeschichte der Neuzeit^2 (1967) 97.

721 Ein großes politisches Interesse an der Einhaltung und dem Fortleben der Imperiumsidee hatte die katholische Kirche. Für die geistlichen Oberhäupter diente diese Idee zur Begründung ihrer Machtansprüche gegenüber dem regierenden Kaiser. Laut der kirchlichen Ansicht war die Übertragung der kaiserlichen Würde des ehemaligen römischen Imperiums auf den deutschen König erst durch den Papst möglich. Der Papst übertrug die Kaiserkrone ursprünglich an die Griechen, dann an die Franken und letztendlich an die Deutschen. Aus dieser Befugnis leitete der Papst ebenfalls das Recht, den jeweils regierenden Kaiser abzusetzen, ihn zu verbannen oder sogar dem deutschen Königreich die Reichswürde abzusprechen, ab. Vgl. *Erler*, Translatio Imperii, in *Erler/Kaufmann/Schmidt-Wiegand* (Hgg.), Handwörterbuch zur deutschen Rechtsgeschichte III (1998) 300–301.

722 Der deutsche König führte zuerst den Titel *rex*. Nach der Kaiserkrönung trug er ursprünglich den Titel *Imperator Augustus* und seit der Krönung Ottos III. den Titel

Erbe. Damit wurde der römischen Rechtskultur noch vor dem Ausbruch der profanen Rezeption ein erster Geltungsgrund gegeben – die römische Rechtsordnung sollte i.S.d. Theorie als kaiserliches Recht im ganzen Reich gelten[723]. Auf der anderen Seite „litt" das deutsche Rechtswesen am staatlichen Partikularismus. Bis zum Ende der Stauferdynastie nahm das deutsche Reich die Form eines auf dem Lehenswesen gebauten „lockeren" Einheitsstaates an. Mit dem Aussterben der Staufer und dem Beginn des Interregnums kam es zur Auflösung der Reichsgewalt und zur Blüte der Landesherrlichkeit. Das Lehenswesen, das in Frankreich und England die Position des jeweiligen Königs verstärkte, nahm auf deutschem Boden eine umgekehrte Entwicklung an. Die Reichsfürsten, die auf die Selbstständigkeit und die Unabhängigkeit ihrer Territorien abzielten, konnten im Laufe der Zeit immer mehr königliche Hoheitsrechte erwerben. Die Italienpolitik, die dauernden Machtkämpfe mit der Kurie und die damit verbundene Außerachtlassung der inneren Situation des Reiches zwangen die deutschen Herrscher zur Abgabe wichtiger Kronrechte an die *domini terrae*. Zu diesen abgegebenen Kronrechten gehörten neben politischen und wirtschaftlichen Befugnissen vor allem die Gerichtshoheit und die Rechtsbildung. Aus den früheren königlichen Grafgerichten entstanden in einzelnen Ländern des deutschen Reiches die Landesgerichte, die in ihren eigenen Jurisdiktionsbereichen vom Kaiser unabhängig waren. Diese Entwicklung führte parallel zur Schwächung der Position des Kaisers als oberster Reichsrichter. Mit der Erteilung der *privilegia de non evocando* und *de non appellando*[724] an die *domini terrae* wurde das königliche Hofgericht, wie auch sein späterer Nachfolger das Reichshofgericht, in seiner Rolle als oberstes Gerichtsorgan faktisch entmachtet und konnte sich im Jurisdiktionsbereich nicht gegen die Ländergerichte durchsetzen[725].

Imperator Romanorum Augustus, der sich im Verlauf des Mittelalters nicht mehr änderte. In der mittelalterlichen deutschen Sprache verwendete man dagegen die Bezeichnungen *römischer keiser* oder *römischer chuning*. Vgl. *Conrad*, Deutsche Rechtsgeschichte I (1962) 223.

723 Vgl. *Conrad*, DRG I 229–236. Siehe dazu *Wesenberg/Wesener*, Privatrechtsgeschichte (1976) 76.

724 Die beiden Privilegien schränkten die gerichtlichen Befugnisse des Königs als oberster Reichsrichter ein, indem er nicht mehr einen laufenden gerichtlichen Prozess zur Entscheidung an sich ziehen konnte. Ebenfalls verlor er seine Stellung als oberste gerichtliche Instanz des Reiches.

725 Vgl. *Conrad*, DRG I 309–320; *Wieacker*, Privatrechtsgeschichte 101–105; *Merzbacher*, Landesherrlichkeit, in HRG II, 1385–1387.

Die politische Machtzersplitterung bedeutete in diesem Fall zugleich die Zersplitterung des Rechtswesens. Im Zuge der Auflösung der zentralen Rechtsbildung und der allgemeinen Gerichtsverfassung kam es zur Entstehung vielfältiger Rechtskreise. Die Rechtsaufzeichnungen und die schriftliche Rechtsüberlieferungskunst der germanischen Könige verschwanden im fortgeschrittenen Mittelalter aus dem Bewusstsein der deutschen Bevölkerung. Das Rechtswesen kehrte für eine gewisse Zeit zu seiner ursprünglichen dunkleren germanischen Praxis, in der das Recht durch den Rechtsgebrauch und die Urteilsfällung der Laien erzeugt, vermittelt und ausgelegt wurde, zurück[726]. Die Herausbildung des Gewohnheitsrechts, seine Anwendung und seine Vermittlung erfolgten innerhalb der Grenzen des jeweiligen Landesgebietes. Im Zuge dieses Prozesses bildeten sich die Landesrechte (auch Territorialrechte genannt) heraus. Es erfolgte parallel ein Übergang vom Stammes- zum Territorialprinzip, indem das persönliche Stammesrecht (*ius sanguinis*) komplett durch das Vordringen der Territorialrechte verdrängt wurde[727]. Die Zugehörigkeit zu einem bestimmten Territorium und nicht zu einem bestimmten Stamm war für die Rechtsanwendung maßgeblich.

Mit dem Übergang zum Territorialprinzip kehrte ebenso die ursprünglich vergessene Kunst der schriftlichen Aufzeichnung des geltenden Gewohnheitsrechts zurück. Einen wichtigen Schritt auf der Rückkehr zur Schriftlichkeit stellten die Land- und Lehnsrechtsbücher dar. Diese von Beginn an privaten Rechtsarbeiten zeichneten das jeweils regional geltende Gewohnheitsrecht auf und wirkten dadurch der fortschreitenden Rechtszersplitterung entgegen. Zu den bedeutendsten Vertretern dieser privaten Rechtssammlungen gehörten vor allem der Sachsen- und der Schwabenspiegel. Der Sachsenspiegel, der von dem mitteldeutschen Adelsschöffen *Eike von Repgow* zwischen 1220 und 1235 verfasst wurde, stellte eine Sammlung des in Sachsen herrschenden Gewohnheitsrechts dar[728]. Er erlangte vor allem in Nord- und Mitteldeutschland gesetzliches Ansehen und fand ebenso außerhalb der deutschen Sprachgrenzen breite

726 Siehe dazu *Beseler*, Über die Gesetzeskraft der Capitularien (1871).

727 Vgl. *Wieacker*, Privatrechtsgeschichte 106.

728 Das im Sachsenspiegel niedergeschriebene Recht stellte aus gesetzgeberischer Sicht keine Neuschöpfung, sondern die Aufzeichnung des bereits geltenden Gewohnheitsrechts dar. Diesen Umstand betonte der Verfasser selbst im 151. Kapitel der Reimvorrede: *Dit recht hebbe ek selve nicht irdacht […]* – Text nach *Kallers* Ausgabe: Der Sachsenspiegel (2002) 3–6. Vgl. *Conrad*, DRG I 351–352. Siehe dazu *Ebel*, Sachsenspiegel in HRG II 1228–1235; *Voltelini*, Ein Beitrag zur Quellenkunde des Sachsenspiegels Landrecht, ZRG GA 1938, 548–559.

Anerkennung[729]. Zu einer ähnlichen gesetzlichen Stellung gelangte der Schwabenspiegel in Süddeutschland. Er entstand rund um das Jahr 1275 in Augsburg und basierte inhaltlich vor allem auf seinem sächsischen Äquivalent. Im Gegensatz zu seinem Vorbild enthielt er jedoch zahlreiche Überlieferungen aus römischen und kanonischen Rechtsquellen[730]. Parallel zur Verfassung privater Rechtsbücher entstanden auf deutschem Rechtsboden erste volkssprachliche Stammes- und Landrechtsaufzeichnungen und Stadtrechte. Diese Aufzeichnungen gaben in schriftlicher Form das jeweils in einem bestimmten Territorium bzw. in einer bestimmten Stadt geltende Recht wieder. Diese Rechtsquellen entstanden entweder aufgrund landesfürstlicher bzw. königlicher Sanktionen[731] oder im Rahmen von Zusammenschlüssen verschiedener Stämme[732].

---

729 Der Sachsenspiegel erfuhr im polnischen Königreich drei schriftliche und in lateinischer Sprache verfasste Übersetzungen – *versio Vratislaviensis, versio Sandomiriensis* und *versio Laskis*. Siehe dazu *Rymaszewski*, Łacińskie teksty Landrechtu Zwierciadła Saskiego w Polsce (1975).

730 Der süddeutsche Spiegel trug ursprünglich in seinen Handschriften den Titel *Kaiserliches Land- und Lehnrechtsbuch, kayserlich Rechtsbuch* oder einfach *Kaiserrecht*. Diese Titel spiegelten das Hauptanliegen des Verfassers wider – diese private Rechtsarbeit sollte nach Abschluss des Interregnums einem neuen deutschen Herrscher eine Rechtsordnung, die den herrschenden rechtlichen Partikularismus überwinden sollte, bereitstellen. Die Bezeichnung *Schwabenspiegel* ging auf *Goldlasts* Handschrift aus dem 17. Jh. zurück. *Goldlast* bezeichnete den süddeutschen Spiegel als schwäbisch, da im Werk das Volk der Schwaben oft erwähnt wurde. Aus inhaltlicher Sicht enthielt der Schwabenspiegel Fragmente aus dem Sachsenspiegel, aus römischen und kanonischen Rechtsquellen, aus fränkischen Kapitularien, aus dem bayrischen Volksrecht sowie aus den Reichs- und Landfriedensrechten. Der Schwabenspiegel erlangte vor allem im oberdeutschen Raum, in Schwaben, Bayern, Österreich, Hessen, im Elsass und in der Schweiz eine dem Sachsenspiegel ähnliche gesetzliche Anerkennung. Er erfuhr außerdem Übersetzungen in die lateinische, französische (*Le miror de Souabe*) und tschechische Sprache. Vgl. *Trusen*, Schwabenspiegel in HRG II 1547–1550. Siehe dazu *Derschka*, Der Schwabenspiegel (2002) 6–11; *Trusen*, Der Rechtsspiegel und das Kaiserrecht in ZRG GA 1985, 12–59; *Conrad*, DRG I 353; *Klebel*, Zu den Quellen des Schwabenspiegels, FS Hugelmann I (1959) 27ff.

731 Vgl. *Conrad*, DRG I 354–357; *Wieacker*, Privatrechtsgeschichte 107–108.

732 Die früheste mittelalterliche Stammesrechtsaufzeichnung stammte aus zusammengeschlossenen friesischen Landschaften. Die Abgeordneten bzw. Bevollmächtigten der einzelnen friesischen Landschaften nahmen zu Upstallsboom bei Aurich an Tagungen, im Rahmen derer gemeinfriesische Weistümer und Rechtssatzungen entstanden, teil. Siehe dazu *Richhofen*, Friesische Rechtsquellen I (1840); *Buma/Ebel*, Das Emsiger Recht (1967); *ders*, Das Rüstringer Recht (1963).

Im ersten Teil des gegenständlichen Kapitels liegt das Hauptaugenmerk auf den ersten mittelalterlichen Rechtsaufzeichnungen des deutschen Reiches. Anhand dieser Rechtsquellen soll der indignitätsrechtliche Gedanke nach der Rechtslage des altdeutschen Gewohnheitsrechts ermittelt werden. Darunter wird ein „reines" mittelalterliches deutsches Gewohnheitsrecht, das die Auswirkungen einer profanen Rezeption noch nicht erfuhr, verstanden. Der inhaltlichen Exegese wurden in dieser Hinsicht die erbrechtlichen Bestimmungen der privaten Rechtsbücher (vor allem des Sachsen- und Schwabenspiegels, der Rechtsbücher von Freising sowie des sog. kleinen Kaiserrechts), der Landrechtsaufzeichnungen (der friesischen Rechtsquellen, des österreichischen Landrechts von 1238, des schlesischen Landrechts und der Goslarschen Statuten) sowie der einzelnen Stadtrechte unterzogen.

b. Erbfolge nach altdeutschem Recht

Nach deutscher gewohnheitsrechtlicher Auffassung wurde ein Erbe zum Erbgut „geboren". Die erbrechtlichen Verhältnisse begannen deswegen aus rechtlicher Sicht bereits zu Lebzeiten des Erblassers zu gelten. Sein Tod stellte lediglich den Schlusspunkt der Erbfolge, im Rahmen derer der Nachlass an den Erben übertragen wurde, dar[733]. Das altdeutsche Erbrecht gliederte die rechtliche Abwicklung einer Erbfolge in zwei Etappen. Den ersten Vorgang stellte das Warterecht, das im Sachsenspiegel ebenfalls Anwartschaft genannt wurde, dar. Dieses Recht regelte die aus einem „Dreiecksverhältnis" zwischen dem zukünftigen Erben, dem Erblasser und dem Nachlass entstandenen wechselseitigen Ansprüche. Das Anwartschaftsrecht sollte aus rechtlicher Sicht quasi den Weg des Erben zum familiären Erbgut[734] vorbereiten. Somit konnte ein Erblasser nach der festgestellten rechtmäßigen Anwartschaft eines Erben ohne dessen Zustimmung das unbewegliche Erbgut weder veräußern noch zivilrechtlich belasten. Das Recht der toten Hand stellte die zweite Etappe dar. Es wickelte aus rechtlicher Sicht die Übertragung der Eigentümerrechte von einem Erbgut an einen Erben ab[735]. Im

733 *Siegel*, Das deutsche Erbrecht (1853) 82.

734 Die aus den *Leges barbarorum* stammende Teilung des vererbbaren Vermögens in ein bewegliches und ein unbewegliches setzte sich in den Rechtsordnungen der aus germanischen Königreichen entstandenen Nachfolgestaaten durch. Somit wurde die Erbfolge sowohl des unbeweglichen als auch des beweglichen Nachlasses nicht nur im deutschen, sondern auch im französischen Königreich übernommen.

735 Vgl. *Siegel*, Erbrecht 88ff und 148ff.

fortgeschrittenen Mittelalter wurde diese Teilung des Erbfolgevorganges komplett durch das rezipierte römische Recht verdrängt.

Die Erbfolgeordnung entsprach aus inhaltlicher Sicht grundsätzlich den von den *Leges barbarorum* aufgestellten Grundsätzen. Die blutsverwandtschaftliche Nähe[736] stellte für die Bestimmung der Erben und die Verteilung der Erbgüter das ausschlaggebende Beurteilungsschema dar – um voneinander erben zu können, mussten der Erblasser und sein Erbe voneinander abstammen oder einen gemeinsamen Stammvater haben[737]. Der Sachsenspiegel verwendete für diese blutsverwandtschaftliche Abstammung den Terminus technicus *Sippe* oder *Magschaft*[738] und entsprach aus inhaltlicher Sicht der *parentela* oder *genealogia* der germanischen Leges[739]. Die Erbfolgeordnung folgte i.S.d. mittelalterlichen Rechtssprichworts *je näher dem Blut, je näher dem Gut* dem Parentelsystem[740]. Die Verwandten wurden in sog. Parentel gegliedert und kamen der Reihe nach zur Erbfolge[741]. In erster Linie wurden die Deszendenten des Erblassers[742] unter der Berücksichtigung des Repräsentationsrechts[743] und des Vorrangrechts männlicher Vertreter[744] zur Erbfolge berufen. Die zweite Parentel bildeten die

---

736 Für andere Formen der Erfolge siehe *Sydow*, Darstellung des Erbrechts nach den Grundsätzen des Sachsenspiegels (1828) 16–17.

737 Vgl. *Planitz*, Grundzüge des deutschen Privatrechts (1949) 219–222. Siehe dazu *Wasserschlaben*, Das Prinzip der Successionsordnung (1860) 11–24; *ders*, Das Prinzip der Erbenfolge (1870).

738 Vgl. Sachsp. I 17 §1.

739 Vgl. L. Sal. 60, 1; L. Burg. 85, 1; L. Vis. 4,1,3; L. Alam. 84(85). Siehe dazu *Sydow*, Erbrecht des Sachsenspiegels 39.

740 Vgl. *Siegel*, Erbrecht 44.

741 Vgl. *Sydow*, Erbrecht des Sachsenspiegels 70.

742 Vgl. Sachsp. I. 17 §1; Schwabsp. c. 14; Österreichisches Landrecht 24–25; Rechtsbuch von Freising I 13; Kleines Kaiserrecht II 13 pr. Vgl. *Sydow*, Erbrecht des Sachsenspiegels 72–76. Siehe dazu *Stutz*, Der Jüngste stimmt zuerst, ZRG GA 1929, 435–438.

743 Nach germanischer Rechtsauffassung stand das Repräsentationsrecht nur den Abkömmlingen der vorverstorbenen Söhne des Erblassers zu. Der Sachsenspiegel war in der Ausgestaltung dieses Rechts restriktiver als andere deutsche Rechtsquellen und ließ nur die männlichen Abkömmlinge des vorverstorbenen Sohnes zur Erbfolge zu. Vgl. Ssp. I 5 § 1. Dagegen Schwabsp. c. 4; Kleines Kaiserrecht II. c.14; Rechtsbuch von Freising I. 7.pr. Siehe dazu *Siegel*, Erbrecht 51–55; *Sydow*, Erbrecht des Sachsenspiegels 77–79; *Heusler*, Institutionen II 579–580; *Erler*, Eintrittsrecht in *Erler/Kaufmann* (Hrg), Handwörterbuch zur deutschen Rechtsgeschichte I (1971) 908–909.

744 Vgl. Sachsp. I 17 §1; Schwabsp. c. 148; Rechtsbuch von Freising I. c.107g. Die Gleichberechtigung beider Geschlechter aus erbrechtlicher Sicht setzte sich in der deutschen

Eltern des Erblassers samt ihren Deszendenten (die Geschwister des Erblassers) etc.. Diese Erbfolgeordnung endete mit der 7. Parentel[745].

Neben der blutsverwandtschaftlichen Abstammung musste ein potenzieller Erbe, um an der Erbfolge des verstorbenen Erblassers teilnehmen zu können, im Genuss des Landrechts[746] stehen, ebenbürtig[747] mit dem Erblasser sein, aus einer rechtmäßigen Ehe abstammen[748], dem christlichen Glauben angehören, körperlich gesund sein[749] und als neugeborenes Kind die Lebensfähigkeit vorweisen[750].

Anhand dieser rechtlichen Voraussetzungen ist zugleich das charakteristische Merkmal des altdeutschen Rechts ersichtlich. Es war volkstümlich, lebensnah und betrachtete die rechtlichen Verhältnisse durch sinnlich wahrnehmbare Vorgänge. Die komplizierten und abstrakten Rechtsinstitute der klassischen

---

Gerichtspraxis erst mit dem Vordringen des römischen Rechts durch. Die Gleichberechtigung wurde z.B. in der glossierten Version des Sachsenspiegels festgehalten. Vgl. *Siegl*, Erbrecht 48–51.

745 Der Sachsenspiegel schilderte die Erbfolgeordnung einer Sippe anhand eines menschlichen Körpers. Vgl. Ssp. I 3 §3. Siehe dazu *Wasserschleben*, Die germanische Verwandtschaftsberechnung und das Prinzip der Erbenfolge (1864).

746 Vom Landrecht waren unter anderem Mönche und geächtete Personen ausgeschlossen. Vgl. Sachsp. I 25 §3, I 61 §4; Schwabsp. c. 45.

747 Vgl. Sachsp. I 17 §1, Schwabsp. c. 41.

748 Vgl. Sachsp. III 72 und 27; Schwabsp. c. 287. Das altdeutsche Recht war sich darüber einig, dass nur die im Rahmen einer rechtmäßigen Ehe erzeugten Kinder die Erbschaft erwerben konnten. Interessanterweise beurteilten der Sachsen- und der Schwabenspiegel die rechtlichen Ansprüche der zweitehelichen Kinder unterschiedlich. Der sächsische Spiegel behandelte alle ehelichen Kinder des verstorbenen Erblassers gleich. Der Schwabenspiegel sprach dagegen einem zweitehelichen Kind nur solche Erbgüter, die der Erblasser während der zweiten Ehe erworben hatte, zu. Diesem Schema folgten ebenfalls die vom schwäbischen Spiegel beeinflussten Rechtsbücher – wie das Kleine Kaiserrecht oder das Österreichische Landrecht von 1237. Vgl. Sachsp. II 23; Schwabsp. c.191a; kl. Kaiserrecht II. 53, Oest. Landr. Art. 26. Vgl. *Siegel*, Deutsches Erbrecht 47–48; *Hasenhörl*, Österreichisches Landesrecht im 13. und 14 (1867) 133–134.

749 Ein Erbe musste sowohl körperlich als auch geistig gesund sein. Wahnsinnige, geisteskranke, stumme, blinde und körperlich beeinträchtigte (z.B. hand- bzw. fußlose) Menschen konnten nach dem Landrecht nicht erben (vgl. Ssp. I 4). Ein neugeborenes Kind musste seine Lebensfähigkeit mittels eines anerkannten Lebenszeichens vorweisen. Nach dem Landesbrauch galt ein neugeborenes Kind als lebensfähig, sobald es vier Wände eines Hauses unter der Anwesenheit von Zeugen beschrien hatte. Vgl. Ssp. I 33.

750 Siehe dazu *Siegel*, Erbrecht 10–43, *Sydow*, Erbrecht des Sachsenspiegels 38–59.

römischen Juristen fanden keine rechtliche Anerkennung. Diese Feststellung spiegelte die rechtliche Existenz der römischen *indignitas* im mittelalterlichen Deutschland treffend wider. Auf der einen Seite stellte die römische Indignität aus rechtlicher Sicht ein sehr kompliziertes Rechtsinstitut dar – einem rechtmäßigen Erben wurden unter Beibehaltung seiner Erbenstellung erbrechtliche Klagen verwehrt und der ihm ursprünglich zustehende Nachlass wurde durch die staatliche Kasse eingezogen. Auf der anderen Seite erwies sich dieses römische Rechtsgebilde als lebensfremd. Der Entzug einer Erbschaft (i.S.d. Verwirkung des Warterechts) widersprach dem germanischen Rechtsverständnis. Diese Beobachtung ist ebenfalls anhand der Rechtslage der frühmittelalterlichen germanischen Leges festzustellen. Die *indignitas*, zwar in ihrer vulgaren Form, fand nur in den *Leges Romanae* gesetzliche Anerkennung, da diese Gesetze für die römischen Bevölkerungsteile der germanischen Königreiche vorgesehen waren und somit römisch-rechtliche Inhalte in ihren Reihen beinhalteten. Nichtsdestotrotz lassen sich innerhalb der Leges-Landschaft Rechtssätze finden, die den indignitätsrechtlichen Gedanken i.S.d. geltenden germanischen Gewohnheitsrechts bestimmten. Die *Lex Frisionum* und die langobardischen Gesetze verwirkten einem Verwandtenmörder seine erbrechtlichen Rechte in Bezug auf das Vermögen des von ihm ermordeten Erblassers. Dieser Rechtsgedanke setzte sich ebenfalls in einigen mittelalterlichen Territorialrechten des deutschen Reiches durch. Somit kommt man zu dem Schluss, dass sich der römische Indignitätstatbestand des *parricidium* in einer volkstümlichen Form und als sinnlich wahrnehmbarer Rechtsvorgang im germanischen Gewohnheitsrecht des Mittelalters etablierte.

c. Der Sachsenspiegel und sein Rechtskreis

Der Sachsenspiegel sah zwei Tatbestände, die einem Erben das ihm zustehende Warterecht verwirkten, vor. Der erste Verwirkungsgrund hatte aus inhaltlicher Sicht den Tatbestand des Verwandtenmordes zum Gegenstand und lautete folgendermaßen:

> Sachsenspiegel Landrecht III 84 §3
> *Dodet ok en man sinen vader oder sinen bruder oder sinen mach oder iemanne, des egenes oder lenes he wardende is, al sine wardunge hevet he verloren; he ne do't in notweringe sins lives, unde de not oppe den doden beredet werde, oder he ne do't unwetene, so dat it gesce ane sinen dank.*[751]

751 Text nach *Eckhardts* Ausgabe: Sachsenspiegel Landrecht (1955) 265–266.

Tötet auch ein Mann seinen Vater oder seinen Bruder oder seinen Vetter oder jemanden, auf dessen Eigen oder Lehen er Anwartschaft hat, all seine Anwartschaft hat er verloren; es sei denn er tue es in Notwehr um sein Leben, und die Notwehr werde auf den Toten bewiesen, oder er tue es unwissend, so dass es geschehe ohne seinen Willen.[752]

Einem Verwandtenmörder wurde zur Gänze das erbrechtliche Warterecht (i.S. einer Anwartschaft auf die Erbgüter des Erblassers) verwirkt, da dieser seinen Erblasser ermordet hatte. Der zweite Satz der zitierten Regelung fügte der gegenständlichen Konstellation einen Rechtfertigungsgrund hinzu. Einem Sippenmörder konnte das Warterecht nicht verwirkt werden, sobald dieser in Notwehr oder fahrlässig (unwissend) gehandelt hatte. Die verwendete Ausdrucksweise *[…] oder he ne do't unwetene, so dat it gesce* <u>*ane sinen dank*</u>. weist eindeutig auf den fehlenden Tötungsvorsatz des Mörders hin. M.E. kann man diesen Satz aus dogmatischer Sicht mit der fahrlässigen Tötung i.S.d. gegenwärtigen Strafrechts gleichstellen. Eine Unterscheidung zwischen einer absichtlichen und einer fahrlässigen Tötung war dem Verfasser des sächsischen Rechts bekannt. Das Wort *dank* charakterisierte im sächsischen Spiegel ein absichtliches und vom Täter gewolltes Handeln. Diese Feststellung – eine strikte Unterscheidung zwischen einer gewollten und einer fahrlässigen Tötung nach dem Sachsenspiegel – lässt sich anhand der Regelung der Tötung und Lähmung von Tieren entnehmen. *Swe des anderen ve dodet, dat men it eten mut,* <u>*dankes oder ane dank*</u> *[…]*[753] – in der gegenständlichen Rechtsvorschrift differenzierte der Verfasser eindeutig zwischen den beiden aus strafrechtlicher Sicht maßgebenden Willenskomponenten. Somit steht m.E. außer Frage, dass ein Verlust des Warterechts nach sächsischem Recht nur aufgrund einer absichtlichen Tötung möglich war[754].

Die zweite Regelung des Sachsenspiegels verwirkte einem Erben sein erbrechtliches Warterecht, sobald dieser die Erbgüter des Erblassers gewaltsam zu dessen Lebzeiten entwendet hatte.

Sachsenspiegel Landrecht III 84 § 1
Swe deme anderen gut geweldichleken nimt bit an jenes dot, alle recht hevet he an deme gude verlorn, dat eme an deme gude irsterven mchte na jenes dode.[755]

Wenn einer dem anderen ein Gut gewaltsam nimmt vor jenes Tod, alles Recht hat er an dem Gut verloren, das ihm nach jenes Tode an dem Gute anfallen konnte.[756]

752 *Kaller*, Sachsenspiegel 140.
753 *Eckhardt*, Sachsenspiegel 234.
754 *Siegel*, Deutsches Erbrecht 130.
755 *Eckhardt*, Sachsenspiegel 265.
756 *Kaller*, Sachsenspiegel 139.

Dieser Tatbestand ließ dagegen keine zweifelhaften Fragen offen. Ein am römischen Recht interessierter Jurist wird in dieser Hinsicht einige Parallelen zum römischen Indignitätsrecht feststellen. In der Tat hatten diese beiden erbrechtlichen Verwirkungstatbestände des Sachsenspiegels ihre Äquivalente im römischen Recht – die Tatbestände des *parricidium* und des rechtswidrigen Beiseiteschaffens eines Erbgutes sind in Marcianus' Digestenstelle 34.9.3 und in Marcellus' Digestenfragment 34.9.6 zu finden. Es besteht jedoch nicht der geringste Zweifel daran, dass die sächsischen Verwirkungsgründe dem germanischen Rechtsverständnis entstammten und somit frei von jeglichen römisch-rechtlichen Einflüssen waren.

Die Ausstrahlungskraft des Sachsenspiegels war im deutschen Reich sehr groß. *Kaspers* weist darauf hin, dass nach den übereinstimmenden Angaben der deutschen rechtsgeschichtlichen Fachliteratur fast ein Drittel der deutschen Nation nach den Regeln des sächsischen Rechtsbuches lebte[757]. Eike von Repgows Werk erlangte vor allem in Norddeutschland hohes Ansehen und galt als inhaltliches Vorbild für die neuen schriftlichen Aufzeichnungen der Territorialrechte. Dies betraf ebenfalls die sächsischen erbrechtlichen Verwirkungsgründe. Der Tatbestand des *parricidium* wurde durch das Schlesische Landrecht (c. 343)[758], die Goslarer Statuten (erstes Buch *van erve* 38–40[759]), das sächsische Weichbild (Art. CXXXI)[760], den Vermehrten Sachsenspiegel (I 39 § 4)[761] und das

757 Vgl. *Kaspers*, Vom Sachsenspiegel zum Code Napoléon (1978) 34; *Conrad*, DRG I 352.

758 *Wer uatir adir brudir tötit. Totit ouch eyn man synen uatir – so das is geschee ane synen dank [...].* Text nach *Gaupps* Ausgabe: Das Schlesische Landrecht (1828) 190. Das Schlesische Landrecht stellte eine eigentümliche Bearbeitung des Sachsenspiegels mit besonderer Berücksichtigung der rund um Breslau herrschenden Gewohnheiten dar. Seine Entstehung wird auf das 14. Jh. datiert. Siehe dazu *Zöpfl*, RG 178–179. Das schlesische Landrecht übernahm auch den zweiten Verwirkungsgrund – die gewaltsame Wegnahme eines Erbgutes (c. 341).

759 *Dödet ein den anderen, wat ome van deme an irsterfft, dat heft he vorloren, it ne sy van notwere edder an synen danck edder mit rechte gescheyn.* Text nach *Göschens* Ausgabe: Die Goslarischen Statuten (1840) 11.

760 Art. CXXXI. Totet ein Man seinen vater. *Tot ein man sein vater ader Bruder ader ymandes do er icht an wartende ist, alle seynn recht an dem gute hat er vorlorenn. Er en thu es dan in Notenn ader unwissennt unnd man das die not auff in den doden Brengen mag.* Text nach *Thüngens* Ausgabe: Das Sächsische Weichbild (1837) 41. Das Sächsische Weichbild entstand an der Wende des 14. Jh.. Es stellte ebenfalls eine private Bearbeitung des Sachsenspiegels dar. In diesem Fall wurde es mit dem magdeburgischen Schöffenrecht verbunden und galt als Rechtsordnung der sächsischen Städte. Siehe dazu *Zöpfl*, Deutsche Rechtsgeschichte 176–178.

761 *Toted ouch eyn man sinen vater, sinen vruder, sinen magk, adder ymandes, des eygen adder erbes adder lehens der anewartende ist, alle ane wartunge unde anefal des gutes*

Dithmarsche Landrecht[762] (c. 80)[763] vollständig rezipiert und in einigen Fällen sogar direkt übernommen.

Eine inhaltliche Ausdehnung des zweiten erbrechtlichen Verwirkungstatbestandes (III 84 §1) des Sachsenspiegels nahm das österreichische Landrecht aus dem Jahr 1237 vor. Diese eigentlich den süddeutschen Rechtsquellen und somit dem Rechtskreis des Schwabenspiegels zugehörende Rechtsquelle bestimmte die erbrechtlichen Rechtsfolgen des gegenständlichen Tatbestandes im Rahmen einer Generalklausel. Diese lautete folgendermaßen:

> Österreichisches Landrecht von 1237, Artikel 65.
> *Es ist recht nach lanndes gewonhait, welch sun seinen vater con seiner prug oder von anderem seinem gut verstosset oder prenet oder raubet oder zu seines vater veinten sich kert mit aiden opder mit trewen, das auf seines vater er get oder auf sein verderbnuss, überkumpt in des sein vater mit zwain unversprochen mannen, dem sun sei widertailet aigen und legen und varundes gut und alles des guts, das er von vater und von muter erb solst sein ewiklich, also daz im der richter noch der vater nicht wider gehlffen mag, daz er zu demselben gut dhain recht nimmer mer gewinnen müg.*[764]

Die zitierte Rechtsvorschrift verwirkte einem Sohn seine erbrechtlichen Forderungen sowohl auf die väterlichen als auch auf die mütterlichen Erbgüter, sobald dieser gegenüber seinem Vater bösartig gehandelt hatte. Als böswillige

---

had her vorlorn; es geschege denne in nodwerunge sines libes, so das dy nodwere bewiset werde mit rechts, adder unwissende, adder an sinen dang geschege. Unde ist keyserrecht, landrecht unde wichbilde. Text nach *Ortloffs* Ausgabe: Das Rechtsbuch nach Distinctionen (1836) 72–73. Der vermehrte Sachsenspiegel bzw. die sächsischen Districtionen stellte bzw. stellten eine Zusammenstellung des in sächsischen Städten geltenden Rechts dar. Der vermehrte Spiegel bestand aus 6 Handschriften, die wiederum in Distinktionen geteilt wurden. Das Werk basierte aus inhaltlicher Sicht grundsätzlich auf den Regelungen des Sachsenspiegels und stellte seine nächste eigentümliche Bearbeitung dar. Neben dem sächsischen Recht enthielt das Werk kaiserliche und kanonische Rechte und Fragmente aus sächsischen Weichbildchroniken. Der Verwirkungstatbestand der gewaltsamen Wegnahme der Erbgüter wurde durch die sächsischen Districtionen ebenfalls übernommen (I 39 § 2). Vgl. *Zöpfl*, RG 179–182.

762 Vgl. *Hempel*, Erbunwürdigkeit 22 Anm. 5. Siehe dazu *Eckhardt*, Dithmarscher Landrecht (1960) 21.

763 Vgl. *Siegel*, Deutsches Erbrecht 129, *Sydow*, Erbrecht des Sachsenspiegels 60–61. Siehe dazu *Hempel*, Erbunwürdigkeit 22.

764 Text nach *Hasenöhrls* Ausgabe: Österreichisches Landrecht 259. Für den Charakter, die dogmatischen Vorbilder und die Entstehungszeit des Österreichischen Landrechts siehe *Hasenöhrl*, Beiträge zur Geschichte der Rechtsbildung und der Rechtsquellen in den österreichischen Alpenländern, in Archiv für österreichische Geschichte XCIII (1905) 285–302.

Handlungsweise definierte die gegenständliche Bestimmung unter anderem die Verdrängung des Vaters von seinem Grundstück, die Begehung eines Raubes, die Verübung einer Brandstiftung an der väterlichen Liegenschaft, die Unterstützung väterlicher Feinde, die Erteilung von Ratschlägen gegen das Leben des Vaters, die Körperverletzung oder die Hineintreibung des Vaters in die Gefangenschaft. Diese verwirkte „Erbfähigkeit" konnte er nie wieder erlangen[765]. Als dogmatisches Vorbild der österreichischen Regelung galt wahrscheinlich der Rechtssatz des Mainzer Landfriedens aus dem Jahr 1235[766], der unter Kaiser Friedrich II. erlassen wurde.

Obwohl man anhand der erwähnten Verwirkungstatbestände des sächsischen Rechts Parallelen zum römischen Indignitätsrecht feststellen kann – beide Tatbestände enthielten inhaltliche Äquivalente in römischen Rechtsquellen –, so wird man anhand dieser Regelungen zwischen einem Erben und einem von ihm ermordeten Erblasser kein römisches Indignitätsverhältnis feststellen können. Aus dogmatischer Sicht lagen zwischen den beiden Regelungen Welten. Als unzutreffend gilt deswegen m.E. *Sydows*[767] Bezeichnung der sächsischen Verwirkungstatbestände als *Indignität*, die er in seinem dem Sachsenspiegel gewidmeten Werk getätigt hat.

d. Der Schwabenspiegel und sein Rechtskreis

Der indignitätsrechtliche Gedanke i.S.d. erbrechtlichen Verwirkungsrechts nahm in süddeutschen Rechtsquellen eine andere Entwicklung als in norddeutschen. In Süddeutschland gewann der Schwabenspiegel in der Rechtspraxis eine dem Sachsenspiegel vergleichbare gesetzliche Anerkennung. Im Gegensatz zu seinem sächsischen Äquivalent war der schwäbische Spiegel jedoch offen für

---

765 *Hasenöhrl*, Österreichisches Landrecht 162. Siehe dazu *Zöpfl*, Deutsche Rechtsgeschichte (1858) 820.

766 Friedrichs II. Mainzer Reichs-Landfriede 1. (15): *Swelch sun sinen vater von sinen burgen oder von anderem sinem gut verstozet oder brennet oder roubet oder ze sins vater vienden sich chert mit eiden oder mit truwen, dazu f sins vater ere gat oder uf sine verderbnusse, beziuget in des sin vater ze den heiligen vor sinem rither mit zwein sentberen mannen, die niemen mit reht verwerfen mag, der sun sol sin verteilet eigens und lehens und varendes gutes und berlichen alles des gutes, des er von vater und von muter erben solde, ewichliche, also daz im weder rihter noch der vater niemner wider gehelfen mag, daz er dehein reht ze dem selben gute iemer gewinnen muge.* Text nach *Zeumers* Ausgabe: Quellensammlung zur Geschichte der deutschen Reichsverfassung (1914) 68.

767 Vgl. *Sydow*, Erbrecht des Sachsenspiegels 60–61.

Einflüsse fremder Rechtskulturen. Neben dem sächsischen Recht, das als wichtige dogmatische Grundlage des Schwabenspiegels[768] galt, stand das schwäbische Rechtsbuch unter dem Einfluss des römischen Rechts[769]. Somit galt es als eines der ersten Rechtsbücher des deutschen Reiches, welches römischrechtliche Rechtssätze in seine Reihen aufnahm. Es spielte deswegen eine wichtige Rolle in der sog. Frührezeption[770] – einer Periode, welche der profanen Rezeption (einem vollständigen Eindringen des römischen Rechts in die Rechtspraxis) aus inhaltlicher Sicht den Boden bereitete[771].

Die erbrechtlichen Verwirkungsregelungen spiegelten vollkommen den römischrechtlichen Einfluss des Schwabenspiegels[772] wider. Der Schwabenspiegel löste dieses Rechtsproblem im Gegensatz zum Sachsenspiegel nicht i.S.d. germanischen Rechtsverständnisses, sondern bediente sich dabei einer fremden Rechtsordnung. Er rezipierte in dieser Hinsicht den justinianischen Enterbungskatalog der Novelle 115 c.3 und passte diesen an die herrschende gewohnheitsrechtliche Realität an[773]. Das 15. Kapitel des schwäbischen Rechtsbuches listete unter der Überschrift *Wie ein kint vater und muter erbe verwurken mac*[774] 14 Verwirkungsgründe, die mit zwei Ausnahmen zur Gänze der justinianischen Novelle entnommen wurden, auf[775]. Die Verfasser des Schwabenspiegels lehnten

---

768 Vgl. *Dreschka*, Schwabenspiegel 5–11; vgl. *Kaspers*, Vom Sachsenspiegel 43.

769 Neben römischen Gesetzen flossen Inhalte des kanonischen Rechts, der Reichsgesetze, der Volksrechte und sogar mancher religiöser Texte (wie Fragmente aus der Bibel oder Schriften Regensburger und Augsburger Mönche) in den Schwabenspiegel ein. Vgl. *Derschka*, Der Schwabenspiegel 5–6. Siehe dazu *Kantorowicz*, Zu den Quellen des Schwabenspiegels, Archiv für ältere dt. Rechtsgeschichte 1913, 688–700 sowie *Oberleitner*, Römisches Recht im Schwabenspiegel 1946.

770 Zur Definition der Frührezeption siehe *Wieacker*, Privatrechtsgeschichte 116ff.

771 Vgl. *Derschka*, Schwabenspiegel 5.

772 Zum Umfang des römisch-rechtlichen Einflusses im Schwabenspiegel siehe *Oberleitner*, Römisches Recht im Schwabenspiegel (1946).

773 Vgl. *Zoepfl*, DRG 820; vgl. *Siegel*, Erbrecht 130. Siehe dazu *Merkel*, Die justinianischen Enterbungsgründe (1908) 55–67.

774 Text nach *Eckhardts* Ausgabe: Der Schwabenspiegel nach einer Handschrift vom Jahr 1287. Edit v. Lassberg (1972) 11–12.

775 Der Schwabenspiegel enthält folgende erbrechtliche Verwirkungsgründe: Inzest, Einsperren des Vaters in ein Gefängnis, Verleumdung, schlechter Lebenswandel, Körperverletzung des Vaters, Begehung gegen die Eltern gerichteter Real- und Verbalinjurien, Verhinderung der Testamentserrichtung, Tätigkeit als Spielmann, Nichtübernahme einer Bürgschaft für einen gefangenen Vater, Unterlassung des Loskaufes eines gefangenen Vaters, Vernachlässigung eines geisteskranken Vaters, Verschwendung von

diesbezüglich den 5. (Lebensnachstellung) und den 14. Grund (Häresie) des römischen Vorbildes ab und ersetzten diese mit den Verwirkungstatbeständen germanischer Herkunft.

Der erste neue Tatbestand verwirkte einem Erben seine erbrechtlichen Forderungen (i.S. eines Warterechts), wenn dieser den Tod seines Vaters durch eine widerrechtliche Einsperrung in ein Gefängnis zu verantworten hatte[776]. Der zweite Tatbestand sanktionierte die Verschwendungssucht eines erbberechtigen Sohnes aus erbrechtlicher Sicht[777]. Sobald dieser mehr als die Hälfte des väterlichen Vermögens verschwendet hatte, verwirkte er dadurch sein Warterecht auf den väterlichen Nachlass. Interessant erscheint in dieser Hinsicht die Frage nach der dogmatischen Herkunft dieser beiden Tatbestände. Die Antwort bezüglich des ersten Falles fällt leicht. Der Tod infolge eines widerrechtlichen Einsperrens erschien als dritter von vier Verwirkungsgründen[778] des Deutschenspiegels[779],

---

mehr als der Hälfte des väterlichen Vermögens, Heirat einer Tochter ohne Einwilligung der Eltern sowie fehlendes christliches Bekenntnis. Für den Originaltext der Enterbungsgründe des Schwabenspiegels siehe *Eckhardt*, Der Schwabenspiegel 11–12. Für die Übersetzung siehe *Dreschka*, Der Schwabenspiegel 31–33.

776 Schwabsp. c.15 §2: *Daz ander ist. ob ein sun sinen vater uahet und in slivzet widerm rehten. und stirbet der vater un der vancnusse der sun hat sin erbe verlorn.*

777 Schwabsp. c 15 §13: *Daz drizehnde ist. ob der sun dem vater sin gut me danne halbez vertrut.*

778 Im 19. Kapitel der Innsbrucker Handschrift des Deutschenspiegels wurden unter der Überschrift *wie ein chint vater und muoter erbe verwuchen mag* drei erbrechtliche Verwirkungsgründe (*dinge*) aufgelistet. Den ersten *ding* bildete der Inzest, den zweiten der Tod des Vaters infolge eines widerrechtlichen Einsperrens und den dritten die Erhebung einer Kriminalanklage gegen den Vater. Der letzte Teil des gegenständlichen Titels regelte die umgekehrte Wirkung der Verwirkungstatbestände. Somit konnte auch ein Vater durch die Begehung der genannten *dinge* sein Erbrecht in Bezug auf die Erbfolge seiner Deszendenten verwirken. Aus dogmatischer Sicht entstammten der erste und der dritte Grund dem römischen Recht – als materielles Vorbild dieser *dinge* galten der 6. und 3. Enterbungsgrund der justinianischen Novelle 115. Der zweite Grund wurde dagegen dem Mainzer Landfrieden von 1235 entnommen. *Merkel*, Enterbungsgründe, 50–51. Für den Originaltext siehe *Ficker*, Der Spiegel deutscher Leute (1859) 42–43.

779 Der Deutschenspiegel bildete laut seinem unbekannten Verfasser eine Rechtsaufzeichnung, die für das gesamte deutsche Volk des Reiches vorgesehen war. Im Gegensatz zu dem früher entstandenen Sachsenspiegel, der das Recht eines bestimmten Stammes abbildete, sollte der Deutschenspiegel das im ganzen deutschen Raum herrschende Gewohnheitsrecht aufzeichnen. In Wirklichkeit stellte er aus inhaltlicher Sicht lediglich eine Bearbeitung des sächsischen Spiegels dar. Zwar flossen in den Deutschenspiegel einige Kaiser- und Reichsgesetze ein, jedoch enthielt er zu großen Teilen

der als Vorläufer des schwäbischen Spiegels galt. Der Deutschenspiegel entnahm diesen Tatbestand wiederrum dem Mainzer Landfrieden von 1235, wobei das Erfordernis des Todes im Gegensatz zum Mainzer Original hinzugefügt wurde[780].

Bei der Ermittlung der dogmatischen Herkunft des zweiten Tatbestandes stößt man im Gegensatz zum ersten Fall auf Schwierigkeiten. Die Verschwendung der Hälfte des väterlichen Vermögens hätte nach *Kantarowiczs* Ansicht sein inhaltliches Vorbild in der römischen *exheredatio bona mente*[781] haben können[782]. Diese Enterbungsart sah der justinianische Enterbungskatalog nicht vor. *Merkel* vertrat dagegen die Ansicht, dass diese erbrechtliche Art der *laesio enormis* die Erfindung des schwäbischen Spiegels war. Zwar hielt *Merkel* die Einflüsse des kanonischen Rechts für möglich, jedoch war für ihn das ausschlaggebende Argument der Umstand, dass der Tatbestand der Verschwendung des väterlichen Vermögens die Erbenstellung eines verschwenderischen Kindes bereits nach den Grundsätzen des germanischen Gewohnheitsrechts[783] verwirkte[784].

Zwar rezipierte der Schwabenspiegel die justinianischen Enterbungsgründe fast zur Gänze, jedoch wickelte er diesen Verwirkungsvorgang ganz anders als sein rezipiertes Vorbild ab. Die römische Enterbungslehre hatte ihre dogmatische Grundlage in der Verfügungsmacht des Erblassers. Um einen Erben zu enterben, musste der Erblasser eine Enterbungserklärung – eine privatrechtliche Folgen auslösende Willenserklärung – abgeben. Dieser Umstand widersprach dem germanischen

---

die inhaltlichen Bearbeitungen des sächsischen Rechts. Aus rechtsgeschichtlicher Sichtweise kann man den Deutschenspiegel als Mittelglied zwischen dem Sachsenspiegel und dem Schwabenspiegel bezeichnen. Er gilt als Vorläufer des schwäbischen Rechtsbuches und wurde auch von diesem mit geringen Änderungen übernommen. Seine Entstehung wurde auf die Mitte des 13. Jh. datiert. Vgl. *Stobbe*, Geschichte der deutschen Rechtsquellen I (1860) 327–330. Siehe dazu *Ficker*, Über einen Spiegel deutscher Leute und dessen Stellung zum Sachsen- und Schwabenspiegel (1857).

780 *Kantorowicz*, Quellen des Schwabenspiegels, AfRG 1913, 691. Siehe dazu *Merkel*, Enterbungsgründe 64.

781 Vgl. Ulp. 57 ed. D. 28.2.18: *Multi non notae causa exheredant filios nec ut eis obsint, sed ut eis consulant, ut puta impuberibus, eisque fideicommissam hereditatem dant.* Siehe auch C. 4.44.8.

782 *Kantarowicz*, AfRG 1913, 690.

783 Nach germanischem Gewohnheitsrecht konnte ein Kind seine Rechte aus einer Erbfolge eines Aszendenten verwirken, sobald es seine Kindespflichten verletzt, verschwenderisch gelebt, einen schlechten und unehrlichen Lebenswandel geführt hatte oder wider den Willen des Vaters aus dem Krieg zurückgekehrt war. Vgl. *Stobbe*, Handbuch des deutschen Privatrechts V (1885) 247 Anm. 3.

784 *Merkel*, Enterbungsgründe 62.

Rechtsverständnis[785]. Dieses sah im Rechtsvorgang der Erbfolge, die vom blutsverwandtschaftlichen Leitgedanken geprägt war, keinen Raum für privatrechtliche Verfügungen i.S.d. Privatautonomie vor. Die römische Art des Enterbungsvorgangs setzte sich nicht in der mittelalterlichen Rechtspraxis des deutschen Reiches durch. Die Verwirkung der erbrechtlichen Forderungen eines Erben, der einen der aufgelisteten Tatbestände des Schwabenspiegels begangen hatte, erfolgte i.S.d. deutschen Rechtsverständnis *ipso iure*. Der Erbe verlor diesbezüglich sein erbrechtliches Warterecht und galt in Bezug auf die gegenständliche Erbfolge als erbunfähig[786]. In der gegenständlichen Konstellation bedurfte es keiner Enterbungserklärung iS. einer privatrechtlichen Willenserklärung des Erblassers.

Aus inhaltlicher Sicht ähnelte der rezipierte „Enterbungsvorgang" des Schwabenspiegels der römischen *indignitas* – diese verwirkte nach römischem Recht die erbrechtlichen Klagen eines unwürdig handelnden Erben ebenfalls *ipso iure* und ohne Mitwirkung des Erblassers. Man kann in dieser Hinsicht zwei Hypothesen aufstellen: Das 15. Kapitel kann eine Enterbung deutschrechtlicher Natur darstellen – die Enterbungsgründe wurden der justinianischen Novelle 115 c.3 entnommen und die rechtliche Abwicklung wurde im deutschrechtlichen Sinne bestimmt. Das gegenständliche Kapitel kann ebenso ein dogmatisches Ergebnis eines Rezeptionsvorganges, der sowohl die römische Enterbung als auch die römische Indignität inhaltlich beinhaltete, darstellen.

Die Antwort auf diese Frage wird nicht einfacher, sobald man zusätzlich das 354. Kapitel des Schwabenspiegels einer inhaltlichen Exegese unterzieht. Diese Bestimmung sah unter der Überschrift *Und ist daz ein vater sind kint enterben will* Folgendes vor:

> *Unde ist daz ein vater durch sinen uvelen willen sine sune oder sine tohtern sines gutes wollte enterben. unde wollte daruber hand veste machen. dez enmag mit rehe nut gesin. si brechent im die hand veste wol mit rehte sun und tohter. wand si ez nut verwurket hant. hant aber siz verwurket. alse diz buch hie vor seit. so tut ez ir vater wol mit rehte [...]*[787]

> Will ein Vater aus Böswilligkeit seine Söhne oder Töchter enterben und darüber eine Handfeste ausstellen, kann das nicht mit Recht geschehen. Die Söhne und Töchter handeln dieser Handfeste mit Recht zuwider, wenn sie das Erbe nicht verwirkt haben. Haben sie es aber verwirkt, wie dieses Buch hiervor sagt, so tut ihr Vater es mit Recht [...][788]

---

785 Vgl. *Siegel*, Erbrecht 131.

786 Vgl. *Merkel*, Enterbungsgründe 65; *Siegel*, Erbrecht 131. Dieses Enterbungsschema gab es bereits im Deutschenspiegel und es bildete wahrscheinlich das inhaltliche Vorbild der Vorgehensweise des Schwabenspiegels. Vgl. *Merkel*, Enterbungsgründe 54.

787 Text nach *Eckhardts* Ausgabe: Schwabenspiegel 151.

788 Übersetzung nach *Derschkas* Ausgabe: Schwabenspiegel 209.

Argumentum e contrario gestattete der Spiegel einem Vater seine Kinder mittels einer Handfeste[789] zu enterben, sobald er diesen Vorgang (die Verwirkung des erbrechtlichen Warterechts) zu Recht – d.h. unter der Benennung eines durch den Erben tatsächlich begangenen Verwirkungsgrundes des 13. Kapitels – ausgesprochen hatte. Im Falle einer böswilligen Enterbungsabsicht galt die vom Vater verfasste Urkunde als ungültig. In dieser Hinsicht stellt sich die Frage, ob man diesen Rechtssatz als Einführung des römischen Enterbungsvorgangs auffassen kann? Die mit einem Enterbungsgrund verfasste Handfeste hätte in diesem Fall eine Art Enterbungserklärung darstellen können. *Merkel* verneinte diese Hypothese und sah in dieser Bestimmung keine Einführung der römischen Enterbung. Die in der Handfeste getätigten Verfügungen hatten ausschließlich eine vermögensrechtliche Funktion – der Vater wollte in diesem Fall durch die gegenständliche Urkunde ohne Berücksichtigung der Kinder über sein Vermögen verfügen[790]. Eine andere Meinung vertraten in dieser Sache *Stobbe* und *Siegel*. Der Erste stufte das 354. Kapitel als römische Enterbung und das 13. Kapitel samt seinen Gründen als Indignität ein. Er begründete seine Meinung mit der Ansicht, dass in vielen deutschen Rechtsquellen der Enterbungskatalog der Novelle 115 einmal als Grund zur Enterbung, andermal als Indignitätsfall aufgefasst wurde[791]. *Siegel* sah ebenso im 354. Kapitel die Rechtsmechanismen der römischen Enterbung[792] – ohne dabei das Verhältnis zwischen den beiden römischen Rechtsinstituten zu behandeln.

Sowohl der eigentliche Gesetzestext des Schwabenspiegels als auch die Stimmen der Fachliteratur können keine einheitliche Antwort darauf geben, inwiefern der schwäbische „Enterbungsvorgang" samt dem Katalog der erbrechtlichen Verwirkungstatbestände eine Rezeption der römischen Enterbungslehre darstellte. M.E. lag *Merkel* mit seinen Ansichten richtig. Die im 13. Kapitel aufgezählten Verwirkungstatbestände bildeten ohne Zweifel ein Ergebnis der Rezeption der justinianischen Novelle 115 c.3.. Der materiell-rechtliche Vorgang der „schwäbischen Enterbung" erfolgte jedoch nicht nach römisch-rechtlichen Grundsätzen, sondern im deutsch-rechtlichen Sinne, indem ein Erbe seine erbrechtlichen Forderungen i.S.d. mittelalterlichen deutschen Warterechts *ipso iure* verwirkte[793]. Der Erblasser musste in dieser Hinsicht keine Enterbungserklärung i.S. einer Willensäußerung

789 Vgl. *Armgart*, Handfeste in HRGdigital URL: http://www.HRGdigital.de/HRG.handfeste (Stand 06.03.2017).

790 *Merkel*, Enterbungsgründe 66.

791 Vgl. *Stobbe*, Handbuch 248 Anm. 6.

792 Vgl. *Siegel*, Erbrecht 132–133.

793 Vgl. *Merkel*, Enterbungsgründe 46–47.

abgeben. Die Maßgeblichkeit einer solchen Willenserklärung innerhalb eines erbrechtlichen Verhältnisses hätte auf indirekte Weise die testamentarische Erbfolge eingeführt. Die Erbfolge war in ihrer römisch-rechtlichen Gestalt dem altdeutschen Recht zu Zeiten des Schwabenspiegels unbekannt. Eine Handfeste stellte nach germanischem Rechtsverständnis keinen Erbtitel (kein erbrechtliches Institut), sondern eine schriftlich bekräftigte Willenserklärung dar[794]. *Stobbes* Ansicht – in vielen deutschen Rechtsquellen wurde der Enterbungskatalog der Novelle 115 wechselhaft einmal als Grund zur Enterbung andermal als Indignitätsfall aufgefasst – entsprach m.E. der Rechtslage, die erst nach der erfolgten profanen Rezeption, in welcher die Stadt- und Landrechtsreformationen die gegenständliche Novelle als erbrechtliche Verwirkungstatbestände rezipierten, auftrat.

Der Schwabenspiegel besaß eine mit seinem sächsischen Äquivalent vergleichbare Ausstrahlungskraft und galt als inhaltliches Vorbild anderer süddeutscher Rechtsbücher und Rechtsquellen. Auch in diesem Fall kann man von der Entstehung eines schwäbischen Rechtskreises sprechen[795]. Die erbrechtlichen Verwirkungstatbestände des Schwabenspiegels galten als inhaltliches Vorbild des Kleinen Kaiserrechts[796], des Landrechtsbuchs Ruprechts von Freising[797] sowie des Wiener Stadtrechtsbuchs[798]. Diese Rechtsquellen ahnten die schwäbische Lösung nach,

794 *Armgart*, Handfeste in HRGdigital.

795 Vgl. *Zoepfl*, DRG I 172–175.

796 Die rechtsgeschichtliche Forschung hatte es nicht geschafft, die Identität des Verfassers und den genauen Entstehungszeitpunkt des Kleinen Kaiserrechts zu ermitteln. Das Werk bestand aus 4 Büchern, die jeweils das Gerichtswesen und das herrschende Land-, Lehn- und Reichsrecht behandelten. Aufgrund des dogmatischen Inhalts vermutete *Zoepfl*, dass dieses Werk in der zweiten Hälfte des 14. Jh. entstanden sein musste. Das Kleine Kaiserrecht und der Schwabenspiegel, der ebenso als Großes Kaiserrecht bezeichnet wurde, hatten das gleiche Ziel – sie sollten eine allgemeine Rechtsgrundlage für das gesamte deutsche Reich bilden. Zwar ist der inhaltliche Einfluss des Schwaben- und Sachsenspiegels feststellbar, jedoch erwies sich das Kleine Kaiserrecht in seiner Gesamtbetrachtung als eigenständig. Nichtsdestotrotz schwankte es inhaltlich zwischen präzisen und nur vage formulierten Vorschriften. *Stobbe*, Geschichte der Rechtsquellen I 437–442; Vgl. *Zoepfl*, DRG I 188–190; *Eichhorn*, DRG II § 283.

797 Das Rechtsbuch Ruprechts von Freising stellte eine rein rechtliche Privatarbeit dar. Sie entstand in der ersten Hälfte des 14. Jh. und zeichnete das in Freising (Bayern) geltende Stadtrecht auf. Aus inhaltlicher Sicht stellte das gegenständliche Werk eine selbstständige Bearbeitung des Schwabenspiegels dar und zeigte diesbezüglich erste Hinweise auf eine wissenschaftliche Behandlung des herrschenden Gewohnheitsrechts. Das Rechtsbuch genoss im süddeutschen Rechtsraum großes Ansehen. Vgl. *Zoepfl*, DRG I 186–188; *Stobbe*, Geschichte der Rechtsquellen I 435–436.

798 Das Wiener Stadtrecht beruhte auf einer Reihe von Privilegien, die seit dem 13. Jh. durch die österreichischen Herrscher erteilt wurden. Das mittelalterliche Wiener

indem sie den justinianischen Enterbungskatalog der Novelle 115 rezipierten und den Enterbungsvorgang im deutschrechtlichen Sinne bestimmten. Mit Ausnahme des Kleinen Kaiserrechts, das nur drei justinianische Enterbungsgründe auflistete[799], wurden im Wiener Stadtrechtsbuch[800] und in Ruprechts Landrechtsbuch[801] alle 14 Verwirkungstatbestände des Schwabenspiegels (darunter 12 Enterbungstatbestände der justinianischen Novelle und zwei Verwirkungsgründe germanischer Rechtsnatur) übernommen. Diese Tatbestände wurden in unterschiedlicher Reihenfolge aufgelistet und enthielten kleine inhaltliche Abänderungen. Ein gemeinsamer Plan ist in den zum Rechtskreis des Schwabenspiegels gehörenden Rechtsbüchern jedoch nicht zu erkennen[802].

Die Ausstrahlungskraft des schwäbischen Rechtskreises erreichte ebenso den Rechtsraum der österreichischen Alpenländer. Zwar erlangte der Schwabenspiegel nie die Stellung eines im Rechtsleben offiziell anerkannten Landesrechts, jedoch flossen die schwäbischen Rechtssätze mittelbar in die österreichischen Rechtsquellen ein[803]. Das prominenteste Beispiel dieser Vorgehensweise bildete Raymunds von Wiener-Neustadt *Summa legum levis et utilis*. Diese Privatarbeit stellte ein kurz verfasstes Lehrbuch zum herrschenden österreichischen Gewohnheitsrecht dar. Sie bildete zugleich den ersten Versuch einer wissenschaftlichen Behandlung des geltenden Rechts und zeichnete parallel die langsam eintretende Veränderung der Betrachtungsweise und Auslegung des geltenden Rechts

---

Stadtrecht wurde im Rahmen einer einzigen Privatarbeit, dem Wiener Stadtrechtsbuch, überliefert. Die Entstehungszeit dieses Werkes lässt sich nicht eindeutig feststellen. *Hasenöhrl* nannte als den frühesten Entstehungszeitpunkt das Jahr 1276 und als den spätesten das Jahr 1296. Vgl. *Hasenöhrl*, Rechtsbildung und Rechtsquellen 329–333. Siehe dazu *Stobbe*, Geschichte der Rechtsquellen 524–525.

799 Das 16. Kapitel des zweiten Buches enthält unter der Überschrift *Von dem verlust des erbes (De perdicione hereditatis filii)* folgende fünf Enterbungsgründe: Begehung einer Realinjurie, Inzest, Ketzerei, Verurteilung zum Tode und Reichsverrat. Die ersten drei Tatbestände entstammen der justinianischen Enterbungslehre und die zwei letzten den germanischen Reichsgesetzen. Vgl. *Merkel*, Enterbungsgründe 53–55. Siehe dazu *Endemann*, Das Keyserrecht nach der Handschrift von 1372 (1846) 50.

800 Das Wiener Stadtrechtsbuch regelte den Enterbungsvorgang im 108. Artikel. Siehe dazu *Schuster*, Das Wiener Stadtrechts- oder Weichbildbuch (1873) 103–104.

801 Das Landrechtsbuch Ruprechts von Freising regelte die Enterbungsgründe im 14. Kapitel des zweiten Buches unter der Überschrift *Wie ain kind väterlich erb verwürchtt.* Siehe dazu *Maurer*, Das Stadt- und das Landrechtsbuch Ruprechts von Freysing (1839) 24–27.

802 Vgl. *Merkel*, Enterbungsgründe 53–63.

803 Vgl. *Baltl*, Einflüsse des römischen Rechts in Österreich, in IRMAE V,7 (1962) 42.

ab[804] – man spürte die mit der Rezeption verbundene bevorstehende „Romanisierung" des Rechtssystems.

Der Einfluss des Schwabenspiegels ist anhand der erbrechtlichen Verwirkungsregelungen festzustellen. *Summa legum* ahnte das schwäbische Vorbild nach und listete im 57. Kapitel unter der Überschrift *Exheredacio heredum* (*Enterbung der sun*) sämtliche Verwirkungstatbestände sowohl justinianischer als auch germanischer Herkunft auf[805]. *Summa legum* wies allgemein einen viel stärkeren Einfluss der römischen Rechtskultur als der Schwabenspiegel auf. Diese Feststellung kann man unter anderem dem gegenständlichen Verwirkungsrecht entnehmen. Zwar wurden die Verwirkungstatbestände zur Gänze dem Schwabenspiegel entnommen, jedoch bestimmte *Summa legum* den erbrechtlichen Verwirkungsvorgang i.S.d. römischen Enterbungslehre – *[…] Exheredare est aliquem de liberis suis nominatim cum causa a legibus approbata ab hereditate repellere, sic dicendo: N filium meum exheredo, quia insidias mortis mihi per veneni poculum preparavit […]*[806].

Die Verwirkung der erbrechtlichen Ansprüche war nach der zitierten Rechtsvorschrift vom Willen des Erblassers abhängig[807]. Somit nahm sie die Form eines römisch-rechtlichen Enterbungsvorgangs an. In welcher zivilrechtlichen Form die Verkündung des Erblasserwillens zu erfolgen hatte, ist aus der gegenständlichen Regelung der *Summa legum* nicht zu entnehmen. Die Römer verkündeten den Enterbungswillen des Erblassers mittels eines Testaments – also im Rahmen einer testamentarischen Erbfolge. Das Testament in seiner römisch-rechtlichen Gestalt (als erbeinsetzendes Rechtsinstrument) war jedoch zu Zeiten des Schwabenspiegels und der *Summa legum* der herrschenden Rechtspraxis noch unbekannt. Somit war eine Enterbungserklärung in einem Testament m.E. nicht möglich. Möglich ist, dass dieser Vorgang mittels einer letztwilligen Verfügungen des Erblassers (die nicht im heutigen Sinne des Wortes zu verstehen ist) erfolgte – z.B. mittels der praxisüblichen Verfügungen zugunsten der katholischen Kirche (der sog. Seelegeräte, in der mittelalterlichen französischen Rechtssprache *leg pieux* genannt)[808].

---

804 *Baltl*, Einflüsse 52–53.

805 Für den Originaltext siehe *Gál*, Die Summa legum I (1926) 341–345.

806 Text nach der Ausgabe von *Gál*, Summa legum 339.

807 *Merkel*, Enterbungsgründe 67.

808 Vgl. *Heusler*, Institutionen 644.

e. *Rechtskreis des friesischen Rechts*

Eine besondere Rolle in der Erforschung des indignitätsrechtlichen Gedankens nahm das mittelalterliche friesische Recht ein. Aus der friesischen Rechtslandschaft stammte das den römischen Indignitätsvorgang beschreibende mittelalterliche deutsche Rechtssprichwort *Blutige Hand nimmt kein Erbe*[809]. Aufgrund der besonderen politischen Entwicklungen im mittelalterlichen Friesland nahm das friesische Rechtswesen eine Sonderstellung innerhalb des deutschen Reiches ein. Im Gegensatz zu anderen Territorien entwickelte sich in Friesland eine antifeudale und antiherrschaftliche Haltung, die ihren Ursprung in der sog. Friesischen Freiheit[810] hatte. Diese Freiheit kennzeichnete sich durch die Reichsunmittelbarkeit des friesischen Volkes und das Fehlen einer landesherrlichen Gewalt aus[811]. Bis zum Ausbruch der sog. Häuptlingsperiode[812] gab es deswegen in friesischen Landgebieten keinen Landesfürsten. Friesland nahm aus politischer Sicht die Gestalt eines aus einzelnen Gemeinden (Gauen genannt) bestehenden Bundes an. Innerhalb dieses Bundes bildeten sich drei große Rechtsgebiete mit eigenen Gesetzen[813] heraus: Westfriesland (umfasste die Territorien zwischen Sinfcal und Flie), Mittelfriesland (darunter verstand man die Landgebiete zwischen Flie und Lauwers[814]) und Ostfriesland (die Gebiete zwischen Lauwers und Weser)[815]. Innerhalb dieses friesischen Bundes kam es zu

809 Siehe dazu *Graf/Dietherr*, Deutsche Rechtssprichwörter (1864) 211–214.

810 Die Hauptprämisse der Friesischen Freiheit war die ausschließliche Unterwerfung des friesischen Volkes unter den Kaiser. Das friesische Volk lehnte daher die Gehorsamkeit gegenüber einem Landesfürsten ab. Nach mittelalterlicher Auffassung galt Karl der Große als Stifter der Friesischen Freiheit. Diese Ansichtsweise wurde jedoch später durch die geschichtliche Forschung widerlegt. Der wahre Förderer der freien Friesen war Karls Sohn Ludwig der Fromme, der im Jahr 814 dem friesischen Volk zur Abwehr der Wikingereinfälle ein Paket an Privilegien (Maßregeln) erteilte. Die bedeutendste Maßnahme war das *ius paternae hereditatis* – die Friesen bekamen das Recht auf das familiäre unbewegliche Erbgut zurück. Aus diesen Maßregeln leiteten die Friesen ihre Freiheit ab. Vgl. *Algra*, Grundzüge des friesischen Rechts im Mittelalter (2002) 561; *Vries*, Geschichte der Friesen 541.

811 *Vries*, Geschichte der Friesen im Mittelalter 542–543.

812 Zur Häuptlingsperiode und dem Anfang der Landesherrlichkeit siehe *Vries*, Geschichte der Friesen im Mittelalter 544–548.

813 Siehe dazu *Stobbe*, Geschichte der Rechtsquellen 558–560.

814 Der heutige niederländische Fluss Lauwers galt im Mittelalter als rechtliche Grenzlinie zwischen West- und Ostfriesland.

815 *Köbler*, Friesisches Recht, in HRGdigital URL: http://www.HRGdigital.de/HRG.friesisches_recht (Stand 05.12.2016).

ersten länderübergreifenden, rechtsvereinheitlichenden Bestrebungen. Dieser gesetzgeberische Vorgang begann bereits im 13. Jh. und erfolgte im Rahmen der Tagungen der Rechtsgemeinden aller Friesen (*universitas Frisonum*) am Upstalsboom bei Aurich. Im Rahmen dieser Versammlungen, an denen geschworene Bevollmächtigte (*iurati, deputati*) der jeweiligen Landschaften zur Wahrung und Entwicklung des friesischen Landrechts verpflichtet waren[816], entstanden allgemeine friesische Gesetze[817]. Diese Gesetze stellten die frühesten volkssprachigen Stammes- und Landrechtsaufzeichnungen des deutschen Mittelalters dar[818]. Sie zeichneten sich vor allem durch eine reiche Fülle an poetischen Wendungen aus und bildeten sowohl aus rechtlicher als auch aus sprachlicher Sicht ein einzigartiges Erzeugnis des deutschen Volkstums.

Das friesische Rechtswesen gehörte wie das sächsische dem ingwäonischen Rechtskreis an[819]. In diesem Zusammenhang wiesen die beiden Rechtsordnungen einzelne inhaltliche Gemeinsamkeiten in Bezug auf erbrechtliche Rechtsvorschriften auf. Das gemeine friesische Recht teilte wie das sächsische den erbrechtlichen Vorgang in das Warterecht einerseits und in das Recht der toten Hand anderseits[820]. Dagegen setzte sich die sächsische erbrechtliche Bevorzugung der männlichen Vertreter nur teilweise durch[821].

Der indignitätsrechtliche Gedanke der friesischen Rechtslandschaft ist in gemeinen friesischen Rechtsquellen, d.h. in solchen, die im Rahmen der Tagungen der friesischen Landschaften erlassen wurden[822], nicht zu finden. Somit muss man die Untersuchung der Herkunft des friesischen Rechtssprichwortes der „blutigen Hand" auf die Gesetze der einzelnen friesischen Gaue erstrecken. Das

816 *Vries*, Geschichte der Friesen 544. Siehe dazu *Conrad*, DRG 354; *Wieacker*, Privatrechtsgeschichte 107–108.

817 Zu den allgemeinen friesischen Gesetzen gehörten 17 Küren (eine rund um das Jahr 1200 verfasste Sammlung allgemeiner Rechtssätze), 24 Landrechte (in der ersten Hälfte des 13. Jh. entstandene schriftliche Aufzeichnungen der Weistümer des friesischen Rechts), 7 Überküren (eine inhaltliche Bearbeitung der bereits bestehenden Küren), allgemeine Bußtaxen sowie die Upstallsbomer Gesetze von 1323. Die Geltung der allgemeinen friesischen Gesetze erstreckte sich auf ganz Friesland: *[...] galten im Friesland von der Wesermündung bis zu dem die Zuyderzee und das Meer verbindenden Flie, mit Ausnahme des Westerwoldes und der Drenthe [...]* (*Richthofen*, Rechtsquellen der Friesen 1). Siehe dazu *Stobbe*, Geschichte der dt. Rechtsquellen 557–558.

818 *Wieacker*, Privatrechtsgeschichte 107.

819 *His*, Das friesische Recht, in *Borchling/Muuss* (Hgg.), Die Friesen (1931) 109.

820 Vgl. *Algra*, Grundzüge des friesischen Rechts 567.

821 *His*, Das friesische Recht 115–116.

822 Siehe dazu *Richthofen*, Friesische Rechtsquellen (1840).

germanische „Indignitätsrecht" i.S. eines erbrechtlichen Verwirkungsvorgangs findet man im Emsiger Recht. Dieses zu Ostfriesland gehörende Recht wurde der heutigen Forschung im Rahmen von drei Handschriften überliefert[823]. Die indignitätsrechtlichen Bestimmungen sind im Pfenningschuldbuch und in den Emsiger Bußtaxen enthalten, die im Rahmen der zweiten und dritten[824] Handschrift überliefert wurden. Ihr Originaltext lautet folgendermaßen:

> Das emsiger Pfenningschuldbuch, §41.
> *Hwersa thi broder slayt ene orne, iesta thi sune thene fether, ieftha aeng mon anne mon slayt ther lawa lewe skele, sa ne skel na nen bona nena lawa fagia, wara thi ther olra nest knia is.*[825]
>
> Wenn ein Bruder den anderen erschlägt, oder der Sohn den Vater, oder wenn irgendjemand einen Mann erschlägt, der eine Erbschaft hinterlassen wird, so soll kein Totschläger eine Erbschaft erhalten, sondern derjenige, der (nach dem Totschläger) der nächste Verwandte (des Erschlagenen) ist.[826]

> Emsiger Bußtaxen, §30.
> *[...] Anda thiu blodich hond, the ne mey nene lawa fagie; alsa ne mey ol thi, ther son tha bona spruth, son thisse lawen iestha daddel nin nawt nime; sa nime thi tha lawa, ther sibbest se buta thisse hondem.*[827]
>
> [...] Und die blutige Hand darf kein Erbe empfangen. Ebenso darf jeder, der von dem Totschläger abstammt, nichts von diesem Erbe oder Wergeld erhalten. Dann nehme der das Erbe, der außerhalb dieser (blutigen) Hände der nächste Verwandte ist.[828]

Die Regelung des Emsiger Rechts stellte m.E. aus dogmatischer Sicht eine sehr entwickelte Bestimmung dar. Im Gegensatz zum sächsischen Recht bestimmte sie die erbrechtlichen Verhältnisse des Verwandtenmörders viel detaillierter. Die Verwirkung des Erbrechts wurde zwar im germanischen Sinne geregelt, jedoch bestimmte die gegenständliche friesische Rechtsquelle das weitere zivilrechtliche Schicksal der verwirkten Erbgüter – diese sollten unter dem Ausschluss der Nachkommen des Mörders an die nächsten erbberechtigten Verwandten des Erschlagenen übergehen. Die friesische Lösung entsprach in einigen Punkten

823 Siehe dazu *Buma/Ebel*, Das Emsiger Recht (1967) 9–14 und *Johnston*, The Old Frisian Law Manuscripts and Law Texts, in *Munske*, Handbuch des Friesischen, 572–574.

824 Für die detaillierte Beschreibung der einzelnen Handschriften siehe *Bums/Ebel*, Das Emsiger Recht 4ff.

825 Text nach *Richthofens* Ausgabe: Friesische Rechtsquellen 204–205.

826 Übersetzung nach *Bumas/Ebels* Ausgabe: Das Emsiger Recht 163.

827 *Richthoften*, Friesische Rechtsquellen 237.

828 *Buma/Ebel*, Das Emsiger Recht 201.

der römischen Indignitätslehre – wie die genaue gesetzliche Festlegung des zivilrechtlichen Schicksals des verwirkten Nachlasses oder der Ausschluss der Nachkommen des Verwandtenmörders von der Erbfolge des Opfers[829].

2. Indignitätsrecht in der deutschen Gerichtspraxis – dogmatisches Ergebnis der profanen Rezeption

a. *Geschichtliche Einführung: der Rezeptionsvorgang und das fehlende Reichsprivatrecht*

Die erwähnte politische und rechtliche Situation des deutschen Reiches verhinderte die Bestrebungen nach einem einheitlichen deutschen Recht. Das Aufkommen der Landesherrlichkeit, die Herausbildung zahlreicher Territorialrechte, das Fehlen eines zentralen Rechtsprechungsorganes und eines Juristenstandes wirkten sich positiv auf den fortschreitenden rechtlichen Partikularismus aus. In dieser Form war die mittelalterliche deutsche Rechtskultur auf dem Weg zu einer rechtlichen Einheit des Landes besonders anfällig für die Einflüsse fremder Rechtskulturen und zum Teil auch auf sie angewiesen. Eine solche „Gefahr" stellte im fortgeschrittenen Mittelalter das aus den Federn der Kommentatoren[830] (Postglossatoren) stammende *ius commune* (das gemeine Recht) dar. Diese an der herrschenden Rechtspraxis orientierte Rechtswissenschaft bildete den Hauptgegenstand der profanen Rezeption[831], welche die Rechtsbildung im

829 Vgl. dazu Paul. port. lib. damn. conc. sing. D. 48.20.7.4.

830 Als Kommentatoren bezeichnet man die aus dem 14. und 15. Jh. stammenden italienischen Juristen, die aus römischen Rechtsquellen allgemein geltende und den Bedürfnissen der damals herrschenden Rechtspraxis entsprechende Richtlinien und Rechtsgrundsätze herausbildeten. Vgl. *Kunkel*, Das römische Recht am Vorabend der Rezeption, in *Giuffrè* (Hg.), L'Europa e il diritto romano I (1954) 15; *Dolezalek*, Postglossatoren, in *Erler/Kaufmann/Schmidt-Wiegand* (Hgg.), Handwörterbuch zur deutschen Rechtsgeschichte III (1984) 1842–1843. Siehe dazu *Lepsius*, Kommentatoren in HRGdigital URL: http://www.HRGdigital.de/HRG.kommentatoren (Stand 09.01.2017).

831 In der Fachliteratur zur europäischen Privatrechtsgeschichte bezeichnete und bezeichnet man noch immer den Prozess und die Periode der Aufnahme der römischen Rechtssätze in die herrschende Rechtspraxis und die herrschenden Rechtssysteme als „Rezeption des römischen Rechts". In dieser Hinsicht kann diese Bezeichnung irreführend sein. Man könnte ja annehmen, dass das klassische römische Recht in die spätmittelalterliche Gerichtspraxis des deutschen Reiches aufgenommen wurde. Diese Feststellung entspricht nicht der geschichtlichen Realität. Im Rahmen der Rezeption wurden im gesamteuropäischen Rechtsraum weder das klassische noch

europäischen Raum für Jahrhunderte prägte. Die profane (praktische) Rezeption – jene Periode, in der das römische Recht zur Anwendung in der Gerichtspraxis gelangte[832] – erreichte die deutsche Rechtslandschaft im Vergleich zu anderen europäischen Ländern erst in der zweiten Hälfte des 15. Jh.[833]. Dieser

---

das justinianische römische Recht rezipiert. Den Gegenstand der Rezeption bildete dagegen das *ius commune* (das gemeine Recht) – ein dogmatisches Endprodukt der mittelalterlichen italienischen Rechtswissenschaft der Glossatoren und Kommentatoren. Zwar bildeten die Rechtssätze des römischen *Corpus Iuris Civilis* die materielle Basis der neuen italienischen Rechtswissenschaft, jedoch wurden die Inhalte des römischen Rechts unter der Heranziehung der kanonischen Rechtslehre und der zeitgenössischen Partikularrechte (vor allem der oberitalienischen Statuten, Gewohnheiten und Handelsbräuche) wissenschaftlich verarbeitet und fortgebildet. Die Kommentatoren gaben dem *ius commune* seine endgültige Gestalt. Sie lösten die herrschenden Rechtsprobleme der damaligen Gerichtspraxis durch die Neuinterpretationen der Inhalte des *Corpus Iuris Civilis* mit der unterstützenden Heranziehung kanonischer und partikulärer Rechtstexte. Die Kommentatoren öffneten dem römischen Recht dadurch die Augen für die Bedürfnisse des mittelalterlichen Rechtslebens. Des Weiteren brachte die Rezeption die mit der römischen Rechtskultur verbundene Denkmethodik, die juristische Grammatik und Rhetorik. Die endgültige Gestalt des *ius commune* nahm die Form eines Mischrechts (eines Konglomerats), in dem das römische, kanonische und partikuläre Recht zu einer Einheit gebildet wurden, an. Das *ius commune* erlangte in der europäischen Rechtspraxis während des Zeitraums vom 13. Jh. bis zum 18. Jh. die Stellung eines gesamteuropäischen Privatrechts. Diese Rechtskultur wurde erst mit den Kodifikationen des 19. und 20. Jh. endgültig abgelöst. Vgl. *Wieacker*, Privatrechtsgeschichte 133–140; *Kiefner*, Rezeption (privatrechtlich), in *Erler/Kaufmann/Schmidt-Wiegand* (Hgg.), Handwörterbuch zur deutschen Rechtsgeschichte IV (1990) 972–974; *Luig*, Gemeines Recht in HRGdigital URL: http://www.HRGdigital.de/HRG.gemeines_recht (Stand 13.01.2017); Siehe auch *Avanerius*, Gelehrtes Recht HRGdigital URL: http://www.HRGdigital.de/HRG.gelehrtes_Recht.; *Koschaker*, Europa und das römische Recht 161–163.

832 Vgl. *Koschaker*, Europa und das römische Recht 124.

833 Der praktischen Rezeption ging die sog. Frührezeption voraus. Unter diesem Begriff wird in der Fachliteratur eine die Aufnahme des römischen Rechts vorbereitende Periode verstanden. Die frühesten Anwendungen des gelehrten Rechts im mittelalterlichen Deutschland stammten grundsätzlich aus geistlichen Kreisen. Die katholische Kirche entwickelte sich im fortgeschrittenen Mittelalter zum Vermittler des gelehrten Rechts (i.S.d. römisch-kanonischen Rechtswissenschaft). Einen wichtigen Punkt in dieser Entwicklung bildete die im 13. Jh. erfolgte Reorganisation der kirchlichen Gerichtsbarkeit. Im Rahmen dieser Neugestaltung wurden ein auf römisch-rechtlicher Grundlage entwickeltes kanonisches Verfahrensrecht und eine vom Bischofsamt losgelöste richterliche Stelle (ein sog. Offizial) eingeführt. Die Zuständigkeit der kirchlichen Gerichte reichte sogar über die sog. *cause spirtuales* und umfasste ebenfalls weltliche

zeitliche Umstand hatte jedoch keinen negativen Einfluss auf den Verlauf dieses Aufnahmeprozesses. Im Vergleich sowohl zum französischen als auch zum englischen Königreich erfolgte die Rezeption in viel größerem Umfang. Das französische Recht, das ebenfalls wie das deutsche seine dogmatischen Wurzeln in der germanischen Rechtstradition hatte, konnte sich gegen das Eindringen des gelehrten Rechts erfolgreich wehren. Zwar kam es zur rechtlichen Spaltung des französischen Königreichs in ein römisches und in ein einheimisches Rechtsgebiet, jedoch blieb das Grundgerüst des französischen Rechts gewohnheitsrechtlicher Natur. Das mittelalterliche Deutschland hatte im Vergleich zum französischen Königreich viel mehr Zeit, um sich gegen diesen „Angriff" des römischen Rechts zu wappnen. Trotzdem schaffte es das altdeutsche Recht nicht, diesen Angriff abzuwehren – vielmehr leistete es aus rechtlicher Sicht fast keine Gegenwehr[834]. Das *ius commune* verdrängte das einheimische deutsche Recht überwiegend aus der Rechtsanwendung, der Gesetzgebung und der allgemeinen privatrechtlichen Rechtslehre Deutschlands[835]. Ein kurioser und aus geschichtlicher Sicht selten gesehener Vorgang. Eine Nation übernahm ohne Gegenwehr und mit einer breiten Akzeptanz ein fremdes Kulturgut anstatt des eigenen. Man muss jedoch betonen, dass mit der Übernahme der römischen Rechtskultur das eigene Recht nicht verworfen wurde. Es lebte weiter und bekam gegenüber dem gemeinen Recht einen gerichtlichen Anwendungsvorrang, sobald man seine Geltung im gerichtlichen Rechtsverkehr beweisen konnte[836]. Somit besaß

Streitsachen (*causae saeculares*). Zwar urteilten die geistlichen Richter grundsätzlich nach kanonischem Recht, jedoch behielt das römische *ius civile* subsidiäre Geltung. Außerdem stellten die geistlichen Beamten die ersten deutschstämmigen Studenten, die an italienischen und französischen Universitäten in der Kunst des gelehrten Rechts ausgebildet waren, dar. Vgl. *Wieacker*, Privatrechtsgeschichte 116–124; *Coing*, Römisches Recht in Deutschland, in IRMAE V,6 (1964) 26–28, 79–80; *Kiefner*, Rezeption (privatrechtlich), in HRG IV 974.

834 *Koschaker*, Europa und das römische Recht 145.

835 Vgl. *Wieacker*, Privatrechtsgeschichte 124. Siehe dazu *Koschaker*, Europa und das römische Recht 124.

836 Diese Vorgehensweise entstammte der sog. Statutentheorie. Diese im mittelalterlichen Italien entwickelte Rechtsanwendungsdoktrin räumte den partikulären Rechten (den Statuten der italienischen Städte) einen unbestrittenen Vorrang gegenüber dem gelehrten Recht ein – *statuta stricte sunt interpretanda.* Diese Rechtsanwendungslehre wurde im deutschen Reich rezipiert. Vgl. *Wieacker*, Privatrechtsgeschichte 138; *Trusen*, Römisches Recht und partikuläres Recht in der Rezeptionszeit, FS Lange (1970) 99–105; *Schulze*, Statutarrecht in HRG IV 1922–1926; *Engelmann*, Die Wiedergeburt der Rechtskultur in Italien durch die wissenschaftliche Lehre (1938) 145–171. Siehe

das rezipierte römische Recht auf dem deutschen Rechtsboden des Mittelalters lediglich eine subsidiäre Wirkung. Der gerichtliche Anwendungsvorrang des einheimischen Gewohnheitsrechts war jedoch aufgrund der fehlenden schriftlichen Rechtsaufzeichnungen weniger effektiv. Im Endeffekt wurde das deutsche Gewohnheitsrecht trotz der Subsidiarität des römischen Rechts in großem Maße zurückgedrängt und in Territorien, in denen das Recht ausschließlich in mündlicher Form überliefert wurde, sogar fast zu Gänze ausgeschaltet.

In der Fachliteratur zur Rezeptionszeit wurden seitens der Rechtsgelehrten zahlreiche Meinungen zu den Gründen und Ursachen der so breit erfolgten Rezeption vertreten[837]. Die gegenständliche Arbeit folgt in dieser Hinsicht *Koschakers* Meinung[838]. Dieser besagte, dass die Ursachen der breiten Aufnahme des römischen Rechts im rechtlichen Partikularismus und in der politischen Zersplitterung Deutschlands lagen. Das Fehlen eines einheitlichen Reichprivatrechts zwang das deutsche Rechtswesen quasi zur Aufnahme des römischen Rechtsgutes. Das Vorhandensein eines einheitlichen Rechtssystems wurde nicht nur durch eine transparente Rechtsanwendung, sondern auch durch die Herausbildung eines Juristenstandes ermöglicht. Die Juristen konnten in ihrer Funktion

---

dazu *Neumayer*, Die gemeinrechtliche Entwicklung des internationalen Privat- und Strafrechts bis Bartolus (1901).

837 Eine breite Anerkennung fand *Stobbes* Meinung, dass der erfolgreiche Siegeszug der Rezeption vor allem mit der Natur und dem Zustand des altdeutschen Rechts zu argumentieren sei. *Stobbe* stützte sich bei seiner Hypothese auf *Savignys* Bemerkung zur breiten Aufnahme des römischen Rechts in langobardischen Städten. Die raschen wirtschaftlichen Entwicklungen und der blühende Handelsverkehr zwangen die Langobarden zur Aufnahme eines fortgeschrittenen Privatrechts. Die herrschenden langobardischen Rechte germanischer Natur entsprachen nicht den gegebenen Erfordernissen des damaligen Wirtschaftslebens (Vgl. *Savigny*, Geschichte des Römischen Rechts im Mittelalter 84). Diese Ansicht übertrug *Stobbe* auf die städtischen und ländlichen Entwicklungen Deutschlands im 15. und 16. Jh.. Laut *Stobbe* verlangte das vor allem in den Städten lebende deutsche Volk neue Rechtsaufzeichnungen. Das bestehende mittelalterliche deutsche Recht entsprach nicht den neuen spätmittelalterlichen wirtschaftlichen Veränderungen (wie dem steigenden Handelsverkehr, der Veränderung der wirtschaftlichen Zustände und der Ausbildung größerer Territorien). Der fortschreitende Handel und das Vertragsleben forderten feinere und subtilere Regelungen. Diese konnten seitens des altdeutschen Rechts nicht gewährleistet werden. Dadurch waren die Neugestaltung des herrschenden Rechtswesens und die Aufnahme des gemeinen Rechts durch wirtschaftliche Argumente begründet und gerechtfertigt. Vgl. *Stobbe*, Geschichte der deutschen Rechtsquellen II (1864) 1–7; vgl. *Below*, Ursachen der Rezeption des römischen Rechts in Deutschland (1905) 1–6.

838 Vgl. *Koschaker*, Europa und das römische Recht 234–236.

als funktionierende Berufsgruppe sowohl die Verwissenschaftlichung als auch die praxisbezogene Rechtsanwendung des eigenen Rechts vorantreiben und dieses dem römischen Recht ebenbürtig machen – wie das in Frankreich der Fall war. *Stobbe* und *Stinzing* vertraten folgende interessante Hypothese: Der Sieg wäre dem römischen Recht schwerer gefallen, falls ihm ein einheitliches deutsches Recht gegenüber gestanden wäre[839].

Zum Verhängnis bei der Entstehung eines Reichsprivatrechts wurde ebenfalls die im Bereich der Rechtsbildung und des Gerichtswesens fehlende Durchsetzungskraft der deutschen Herrscher[840]. Ein zentrales und vom König losgelöstes oberstes Rechtsprechungsorgan war, wie das Beispiel Frankreichs zeigte, für die Herausbildung eines einheitlichen Rechts und eines eigenen Juristenstandes von größter Bedeutung. Die Richter des *parlement de Paris* samt den dort tätigen Juristen spielten eine entscheidende Rolle bei der Entstehung des *droit commun français* (des gemeinen französischen Rechts)[841]. Das Gerichtswesen

---

839 Vgl. *Stintzing*, Zur Geschichte des römischen Rechts in Deutschland, HZ 1873, 409 und *Stobbe*, Geschichte der deutschen Rechtsquellen II 1. Zu dieser These passende Beispiele stellten die Ausstrahlungskraft und die Geltung des Sachsenspiegels dar. Das sächsische Recht konnte sich über weite Strecken erfolgreich gegen das Eindringen des gemeinen Rechts wehren.

840 Der germanisch orientierte Jurist *Sohm* sah den mangelhaften Zustand des deutschen Gerichtswesens und der deutschen Gerichtsverfassung als den Hauptgrund der profanen Rezeption an. Seiner Meinung nach brauchte das altdeutsche Recht aus inhaltlicher Sicht dem römischen in keiner Weise zu weichen. Dem mittelalterlichen Deutschland gelang es nicht, ein einheitliches deutsches (Reichs-)Privatrecht und eine eigene Rechtswissenschaft zu „schaffen", da die deutsche Rechtsprechung volksgerichtlich war und den Laien vorbehalten blieb. Im Gegensatz zu anderen europäischen Königreichen (wie dem französischen, italienischen oder englischen) erfolgte im deutschen Reich in der Vorrezeptionszeit kein Übertritt von einem Volksgericht zu einem königlichen Einzelrichter-Gericht. Das Volksgericht (im Spätmittelalter tagte es in Form eines Schöffengerichtes) urteilte aus Rechtsüberzeugung und nicht aus dem im Rahmen einer logisch-dogmatischen Arbeit gewonnen Wissen über das Recht. Aufgrund der fehlenden nationalen Jurisprudenz und der fehlenden Rechtswissenschaft war das deutsche Reich zur Rezeption gezwungen. Vgl. *Sohm*, Die deutsche Rechtsentwicklung und die Kodifikationsfrage, Zeitschrift für das Privat- und öffentliche Recht der Gegenwart 1874, 245–264.

841 Einen wichtigen Schritt auf dem Weg zur Entstehung eines gemeinen französischen Privatrechts stellte die im Jahr 1454 erlassene königliche Ordonnanz von Motilz-les-Tours, die eine öffentliche Aufzeichnung der lokal herrschenden *coutumes* anordnete, dar. Das durch dieses Verfahren gewonnene Recht wurde durch die Rechtsprechung des *parlement de Paris* ständig fortgebildet und konnte bereits die Konturen des zukünftigen gemeinen französischen Privatrechts aufsetzen.

im deutschen Reich nahm dagegen eine umgekehrte Entwicklung[842]. Zwar gab es das Reichshofgericht als zentrales Rechtsprechungsorgan, jedoch konnte es sich in keiner Weise gegen die Territorialgerichte der Landesherren durchsetzen. Es war im Gegensatz zu seinem Pariser Äquivalent zu sehr an die Person des deutschen Kaisers gebunden. Dieser Umstand führte dazu, dass das Gericht, genau wie der deutsche Herrscher, keinen festen Sitz hatte. Dies verhinderte den Aufbau eines zentralisierten und juristisch geschulten Beamtentums. Der zweite Nachteil der Gebundenheit des Reichshofgerichts an den Kaiser lag in der Befürchtung der Landesherren, dass die Position des Kaisers mit einem zentralen Rechtsprechungsorgan zu stark wäre. Somit gab es im mittelalterlichen Deutschland ein Reichshofgericht, das kein Reichsprivatrecht hatte. Als man diese Mängel im Jahr 1495 endlich erkannte und ein Reichskammergericht[843] schuf, war es für die Entstehung eines einheitlichen Rechts zu spät[844]. Das römische Recht „wartete" bereits an den Pfoten des Reiches und drängte langsam in die deutsche Rechtslandschaft ein. Es übernahm dabei die Rolle eines vom deutschen Volk so verlangten Reichsprivatrechts[845].

Im Rahmen des gegenständlichen Kapitels wird der Rezeptionsvorgang der römischen *inidignitas* im deutschen Rechtsraum dargestellt. Der Verlauf dieses Aufnahmeprozesses wird anhand der beiden im deutschen Rechtsraum geltenden Rechtssysteme untersucht: dem subsidiär geltenden *ius commune* einerseits und den in schriftlicher Form aufgezeichneten Partikularrechten anderseits. Im Rahmen dieser Untersuchung werden neben den Methoden der Rezeption vor allem deren dogmatische Ergebnisse präsentiert. In diesem Zusammenhang

---

842 Die einzige Gemeinsamkeit, welche die deutschen und französischen Zentralgerichtshöfe verband, war der gemeinsame Ableger – nämlich die aus der Karolingerzeit stammende *curia regis*.

843 Das Reichskammergericht wurde im Rahmen einer aus dem Ende des 15. Jh. stammenden Reichsreform eingeführt. Für die Einführung des gelehrten Rechts in die deutsche Gerichtspraxis waren vor allem der erste und der dritte Paragraph von Bedeutung. Der erste ordnete an, dass die Hälfte der urteilenden Richter im gemeinen Recht gelehrt sein musste. Der dritte verpflichtete die Richter *[…] nach des Reichs gemainen Rechten, auch nach redlichen, erbern und leidlichen Ordnungen, Statuten und Gewohnhaiten der Fürstenthumb, Herrschaften und Gericht, die für sy pracht werden[…]* zu urteilen (Text nach *Zeumers* Ausgabe: Quellensammlung II, 285). Siehe dazu *Rintelen*, Landesbrauch und gemeines Recht im Privatrecht der altösterreichischen Länder, FS Steinwenter (1951)78–79, 90–91; *Below*, Ursachen der Rezeption 127–129.

844 *Below*, Die Ursachen der Rezeption 122.

845 Vgl. *Koschaker*, Europa und das römische Recht 236–245.

werden folgende Fragen beantwortet: Unter welcher rechtlichen Gestalt wurde die römische *indignitas* in die herrschende Gerichtspraxis des deutschen Reiches rezipiert? Inwiefern entsprach das herausgebildete Indignitätsrecht seinem ursprünglichen römischen Vorbild? Welche Elemente der römischen *indignitas* galten als antiquiert und welche als sittenwidrig?

b. Indignitätslehre nach dem ius commune

aa. Vorbemerkungen

Die erbrechtlichen Bestimmungen des *ius commune* spiegelten den dogmatischen Aufbau der gemeinrechtlichen Doktrin wider. Sie beinhalteten in ihren Reihen Elemente des römischen, kanonischen und partikulären Rechts. Die Einflüsse des römischen Rechts waren vor allem anhand der Intestaterbfolge, die grundsätzlich nach justinianischem Muster ausgestaltet war, zu erkennen. Die kanonische Rechtslehre prägte dagegen sowohl aus formeller als auch aus materieller Sicht das Testamentsrecht. Das germanische Rechtsgedankengut war in der Einführung des Erbvertrags und der Bindung der Erbfolge an vertragliche Bestimmungen ersichtlich. Das *Corpus Iuris Civilis* erlangte somit in der gemein-römischen Rechtspraxis nie vollständige Geltung[846]. Diese unterschiedlichen Ausgestaltungen der einzelnen römischen Rechtsinstitute innerhalb der gemeinrechtlichen Doktrin betrafen ebenfalls den Rezeptionsvorgang der römischen *indignitas*. Zwar behielt die Indignität in der gemeinrechtlichen Praxis sowohl ihren Leitgedanken als auch ihr inhaltliches Grundgerüst, jedoch weichte sie in der rechtlichen Abwicklung von ihrem römischen Vorbild ab.

bb. Gemeinrechtliche Indignitätslehre nach dem mos italicus

Die gemeinrechtliche Indignität folgte wie das römische Rezeptionsvorbild der gleichen *ratio legis* – ein *indignus* sollte aufgrund der Begehung einer die Unwürdigkeit initiierenden Handlung sowohl von der gesetzlichen als auch von der testamentarischen Erbfolge ausgeschlossen werden. Die römischen Juristen entwickelten dabei einen komplexen Rechtsvorgang – zwar blieb ein *indignus* weiterhin ein rechtmäßiger Erbe, jedoch wurde den aus seiner Erbenstellung herausgewachsenen Klagen (*heredatis petitio*) die zivilrechtliche Gültigkeit verwehrt. Somit besaß ein unwürdiger Erbe keine rechtlichen Möglichkeiten mehr, um den ihm ursprünglich zustehenden Nachlass zu erwerben. Dieser wurde nach römischem Recht durch den kaiserlichen Fiskus eingezogen (die sog. Ereption).

846 Vgl. *Coing*, Europäisches Privatrecht I: Älteres Gemeines Recht (1985) 561.

Sowohl die beibehaltene Erbenstellung des *indignus* als auch das umstrittene Ereptionsrecht erlangten in der gemeinrechtlichen Doktrin, im Gegensatz zum römisch-rechtlichen Vorbild, eine andere rechtliche Beurteilung.

Das *ius commune* löste den Indignitätsvorgang, indem man einen erbunwürdigen Erben als erbunfähig (*incapax*) einstufte, ab. Man behandelte den *inidgni* als *incapaces* und verwischte dabei die einst nach römischem Recht gegebenen Unterschiede zwischen der Indignität und der Erbunfähigkeit[847]. Diese Lösung zeigte gleichzeitig das rechtliche Schicksal des *ereptorium*. Im Falle eines erbunfähigen Erben ging nach gemeinem Recht sein Erbanteil an die nächstberufenen Erben über[848]. Somit betrachtete man einen *indignus*, als wäre er nie zur Erbfolge berufen worden bzw. als hätte er den Erblasser nicht überlebt. Die Erbfolge eines *indignus* galt somit im Lichte der gemeinrechtlichen Gerichtspraxis als *pro non scripto habere*. Zwar stellte das Ereptionsrecht des Fiskus einen festen Bestandteil der römischen Indignitätslehre dar, jedoch wurde es von den Kommentatoren grundsätzlich abgelehnt[849]. Die Wegnahme der familiären Erbgüter durch den staatlichen Fiskus erwies sich im Lichte der spätmittelalterlichen Rechtsüberzeugung als ungerecht.

Die beiden prominentesten Vertreter der Kommentatorenschule, *Bartolus de Saxoferrato* und *Baldus de Ubaldis*, sprachen sich gegen die unmittelbare Geltung des fiskalischen Ereptionsrechts aus. *Bartolus* vertrat in seinem Kommentar zur Digestenstelle *De bonis damnatorum* (D. 48.20) die Meinung, nach welcher die Entscheidungsmacht über die rechtliche Zugehörigkeit eines *ereptorium* dem jeweils zuständigen Partikularrecht zu überlassen sei – *Hodie aute circa publicationem bonorum sunt statuta per se: & illa sunt servnda*[850]. Etwas ausführlicher äußerte sich *Bartolus* in seiner Konsiliensammlung zu dieser Problematik: *[…] non fiscus succedunt, quando indignus est institutus, & si sit indignus absque culpa sua*[851]. Sobald der *indignus* an seiner Erbunwürdigkeit keine Schuld trug, konnte

847 *Zimmermann*, Archiv für practische Rechtswissenschaft 1880, 358.

848 Vgl. *Coing*, Europäisches Privatrecht I 619.

849 Innerhalb der Vertreter des *mos italicus* fanden sich auch Rechtsgelehrte, welche die Fortgeltung des Ereptionsrechts verlangten, wie *de Bohier*, *Peregrinu* oder *Gomesius*. Vgl. *Zimmermann*, Besteht heutzutage noch das Recht des Fiskus auf Entziehung des Vermögens in den sogen. Indignitäts-Fällen, Goltdammer's Archiv für Strafrecht 1881, 7.

850 *Bartoli a Saxoferrato*, Omnium Iuris Interpretum Antesignani. Commentaria In secundam Digesti Novi Partem. Tomus sextus (1588) 570. Vgl. *Zimmermann*, Goltdammer's Archiv für Strafrecht 1881, 7.

851 *Bartoli a Saxoferrato*, Omnium Iuris Interpretum Antesignani. Consillia, quaestiones et tractatus. Tomus decimus (1590) 30.

der Fiskus das *ereptorium* nicht „sukzedieren". In seiner Konsiliensammlung sprach *Bartolus* den einem fahrlässig handelnden *indignus* entzogenen Nachlass nicht dem Fiskus, sondern den nächstberufenen Intestaterben des Erblassers zu. *Bartolus* begründete seine Meinung mit der analogen Anwendung des justinianischen Kodexes C. 6.24.2[852] – *[...] filia indigna, tuc cu sit indigna absq; culpa sua, sir veniunt venientes ab intestato, ut C.de hrd.instit.l,2. & l.nec apud. & no.plenius de iu. fis.l.aufretur [...]*[853].

Baldus positionierte sich in der gegenständlichen Frage ganz klar und lehnte das Ereptionsrecht des Fiskus kategorisch ab. Seine Meinung wurde im Rahmen *de Bohiers* Werks überliefert. *De Bohier*, ein französischer Jurist aus Bordeaux, behandelte in seiner Schrift *Decisiones senatus Burdigalensis* den Tatbestand des Verwandtenmordes aus indignitätsrechtlicher Sicht. Er stellte diesbezüglich folgende Frage: *Frater occidi fratrem suum,quaeritur an ipse, vel ejus filius, eidem occisio succedat cum aliis fratribus ab intestato, vel ex testamento?*[854] *De Bohier* folgte im gegenständlichen Sachverhalt der Härte des römischen Rechts und verbot dem Sohn eines Brudermörders die Erbschaft des ermordeten Bruders anzutreten. Diese sollte an den Fiskus fallen – *[...] ipsum fratrem homicidam, & ejus filium veniere ad successionem, quae tamen est eis tanquam ab indignis auferenda, & fisco applicanda [...]*[855]. In dieser nach den Regeln der Scholastik[856] aufgebauten *decisio* wurde *de Bohiers* Ansicht mit *Baldus*' Gegenmeinung konfrontiert. *Baldus* behandelte dagegen einen *indignus* wie einen *incapaces*:

---

852 Anton. C. 6.24.2: *Pater tuus si ex residua parte heres institutus est, quam alter heres scriptus capere non posset, isque ad nullam partem hereditatis propter condicionem suam admitti potuit, ex asse heres extitit: nam residui commemoratio etiam totum admittit.* Aus dogmatischer Sicht behandelte der gegenständliche Titel des *Codex Iustinianus* die Erbeinsetzungen und die Personen, die nicht zu Erben eingesetzt werden konnten (*de heredibus instituendis et quae personae heredes institui non possunt*).

853 *Bartoli a Saxoferrato*, Consillia 31.

854 *Boerio*, Decisiones supremi senatus Burdigalensis (1665) 59.

855 *Boerio*, Decisiones 59.

856 Die scholastische Methode stellte das „Hauptwerkzeug" der dogmatischen Leistungen der Glossatoren- und Kommentatorenschule dar. Diese Methode stellte zuerst ein bestimmtes Rechtsproblem, das in Form einer Rechtsfrage (*quaestio*) aufgeworfen wurde, fest. Die Lösung dieses Problems erfolgte durch die Aufstellung von Thesen und Gegenthesen zur gegenständlichen Rechtsproblematik. Zum Schluss musste der Jurist eine *solutio* abgeben. Um Anerkennung in der Gerichtspraxis zu erlangen, beriefen sich die Juristen bei ihren *solutionibus* auf die Meinungen gerichtlich anerkannter Rechtsgelehrter. *Coing*, Die Anwendung des Corpus iuris in den Consilien des Bartolus, in L'Europa e il diritto romano. Studi in memoria di Paolo Koschaker I (1954) 79–85. Siehe dazu *Becker*, Scholastik in HRG IV 1478–1480.

Sed primium communius & verius, nam si ipse homicida est incapax, etiam haeredes sui talium turpiter qua sitorum, quae ab eis tanquam ab indignis auferuntur. d.l. cum ratio. §. fin.& d.l. Lucius. alias daretur delinquendi materia[857].

Ein Verwandtenmörder sollte wie ein Erbunfähiger behandelt werden und der ihm zustehende Nachlassteil sollte an die nächstberufenen Erben des Ermordeten fallen. Des Weiteren gingen die Indignitätsfolgen eines Verwandtenmörders nicht an seine Nachkommen über. Ein Sohn eines Vatermörders konnte die Erbschaft des Ermordeten als sein Enkel antreten, sobald er an dessen Tod keine Schuld trug[858]. Somit spielte das Ereptionsrecht der fiskalischen Staatskasse in *Baldus*' inhaltlichen Schriften keine Rolle[859].

cc. Gemeinrechtliche Indignitätslehre nach dem Usus modernus pandectarum

Die selbstständigen inhaltlichen Ausführungen der deutschen Rechtsgelehrten zur rechtlichen Gestalt der gemeinrechtlichen Indignität tauchten zuerst im *Usus Modernus Pandectarum* auf[860]. Der *Usus Modernus* stellte aus rechtsgeschichtlicher Sicht eine Epoche, in der man vom geltenden Recht Praxisbezogenheit[861], theoretische Fundierung und positivistische und lebensnahe[862] Wirkung verlangte, dar. In dieser Hinsicht kam es zur Ablehnung der autoritär auferlegten Prinzipien der Rechtsauslegungs-, Rechtsanwendungs- und Rechtsquellenlehre der Glossatoren- und Kommentatorenschule. Der einst gegebene Glanz des i.S.d. *translatio imperii*[863] geltenden römischen Rechts als kaiserliche Rechtsordnung

---

857 *Boerio*, Decisiones 60.

858 *Quamvis Bald. Inl. Si quis incesti ante fin.C.de incest. nup. Dicat per illu tex. Quuod si statutum velit filium suum interficientem patre non succedere, quod nihilominus nepos ex tali occisio poterit succedere, si culpabilis repertus in morte avinon fuerit: alias secus, si culpabilis fuerit. Boerio*, Decisiones 59–60. Das Gleiche betraf die erbrechtlichen Ansprüche der Nachkommen eines Brudermörders in Bezug auf die Erbfolge des ermordeten Bruders – *[…] factum fratris non nocere fratri […]Sic ergo homicidium ejus tantum sibi, qui est proxomior, & ejus filio, qui est in remotiori gradu, nocet, & non aliis in eodem consanguinitatis gradu existentibus[…]Boerio*, Decisiones 59.

859 Vgl. *Zimmermann*, Archiv für Strafrecht 1881, 7.

860 Der *Usus Modernus Pandectarum* verdankte seinen Namen *Stryks* namensgleichem Werk. Diese Bezeichnung sollte der herrschenden Rechtswissenschaft eine neue inhaltliche Richtung geben. Die Pandekten des *Corpus Iuris Civilis* sollten an die zeitgemäße Praxis und an den zur damaligen Zeit herrschenden Gerichtsgebrauch angepasst werden. Vgl. *Wieacker*, Privatrechtsgeschichte 205–206.

861 Vgl. *Schlosser*, Grundzüge der neueren Privatrechtsgeschichte (1996) 65–67.

862 *Wesenberg/Wesener*, Privatrechtsgeschichte 107.

863 Die Idee der *translatio imperii*, welche die Anwendung des römischen Rechts mit dem Fortleben des römischen Imperiums argumentierte, wurde im *Usus Modernus*

verlor an Bedeutung. Unpraktische, lebensfremde und herrschenden Sitten widersprechende Bestimmungen des römischen Rechts sollten nicht zur gerichtlichen Anwendung kommen. Ihren Platz sollte in dieser Hinsicht das einheimische Recht einnehmen[864].

Das Verlangen des *Usus modernus* nach Praxisbezogenheit des geltenden Rechts führte zu unterschiedlichen Auslegungsergebnissen einzelner römischer Rechtsinstitute. Die deutschen Rechtsgelehrten gaben in Bezug auf die rechtliche Gestalt der gemeinen Indignität ein uneinheitliches Bild der inhaltlichen Erkenntnisse wieder. Zwar war man sich darüber einig, dass ein *indignus* wie ein *incapaces* zu behandeln war, jedoch gelangte man in Bezug auf das fiskalische Ereptionsrecht zu unterschiedlichen Meinungen.

Einen wichtigen Beitrag zur Ausarbeitung der römischen Indignität aus Sicht des gemeinen Rechts leistete die sog. holländische Rechtsschule (*hollandse school*[865]). Zwar lösten sich mit dem Vertrag von Augsburg im Jahr 1609 die

---

endgültig beseitigt. Entscheidende Hilfe leistete diesbezüglich *Conrings* Werk *De origine iuris Germanici*. In seiner Schrift schilderte *Conring* die Rezeptionsgeschichte des römischen Rechts auf deutschem Rechtsboden und widerlegte aus geschichtlicher Sicht die Existenz der sog. *Lotharischen Legende*. Kraft dieser Legende hätte Kaiser Lothar III. im Jahr 1135 mittels eines Reichsgesetzgebungsaktes die Anwendung des römischen Rechts in deutschen Gerichten angeordnet. *Conring* begründete die Legitimation des römischen Rechts im deutschen Reich mit seinen inhaltlichen und praxisbezogenen Vorzügen, welche die römisch-gemeine Rechtsordnung im gerichtlichen Verkehr gegenüber dem deutschen Recht vorweisen konnte. Vgl. *Wieacker*, Privatrechtsgeschichte 206; *Schmoeckel*, Lotharische Legende in HRGdigital URL: http://www.HRGdigital.de/HRG.lotharische_legende (Stand 23.01.2017).

864 Vgl. *Luig*, Usus Moderuns in HRG V 633.

865 Die holländische Schule übernahm vom 16. bis zum 17. Jh. eine hegemoniale Stellung in der juristischen Romanistik. Die niederländischen Rechtsgelehrten legten großen Wert auf die Vereinbarkeit der Bestimmungen des *ius commune* sowohl mit den geltenden partikulären Rechten als auch mit den herrschenden Sitten und Bräuchen. Aufgrund ihrer feinen dogmatischen Leistungen wurde die holländische Schule als „elegante Jurisprudenz“ bezeichnet. Zu den wichtigsten Vertretern dieser Richtung gehörten unter anderem *Grotius*, *Voet*, *Noodt* oder *Bynkershoek*. Die Standardwerke der *hollandse school* konnten ihre Geltung sogar in der modernen Rechtswelt beibehalten. Sie gelten noch immer als die sog. *books of authority* im südafrikanischen Rechtssystem. Vgl. *Wesenberg/Wesener*, Privatrechtsgeschichte 69; *Wieacker*, Privatrechtsgeschichte 168, 222. Siehe dazu *Zimmermann*, Das römisch-holländische Recht in Südafrika. Einführung in die Grundlagen und usus hodiernus (1983) und *Hermesdorf*, Römisches Recht in den Niederlanden, in IMRAE V,5 (1968).

niederländischen Gebiete endgültig vom deutschen Reich ab[866], jedoch beeinflussten die gemeinrechtlichen Erkenntnisse der *hollandse school* die Entwicklungen im deutschen Rechtsraum. Einen wertvollen Beitrag zur inhaltlichen Aufarbeitung der römischen Indignitätslehre i.S.d. gemeinrechtlichen Praxis lieferten *Antonius Matthaeus* und *Johannes Voet*. Zwar erlangte *Voet* allgemein ein hohes Ansehen innerhalb der europäischen Rechtswissenschaft des *Usus modernus*, jedoch erreichte in Bezug auf das gemeinrechtliche Indignitätsrecht *Matthaeus'* Werk *Paroemiae Belgarum* eine hegemoniale und das Rechtsansehen prägende Stellung.

Paroemiae Belgarum bestand aus insgesamt 24 Parömien, die unterschiedlichen Rechtsbereichen gewidmet waren. Die 6. Parömie behandelte unter dem Titel *De bloedige hand en neemet geen erffenis* die erbrechtlichen Folgen eines Verwandtenmordes (d.h. eines römisch-rechtlichen Indignitätstatbestandes des *parricidium*). *Matthaeus* löste das aufgrund eines verübten Verwandtenmordes entstandene Indignitätsverhältnis i.S. *Baldus'* Theorie – *[...] Antiquavit fisci jura, dum indignis relicta pro non scripta habet, eqaue ad heres, substitutos, conjunctos, aut legitimos ab intestato pertinere voluit [...]*[867]. *Matthaeus* stufte den Verwandtenmörder als erbunfähig ein und behandelte seine Erbeinsetzung als *pro non scripto habere*. Des Weiteren bezeichnete er das fiskalische Ereptionsrecht i.S.d. herrschenden Rechtsüberzeugung als antiquiert und sittenwidrig – *Quae de indignis jure Romano constituta sunt, ea partim usus antiquavit, partim intacta reliquit [...] Argumento est paroemia nostra, quae fiscum quidem non vocat ad partem sicarii, tamen fiscarium à successione peremeti omnino summovet*[868].

Im Gegensatz zur holländischen Rechtsschule konnten die deutschen Rechtsgelehrten des *Usus modernus* in Bezug auf die rechtliche Gestaltung der Indignität keine einheitliche Lösung finden. Als symbolisches Bild dieser Rechtslage galten die inhaltlichen Differenzen in der Ereptionsfrage. Die Beantwortung des rechtlichen Schicksals des *ereptorium* war aus inhaltlicher Sicht sehr wichtig. Es konkretisierte die erbrechtlichen Folgen eines Indignitätsverhältnisses.

---

866 Vgl. *Sirks*, Niederlande in HRGdigital URL: http://www.HRGdigital.de/HRG.niederlande (Stand 16.03.2017).

867 *Matthaei*, Paroemia Belgarum Jurisconsultis Usitatissimae (1667) 185.

868 *Matthaei*, Paroemia 184–185. *Voet* gab *Matthaeus'* inhaltliche Ausführungen vollständig wieder: *Notandum denique, secundum mores hodiernos (si Frisiam & Sabudiam excipias) indignis ablata fisco haud cedere, sed penes heredes à quibus derlicta, magis remanere, quasi pro non scriptis habita, aut ad substitutos devolvi, ac his deficientibus ad heredes ab intestato[...].Voet*, Commentarius ad Pandectas II (1704) 476. Vgl. *Zimmermann*, FS Knütel 1476–1477; *Zimmermann*, Goltdammer's Archiv für Strafrecht 1881, 8.

Entweder blieb ein *inidgnus* erbunfähig und das *ereptorium* ging auf die nächstberufenen Erben über oder der *indignus* blieb ein rechtmäßiger Erbe und der ihm verwirkte Nachlass wurde i.S.d. klassischen Indignitätslehre durch den Fiskus entzogen. Als symbolisches Bild dieser inhaltlichen Divergenzen galten die unterschiedlichen Meinungen in der Ereptionsfrage zwischen *Benedikt Carpzov* (dem Jüngeren) und *Samuel Stryk*. Die beiden Juristen gehörten zu den prominentesten Vertretern des deutschen *Usus modernus*.

Carpzov lehnte in der gegenständlichen Problematik das Ereptionsrecht des Fiskus ab. Er begründete diese Meinung sowohl aus straf- als auch aus privatrechtlicher Perspektive. Zwar kannte er die römische Indignitätslehre samt der fiskalischen Ereption als *theoricam communem*[869] an, jedoch erwies sich seiner Meinung nach diese Lehre in der Rechtspraxis des *Usus modernus* als lebensfremd und sittenwidrig. *Carpzov* berief sich diesbezüglich auf das altdeutsche Rechtsverständnis und argumentierte die Sittenwidrigkeit dieser Rechtsmaßnahme mit den Bestimmungen des Sachsenspiegels. Zwar verwirkte der sächsische Rechtsspiegel (III 84 §3) einem Verwandtenmörder das erbrechtliche Warterecht, jedoch bestimmte diese Regelung in keiner Weise die weitere rechtliche Zugehörigkeit der verwirkten Erbschaftsgüter. Diese Zugehörigkeit kann man jedoch aus den Kursächsischen Konstitutionen von 1572, einer inhaltlichen Fortbildung *Eike von Repgows* Werks, entnehmen. Der Art. 26 des 3. Buches der Kursächsischen Konstitutionen sprach die Erbschaft eines ermordeten Ehepartners seinem nächstberufenen Erben zu und behandelte den Mörder in der gegenständlichen Erbfolge so, als wäre er erbunfähig[870].

Das strafrechtliche Argument für die Ablehnung der Anwendbarkeit der fiskalischen Ereption lag nach *Carpzovs* Ansicht in der allgemeinen Abschaffung der Konfiskationsstrafe. Diese ergab sich sowohl aus römischen als auch aus germanischen Rechtstexten. Die Ereption galt nach römischer Indignitätslehre als *poena* und entsprach aus formeller Sicht einer strafrechtlichen Vermögenskonfiskation. Die römischen Rechtsquellen, die eine Abschaffung dieser Strafmaßnahme vorsahen, stellten die justinianische Novelle 134 *cap. ult.*[871] und das

---

869 *[…] Theoricam communem, quod scil cet ab indigno ablata Fisco sint applicanda, l.1.l.Lucius.9.ff.de jure fisci l. Papinianus 8.meminisse.de.inoff.testam […] Carpzov*, Practicae novae imperialis Saxonicae rerum criminalium III (1670) 289.

870 Vgl. *Carpzov*, Saxonicae rerum criminalium 290; *Hempel*, Erbunwürdigkeit 28 Anm. 4; Siehe dazu *Kunkel*, Quellen zur Neueren Privatrechtsgeschichte Deutschlands I,2 (1938) 297.

871 Novell. Iust. 134 c.13.: *2. Ut autem non solum corporales poenae, sed etiam pecuniariae mediocriores fiant, sancimus eos qui in criminibus accusantur. in quibus leges mortem*

auf dieser Novelle inhaltlich basierende *authenticum*[872] zu C. 9.49.10. dar[873]. Mit Hilfe des ersten Gesetzaktes novellierte Kaiser Justinian die im Rahmen einer Todesstrafe oder einer Verbannung vorgesehene Nebenstrafe der Vermögenskonfiskation. Das Vermögen eines wegen dieser Straftaten verurteilten Verbrechers sollte nicht mehr durch die staatliche Kasse konfisziert, sondern den Verwandten des Verurteilten bis zum dritten Grad zugesprochen werden.

Den die Konfiskationsstrafe aufhebenden Rechtstext germanischer Herkunft bildete der 218. Artikel der *Constitutio Criminalis Carolina* (auf Deutsch *Peinliche Gerichtsordnung Kaiser Karls V.*) von 1532[874]. Die *Carolina* stellte im deutschen Reich ein allgemein geltendes Strafgesetzbuch dar. Der gegenständliche Artikel[875] hob im ganzen Reich, mit Ausnahme des Tatbestandes der Majestätsbeleidigung,

---

aut proscriptionem definiunt, si convincantur aut condemnentur, eorum substantias non fieri lucrum iudicibus aut eorum officiis, sed neque secundum veteres leges fisco eas applicari: sed si quidem habeant descendentes, ipsos habere substantiam, si vero non sint descendentes, sed ascendentes usque ad tertium gradum, eos habere.
3. Si vero mulieres habent qui condemnati sunt, omnibus modis iubemus istas et dotem et nuptialem donationem accipere; si vero et sine dote talibus personis coniunctae fuerunt, a legibus definitam partem de tota substantia condemnati eas accipere, sive filios habeant sive non. Si vero neminem praedictorum habeat qui deliquit, tunc fisco sociari eius substantiam in maiestatis vero crimine condemnatis veteres leges servari iubemus.
Text nach *Krolls* Ausgabe: Corpus Iuris Civils. Volumen Tertium. Novellae (1963) 689.

872 Unter der *authenticae* versteht man sowohl Auszüge aus justinianischen Novellen als auch aus späteren kaiserlichen Verordnungen, die dem *Codex Iustinianus* und den *Institutiones* hinzugefügt wurden. Die Aufgabe der *authenticae* war die Bestimmungen der erwähnten Rechtsquellen anhand der später erschienen Novellen aus materieller Sicht anzupassen und zu aktualisieren, indem inhaltliche Veränderungen oder Ergänzungen zu den bestimmten Stellen des *Codex* oder der *Institutiones* hinzugefügt wurden. Das gegenständliche *authenticum* ergänzte aus materieller Sicht den 49. Titel des 9. Buches des *Codes Iustinanus* mit inhaltlichen Erkenntnissen der Novelle 134 *cap. ult.*. Die *authenticae* zum *Codex Iustinianus* wurden überwiegend von *Irnerius zu Bologna* verfasst. Siehe dazu *Lepsius*, Authenticae in HRGdigital URL: http://www.HRGdigital.de/HRG.authenticae (Stand 25.01.2017).

873 Vgl. *Carpzov*, Saxonicae rerum criminalium 290.

874 Siehe dazu *Lieberwirth*, Constitutio Criminalis Carolina in HRGdigital URL: http://www.HRGdigital.de/HRG.constitutio_criminalis_carolina (Stand 25.01.2017).

875 *[…]Item an etlichen orten, so eyn übelthetter außserhalb des lasters vnser beleidigten Majestet oder sunst in andern fellen, so der übelthetter leib vnnd gut nit verwirckt vom leben zum todt gestrafft, werden weib vnd kinder an bettelstabe, vnnd das gut dem herren zugewiesen, vnd die vnd dergleichen gewonheyt, Wollen wir, daß eyn jede oberkeyt abschaffen vnd daran sein soll, daß sie hinfürther nit geübt, gebraucht oder gehalten werden, als wir dann auß Keyserlicher macht die selben hiemit auffheben, vernichtigen*

die Konfiskation eines Vermögens als Strafmaßnahme auf[876]. Somit sei laut *Carpzov* der Ereptionsvorgang aus rechtlicher Sicht gar nicht möglich gewesen. Diese Maßnahme widersprach nicht nur den Bestimmungen des römischen Rechts, sondern auch der allgemein geltenden Strafrechtsordnung. Zur Bestätigung seiner Ansicht überlieferte *Carpzov* einen Sachverhalt einer gerichtlichen Erkenntnis aus dem Jahr 1631[877], nach welcher einem Fiskus der Anspruch auf das *ereptorium* verweigert wurde. Die verwirkten Erbgüter wurden in diesem Fall den nächstberufenen gesetzlichen Erben des Ermordeten zugesprochen[878].

Als Verfechter des römischen Indignitätsrechts erwies sich in der „Ereptionsfrage“ *Samuel Stryk*. *Carpzovs* Argumentierung – die Ereption sei mit der justinianischen Novelle 134 *c. ult.* und dem *authenticum* zu C. 9.49.10 unvereinbar – war laut *Stryks* Ansicht materiell nicht richtig. Die zitierten römischen Rechtsquellen beziehen sich auf die Konfiskationsmaßnahmen, die im Rahmen eines Strafverfahrens verhängt wurden. Die Ereption sei dagegen eine Rechtsmaßnahme des Indignitätsrechts, die wiederum aus dogmatischer Sicht dem *ius civile* angehöre[879]. *Stryk* bezweifelte außerdem die Antiquiertheit und die Unvereinbarkeit bzw. die Sittenwidrigkeit des Ereptionsrechts mit der geltenden Rechtspraxis und den herrschenden Rechtsansichten. Er verwies diesbezüglich auf das 44. Kapitel (§17) der Polizeiordnung des Herzogtums Magdeburg. Diese

---

vnnd abthun vnd hintfürtrer nit eingeführt werden sollen. Text nach *Schroeders* Ausgabe: Die Peinliche Gerichtsordnung Kaiser Karls V. und des Heiligen Römischen Reichs von 1532 (2001) 126.

876 Vgl. *Carpzov*, Saxoniae rerum criminalium 289.

877 Die Erkenntnis hatte nach *Carpzovs* Angaben folgenden Sachverhalt zum Gegenstand: *Quare in casu simili ita pronunciare haud dubiavimus: Hat M.H. seinen leiblichen Vater ermordet und umgebracht derowegen ihme auch die Todesstraff zuerkant und an ihme gebührender Massen exeqiret worden. Ob nun wol gedachter M.H. sich durch solche seine Verbrechung Ubgalts der Sächsischen Rechte seines Antheils der väterlichen Erbschaft verslustig gemacht, so hat sich dich dannenhero (weil die confiscatio bonorum ausser dem Laster der beleidigten Majestät heutiges Tages ferner nicht statt hat) der Fiscum selbiges Orhs solches Antheils nicht anzumassen, sondern es ist dasselbe euch, als des Thäters Brudern und Miterben zugewachsen/D.R.W.* *Carpzov*, Saxoniae rerum criminalium 289.

878 *Carpzov*, Saxoniae rerum criminalium 289. Siehe auch *Zimmermann*, Goltdammer's Archiv für Strafrecht 1881, 9.

879 *Vanum vero est quprundam dissentientium argumentum per auth. bona domnatrum C. de bonis proscript. jus vetus immutatum esse, quae tamen plane non pertinet ad ea, quae fiscus indignis auferat, sed tantum disponit de successione ad mortem condemnatorum. Stryk*, Usus moderni pandectarum (1747) 1025.

Bestimmung sah die indignitätsrechtlichen Inhalte des *Corpus Iuris Civils* (*C. de his, quibus ut inidgnu aufertur hereditas*) als festen Bestandteil des im deutschen Reich geltenden gemeinen Rechts, da diese Regelungen durch kein Reichsgesetz aufgehoben wurden[880].

Die übrigen deutschen Rechtsgelehrten des *Usus modernus* kamen bezüglich der materiellen Gestalt der gemeinrechtlichen Indignität ebenfalls zu keiner einheitlichen Meinung. In der gegenständlichen *quaestio* wurden grundsätzlich *Carpzovs* und *Stryks* Meinungen und Argumente wiedergegeben[881]. Lediglich *Schilter* fügte in die gegenständliche „Debatte" ein neues dogmatisches Argument, mit dem der Jurist die Anwendbarkeit des Ereptionsrechts in der Rechtspraxis begründete, hinzu. Er berief sich in seinen Ausführungen auf einen kaiserlichen Regalien-Katalog, der in den *Libri Feudorum* (II. Feud. Tit. 56)[882] – einer aus

880 Vgl. *Stryk*, Usus moderni pandectarum 1025–1026.

881 *Carpzovs* Meinung folgten unter anderem *Berger* und *Hommel*. Der Zweite gab ein Urteil der rechtswissenschaftlichen Fakultät der Universität Leipzig aus dem Jahr 1775, das die Anwendbarkeit der fiskalischen Ereption ausschloss, wieder: *Respondit Facultas Iuridica Lipsiensis 1775. titulum Pandectarum de his. Quae vt indignis auferuntur, non quidem penitus obsoleuisse, attamen nostris moribus quia haec ereptio Confiscationem redolet, non fisco, sed pirvatis cedere, nempe coheredibus, qut cognatis, aut si legatarius legato inidngnus sit, heredi; […] – Hommel*, Rhapsodia quaestionum V (1785) 185–186. *Stryks* Ansicht folgten neben dem bereits erwähnten *Schilter* auch *Brunnemann*, *Leyser* und *Lauterbach*. Vgl. *Zimmermann*, Goltdammer's Archiv für Strafrecht 1881, 9–10. Siehe dazu *Berger*, Oeconomia juris (1728) 510; *Leyser*, Meditationes ad pandectas. VI (1772) 299–308; *Lauterbach*, Compendium Juris (nicht vor 1687) 525–526; *Brunnenmann*, Commentarius in quinquaginta libros pandectarum II (1714) 160.

882 II. Feud. tit. 56. *Quae sint regalia. Regalia sunt: arimannie, vie publice, flumina navigabilia, et ex quibus fiunt navigabilia, portus, ripatica, vectigalia que vulgo dicuntur tholonea, monete, mulctarum penarumque compendia, bona vacantia, et que indignis legibus auferuntur, nisi que specialiter quibusdam conceduntur, et bona contrahentium incestas nuptias, et dampnatorum et proscriptorum, secundum quod in novis constitutionibus cavetur: angariarum et parangariarum et plaustrorum et navium prestationes, et extraordinaria collatio ad felicissimam regalis numinis expeditionem, potestas constituendorum magistratuum ad iustitiam expediendam, argentarie, et palatia in civitatibus consuetis, piscationum redditus et salinarum, et bona committentium crimen maiestatis, et dimidium thesauri inventi in loco cesaris, non data opera, vel loco religioso; si data opera, totum ad eum pertinet.* Text nach *Lehmanns* Ausgabe: Das langobardische Lehnrecht (1896) 182. Siehe dazu *Finsterwalder*, Die Gesetze des Reichstags von Roncalia, ZRG GA 1931, 15; *Dichler*, Libri feudorum in HRGdigital URL: http://www.HRGdigital.de/HRG.libri_feudorum (Stand 18.01.2017).

zwei Bücherreihen bestehenden Sammlung der geltenden Lehensvorschriften –, niedergeschrieben wurde. Dieser Regalien-Katalog entstammte der *Lex Regalia* – einem Gesetz, das im Rahmen des Gesetzgebungswerkes von Roncalia im Jahr 1158 von Kaiser Friedrich I. Barbarossa erlassen wurde. Die *Lex Regalia* zählte neben der *bona vacantia* das einem *indignus* entzogene *ereptorium* zu den königlichen Regalien – *[…] et que indignis legibus auferuntur, nisi que specialiter quibusdam conceduntur […]*[883]. Nach *Schilters* Ansicht bildete dieses Gesetz die materielle Grundlage für die Rezeption des fiskalischen Ereptionsrechts in der herrschenden Rechtspraxis des deutschen Reiches[884].

dd. Gemeinrechtliche Indignität im Lichte der Historischen Schule und der deutschen Rechtsprechung des 18. und 19. Jh.

Die Epoche der *Historischen Schule* brachte ebenfalls keine endgültige Klarheit in Bezug auf die rechtliche Gestalt der Indignität und auf die gerichtliche Anwendung des Ereptionsrechts mit sich. Die beiden oben erwähnten Streitfragen der gemeinrechtlichen Indignität, die sowohl in der Kommentatorenzeit als auch in der Epoche des *Usus modernus* Gegenstand inhaltlicher Divergenzen waren, wurden durch die Vertreter der *Historischen Schule* ganz lapidar behandelt. *Puchta*, *Windscheid*, *Köppen* oder *Keller* schilderten in dieser Hinsicht lediglich die römische Indignitätslehre, ohne dabei auf die gegenständlichen Streitfragen einzugehen. Man gewinnt den Eindruck, als wäre die römische *indignitas* ein fester Bestandteil des im deutschen Rechtsraum geltenden Rechts gewesen. *Thibaut* und *Sintenis* fügten diesbezüglich am Beispiel der Indignität hinzu, dass man die Rechtsinstitute des römischen Rechts nicht „auseinandernehmen" sollte, indem man die einzelnen Teile der Indignität in die herrschende Rechtspraxis übernahm und die anderen wegließ[885]. Nach den inhaltlichen Erkenntnissen der

---

883 Text nach *Lehmanns* Ausgabe: Das langobardische Lehnrecht 182.

884 Dagegen *Zimmermann*: Auf der einen Seite widersprach diese Schlussfolgerung – das Ereptionsrecht des Fiskus sei mit der *Lex Regalia* eingeführt worden – den Grundsätzen des Lehnsrechts. Im Falle der Begehung einer Quasifelonie, die mit dem Verlust des Lehnsgutes verbunden war, trat an die Stelle des Täters nicht der staatliche Fiskus, sondern der nächste Agnat des treubrüchigen Vasallen. Auf der anderen Seite galt die *Lex Regalia* lediglich im *Regnum Italiae*. Sie wurde im deutschen Reich formell mit keinem Reichsgesetz rezipiert. Vgl. *Zimmermann*, Archiv für practische Rechtswissenschaft 1880, 357–358.

885 Vgl. *Thibaut*, System des Pandekten-Rechts[7] II (1828) 257; *Sintenis*, Das practische gemeine Civilrecht III 689 Anm. 1; *Zimmermann*, Goltdammer's Archiv für Strafrecht 1881, 11–12.

Rechtsgelehrten der *Historischen Schule* galt das Rechtsinstitut der Indignität in der gemeinrechtlichen Praxis Deutschlands in seiner rein römisch-rechtlichen Gestalt: Ein *inidgnus* blieb aus materieller Sicht ein Erbe, seinen erbrechtlichen Klagen wurde die zivilrechtliche Gültigkeit abgesprochen und der zuständige Fiskus war gesetzlich dazu berechtigt, das *ereptorium* an sich zu ziehen[886].

Durch die Entscheidungspraxis der obersten Gerichtshöfe Deutschlands (aus geschichtlicher Sicht des Deutschen Bundes) des 19. Jh. wurde in der gegenständlichen Frage kein einheitliches Bild überliefert. Zwar beriefen sich die entscheidenden Gerichte in ihren Urteilen auf die Inhalte des *ius commune* als geltendes Recht, jedoch kamen die jeweils entscheidenden Richter in der „Indignitätsfrage" zu unterschiedlichen Entscheidungen.

Für das Fortleben und die einheitliche Fortgeltung der römischen Indignitätslehre sprachen sich die obersten Gerichtshöfe des mecklenburgischen und bayerischen Rechtskreises aus. Das Oberappellationsgericht zu Rostock lehnte mit einem Bescheid vom 13. Dezember 1860[887] ein von einer verwitweten Klägerin vorgebrachtes Klagsbegehren, mit dem sie die Aufhebung der fiskalischen Ereption und den Zuspruch des Nachlasses an die nächstberufenen Intestaterben beantragt hatte, ab. Das Gericht begründete diese Entscheidung mit dem Faktum, dass der Zuspruch einer einem *indignus* entzogenen *bona ereptoria* an die nächstberufenen Intestaterben des Erblassers weder in den Pandekten noch im justinianischen Kodex vorgesehen war. Eine solche Rechtsmaßnahme sah das gemeine Recht nicht vor[888]. Des Weiteren bestritt der Gerichtshof die Unvereinbarkeit der fiskalischen Ereption mit der allgemeinen Aufhebung der Konfiskationsstrafe, die in der Novelle 134 *cap. ult.* und in der *authenticae* zu C. 9.49. begründet war. Diese Rechtsquellen schlossen die Verhängung einer Konfiskationsstrafe nur im Falle eines strafrechtlich relevanten Verbrechens aus. Die Außerkraftsetzung der Konfiskationsstrafe erstreckte sich somit nicht auf jene Vermögensentzüge, die aufgrund einer privatrechtlichen Vorschrift vorgesehen waren. Die römischen Rechtssätze des Indignitätsrechts bildeten einen

---

886 Die Problematik der rechtlichen Durchsetzung des Ereptionsrecht wurde ausführlich von *Marezoll* behandelt. Vgl. *Marezoll*, Mit welcher Klage kann der Fiscus oder sonstige Dritte auftreten, um sein aus der Indignität des Berufenen hervorgehendes Ereptionsrecht geltend zu machen? Zeitschrift für Civilrecht und Prozeß 1828, 380–391.

887 Vgl. *Buchka/Budde* (Hgg.), Entscheidungen des Großherzoglich Mecklenburgischen Oberappellationsgerichts IV(1862), 289–293 (83. Entscheidung).

888 *Buchka/Budde* (Hgg.), Entscheidungen 290. Weder C. 6.35.10, D. 34.9.3. noch D. 48.29.7.4. sahen vor, dass die Erben eines ermordeten Erblassers eine dem *indignus* ursprünglich zustehende Erbschaft erwerben konnten.

integrierten Bestandteil des geltenden Rechts und eine vom gemeinen Recht abweichende Rechtspraxis fand in der mecklenburgischen Rechtsprechung keine Anwendung[889].

Zum gleichen Ergebnis kam der bayerische Oberstengerichtshof. Am 28. Juni 1859[890] entschied das gegenständliche Gericht, dass das in der bayerischen Verfassungsurkunde von 1818 (Tit. VIII §6[891]) verankerte Verbot einer Konfiskationsstrafe mit dem Ereptionsrecht des Fiskus vereinbar war. Das bayrische Rechtsprechungsorgan begründete diese Entscheidung mit dem privatrechtlichen Charakter eines Ereptionsvorgangs. Die strafrechtliche Vermögenskonfiskation umfasste das ganze Vermögen eines verurteilten Verbrechers. Die Ereption bezog sich dagegen nur auf einen bestimmten Vermögensanteil – nämlich auf ein bestimmtes Erbgut. Des Weiteren stellte die fiskalische Ereption keine Strafe im strafrechtlichen Sinne dar. Die Indignitätsgründe bestanden nach gemeinem Recht nicht nur aus dem Verwandtenmord, sondern auch aus Tatbeständen, die aus strafrechtlicher Sicht irrelevant waren (wie der Verhinderung einer Testamentserrichtung oder der Erhebung einer *status controversia* gegenüber dem Erblasser). Die indignitätsrechtlichen Folgen wurden außerdem im Rahmen eines zivilrechtlichen Verfahrens bestimmt. Die Indignitätshandlung stellte diesbezüglich einen tatsächlichen Grund, der einer Person ihre privatrechtliche Fähigkeit zum wirksamen Erwerb eines bestimmten Nachlasses entzog, dar[892]. Sowohl der mecklenburgische als auch der bayerische Gerichtshof folgten aus dogmatischer Sicht vollständig der klassischen Indignitätslehre. Zwar behielt der *indignus* seine Erbenstellung, jedoch konnte er aus dieser Rechtsposition keine Rechtsbefugnisse in Bezug auf den ihm angefallenen Nachlass ableiten.

Eine andere Rechtsansicht vertrat in dieser Rechtsangelegenheit das Oberappellationsgericht zu Kassel[893]. Im Jahre 1805 folgte das gegenständliche Gericht als oberste Instanz im hessischen Rechtskreis in einer Indignitätssache *Voets* und

---

889 Vgl. *Buchka/Budde* (Hgg.), Entscheidungen 291–293.

890 Siehe dazu *Seuffert*, Blätter für Rechtsanwendung zunächst in Bayern nF. VI/aF. XXVI (1861) 412–413.

891 *Die Vermögens-Confiscation hat in keinem Falle den der Desertion ausgenommen statt.* Siehe dazu http://www.gda.bayern.de/viewer.html?set%5Bmets%5D=http%253A%252F%252Flocalhost%252Fbestaende%252Fde_bayhsta_bay-landtag_10295.mets.php (Stand 16.03.2017).

892 *Seuffert*, Blätter für Rechtsanwendung 413.

893 Siehe dazu *Duysing*, Neue Sammlung bemerkenswerther Entscheidungen des Oberappellationsgerichts zu Cassel V (1821) 9–11.

Carpzovs Ansichten und lehnte das Ereptionsrecht des Fiskus ab. Im gegenständlichen Verfahren ermordete ein Ehemann seine Ehefrau und beabsichtigte ihre Erbschaft mittels der abgeschlossenen Ehepakte zu erwerben. Dagegen erhob die Schwester der ermordeten Frau Klage und wendete die Erbunwürdigkeit des Ehemannes ein. Sie forderte die Erbschaft als nächstberufene Intestaterbin der getöteten Frau zu erwerben. Sie stützte dabei ihre Klage auf den Digestentitel 34.9. *de his quae ut indignis auferuntur*. Der beklagte Ehemann wendete dagegen ein, dass eine derartige Digeste weder *in praxi* noch im gegenständlichen Fall anzuwenden sei. Der Gerichtshof lehnte das Vorbringen des Beklagten ab und bejahte im gegenständlichen Sachverhalt die Anwendung der römischen *indignitas*. Zwar stützte sich das Gericht bei seinem Urteil auf den Digestentitel *de his quae ut indignis auferuntur*, jedoch lehnte es das Ereptionsrecht des Fiskus ab. Die dem Ehemann entzogene *bona ereptoria* wurde der klagenden Schwester als nächstberufenem Erben der ermordeten Ehefrau zugesprochen[894]. Somit wurde der mörderische Ehemann aufgrund der festgestellten Indignität zur Herausgabe der mittels der gegenständlichen Ehepakte erworbenen Nachlassteile an die klagende Schwester verurteilt. Welche rechtliche Stellung der *indignus* in der gegenständlichen Rechtssache besaß, ist aus dem zitierten Urteil nicht zu entnehmen. Ob das entscheidende Gericht bei der Urteilsfällung den Ehemann als *indigni* oder als *incapaces* behandelte, bleibt unbeantwortet.

Somit spiegelte die Rechtsprechung des Deutschen Bundes in der rechtlichen Ausgestaltung der Indignität die aus dem *Usus modernus* stammende zersplitterte Rechtsmeinung wider. Die dargestellte Rechtslage änderte sich erst mit den ersten europäischen Kodifikationen, welche der gerichtlichen Anwendbarkeit des *ius commune* ein endgültiges Ende setzten.

c. Tatbestände der gemeinrechtlichen Indignität

aa. Maxime der blutigen Hand

Maximo vero indignus est, qui testatorem occidit […][895] schrieb *Voet* in seinem *Commentarius ad Pandectas*. Aus europäischer Betrachtungsweise stellte der Tatbestand eines Verwandtenmordes den Hauptanwendungsfall der gemeinrechtlichen Indignität dar. Wer seinen Erblasser ermordet hatte, galt sowohl in Bezug auf die gesetzliche als auch in Bezug auf die testamentarische Erbfolge des Ermordeten als erbunwürdig. In dieser Hinsicht behielten die gemeinrechtlichen Gelehrten eine gemeinsame Meinung. Die inhaltliche Behandlung sowohl der unterschiedlichen

---

894 *Duysing*, Entscheidungen des Oberappellationsgerichts zu Cassel 10.
895 *Voet*, Commentarius ad Pandectas II 474.

Willenskomponenten als auch der unterschiedlichen strafrechtlichen Modalitäten einer Tötungshandlung hing dagegen aus indignitätsrechtlicher Sicht von den Auslegungsergebnissen der diese Problematik betreffenden römischen Rechtsquellen ab. Im Rahmen dieser Auslegungsprozesse kamen die gemeinrechtlichen Rechtsgelehrten nicht immer zu übereinstimmenden Meinungen.

Es stand außer Frage, dass eine dolose Tötungshandlung die Indignität eines Täters initiierte. Die Unwürdigkeit des Mörders trat unabhängig davon ein, ob er diese grausame Tat direkt verübt oder einen Dritten dazu angestiftet hatte. Sobald seine Schuld bzw. sein vorsätzliches Handeln gerichtlich bewiesen wurde, galt er als erbunwürdig[896]. Die gemeinrechtlichen Rechtsgelehrten entnahmen diesen Indignitätstatbestand Marcianus' und Paulus' Digestenstellen 34.9.3. und 48.29.7.4.[897]. Eine inhaltliche Präzisierung des Verwandtenmordes gab *Matthaeus* wieder. Er wies darauf hin, dass man seine Parömie „der blutigen Hand" (*De bloedige hand en neemt geen erffenis*) nicht wortwörtlich interpretieren sollte[898]. Die Erbunwürdigkeit trat nicht nur dann ein, wenn man seine Hände mit „eigenem Blut" befleckte, indem man seinen Erblasser mit einem Schwert erschlagen hatte. Es reichte ebenfalls aus, wenn man dessen Tod *dolo malo*, jedoch ohne Blutvergießen, zu verschulden hatte – wie etwa durch Erwürgung mit einem Kissen, Vergiftung oder Unterlassung der Hilfeleistung im Falle einer Krankheit bzw. im Falle des Verhungerns[899]. Neben einer dolosen Tötung wurde ebenfalls eine culpose Tötung in einem Indignitätsfall nach gemeinem Recht relevant. Zur Begründung dieser These wurde ebenso Marcianus' Digestenfragment 34.9.3. herangezogen. Zwar wies diese Rechtsquelle einen auslegungsreichen Wortlaut

896 Vgl. *Koch*, De bonis hereditariis heredi occisori tanquam indigno eripiendis (1778) 30: *Dolosum autem homicidium committit, qui animo occidendi dataque opera aliquem necet, sive ipse sive per alium intersercerit, cum merito illorum omnium, quae issu et mandato nostro alii faciunt, culpam ips feramus.*

897 Vgl. *Hommel*, Rhapsodia quaestionum 185; *Stryk*, Usus moderni pandectarum 1030; *Matthaei*, Paroemia 187–188; *Voet*, Commentarius 474.

898 *Nunc, ut à verbis ad res transeamus, notandum, tametsi paroemia de cruenta manu loquatur, mente tamen & sententia praoemiae contineri & illium, qui absque cruore & sicca auasi morte hominem necavit. Quid enim si fauces eliserit, quid si pulvino injecto strangularit, aut incluserit, ut fame necaretur, aut venenuzm praebuerit, submerserit […] Statuta profecto, quae hujusmodi paroemia utuntur, quantum ad sanctionis aequitatem, cum jure communi consentiunt […] Leges autem non solum eum indignum judicant, qui gladio kominem occiderit, sed & illos, qui dolo malo causam mortis praebuerit[…]. Matthaeus,* Paroemia 187–188.

899 Vgl. *Matthaei*, Paroemia 187.

auf[900], jedoch wurde ihre Relevanz für die Beurteilung einer fahrlässigen Tötung i.S.d. gemeinrechtlichen Indignitätslehre grundsätzlich bejaht. *Matthaeus*, *Stryk* und *Carpzov*[901] vertraten die Ansicht, nach welcher eine culpose Tötung immer zur Erbunwürdigkeit eines fahrlässig handelnden Erben führte. *Voet*[902] gab dagegen den zweifelhaften Text aus Marcianus' Digeste wieder, ohne ihn dabei näher zu erläutern.

Eine absichtliche bzw. bewusste, jedoch vom Opfer provozierte bzw. verursachte Tötung hing dagegen nach *Mattaheus*' Ansicht von der Rechtmäßigkeit der Tathandlung ab. Dabei ging es um die Frage, ob eine Tötung in einem bestimmten Fall rechtlich straffrei war oder nicht. Eine Tötung galt i.S.d. gemeinrechtlichen Doktrin als straffrei[903], sobald sie im Rahmen einer Notwehrhandlung erfolgte[904]. Ob eine im Rahmen der Notwehr verübte straflose Tötung aus indignitätsrechtlicher Sicht relevant oder irrelevant war, ist aus den römischen Rechtsquellen nicht zu entnehmen. Diese Problematik wurde durch die römischen Juristen schlichthin nicht behandelt. Die gemeinrechtlichen Rechtsgelehrten der holländischen Rechtsschule und des deutschen Rechtskreises verneinten die Indignität eines Erben, sobald dieser am Tod des Erblassers keine Schuld trug – *[…] cum poena nulla esse debeat, ubi nulla culpa est […]*[905]. Ähnlich problematisch

900 Siehe dazu *Zimmermann*, FS Knütel 1478; *Zimmermann*, Archiv für practische Rechtswissenschaft 1880, 363–365.

901 *Hoc amplius, si heredis negligentia vel culpa mortuus sit testator, indignus successione judicatur d.l.3. D. de his quib. ut. indign. […]* (*Matthaei*, Paroemia 187). Vgl. *Matthaei*, De criminibus De criminibus ad lib. XLVII. et XLVIII. digest. Commentarius (1761) 383; *Stryk*, Usus modernu pandectarum 1030; *Stryk*, Tractatus de successione ab intestato (1697) 1408; *Carpzov*, Jurispridentia Forensis Romano-Saxonica (1668) 1187.

902 *Maxime vero indignus est, qui testatorem occidit, aut id egit, ut per negligentiam moreretur […]*; *Voet*, Commentarius 474.

903 Im Sinne der heutigen strafrechtlichen Dogmatik müsste man sagen, dass die Schuld des Täters an einer verübten Tötungshandlung durch einen Rechtfertigungsgrund erlosch. Die Differenzierung zwischen einer strafrechtlichen Schuld und einem Rechtfertigungstatbestand war dem römischen Strafrecht jedoch fremd.

904 Nach römischem Strafrecht lag eine Notwehrhandlung vor, wenn man einen Angriff auf das Leben (Gord. C. 9.16.2) oder auf die Keuschheit (Marcian. 14 inst. D. 48.8.1.4) mit einer Tötungshandlung abgewehrt hatte. Die Straflosigkeit der Tötung einer ehebrecherischen Frau setzte sich jedoch nicht in der gemeinrechtlichen Praxis durch. Somit stellte die Tötung einer untreuen Ehepartnerin einen Indignitätsgrund dar. Vgl. *Mommsen*, Römisches Strafrecht 620–621. Vgl. *Matthaei*, Paroemia 198–200; *Matthaei*, De criminibus 386.

905 *Voet*, Commentarius ad Pandectas II 475; vgl. *Matthaei*, De criminibus 386; *Stryk*, Tractatus de successione ab intestato 1409; *Koch*, De bonis hereditariis 29–31. Siehe dazu *Zimmermann*, FS Knütel 1483–1484.

erwies sich die Beurteilung der Maßgeblichkeit einer versuchten Tötungshandlung aus indignitätsrechtlicher Sicht. Auch in diesem Fall findet man im *Corpus Iuris Civilis* keine Stelle, die diese Problematik zum Gegenstand ihrer Erörterung hatte. In diesem Fall beriefen sich die gemeinrechtlichen Juristen i.S.d. Analogie auf die strafrechtliche Gleichstellung zwischen einer versuchten und einer vollendeten Tathandlung[906] und stuften eine versuchte Tötungshandlung als indignitätsrelevant ein[907].

Die gemeinrechtlichen Juristen entwickelten ebenfalls indignitätsrechtliche Tatbestände, die kein materielles Vorbild im römischen Recht hatten. Eine interessante Problematik berücksichtigten in dieser Hinsicht *Voet* und *Matthaeus*. Der Erste stellte in seiner Abhandlung die Frage, ob eine gegenüber dem Erblasser begangene schwere Verfehlung (*Voet* sprach diesbezüglich von einer *alia gravi injuria*) zur Erbunwürdigkeit führen konnte. *Matthaeus* versuchte diese Frage mittels der Analogie zu beantworten. Der Jurist wies darauf hin, dass ein Schenker nach gemeinem Recht einen Schenkungsakt rückfordern konnte, sobald der Beschenkte gegenüber seinem Wohltäter eine schwere Verfehlung begangen hatte. Des Weiteren fragte *Voet*, ob die *alia gravi injuria* aus indignitätsrechtlicher Sicht ebenfalls relevant sein sollte, wenn sie gegen nahestehende Angehörige des Erblassers gerichtet war[908] – z.B. im Falle der Ermordung der Ehefrau oder des Kindes des Erblassers durch den Erben. *Matthaeus* sprach diesbezüglich von sog. *personae conjunctissimae*[909]. Seiner Meinung nach sollte ein derartiges Verbrechen einer Indignitätshandlung gleichgestellt sein, da diese Tat als eine schwerwiegende Verfehlung gegenüber dem Erblasser galt – *[…] qui filium vel uxorem alicujus occidit, cum & hae conjunctissimae sint personae, & eo*

906 Siehe dazu *Mommsen*, Römisches Strafrecht 627.

907 *An autem indignus sit, qui testatorem non occedit, sed tentavit occidere […]. Voet*, Commentarius 475. Vgl. *Matthaeus*, Paroemia 189;200–202. Siehe dazu *Zimmermann*, Archiv für practische Rechtswissenschaft 1880, 362–363; *Zimmermann*, FS Knütel 1480.

908 *An &, qui testatorem verberavit, aut alia gravi affecit injuria? Latius idem exsequitur[…] An etiam, qui non ipsum testatorem, sed filium aut patrem aut fratrem testatoris è medio sustulit[…] sciut &, utrum adhuc indignus maneat, postquam cum proximioribus testatoris occisi super caede transegerit? […]. Voet*, Commentarius 475.

909 Zum Kreis der *personae conjunctissimae* zählte *Matthaeus* Kinder, Eltern und Ehepartner. Ein Bruder wurde hingegen von diesem Kreis ausgeschlossen. *Matthaeus* berief sich dabei auf die Regeln der *Libri Feudorum*, nach welchen ein Vassal, der den Bruder seines Lehnsherrn ermordet hatte, sein Lehnsgut nicht einbußen musste (*Qui fratrem domini occidit, non privatur feudo*). Vgl. *Matthaei*, Paroemia 193.

aplius per necem filii aditum sibi paret sicarius ad bona patris[910]. Seine Meinung stützte *Matthaeus* auf Modestins Digestenstelle 49.14.9[911], die einen ähnlichen Sachverhalt zum Gegenstand hatte.

bb. Frage der Praxisrelevanz der übrigen Indignitätstatbestände des römischen Rechts

Inwieweit die übrigen Tatbestände der römischen Indignitätslehre Anerkennung in der gemeinrechtlichen Praxis fanden, hing von ihrer Praxisbezogenheit und ihrer Vereinbarkeit mit der allgemeinen Aufhebung einer Konfiskationsstrafe ab. Zum einen musste man feststellen, ob ein bestimmter Indignitätsgrund der gemeinrechtlichen Gerichtspraxis Deutschlands entsprach. Viele Tatbestände der römischen *indignitas* galten im Lichte der gemeinrechtlichen Praxis des *Usus modernus* als antiquiert und praxisfremd. Ihre Anwendbarkeit war manchmal sogar für die treuesten Anhänger des römischen Rechts schwer zu rechtfertigen.

Die Einwände der Unbrauchbarkeit bzw. der Antiquiertheit der einzelnen Indignitätsgründe in der Gerichtspraxis tauchten bereits in den Werken des *Usus modernus* auf. *Stryk* stufte den Tatbestand der Unterlassung einer gerichtlichen Verfolgung des Mörders des Erblassers (*S.C. Silanianum*) i.S.d. herrschenden Rechtspraxis als antiquiert ein. Zwar hätte man seine Anwendung aus moralischen Gründen noch argumentieren können – der Erbe bemühte sich in diesem Fall nur um den Erwerb einer Erbschaft und ließ die Ehre seines verstorbenen Erblassers außer Acht –, jedoch erwies sich dieser Tatbestand aufgrund der Außerkraftsetzung des Akkusationsprozesses als praxisfremd[912]. Diese aus dem römischen Recht stammende Prozessart verlangte zur Einleitung eines gerichtlichen Verfahrens die Einbringung einer Parteiklage (*accusatio*)[913]. Somit war die Anwendbarkeit des Indignitätstatbestandes der Nichtverfolgung des Mörders des Erblassers in der römischen Rechtspraxis vertretbar – man musste ja eine Klage einbringen, um den Mörder für seine Tat überhaupt zur gerechten Strafe zu führen. Da jedoch dieses Verfahren ab dem Spätmittelalter durch den

910 *Matthaeus*, Paroemia 192. Zur gleichen Ansicht kam *Stryk* (Tractatus de successione 1410).

911 Die Mutter, die den Vater ihres Sohnes vergiftet hatte, sollte aufgrund dieser Tat von der Erbfolge ihres Sohnes ausgeschlossen werden.

912 Vgl. *Stryk*, Usus moderni 1031. Die Antiquiertheit dieses Indignitätsgrundes wurde ebenso durch *Sintenis* vertreten (Vgl. *Sintenis* 663).

913 Vgl. *Jerouschek*, Akkusationsprozess in HRGdigital URL: http://www.HRGdigital.de/HRG.akkusationsprozess (Stand 03.02.2017).

Inquisitionsprozess[914] verdrängt wurde, verlor der aus dem römischen Senatsbeschluss *Silanianum* entstandene Indignitätsgrund seine praktische Existenz. Darüber hinaus bildete der 6. Artikel[915] des einheitlichen deutschen Strafgesetzbuches (der *Constitutio Carolina*) eine gesetzliche Grundlage für die Amtswegigkeit eines Strafverfahrens. Des Weiteren sah der 214. Artikel der *Carolina* vor, dass *[...] niemand nichts schuldig sein, auch in disem oder andern dergleichen fellen, zuklagen, wieder seinen willen, nit genöttet werden*[916]. Mit der Einführung des einheitlichen Strafgesetzbuches im deutschen Reich endete die Anwendbarkeit des Akkusationsprozesses. Die gerichtliche Verfolgung eines Mörders lag ab nun in den Händen der staatlichen Organe. Es wäre somit ungerechtfertigt gewesen, einen Erben für die Unterlassung einer gerichtlichen Verfolgung erbrechtlich zu sanktionieren, wenn er nach den Regeln der herrschenden Rechtsordnung überhaupt nicht zu dieser Handlung verpflichtet war.

Der Einwand der Antiquiertheit betraf des Weiteren den Indignitätsfall des Abschlusses eines geheimen Fideikommisses und der Eingehung einer unerlaubten Ehe. Beide Indignitätsfälle fanden keine Deckung in der herrschenden Rechtspraxis. Ein heimlicher Abschluss eines Fideikommisses sollte einer erwerbsunfähigen Person den Erwerb eines Nachlasses ermöglichen – ein erwerbsunfähiger Erbe konnte aufgrund seiner Inkapazität im Rahmen einer ordentlichen Erbfolge keine Erbgüter erwerben. Da es jedoch nach geltendem Recht keine erwerbsunfähigen Personen mehr gab, verlor der gegenständliche Indignitätsgrund seine Praxisbezogenheit[917]. Der gleichen Beurteilung

---

914 Der Inquisitionsprozess verlangte im Gegensatz zum Akkusationsprozess keine Parteiklage im Vorhinein. Das gerichtliche Verfahren wurde von Amts wegen eingeleitet. Siehe dazu *Krey*, Inquisitionsprozess in HRGdigital URL: http://www.HRGdigital.de/HRG.inquisitionsprozess (Stand 03.02.2017).

915 *Item so jemandt eyner übelthat durch gemeynen leumut, berüchtiget, oder andere glaubwirdige anzeygung verdacht vnd argkwonig, vnnd derhalb durch die oberkeyt vonn ampts halben angenommen würde, der soll doch mit peinlicher frage, nit angegriffen werden, es sei dann zuvor redlich, vnd derhalb genugsame anzeygung vnnd vermutung von wegen derselben missenthat auff jnen glaubwirdig gemacht. Darzu soll auch eyn jeder richter, inn disen grossen sachen vor der peinlichen frag, soull müglich vnd nach gestalt vnd gelegenheyt eyner jeden sachen, beschehen kan, sich erkundigen, vnd fleissig nachfragens haben, ob die missethat darumb der angenommen berüchtiget vnnd verdacht, auch beschehen sei oder nit, wie hernach, inn diser vnser ordnung ferner erfunden wirdet.* Text nach *Schroeders* Ausgabe: Die Peinliche Gerichtsordnung Kaiser Karls V. 26.

916 *Schroeder*, Die Peinliche Gerichtsordnung Kaiser Karls V. 123–124.

917 *Zimmermann*, Archiv für practische Rechtswissenschaft 1880, 375.

unterlag der Indignitätstatbestand der Eingehung einer unerlaubten Ehe (wie der unerlaubten Heirat eines Provinzhalters mit einer Provinzangehörigen oder eines Vormunds mit seinem Mündel), der seinen Bezug zur Praxis in dieser Hinsicht komplett verloren hatte[918]. Die Vertreter der *Historischen Schule* gingen dagegen von der vollständigen Anwendung sämtlicher Indignitätsgründe des römischen Rechts aus. Ob die einzelnen Fälle aus praktischer Sicht relevant waren oder auch nicht, wurde in den schriftlichen Werken der Pandektisten in den Hintergrund gedrängt.

Zum anderen mussten die übrigen Indignitätsgründe mit der Aufhebung der Vermögenskonfiskation vereinbar sein. Der Einwand der fehlenden Inkompatibilität der Indignitätsgründe mit der außer Kraft gesetzten Konfiskationsstrafe hing davon ab, welche rechtliche Gestalt die Indignität nach gemeinem Recht hatte. Folgte man der Ansicht der Vertreter der *Historischen Schule* – die von der vollständigen Anwendung der römischen Indignitätslehre ausgingen – hätte man in der Gerichtspraxis die aufgehobene Konfiskationsstrafe quasi umgehen können. Ein Vermögen konnte auf privatrechtlichem Weg eingezogen werden, obwohl eine solche Strafmaßnahme nach den Regeln des Strafrechts gar nicht vorgesehen war[919]. Des Weiteren stellten nicht alle Indignitätsgründe strafrechtlich relevante Delikte dar (z.B. die Verhinderung an einer Testamentserrichtung, die Anfechtung eines Testaments als inoffiziös oder gefälscht, die Erhebung einer Kriminalanklage oder eines *status controversia* etc.). Eine fiskalische Ereption verstieß somit gegen die allgemein geltenden Strafregeln. In dieser Hinsicht stellt sich die Frage, ob die gemeinrechtliche Indignität einen straf- oder einen privatrechtlichen Charakter hatte.

Für die rechtliche Existenz der erwähnten Indignitätsgründe hätte man noch argumentieren können, dass man die Erbunwürdigkeit eines Erben nicht mit Hilfe des fiskalischen Ereptionsrechts, sondern durch den römischen Rechtsgrundsatz *pro non scripto herede* gelöst hätte. Diese aus der Kommentatorenschule stammende Lösung eines Indignitätsverhältnisses behandelte einen *indignus* wie einen Erbunfähigen (als hätte er den Erblasser gar nicht überlebt). Diese nicht strafrechtlich orientierte Lösung ermöglichte die Geltung sämtlicher Indignitätsgründe. Auf diesem Weg hätte man die außer Kraft gesetzte Vermögenskonfiskation nicht übergehen können und die Abwicklung eines Indignitätsverhältnisses wäre im vorgeschlagenen Fall mit strafrechtlichen Grundsätzen

---

918 *Zimmermann*, Archiv für practische Rechtswissenschaft 1880, 378–380.

919 Vgl. *Zimmermann*, Goltdammer's Archiv für Strafrecht 1881, 14–15.

vereinbar gewesen. Zu einer solchen Lösung kamen aber erst die privatrechtlichen Kodifikationen des 19. und des 20. Jh..

d. Indignitätslehre im Lichte der Stadt- und Landrechtsreformationen

aa. Geschichtliche Einführung: Stadt- und Landrechtsreformationen als gesetzgeberische Vermittler des Rezeptionsprozesses

Die subsidiäre Anwendbarkeit des *ius commune* stellte nicht den einzigen Weg, der den römisch-rechtlichen Inhalten den Zugang zur deutschen Gerichtspraxis ermöglichte, dar. Ein sehr effektives Mittel zur Verbreitung des römischen Rechts bildeten im Zeitalter der profanen Rezeption die Stadt- und Landrechtskodifikationen. Diese partikulären Rechtsaufzeichnungen spiegelten sowohl die Ursache als auch die Folge des Rezeptionsprozesses wider[920]. Zum einen beseitigten diese Kodifikationen die das deutsche Rechtsleben plagenden Probleme[921], indem sie ein „gleichmäßiges Recht"[922] schafften. Zum anderen sollte diese gleichmäßige und sichere Rechtsordnung durch die breite Aufnahme des römischen Rechts in die schriftlichen Aufzeichnungen erreicht werden. Die Rezeption bildete auf dem Weg zum „einheitlichen Recht" das einfachste und „bequemste" Mittel[923]. Man sollte natürlich unter diesen Kodifikationsprozessen keine vollständige Aufnahme der römisch-rechtlichen Bestimmungen, sondern vielmehr eine Erneuerung[924] und Systematisierung der bestehenden Rechte verstehen. In

920 *Wieacker*, Privatrechtsgeschichte 189.

921 Zu den gegenständlichen Problemen gehörten vor allem die Zersplitterung des einheimischen Rechts, die Widersprüchlichkeit innerhalb der niedergerichtlichen Rechtsprechung, die Rechtsunsicherheit, die Mündlichkeit des Rechts, das Bedürfnis nach schriftlichen Rechtsaufzeichnungen etc..

922 *Below*, Ursachen der Rezeption 137–138.

923 Das römische Recht bildete im Gegensatz zum zersplitterten deutschen Recht ein „fertiges Produkt". Es stellte ein abgeschlossenes Rechtssystem dar und war aufgrund seiner schriftlichen Form weit verbreitet und dadurch einem breiten „Publikum" zugänglich. Ein gleichmäßiges Recht deutscher Natur musste dagegen erst „erschaffen" werden. Was aufgrund der enormen Mannigfaltigkeit der deutschen Rechtskreise mit einem enormen Arbeitsaufwand verbunden gewesen wäre. Man hätte zuerst die Fülle der deutschen Gewohnheitsrechte untersuchen, danach gemeinsame Leitlinien und Grundsätze finden und erst aufgrund dieser inhaltlichen Basis ein neues einheitliches Recht schaffen müssen. Die Aufnahme des gemeinen Rechts stellte zweifellos einen viel „bequemeren" Weg dar. Vgl. *Below*, Ursachen der Rezeption 138–139.

924 Die partikulären Rechtsaufzeichnungen der Rezeptionszeit trugen den Beinamen *Reformationen*. Laut *Stobbes* Ansicht stammte diese Bezeichnung aus der italienischen Rechtssprache und bezog sich auf die rechtlichen Neuerungen der italienischen

welchem Ausmaß ein bestimmtes Stadt- oder Landrecht „romanisiert“ wurde, hing von der Ausstrahlungskraft, die ein bestimmtes Rechtssystem sich in der Rechtspraxis „erarbeitet“ hatte, ab. Je mehr ein Rechtssystem eines bestimmten Territoriums bzw. einer bestimmten Stadt deutschrechtlicher Natur war, desto weniger konnte sich das römisch-rechtliche Gedankengut im traditionsgebundenen und altertümlichen Rechtsleben etablieren. Das einheimische Recht war in norddeutschen Städten und Territorien – vor allem in den Küstenstädten der Hanse und in den dem sächsischen Recht angehörenden Territorien – viel stärker „verwurzelt“ als im süddeutschen Rechtsraum, wo aufgrund intensiver Kontakte mit Italien und den Burgundern die Rezeptionsbereitschaft auf viel höherem Niveau angesiedelt war[925].

Im gegenständlichen Kapitel werden auf der Suche nach dem indignitätsrechtlichen Gedanken die erbrechtlichen Bestimmungen der Stadt- und Landrechtsreformationen untersucht. Da dem germanischen Rechtsverständnis ein Indignitätsrecht fremd war, konnte es nur mit Hilfe des römisch-rechtlichen Einflusses kodifiziert werden. Deswegen werden im gegenständlichen Kapitel nur solche partikulären Rechtsaufzeichnungen einer Exegese unterzogen, die eine ausreichende „Romanisierung“ erfuhren. In diesem Zusammenhang wird untersucht, in welcher Form die römische *indignitas* rezipiert wurde. Übernahmen die Verfasser der Stadt- und Landrechtsreformationen diesbezüglich die originäre Gestalt der römischen Indignität oder entwickelten sie einen eigenen Rezeptionsweg? Welche Rolle spielten dabei die inhaltlichen Erkenntnisse der Kommentatoren? Stellte das *ius commune* ein mögliches Vorbild dar?

bb. Verwirkung des Erbrechts nach der Nürnberger Stadtrechtsreformation

Pionierarbeit im Bereich der partikulären Gesetzgebungen der Rezeptionszeit leistete die Stadt Nürnberg mit der im Jahr 1479 erlassenen Stadtrechtsreformation. Sie stellte unter allen territorialen Rechtsaufzeichnungen dieses Zeitalters die wichtigste und einflussreichste Kodifikation dar[926]. Man kann in dieser Hinsicht vom Nürnberger Rechtskreis, den man mit dem sächsischen und schwäbischen Rechtskreis vergleichen kann, sprechen. Die Reformation regelte ausschließlich das Privatrecht samt den geltenden Prozessbestimmungen. Zwar

---

Statutenrechte. Nach venezianischem Vorbild wurde dieser Begriff auf deutschem Rechtsboden zum ersten Mal bei der Erneuerung des Nürnberger Stadtrechts im Jahr 1479 verwendet. Vgl. *Stobbe*, Geschichte der deutschen Rechtsquellen II 233.

925 Vgl. *Wieacker*, Privatrechtsgeschichte 191–193.

926 *Stobbe*, Geschichte der deutschen Rechtsquellen II 297.

war aus materieller Sicht der Einfluss des römischen Rechts groß, jedoch wurde das einheimische Recht bei den Kodifikationsarbeiten nicht verworfen[927].

Die „Romanisierung“ ist vor allem anhand der erbrechtlichen Bestimmungen, die zwischen dem 12. und dem 21. Titel geregelt wurden, zu sehen. Trotzdem lässt sich innerhalb der Nürnberger Reformation keine Rezeption der römischen *indignitas* feststellen. Für die gegenständlichen Forschungsfragen kann lediglich der 15. Titel inhaltliche Aufschlüsse geben. Der gegenständliche Titel bestimmte unter der Überschrift *Gesetze von vertzig und verwürkung der erbschaft […] der kinder gegen iren eltern und herwiderumb* einen erbrechtlichen Verwirkungsvorgang. Eine Verwirkung eines bestehenden Erbrechts ist aus Sicht der deutschen Privatrechtsgeschichte kein Novum. Diese erbrechtliche (Sanktions-) Maßnahme wurde bereits im Schwabenspiegel niedergeschrieben und stellte aufgrund ihres Gesetzgebungscharakters, welchen der schwäbische Spiegel ohne Zweifel hatte, einen Bestandteil des im süddeutschen Rechtsraum geltenden Rechts dar. Sowohl für die Nürnberger als auch für die schwäbische Regelung bildete die justinianische Novelle 115 die maßgebliche Inspirationsquelle. Im Gegensatz zum schwäbischen Rechtsbuch wurde der erbrechtliche Verwirkungsvorgang des Nürnberger Stadtrechts nicht im deutsch-rechtlichen Sinne (in Form eines gesetzlichen Erbrechtsverlusts), sondern ausschließlich nach römischem Vorbild gestaltet. Die Nürnberger Reformation gilt diesbezüglich als erste deutsche Rechtsquelle mit Gesetzgebungscharakter, die das römische Enterbungsrecht zur Gänze rezipierte[928]. Es wurden nicht nur sämtliche justinianischen Enterbungsgründe – der Schwabenspiegel entwickelte immerhin zwei „deutschrechtliche“ Tatbestände –, sondern auch das Erfordernis einer entweder in einem Testament oder in einem Geschäft[929] schriftlich verankerten

927 Die Identität des Verfassers bzw. der Verfasser der Nürnberger Reformation bleibt bis heute unbekannt. Aus der Einleitung kann man entnehmen, dass dieser bzw. diese in der römischen Rechtskultur gelehrt war bzw. waren – *[…] sölliche gesetz nach rat vil hochgelerter doctores, und den gemeinen geschriben rechten, sovil sich das nach der stat Nüremberg gelegenheyt, herkomen und leufte hat erleiden mügen, gemess gemacht sind […]* (Text nach *Kunkels/Thiemes/Beyerles* Ausgabe: Quellen zur neueren Privatrechtsgeschichte Deutschlands I,1 (1936) 3). Aus dem zitierten Fragment kann man entnehmen, dass die Aufnahme des römischen Rechts von den Einwänden der Stadtbevölkerung abhängig war. Dem einheimischen Recht entstammten das Ehegüter-, Kauf- und Gesellschaftsrecht. Vgl. *Wieacker*, Privatrechtsgeschichte 193.

928 Vgl. *Merkel*, Justinianische Enterbungsgründe 75.

929 Das *gescheft* stellte nach germanischem Rechtsbrauch eine Erbeinsetzungsform dar. Nach der Auszahlung der erbrechtlichen Verbindlichkeiten eines Erblassers (wie Pflichtteilsansprüchen oder Ansprüchen aus den Vermächtnissen) konnte dieser

Enterbungserklärung (bzw. Verwirkungserklärung) übernommen[930]. Zwar verwendete die Reformation die Bezeichnung *verwurkung der erbschaft*, jedoch ließ nach *Merkels* Ansicht die Erfordernis einer testamentarischen Festlegung des Verwirkungsgrundes keine Zweifel darüber, dass die römische Enterbung das inhaltliche Rezeptionsvorbild des gegenständlichen Titels war[931].

Dem römischen Indignitätsrecht ähnelte am meisten der 7. Verwirkungsgrund der Nürnberger Reformation[932]. Dieser rezipierte den 9. justinianischen Enterbungsfall[933] der Verhinderung des Testators an der Testamentserrichtung. Ein Erblasser konnte einen Erben, der ihn an der Errichtung seines Testaments gehindert hatte, enterben, sobald der Erblasser seinen Enterbungswillen in einem späteren Testament zum Ausdruck gebracht hatte. Aus indignitätsrechtlicher Sicht war jedoch erst der zweite Satz dieser Regelung von Bedeutung. Dieser sah nämlich als einziger Enterbungstatbestand der Nürnberger Reformation eine *ipso iure* Enterbung vor, sobald der Erblasser es nicht geschafft hatte, einen Testamentsverhinderer in einem späteren Testament (das eine auf dem 7. Verwirkungsgrund basierende Enterbungserklärung zum Inhalt hatte) zu enterben.

---

durch die Auffassung einer Generalklausel die übrig gebliebenen Nachlassteile einem bestimmten Erben zusprechen. Dieser Akt galt nach dem Landesbrauch als Form der Erbeinsetzung.

930 Nnb 15, 2: *Durch diese nachvolgende velle mügen die eelichen und leiplichen kinde irer väterlichen und müterlichen wart und erbfelle benomen, entsetzt oder enterbt werden durch testament und gescheft, also, das sölliche enterbung derselben personen mitsampt seiner ursach in dem testement oder gescheft nemlich gesetz und bestympt werde [...]* *Kunkel*, Quellen 19.

931 *Merkel*, Enterbungsgründe 76.

932 Nnb 15, 2: *Zu dem sibenden: so die kinder verpieten iren elternm gepürliche testament oder gescheft zetun, und so die eltern darüber ire testament oder gescheft tun, so mügen sie dieselben kinder diser ursachhalb in söllichem irem gescheft enterben. Und so aber die eltern söllichs verpotshalb einich gescheft nit tun möchten, sonder on gescheft abgiengen, so söllen nichts destmynder dieselben kinder enterbt und derselb tail, so inen worden sein solt, andern des abgegangen nehsten erben verfallen sein und werden.* Text nach *Kunkels* Ausgabe: Quellen 20.

933 Novell. Iust. 115 c. 3 (9. Fall): *Si convictus fuerit aliquis liberorum, quia prohibuit parentes suos condere testamentum, ut si quidem postea facere potuerint testamentum, sit eis pre tali causa filium exheredandi licentia; si autem in ipsa prohibitione sine testamento aliquis ex parentibus decesserit, et alii sive qui ab intestato ad hereditatem defuncti aut cum ipso filio qui testamentum fieri prohibuit aut post illum vocantur, sive illi quos heredes aut legatarios habere volebat, vel qui laesionem aliquam ex prohibitione testamenti sustinuerunt, hoc ipsum approbaverint, secundum alias leges super hoc positas talia negotia terminentur.* Text nach *Schoells* Ausgabe: Corpus Iuris Civilis: Noellae 537–538.

In diesem Fall verlor der böswillig handelnde Erbe seine erbrechtlichen Forderungen *ipso iure* (i.S.d. deutsch-rechtlichen Verwirkung). Der ihm zustehende gesetzliche Erbanteil fiel an die nächstberufenen Erben des Erblassers. Zwar schloss das römische Vorbild der Nürnberger Regelung in der gegenständlichen Konstellation den Erben von der Erbfolge aus, jedoch sah es in dieser Konstellation kein automatisches Vorrücken der nächstberufenen Erben vor. Die römischen Rechtsquellen lösten diese Problematik durch die analoge Anwendung sekundärer Rechtsvorschriften – *[…] hoc ipsum approbaverint, secundum alias leges super hoc positas talia negotia terminentur.* Als mögliche analoge Rechtsnormen konnten entweder Ulpians Digestenfragment 29.6.1. oder die aus der nachklassischen Periode stammenden Regelungen des justinianischen Kodexes (C. 6.34.2[934]; 4) in Betracht kommen. Beide Fragmente stuften einen Erben, der seinen Erblasser an der Errichtung eines Testaments verhindert hatte, als *indignus* ein und schlossen ihn von der gesetzlichen Erbfolge aus. Somit ging in der gegenständlichen Konstellation auch die römische Rechtsordnung über die Grundsätze des Enterbungsrechts hinaus und bestimmte einen *ipso iure* Enterbungsvorgang[935]. Nichtsdestotrotz stellte die Regelung der Nürnberger Reformation ihr dogmatisches Erzeugnis dar und galt zugleich als Ausdruck des germanischen Rechtsverständnisses, das vor allem auf die Erhaltung der familiären Erbgüter innerhalb der Verwandtschaft abzielte.

Neue inhaltliche Erkenntnisse sowohl in Bezug auf den Rezeptionsvorgang der römischen *indignitas* als auch in Bezug auf ihr Verhältnis zum justinianischen Enterbungsrecht lieferte die zweite Nürnberger Reformation aus dem Jahr 1564. Die zweite Reformation stellte im Vergleich zum ersten revidierten Stadtrecht aus gesetzgebungstechnischer Sicht eine Verbesserung dar. Das Gesetz gewann an System und Eleganz, indem die Bestimmungen sowohl in größerer Übersicht und besserer Ordnung zusammengestellt als auch inhaltlich miteinander abgestimmt wurden. Zwar wies die zweite Reformation einen noch stärkeren römischen Einfluss auf, jedoch wurde ihr Inhalt nicht wesentlich modifiziert[936]. Im Zuge des inhaltlichen Anpassungsprozesses des Nürnberger Stadtrechts wurde m.E. im 29. Titel des 3. Teiles[937] ein im deutsch-rechtlichen Sinne formulierter

934 Diocl./Maxim. C. 6.34.2: *Imperatores Diocletianus et Maximianus aa Nicagorae. Eos, qui, ne testamentum ordinetur, impedimento fuisse monstrantur, velut indignas personas a successionis compendio removeri celeberrimi iuris est.*

935 Vgl. *Merkel*, Justinianische Enterbungsgründe 9.

936 *Stobbe*, Geschichte der deutschen Rechtsquellen II 305.

937 Nürnberger Stadtreformation von 1564 Tit. XXIX Gesetz. XIII: *In yedes Testament oder letzter will/ soll mit freyem unbezwungnem willen/ unverhindert der freünd und*

Indignitätsgrund der Verhinderung an der Testamentserrichtung rezipiert. Dieser Tatbestand wurde im Gegensatz zur ersten Nürnberger Reformation nicht im Rahmen der den Enterbungsvorgang regelnden Bestimmungen[938], sondern als selbstständige Regelung formuliert. Gemäß dieser Bestimmung verwirkte ein Erbe seine erbrechtlichen Forderungen *ipso iure*, sobald er den Testator sowohl an der Errichtung eines Testaments gehindert als auch zur Erlassung eines bestimmten Testaments (mit einem bestimmten Inhalt) gezwungen hatte. Der ihm ursprünglich zustehende Nachlass fiel im gegenständlichen Fall den nächstberufenen Erben zu. Der deutsch-rechtliche Charakter dieser Regelung (dieses Rezeptionsweges) ist anhand der Ablehnung des fiskalischen Ereptionsrechts zu sehen. Nicht der staatliche Fiskus, sondern die nächsten Verwandten des Erblassers sollten im Eigentum des familiären Erbgutes bleiben.

Nach *Stobbes* Ansicht begann mit der Nürnberger Reformation eine neue Epoche in der Geschichte der Gesetzgebung[939]. Sie bildete innerhalb des deutschen Reiches ein Vorbild für weitere Stadt- und Landrechtsreformationen. Diese Bemerkung ist ebenfalls anhand der Enterbungsbestimmungen der übrigen partikulären Rechtsaufzeichnungen Deutschlands ersichtlich. Der Nürnberger Lösung folgten die Wormser Reformation von 1498, die Bayerische Landrechtsreformation von 1518 und das Württembergische Landrecht von 1555[940]. Mit kleinen Ausnahmen übernahmen diese partikulären Gesetze zur Gänze die

---

anderer/ gemacht werden/ So aber ains/ zu aufrichtung ains gescheffts benötigt wurde/ soll dasselbig gescheft craftlos und von unwidrden sein/ und der Betranger / ob jme sonst ausserhalb des benötigten gescheffts/ von des abgestorbnen verlatzner haaß / vil oder wenig zugestanden sein solt/ dasselbig alles verwürckt haben/ und den anderen ncehstn Erben zufallen. Gleicher gestalt/ wo yemand den andern/ an vorhabendem seinem gescheft/ oder an verenderung seines aufgerichten letzten willens/ ainiche verhinderung […] Text nach Ausgabe http://digi.ub.uni-heidelberg.de/diglit/drwNuernbergRef1564/0456.

938 Das Enterbungsrecht wurde im 4. und 5. Titel des 3. Teiles der zweiten Nürnberger Reformation geregelt. Die einzelnen Enterbungsgründe wurden der justinianischen Novelle 115 cap.3 zur Gänze entnommen – auch der Tatbestand der Verhinderung an der Testamentserrichtung. Im Gegensatz zur ersten Reformation war im zweiten Nürnberger Stadtrecht die Enterbung eines Testamentsverhinderers nur im Rahmen einer Enterbungserklärung vorgesehen. Schaffte der Erblasser es nicht, den böswillig handelnden Erben, der ihn an der Errichtung seines Testaments verhindert hatte, im Rahmen eines späteren Testaments zu enterben, so kamen in diesem Fall die Rechtsfolgen des 13. Titels des 3. Teiles zur Anwendung.

939 *Stobbe*, Geschichte der deutschen Rechtsquellen II 298.

940 Wormser Reformation (4. Buch, 3. Teil, 4. Titel), Bayerische Landrechtsreformation (49. Titel, 5. und 6. Artikel), Württembergisches Landrecht (3. Teil, 1. Kapitel, 13. und

justinianische Enterbungsnovelle 115 cap. 3. Im Gegensatz zur Nürnberger Reformation sprachen die Verfasser der gegenständlichen Kodifikationen nicht mehr von der *verwurkung der erbschaft*, sondern i.S.d. römischen Rechts von den *Ursachen, darumb vatter und muter ir kinder enterben mogen*[941]. Dadurch wurde endgültig die zweifelhafte Ausdrucksweise aus der Gesetzessprache der Stadt- und Landrechtsreformationen beseitigt und man konnte die dogmatische Herkunft dieser Bestimmung nicht mehr bezweifeln.

Die Nürnberger Enterbungsbestimmungen dienten ebenfalls dem Freiburger Stadtrecht von 1520[942] als inhaltliches Vorbild. *Wieacker* bezeichnete dieses Werk als vorzüglichstes Stadtrecht jener Zeit und lobte seinen Verfasser *Ulrich Zaisus* für seine meisterliche Verbindung deutscher und römischer Rechtssätze zu einer an die Bedürfnisse der Praxis angepassten gesetzgeberischen Einheit[943]. Zwar wurden fast alle Gründe dem justinianischen Enterbungskatalog entnommen[944], jedoch sah das Freiburger Stadtrecht eine besondere Form der Enterbung vor. Eine rechtsgültige Enterbungserklärung konnte entweder nur vor dem städtischen Rat oder dem Stadtgericht abgegeben werden. Diesen städtischen Institutionen war die Entscheidung über die Richtigkeit einer bestimmten Enterbungserklärung vorbehalten. Ein im Rahmen eines Testaments geäußerter Enterbungswille war, abgesehen von einer krankheitsbedingten Verhinderung, ungültig[945].

e. *Indignitätsgedanke nach dem Recht der österreichischen Alpenländer*

aa. *Geschichtliche Einführung: österreichische Spätrezeption*

Zwar bildeten die österreichischen Alpenländer[946] einen Teil des Heiligen Römischen Reiches und das habsburgische Haus stellte vom 15. Jh. bis zum Ende

---

14. Artikel). Siehe dazu *Kunkel*, Quellen 152–153; *Kunkel/Thieme/Beyerle*, Quellen zur neueren Privatrechtsgeschichte Deutschlands I,2 (1938) 56–58; 141–144.

941 *Kunkel*, Quellen 152.

942 Vgl. *Merkel*, Justinianische Enterbungsgründe 85–86.

943 Vgl. *Wieacker*, Privatrechtsgeschichte 194–195. Siehe dazu *Stobbe*, Geschichte der deutschen Rechtsquellen II 306–309.

944 Frb III 5, 50–71.

945 Frb. III 5. 62 *So die eltern kind enterben wöllen, sol vor rat beschehn: Begeb sich nun, das vatter, mutter großvatter, großmutter als ander eltern wider ire eelichen kind und kindskind der obgenanten ursachen eine oder me betten, die mögend dieselben ire kind wol enterben; doch das sy das vor unserm rat oder stattgerichten tun und die ursachen wysen sollen […].* Text nach *Kunkels* Ausgabe *Kunkel/Thieme/Beyerle* (Hgg.), Quellen I,1, 302–303. Vgl. Frb. III 5. 71.

946 Als österreichische Alpenländer bezeichnete man die Territorien des habsburgischen Erblandes. Darunter verstand man das Erzherzogtum Österreich unter der Enns und

des Reiches den jeweils regierenden Kaiser[947] auf, jedoch war der Einfluss des römischen Rechts auf die österreichische Gerichtspraxis viel schwächer als in den übrigen Teilstaaten des deutschen Reiches. Zwar stellten die österreichischen Alpenländer als Teil des deutschen Reiches ein Rezeptionsgebiet dar, jedoch konnte sich der österreichische *Landsbrauch* gegenüber dem gemeinen Recht relativ gut und lang behaupten[948]. Zum einen waren die österreichischen Länder in dieser Hinsicht zu sehr an das eigene Rechtsverständnis[949] gebunden, zum anderen fehlte es im Zeitalter der Frührezeption auf österreichischem Boden an externen Impulsen, die den Rezeptionsvorgang unterstützend vorantreiben hätten können. Vor allem war die fehlende Unterstützung seitens der katholischen Kirche[950], die in den deutschen Territorialstaaten mit der Einführung des römisch-kanonischen Prozesses wichtige Vorarbeit in Bezug auf die spätere Aufnahme des römischen Rechts in die Gerichtspraxis leistete, deutlich spürbar. Dieser Anteil des Klerus an der Romanisierung des österreichischen

ob der Enns, die Herzogtümer Steiermark und Kärnten, die gefürstete Grafschaft Tirol und das damals zu den österreichischen Vorlanden gehörige Vorarlberg. *Weiss*, Rezeption des röm. Rechts in den österreichischen Alpenländern, in L'Europa et il diritto romano I 399.

947 Die einzige Ausnahme von dieser Kontinuität stellte die Kaiserkrönung Karls VII. aus dem Hause Wittelsbach (Regierungsperiode 1742–1745) dar.

948 Vgl. *Wesener*, Einflüsse und Geltung des römisch-gemeinen Rechts in den altösterreichischen Ländern in der Neuzeit (1989) 11.

949 Das österreichische Landrecht hatte seine dogmatischen Wurzeln im frühmittelalterlichen römischen Vulgarrecht und im bayrischen Provinzialrecht. Die österreichischen Alpenländer waren aus rechtlicher Sicht in ein nördliches und ein südliches Gebiet geteilt. Der nördliche Teil lebte vor allem nach den Regeln der *Lex Baiuvariorum* – darunter verstand man jedoch nicht eine in schriftlicher Form verfasste Rechtsordnung, sondern ein ungeschriebenes bayrisches Gewohnheitsrecht. Seine Geltung dauerte im Norden bis in die Mitte des 12. Jh. an. Der Süden lebte dagegen nach römischem Vulgarrecht, das für die römische Bevölkerung Rätiens vorgesehen war. Das für dieses Gebiet erlassene Gesetz hieß *Lex Romana Curiensis*. Zwar findet man in den Urkunden der nördlichen Alpenländer römisch-rechtliche Begriffe, jedoch wurden dadurch keine römisch-rechtlichen Inhalte vermittelt. Vgl. *Hasenöhrl*, Beiträge zur Geschichte der Rechtsbildung in den österreichischen Alpenländern 269–278. *Brunner*, DRG I 361–362.

950 Der Einfluss der katholischen Kirche auf das österreichische Rechtswesen war im Zeitalter der Frührezeption allgemein gering. Die Geistlichen schafften es weder mit ihrem kanonischen noch mit dem römischen Recht, einen nachhaltigen und sichtbaren Einfluss auf die Rechtsentwicklung in den österreichischen Alpenländern auszuüben – ein gutes Beispiel für diese Rechtslage stellte die Ablehnung des kanonischen

Rechtslebens blieb jedoch aus. Somit kam es zwischen dem 15. und 16. Jh. (der Zeitperiode der profanen Rezeption im deutschen Reich) im Gegensatz zu deutschen Entwicklungen zu keinem vollständigen Eindringen des gemeinen Rechts in die geltende Gerichtspraxis. Das heißt aber nicht, dass man in österreichischen Alpenländern auf die Romanisierung des Rechtslebens, die aufgrund der bevorstehenden politischen Ereignisse unabdingbar war[951], verzichtete – sie erfolgte erst im 16. und 17. Jh..

Diese Spätrezeption erlebte m.E. ebenso eine vorbereitende Phase (Frührezeption), die auf österreichischem Boden nicht durch die katholische Kirche, sondern durch Kaiser Maximilians I. Verwaltungsreform eingeleitet wurde. Die Einführung der neuen behördlichen Institutionen (des Regiments und der Raitkammer), die dem österreichischen Rechtsleben bisher unbekannt waren, schaffte die notwendigen Grundlagen für einen bevorstehenden Wandel der Rechtsordnung, einschließlich des geltenden Privatrechts[952]. Die Regimente, die

---

Eheschließungsrechts durch die zeitgenössische Gerichtspraxis dar. Die österreichische Rechtslandschaft war rund um das 13. Jh. (also in jenem Zeitalter, in dem das geltende bayrische Recht und das römische Vulgarrecht zu gelten aufhörten) durch ein deutsch-landesheimisches Rechtsbild geprägt. Die Rolle der katholischen Kirche als Vermittler des römischen Rechts setzte außerdem voraus, dass den Geistlichen diese Rechtsordnung bekannt war. Diese Voraussetzung fand jedoch keine Bestätigung in der juristischen Ausbildung des österreichischen Klerus, die vom 13. bis zum 15. Jh. nicht besonders bedeutungsvoll war. *Baltl* verwies diesbezüglich auf die geringere Zahl kirchlicher und romanistischer Rechtsbücher in zeitgenössischen Klosterbibliotheken, die nur das juristische Minimum in ihren Katalogen hatten. Vgl. *Baltl*, Einflüsse 23–27.

951 Die Aufnahme und die Verbreitung der römischen Rechtskultur waren auf österreichischem Boden besonders durch politische Entwicklungen geprägt. Einen wichtigen Punkt im Rahmen dieser Entwicklung stellten der Erwerb der kaiserlichen Krone durch das Geschlecht der Habsburger und die damit verbundene Verlegung des Kaisersitzes nach Wien dar. Diese Entscheidung führte automatisch zu einer starken Präsenz des gelehrten Rechts am österreichischen Kaiserhof. Mit dem Kaiser kamen ebenfalls die im Recht geschulten Berufsbeamten mit nach Wien. Einen weiteren wichtigen Punkt auf dem Weg zur Romanisierung des österreichischen Rechtslebens stellte die bereits erwähnte Verwaltungsreform Kaiser Maximilians I., die einen Zentralbehördenapparat für die Verwaltungs- und Rechtsprechungsorgane einführte, dar. Nicht zu unterschätzen war ebenso die territoriale Erweiterung der habsburgischen Gebiete auf Böhmen, Ungarn und Kroatien. Diese sowohl aus rechtlicher als auch aus kultureller Sicht neuen Territorien verlangten von den österreichischen Herrschern, das herrschende Rechtssystem an die neuen politischen und rechtlichen Herausforderungen anzupassen. Vgl. *Baltl*, Einflüsse 71; *Rintelen*, FS Steinwenter 78–80.

952 *Baltl*, Einflüsse 71.

als Berufungsinstanzen aller Gerichtsstellen tätig waren, entwickelten ein neues schriftliches Verfahrensrecht, das in großem Ausmaß das römisch-gemeine Recht berücksichtigte[953]. Das Auftauchen des gemeinen Rechts in der österreichischen Gerichtspraxis führte zu den aus deutschen Entwicklungen bekannten Problemen – nämlich zur Rechtsunsicherheit, die aufgrund des Vorhandenseins zweier unterschiedlicher Rechtssysteme entstand. In dieser Hinsicht drängten sowohl die österreichischen Landesherren als auch die Landstände auf die Aufzeichnung der geltenden Rechtssätze. Sie verfolgten dabei zwei unterschiedliche Ziele: Die Landesherren wollten dem römischen Recht einen stärkeren Geltungsgrund geben und die Landstände zielten auf eine umfassende Aufzeichnung des einheimischen Rechts ab, um es von der Vergessenheit zu bewahren. Aufgrund dieser rechtspolitischen Divergenzen entstanden in den österreichischen Alpenländern Entwürfe von Landesordnungen und Landestafeln, die in unterschiedlichem Ausmaß vom römischen Recht geprägt waren[954].

Da das österreichische Landrecht deutschrechtlicher Natur war, konnte es aus eigener dogmatischer Kraft kein Indignitätsrecht herausbilden. Auch in diesem Fall war die österreichische Rechtspraxis an die geistigen Anstöße des römischen Rechts angewiesen. Den Eingang in das österreichische Rechtswesen konnte das römisch-gemeine Gedankengut am effektivsten im Rahmen des Landrechts bewerkstelligen. Ein Landrecht musste im Gegensatz zu einem Stadtrecht aus geographischer Sicht mit rechtlichen Rahmen ein viel größeres Gebiet umfassen. Ein verhältnismäßig großes Landgebiet wies eine Fülle territorialer Gewohnheiten auf und war dadurch für die Einflüsse des römisch-gemeinen Rechts stärker anfällig. Eine fortschreitende Romanisierung lässt sich am besten anhand von Landrechtsentwürfen Österreichs ob und unter der Enns verfolgen. Im gegenständlichen Kapitel wird daher auf der Suche nach dem indignitätsrechtlichen Gedanken ausschließlich auf die Rechtsquellen dieser beiden Herzogtümer eingegangen. In dieser Hinsicht wird das Ergebnis des österreichischen Rezeptionsvorgangs der römischen *indignitas* untersucht. Setzte sich wie in deutschen Stadt- und Landrechtsreformationen das Nürnberger Modell durch oder kamen die österreichischen Juristen zu einer eigenen Lösung? Der Exegese werden dabei nur die Bestimmungen der praxisrelevantesten Landesentwürfe unterzogen. Zu dieser zählten die *Landtaffel oder landsordnung des hochlöblichen Erzherzogbhumbs Österreich under der Ennß 1573* (der sog. Entwurf Püdlers[955]),

---

953 Vgl. *Wesener*, Einflüsse und Geltung des römisch-gemeinen Rechts 11–13.

954 *Wesener*, Geschichte des Erbrechts in Österreich seit der Rezeption (1957) 12–13.

955 Der Entwurf Püdlers aus dem Jahr 1574 bildete eine bedeutende Erkenntnisquelle des in Österreich unter der Enns geltenden Gewohnheitsrechts. Der Entwurf stellte keine

die *Landtafel oder Landrecht und Gebreuch des Erzherzogbhumbs Österreich ob der Ennß*[956] sowie *Bernhard Walthers* privatrechtliche Traktate[957]. Zwar erlangte keine von diesen drei Quellen eine kaiserliche Sanktion, jedoch besaßen sie in

legislative Neuschöpfung, sondern eine Rechtsaufzeichnung des bereits geltenden einheimischen Rechts dar (ähnlich wie der Sachsenspiegel). Diesen Rechtsstoff entnahm der in Padua ausgebildete Jurist diversen gemein- und deutschrechtlichen Quellen. Das Werk bestand aus insgesamt 4 Büchern. Das Erbrecht wurde im dritten Buch (Tit. 55–80) geregelt. Zwar blieb *Püdlers* Landtafel im Entwurfsstadium, jedoch wurde sie in der Gerichtspraxis als geltendes Gesetz anerkannt. *Püdlers* Landrechtsentwurf stellte jedoch nicht den einzigen Versuch der privatrechtlichen Kodifikation des Landrechts im Erzherzogtum Österreich unter der Enns dar. Den ersten Ansatz bildete der sog. *Zeiger in das Landrechtsbuch* (auch *Institutum Ferdinandi I.* genannt), der jedoch aufgrund seiner starken humanistischen Prägung keine Beachtung in der Gerichtspraxis fand. Der Entwurf Strein-Linsmayrs von 1595 stellte eine Bearbeitung *Püdlers* Werks dar. In ihm wurden jedoch keine gravierenden inhaltlichen Neuerungen vorgenommen. Die Leistung kann man lediglich aus gesetzgebungstechnischer Sicht loben, indem der Verfasser verbesserte, knappe und präzise Regelungen formulierte. Den letzten erwähnenswerten Landesordnungsentwurf stellte die sog. *Kompilation der vier Doktoren* von 1654 dar. Im Gegensatz zu ihren Vorläufern wies die Kompilation eine starke inhaltliche Romanisierung auf. Diese ist vor allem anhand ihres vierten Buches, das die justinianische gesetzliche Erbfolge fast wortwörtlich übernahm, zu sehen. Dieser Teil der Kompilation erlangte sogar im Jahr 1720 unter dem Titel *Neue Satz- und Ordnung vom Erbrecht außer Testament* eine kaiserliche Sanktion und galt bis zur Kundmachung des *Josephinischen Erbfolgepatentes* am 11.05.1786 in fast allen österreichischen Erbländern. Vgl. *Motloch*, Landesordnungen (geschichtlich) und Landhandfesten, in *Mischler/Ulbrich* (Hgg.) Österreichisches Staatswörterbuch III (1907) 336–345; *Wesener*, Geschichte des Erbrechts 13–15; *Wesener*, Zur Bedeutung der österreichischen Landesordnungsentwürfe des 16. und 17. Jh., FS Grass (1974/75) 623.

956 Das Erzherzogtum Österreich ob der Enns begann seine Kodifikationsarbeiten später als das Erzherzogtum Österreich unter der Enns. Man wollte an die inhaltlichen Erkenntnisse der niederösterreichischen Regierung anknüpfen. Das Ergebnis dieser Arbeiten bildete der Entwurf einer Landtafel, die von *Abraham Schwarz* im Jahr 1609 fertiggestellt wurde. Die Landtafel ging auch in diesem Fall nicht über ein Entwurfsstadium hinaus. Sie erlangte, ähnlich wie ihr niederösterreichisches Äquivalent, in der Gerichtspraxis eine gesetzesgleiche Anerkennung. Der Entwurf bestand aus insgesamt 6 Büchern und bearbeitete aus inhaltlicher Sicht vor allem die Erkenntnisse des Entwurf Püdlers und der Waltherschen Traktate. Vgl. *Wesener*, Geschichte des Erbrechts 15–16; *Motloch*, Landesordnungen 349–350.

957 *Bernhard Walther*, ein aus Leipzig stammender und in Italien ausgebildeter Jurist, erbrachte mit seinen privatrechtlichen Traktaten eine enorme Leistung in Bezug auf

der zeitgenössischen Gerichtspraxis eine gesetzliche Autorität. Sie gelten in dieser Hinsicht als Erkenntnisquellen des zur Rezeptionszeit geltenden österreichischen Rechts.

bb. Verwirkung des Erbrechts nach österreichischem Landrecht

Die erbrechtlichen Bestimmungen der Landrechtsentwürfe spiegelten das österreichische Austauschverhältnis zwischen den beiden Rechtskulturen wider. Sie präsentierten sich in dieser Hinsicht als buntes Mosaik römischer und germanischer Rechtsinstitute. Auf der einen Seite bestimmten die Landrechte die Intestaterbfolge i.S.d. germanischen Verwandtenerbrechts[958] des Mittelalters. Ihre dogmatische Ausrichtung ähnelte diesbezüglich dem französischen *ancien droit.* Die Blutsverwandten des Verstorbenen wurden in drei Erbklassen – der *etlich absteigender, etliche aufsteigender, etliche der Zwerch- oder Seitenlini* gegliedert –, wobei die zweite Erbklasse der Aszendenten zur Gänze von der Erbfolge ausgeschlossen war[959]. Auf der anderen Seite wurde aus materieller Sicht das römische Testamentsrecht komplett rezipiert. Entgegen der Rechtslage in anderen

---

die Feststellung des österreichischen Gewohnheitsrechts. Mit seinen Traktaten beabsichtigte der Rechtsgelehrte das in Österreich unter der Enns geltende Recht darzustellen. Dabei spielte es für ihn keine Rolle, ob ein in der Gerichtspraxis geltender Rechtssatz österreichischer oder römischer Herkunft war. *Walther* schaffte dabei ein sog. *ius romano-germanicum.* In diesem Sinne verband er diese beiden Rechtskreise zu einer Einheit, wobei er dem einheimischen Landesbrauch den Vorzug gewährte. Das gemeine Recht kam nur dann zur Anwendung, wenn sich seine Inhalte bereits in der Praxis festgesetzt hatten. Sonst diente das gemeine Recht zur Beseitigung der Lücken oder Unklarheiten. Durch diese Bevorzugung des einheimischen Rechts „rettete" *Walther* unzählige österreichische Gewohnheiten vor der Vergessenheit. *Luschin* nannte ihn diesbezüglich *Vater der österreichischen Jurisprudenz. Walthers* Traktate ähnelten in vielen Hinsichten den deutschen Rechtsspiegeln. Sie stellten eine Privatarbeit dar, leisteten keine rechtsschöpferische Arbeit und erlangten in der Gerichtspraxis eine gesetzesähnliche Stellung. Vgl. *Rintelen*, Bernhard Walthers privatrechtliche Traktate (1937) 29–51; *Brauneder*, Walther zu Walthersweil, Bernhard, in HRG V 1130–1131.

958 Die mittelalterliche Verwandtenerbfolge wurde erst mit der Proklamierung der *Neuen Satz- und Ordnung vom Erbrecht außer Testament von 1720* (dem vierten Buch der *Kompilation der vier Doktoren*) aufgehoben. Dieses Gesetz führte die justinianische Erbfolge in die österreichische Rechtspraxis ein. Diese war bis zur Erlassung des *Josephinischen Erbfolgepatents* im Jahr 1786 ein Bestandteil des geltenden Rechts.

959 Püdler III 63 §2; Vgl. Oe. Ltf. V 7 §1; Walther VII 7/2. Höchst interessant erscheint diesbezüglich *Walthers* Bemerkung in Bezug auf das gemeinsame Verhältnis zwischen den unterschiedlichen Lösungen des gemeinen und österreichischen Rechts. *Hieneben ist zu wissen, das die Personnen in aufsteigender Lini den Kaiserkichen Rechten nach*

deutschen Territorialstaaten musste ein Testament, um rechtsgültig zu bleiben, nach österreichischem Landrecht eine Erbeinsetzung beinhalten[960].

Auf der Suche nach dem indignitätsrechtlichen Gedanken stößt man in österreichischen Landrechtsentwürfen auf das rezipierte Enterbungsrecht. Diese Rechtsmaterie wurde sowohl aus materieller als auch aus formeller Sicht zur Gänze dem römischen Recht entnommen. Die Landrechtsverfasser rezipierten nicht nur den justinianischen Enterbungskatalog[961], sondern auch den Enterbungsvorgang samt der mit ihm verbundenen prozessualen Klagen[962]. Eine einzige Ausnahme stellte die Regelung einer sog. Präterition – einer grundlosen Übergehung eines pflichtteilsberechtigten Erben – dar. Nach gemeinem Recht stellte man diese Vorgehensweise einer rechtswidrigen Enterbung gleich – die testamentarische Erbfolge war in diesem Fall nichtig und der grundlos übergangene Erbe konnte seinen gesetzlichen Erbanteil *ab intestato* antreten. Nach österreichischem Landrecht unterschied man dagegen, ob die Präterition im väterlichen oder im mütterlichen Testament veranlasst wurde. Eine grundlose Übergehung eines pflichtteilsberechtigten Erben durch den Vater führte zur Nichtigkeit des gesamten Testaments – der übergangene Erbe musste den gegenständlichen letzten Willen mit einer Nichtigkeitsklage anfechten. *Wann aber ein mutter aines oder mehr ihrer Kinder praeterirt, so wirdt solche praeterition fur ein enterbung und exhaeredition gehalten […]*[963]. Ein in diesem Fall übergangener

neben des Verstorbenen Brüedern und Schwestern zu gleichen Theil zuegelassen werden. Dieweill aber die Erbschafften dem Landsprauch nach nit zu Ruekh fallen, so haben in disem Fall die geschribnen Recht, soviel die aufsteigendt Lini gelant nit statt, sonder werden die Personnen der aufsteigenden Lini genzlich ausgeschlossen. Text nach *Rintelens* Ausgabe: Walthers privatrechtliche Traktate 85. Siehe dazu *Floßmann*, Consuetudo est optima legum interpres, FS Grass (1986) 213–220.

960 Vgl. Püdler III 8 §1; Oe. Ltf. IV 13 §1–2.

961 Vgl. Püdler III 23; Oe. Ltf. IV 18; Walther XIV 11/5. Siehe dazu *Wesener*, Erbrecht 182.

962 Eine *exheredatio* musste im Rahmen einer in Testamentsform abgegebenen Enterbungserklärung erfolgen. Dabei musste der Testator in seinem Testament den maßgeblichen gesetzlichen Enterbungsgrund benennen. Ein zu Unrecht enterbter Erbe konnte das gegenständliche Testament nach römischem Vorbild mittels einer *querela inofficiosi testamenti* anfechten. Kam es im Enterbungsfall zu einer gerichtlichen Auseinandersetzung, so musste der im Testament eingesetzte Erbe die Rechtmäßigkeit einer Enterbung beweisen. Vgl. Püdler III 22 §1–2. Siehe dazu *Wesener*, Erbrecht 182–183.

963 Püdler III 21 §2. Text nach *Chorinskys* Ausgabe: http://alex.onb.ac.at/cgi-content/alex?aid=chs&datum=0006&size=45&page=157. (Stand 16.03.2017).

Erbe musste das gegenständliche Testament innerhalb von 5 Jahren mit einer *querela inofficiosi testamenti* anfechten.

Die römische *indignitas* wurde jedoch im Rahmen des österreichischen Rezeptionsprozesses nicht komplett außer Acht gelassen. An einen interessanten dogmatischen Fund stößt man im Entwurf Püdlers. Im 50. Titel des 3. Landrechtsbuches listete *Püdler* unter der Überschrift *Von denen ursachen dardurch ein geschäft verwürkt wirdt* 10 Tatbestände[964], die er als *Ereptionsgründe* bezeichnete, auf. Diese aufgelisteten Tatbestände spiegelten mit zwei Ausnahmen die römischen Indignitätsgründe wider. Sowohl die Auswahl der einzelnen Tatbestände als auch ihre inhaltliche Ausführung lassen keine Zweifel daran, dass für den Verfasser des gegenständlichen Titels die römische Indignität das dogmatische Vorbild darstellte. Sämtliche Verwirkungsgründe entsprachen in ihren inhaltlichen Ausführungen den römischen Äquivalenten des *Corpus Iuris Civilis*. Der Verwirkungstatbestand der gerichtlichen Anfechtung eines letzten Willens entweder als inoffiziös oder als gefälscht setzte wie die entsprechende römische Regelung voraus, dass ein klagender Erbe, um von dem gegenständlichen Geschäft ausgeschlossen zu sein, den von ihm eingeleiteten Gerichtsprozess endgültig verlieren musste[965]. Der Tatbestand des *parricidium* berief sich ebenfalls auf die römische Indignitätslehre und subsumierte im Sinne Marcianus' Digestenfragment 34.9.3. unter diesem Tatbestand nicht nur die Fälle einer aktiven, sondern auch einer passiven Tötungshandlung. Für die Verwirkung des erbrechtlichen Geschäfts war die Schuld des Erben am Tod des Erblassers maßgebend[966].

In Bezug auf die rechtliche Abwicklung dieses landesrechtlichen Indignitätsvorganges ist Zweifaches zu beachten. Zum einen rezipierte *Püdler* das im germanischen Rechtsverständnis als umstritten geltende Ereptionsrecht des Fiskus – *[…] diese verwürkten geschäft aber bleiben dem eingesetzten erben*

964 Für die vollständige Auflistung der gegenständlichen Verwirkungsgründe siehe Püdler III 50 §1–12. Siehe dazu http://alex.onb.ac.at/cgi-content/alex?aid=chs&datum=0006&page=256&size=45. (Stand 16.03.2017).

965 Püdler III 50 §8 *Item, wann der geschaftman des testatoes letzen willen, als ob desselb mit falsch aufgericht worden, anfecht und mit recht erligt, so mag es sich des geschäft unwürdigen […]* Text nach *Chorinskys* Ausgabe http://alex.onb.ac.at/cgi-content/alex?aid=chs&datum=0006&page=258&size=45. (Stand 16.03.2017).

966 Püdler III 50 §2 *Item, do der geschaftman an des geschaftherrn todt schuldig und denselben mit verdachtlicher oder bößer wartung gefiedert.* Text nach *Chorinskys* Ausgabe http://alex.onb.ac.at/cgi-content/alex?aid=chs&datum=0006&page=257&size=45. (Stand 16.03.2017).

nit, sonder fallen unserer lantsfürstlichen cammer vermüeg geschribenen rechten haimb[967]. Zum anderen wich er jedoch von der römischen Abwicklung eines Indignitätsverhältnisses ab. *Püdler* wählte in dieser Hinsicht eine aus rechtlicher Sicht viel einfachere Lösung und sprach einem unwürdigen Erben seine Erbfähigkeit ab[968]. Somit folgte *Püdler* in Bezug auf die Erbeinsetzung eines *indignus* der gemeinrechtlichen Lehre, die einen unwürdigen Erben im Rahmen einer Erbfolge als erbunfähig behandelte.

Eine Frage taucht jedoch in Bezug auf *Püdlers* Rezeptionsergebnis auf. Der Jurist bestimmte im gegenständlichen Titel eine erbrechtliche Verwirkungsmaßnahme i.S. eines römischen Indignitätsvorgangs nur in Bezug auf ein erbrechtliches Geschäft. Die Frage, ob ein Erbe, der einen von den aufgelisteten Tatbeständen begangen hatte, auch von einer gesetzlichen oder einer testamentarischen Erbfolge ausgeschlossen war, musste nach dem Gesetzestext des Landrechtsentwurfs verneint werden. Eine solche Maßnahme sah der Entwurf Püdlers nicht vor. Aus zeitgenössischen gerichtlichen Rechtsquellen ist es nicht ersichtlich, ob man in der Gerichtspraxis eine analoge Anwendung des gegenständlichen Titels auf andere Erbfolgearten praktizierte. Es ist möglich, dass in dieser Rechtsfrage gemeinrechtliche Vorschriften subsidiär herangezogen wurden. Eine Teilantwort lieferten in der gegenständlichen Rechtsproblematik m.E. *Walthers* Traktate. *Walther* rezipierte in seinen Traktaten nur den Indignitätstatbestand der rechtswidrigen Beeinflussung des Erblasserwillens. Der Verfasser bestimmte, dass derjenige, der den Testator an der Errichtung bzw. an der Abänderung eines Testaments entweder gewaltsam oder betrügerisch gehindert hatte, *[…] allen seinen erblichen Zuegang, / so er zu des Verstorbnen Verlassung von Sipschaft oder Testament wegen gehabt, dadurch gänzlich verwircht haben soll, und das solliche sein erbliche Gerechtigkeit der Fiscus als verwirscht einziehen möge*[969]. Die von *Walther* ausgewählte Ausdrucksweise *[…] zu des Verstorbnen Verlassung von Sipschaft oder Testament wegen […]* deutet eindeutig darauf hin, dass der Jurist im Gegensatz zu *Püdler* die zivilrechtliche Reichweite dieses Tatbestandes auf die gesetzliche und testamentarische Erbfolge erstreckte.

967 Püdler III 50 §16. Siehe http://alex.onb.ac.at/cgi-content/alex?aid=chs&datum=0006&page=261&size=45.

968 Püdler III 50 §16. *Obergehörte ursachen […] erstrecken sich auf die institution und erbsatzung auch, dann wo sich der erb in einem oder dem anderm obegrifnen fall verschuldiget, so macht er sich seines erblichen gebürnns unfahig […].* Text nach *Chorinskys* Ausgabe http://alex.onb.ac.at/cgi-content/alex?aid=chs&datum=0006&page=260&size=45. (Stand 16.03.2017).

969 Walther XIV 15. Text nach *Rintelens* Ausgabe; Walthers privatrechtliche Traktate 174.

IV. Zwischenresümee

Im Rahmen des ersten Aufeinandertreffens der germanischen und römischen Rechtswelten wird dem Leser ersichtlich, dass das Rechtsinstitut der römischen *indignitas* dem germanischen Rechtsverständnis fremd war. Zum ersten Kontakt zwischen diesen beiden Rechtskulturen kam es im Zuge der Gründungen der frühmittelalterlichen germanischen Königreiche. Aufgrund des Aufeinandertreffens mit der römisch-rechtlichen Schriftkultur entdeckten die germanischen Könige das Bedürfnis nach der schriftlichen Einordnung der herrschenden Rechtsregeln. Im Rahmen dieses Prozesses entstanden die sog. *leges barbarorum*, die durch die Erstellung eines Bußgeldkatalogs die Verhaltensregeln des täglichen Lebens normierten. Die Leges enthielten aus dogmatischer Sicht Regelungen unterschiedlicher Herkunft und verbanden straf- und privatrechtliche Elemente miteinander. Die römische *indignitas* in ihrer vulgaren Form schlug sich nur in der *Lex Romana Visigothroum* und im *Edictum Theoderici* nieder. Die Berücksichtigung des römischen Indignitätsrechts in den gegenständlichen Gesetzen lässt sich damit argumentieren, dass sie für die römische Bevölkerung sowohl des westgotischen als auch des ostgotischen Königreiches vorgesehen waren. In ihren Inhalt floss somit das römische Vulgarrecht hinein. Das westgotische Romanenrecht und Theoderichs Gesetz enthielten die Indignitätstatbestände der Beeinträchtigung der letztwilligen Willensbildung des Testators und der Nichtverfolgung des Mörders des Erblassers i.S.d. Senatsbeschlusses *Silanianum*. Die rechtliche Konstruktion einer Indignität war dagegen den germanischen Leges unbekannt. Zum einen bildete das gesetzliche Erbrecht (bzw. aus rechtstechnischer Sicht das Nachrücken der ältesten Söhne des Verstorbenen in den Besitz des familiären Erbgutes) ein unentziehbares Recht der Verwandten des Verstorbenen. Zum anderen stellte die römische *indignitas* aus materieller Sicht eine sehr komplexe und komplizierte Rechtsmaterie, die für das germanische Rechtsverständnis unbegreiflich war, dar. Nichtsdestotrotz fand ein Teil des indignitätsrechtlichen Grundgedankens, dass niemand aus einem anderen gegenüber verübten Fehlverhalten Gewinn ziehen können soll, Berücksichtigung in den germanischen Gesetzen. Die langobardische, ripuarische, friesische und alemannische Lex sowie der Kapitular *Pro lege habendum Wormatiense* aus dem Jahr 829 gestatteten dem Verwandtenmörder nicht, das Vermögen des von ihm ermordeten Verwandten mittels der Erbfolge zu erwerben. Das altdeutsche Rechtssprichwort *Blutige Hand nimmt kein Erbe* erlangte im Zeitalter der frühmittelalterlichen Leges sein inhaltliches Fundament.

Zu einer vollständigen Betrachtung der römischen *indignitas* als einem Rechtsgebilde des römischen Rechts kam es auf fränkischem und deutschem

Rechtsboden erst im Spätmittelalter. Das im Rahmen der italienischen Rechtswissenschaft entstandene gelehrte Recht kam im französischen Königreich früher zur Anwendung als im deutschen Reich. Zum einen waren die Kenntnisse des römischen Vulgarrechts in Südfrankreich aufgrund der Existenz der germanischen Romanenrechte (der *Lex Romana Visigothorum* und der *Lex Romana Burgundionum*) bereits vorhanden. Zum anderen entstand auf französischem Rechtsboden der französische Flügel der Glossatoren- und der Kommentatorenschule, der das Studium des justinianischen Rechts in den neu gegründeten Universitäten in Orléans und Montpellier ermöglichte. Aufgrund dieser Entwicklung waren einzelne Elemente der römischen *indignitas* in den mittelalterlichen privaten Rechtsbüchern Frankreichs bereits vorhanden. *De Fontaines* und *Boutillier* bestimmten den Indignitätstatbestand der Unterlassung der Rachepflicht für den ermordeten Erblasser und der Anfechtung eines Testaments als inoffiziös zu den geltenden Normen des französischen Gewohnheitsrechts. In beiden Fällen sahen die französischen Juristen den Ereptionsanspruch des zuständigen Fiskus vor. *Boutilliers* und *de Fontaines*' Nachahmahnungen der römischen Indignitätsfälle wurden quasi von ihrer ursprünglichen dogmatischen Hauptmaterie losgelöst. Die überlieferten Tatbestände stellten meistens eine Art von Ausschlussbestimmungen von der Erbfolge, die einem sittenwidrig handelnden Erben eine Teilhabe am Nachlass verweigerten, dar.

Einen Meilenstein auf dem Weg zur Entwicklung eines auf fränkisch-römischer Basis aufgebauten gemeinen französischen Rechts stellte die *rédaction des coutumes*, die durch die Ordonnanz von Motilz-les-Tours von 1454 angeordnet wurde, dar. Der auf diese Weise zusammengestellte gewohnheitsrechtliche Rechtsstoff wurde kontinuierlich durch die Rechtsprechung der französischen Höchstgerichte (*parlements*) und durch die neue unter dem Einfluss des Humanismus entstandene vernunftrechtliche Auslegungsart römischer Rechtstexte fortgebildet. Diesen Entwicklungsweg schlug neben den anderen privatrechtlichen Rechtsinstituten römischer Herkunft ebenso die römische *indignitas* ein. Die Indignität des *droit commun français* stellte nach ihrem römisch-rechtlichen Vorbild ein Rechtsgebilde, das einen unwürdig handelnden Erben von der Erbfolge ausschloss, dar. Das Entreißen der Erbschaft stellte in diesem Fall eine strafrechtliche Maßnahme privatrechtlicher Natur dar. Das gemeine französische Recht lehnte bei der rechtlichen Abwicklung eines Indignitätsverhältnisses das höchst umstrittene Ereptionsrecht des königlichen Fiskus ab und sprach die einem Erbunwürdigen entzogene Erbschaft den nächstberufenen Erben zu. Der Erbunwürdige wurde in diesem Fall wie ein Erbunfähiger behandelt. Durch diese Vorgehensweise wurden zum Teil die in der Rechtspraxis herausgearbeiteten Unterschiede zwischen der Indignität und der Erbunfähigkeit verwischt.

Die Indignitätsgründe waren nach dem Rechtssystem des *Ancien Régime* unbestimmt. Im Rahmen eines gerichtlichen Prozesses hing die Entscheidung, ob ein Erbe eine Indignitätshandlung begangen hatte, von der Ermessungsmacht des Richters ab. In vielen Fällen wurden die römischen Indignitätstatbestände durch das altfranzösische Recht rezipiert, sobald diese den Regeln der Billigkeit und der guten Sitten entsprachen. Die durch das *droit commun français* gebildeten Konturen der Indignität bildeten das dogmatische Fundament des im Jahr 1804 entwickelten Indignitätsrechts des *Code civil*.

Die Entwicklung des Indignitätsrechts sah auf deutschem Rechtsboden anders aus als im fränkischen Königreich. Der Indignitätsgedanke tauchte in der deutschen Rechtslandschaft noch vor der Rezeption auf. Das altdeutsche Rechtssprichwort *Blutige Hand nimmt kein Erbe* findet seine inhaltliche Genese in den privatrechtlichen Rechtsbüchern des mittelalterlichen Deutschlands. Der auf rein germanische Weise ausgedrückte Indignitätsgedanke wurde zum ersten Mal im Sachsenspiegel verschriftlich: *Dodet ok en man sinen vader oder sinen bruder oder sinen mach oder iemanne, des egenes oder lenes he wardende is, al sine wardunge hevet he verloren*[970]. Ein Verwandtenmörder verlor seine erbrechtliche Anwartschaft auf das Eigen oder das Lehen eines von ihm ermordeten Verwandten. Eine dogmatische Weiterentwicklung dieses Rechtssatzes stellten die Erkenntnisse des friesischen Rechtskreises dar. Das Emsiger Pfenningsschuldbuch und die Emsiger Bußtaxen bestimmten, dass ein Totschläger samt seinen Nachkommen die Erbgüter des von ihm ermordeten Verwandten nicht erwerben konnte. Im Gegensatz zum sächsischen Recht bestimmten die friesischen Rechtsbücher das zivilrechtliche Schicksal des verwirkten Nachlasses. Dieser fiel unter dem Ausschluss des Verwandtenmörders und seiner Nachkommen an die nächstberechtigten Erben des Ermordeten.

Diese auf germanische Weise entstandene Indignitätsbasis bildete weiterhin einen Bestandteil des deutschen Gewohnheitsrechts. Im Rahmen der Rezeption *in complexu* erblickte der römische Indignitätsgedanke das Tageslicht der deutschen Rechtspraxis. In den schriftlichen partikulären Rechtsquellen des deutschen Reiches nahm die römische *indignitas* jedoch eine aus dogmatischer Sicht unvollständige Form an. Sie wurde grundsätzlich mit den auf der justinianischen Novelle 115 basierenden Enterbungsvorschriften mitbestimmt. Ein selbstständiges Rechtsgebilde stellte sie nach den partikulären Rechten nicht dar. Eine einzige Ausnahme stellte der Indignitätstatbestand der Verhinderung des Testators an der Errichtung eines Testaments dar. Diese Art der Verfehlung wurde

970 Sachsenspiegel Landrecht III 84 § 3.

in der zweiten Nürnberger Reformation, in der Frankfurter Reformation und in *Walthers* österreichischen privatrechtlichen Traktaten als ein selbstständiger Indignitätsgrund formuliert. Eine vollständige Gestalt erlangte die römische Indignität erst im Rahmen des subsidiär geltenden gemeinen Rechts. Die aus den Federn der Glossatoren und der Kommentatoren stammende Indignitätslehre gelangte auf deutschem Rechtsboden als *ius commune* zur subsidiären Anwendung und wurde im Zeitalter des *Usus modernus* an den eigenen Landesbrauch angepasst und modifiziert. Einige Inhalte des römisch-klassischen Indignitätsrechts, wie das Ereptionsrecht des Fiskus oder der Übergang der Indignitätsfolgen auf Nachkommen des *indignus*, gelangten nicht überall zu einer allgemein anerkannten Geltung. In der Epoche der *Historischen Schule* und der Pandektenwissenschaft kehrte das gemeine Indignitätsrecht zu seiner ursprünglichen klassischen Gestalt zurück. Die i.S.d. Begriffsjurisprudenz durch die Pandektisten aufgebaute Indignitätslehre bildete das dogmatische Instrument *Schmitts* erbrechtlichen Teilentwurfs und der kommissionellen Beratungen zum Inhalt des deutschen *Bürgerlichen Gesetzbuches*.

Drittes Kapitel: Rezeption der römischen *indignitas* im österreichischen, französischen und deutschen Zivilgesetzbuch

I. Vom *Codex Theresianus* zum ABGB – der gesetzgeberische Weg der römischen *indignitas* zwischen *ius commune* und Vernunftrecht

1. Geschichtliche Einführung: Maria Theresias privatrechtsvereinheitlichende Reform

Das österreichische Allgemeine Bürgerliche Gesetzbuch (ab nun in der Arbeit als ABGB bezeichnet) stellte ein inhaltliches Endprodukt einer Kodifikationsbewegung, die sich über eine Zeitspanne von fast 60 Jahren erstreckte, dar. Im Gegensatz zum französischen *Code civil* waren an der Entstehung des ABGB mehrere Generationen von Juristen beteiligt[971]. Den Anfang der österreichischen Kodifikationsgeschichte bildete die Einsetzung einer Kompilationskommission, die im Jahr 1753 durch Maria Theresias[972] Anordnung ins Leben berufen wurde[973]. Die Aufgabe dieser Kommission war die Statuierung eines *ius privatum certum et universale*[974]. Ein sicheres und gleiches Privatrecht sowie eine gleichförmige rechtliche Verfahrensart sollten das Rechtswesen in den österreichischen Erbländern vereinheitlichen[975].

---

971 *Rainer*, Zur Entstehung des ABGB, in 200 Jahre ABGB – Ausstrahlungen (2011) 26.

972 Die rechtsvereinheitlichenden Bestrebungen der Kaiserin begannen noch vor der Einberufung der Kompilationskommission. Einen bedeutenden Schritt in Richtung einer einheitlichen Rechtsordnung stellte im Jahr 1749 die Errichtung einer obersten Justizstelle, die den Vorläufer des heute bestehenden Obersten Gerichtshofes bildete, dar. Siehe dazu *Kocher*, Die Zivilgesetzgebung und die Oberste Justizstelle bis zum ABGB, FS Baltl (1978) 309ff; *ders*, Höchstgerichtsbarkeit und Privatrechtskodifikation. Die Oberste Justizstelle und das allgemeine Privatrecht in Österreich von 1749–1811 (1978) 78ff.

973 Vgl. *Harrasowsky*, Geschichte der Codification des österreichischen Civilrechts (1868) 38; *Wieacker*, Privatrechtsgeschichte 335; *Wesenberg/Wesener*, Privatrechtsgeschichte 149.

974 Vgl. *Harrasowsky*, Codex Theresianus und seine Umarbeitungen I (1883) 25.

975 *Zeiller*, Commentar über das allg. bürgerl. Gesetzbuch für die gesammten Deutschen Erbländer der Oesterreichischen Monarchie I (1881) 7. Vgl. *Harrasowsky*, Codification 49–50.

Die Kodifikationsarbeiten begannen in einer Epoche, die man in der rechtsgeschichtlichen Fachliteratur als Epoche des Vernunftrechts bezeichnete. Diese profane Form des Naturrechts kennzeichnete sich im Gegensatz zu seinen früheren Erscheinungen durch die Ablehnung des göttlichen Charakters[976] und die Trennung von der Moraltheologie aus[977]. Die Erkenntnisquelle dieses überpositiven Rechts (als allgemeingültige und unveränderliche Grundsätze einer gerechten Ordnung des gesellschaftlichen Lebens) bildeten nicht die empirisch ermittelbaren göttlichen Offenbarungen (i.S.d. *ius divinum*), sondern die Erkenntnisse der menschlichen Vernunft. Diese Emanzipation des Vernunftrechts bezog sich nicht nur auf theologische Grundsätze, sondern auch auf das römisch-kanonische *ius commune*[978]. Die Ermittlung der naturrechtlichen Rechtsgrundsätze war von jeglichen aufgeworfenen Autoritäten befreit[979]. Man verwarf die bisher herrschende Rechtswissenschaft des ausschließlichen Kommentierens einzelner Rechtstexte und begann die Rechtssätze (als naturrechtliche Entscheidungen) aus allgemeinen Regeln in streng logisch-mathematischer

976 Die klassische Periode des Naturrechts, die von der antiken Stoa bis zur mittelalterlichen Scholastik andauerte, ging von einem empirisch ermittelbaren, göttlich-natürlichen Gesetz, das von der Stoa als *logos* und von der Scholastik als *lex aeterna* bezeichnet wurde, aus. Der Geltungsanspruch des profanen Vernunftrechts war dagegen unabhängig von dem außerweltlichen und göttlichen Schöpferwillen. Die menschliche Vernunft bildete die einzige Erkenntnisquelle des geltenden Rechts. *Wieacker* nannte diesen Prozess „Säkularisation" des Naturrechts. Somit hätte das Vernunftrecht auch dann gegolten, wenn die Kirche überhaupt nicht existiert hätte. Das Einzige was die beiden Naturrechtsepochen verband, war der universale und überzeitliche Geltungsanspruch des Naturrechts sowie der formale Rationalismus der Beweisführung seiner Grundsätze. *Wieacker*, Privatrechtsgeschichte, 249; Luig in HRG V 781; *Eisfeld*, Naturrecht in HRGdigital http://www.HRGdigital.de/HRG.naturreccht (Stand 21.04.2017).

977 *Wieacker*, Privatrechtsgeschichte 266.

978 *Luig* in HRG V 782.

979 In diesem Zusammenhang kann man sehr wohl *Wesenbergs/Weseners* Meinung zustimmen, nach welcher die französischen Legisten des Mittelalters als Vorläufer der naturrechtlichen Betrachtungsweise des römischen Rechts galten. Das justinianische Recht galt im französischen Königreich *imperio rationis* und nicht wie im deutschen Reich *ratione imperiis*, d.h. der Geltungsanspruch der römischen Rechtssätze basierte auf ihren inhaltlichen Vorzügen und nicht auf der autoritären Stellung des römischen Rechts als kaiserlicher Rechtsordnung. Der Gedanke, dass man aus der Vernunft ein vollständiges Rechtssystem ableiten konnte, tauchte aber erst in der Neuzeit auf. *Wesenberg/Wesener*, Privatrechtsgeschichte 129. Vgl. *Koschaker*, Europa und das römische Recht 222.

Deduktion (*mos gemoetricus*) zu gewinnen[980]. In dieser logisch-systematischen Gestalt gewann das Vernunftrecht über zwei Jahrhunderte (1600–1800) die hegemoniale Stellung im Rechtsdenken Europas.

Diese Epoche des Vernunftrechts prägte die europäische Kodifikationswelle des 18. und 19. Jh.. Das profane Naturrecht stellte nicht nur die zur damaligen Zeit herrschende Rechtsdoktrin Europas dar, sondern entsprach auch der politischen Ideologie des aufgeklärten Absolutismus. Das neue einheitliche Recht des österreichischen Kaiserstaates sollte unter der Heranziehung der naturrechtlichen Grundsätze und der Regeln der natürlichen Billigkeit[981] entstehen. In dieser Hinsicht wird ein romanistisch interessierter Jurist nach der Zukunft der römischen *indignitas* als dogmatischem Gebilde des römischen Rechts in der österreichischen Kodifikation fragen. Natürlich konnte das Vernunftrecht in keiner Weise allein den Stoff für die ganze österreichische Gesetzgebung liefern[982]. Neben dem naturrechtlichen Gedankengut[983] stammte der nötige Rechtsstoff der jeweiligen Entwürfe und der endgültigen Kodifikation aus dem römisch-gemeinen Recht des *Usus modernus pandectarum*[984], dem *landsbrauch*[985] der Alpenländer und dem böhmisch-mährischen Provinzialrecht[986]. *Koschaker* verneinte in seiner Abhandlung die Hypothese, nach welcher das Naturrecht der gegebene Gegner des römischen Rechts war[987]. Zum einen wiesen viele römische

980 *Koschaker*, Europa und das römische Recht 250.

981 Siehe dazu *Wesener*, Aequitas naturalis, „natürliche Billigkeit", in der privatrechtlichen Dogmen- und Kodifikationsgeschichte, FS Mayer-Maly (1996) 81ff.

982 *Wesenberg/Wesener*, Privatrechtsgeschichte 150.

983 Siehe dazu *Wellspacher*, Das Naturrecht und das ABGB, FS Jahrhundertfeier ABGB I 176–207; *Wesener*, Zur Verflechtung von Usus modernus pandectarum und Naturrechtslehre, FS Bydlinski (2002) 474–494.

984 Vgl. *Steinwenter*, Der Einfluss des römischen Rechts auf die Kodifikation des bürgerlichen Rechts in Österreich, in L'Europa e il diritto romano I (1951) 405–426; *Koschembahr-Lyskowski*, Zur Stellung des römischen Rechtes im allgemeinen bürgerlichen Gesetzbuche für das Kaisertum Österreich, FS Jahrhundertfeier ABGB I (1911) 211–294; *Völkl*, Die österreichische Kodifikation und das römische Recht, in Naturrecht und Privatrechtskodifikation (1999) 277–301.

985 Vgl. *Weiss*, Hundertvierzig Jahre Allgemeines Bürgerliches Gesetzbuch, JBl 1951, 249.

986 *Wesener*, Zur Bedeutung des Usus modernus pandectarum für das österreichische ABGB, in Gedächtnisschrift für Theo Mayer-Maly (2011) 571–572.

987 Nicht zu übersehen ist ebenfalls der Umstand, dass die führenden Naturrechtler im römischen Recht ausgebildet waren. *Grotius*, *Pufendorf*, *Wolff*, *Darjes*, *Heineccius* und *Thomasius* waren nicht nur gründliche Kenner der römischen Rechtskultur, sondern auch Sympathisanten jener. Nach *Steinwenters* Ansicht betraf diese Feststellung nicht die führenden österreichischen Naturrechtsgelehrten (*Martini* und *Zeiller*), die im

Rechtstexte naturrechtliche Inhalte auf. Zum anderen bildete das Vernunftrecht den Maßstab zur Wertung und zur Kritik des römischen Rechts. Es lehnte die Erkenntnisse der römischen Juristen nicht ab, sondern passte sie nur an das naturrechtliche Rechtsverständnis an. Römische Rechtssätze gelangten im Zeitalter des Vernunftrechts nur dann zur Geltung, sobald sie mit dem Naturrecht übereinstimmten. Das Vernunftrecht stellte in diesem Zusammenhang eine inhaltliche Schranke dar. Die Rechtssätze des einheimischen und des römischgemeinen Rechts erlangten nur dann den Zugang zur österreichischen Kodifikation, sobald sie den Erfordernissen der natürlichen Billigkeit entsprachen[988].

Im gegenständlichen Unterkapitel wird der Kodifikationsweg der österreichischen Erbunwürdigkeitslehre dargestellt und erläutert. In dieser Hinsicht werden die Indignitätsbestimmungen sowohl des ABGB in seiner Urfassung (§§ 540 – 542 aF_{1811}) als auch seiner einzelnen Vorläufer (des *Codex Theresianus*, des *Josephinischen Erbfolgepatents* und des *Westgalizischen Gesetzbuches*) einer rechtsgeschichtlichen Exegese unterzogen. Inwiefern konnten sich die römischen Elemente in den österreichischen Erbunwürdigkeitsbestimmungen durchsetzen? Entstammen diese Elemente der klassischen Gestalt der römischen *indignitas* oder enthielten sie zeitgenössische Anpassungen des *Usus modernus*? Welche Rolle spielte in dieser Hinsicht das naturrechtliche Gedankengut? Abschließend wird im gegenständlichen Unterkapitel ebenso auf die erbrechtlichen Novellierungen des 20. und 21. Jh., die das österreichische Erbunwürdigkeitsrecht betrafen, eingegangen.

2. Indignitätsrecht nach dem *Codex Theresianus*

Auf dem Weg zu einer gesamtösterreichischen Privatrechtskodifikation stellte der *Codex Theresianus* den ersten Entwurf[989] dar. Dieses aus 6 Foliobänden bestehende Werk bildete eine voluminöse und weitläufige Kompilation, in

---

römischen Recht wenige wissenschaftliche Arbeiten veröffentlichten. Vgl. *Koschaker*, Europa und das römische Recht 251; *Steinwenter* in L'Europa e il diritto romano I 407–413.

988 *Koschaker*, Europa und das römische Recht 251–253.

989 *Swoboda* und *Charmatz* bezeichneten den *Codex Theresianus* als *eigentlichen Urentwurf* des ABGB. Dieser Meinung kann man aus rechtsgeschichtlicher Perspektive sehr wohl zustimmen. Der *Codex* stellte die erste inhaltliche Basis der weiteren Kodifikationsarbeiten dar. Zwar wich der Entwurf Martinis gravierend vom *Codex Theresianus* ab, jedoch bildete *Martinis* Kodifikationsentwurf eine Bearbeitung *Hortens* Entwurfs, der wiederum eine inhaltliche Neugestaltung des theresianischen Kodexes darstellte. Vgl. *Swoboda*, Das Allgemeine Bürgerliche Gesetzbuch im Lichte der Lehren Kants (1926) 20; *Charmatz*, Zur Geschichte und Konstruktion der Vertragstypen im Schuldrecht (1937) 25.

welcher aus geltenden Ländergesetzen und Gewohnheiten ein einheitliches Gesetzbuch kompiliert wurde[990]. Die Arbeiten zum *Codex Theresianus* nahmen viel mehr Zeit in Anspruch, als man am Anfang angenommen hatte. Die Kompilationskommission hatte bis zu ihrer Auflösung zwei federführende Referenten[991] und der *Codex* selbst wurde einige Male revidiert und umformuliert. Als im Jahr 1766 der Entwurf des *Codex Theresianus* samt seinem Kundmachungspatent fertiggestellt wurde, erfuhr er keine kaiserliche Sanktion. Der Staatsrat schickte den theresianischen Entwurf zu einer erneuten Bearbeitung[992]. Der Vorsitzende des Staatsrates, Staatskanzler Kaunitz, tadelte vor allem den zu starken Einfluss des römisch-gemeinen Rechts[993]. Dem Werk wurde vorgeworfen, dass es einen lehrhaften und kasuistischen Charakter hatte und dass es aufgrund seiner Länge für ein Gesetzbuch ungeeignet war. Außerdem erwies sich der Niederschlag des naturrechtlichen Gedankengutes als gering und oberflächlich[994]. Dem

---

990 *Wesener*, Die Rolle des Usus modernus pandectarum im Entwurf des Codex Theresianus, FS Kroeschell (1997) 1373.

991 Den ersten Hauptreferenten der Kompilationskommission stellte *Joseph Ritter von Azzoni*, Professor der Institutionen und der Gerichtspraxis an der Prager Universität, dar. *Azzoni* verfasste den Generalplan des Kodexes und stellte dessen ersten Teil samt dessen Überarbeitungen fertig. Nach seinem Tod im Jahr 1760 übernahm *Azzonis* Schüler, *Johann Bernhard Ritter von Zencke*, die Tätigkeit des Hauptreferenten und leitete die Arbeiten bis zur Fertigstellung des *Codex Theresianus* fort. Vgl. *Dölemeyer*, Joseph Ritter von Azzoni, in *Brauneder*, Juristen in Österreich (1987) 72–76.

992 Vgl. *Harrasowsky*, Codification 124; *Wesener*, FS Kroeschell 1376–1377; *Rainer*, FS 200 Jahre ABGB 27.

993 *Er findet, daß der Codex, wie es in der Tat der Fall, „überhaupt nach dem fehlerhaften und unzusammenhängenden Plan der Institutionum Justinianarum angelegt ist, daß fast alle Definitionen und Diversionen nach dem alten römischen Geschmack eingerichtet sind und daß weder die Ordnung noch die Schreibart dem Genio unseres Saeculi angemessen befunden werden dürfte" […] Man habe die Definitionen und Einleitungen fast vollständig dem Corpus Iuris civilis entnommen, habe zwar die Rechtssätze, die sich auf die römische Staatsverfassung und auf römische Sitten und Gebräuche beziehen, weggelassen, aber die Folgerungen, welche das römische Recht daraus zieht, zum großen Teil beibehalten.* Zitat nach *Voltelini*, Der Codex Theresianus im österreichischen Staatsrat, FS Jahrhundertfeier ABGB I 42. Vgl. *Korkisch*, Die Entstehung des österreichischen Allgemeinen Bürgerlichen Gesetzbuches, in RabelZ 1953, 272–275; *Harrasowsky*, Codification 124–125.

994 Der *Codex Theresianus* stellte eine kompilatorische Arbeit dar. Die Mitglieder der Kompilationskommission sammelten den herrschenden Rechtsstoff, der aus geltenden Ländergesetzen und Gewohnheiten bestand, und formulierten ihn zu einem kompilatorischen Gesetzbuch. Dabei wurde jedoch kein neues Recht erschaffen. Das

Codex wurde letztendlich die Rolle einer Materialiensammlung[995] für zukünftige Kodifikationsvorhaben zugewiesen.

Swoboda räumte dem *Codex Theresianus* einen großen Wert in dem Entstehungsprozess des österreichischen Privatrechts und seiner Rechtsinstitute ein[996]. Es erscheint aus inhaltlicher Sicht daher sehr sinnvoll, die rechtliche Konstruktion des erbrechtlichen Instituts der Indignität im theresianischen Gesetzbuch zu untersuchen. Die erbrechtlichen Bestimmungen des *Codexes* wurden im zweiten Teil (*caput X–XXIII*) geregelt. I.S.d naturrechtlichen Lehre[997] wurde die Erbfolge als Erwerbungsart des Eigentums dem Recht der Sachen[998] zugeteilt[999]. Der

---

Naturrecht stellte in diesem Verfahren eine inhaltliche Schranke dar: *[…] in Ausarbeitung des Codicis Theresiani die vorhandene heilsamste Ländergesetze gegen einander gehalten, das natürliche und billigste auserwählet, der Abgang nach der gesunden Vernunft, dann allgemeinen Natur = und Völkerrecht erganzet, nach Bedürfnis neue Satzungen vorgeschlagen und so gestaltet die Länderrechte in Gleichförmigkeit gebracht werden sollten; […].* Auszug aus den Grundsätzen zur Verfassung des allgemeinen Rechts für gesammte kaiserl. königl. deutsche Erblande (Zitat nach *Harrasowsky*, Codex Theresianus I 16–17. Vgl. *Wellspacher*, Das Naturrecht und das ABGB, FS Jahrhundertfeier ABGB I 178.

995 Eine interessante Bemerkung macht in diesem Zusammenhang *Rainer*, der die Bezeichnung des *Codex Theresianus* als Materialsammlung für ein zukünftiges Gesetzbuch mit dem gegenwärtigen aus der europäischen Privatrechtsvergleichung stammenden Begriff der *toolbox* vergleicht. Ein dem *Codex Theresianus* ähnliches Schicksal musste das Projekt der *Study Group on a European Civil Code* erleben. Dem inhaltlichen Endprodukt dieser bis in das Jahr 1989 (Gründungsjahr der *Lando-Kommission*) reichenden vergleichenden Initiative, dem *Draft Common Frame of Reference* (dem *Gemeinsamen Referenzrahmen für das Vertragsrecht*), wurde mit der Entscheidung des Ausschlusses für Zivilrecht des Rates der Europäischen Union die Geltung in der europäischen Vertragspraxis verwehrt. Die *Gemeinsamen Referenzrahmen* galten ab diesem Zeitpunkt als *toolbox* (Materialsammlung) für weitere rechtsvergleichende Vorhaben der Europäischen Union. Vgl. *Rainer* in ABGB 200 Jahre 27; Siehe dazu *Frizberg*, ÖJZ 2009,801; *Schulte-Nökle*, NJW 2009, 2161f; Siehe dazu die Mitteilung der europäischen Kommission KOM (2003) 68 endg..

996 *Swoboda*, Das Allgemeine Bürgerliche Gesetzbuch im Lichte der Lehren Kants 20.

997 Bereits *Grotius* stufte in seinem berühmten naturrechtlichen Werk *De iure belli ac pacis* das Erbrecht als Art derivativen Eigentumserwerb (II 7) ein. Diesem Schema folgten die Naturrechtskodifikationen des 18. und 19. Jh.. Vgl. *Wieacker*, Privatrechtsgeschichte 293.

998 Der Rechtsstoff wurde im *Codex Theresianus* in vier Teile gegliedert: Recht der Personen, Recht der Sachen, Recht der Verbindungen und *Ordnungen gerichtlichen Verfahrs*. Diese systematische Einteilung bildete ein Novum auf österreichischem Rechtsboden. Sie wurde in modifizierter Form durch die Verfasser des ABGB übernommen. Vgl. *Harrasowsky*, Codification 51–59.

999 Vgl. *Harrasowsky*, Codification 53.

Codex sah zwei Hauptarten der Erbfolge vor: die rechtliche[1000] und die letztwillige[1001]. Das Rechtsinstitut der Indignität wurde im Erbrechtssystem des *Codex Theresianus* ausführlich in den Bestimmungen über die letztwillige Erbfolge[1002] geregelt. Aufgrund dieser Feststellung hätte man Argumentum e Contrario annehmen können, dass die erbrechtliche Unwürdigkeit sich nach der Rechtslage des *Codex Theresianus* nur auf die testamentarische Erbfolge erstreckte. Dieses verführerische Bild wird durch den Blick auf das XX. Kapitel *Von der rechtlichen Erbfolge* relativiert. Der 10. Paragraph bestimmte die Ausschließungsgründe der Deszendenten von der Intestaterbfolge[1003]. Neben der Unehelichkeit und der Unfähigkeit wurde ebenfalls die erbrechtliche Unwürdigkeit als Ausschließungsgrund genannt. Bei der Auswahl der Gründe wiederholte der Gesetzestext die im XIX. Kapitel ausführlich aufgelisteten Indignitätsgründe[1004]. Somit wurde das Indignitätsrecht für beide Erbfolgearten gesondert geregelt.

1000 Während der Regierungszeit Maria Theresias galt in den österreichischen Erbländern (außer der Grafschaft Tirol und den böhmischen Landgebieten) das Intestaterbrecht der *Neuen Satz- und Ordnung vom Erbrecht außer Testament* von 1720. Dieses kaiserlich sanktionierte Gesetz wickelte die Fälle einer gesetzlichen Erbfolge nach justinianischem Recht ab. Im bereits erwähnten Tirol und in Böhmen konnte sich dagegen das alte germanische Parentelsystem durchsetzen. Für den *Codex Theresianus* bildete die Intestaterbfolge der *Vernewerten Landesordnung* von 1627 das maßgebliche Vorbild. Der *Codex* teilte nach der böhmischen Landesordnung die Erben in fünf Klassen (Deszendenten, Aszendenten, Seitenverwandte, Eheleute und die landesfürstliche Kammer), die nacheinander zur Erbfolge einberufen werden konnten (CodThe. II c. XX.). Vgl. *Wesener* in Mélanges Sturm I (1999) 947–948.

1001 Als Art der letztwilligen Erbfolge sah der *Codex Theresianus* die Erbeinsetzung, die Aftererbeinsetzung und das Vermächtnis (CodThe II c. X n. 18–19). Die Erbeinsetzung galt i.S.d. römischen Testamentsrechts als unabdingbarer Teil jedes Testaments. Für Testamentsformen siehe CodThe. II c. XI n. 2. Vgl. *Wesener*, Mélanges Sturm I 950–951.

1002 CodThe. II c. XIX §1 n. 1: *Unter die äußerliche Gebrechen, wodurch ein letzter Willen unwirksam wird, gehöret die Unfähigkeit oder Unwürdigkeit, dessen, welcher darinnen bedacht worden, zu dem ihme Zugedachten zu gelangen.* Text nach *Harrasowskys* Ausgabe: Codex Theresianus und seine Umarbeitungen 368. Das gegenständliche Kapitel wurde als letzter Abschnitt der Abhandlung *Von der Erbfolge aus letzten Willen* festgesetzt.

1003 Die Ausschließungsgründe betrafen nicht nur die Deszendenten (im CodThe. *Absteigender* genannt), sondern auch die übrigen Erbenklassen: die Aszendenten (Aufsteigenden), die Ehepartner und die erbberechtigten Seitenverwandten. Vgl. CodThe. II c. XX §§ 15,21,23.

1004 CodThe. II c. XX §10 n. 89–91.

Warum sich die Kommissionsmitglieder für diese Lösung entschieden, bleibt ungewiss. *Azzoni* wollte ursprünglich die Indignitätsbestimmungen im Rahmen von Erbeinsetzungsfähigkeitsregelungen, die für beide Erbfolgearten vorgesehen waren (*Von der Erbeinsetzung: Wer zu Erb eingesetzt werden könne oder nicht*), gestalten. Diese Regelung sollte i.S.d. Pandektenwissenschaft einen quasi allgemeinen Teil des Erbrechts des theresianischen Gesetzbuches bilden[1005]. Dieser Vorschlag wurde jedoch von den Kommissionsmitgliedern abgelehnt. Als mögliches Vorbild dieser Vorgehensweise hätte *Grotius*' Werk *Inledinge tot de Hollandsche Rechts-Geleerdheid* dienen können. In seinem Werk, in dem *Grotius* das in Holland geltende römisch-holländische Recht aus naturrechtlicher Sicht zusammenfasste, behandelte der Rechtsgelehrte die erbrechtlichen Unwürdigkeitsfolgen für beide Erbfolgearten getrennt.

Im XIX. Kapitel *Von denen, die sich einer Erbschaft oder Vermächtnisses verlustig und unwürdig machen* wurden in lehrbuchhafter Manier die im römischen Recht wurzelnden Indignitätsbestimmungen formuliert. Der *Codex* machte dabei einen deutlichen Schlussstrich unter die kontroversen Inhalte der römischen Indignitätslehre, die in der gemeinrechtlichen Literatur oft in Frage gestellt und als sittenwidrig bezeichnet wurden. Die Kommissionsmitglieder lehnten in dieser Hinsicht die Beibehaltung der Erbenstellung eines unwürdigen Erben und mit einer einzigen Ausnahme das Ereptionsrecht des staatlichen Fiskus ab. Die Rechtsfolgen einer erbrechtlichen Unwürdigkeit wurden den Wirkungen einer erbrechtlichen Unfähigkeit gleichgestellt. Je nach Inhalt der letztwilligen Verfügung sollte die einem unwürdigen Erben entzogene Erbschaft entweder an die testamentarisch nachberufenen Erben oder an die nächstberufenen Intestaterben fallen[1006]. Somit folgten die Kommissionsmitglieder in der rechtlichen Ausgestaltung eines Indignitätsvorgangs der überwiegenden Mehrheit der gemeinrechtlichen Gelehrten (wie *Baldus de Ubaldi, Voet, Matthaeus* oder *Cazrpov*) und behandelten einen *indigni* wie einen *incapaces*. Nur in einem einzigen Fall wurde die Ereptionsbefugnis der kaiserlichen Kammern zugelassen. Lag die Ursache der erbrechtlichen Unwürdigkeit in einem nach dem Tod des Erblassers begangenen Verbrechen – d.h. nach dem Anfall und nach dem

1005 *Harrasowsky*, Codex Theresianus 368 Anm. 1.

1006 CodThe. II c. XIX §1 n.2: *Er möge aber unfähig oder unwürdig sein, so ist dich in der Wirkung der Unfähigkeit oder Unwürdigkeit insgemein kein Unterschied, sondern beide ziehen den Verlust dessen, was einem solchen aus der letztwilligen Anordnung hätte zukommen sollen, nach sich, welches nach Verschiedenheit der Fällen entweder denen Nachberufenen oder Eingesetzten, oder denen nächsten Erben zugehet. Harrasowsky*, Codex Theresianus 368.

Erwerb der Erbschaft –, so sollte das Zugedachte als Strafe durch die kaiserliche Kammer eingezogen werden[1007].

Der *Codex Theresianus* unterschied drei Ursachen der erbrechtlichen Unwürdigkeit: grober Undank gegenüber dem Erblasser, Vereitelung des letztwilligen Willens des Erblassers sowie ein strafrechtlich relevantes Verbrechen[1008]. Unter der ersten Ursache (man kann sie auch als *ratione testatoris* bezeichnen) wurden seitens der Kommissionsmitglieder Handlungen subsumiert, die gegen Leib und Leben, gegen Ehre und gegen Güter des Erblassers gerichtet waren. Die detaillierte Auswahl der einzelnen Tatbestände entstammte mit Ausnahme der Angriffe auf Güter vollständig dem römischen Recht. Als erbunwürdig galt derjenige, der seinen Erblasser vorsätzlich oder grob fahrlässig getötet hatte, der den Tod des Erblassers durch eine Anstiftungshandlung, durch Beihilfeleistung oder durch Unterlassung einer Hilfeleistung zu verschulden hatte und derjenige, der den Erblasser verwundet oder körperlich misshandelt hatte. Des Weiteren galt derjenige als erbunwürdig, der den Erblasser beschimpft, verleumdet, seinen bürgerlichen Stand bezweifelt oder freiwillig gegen ihn in einem *peinlichen* Prozess als Zeuge ausgesagt hatte.

Sämtliche Indignitätstatbestände des theresianischen Gesetzbuches finden ihre inhaltlichen Vorbilder im justinianischen *Corpus Iuris Civilis*. Das dogmatische Fundament dieser Gründe entstammte der römischen Indignitätslehre der klassischen Periode[1009]. Die detaillierte inhaltliche Ausgestaltung einzelner

1007 CodThe. II c. XIX §1 n.3: *Nur in dem alleinigen Fall der aus einem nach der Zeit. Als die Erbschaft oder das Vermächtnis gebühret, begangenen Verbrechen, worauf die Einziehung der Güter gesetzt ist, herrührenden Unwürdigkeit solle das Zugedachte zu Handen Unserer Kammer eingezogen werden, wo aber die Unwürdigkeit schon zur Zeit des Tods des Erblassers fürwaltete, hat Unsere Kammer auf das, was dem Verbrecher zugedacht worden, keinen Anspruch. Harrasowsky*, Codex Theresianus 369.

1008 CodThe. II c. XIX §2–4. Siehe dazu *Harrasowsky*, Codex Theresianus 369–372.

1009 Entgegen *Azzonis* Generalplan sprach sich *Holger* gegen eine derartig umfangreiche Formulierung der Indignitätstatbestände der *ratione testatori* aus. *Holger* wollte lediglich den Tatbestand der verschuldeten Tötung des Erblassers oder eines Miterben zum gesetzlich geltenden Indignitätsgrund verkünden. Die übrigen Indignitätstatbestände betrachtete er als überflüssig. Diesen Umstand argumentierte *Holger* mit dem tatsächlichen Willen des Erblassers. Sobald dieser den erbunwürdig handelnden Erben (z.B. nach einer Ehrenbeleidigung oder nach einer körperlichen Misshandlung) im Rahmen einer Enterbung nicht enterbt hatte, ließ sich aus diesem Umstand kein vermutlicher Wille des Erblassers zur Ausschließung des gegenständlichen Erben von der Erbfolge erblicken. *Zancker* fügte in seinen Anmerkungen hinzu, dass die den heutigen Sitten widersprechenden Bestimmungen des römischen

Gründe entstammte dagegen der Epoche des *Usus modernus*. Eine gemeinrechtliche Modifikation bildete die Berücksichtigung der sog. *personae conjunctissimae*. Die Angriffe auf Leib und Leben umfassten nicht nur den Erblasser selbst, sondern auch dessen Eltern, Kinder und Ehepartner. Dieser Umstand entsprach *Matthaeus*' Ausführungen zum römisch-holländischen Indignitätsrecht, die wiederrum auf deutschem Rechtsboden von *Stryk* wiederholt wurden. Die erbrechtliche Sanktionierung eines Angriffs auf Güter[1010] des Erblassers stammte m.E. aus dem Mainzer Landfrieden von 1235, der einen inhaltlich gleichen Tatbestand regelte. Zwar gab es im klassisch-römischen Indignitätsrecht einen Tatbestand (D. 36.1.50[48]), der die Entwendung der Nachlassgegenstände mit Indignitätsfolgen bestrafte, jedoch spiegelte der Wortlaut der gegenständlichen Rechtsvorschrift den ersten Artikel des Mainzer Landfriedens von 1235 wider. Im Gegensatz zur römischen Indignitätslehre sprach der *Codex Theresianus* in einem Indignitätsfall der vom Erblasser geäußerten Verzeihung die rechtsbefreienden Wirkungen zu[1011].

Das gleiche Schema betraf die Formulierung der Indignitätsfälle der Vereitelung des letzten Willens des Erblassers (*ratione testamenti*). Das Rechtsinstitut des Testaments und das Recht des Erblassers frei zu testieren, wurden nach römischem Vorbild zu gesetzlichen Schutzobjekten erklärt. Die Auswahl der einzelnen Tatbestände entsprach en détail dem römisch-klassischen Indignitätsgründen der *ratione testamenti*. Den erbrechtlichen Unwürdigkeitsfolgen unterlag die Verhinderung des Erblassers an der Errichtung bzw. an der Abänderung eines Testaments durch die Ausübung von List- und Furchtmitteln, betrügerisches oder gewaltsames Zwingen des Erblassers zur Errichtung eines bestimmten Testaments, Testamentsverfälschung, Testamentsunterdrückung, gerichtliche Anfechtung eines Testaments als inoffiziös oder als nichtig sowie Nichterfüllung der testamentarischen Verpflichtungen[1012]. Der *Codex Theresianus* sah jedoch

---

Indignitätsrechts nicht aufgenommen werden sollten. *Harrasowsky*, Codex Theresianus 369 Anm. 3.

1010 Als Angriff auf Güter definierte der *Codex Theresianus* Handlungen, die auf die Zufügung von Schäden und finanziellen Nachteilen abzielten – wie die Anzündung eines Hauses, die Verheerung eines Grundstücks, die Verübung eines Raubes oder das gerichtliche Bestreiten der Eigentümerrechte des Erblassers an einer bestimmten Sache (CodThe. II c. XIX §2 n.10).

1011 CodThe. II c. XIX §2 n. 12.: *Es könnte dann von dem Bedachten dagegen die mit dem Erblasser vor dessen Absterben erfolgte vollkommene Versöhnung dargethan werden, welchen Falls die Beleidigung für erloschen, und die Beharrung des Erblassers bei dem vorigen Willen rechtsbeständig zu vermuthen ist.*

1012 CodThe. II c. XIX §3 n.13–22. Siehe dazu *Harrasowsky*, Codex Theresianus 370–372.

für die einzelnen „testamentarischen" Indignitätstatbestände unterschiedliche Rechtsfolgen vor. Im Rahmen des Tatbestandes der Verhinderung an der Testamentserrichtung wurde ein derart handelnder Erbe nicht nur von der testamentarischen – sobald er in dem ersten Testament eingesetzt war –, sondern auch von der gesetzlichen Erbfolge ausgeschlossen[1013]. Bei der Begehung der übrigen Indignitätsgründe der *ratione testamenti* wurde ein Erbe lediglich von der testamentarischen Erbfolge ausgeschlossen – eine Ausstreckung dieser Folgen auf die Intestaterbfolge ist aus dem Wortlaut des gegenständlichen Kapitels nicht zu entnehmen. Diesen Umstand tadelte *Holger* in seinen Ausführungen. Er bezog sich dabei auf den Tatbestand des betrügerischen bzw. gewaltsamen Zwingens eines Erblassers zur Errichtung eines bestimmten Testaments. Nach *Holgers* Ansicht brauchte man diesen Fall nicht als indignitätswürdig einzustufen, da ein gegen den Willen errichtetes Testament nichtig war. Man hätte diesen Tatbestand vielmehr als einen von der gesetzlichen Erbfolge ausschließenden Unwürdigkeitsgrund bestimmt[1014].

In der letzten Tatbestandsgruppe resultierte die erbrechtliche Unwürdigkeit aus der Begehung eines strafrechtlichen Verbrechens, das für die verübte Tat mit der Todesstrafe, mit einer Vermögenskonfiskation oder mit Ehrlosigkeit sanktioniert wurde. In diesen Fällen konnte der Erbe weder die testamentarische Erbfolge antreten noch die ihm im gegenständlichen Testament zugedachten Erbgüter erwerben[1015]. Eine aus heutiger Perspektive interessante Bemerkung machte erneut *Holger*[1016]. Der Jurist erwog in seinen Ausführungen, dass man auch solche Verbrechen als indignitätsrelevant einstufen sollte, die gegen die Verlassenschaft gerichtet waren[1017].

1013 CodThe. II c. XIX § 3 n. 14: *In diesem Fall verliert jener, welcher den Erblasser also verhinderet hat, das, was ihme in dem letzten Willen, essen Aenderung derselbe verhinderet hat, zugedacht worden, oder wo der nächste Erb dem Erblasser einen letzten Willen zu errichten verhinderet hätte, seinen ihme sonst nach Ordnung der rechten Erbfolge zukommenden Erbtheil […]. Harrasowksy*, Codex Theresianus 371.

1014 *Harrasowsky*, Codex Theresianus 370 Anm. 4.

1015 CodThe II c. XIX § 4 n. 23: *Andere Verbrechen machen Jemanden des ihme Zugedachten unwürdig, wann sie also beschaffen sind, daß sie die Todesstrafe, die Ehrlosigkeit, oder den Verlust Hab und Guts nach sich ziehen, weswegen der Bedachte, ehe und bevor ihme noch die Erbschaft oder das Vermächtnis angebühret, angefertiget worden. Harrasowsky*, Codex Theresianus 372.

1016 Zwar fungierte *Joseph Holger* nicht als Hauptreferent der Kompilationskommission, jedoch gehörte er zu ihren wichtigsten Mitgliedern. *Holger* stellte im Rahmen der Kompilationsarbeiten nieder- und innenösterreichische Ländergesetze zusammen.

1017 *Harrasowsky*, Codex Theresianus 372 Anm. 5.

3. Indignitätsrecht im Entwurf Hortens und im *Josephinischen Erbfolgepatent*

Nach der Verweigerung der kaiserlichen Sanktion wurde der *Codex Theresianus* zu einer erneuten Bearbeitung geschickt. Innerhalb des Rechtsgelehrten- und des Staatsmännerkreises stieg der Ruf nach der Ablehnung des dominierenden Charakters des römisch-gemeinen Rechts in weiteren Kodifikationsarbeiten. Die hegemoniale Rolle sollte bei der Ausarbeitung des zukünftigen Gesetzbuches ausschließlich dem naturrechtlichen Gedankengut zukommen. Diese Forderung bekräftigte die Kaiserin selbst, indem sie für weitere Gesetzgebungsarbeiten folgende Leitlinie verkündete: *[…] In den Gesetzen selbst soll man sich nicht an die Römischen Gesetze binden, sondern überall die natürliche Billigkeit zum Grunde legen […]*[1018]. Zum neuen Hauptreferenten der Kompilationskommission wurde der Regierungsrat *Johann Bernhard von Horten* einberufen. Die gestellten Forderungen wurden in *Hortens* Arbeiten (dem sog. Entwurf Hortens) erfolgreich berücksichtigt. Die einzelnen Teile seines Entwurfes traten sogar in Kraft[1019].

Die erbrechtlichen Bestimmungen wurden im zweiten Teil des Entwurfs Hortens (vom 8. bis zum 19. Kapitel) geregelt. Der Einfluss der natürlichen Billigkeit ist aus dem von *Horten* entwickelten Parentelsystem[1020], der gleichen Behandlung aller Stände[1021] und aus den neuen Erbunwürdigkeitsregelungen ersichtlich.

1018 *Zeiller*, Commentar I 8. Neben der stärkeren Berücksichtigung des Naturrechts forderte die Monarchin den lehrhaften und kasuistischen Charakter des Gesetzbuches zu verwerfen sowie die Rechtssätze einfach, kurz, bündig, verständlich und zweifelsfrei zu verfassen. Vgl. *Zeiller*, Commentar I 8–9.

1019 Der erste Teil seines Entwurfes, der sich ausschließlich dem Personenrecht widmete, erlangte nach einigen Abänderungen die kaiserliche Sanktion und trat am 1. Jänner 1787 als *Josephinisches Gesetzbuch* (JGS Nr. 591) in Kraft. Das gegenständliche Gesetzesbuch wird in der rechtsgeschichtlichen Sprache ebenfalls als *Allgemeines bürgerliches Gesetzbuch I* bezeichnet. Vgl. *Harrasowsky*, Codification 150–152. Der Gesetzestext ist in der digitalen Sammlung der österreichischen Nationalbibliothek abrufbar. http://alex.onb.ac.at/cgi-content/alex?aid=jgs&datum=1003&page=77&size=45.

1020 *Hortens* Parentelsystem, das ebenfalls von *Karl Anton von Martini* in seinen Kodifikationsarbeiten übernommen wurde, stellte nach *Weseners* Ansicht eine vernunftrechtliche Fortentwicklung der justinianischen Intestaterbfolge dar. Die josephinische Parentelordnung hatte ihre Wurzeln in *Darjes*' Werk *Institutiones Jurisprudentiae Universalis* (1740). *Darjes* galt übrigens als *Hortens* Lehrer. *Wesener* in Mélanges Sturm I 955–956.

1021 Siehe dazu Joseph. Erbpat. Präambel: *Zum gemeinschaftlichen Besten der Unterthanen wird in den gesammten Deutschen Erbländern eine allgemeine, für alle Stände ohne*

Die Erkenntnisquelle der neuen Gestalt der römischen *indignitas* in den österreichischen Kodifikationsarbeiten bildeten das 9. (*Von Jenen, die zu Erbschaften gelangen können, und von den Arten wie ein Erblasser seinen Willen beschränken kann*) und 16. (*Von der rechtlichen Erbfolge*) Kapitel des zweiten Teiles des gegenständlichen Entwurfs.

Die erbrechtlichen Unwürdigkeitsregelungen wurden i.S. Maria Theresias erwähnter Grundsätze einfach, knapp und verständlich formuliert. Die fast vier Seiten langen Unwürdigkeitsbestimmungen des *Codex Theresianus* wurden durch insgesamt fünf Paragraphen ersetzt. Zwar hielt *Horten* in einigen Angelegenheiten an inhaltlichen Erkenntnissen des *Codex Theresianus* fest, jedoch scheute er sich nicht, die der natürlichen Billigkeit widersprechenden Bestimmungen zu verwerfen. Die Rechtsfolgen einer erbrechtlichen Unwürdigkeit entstammten vollständig der theresianischen Lösung und wurden den Rechtsfolgen einer erbrechtlichen Unfähigkeit gleichgestellt – d.h. ein Unwürdiger galt als erbunfähig und seine erbrechtliche Unwürdigkeit trat *ipso iure* ein[1022]. Des Weiteren übernahm *Horten* von *Azzionis* Generalplan die zweifache Regelung der erbrechtlichen Unwürdigkeit, indem ihre Rechtsfolgen für die gesetzliche und die testamentarische Erbfolge gesondert geregelt wurden[1023]. Die Rechtsfolgen blieben dabei für beide Erbfolgearten gleich[1024]. Ein wichtiger Unterschied zum *Codex Theresianus* und eine deutliche Distanzierung zur römisch-gemeinen Rechtslehre war die endgültige Ablehnung des Ereptionsrechts – der theresianische Entwurf sah diesen Rechtsvorgang im Falle der Begehung einer Indignitätshandlung nach dem Tod des Erblassers vor.

Bei der Ausgestaltung der maßgeblichen Erbunwürdigkeitsgründe stützte sich *Horten* vollständig auf die römisch-klassischen Indignitätstatbestände. Diese formulierte er jedoch im Rahmen einer sog. Generalklausel, die folgendermaßen lautete:

Unterschied gleiche Ordnung der gesetzlichen Erbfolge (successionis ab intestato) *des frey vererblichen Vermögens eingeführet […].*

1022 Entwurf Hortens II 9. § 9: *Nicht minder wollen Wir auch Jene von Erbschaften ausgeschlossen haben, die sich dessen, was ihnen im letzten Willen zugedacht war, unwürdig gemacht haben […].*

1023 Diese Lösung wurde erst am 7. Februar 1787 durch die Kompilationskommission revidiert, indem man beschloss, die Erbunwürdigkeitsbestimmungen im Rahmen einer einheitlichen Regelung in Einklang zu bringen. *Harrasowsky*, Codex Theresianus IV 193 Anm. 10.

1024 Entwurf Hortens II 16 § 39: *Das, was Wir im neunten Capitel von der Erbunfähigkeit und den Ursachen geordnet haben, aus welchen Jemand sich der Erbschaft unwürdig macht, erstrecket sich auch auf die rechtliche Erbfolge der Anverwandten […].*

Entwurf Hortens II 9. § 9:
[...] Unwürdig aber macht sich ein Jeder, der sich gegen den Erblasser, es sei vor oder nach dessen Tode gröblich, undankbar erzeiget; nemlich, wenn er den Erblasser, dessen Kinder, Eltern oder Ehegatten boshafter Weise an Ehre, Leib oder Gut beträchtlich verletzt oder zu verletzen trachtet.[1025]

Horten fügte die einzelnen Tatbestände der römischen Indignitätslehre zu einer Regelung zusammen. Die indignitätsrelevanten Angriffe auf Leib, Ehre und Güter des Erblassers entstammten dem klassischen römischen Recht und hatten ihre dogmatischen Vorbilder im *Corpus Iuris Civilis*[1026]. Des Weiteren erklärte *Horten* nicht nur den Erblasser, sondern auch dessen Kinder, Eltern und Ehegatten (die sog. *personae conjunctissimae*) zum gesetzlichen Schutzobjekt. Damit folgte er ebenfalls der Lösung der gemeinrechtlichen Juristen der holländischen Rechtsschule *Matthaeus* und *Voet*. Im Gegensatz zum *Codex Theresianus* erstreckte sich die indignitätsrechtliche Relevanz der *personae conjunctissimae* in *Hortens* Entwurf nicht nur auf die Vergehen, die gegen Leib und Leben gerichtet waren, sondern auch auf die Angriffe auf Ehre und Güter. Die Belegung einer gegenüber dem Erblasser begangenen Undankbarkeit mit einem erbrechtlichen Ausschluss, der aus gesetzgeberischer Sicht in Form einer Generalklausel formuliert war, stellte kein Novum auf österreichischem Rechtsboden dar. Das österreichische Landrecht von 1237 formulierte im 65. Artikel eine Generalnorm, die im Falle einer böswilligen Handlungsweise des Sohnes gegenüber dem Erblasser den Verlust seines Erbrechts bestimmte.

Als zweite Tatbestandsgruppe wurden die „testamentarischen" Indignitätsfälle bestimmt. Von der testamentarischen und von der gesetzlichen Erbfolge war derjenige ausgeschlossen, der den Erblasser an der Errichtung oder Abänderung eines Testaments gehindert, zur Errichtung eines bestimmten Testaments gezwungen, ein Testament unterdrückt, vertuscht oder durch Zuschreibung seines Namens zum Original gefälscht hatte[1027]. In dieser Hinsicht wurden die Regelungen des theresianischen Kodexes nachgeahmt.

1025 Text nach *Harrasowskys* Ausgabe: Codex Theresianus IV 193. Die Generalklausel galt ebenfalls für den Ausschluss von der gesetzlichen Erbfolge. Siehe dazu Entwurf Hortens II 16. § 39: *[...] Ursachen geordnet haben, aus welchen Jemand sich der Erbschaft unwürdig macht, erstreckt sich auch auf die rechtliche Erbfolge der Anverwandten [...].*

1026 Vgl. Marcian. 5 reg. D. 34.9.3. (Tötung des Erblassers), Ulp. 14 l. Iul. Pap. D. 34.9.9.2. (Erhebung des *status controversia* und einer verleumderischen Behauptung) und Pap. 10 resp. D. 39.5.29.2. (Verschenkung der Erbgüter ohne Bewilligung des Erblassers).

1027 Entwurf Hortens II 9. § 11; II 16. § 40.

Im Rahmen der Arbeiten der Kompilationskommission wurde auch das „angespannte“ Verhältnis zwischen dem Indignitäts- und dem Enterbungsrecht angesprochen. Die Mitglieder der Kompilationskommission vertraten die Ansicht, dass es zwingend notwendig war, die Erbunwürdigkeitsgründe gesondert und im inhaltlichen Zusammenhang zu den Enterbungsgründen zu normieren. Zwar stimmten die Erbunwürdigkeitstatbestände mit fast sämtlichen Enterbungsgründen[1028] überein, jedoch umfasste die Enterbung aus materieller Sicht nur die pflichtteilsberechtigten Noterben[1029]. *Sizendorf* wies am 1. Februar 1786 im Rahmen des Vortrages darauf hin, dass die Enterbungsgründe, die einen Aszendenten dazu berechtigten, einem Deszendenten seinen Pflichtteil zu entziehen, auch auf weitere gesetzliche Erben, die keinen Pflichtteilsanspruch vorweisen konnten, von gesetzes wegen anwendbar sein mussten. Die Kommissionsmitglieder sahen deswegen ein Bedürfnis nach einer gesetzlichen Regelung, die einen *ipso iure* Ausschluss von der Erbfolge eines nichtpflichtteilsberechtigten Intestaterben, der gegenüber dem Erblasser rechtswidrig gehandelt hatte, bestimmte[1030]. Somit stellten die Erbunwürdigkeitsbestimmungen in *Hortens* Entwurf ein „Auffangnetz“, das in zweifacher Hinsicht zum Ausdruck kam, dar. Zum einen sollte der Ausschluss von der Erbfolge eines nichtpflichtteilsberechtigten und erbunwürdig handelnden Intestaterben ermöglicht werden. Ein Verwandter, der zwar ein gesetzlicher Erbe war, jedoch keinen Pflichtteilsanspruch hatte, sollte nach der Begehung eines unwürdigen Verhaltens von der gesetzlichen Erbfolge ausgeschlossen werden. Zum anderen sollten mittels der erbrechtlichen Unwürdigkeit die Fälle einer rechtmäßigen, jedoch vom Erblasser nicht ausgesprochenen Enterbung umfasst werden. Darunter wurden Sachverhalte subsumiert, in welcher der Erblasser die Enterbungserklärung nicht aussprechen konnte, da er von der Begehung einer Enterbungshandlung entweder

---

1028 Vgl. Entwurf Hortens II. 13. § 27–29. Siehe dazu *Harrasowsky*, Codex Theresianus IV 237–238.

1029 Vgl. Entwurf Hortens II. 13. § 26: *Kein Erblasser ist befugt, seinen Notherben den ihnen gebührenden Pflichttheil zu entziehen. Würde sich jedoch ein Notherb durch sein pflichtwidriges Betragen dieser Vorsorge Unseres Gesetzes unwürdig machen, so geben Wir dem Erblasser die Macht, selben durch dessen Enterbung von seiner Verlassenschaft auszischließen. Es soll aber nicht in der Willkür eines Erblassers beruhen, seine Notherben wegen eines jeden ihm mißfälligen Betragens zu enterben, sodern Wir wollen die Ursachen dazu folgendermaßen bestimmet haben. Harrasowsky*, Codex Theresianus IV 237.

1030 *Harrasowsky*, Codex Theresianus IV 258 Anm. 11.

nicht gewusst oder zu diesem Zeitpunkt nicht mehr gelebt hatte[1031]. In diesem Fall musste jedoch die präsumtive Verzeihung des Erblassers berücksichtigt werden – *[…] wenn aber der Erblasser dasselbe* (das Vergehen des Erben) *gewußt auch noch nachhero im Stande gewesen, seinen letzten Willen abzuändern, und ihn dennoch nicht abgeändert hat, so tritt die Vermuthung ein, daß er die Beleidigung nachgelassen und bei seinen vorigen Gesinnungen beharret sei*[1032].

Noch vor der Auflösung der Kompilationskommission und der Gründung einer neuen unter *Martinis* Vorsitz tagenden *Hofkommission in Gesetzsachen* beabsichtigte man *Hortens* Entwurf bruchstückweise, nachdem bereits der erste Teil seines Entwurfs die gesetzliche Geltung erlangt hatte, in Kraft treten zu lassen. Neben dem *Josephinischen Gesetzbuch* basierte auch das *Josephinische Erbfolgepatent* vom 11. Mai 1786 (JGS Nr. 548[1033]) auf *Hortens* Entwurf und spiegelte das 16. Kapitel des zweiten Teiles (*Von der rechtlichen Erbfolge*) wider. Diese kaiserlich sanktionierte Verordnung formulierte zum ersten Mal in der Rechtsgeschichte Österreichs einheitliche erbrechtliche Bestimmungen des Intestaterbrechts, die für die gesamten österreichischen Erbländer vorgesehen waren. Das Erbfolgepatent setzte damit die bereits geltende *Neue Satz- und Ordnung vom Erbrecht außer Testament* von 1720 außer Kraft – zwar sah dieses Gesetz ebenfalls einheitliche Regelungen der gesetzlichen Erbfolge vor, jedoch gelangte es nicht überall zur Geltung (mit Ausnahme der Grafschaft Tirol und der böhmischen Landgebiete).

Das *Josephinische Erbfolgepatent* bildete aus rechtsgeschichtlicher Sicht den ersten österreichischen gesetzlichen Akt, der das Rechtsinstitut der Indignität zum geltenden Recht erklärte. Zum ersten Mal wurde diesbezüglich in einem geltenden Gesetzestext die Ausdrucksweise *unwürdig* in Bezug auf die Bewertung erbrechtlicher Forderungen eines Erben verwendet. Da das Erbfolgepatent nur die Intestaterbfolge bestimmte, erlangten die testamentarischen Bestimmungen *Hortens* Entwurfs keine gesetzliche Geltung. Die Kommissionsmitglieder, die für den Gesetzestext des Erbfolgepatents zuständig waren, bestimmten die gesetzliche Indignität i.S.d. naturrechtlichen Forderungen knapp, bündig und verständlich. Als erbunwürdig galt derjenige, der *[…] den Erblasser ermordet, ihm nach dem Leben gestanden, oder ihn fälschlich eines Criminal-Verbrechens angeklagt hat*[1034].

1031 Vgl. Entwurf Hortens II. 13. Kapitel § 10. Siehe dazu *Harrasowsky*, Codex Theresianus IV 193.

1032 Entwuf Hortens II. 13 § 10. Siehe dazu *Harrasowsky*, Codex Theresianus IV 193.

1033 Der Gesetzestext des *Josephinischen Erbfolgepatents* ist in der digitalen Sammlung der österreichischen Nationalbibliothek unter folgender Internetadresse abrufbar: http://alex.onb.ac.at/cgi-content/alex?aid=jgs&datum=1003&size=45&page=50.

1034 Joseph. Erbpat. § 26.

Die Generalklausel-Formulierung, die *Horten* während der Kommissionssitzungen beantragt hatte, wurde im Rahmen der Gesetzgebungsarbeiten zum *Josephinischen Erbfolgepatent* verworfen. Die groben Angriffe auf Leib, Ehre und Gut des Erblassers wurden nicht berücksichtigt. Man lehnte sogar die aufhebenden Wirkungen einer durch den Erblasser geäußerten Verzeihung ab – was kurioserweise dem Gedanken des Naturrechts widersprach[1035].

4. Indignitätsrecht im *Entwurf Martini* und im *Westgalizischen Gesetzbuch*

Am 2. April 1790 löste Kaiser Leopold II. die Kompilationskommission auf und rief an ihrer Stelle eine neue Gesetzgebungskommission ins Leben. An ihre Spitze setzte der österreichische Herrscher seinen ehemaligen Lehrer *Karl Anton von Martini*[1036]. Aus gesetzgebungstechnischer Sicht sollte *Hortens* Entwurf einer Revision, die unter Berücksichtigung von Gutachten der Appellationsgerichte und des Directoriums (einer obersten Verwaltungsbehörde) zu erfolgen hatte, unterzogen werden[1037]. Die Revisionsarbeiten wurden im Jahr 1796 abgeschlossen und das Werk, das heute als *Entwurf Martini* bezeichnet wird, wurde Kaiser Franz I. zur Begutachtung eingereicht. Der *Entwurf Martini* wurde in leicht

1035 *Harrasowsky*, Codex Theresianus IV 259 Anm. 11.

1036 *Karl Anton Freiherr von Martini* gilt als Aushängeschild der österreichischen Naturrechtslehre. Der in Revò (Fürstentum Trient) geborene Jurist wurde nach seinen Studien in Innsbruck und Wien zum ordentlichen Professor für die neugeschaffene Lehrkanzel der Institutionen und des Naturrechts an der Universität Wien ernannt. Im Rahmen dieser Lehrtätigkeit bildete er zahlreiche prominente österreichische Juristen (wie *Horten*, *Zeiller*, *Valentin*, *Riegger* oder *Kees*), die an der Herausbildung des ABGB wesentlich beteiligt waren, aus. Seine Professur gab er im Jahr 1774 an seinen Schüller *Franz Zeiller* ab, da er sich seinen Hof- und Staatsämtern in stärkerem Ausmaß widmen musste. Was seine naturrechtliche Ausprägung betrifft, so war sie vor allem von *Wolffs* Lehre, aber auch von *Grotius*' und *Montesquieus* Erkenntnissen beeinflusst. Zu seinen bedeutendsten Werken gehörten *Positiones de lege naturali* und *Positiones de jure civitatis*, die ebenfalls in die deutsche Sprache übersetzt wurden. Vgl. *Klenner*, Über Martinis Naturrechtsbegriff, in Naturrecht und Privatrechtskodifikation 195–220; *Palme*, Der naturrechtliche Hintergrund Martinis, in Naturrecht und Privatrechtskodifikation 113–136; *Hebeis*, Das juristische Werk des Karl Anton von Martini, in Naturrecht und Privatrechtskodifikation 93–112. Siehe dazu *Neschwara*, Martini, Karl Anton Frhr. von (1726–1800), in HRGdigital https://www.hrgdigital.de/id/martini_karl_anton_frhr_von_1726_1800 (Stand 03.05.2017).

1037 Vgl. *Harrasowsky*, Codification 153–154; 158–159.

abgeänderter Form als bürgerliches Gesetzbuch[1038] zuerst in Westgalizien und später in Ostgalizien eingeführt[1039]. Der Einfluss des Naturrechts war in *Martinis* Entwurf und gleichzeitig im galizischen Gesetzbuch viel stärker als im *Codex Theresianus* und im *Entwurf Hortens*. Das naturrechtliche Gedankengut ist vor allem in den einleitenden Hauptstücken des galizischen Gesetzbuches (*Von Rechten, und Gesetzen überhaupt* und *Von den Rechten der Personen*)[1040] ersichtlich.

1038 Die galizische Privatrechtskodifikation wurde in mehreren Druckausgaben veröffentlicht. Mit dem Kundmachungspatent vom 13. Februar 1797 (JGS 337) wurde *Bürgerliches Gesetzbuch für Westgalizien* veröffentlicht und mit dem Kundmachungspatent vom 8. September 1798 (JGS 373) wurde *Bürgerliches Gesetzbuch für Ostgalizien* erlassen. Da aus zeitlicher Sicht das westgalizische Gesetzbuch zuerst gedruckt wurde, erreichte es in der gängigen Rechtssprache einen „quantitativen Vorgang"– man bezeichnete das galizische Gesetzbuch allgemein als westgalizisch. Nichtsdestotrotz stellten die beiden galizischen Gesetzbücher die gleiche Ausgabe des leicht abgeänderten Entwurfs Martinis, der in beiden Teilen des österreichischen Kronlands Galizien zur Geltung kam, dar. Dem galizischen Gesetzbuch wurde oft eine provisorische Funktion bzw. eine „Auf-Probe-Funktion" zugesprochen (vgl. *Harrasowsky*, Codification 162). Dieser Meinung widersetzte sich *Brauneder*, der seine Ansicht mit fehlenden quellenmäßigen Anhaltspunkten begründete. Das galizische Gesetzbuch sollte zum einen dem in inneren Unruhen zerrütteten Westgalizien eine gerechte Rechtsordnung zur Verfügung stellen. Zum anderen sollte die Rechtslage Ostgaliziens an die herrschenden österreichischen Rechtsverhältnisse angepasst werden, indem die polnischen Statuten und Konstitutionen, die einer ordentlichen Rechtspflege nicht angemessen waren, durch das galizische Gesetzbuch außer Kraft gesetzt wurden. Vgl. *Brauneder*, Das ABGB: Europas erste Privatrechtskodifikation, in Naturrecht und Privatrechtskodifikation 304–312.

1039 Vgl. *Hebeis* in Naturrecht und Privatrechtskodifikation 103; *Palme* in Naturrecht und Privatrechtskodifikation 133; *Harrasowsky*, Codification 162; *Rainer*, FS 200 Jahre ABGB 28.

1040 *Martinis* einleitende Prinzipien des galizischen Gesetzbuches spiegelten die Grundlehren des profanen Vernunftrechts wider – wobei die Trennung zwischen dem Recht und der Moraltheologie nicht vollständig ersichtlich war. Die starke naturrechtliche Haltung des galizischen Gesetzbuches lässt sich an folgenden Regelungen erkennen: an der Definition des Rechts (I §§ 1,2), der Auffassung des Staates als eine Art der Gesellschaft zur Erreichung eines unveränderlichen Endzwecks – der allgemeinen Wohlfahrt – (I §§ 5–7) und der Festlegung und Aufzählung angeborener Rechte, die durch den Staat als bürgerliche Gesellschaft weder abgeändert noch abgeschafft werden konnten (II §§ 28–31). In dieser Hinsicht war es einerseits stärker als das ABGB, anderseits weniger als *Martinis* Entwurf durch das Naturrecht geprägt. Diese naturrechtliche Einleitung wurde auch *Martinis* Kodifikationsarbeiten zum Verhängnis. Die kaiserliche Sanktion des Entwurfs Martinis wurde wahrscheinlich

Wellspacher bezeichnete sogar diesen Teil *Martinis* Werks als den Höhepunkt der naturrechtlichen Entwicklung auf österreichischem Rechtsboden[1041]. Die naturrechtliche Prägung war nicht nur an den einleitenden Prinzipien, sondern auch in der Entwicklung und Ausgestaltung einzelner Rechtsinstitute ersichtlich[1042].

Das Erbrecht wurde im zweiten Teil (vom 10. bis zum 18. Hauptstück) des galizischen Gesetzbuches geregelt und wurde aus dogmatischer Sicht i.S.d. naturrechtlichen Systems dem Sachenrecht zugerechnet. Die Erbunwürdigkeitsregelungen wurden im Gegensatz zu früheren Vorläufern (dem *Codex Theresianus* und dem Entwurf Hortens) nicht in zwei getrennte Abschnitte, welche die testamentarische und gesetzliche Erbfolge aus indignitätsrechtlicher Sicht gesondert behandelten, geteilt. Dieses Mal entsprach *Martini* der früheren Forderung der nicht mehr bestehenden Kompilationskommission und bestimmte die Indignitätsfolgen im Rahmen eines Abschnittes, der allgemeine Regelungen der Erbfolge definierte (ein quasi „allgemeiner Teil des Erbrechts")[1043].

In Bezug auf die rechtliche Abwicklung eines Indignitätsverhältnisses unterschieden sich *Martinis* Regelungen nicht von den früheren Entwürfen[1044]. Ein *indignus* wurde einem *incapaces* gleichgestellt. Der unwürdige Intestaterbe wurde wie ein Erbunfähiger behandelt und konnte den ihm zustehenden gesetzlichen Erbteil (bzw. seinen Pflichtteil) nicht erwerben. Die testamentarische Einsetzung eines *indignus* galt als *pro non scripto habere* – als wäre er nie zur Erbfolge

---

aufgrund dieser stark formulierten naturrechtlichen Rechtssätze verwehrt. Eine nicht zu unterschätzende Rolle spielten in dieser Beurteilung die Ereignisse der französischen Revolution. Man bezeichnete *Martini* sogar als einen Jakobiner. Innerhalb des österreichischen Rechtsgelehrtenkreises stiegen die Einwände gegen die Aufnahme naturrechtlicher Lehren in ein privatrechtliches Gesetzbuch, da sie einen großen Spielraum für gesetzliche Auslegungen darboten (z.B. die Festlegung der gesellschaftlichen Natur und des gesellschaftlichen Zwecks des Staates I §§ 5–7). Vgl. *Wellspacher*, FS Jahrhundertfeier ABGB I 179–180; *Brauneder* in Naturrecht und Privatrechtskodifikation 316–317; *Palme* in Naturrecht und Privatrechtskodifikation 135.

1041 *Wellspacher*, FS Jahrhundertfeier ABGB I 179.

1042 Siehe dazu *Wesener*, Zur Verflechtung von Usus modernus pandectarum und Naturrechtslehre, FS Bydlinski (2002) 477–492.

1043 WGGB II 10. Hauptstück §§ 321–340. Vgl. Entwurf Martinis II 10. Hauptstück §§ 1–22. Siehe dazu Bürgerliches Gesetzbuch für Westgalizien I (1796) 125–132; *Harrasowsky*, Codex Theresianus und seine Umarbeitungen V (1886) 120–122.

1044 Mit der Ausnahme des *Codex Theresianus*, der im Falle einer nach dem Tod des Erblassers begangenen Indignitätshandlung das Ereptionsrecht der kaiserlichen Kammern vorsah.

einberufen worden. Im Rahmen einer testamentarischen Einsetzung eines *indignus* verlor das gegenständliche Testament seine zivilrechtliche Gültigkeit nicht. Das Testament blieb samt seinen Verfügungen (wie anderen Erbeinsetzungen, Vermächtnissen oder Fideikommissen) gültig und das einem *indignus* testamentarisch zugedachte Erbgut – ungeachtet dessen, ob diese Einsetzung absichtlich und ungewiss erfolgte – ging i.S.d. römischen Rechtsprämisse *pro non scripto habere* auf die nächstberufenen Intestaterben über. Die Indignitätsfolgen traten *ipso iure* ein und bedurften in dieser Hinsicht keines gerichtlichen Vorgehens[1045].

Was die Auswahl der Indignitätsgründe betraf, so übernahm *Martini* die Generalklausel *Hortens* Entwurfs, die folgendermaßen lautete: *Wer den Erblasser, dessen Kinder, Ältern oder Gatten aus feindseliger Absicht an Ehre, Leib, oder Gut merklich verletzt hat, der ist in so lang des Erbrechtes unwürdig, als nicht bewiesen werden kann, daß ihm der Erblasser vergeben habe*[1046]. Die „testamentarischen" Indignitätstatbestände wichen ebenfalls nicht von *Hortens* Vorarbeiten ab und erklärten die testamentarische Freiheit i.S.d. Erfüllung des wahren Willens des Erblassers als gesetzliches Schutzobjekt. Als erbunwürdig galt derjenige, der *[…] den Erblasser durch Zwang, oder List zur Erklärung, oder Nichterklärung seines letzten Willens verleitet, oder einen von ihm bereits errichteten letzten Willen unterdrückt […]*[1047].

Anhand der dargestellten Indignitätsgründe des galizischen Gesetzbuches ist es nicht schwer, ihr dogmatisches Vorbild zu ermitteln. Wie das bei *Hortens* Entwurf der Fall war, spiegelte der Gesetzestext *Martinis* Generalklausel die einzelnen Tatbestände der römisch-klassischen Indignitätslehre wider. Auf den ersten Blick ist eine besondere naturrechtliche Prägung dieser Regelungen nicht ersichtlich. Man muss jedoch eines im Vorhinein klären. Die naturrechtlichen Rechtssätze wurden nicht ausschließlich im Rahmen einer streng durchgeführten

1045 Entwurf Martini II 10. § 18: *[…] der wird von dem Gesetz insolang des Erbrechts unwürdig erklärt […]* (Text nach *Harrasowskys* Ausgabe; Codex Theresianus V 120). Zwar verwendete das galizische Gesetzbuch die Formulierung *von dem Gesetz* nicht ausdrücklich, jedoch können deswegen keine Zweifel bestehen, dass die Indignitätsfolgen des galizischen Gesetzbuches, mit der Einführung einer indignitätsrechtlichen Klage i.S.d. *hereditas petito*, dem Entwurf Martinis widersprechen würden.

1046 WGGB II 10 § 338 (siehe dazu Bürgerliches Gesetzbuch für Westgalizien 130). Vgl. Entwurf Martini II 10 § 18: *Wer den Erblasser, dessen Kinder oder Ehegatten boshafter Weise an Ehre, Leib oder Gut merklich verletzt, der wird von dem Gesetze insolang des Erbrechtes unwürdig erklärt, als die von Seite des Erblassers erfolgte Nachsicht seiner pflichtwidrigen Handlung nicht bewiesen werden kann.* (*Harrasowsky*, Codex Theresianus V 120).

1047 WGGB II 10 § 339. Vgl. Entwurf Martini II 10. § 19.

mathematisch-logischen Deduktion (i.S.d. *mos geometricus*) gewonnen. Ihre Inhalte wurden in vielen Fällen dem römisch-gemeinen Recht in der Gestalt des *Usus modernus* entnommen[1048]. Man kann den römischen Rechtssätzen in ihrer klassischen oder gemeinrechtlichen Form nicht pauschal ihren naturrechtlichen Charakter als *ratio scripta* aberkennen[1049]. *Wesener* bemerkt diesbezüglich völlig zu Recht, dass in vielen Fällen bei der Formulierung der naturrechtlichen Rechtssätze die Rechtsnormen und die Rechtsinstitute des römischen *Usus modernus* durch das Naturrecht aufgenommen und verarbeitet wurden[1050], indem die Naturrechtler sie inhaltlich ausdehnten oder verallgemeinerten[1051]. Somit stellte m.E. *Hortens* Generalklausel, die auch von *Martini* übernommen wurde, eine Art der Verallgemeinerung der zahlreichen Indignitätstatbestände des römischen Rechts dar. *Horten, Martini* und später auch *Zeiller* als Referent des ABGB umfassten mit der gegenständlichen Generalnorm die aus ihrer Sicht praxisrelevantesten Tatbestände – wie den Angriff auf Leben, Leib, Ehre und Güter – und bildeten sie zu einer gesetzlichen Norm heraus. Die gleiche Feststellung betrifft die „testamentarischen" Indignitätsgründe, die ebenso in Form einer Generalnorm jegliche Angriffe auf den letzten Willen des Erblassers mit Indignitätsfolgen belegten.

Des Weiteren kann man das Gleiche über die rechtliche Abwicklung des Indignitätsvorganges sagen, indem man aus rechtlicher Sicht einen unwürdigen Erben wie einen Erbunfähigen behandelte. Auch in diesem Fall kann man von einer Verallgemeinerung sprechen, indem die komplizierten Konstellationen der klassischen römischen Indignitätslehre verworfen wurden. Diese Erkenntnis kann man jedoch nicht als besonders innovativ bzw. bahnbrechend für das Indignitätsrecht bezeichnen, da sie seit dem *Usus modernus* in der Rechtspraxis als allgemein anerkannt galt. Außerdem galt der komplexe Indignitätsvorgang der römisch-klassischen Indignitätslehre samt dem Ereptionsrecht in den Augen der gemeinrechtlichen Gelehrten als sittenwidrig.

Da die schriftlich tätigen Juristen der Periode des profanen Vernunftrechts (des 17. und 18. Jh.) meistens sowohl in der Naturrechtslehre als auch im römisch-gemeinen *Usus modernus* ausgebildet waren, kam es in ihren schriftlichen Werken

1048 *Wesener*, FS Bydlinski 473–474.

1049 *Wieacker*, Vom römischen Recht (1944) 195ff (210).

1050 Völlig zu Recht äußerte *Koschaker* metaphorisch: *[…] der Vernunft ihre Ware zum großen Teil beim römischen Kaufmann […]* bezog. Vgl. *Koschaker*, Europa und das römische Recht 269.

1051 *Wesener*, FS Bydlinski 476.

zu wechselseitigen inhaltlichen Einflüssen der beiden Rechtsströmungen[1052]. Nichtsdestotrotz ließen sich in den naturrechtlichen Schriften fast keine inhaltlichen Erkenntnisse zur Indignitätslehre feststellen. Das die österreichische Rechtssprache prägende Werk[1053] *Martinis Lehrbegriff des Naturrechts* behandelte lediglich das Rechtsinstitut der Enterbung[1054] und ließ einen gesetzlichen *ipso iure* wirkenden Ausschluss von der Erbfolge außer Acht. *Wolff* behandelte dagegen neben der Enterbung auch die erbrechtlichen Forderungen verstoßener Kinder (*liberos abdicare*). Als verstoßen galt nach dem naturrechtlichen Gesetz ein Kind, sobald es absichtlich die familiären Pflichten, die gegenüber seinen Eltern bestanden, verletzte. Die Verletzung dieser Pflichten führte nach dem Gesetz der Natur zum Verlust sämtlicher Kinderrechte – auch des Rechts auf Erbfolge[1055]. Der Pionier des profanen Vernunftrechts, der holländische Rechtsgelehrte *Hugo Grotius*, ließ ebenfalls das Rechtsinstitut der Indignität in seinem naturrechtlichen Werk *De iure belli ac pacis*[1056] außer Acht. Er sah lediglich den

1052 Für die gegenseitige Übereinstimmung des Naturrechts und des positiven Rechts siehe *Voppel*, Der Einfluß des Naturrechts auf den Usus modernus (1996) 180–188.

1053 Vgl. *Hebeis* in Naturrecht und Privatrechtskodifikation 107. *Martinis* Lehrbücher zum Naturrecht waren ursprünglich in lateinischer Sprache verfasst. Nachdem die lateinische Sprache im Universitätsbetrieb zugunsten der deutschen Sprache verdrängt wurde, entschloss sich *Martini* dazu, seine Werke zu übersetzen. Diese Übersetzungen spielten eine wichtige Rolle in der Entwicklung der österreichischen Rechtssprache und in der Entstehung ihrer spezifisch österreichischen juristischen Terminologie. Die Ergebnisse dieser Entwicklung sind heute im ABGB ersichtlich. Sie entstammen in großem Ausmaß den naturrechtlichen Lehrbüchern *Martinis*.

1054 *Martini*, Lehrbegriff des Naturrechts (1799) 313 (§§ 805, 806).

1055 Wenn die Kinder *mit Wissen und Willen begehen, was ihren Pflichten gegen die Eltern, sonderlich der kindlichen Ehrfurcht gänzlich zuwider ist; oder sich von ihrem schändlichen Leben gar nicht wollen abwendig machen lassen; so ist es […] nach dem Gesetze der Natur erlaubt sie zu verstossen. Er erhellet aber vor sich, daß die verstossene Kinder alle Kindesrechte verlieren. Wolff*, Grundsätze des Natur- und Völkerrechts (1754) 670–671 (§ 925).

1056 *Grotius*' berühmtes Hauptwerk *De iure belli ac pacis* enthielt im 2. Teil neben völkerrechtlichen Regelungen, die vor allem die Grundsätze seiner Naturrechtslehre beinhalteten, ein umfassendes detailliertes naturrechtliches System des Privatrechts. Zwar galt *Grotius*' Werk nicht als unmittelbare Quelle des geltenden Rechts in Europa, jedoch übte es als Handbuch des Naturrechts einen großen Einfluss auf die weitere Entwicklung des europäischen Privatrechts und der privatrechtlichen Systeme sowie auf die internationale Staatenpraxis aus. *Voppel* gibt in diesem Zusammenhang eine Anekdote wieder, nach welcher der schwedische König Gustav Adolf eine Ausgabe *Grotius*' Werks auf allen seinen Kriegszügen mithatte und sie sogar

römischen Enterbungsvorgang als einzigen aus naturrechtlicher Sicht zugelassenen erbrechtlichen Ausschlussgrund vor (II. c. 7. VII)[1057]. Das Rechtsinstitut der römischen *indignitas* behandelte *Grotius* in seinem früheren Werk *Inledinge tot de Hollandsche Rechts-Geleerdheid*. Diese Schrift, die während seiner Gefangenschaft auf der Festung Loevestein im Jahr 1619 entstand, bildete die Darstellung des in der Provinz Holland geltenden Rechts, das in erster Linie einheimische, kanonische und römische Rechtselemente enthielt. Diese Darstellung erfolgte jedoch auf naturrechtlicher Basis[1058], indem die einzelnen Rechtsinstitute der erwähnten Rechtskulturen anhand der naturrechtlichen Erwägungen ausgestaltet wurden[1059]. Das betraf auch die einzelnen Lehren der römischen *indignitas*, die nicht in jeder Hinsicht als *ratio scripta* der Vernunft galten und dem Naturrecht entsprachen. Interessanterweise behandelte *Grotius* das Rechtsinstitut der Indignität aus Sicht der testamentarischen und der gesetzlichen Erbfolge. Somit bestimmte er die Indignitätstatbestände gesondert für beide Erbfolgearten – genau wie *Zancker* und *Horten* in ihren Kodifikationsentwürfen. Von der Intestaterbfolge war nach *Grotius*' Werk ganz allgemein jeder Erbe, der den Tod des Erblassers zu verschulden hatte, ausgeschlossen. Sein verfallener Erbanteil ging in diesem Fall auf die nächsten Blutsverwandten des Verstorbenen über[1060]. Dagegen galt eine testamentarische Einsetzung einer unwürdigen Person als *pro non scripto habere*. In diesem Fall betonte *Grotius* ausdrücklich, dass die zuständige Grafschaft kein Recht auf den einem unwürdigen Erben verwirkten testamentarischen Erbanteil hatte. Dieser ging im Rahmen einer testamentarischen Erbfolge auf den nächsten Substitutionserben über. Die die Indignität inkludierenden Tatbestände waren im Falle einer testamentarischen Erbfolge viel umfangreicher, als das bei der Intestaterbfolge der Fall war. Neben der schuldhaften Verursachung des Mordes des Erblassers stufte *Grotius* folgende Handlungen als Indignitätsgründe ein: Nichtverfolgung des Mörders, gerichtliches Anfechten des letzten Willens, Verleumdung, Kapitalfeindschaft mit dem Testator, Blutschande, Wegnahme der Erbgüter und Kontaktaufnahme mit den Feinden des Erblassers[1061].

---

unter sein Kopfkissen gelegt haben soll. *Voppel*, Der Einfluß des Naturrechts auf den Usus mordernus (1996) 81–84.

1057 *Schätzel*, Hugo Grotius De jure belli ac pacis libir tres (1950) 201.

1058 *Voppel*, Der Einfluß des Naturrechts 85.

1059 *Voppel*, Der Einfluß des Naturrechts 94.

1060 Inleiding II 28, 42: *Wie misdadelick oorsaeck heeft gegeven tot des overledens dood, al is hy de naeste van bloede, mag niet erven*. Text nach *Lees* Ausgabe: Hugo Grotius The jurisprudence of Holland I (1953) 212.

1061 Inleiding II 24,24. Siehe dazu *Lee*, The jurisprudence of Holland I 181–182.

5. „*Zeillers* Schlussakkord" – Erbunwürdigkeitslehre des österreichischen Zivilgesetzbuches

a. *Vorbemerkungen*

Aufgrund gesundheitlicher Gründe legte *Martini*[1062] das Amt des Vorsitzenden der *Hofkommission in Gesetzessachen* nieder. Zu seinem Nachfolger wurde Staatsminister *Rottenhann* ernannt und das Amt des neuen Referenten übernahm *Martinis* Schüller *Franz von Zeiller*. Die Hofkommission unternahm die Neubearbeitung des *Ur-Entwurfes*[1063], wie das galizische Gesetzbuch ab nun genannt wurde, unter der Berücksichtigung der Gutachten der 17 Länderkommissionen[1064]. Die Revisionsarbeiten bestanden aus insgesamt drei Lesungen[1065] und dauerten fast neun Jahre an. Im Rahmen dieser Revision wurde der

---

1062 *Zeiller* nannte in seinem Einleitungsvortrag, den er im Rahmen der ersten Sitzung der *Hofkommission* am 21.12.1801 gehalten hatte (siehe dazu *Ofner*, Protokoll I 1–12), *Martinis* schlechten gesundheitlichen Zustand als seinen Hauptausscheidungsgrund aus der Hofkommission. *Harrasowsky* vermutete dagegen, dass den wirklichen Rücktrittsgrund das zunehmende Alter *Martinis*, welches das Verschleppen und die Erfolglosigkeit seiner Arbeiten verursachte, bildete (vgl. *Harrasowsky*, Codification 163). Vgl. *Pfaff/Hofmann*, Commentar zum österreichischen allgemeinen bürgerlichen Gesetzbuche I (1877) 22 Anm. 118.

1063 Für den originären Text des *Ur-Entwurfes* siehe *Ofner*, Der Ur-Entwurf und die Berathungs-Protokolle des Oesterreichischen Allgemeinen bürgerlichen Gesetzbuches I (1889) III (Seiten) ff. Der *Ur-Entwurf* war nahezu identisch mit dem galizischen Gesetzbuch und dem Entwurf Martinis. Unterschiede gab es lediglich in den ersten einführenden Paragraphen der beiden Werke.

1064 Die Gutachten der 17 Länderkommissionen stellten den „Diskussionsstoff" der ersten Lesung des *Ur-Entwurfs* dar. Zur Begutachtung des *Ur-Entwurfs* wurden 6 Appellationsgerichte (der nieder-, innen-, oberösterreichischen, böhmisch-mährisch-schlesischen und der ostgalizischen Landgebiete), 7 Landrechte (Österreichs ob der Enns, der Steiermark, Krains, Görz', Triests, Stanslaus und Tarnows) sowie 4 inländische Universitäten (Wien, Innsbruck, Prag und Freiburg im Breisgau) beauftragt. *Zeiller* klagte über die unzuverlässige Arbeit der einzelnen Kommissionen. Nach seiner Aussage gaben lediglich die nieder- und innenösterreichischen Appellationsgerichte sowie die Universitäten bedeutende Stellungnahmen ab. *Pfaff/Hofmann*, Commentar I 22 Anm. 119.

1065 Die Revisionsarbeiten bestanden aus drei Lesungen. Die erste Lesung dauerte vom 12. Dezember 1801 bis zum 22. Dezember 1806, die zweite (auch Revision genannt) vom 4. Mai 1807 bis zum 14. Jänner 1808 und die dritte (die Superrevision) vom 13. November 1809 bis zum 22. Jänner 1810. Vgl. *Pfaff/Hofmann*, Commentar I 23–31. Siehe dazu *Rainer*, FS 200 Jahre ABGB.

Ur-Entwurf etappenweise modifiziert und am 26. April 1811 kaiserlich sanktioniert. Das ABGB, welches das Endergebnis dieser Arbeiten bildete, trat am 1. Jänner 1812 in Kraft. Aus inhaltlicher Sicht wich das neue Zivilgesetzbuch gravierend von *Martinis* Entwurf ab – den entscheidenden Anteil an dieser Gestalt trug zweifellos der Referent *Zeiller*[1066]. Der Verlauf der jeweiligen Lesungssitzungen wurde protokolliert[1067] und stellte eine wichtige Erkenntnisquelle der Genese der Rechtsinstitute des österreichischen Privatrechts dar.

Der Aufbau des österreichischen Zivilgesetzbuches entstammte *Gaius*' Institutionssystem, das den Rechtsstoff in die drei Abschnitte *personae, res et actiones* gliederte. Die erbrechtlichen Bestimmungen wurden i.S. dieses Systems und zugleich i.S.d. naturrechtlichen Lehre dem Sachenrecht zugerechnet. Die Erbunwürdigkeit wurde in drei Paragraphen (vom 540 bis zum 542 ABGB iF_{1811}) geregelt. Aus inhaltlicher Sicht legte man die österreichische Erbunwürdigkeit i.S.d. erbrechtlichen Unfähigkeit aus[1068]. Ein *indignus* galt in diesem Sinne als relativ erbunfähig[1069] und war von der Erbfolge einer bestimmten Person, gegenüber der er sich als unwürdig erwiesen hatte, ausgeschlossen. Die Art der Erbfolge (gesetzliche, testamentarische oder vertragliche) spielte bei der Beurteilung der Erbfähigkeit eines Unwürdigen keine Rolle[1070]. Dem Wesen und den Wirkungen nach unterschieden sich die Erbunfähigkeit und die Erbunwürdigkeit nicht voneinander[1071]. Ein Abhandlungsgericht konnte weder einem Erbunfähigen noch einem Erbunwürdigen (relativ Erbunfähigen) einen Nachlass anvertrauen, da die Erbschaft gemäß § 819 ABGB iF_{1811} nur jener Person, die vom Gericht als rechtmäßiger Erbe anerkannt wurde, ausgefolgt werden konnte[1072]. Im Rahmen der Erbfolge wurde der *indignus* als nicht vorhanden behandelt – als hätte er

1066 Vgl. *Korkisch*, RabelsZ 1953, 291–293; *Rainer*, FS 200 Jahre ABGB 30–31. Siehe dazu *Pfaff/Hofmann*, Commentar I 22–36.

1067 Siehe dazu Der Ur-Entwurf und die Berathungs-Protokolle des Oesterreichischen Allgemeinen bürgerlichen Gesetzbuches I und II (1889).

1068 *Ehrenzweig*, System des österreichischen allgemeinen Privatrechts II/2[6] (1924) 339.

1069 Vgl. *Zeiller*, Commentar über das allgemeine bürgerliche Gesetzbuch II (1812) 393; *Stubenrauch*, Commentar zum österreichischen allgemeinen bürgerlichen Gesetzbuche I[6] (1892) 698–699; *Pfaff/Hofmann*, Commentar II 20.

1070 Vgl. *Stubenrauch*, Commentar I 701; *Pfaff/Hofmann*, Commentar II 19.

1071 *Unger*, System des österreichischen allgemeinen Privatrechts VI (1864) 20. Nur der sprachliche Ausdruck trennte diese beiden Rechtsinstitute voneinander ab. *Unger* bezeichnete die österreichische Erbunwürdigkeit als *[…] eine besondere Bezeichnung der aus gewissen vom Gesetz berücksichtigten moralischen Gründen eintretenden relativen Erbunfähigkeit* (Unger, System des öst. Privatrechts 22 Anm. 4).

1072 *Unger*, System des öst. Privatrechts 22 Anm. 4.

den Erblasser und dadurch den Erbanfall nicht überlebt. Die Erbunwürdigkeit trat wie die Erbunfähigkeit *ipso iure* ein und bedurfte keines gerichtlichen Vorgehens[1073].

Die *Hofkommission* knüpfte in Bezug auf die rechtliche Abwicklung eines Indignitätsvorganges an die früheren Erkenntnisse der Kompilationskommission an – sämtliche vorherigen Kodifikationsentwürfe legten die römische *indignitas* als erbrechtliche Unfähigkeit aus. Mit dieser Entscheidung kam es in der Frage der rechtlichen Abwicklung der Erbunwürdigkeit zu einer endgültigen Ablehnung der römisch-klassischen Indignitätslehre. Die römisch-klassische Auffassung, nach welcher die Erbunwürdigkeit den Anfall und den Erwerb einer Erbschaft nicht hinderte, scheidet mit dem Ereptionsrecht des zuständigen Fiskus komplett aus der österreichischen Privatrechtslehre aus[1074]. Die aufgrund der Erbunwürdigkeit verfallenen Erbgüter eines *indignus* wurden nicht durch die staatliche Kasse entzogen. Sie fielen jenem Erben zu, der den Erbanteil des *indignus* bekommen würde, wenn dieser den Erbanfall nicht erlebt hätte[1075].

b. § 540 iF$_{1811}$ – Undankbarkeit gegenüber dem Erblasser

Der Einfluss der römisch-gemeinen Indignitätslehre ist dagegen im österreichischen Gesetzbuch anhand der ausgewählten Erbunwürdigkeitsgründe deutlich erkennbar. Die *Hofkommission* formulierte in den Paragraphen 540 und 542 ABGB aF$_{1811}$ zwei Tatbestandsgruppen. Die erste (§ 540) sanktionierte aus erbrechtlicher Sicht die grobe Undankbarkeit eines Erben gegenüber dem Erblasser. Die zweite (§ 542) bestrafte unerlaubte Eingriffe in das letztwillige Verfügungsrecht des Testators. Die *Hofkommission* entschied sich, die Erbunwürdigkeitsgründe des groben Undankes im Rahmen einer Generalklausel zu formulieren. Diese lautete folgendermaßen:

> § 540 ABGB iF$_{1811}$: *Wer den Erblasser, dessen Kinder, Aeltern oder Gatten, aus bösem Vorsatze an Ehre, Leib, oder Vermögen auf solche Art verletzt oder zu verletzen gesucht hat, daß gegen ihn von Amts wegen, oder auf Verlangen des Verletzen nach den Strafgesetzen*

1073 Vgl. *Roch*, Erbunwürdigkeit (1991) 16–21.

1074 Eine abweichende Meinung vertrat in dieser Hinsicht *Michel* (Die Erbunwürdigkeit nach österreichischen Gesetzen, in Österreichische Vierteljahresschrift für Rechts- und Staatswissenschaft II 1858, nr.2). Seiner Meinung nach wurde der gemeinrechtliche Begriff der Indignität unverändert in das österreichische Gesetzbuch übernommen. Dieser Meinung widersetzten sich *Unger* und *Pfaff/Hofmann*. Vgl. *Unger*, System des öst. Privatrechts 22 Anm. 4; *Pfaff/Hofmann*, Commentar II 21.

1075 Vgl. *Pfaff/Hofmann*, Commentar II 21.

verfahren werden kann, der ist so lange des Erbrechtes unwürdig, als sich aus den Umständen nicht entnehmen läßt, daß ihm der Erblasser vergeben habe.[1076]

Die gegenständliche Generalnorm wich ihrem Inhalt nach nicht gravierend von der Regelung des *Ur-Entwurfs* (WGGB II § 338; Entwurf Martinis II. 10. §18)[1077] ab. Die gesetzlich relevanten Indignitätshandlungen[1078] entstammten *Hortens* Entwurf (II. 9 c. § 9) und hatten ihre dogmatischen Wurzeln in römisch-klassischen Indignitätsgründen[1079]. Die endgültige dogmatische Ausgestaltung der einzelnen Angriffe entstammte jedoch dem *Usus modernus*, der sowohl die klassischen als auch die aus den Federn der Glossatoren und Kommentatoren stammenden Rechtsvorschriften des römischen Indignitätsrechts zeitgemäß anpasste. Der Abdruck des *Usus modernus* ist anhand der Generalklausel des § 540 ABGB iF_{1811} deutlich ersichtlich.

Die dogmatische Auffassung des Angriffs auf Leib enthielt *Stryks*, *Carpzovs*, *Matthaeus*' und *Voets* inhaltliche Erkenntnisse. Das Vergehen war aus indignitätsrechtlicher Sicht bereits im Versuchsstadium relevant[1080]. Des Weiteren spielte es keine Rolle, ob der Erbe als Täter, Anstifter oder Beihilfetäter gehandelt hatte[1081]. In der Frage der subjektiven Komponente der Tatausführung wendete sich das österreichische Zivilgesetzbuch jedoch von den Indignitätsregeln des *Usus modernus* ab. Das ABGB stufte ausschließlich eine vorsätzliche Handlung als indignitätsrelevant ein. Ein culposes Vergehen konnte nach österreichischem Erbunwürdigkeitsrecht nicht zur relativen Erbunfähigkeit eines fahrlässig handelnden Erben führen[1082].

1076 Text nach *Zeillers* Ausgabe: Commentar II 396.

1077 Siehe dazu Anm. 79.

1078 *Unger*, *Pfaff/Hofmann*, *Michel*, *Stubenrauch* und *Ehrenzweig* zählten zum Anwendungskreis der Generalklausel auch die Angriffe auf Freiheit des Erblassers. Vgl. *Pfaff/Hofmann*, Commentar II 24; *Unger*, des öst. Privatrechts 24 Anm. 13; *Stubenrauch*, Commentar I 700 Anm. 8; *Michel*, Erbunwürdigkeit nach österreichischem Recht 48.

1079 Siehe dazu Anm. 59.

1080 Vgl. *Stubenrauch*, Commentar I 701 Anm. 1

1081 Vgl. *Unger*, System des öst. Privatrechts 23 Anm. 10; *Stubenrauch*, Commentar I 701 Anm.1.

1082 Vgl. *Zeiller*, Commentar II 396–397; *Pfaff/Hofmann*, Commentar II 24–25; *Stubenrauch*, Commentar I 700. Siehe dazu die Entscheidung des Obersten Gerichtshofes vom 22. Jänner 1856. Das Gericht lehnte in einem erbrechtlichen Streit den Einwand der Erbunwürdigkeit eines pflichtteilsberechtigten Erben ab, da der entscheidende Richter im gegenständlichen Sachverhalt den erforderlichen bösen Vorsatz bei der Begehung eines Erbunwürdigkeitstatbestandes (im gegenständlichen Fall handelte

Die Indignitätstatbestände des Angriffs auf Ehre und Vermögen, die ebenso dem römisch-klassischen Recht entstammten, verdankten ihre inhaltliche Auslegung ebenfalls der Praxis des *Usus modernus*. *Matthaeus* und *Voet* stuften jegliche sittenwidrigen und rechtswidrigen Angriffe der Erben in die Rechtssphäre des Erblassers, die nicht unbedingt auf seine körperliche Unversehrtheit gerichtet waren, als indignitätswürdig ein. Sie sprachen diesbezüglich von einer sog. *alia gravi injuria*. Der holländischen Rechtsschule verdankte die österreichische Generalklausel ebenfalls die indignitätsrechtliche Miteinbeziehung der sog. *personae conjunctissimae*[1083]. *Mattaheus* rechtfertigte die Aufnahme dieses Personenkreises als aus indignitätsrechtlicher Sicht gesetzlich erklärtes Schutzobjekt mit der Begründung, dass der Angriff auf die Personen, die zum Erblasser in allernächster Beziehung standen, als schwere Verfehlung seiner Rechtssphäre galt[1084]. Die indignitätsrechtliche Erklärung der nächststehenden Verwandten des Erblassers zum gesetzlich geschützten Objekt wurde zum festen Bestandteil

---

es sich um eine Ehrenbeleidigung) nicht feststellen konnte. Siehe dazu *Glaser/Unger/Walther*, Sammlung von civilrechtlichen Entscheidungen des k.k. obersten Gerichtshofes I^2 (1873), 170 (Nr. 155). Der gemeinrechtlichen Lösung des *Usus modernus* blieb dagegen das Allgemeine Preußische Landrecht von 1794 treu und stufte die fahrlässige Tatausführung (in diesem Fall die fahrlässige Tötung) als indignitätsrelevante Handlung ein. Siehe dazu PrALR I. 12.c. § 599: *Hat aber der Erbe oder Legatarius, durch Vorsatz oder grobes Versehen, den Tod des Testators verursacht; so wird derselbe, auch ohne ausdrücklichen Widerruf, des ihm zugedachten Vortheils verlustig.* Text nach *Rehbeins/Reinckes* Ausgabe: Allgemeines Landrecht für die Preußischen Staaten II^2 (1882) 66.

1083 Zu den *personae conjuctissimae* bestimmte das ABGB iF$_{1811}$ Eltern, Kinder und Ehepartner des Erblassers. In der ersten Lesung schlug das böhmische Appellationsgericht vor, die *personae conjunctissimae* mit der Ausdrucksweise *Verwandten in auf- und absteigender Linie* zu bezeichnen (vgl. *Ofner*, Protokolle I 327). Diesen Vorschlag lehnte jedoch *Zeiller* als Referent ab. Bei der Auslegung dieser Ausdrücke (*Aeltern* und *Kindern*) verwies *Stubenrauch* auf den § 42 ABGB, der unter Eltern und Kindern alle Verwandten der ab- und aufsteigenden Linie und ohne Unterschied des Grades subsumierte. Diese Meinung vertrat ebenfalls *Unger*, der zu diesem Personenkreis nicht ausschließlich Deszendenten und Aszendenten des ersten Grades zählte. Nach *Ungers* Ansicht bestand dieses Verhältnis ebenfalls zwischen den Adoptiveltern und ihren Wahlkindern (dagegen *Stubenrauch*). Ob ein uneheliches Kind als *persona conjunctissima* gelten konnte, lag nach *Ungers* Meinung in der Ermessungsmacht des entscheidenden Richters. Für *Stubenrauch* spielte die Ehelichkeit bei der Beurteilung dieses Verhältnisses keine Rolle. Vgl. *Unger*, System des öst. Privatrechts 23 Anm. 11; *Stubenrauch*, Commentar I 700.

1084 Vgl. *Matthaeus*, Paroemia 192; *Stryk*, Tractatus de successione 1410.

der gemeinrechtlichen Lehre und wurde durch die deutschen Juristen des *Usus modernus* (z.B. *Stryk*) übernommen und anerkannt. Diese gemeinrechtliche Auslegung vertraten ebenfalls die österreichischen Rechtsgelehrten des 19. und früheren 20. Jh.. Nach *Pfaffs* und *Hoffmans* Meinung war für den Erbunwürdigkeitsausspruch nicht das tatsächlich zugefügte Leid maßgeblich, sondern die Verwerflichkeit der Indignitätshandlung[1085] – mit diesem Argument begründeten die erwähnten Juristen die Aufnahme der *personae conjunctissimae* zum gesetzlichen Schutzobjekt. Das Gesetz verlangte nach *Ehrenzweigs* Ansicht[1086] nicht, dass der Erblasser in seinen Rechten direkt verletzt wurde. Es reichte aus, wenn der Angriff auf sein Gefühlsleben erfolgte – wie die Tötung seines Ehepartners. Der Umstand, dass man aus diesem Angriff keinen direkten Ersatzanspruch ableiten konnte, spielte für das Bestehen eines Erbunwürdigkeitsverhältnisses keine Rolle[1087].

Ein Novum im Bereich des Erbunwürdigkeitsrechts stellte auf österreichischem Rechtsboden die Erfordernis einer strafrechtlichen Maßgeblichkeit[1088]

1085 *Pfaff/Hofmann*, Commentar II 24.

1086 *Ehrenzweig*, System des öst. Privatrechts 340.

1087 *Ehrenzweig* führte es als absurdes Beispiel an, falls man den Indignitätsausspruch von der unmittelbar bei dem Erblasser eintretenden Verletzung abhängig gemacht hätte. In einem solchen Fall hätte man einen Pferdedieb als erbunwürdig aussprechen müssen, aber nicht denjenigen, der die Ehefrau des Erblassers geschlagen hatte. Vgl. *Ehrenzweig*, System des öst. Privatrechts 340.

1088 § 540 ABGB iF$_{1811}$ setzte in diesem Fall lediglich die Strafbarkeit der Indignitätshandlung voraus. Der genaue Gesetzestext lautet: *[…] daß gegen ihn von Amts wegen, oder auf Verlangen des Verletzten nach den Strafgesetzen verfahren werden kann […].* Ob ein *indignus* im Rahmen eines strafrechtlichen Verfahrens für schuldig erkannt wurde, spielte aus indignitätsrechtlicher Sicht keine Rolle – der Text lautete *nach den Strafgesetzen verfahren werden kann* und nicht *nach den Strafgesetzen verfahren worden ist*. Irrelevant war ebenfalls, ob das Strafverfahren von Amts wegen oder auf Verlangen (z.B. bei einer Ehrenbeleidigung) eingeleitet wurde. *Pfaff, Hofmann* und *Unger* gingen davon aus, dass die strafrechtliche Verjährung keine rechtlichen Auswirkungen auf das Fortbestehen der Erbunwürdigkeit hatte – diese hob lediglich die Strafbarkeit des *indignus* auf und hatte keine Auswirkungen auf die zivilrechtlichen Folgen seiner Handlung. In dieser Ansicht kann man gewisse inhaltliche Parallelen zum Indignitätsrecht des *droit commun français*, das der Verjährung ebenfalls keine aufhebenden Wirkungen zusprach (*la peine du parricide se prescrit par le temps; mais que l'indignité demeure toujours*), feststellen. Eine Gegenmeinung vertrat in der gegenständlichen Sache *Stubenrauch* mit der Begründung, dass gegen ein verjährtes Delikt kein strafrechtliches Verfahren eingeleitet werden konnte. Vgl. *Unger*, System des öst. Privatrechts 23 Anm. 10; *Pfaff/Hofmann*, Commentar II 25 Anm. 6; *Stubenrauch*, Commentar I 701 Anm. 1.

einer Indignitätshandlung dar. Sie musste nach den zur damaligen Zeit geltenden Strafgesetzen[1089] ein strafbares Delikt bilden, um einen erbrechtlichen Ausschluss *ipso iure* zu verursachen[1090]. In diesem Fall wurde den römisch-klassischen Indignitätsgründen[1091], die keine strafrechtliche Handlung darstellten[1092], der gesetzliche „Anwendungsboden" endgültig entzogen. Damit waren vor allem die römischen „testamentarischen" Indignitätsgründe der Anfechtung des letzten Willens des Erblassers als inoffiziös oder gefälscht und die Nichterfüllung von testamentarischen Auflagen gemeint.

Den letzten Beurteilungspunkt des römisch-rechtlichen Einflusses auf die Generalklausel des Paragraphen 540 stellte die Verzeihung samt ihrer aufhebenden Wirkung dar. Die Verzeihung gilt m.E. als dogmatisches Ergebnis der naturrechtlichen Lehre. Der römischen Indignitätslehre sowohl in ihrer klassischen als auch in ihrer gemeinrechtlichen Form waren die aufhebenden Wirkungen einer geäußerten Verzeihung völlig fremd. Die Verzeihung sollte dabei den tatsächlichen Willen des Erblassers berücksichtigen und erfüllen. Mit dieser Entscheidung wollte der Gesetzgeber m.E. die *ratio legis* der österreichischen Erbunwürdigkeit, nämlich die Erfüllung des präsumtiven Willens des Erblassers im Rahmen einer Erbfolge, nochmals bekräftigen. Der gesetzliche Ausschluss von der Erbfolge sollte dem mutmaßlichen Willen des Erblassers entsprechen, indem seitens des Gesetzes vermutet wurde, dass nach seinem Wunsch ein unwürdig handelnder Erbe keine Teilhabe an seinem Nachlass haben sollte. Das österreichische Gesetzbuch ging in diesem Fall explizit von der Vermutung, dass der Erblasser wahrscheinlich den einem Erbunwürdigen zustehenden Erbanteil selbst entzogen hätte, wenn er in Kenntnis von seiner Unwürdigkeit gewesen

1089 Vgl. *Zeiller*, Commentar II 396; *Pfaff/Hofmann*, Commentar II 25.

1090 Das galizische Gesetzbuch verwendete die Ausdrucksweise *merklich verletzt*, um aus indignitätsrechtlicher Sicht den Relevanzgrad des Angriffes auf Leib, Ehre oder Gut des Erblassers zu definieren – d.h. sobald der Angriff die genannten Schutzgüter *merklich verletzt* hatte, konnte dieser Umstand die Erbunwürdigkeit des Angreifers initiieren. Im Rahmen der Superrevision (der dritten Lesung) stellten die Mitglieder der Hofkommission (in der 166. Sitzung am 30. November 1809) fest, dass diese Ausdrucksweise zu unbestimmt ist. In dieser Hinsicht schlug Hofrat *Pratobevera* vor, diesen Angriff von der strafrechtlichen Relevanz (ungeachtet dessen, ob das strafrechtliche Verfahren von Amts wegen oder aufgrund einer Beschwerde des Verletzten eingeleitet wurde) abhängig zu machen. Diesem Antrag stimmten sämtliche Kommissionsmitglieder zu. Vgl. *Ofner*, Protokolle II 537.

1091 Der Indignitätsgrund der gerichtlichen Nichtverfolgung des Erblassers galt bereits im *Usus modernus* als antiquiert und praxisfremd.

1092 Vgl. *Zimmermann*, Goltdammer's Archiv für Strafrecht 1881, 14–15.

wäre, aus[1093]. Damit widersprach die gegenständliche *ratio legis* der römisch-rechtlichen. Nach römisch-klassischer Ansicht erfüllte die *indignitas* vor allem eine strafrechtliche Rolle – sie sollte den unwürdig handelnden Erben für seine rechtswidrigen bzw. sittenwidrigen Handlungen mit dem Entzug der angefallenen Erbgüter (*ereptorium*) bestrafen. Der tatsächliche oder präsumtive Wille des Erblassers spielte m.E. bei der rechtlichen Beurteilung eines Indignitätsverhältnisses aus Sicht eines römischen Juristen keine Rolle. Die Verzeihung gilt somit als logische Schlussfolgerung der österreichischen *ratio legis* des Erbunwürdigkeitsrechts – sobald der Erblasser dem *indignus* verziehen hatte, widerlegte er dadurch die gesetzliche Vermutung.

Nach dem Gesetzestext des § 540 musste die Verzeihung nicht ausdrücklich erklärt werden. Es reichte aus, wenn man aus den gegebenen Umständen entnehmen konnte, dass der Erblasser dem *indignus* verzieh – dies konnte z.B. im Rahmen einer stillschweigenden Willenserklärung nach § 863 ABGB iF$_{1811}$ erfolgen[1094]. Die Verzeihung wurde vom Gesetz nicht vorausgesetzt, sondern musste durch den Gegner bewiesen werden. Im Rahmen der ersten Lesung der *Hofkommission* (47. Sitzung am 2. Jänner 1804) einigten sich die Kommissionsmitglieder darauf, dass die Entscheidung, ob nach den vorhandenen Umständen die Verzeihung durch den Erblasser tatsächlich ausgesprochen wurde, der vernünftigen Ermessungsmacht des entscheidenden Richters (im Rahmen seiner Beweiswürdigung) überlassen sein sollte[1095].

c. § 542 aF – Schutz des letztwilligen Verfügungsrechts des Erblassers

Im Rahmen der zweiten Tatbestandsgruppe des § 542 ABGB iF$_{1811}$[1096] erklärte das österreichische Gesetzbuch das letztwillige Verfügungsrecht des Erblassers

---

1093 *Stubenrauch*, Commentar I 701.

1094 *Stubenrauch*, Commentar I 701; vgl. *Unger*, System des öst. Privatrechts 24 Anm. 14; *Pfaff/Hofmann*, Commentar II 25.

1095 Vgl. *Ofner*, Protokolle I 328. Die Redaktoren ließen bei dieser Beurteilung den Indizienbeweis (*aus den Umständen*) zu. Ein bloßes negatives Verhalten, wie die Unterlassung einer strafrechtlichen Anzeige oder die Nichtänderung eines Testaments, ließ keine Verzeihung vermuten. Dagegen reichte es nach *Stubenrauchs* Ansicht aus, wenn der Erblasser den Erben trotz der begangenen Indignitätshandlung zum Erben eingesetzt hatte. Vgl. *Stubenrauch*, Commentar I 701.

1096 § 542 ABGB iF$_{1811}$: *Wer den Erblasser zur Erklärung des letzten Willens gezwungen, oder betrüglicher Weise verleitet, an der Erklärung, oder Abänderung des letzten Willens gehindert, oder einen von ihm bereits errichteten letzten Willen unterdrückt hat, ist von dem Erbrechte ausgeschlossen, und bleibt für allen einem Dritten dadurch zugefügten Schaden verantwortlich.* Text nach *Zeillers* Ausgabe: Commentar II 398–399.

zum gesetzlichen Schutzobjekt. Der letztwillige Wille musste, um die Rechtsgültigkeit in der Gerichtspraxis zu erlangen, im Sinne des § 565 ABGB iF_{1811} frei von jeglichem Zwang, Betrug oder Irrtum sein. Der österreichische Zivilkodex schützte dieses Recht des Erblassers[1097], frei über sein Vermögen von Todes wegen zu verfügen, indem er jeden Erben, *[…] der eine dem wahren Willen des Erblassers widersprechende Ordnung der Erbfolge herbeizuführen sucht […]*[1098], als erbunwürdig einstufte. Einem Erben sollte der im Rahmen seiner erbunwürdigen Handlung beabsichtige Vorteil, den er durch die Gefährdung der gewillkürten Erbfolgeordnung[1099] zu erwerben plante, verweigert werden[1100].

Nach dem Gesetzestext des gegenständlichen Rechtssatzes wurde von der Erbfolge des Testators derjenige als erbunwürdig ausgeschlossen, der den Erblasser durch Zwangs- oder Betrugsausübung zur Errichtung, Abänderung oder Widerrufung eines Testaments, eines Kodizills oder eines Erbvertrags gezwungen oder ihn davon abgehalten hatte. Den gleichen Rechtsfolgen wurde auch derjenige unterzogen, der den letzten Willen des Erblassers unterdrückt hatte. Die gesetzliche Aufzählung der maßgeblichen Tatbestände galt sowohl i.S.d. hL als auch i.S.d. zivilistischen Lehre des 19. Jh. als nicht taxativ. Somit galt ebenso derjenige als erbunwürdig, der die letztwillige Verfügung des Erblassers unterschoben oder verfälscht hatte. Sobald die *ratio legis* des gegenständlichen Paragraphs – der Schutz der Testierfreiheit und des letzten Willens des Verfügenden und die Absicht eine dem wahren Willen des Erblassers entsprechende Erbfolgeordnung herbeizuführen – verletzt wurde, galt der Erbe als erbunwürdig[1101].

Ein romanistisch interessierter Jurist wird den starken Einfluss des römisch-klassischen Rechts an dieser Regelung eindeutig feststellen. Sämtliche aus der Sicht des Paragraphen 542 relevanten Tatbestände entstammten der römischen Indignitätslehre der klassischen Periode – Verhinderung an der Errichtung bzw. an der Abänderung einer letztwilligen Verfügung (Ulp. 48 ed. D. 29.6.1 pr.; Paul. 16 resp. D. 34.9.19; Diocl./Maxim. C. 6.34.2), Unterdrückung (Marcell. 30 dig. D. 48.10.26) oder Verfälschung (Ulp. 8 disp. D. 48.10.4) eines letzten Willens sind aus Justinians Kompilation zu entnehmen. Sämtliche Vorläufer des österreichischen Gesetzbuches normierten die erwähnten Handlungen der Vereitelung

1097 Vgl. *Zeiller*, Commentar II 399.

1098 *Unger*, System des öst. Privatrechts 25 Anm. 19.

1099 Vgl. *Welser in Rummel/Lukas*, $ABGB^4$ § 542 (Stand: 1.11.2014, rdb.at).

1100 Vgl. *Staubenrauch*, Commentar I 702.

1101 Vgl. *Zeiller*, Commentar II 399–400; *Stubenrauch*, Commentar I 702; *Pfaff/Hofmann*, Commentar II 26; *Unger*, System des öst. Privatrechts 20; *Ehrenzweig*, System des öst. Privatrechts 341; *Welser* in *Rummel/Lukas*, $ABGB^4$ § 542 (Stand: 1.11.2014, rdb.at).

des letzten Willens des Erblassers zu ihren Indignitätsgründen. Die direkte Aufnahme dieser Erbunwürdigkeitsfälle in das österreichische Zivilgesetzbuch verdankte man m.E. vor allem ihrer überdimensionalen *ratio legis*.

Diese Ansicht findet m.E. ihre Bestätigung in dem europäischen Rezeptionsvorgang der gegenständlichen Indignitätsgründe. Die Verhinderung an der Testamentserrichtung bzw. an ihrer Abänderung stellte bereits nach einigen *leges barbarorum* (wie nach dem *Edictum Theoderici* oder nach der *Lex Romana Visigothorum*) einen erbrechtlichen Ausschlussgrund dar. Sie fand ebenso einen raschen Einzug in die gerichtliche Praxis des *droit commun français*. In den spätmittelalterlichen und neuzeitlichen privatrechtlichen Kodifikationen des deutschen Reiches galt der gegenständliche testamentarische Indignitätstatbestand als erster in schriftlicher Form verfasster und von dem Enterbungsvorgang losgelöster Indignitätsgrund. Die zweite Nürnberger Reformation legte als erste schriftliche Privatrechtsordnung die dargestellte Vereitelung des letztwilligen Willens des Erblassers als Indignitätstatbestand aus und trennte ihn dabei aus dogmatischer Sicht endgültig von der Enterbungslehre, die zur damaligen Zeit sämtliche Vergehen gegen den Erblasser und seine Testierfreiheit mit dem erbrechtlichen Ausschluss bestrafte. Dieser Ausschluss trat im Gegensatz zur Indignität nicht *ipso iure* ein, sondern verlangte eine vom Erblasser ausgesprochene Enterbungserklärung. Auch auf österreichischem Rechtsboden galt der gegenständliche Tatbestand als erster schriftlicher Indignitätsgrund. Diesen findet man in *Walthers* privatrechtlichen Traktaten. Der überdimensionale Gedanke dieses Tatbestandes ist ebenfalls an der Tatsache ersichtlich, dass der § 542 im Gegensatz zur Generalklausel des § 540, die mehrfach umgeändert wurde, erst im Rahmen des Erbrechts-Änderungsgesetzes 2015 (ErbRÄG 2015) novelliert wurde[1102].

1102 Im Rahmen der gegenständlichen Erbrechtsreform wurde aus systematischen Gründen der bisherige § 542 dem § 539 nF als neuer Paragraph (540 nF) direkt nachgestellt. Seine geltende Fassung lautet folgendermaßen: § 540 nF: *Wer absichtlich die Verwirklichung des wahren letzten Willens des Verstorbenen vereitelt oder zu vereiteln versucht hat, etwa indem er ihn zur Erklärung des letzten Willens gezwungen oder arglistig verleitet, ihn an der Erklärung oder Änderung des letzten Willens gehindert oder einen bereits errichteten letzten Willen unterdrückt hat, ist erbunwürdig, sofern der Verstorbene nicht zu erkennen gegeben hat, dass er ihm verziehen hat. Er haftet für jeden einem Dritten dadurch zugefügten Schaden.* Neben der systematischen Anpassung ist aus der Regierungsvorlage zu entnehmen, dass man ab nun nur die absichtliche Vereitelung eines letzten Willens als Erbunwürdigkeit initiierendes Verhalten

Auch in diesem Fall konnten die Erbunwürdigkeitsfolgen eines Testamentsverhinderers im Rahmen der von dem Erblasser geäußerten Verzeihung aufgehoben werden. Den zweiten naturrechtlichen Einfluss bildet m.E. die Schadensersatzpflicht des Testamentsverhinderers, der *[…] für allen einem Dritten dadurch zugefügten Schaden verantwortlich*[1103] bleibt.

d. Erbunwürdigkeitsrecht im Lichte der gesetzgeberischen Novellierungen

Die Generalklausel des § 540 iF_{1811} erfuhr innerhalb von ca. 200 Jahren vier Novellierungen, die den Wortlaut der gegenständlichen Norm mehrmals gravierend verändert hatten. Mit der dritten Teilnovelle zum ABGB, die durch die kaiserliche Verordnung vom 19. März 1916[1104] in Kraft getreten war, wurde die Form des § 540 als Generalklausel aufgehoben[1105]. Zum einen schränkte der österreichische Gesetzgeber die die Erbunwürdigkeit initiierenden Handlungen auf Verbrechen, die ausschließlich gegen den Erblasser gerichtet waren, ein. Zum anderen verzichtete man auf die detaillierte Beschreibung der durch diese Norm geschützten Rechtsgüter des Erblassers. Es brauchte keine explizite Erklärung, dass die verwendete Definierung der Indignitätshandlung als Verbrechen die Angriffe auf Leib, Ehre und Vermögen des Verstorbenen umfasste[1106]. Die

einstufte. Im Gegensatz zu einem Vergehen gegen den Erblasser (§ 539 nF bzw. § 540 iF_{1811}) erwähnte § 542 iF_{1811} in keiner Weise die maßgeblichen strafrechtlichen Willenskomponenten einer einen letzten Willen vereitelten Person. Somit gab die frühere Fassung dieses Tatbestandes offenen Raum für mögliche Auslegungsversuche, die auch eine fahrlässige Vereitelung eines letzten Willens zum Ziel haben konnten. Mit dieser Neuregelung entsprach der Gesetzgeber den Erkenntnissen der hRsp (RIS-Justiz RS 0112469; RS 0014978; 6 Ob 264/11h). Des Weiteren sollte ebenso die Maßgeblichkeit einer versuchten Handlung ausdrücklich betont werden (siehe dazu RIS-Justiz RS 0112469). Auf diese Problematik verwiesen bereits *Pfaff* und *Hofmann* in ihrem Kommentar: *[…] da aber des Versuches nicht ausdrücklich gedacht ist, genügt dieser nur dann, wenn er strafbar ist, somit principell (§. 8 Str. G. B.) dem begangenen Delicte gleichsteht* (*Pfaff/Hofmann*, Commentar II 26–27). Vgl. ErläutRV 688 BlgNR 25. GP 5; Siehe dazu *Barth/Pesendorfer*, EF-Z Spezial (2015) 6–7 (§ 540).

1103 Siehe dazu § 542 iF_{1811} und § 540 nF.

1104 RGBl 1916/69.

1105 Der § 540 iF_{1916} lautete folgendermaßen: *Wer gegen den Erblasser ein Verbrechen begangen hat, ist so lange des Erbrechts unwürdig, als sich aus den Umständen entnehmen läßt, daß ihm der Erblasser vergeben habe.* Text nach der Ausgabe der kaiserlichen Verordnung vom 19. März 1916 (§ 63). Siehe dazu http://alex.onb.ac.at/cgi-content/alex?aid=rgb&datum=1916&page=206&size=45.

1106 Vgl. *Kralik*, System des österreichischen allgemeinen Privatrechts IV: Das Erbrecht[3] (1983) 36.

Urfassung der Generalklausel wurde in der damaligen hL kritisiert[1107]. Nach damaliger Rechtslage führte jede Ehrenbeleidigung des Kindes oder des Vaters des Erblassers zur Erbunwürdigkeit des Beleidigenden – auch dann, wenn die beleidigte Person dem Täter verziehen hatte[1108]. Mit dem Bundesgesetz vom 11. Juni 1974 wurde das für die Erbunwürdigkeit maßgebliche Verbrechen präzis als *[…] eine gerichtlich strafbare Handlung, die nur vorsätzlich begangen werden kann und mit mehr als einjähriger Freiheitsstrafe bedroht ist […]* definiert[1109]. Das Erbrechts-Änderungsgesetz aus dem Jahr 1989, das vor allem die Gleichstellung unehelicher Kinder aus erbrechtlicher Sicht einführte, ergänzte den gegenständlichen Paragraphen durch folgende Formulierung: *[…] oder seine aus dem Rechtsverhältnis zwischen Eltern und Kindern sich ergebenden Pflichten dem Erblasser gegenüber gröblich vernachlässigt*[1110].

Im Rahmen der Erbrechtsreform aus dem Jahr 2015[1111] wurde der bisherige § 540 iF_{1989} als neuer Paragraph 539 nF geregelt. Dieser enthält im Gegensatz zur alten Regelung zwei Fälle. Der erste gibt unverändert den dogmatischen Inhalt des alten § 540 iF_{1989} wieder. Der zweite Fall der neuen Regelung stellt dagegen ein Novum auf österreichischem Rechtsboden dar. Dieser erklärt die Verlassenschaft zum gesetzlichen Schutzobjekt. Somit gilt ab nun auch derjenige als erbunwürdig, der gegen *[…] die Verlassenschaft eine gerichtlich strafbare Handlung begangen hat, die nur vorsätzlich begangen werden kann und mit mehr als einjähriger Freiheitsstrafe bedroht ist […]*[1112]. Dadurch sollen nach der Regierungsvorlage strafbare Handlungen, wie die Unterschlagung, die Zerstörung oder der Diebstahl der sich in der Verlassenschaft befindenden Sachen mit

---

1107 Siehe dazu *Hanausek*, Das gesetzliche Erbrecht und Pflichtteilsrecht des Ehegatten (1910) 39ff.

1108 *Jud*, § 540 ABGB – Erbunwürdigkeit und Tod des Erblassers, NZ 2006, 71.

1109 BGBl 1974, 496. Siehe dazu https://www.ris.bka.gv.at/Dokumente/BgblPdf/1974_496_0/1974_496_0.pdf.

1110 BGBl 1989, 656. Siehe dazu https://www.ris.bka.gv.at/Dokumente/BgblPdf/1989_657_0/1989_657_0.pdf. Mit dem Erbrechts-Änderungsgesetz aus dem Jahr 1989 wurde der bisherige Enterbungsgrund der gröblichen Vernachlässigung der sich aus dem Rechtsverhältnis zwischen Eltern und Kindern ergebenden Pflichten in einen Erbunwürdigkeitstatbestand umgewandelt. *Welser* kommentierte diese Änderung mit dem Umstand, dass diese Pflichtverletzungen besonders häufig gegenüber Kindern, die mangels Testierfähigkeit nicht in der Lage waren, eine Enterbung auszusprechen, begangen wurden. *Welser*, Die Erbrechtsreform 1989, NZ 1990, 144.

1111 BGBl 2015, 87.

1112 § 539 ABGB nF.

Erbunwürdigkeitsfolgen belegt werden[1113]. Mit dieser Novellierung entsprach der Gesetzgeber den Forderungen der hL, welche die Relevanz auch solcher Erbunwürdigkeitshandlungen, die erst nach dem Tod des Erblassers begangen wurden, verlangte[1114]. Interessanterweise tauchte diese Idee der indignitätsrechtlichen Maßgeblichkeit eines gegenüber der Verlassenschaft begangenen Verbrechens bereits im 19. Jh. auf. Im Rahmen der Arbeiten der Kompilationskommission zum *Codex Theresianus* wollte *Holger* einen unberechtigten Eingriff des Erben in die Verlassenschaft als einen aufgrund eines begangenen strafrechtlichen Verbrechens basierenden Erbunwürdigkeitsgrund bestimmen[1115]. Sein Vorschlag wurde letztendlich nicht angenommen.

Mit der Erbrechtsreform 2015 kehrte in die österreichische Gerichtspraxis wieder eine bereits bekannte Rechtskonstellation, nämlich die indignitätsrechtliche Relevanz des strafrechtlichen Vergehens gegen die *personae conjunctissimae* des Erblassers, zurück. Bis zum Inkrafttreten des ErbRÄG 2015 hielt sich der OGH am Wortlaut des § 540 iF_{1989} fest und lehnte die Begehung eines strafrechtlichen Verbrechens gegen die allernächsten Verwandten des Erblassers als Erbunwürdigkeitsgrund kategorisch ab[1116]. Seit dem Inkrafttreten der dritten Teilnovelle im Jahr 1916 konnte ausschließlich ein direkt gegen die Person des Erblassers gerichtetes strafrechtliches Vergehen die Erbunwürdigkeit des Täters verursachen. Dieser Zustand endete mit der Erbrechtsreform 2015, die den Erbunwürdigkeitsgrund der gerichtlich strafbaren Handlungen gegen nächste

---

1113 ErläutRV 688 BlgNR 25. GP 5.

1114 Vgl. *Jud*, NZ 2006, 73–74.

1115 Vgl. *Harrasowsky*, Codex Theresianus I 372 Anm. 5.

1116 OGH in SZ 24/21 = EvBl 1951/54; JBl 1954, 174; EvBl 1959/217. Vgl *Jud*, NZ 2006, 71. Die hL vertrat (bis zum Inkrafttreten des ErbRÄG 2015) in dieser Rechtsfrage eine Gegenmeinung. Nach *Kraliks* Ansicht sollte die vom Gesetzgeber verwendete Ausdrucksweise *wer gegen den Erblasser eine gerichtliche strafbare Handlung […]* aus privatrechtlicher Sicht und nicht aus strafrechtlicher verstanden werden. Nach der Ansicht des OGH (bis zum ErbRÄG 2015) würden eine schwere absichtliche Sachbeschädigung oder ein qualifizierter Diebstahl (z.B. eines Pferdes) zur Erbunwürdigkeit des Täters führen, nicht aber die Ermordung der Ehefrau oder des Kindes des Erblassers. *Kralik* meinte, dass man die verwendete Ausdrucksweise des Gesetzgebers als Eingriff in die Familienrechtssphäre des Erblassers auslegen sollte. Dadurch würden die *personae conjunctissimae* zum gesetzlichen Schutzobjekt des § 540 aF erklärt. Vgl. *Kralik*, Erbrecht 36; *Jud*, NZ 2006, 71–73; *Ehrenzweig*, System des öst. Privatrechts 372; *Welser* in *Rummel/Lukas* § 540. Siehe dazu *Steinwenter*, Erbrechtliche Miscellen, JBl 1955, 159f.

Angehörige des Erblassers wieder einführte[1117]. Dieser Tatbestand, der ab nun im § 541 nF geregelt ist, wird nach den Gesetzesmaterialien als *relativer* Erbunwürdigkeitsgrund[1118] bezeichnet. Die begangene strafbare Handlung gegen nächste Angehörige des Erblassers führt nur dann zu einem *ipso iure* eintretenden Verlust des Erbrechts, wenn der Erblasser aufgrund seiner fehlenden Testierfähigkeit, aus Unkenntnis oder aus sonstigen Gründen nicht in der Lage war, den rechtswidrig handelnden Erben zu enterben. *Zöchling-Jud* spricht in dieser Hinsicht von einer Art der *subsidiären Erbunwürdigkeit*[1119]. Somit kehrte auf diesem neuen subsidiären Weg die Generalklausel des alten § 540 aF in die österreichische Gerichtspraxis zurück.

II. Römische *indignitas* im *Code civil* – gelungene Synthese zwischen *droit coutumier* und *droit écrit*?

1. Geschichtliche Einführung: *Code civil* – zwischen den Idealen der französischen Revolution und Napoleons Pathos

Am Vorabend der Französischen Revolution befand sich das Rechtswesen Frankreichs in einem zersplitterten Zustand. Zwar erreichte der rechtliche Partikularismus nicht das Ausmaß, das im deutschen Reich geherrscht hatte, jedoch waren die reibungslose Rechtsanwendung und der Gerichtsverkehr aufgrund der Mannigfaltigkeit der lokal geltenden Gewohnheiten (der sog. *coutumes*) wesentlich erschwert. Bis zum Ausbruch der Revolution galten auf französischem Boden ungefähr 60 *coutumes générales* und 300 *coutumes locales*[1120]. Das französische Königreich setzte gegen diese verbreitete Rechtszersplitterung einige vereinheitlichende Maßnahmen wie die öffentliche Aufzeichnung der geltenden *coutumes* (angeordnet durch Karls VII. Ordonnanz von Montils-les-Tours aus dem Jahr 1454) oder die systematische Erlassung königlicher Verordnungen (*les ordonnances du roi*) auf dem Gebiet des Privatrechts. Diese Gesetzesakte besaßen im Gegensatz zu lokal geltenden *coutumes* allgemeine Geltung[1121]. Den

1117 Vgl. *Pesendorfer*, in *Barth/Pesendorfer*, Praxishandbuch des neuen Erbrechts (2016) 25–26.

1118 ErläutRV 688 BlgNR 25. GP 5.

1119 *Zöchling-Jud*, Die Neuregelung des Pflichtteilsrechts im ErbRÄG 2015, in *Rabl/Zöchling-Jud*, Das neue Erbrecht. Erbrechts-Änderungsgesetz 2015 (2015) 84. Siehe dazu *Pesendorfer* in *Barth/Pesendorfer*, Praxishandbuch 21.

1120 Vgl. *Zachariae*, Handbuch des französischen Civilrechts I[8] (1894) 22; *Zweigert/Kötz*, Einführung in die Rechtsvergleichung[3] (1996), 76.

1121 *Zachariae*, Handbuch I 37; *Zwiegert/Kötz*, Rechtsvergleichung 79. Die königlichen Verordnungen des *Ancien Régime* werden in der französischen Rechtssprache als

wichtigsten Beitrag zur Vereinheitlichung des französischen Privatrechts leisteten die Rechtsgelehrten und die Rechtsprechung der *parlements*. Diese Juristen, die überwiegend Advokaten oder Richter an französischen Gerichten waren, schufen das sog. *droit commun français* – ein gemeinfranzösisches Gewohnheitsrecht, das die Form einer Amalgamierung zwischen *droit coutumier* und *droit écrit* annahm[1122]. Dieses rechtliche Gebilde stellte die inhaltliche Grundlage der zukünftigen allgemeinen privatrechtlichen Kodifikation Frankreichs dar. Ohne diese vorbereitenden geistigen Leistungen der französischen Rechtsgelehrten, die ca. seit dem 16. Jh. in Erscheinung traten, wäre der *Code civil* in dieser Form wahrscheinlich nicht entstanden. Eine vergleichbare Rolle spielten bei der Entstehung des österreichischen ABGB die Naturrechtler. Das österreichische Gesetzbuch wäre ohne die durch das Naturrecht geförderte systematische Rechtswissenschaft nicht denkbar gewesen[1123].

Nichtsdestotrotz reichten diese Maßnahmen nicht aus, um ein einheitliches Rechtssystem in Frankreich zu etablieren. Den entscheidenden Impuls auf dem Weg zur Schaffung eines allgemeingültigen Privatrechts setzte erst die Französische Revolution. Der bevorstehende politische und soziale Wandel des französischen Königreichs brachte das bestehende Rechtssystem des *Ancien Régime* stark ins Wanken. Die Inhalte des *ancien droit* waren in vielen Fällen unvereinbar mit den Idealen der Revolution. Die starke christliche Prägung des Rechtswesens und der Rechtsauffassung[1124], der Einfluss des Lehnswesens auf die

---

ordonnances du roi bezeichnet. Diese Rechtsakte gliederten sich abhängig von ihrer Reichweite und ihrem Umfang in Edikte, *ordonnances* ieS, *déclarations* und *lettres patentes*. Bei der Fortbildung des *ancien droit* spielten vor allem die *ordonnances* ieS und die Edikte eine wichtige Rolle. Die ersten stellten königliche Gesetze, die ausführlich eine ganze Rechtsmaterie regelten, dar. Die Edikte dagegen befassten sich nur mit einem bestimmten rechtlichen Gegenstand. Vgl. *Zachariae*, Handbuch I 24.

1122 *Zweigert/Kötz*, Rechtsvergleichung 76–77; *Koschaker*, Europa und das römische Recht 121–122; 170 Anm. 3. Eine inhaltliche vorbereitende Leistung kam nicht nur vonseiten dieser Juristen, die ausschließlich im positiven Recht geforscht hatten, sondern auch vonseiten jener Rechtsgelehrten, die sich aus philosophischer Sicht mit der Geltung des positiven Rechts und mit der Gesetzgebungswissenschaft befasst hatten. Zu diesem Kreis gehörten vor allem *Montesquieu* und *Linguet* mit ihren Werken *L'esprit des lois* und *Théorie des lois civiles*. Vgl. *Zachariae*, Handbuch I 38.

1123 *Koschaker*, Europa und das römische Recht 205.

1124 Das *ancien droit* galt i.S.d. christlichen Auffassung als eine auf göttlichen und naturrechtlichen Gesetzen basierende Rechtsordnung, die der Mensch mit Hilfe der eigenen Vernunft ermitteln und gewinnen konnte. Im positiven Recht prägte die christliche Rechtslehre vor allem das Eherecht – z.B. die kategorische Ablehnung der Ehescheidung, die Unterstellung der Ehefrau der vollständigen Obhut

sachrechtlichen Bestimmungen[1125] und die hierarchisch aufgebaute Sozialordnung samt ihren rechtlichen Privilegien[1126] widersprachen den Rufen des französischen Volkes nach der rechtlichen Gleichheit aller Bürger, der Einheit des Staates, der Trennung von der Kirche oder der Freiheit des rechtsgeschäftlichen Verkehrs[1127]. Im Zuge dieser Bewegung wurde während der Revolutionszeit ein sog. *droit intermédiaire* gebildet – ein Zwischenrecht, das die rechtlichen Relikte des alten Königreiches[1128] beseitigen und an neue revolutionäre Ideale anpassen

des Ehemannes und des Vaters oder die rechtliche Schlechterstellung unehelicher Kinder. Vgl. *Weill/Terré*, Droit civil. Introduction générale[4] (1979) 92.

1125 Das Feudalsystem zielte auf die Aufrechterhaltung des Grundes unter der Kontrolle des Lehnsherrn (*seigneur*), der diesbezüglich sein Landgut unter der Abgabe des Treueversprechens seinem Vasallen abgab, ab. Dieser überließ wiederum dieses Landstück Nichtadeligen, die zu seiner Instandhaltung und zur Errichtung eines Zinsbetrags verpflichtet waren. Ein rechtsgeschäftlicher Erwerb eines unbeweglichen Gutes war nach diesen Grundsätzen nicht möglich. Des Weiteren dienten auch die erbrechtlichen Rechtsvorschriften des *ancien droit* der Aufrechterhaltung des unbeweglichen Vermögens innerhalb des feudalen Kreises, indem sie eine gesonderte Erbfolge für adelige und feudale Güter (*la succession des biens nobles et des fies*) vorsahen. Im Rahmen dieser Erbfolgearten wurden die Erstgeborenen (*droit d'ainesse*) und die männlichen Deszendenten (*privilège de masculinité*) gegenüber den anderen Verwandten bevorzugt. Vgl. *Weill/Terré*, Droit civil 92–94.

1126 Vgl. *Weill/Terré*, Droit civil 91–92.

1127 Vgl. *Zachariae*, Handbuch I 38.

1128 Die gesetzgeberischen Tätigkeiten des *droit intermédiaire* zielten vor allem auf die Abschaffung der im Feudalsystem wurzelnden Privatrechtsvorschriften ab. Im Fokus der neuen Gesetze sollte der Mensch als liberales und individuelleres Wesen stehen und die herrschenden Rechtsvorschriften sollten i.S. dieses Bildes angepasst werden. Die französische Legislative der Revolutionszeit führte die rechtliche Gleichbehandlung aller Bürger ein, säkularisierte das Eherecht, schwächte die väterliche Familiengewalt, ermöglichte die Adoption, erhob das individuelle Eigentum zum anerkannten Recht jedes Menschen, hob die feudale Verbundenheit zum Grund auf, führte den freien rechtsgeschäftlichen Verkehr ein etc.. Für weitere Beispiele siehe *Weill/Terré*, Droit civil 95–96. Aus Sicht der gegenständlichen Untersuchung erscheinen vor allem die erbrechtlichen Veränderungen interessant. Mit dem Dekret vom 15. März 1790 wurde die erbrechtliche Bevorzugung der Erstgeborenen und der männlichen Deszendenten aufgehoben. Das Dekret vom 7. März 1793 stellte sämtliche Kinder eines verstorbenen Aszendenten im Rahmen seiner Erbfolge gleich. Des Weiteren sprach das *droit intermédiaire* dem überlebenden Ehepartner ein gesetzliches Erbrecht im Rahmen der Erbfolge des verstorbenen Ehepartners zu. Im Falle des Nichtvorhandenseins übriger Verwandter wurde der überlebende Ehepartner zur Erbfolge berufen. Vgl. *Fenet*, Recueil complet des travaux préparatoires Code civil I (1836) 264 Anm. I.

sollte[1129]. Dieser Anpassungsprozess erfolgte durch die Proklamierung einzelner Gesetze, welche die Bestimmungen des *ancien droit* i.S.d. neuen Werte umbildeten. Das *droit intermédiaire* schaffte es jedoch nicht, die Fülle der *coutumes* zu beseitigen und damit auch nicht, eine rechtliche Einheit einzuführen[1130]. Man kann behaupten, dass das rechtliche Chaos durch die Einführung eines neuen revolutionären Rechtskreises sogar größer wurde.

Der Ruf des Volkes nach einem einheitlichen Gesetz wurde immer stärker. Ein auf dem profanen Vernunftrecht basierendes allgemeines Recht der Franzosen[1131] hätte in dieses rechtliche Chaos neues Licht und eine neue Ordnung bringen können. Zu diesem Entschluss kamen die Verfasser der französischen Konstitution vom 3. September 1791, indem sie folgendes Postulat formulierten: *Il sera fait un Code de lois civiles communes à tout le Royaume*[1132]. Die Juristen und Staatsmänner der Revolutionszeit schafften es jedoch nicht, ein einheitliches Zivilgesetzbuch zu erlassen. Zwar wurden in dieser Periode insgesamt vier Entwürfe einer zukünftigen Privatrechtskodifikation (drei stammten von *Cambacérès* und einer von *Jacqueminot*) fertiggestellt, jedoch erfuhr keiner von diesen Entwürfen die parlamentarische Sanktion. Diese Aufgabe brachte erst der Erste Konsul und der spätere Kaiser des *Empire français* Napoleon Bonaparte zu Ende. Nach seinem erfolgreichen Staatsstreich Ende 1799 berief er am 12. August 1800 als Erster Konsul eine Kommission, die mit der Abfassung eines Zivilgesetzbuches beauftragt wurde, ins Leben. Zu den Mitgliedern dieses Gremiums ernannte Napoleon *Tronchet*, *Bigot de Préameneu*, *Portalis* und *Maleville*. Diese Juristen waren angesehene und erfahrene Praktiker und vertraten in dieser Besetzung die Rechtskulturen des *droit coutumier* und des *droit écrit*. In einer erstaunlich kurzen Zeit von vier Monaten

1129 Diese tiefgreifenden Änderungen umfassten nicht nur den Inhalt des positiven Rechts, sondern erstreckten sich ebenfalls auf andere staatliche Ebenen, die mit dem System des *ancien droit* verbunden waren. Die rechtliche Einheit des Staates sollte durch die Abschaffung der rechtlichen Teilung Frankreichs in zwei Provinzen und durch die Zentralisierung der Gerichtsorganisation erreicht werden. Die territorialen *parlements* wurden abgeschafft und an ihre Stelle trat ein aus drei Ebenen gebildetes Gerichtssystem – *les tribunaux de prèmiere instance, les cours d'appel* und *le tribunal de cassation*. Vor allem die Einführung des Kassationsgerichtes sollte die einheitliche Rechtsanwendung und -auslegung ermöglichen. Vgl. *Weill/Terré*, Droit civil 95.

1130 Vgl. *Weill/Terré*, Droit civil 95.

1131 *Wieacker*, Privatrechtsgeschichte 340.

1132 Text nach der Ausgabe: http://www.education.gouv.fr/cid101146/constitution-du-3-septembre-1791-extrait.html&xtmc=rapport&xtnp=5&xtcr=122 (Stand 30.05.2017).

war das gegenständliche Gremium mit seiner Arbeit fertig. Der neue und aus geschichtlicher Sicht fünfte Entwurf wurde zuerst an den Kassationsgerichtshof und die Appellationsgerichte zur Begutachtung geschickt. Danach wurde der Inhalt des gerichtlich revidierten Endentwurfs einer Beratung im *Conseil d'État*, der unter dem Vorsitz entweder des Ersten Konsuls Napoleon oder des Konsuls *Cambacérès* geleitet wurde, unterzogen. Über diesen begutachteten Entwurf mussten das *corps legislatif* und letztendlich das Tribunat entscheiden. Nach einigen parlamentarischen und innenpolitischen Kämpfen, welche die Kundmachung des Gesetzbuches um insgesamt drei Jahre verzögerten, wurde die Proklamierung des Zivilgesetzbuches parlamentarisch beschlossen. Der Gesamtentwurf wurde zuerst im Rahmen der 36 Einzelgesetze kundgemacht und erst am 21. März 1804 zu einer Einheit zusammengefasst und als *Code civil des Français*[1133] proklamiert[1134].

Im gegenständlichen Kapitel wird der gesetzgeberische Rezeptionsvorgang der römischen *indignitas* im französischen *Code civil* dargestellt und untersucht. In diesem Sinne sollen die dogmatischen Wurzeln und die inhaltliche Herkunft des französischen Indignitätsrechts (Art. 727–730 C. civ. aF) erklärt werden. Um diesen Hintergedanken des französischen Gesetzgebers zu erforschen, werden die Indignitätsbestimmungen der Urfassung des *Code civil* mit der Rechtslage des *ancien droit* verglichen. Des Weiteren wird in diesem Kapitel auf die Protokolle der Begutachtungsdebatten, die im *Conseil d'État* und im *corps legislativ* zu indignitätsrechtlichen Artikeln abgehalten wurden, eingegangen. Im Rahmen dieses Kapitels werden ebenfalls die Erkenntnisse der ersten Entwürfe des *Code civils* berücksichtigt. Da das *droit intermédiaire* keine inhaltlichen Erkenntnisse zum Indignitätsrechts liefert, wird es im gegenständlichen Kapitel nicht berücksichtigt.

1133 Infolge der politischen Veränderungen, die in Frankreich stattfanden, wurde die Bezeichnung des Kodexes mehrfach geändert. So hieß er mit dem Gesetz vom 3.9.1807 *Code Napoléon* und mit dem Gesetz vom 13.7.1816 *Code Civil*. Im Jahr 1852 kehrte man zu dem Namen *Code Napoléon* zurück. Seit dem Jahr 1871 verwendete man wieder den Namen *Code Civil*, ohne ihn gesetzlich beschlossen zu haben. Vgl. *Leiser*, Code Civil, in HRG I 620.

1134 Vgl. *Zachariae*, Handbuch I 41–46; *Weill/Terré*, Droit civil 96–97; *Zweigert/Kötz*, Rechtsvergleichung 82–83. Siehe dazu *Wieacker*, Privatrechtsgeschichte 339–342; *Leiser* in HRG I 619–621.

2. Dogmatische Konstruktion der französischen *indignité*

a. Indignität des Code civil *im Schatten des* ancien droit

Das französische Gesetzbuch gliedert sich i.S.d. naturrechtlichen Systems in einen einführenden Teil und in drei Bücher, die nachfolgend das Personen- und das Sachenrecht sowie die unterschiedlichen Vorgänge eines Eigentumserwerbs behandeln[1135]. Nach den Leitprinzipien des Vernunftrechts, die das Erbrecht als eine Art des Eigentumsübergangs auffassten, wurden die Bestimmungen über die Intestaterbfolge (erster Titel *Des successions*) und über die Testamente (zweiter Titel *donations entre-vifs et des testaments*) dem dritten Buch zugeordnet. Das Rechtsinstitut der französischen Indignität (*l'indignité*) wurde in diesem aus zwei Titeln bestehenden Erbrechtssystem des *Code civil* ausschließlich der Intestaterbfolge zugeordnet. Diese inhaltliche Zuordnung deutet auf die erste Besonderheit der französischen Indignität hin: Die erbrechtliche Unwürdigkeit kommt nur im Falle einer Intestaterbfolge zur Anwendung[1136]. Dieser Umstand ist mit der germanischen Ausrichtung des französischen Erbrechts, das i.S.d. deutschrechtlichen Satzes *Deus solus heredes facit* nur die gesetzliche Erbfolge als rechtmäßigen Berufungsgrund anerkennt, zu begründen. Die aus dem *ancien droit* stammende Maxime *Institution d'héritier n'a point de lieu* findet ihre Anerkennung im *Code civil*, der eine testamentarische Erbeinsetzung schlechthin nicht vorsieht[1137]. Da es nach französischer Ausrichtung keinen Testamentserben gibt, können die Indignitätsfolgen nur einen Intestaterben vom Erbschaftserwerb

---

1135 Der einführende Teil wurde als *Titre préliminaire* bezeichnet und besteht aus insgesamt 6 Artikeln. Diese Präambel zum *Code civil* wurde selbstständig von *Portalis* entworfen. Das erste Buch des *Code civil* (Art. 7–515), das die Überschrift *Des personnes* trägt, behandelt das Personenrecht samt dem Ehe- und dem Vormundschaftsrecht. Das zweite Buch (Art. 516-–710) trägt den Titel *Des biens, et des différents modifications de la propriété* und widmet sich dem Eigentum und den beschränkten dinglichen Rechten (Sachenrecht iwS). Das dritte Buch (Art. 711–2218) trägt den Titel *Des différentes manières dont on acquiert la propriété* und bestimmt die unterschiedlichen Vorgänge eines Eigentumserwerbs. Die Bücher bestehen aus Titeln (*titre*) und diese wiederum aus Kapiteln (*chapitre*). Vgl. *Wieacker*, Privatrechtsgeschichte 342–343; *Zachariae*, Handbuch I 46; *Zweigert/Kötz*, Rechtsvergleichung 90–91.

1136 Vgl. *Baudry-Lacantinerie/Barde*, Traité théorique et pratique de droit civil VII/I[3] (1905) 220; *Mazeaud/Mazeaud*, Leçons de droit civil V/II Successions Libéralités (1982) 58; *Ferid/Sonnenberg*, Das französische Zivilrecht III[2] (1987) 479; *Malaurie/Aynès*, Droit civil. Les successions les libéralités (2004) 42.

1137 Zwar ist eine testamentarische Erbeinsetzung nach französischem Erbrecht nicht möglich, jedoch kann ein Testator über sein Vermögen frei von Todes wegen

ausschließen. Ein unwürdig handelnder Erbe, der im Rahmen einer Zuwendung von Todes wegen bedacht wurde, konnte nur mittels einer Widerrufsklage vom Erwerb der ihm hinterlassenen Güter ausgeschlossen werden[1138].

Die Indignität wurde im *Code civil* im zweiten Kapitel des Titels *Des successions* geregelt. Dieses Kapitel, das die Überschrift *Des qualités requises pour succéder* trägt, bestimmt die rechtlichen Eigenschaften eines Erben, die ihm einen rechtmäßigen Erbschaftsantritt ermöglichen. Neben der Erbunfähigkeit und der nicht mehr bestehenden Regelungen über die erbrechtlichen Ansprüche der Ausländer widmet sich dieses Kapitel dem Rechtsinstitut der Indignität. Die französischen und österreichischen Gesetzgeber regelten aus gesetzgeberischer Sicht diese Materie ähnlich, indem sie die erbrechtliche Unwürdigkeit in inhaltlichem Zusammenhang mit den Bestimmungen, welche die rechtlichen Eigenschaften eines Erben festlegten, formulierten. Im Gegensatz zum ABGB, das die Erbunwürdigkeit ausdrücklich als Form einer (relativen) Erbunfähigkeit auffasste[1139] und somit eine inhaltliche Verbindung zwischen Erbunfähigkeit und Indignität schaffte, nannte der *Code civil* die erbrechtliche Unwürdigkeit als einen Ausschließungsgrund. Die Redaktoren des französischen Gesetzbuches ließen somit keine inhaltliche Verbindung mit der Erbunfähigkeit erkennen – zumindest nicht direkt.

---

verfügen. Diese letztwilligen Verfügungen erfolgen in Form der Vermächtnisse (*les legs*). Somit konnte ein Testator mittels eines Universalvermächtnisses (*legs universel*) seinen ganzen Nachlass einem einzigen Erben anvertrauen. Der *Code civil* sieht im Art. 1002 C. civ. drei Arten einer Vermächtnisleistung vor: Neben dem *legs universel* (Universalvermächtnis) kennt das französische Recht ein *legs à titre universel* (Erbteilvermächtnis) und ein *legs à titre particulier* (Stückvermächtnis). Der Leitgedanke des französischen Testaments ist nicht die Einsetzung eines Erben, sondern ausschließlich die zivilrechtliche Verfügung über das Vermögen des Verfügenden. Vgl. *Ferid/Sonnenberg*, Zivilrecht 524; 554ff.

1138 Die Widerrufsklage ist im Art. 1046 C. civ. statuiert. Der gegenständliche Artikel verweist bei der inhaltlichen Ausgestaltung dieses Widerrufsrechts auf die entsprechenden Schenkungsbestimmungen. Die in den Artikeln 954 und 955 Z. 1 und 2 C. civ. aufgelisteten Fällen einer gegenüber dem Erblasser erwiesenen Undankbarkeit (*l'ingratitude*), die einen Widerruf einer Schenkung ermöglichen, finden eine analoge Anwendung auf letztwillige Verfügungen. Die Widerrufsgründe des Schenkungsrechts – die Nichteinhaltung von Bedingungen, die Lebensnachstellung oder ein durch *sévices, délits ou injures graves* bekundeter Undank – berechtigen somit ebenfalls zum Widerruf einer letztwilligen Verfügung. *Ferid/Sonnenberg*, Zivilrecht 479.

1139 Die Überschrift der Urfassung des ABGB zum § 540 lautet *Ursachen der Unfähigkeit*. Siehe dazu *Zeiller*, Commentar II 395.

Der einführende Satz des Art. 727 C. civ. aF lautet folgendermaßen: *Sont indignes de succéder, et, comme tels, exclus des successions [...]*[1140]. Es stellt sich in diesem Zusammenhang die Frage nach der rechtlichen Konstruktion der französischen Indignität. Konnte ein unwürdiger Erbe die Erbschaft antreten oder galt er von Anfang an als erbunfähig und die Erbschaft fiel ihm überhaupt nicht an? Der Wortlaut des gegenständlichen Artikels gibt diesbezüglich keine eindeutige Antwort. Die hL des 19. Jh. folgte in dieser Rechtsfrage der römisch-klassischen Indignitätslehre. Ein *indignus* blieb weiterhin ein erbfähiger Erbe und sein im Rahmen der Intestaterbfolge erfolgter Erbschaftserwerb wurde bis zur Feststellung seiner Erbunwürdigkeit nicht verhindert. Erst nach der festgestellten Indignität wurde ihm der erworbene Nachlass entzogen[1141]. *De Capèle* wies in diesem Zusammenhang auf den Wortlaut des gegenständlichen Artikels hin. Die im 727. Artikel verwendete Ausdrucksweise *Sont indignes de succéder, et comme tels exclus des successions [...]* deutet darauf hin, dass die Indignitätsfolgen nur denjenigen betreffen konnten, der die Erbschaft bereits erworben hatte. Das Wort *exclusion* vermutet vielmehr einen Ausstoß von der Erbfolge (bzw. eine Ereption i.S.d. römischen Indignitätslehre) als ein rechtliches Hindernis[1142]. Die heutige und die aus der zweiten Hälfte des 20. Jh. stammende Fachliteratur bezeichnet dagegen die rechtlichen Auswirkungen einer Indignität als rechtliches Hindernis, das den Erwerb der Erbgüter unmöglich macht. Ein legitimer Intestaterbe, der eine Indignitätshandlung begeht, verliert dadurch sein gesetzliches Erbrecht – ob er dabei als erbfähig oder erbunfähig behandelt wird, wird in der gegenständlichen Fachliteratur meistens nicht exakt erläutert.

Der Verlust bzw. die Verwirkung des Erbrechts als Rechtsfolge einer festgestellten Indignität wird nach französischer Rechtsauffassung als *peine privée* bezeichnet – eine privatrechtliche und personenbezogene Strafe[1143], die einem Erben

---

1140 Diese Formulierung wird auch in den novellierten Indignitätsartikeln des *Code civil* (Art. 726 und 727 C. civ. nF) verwendet.

1141 Vgl. *Aubry/Rau*, Cours de droit civil francais IX^{5} (1917) 425; *Zachariae*, Handbuch des französischen Civilrechts IV^{8} (1895) 17; *Baudry-Lacantinerie/Barde*, Traité de droit civil 219–220. Dieser Meinung folgten ebenso die französischen Dissertationen des 19. Jh., die das französische Indignitätsrecht zum Gegenstand ihrer Untersuchungen hatten. Siehe dazu *de Capèle*, L'indignité 135–136; *Trencart*, De l'indignité en droit romain et en droit français (1866) 149; *Soleau*, De l'indignité en droit romain et en droit français (1868) 194–195; *Foucher*, De l'indignité et de l'ingratitude (1857) 133.

1142 *De Capèle*, L'indignité 134–135.

1143 Mit diesen Worten beschrieb der *Cour de cassation chambre civile 1* am 19.12.1984 die Rechtsfolgen eines Indignitätsverhältnisses. Vgl. Cass. (1re ch.), 19 decembre

seine erbrechtlichen Forderungen verwirkt, da dieser ein Fehlverhalten gegenüber seinem Erblasser setzte[1144]. Diese offene Formulierung der rechtlichen Stellung eines *indignus*, die im *Code civil* vorgenommen wurde, kann mit der Rechtslage des *ancien droit* argumentiert werden. Weder die Rechtspraxis des *Ancien Régime* noch die schriftlichen Werke der französischen Rechtsgelehrten zum *ancien droit* konnten eine deutliche Trennlinie zwischen den Rechtsinstituten der Indignität und der Erbunfähigkeit festlegen[1145]. Das verwischte Bild wurde nochmals durch die Ablehnung des fiskalischen Ereptionsrechts durch das altfranzösische Recht bekräftigt. Die Rechtsfolgen der beiden Institute waren dadurch gleich. Da der staatliche Fiskus nicht berechtigt war, die dem *indignus* entzogenen Erbgüter an sich zu ziehen, behandelte man diesen aus rechtlicher Sicht wie einen Erbunfähigen – der verwirkte Nachlass ging in diesem Fall an die nächstberufenen Erben. Diese Abwicklung eines Indignitätsverhältnisses, die übrigens der Standpunkt der gemeinrechtlichen Lehre war, fand Eingang in den 727. Artikel des *Code civil*.

Den zweiten breiten Auslegungsraum des französischen Indignitätsrechts, der seine inhaltlichen Wurzeln im *ancien droit* hat, bildet die Feststellungsart eines Indignitätsverhältnisses. Diese konnte entweder nach gemeinrechtlichem Vorbild *ipso iure* eintreten oder sie konnte i.S.d. römisch-klassischen Indignitätslehre mit Hilfe eines gerichtlichen Urteils festgestellt werden. Die französische Rechtslehre des 19. Jh. folgte der zweiten Ansicht und ging davon aus, dass die Indignität eines Erben nur mittels eines gerichtlichen Urteils festgestellt werden konnte[1146]. Im Gegensatz zum ABGB, das die *ipso-iure*-Lösung vertrat, ist weder aus dem Wortlaut des Artikels 727 C. civ. aF noch aus seinen Gesetzgebungsmaterialien eine klare Antwort auf die gegenständliche Rechtsfrage zu finden. Die *ipso-iure*-Wirkung der Indignität ist zwar ebenfalls nicht direkt aus dem Gesetzestext des österreichischen Kodexes zu entnehmen, jedoch ergibt sie sich aus seinen früheren Entwürfen (Entwurf Martinis II 10 cap. § 18[1147]), die durch

---

1984, Bull. 1984 I n°340. Siehe dazu https://www.legifrance.gouv.fr/affichJuriJudi.do?idTexte=JURITEXT000007012830.

1144 Vgl. *Breton*, Successions Libéralités 54; *Marty/Raynaud*, Droit civil les successions et les libéralités (1983) 26; *Planiol/Ripert*, Traité pratique de droit civil français IV Successions (1956) 96; Siehe dazu *Hugueney*, L'idée de peine privée en droit contemporain (1904) 128.

1145 Vgl. *Bourjon*, Le droit commun de la France 812; *Furgole*, Traité 482.

1146 Vgl. *Aubry/Rau*, Cours de droit civil 402–403, 422; *Zachariae*, Handbuch IV 14–15; *Planiol/Ripert*, Traité de droit civil français 99–100; *Capèle*, L'indignité 134; *Trencart*, L'indignité 148; *Soleau*, L'indignité 194–195; *Foucher*, L'indignité 151.

1147 *[...] boshafter Weise an Ehre, Leib oder Gut merklich verletzt, der wird von dem Gesetze insolang des Erbrechts unwürdig erklärt [...] Harrasowsky*, Codex Theresianus V 120.

das ABGB übernommen wurden. Der Grund für diese Entscheidung der französischen Rechtsdoktrin lag wahrscheinlich in den Erkenntnissen des *ancien droit*, das die Indignität als eine Art privatrechtliche Strafe auslegte. *Pothier* und *Domat*, die zweifellos einen großen materiellen Einfluss auf die Inhalte des *Code civil* ausgeübt hatten, verlangten eine gerichtliche Feststellung eines Indignitätsverhältnisses – *L'indignité n'a pas lieu de plein droit; elle doit être prononcée*[1148]. Des Weiteren liest man in *Domats* Werk, dass die Indignitätsgründe nach dem *ancien droit* unbestimmt waren und die Feststellung, ob ein Vergehen aus indignitätsrechtlicher Sicht überhaupt relevant war, ausschließlich in der Ermessungsmacht des entscheidenden Richters lag[1149]. Die Indignität konnte somit nach der Rechtslage des *ancien droit* nur durch eine gerichtliche Verkündung festgestellt und ausgesprochen werden. Die Grundsätze des römischen Indignitätsrechts – die beibehaltene Erbenstellung des *indignus* und die gerichtliche Feststellung der erbrechtlichen Unwürdigkeit –, die zugleich das Rechtsansehen des *ancien droit* prägten, übten also einen wesentlichen Einfluss auf die auf dem *Code civil* aufgebaute französische Rechtsdoktrin des 19. Jh. aus. Diese folgte in dieser Hinsicht vollständig der römisch-klassischen Konstruktion der Indignität. Erst mit einem gerichtlichen Urteil galt der Erbe als erbunwürdig. Der Erbanfall, der vor der gerichtlichen Feststellung der Erbunwürdigkeit erfolgte, war mit einem rechtlichen Mangel behaftet, der von der gerichtlichen Reaktion anderer Erben bzw. berechtigter Vermächtnisnehmer abhängig war[1150]. Nach der gerichtlich festgestellten Indignität galt der an dem *indignus* vollzogene Erbanfall, als wäre er überhaupt nicht zustande gekommen. Die festgestellte Indignität wirkte somit auf den Tag des Erbanfalles *ex tunc* zurück. Die nächstberufenen Erben des Erblassers, die an die Stelle des *indignus* traten, waren befugt, die dem Erbunwürdigen angefallenen und von ihm erworbenen Erbgüter zu vindizieren[1151].

Diese Ansicht wurde letztendlich im 20. Jh. verworfen. Die heutige französische Rechtsdoktrin übernimmt bei der rechtlichen Abwicklung eines Indignitätsverhältnisses die aus dem *ius commune* stammende Lösung, die den *indignus* aus rechtlicher Sicht wie einen *incapaces* behandelt. Die Indignitätseigenschaft eines Erben tritt somit mit dem Tod des Erblassers und der damit verbundenen Eröffnung der Erbfolge *ipso iure* und ohne Einwirkung einer gerichtlichen Entscheidung ein. Nach dieser inhaltlichen Ausrichtung wird ein *indignus* im

---

1148 *Dupin*, Œuvre de Pothier 35.

1149 *Domat*, Les loix civiles 82.

1150 *Zachariae*, Handbuch IV 15.

1151 *Baudry-Lacantinerie/Barde*, Traité de droit civil 222; *Aubry/Rau*, Cours de droit civil francais 425; *Zachariae*, Handbuch IV 17.

Rahmen einer Intestaterbfolge nicht als Erbe betrachtet. Sein erbrechtlicher Ausschluss führt dazu, dass der nächstberufene Intestaterbe oder ein vom Erblasser festgelegter Vermächtnisnehmer zum Erwerb des *ereptorium* berechtigt ist[1152].

Den nächsten Niederschlag der Indignitätslehre des *ancien droit* bildet im *Code civil* der Artikel 729 C. civ. aF[1153]. Der gegenständliche Rechtssatz bestimmte, dass die Nachkommen eines *indignus* ihr Erbrecht mittels einer erbrechtlichen Repräsentation nicht erwerben konnten. Die Deszendenten konnten nur dann die Person, gegenüber der sich ihr Aszendent als erbunwürdig erwiesen hatte, beerben, wenn sie im Rahmen der Erbfolge einen eigenen erbrechtlichen Anspruch vorweisen konnten. Diese Regelung bildet m.E. eine geschickte Mittellösung zwischen den Inhalten des *ancien droit* und den Idealen der Französischen Revolution. Nach der Rechtslage des *ancien droit* gingen die Indignitätsfolgen eines Verwandtenmörders auf seine Deszendenten über und schlossen sie von der Erbfolge des ermordeten Verwandten aus. *Le Brun* verwies diesbezüglich auf den *arrêt de la Morineau* vom 15. Mai 1604, der die Tochter einer Frau, die ihren Vater ermordet hatte, aufgrund der festgestellten Indignität ihrer Mutter von der Erbfolge ihres ermordeten Großvaters ausschloss – *Horror matris transit ad filios*[1154]. *Pothier* lehnte dagegen den Übergang der Indignität auf die Nachkommen des *indignus* ab. Diesen Umstand argumentierte er mit dem strafrechtlichen Charakter der Indignität – *[…] l'indignité est une peine, et il ne doit point y avoir de peine ou il n'y a point de faute […]*[1155]. Die Redaktoren des *Code civil* übernahmen dagegen eine Mittellösung – die Deszendenten eines *indignus* konnten nur dann die Erbschaft des verstorbenen Verwandten antreten, sobald sie ihren eigenen, selbstständigen Anspruch im Rahmen der gegenständlichen Erbfolge vorweisen konnten. Die Indignitätsfolgen des Vaters gingen somit nur dann auf dessen Kinder über, wenn diese den dem Vater ursprünglich zustehenden gesetzlichen Erbanteil mittels des Repräsentationsrechts antreten konnten. Diese Konstellation war aus praktischer Sicht nach dem System des französischen Intestaterbrechts nur dann möglich, wenn der Verstorbene keine weiteren Kinder hinterließ. Diese Lösung stellt aber keine eigenständige

1152 Vgl. *Marty/Raynaud*, Droit civil 30; *Mazeaud/Mazeaud*, Leçons de droit civil 57–58; *Planiol/Ripert*, Traité de droit civil 100; *Ferid/Sonnenberg*, Das französische Zivilrecht 479; *Baudry-Lacantinerie/Barde*, Traité de droit civil 212, 222.

1153 Art. 730 C. civ. aF_{1804}: *Les enfans de l'indigne, venant à la succession de leur chef, et sans le secours de la représentation, ne sont pas exclus pour la faute de leur père […].*

1154 Vgl. *Le Brun*, Traité des successions 554–555; *Trencart*, L'indignité 98–99; *Soleau*, L'indignité 99; *Foucher*, L'indignité 117.

1155 *Dupin*, Œuvre de Pothier 35.

dogmatische Leistung der Redaktoren des französischen Kodexes dar. Sie entstammte der Gerichtspraxis der französischen *parlements* und bildete somit den Bestandteil des *ancien droit*[1156].

Die französische Indignität stellte ein zwingendes Recht dar. Ihre Rechtsfolgen konnten nicht umgangen werden. Eine durch den Erblasser geäußerte Verzeihung hob im Gegensatz zu anderen vernunftrechtlichen Gesetzbüchern die Rechtsfolgen einer festgestellten Indignität nicht auf[1157]. Die Redaktoren des französischen Kodexes blieben in dieser Hinsicht dem römischen Recht treu und lehnten die rechtsbefreienden Wirkungen einer geäußerten Verzeihung ab.

Den nächsten feststellbaren Niederschlag der Indignitätslehre des *ancien droit* im *Code civil* stellt der Art. 729 C. civ.[1158], der die Rückgabepflicht der zivilrechtlichen Früchte des *indignus* festlegte, dar. Sobald sich der als erbunwürdig ausgesprochene Erbe in Besitz der Erbschaftssachen befand, war er verpflichtet, die aus diesen Sachen erwirtschafteten zivilrechtlichen Früchte zurückzugeben – ein *indignus* wird in diesem Fall vom Gesetz als unredlicher Besitzer behandelt[1159]. Diese Regelung entspricht fast wortwörtlich Papinians Digestenstelle 34.9.17[1160] und gibt somit den Inhalt des klassischen römischen Indignitätsrechts wieder.

3. Indignitätsgründe des *Code civil*

a. Vorbemerkungen

Das Indignitätsrecht des *ancien droit* gibt ein sehr zersplittertes Bild der einschlägigen Indignitätstatbestände wieder. Diese waren meistens undefiniert und unbestimmt. Im Rahmen einer gerichtlichen Auseinandersetzung lag die

1156 Das Pariser Hofgericht schloss am 7. August 1604 die Kinder der Verwandtenmörderin von der Erbfolge des Opfers aus, sobald sie die gegenständliche Erbfolge nur mittels des Repräsentationsrechts antreten konnten – *non tame iure suo que per reprasentationem matris*. Vgl. *Brodeau*, Recueil 1059–1061.

1157 Vgl. *Ferid/Sonnenberg*, Das französische Zivilrecht 479.

1158 Art. 729 C. civ.: *L'héritier exclu de la succession pour cause d'indignité, est tenu de rendre tous les fruits et tous les revenus dont il a eu la jouissance depuis l'ouverture de la succession.*

1159 Vgl. *Baudry-Lacantinerie/Barde*, Traité de droit civil 223–223; *Aubry/Rau*, Cours de droit civil 426; *Zachariae*, Handbuch IV 17.

1160 Vgl. Pap. 13 resp. D. 34.4.17: *Heredem, qui sciens defuncti vindictam insuper habuit, fructus omnes restituere cogendum existimavi nec probe desideraturum actionem confusam restitui: deceptum autem ignoratione facti bonae fidei possessoris defensionem habiturum ante motam scilicet controversiam, si ratio fructuum subducatur, nec improbe confusam actionem reddi postulaturum.*

Entscheidung, ob ein bestimmtes Verhalten als indignitätswürdig galt oder nicht, in der Ermessungsmacht des entscheidenden Richters. Dieser entschied grundsätzlich unter Heranziehung der guten Sitten und der Billigkeitsregeln[1161], ob ein bestimmter Erbe von der Erbfolge als erbunwürdig ausgeschlossen wurde. Die römischen Juristen bildeten mit ihren Entscheidungen kontinuierlich die klassische Indignitätslehre fort. Eine ähnliche Vorgehensweise ist während der Zeit des *Ancien Régime* festzustellen. Die Rolle der römischen Juristen übernahm im französischen Königreich die Rechtsprechung der *parlements*. Die französischen Höchstgerichte bildeten die Indignitätstatbestände des *ancien droit* fort, indem sie mit ihren gerichtlichen Entscheidungen neue Tatbestände schufen. Die römisch-klassischen Indignitätsfälle übernahmen in diesem Prozess eine Vorbildfunktion, indem zahlreiche Indignitätstatbestände des *ancien droit* dem römischen Recht entnommen wurden.

Die Redaktoren des *Code civil* vertraten dabei die Ansicht, dass diese Fülle der im römisch-klassischen Recht wurzelnden Indignitätsgründe des *ancien droit* nicht ihren Platz im zukünftigen Gesetzbuch finden sollte. Man stand vor allem der im Zeitalter des Vernunftrechts ausgebildeten vermeintlichen *ratio legis* des Indignitätsrechts, nämlich der Erfüllung des präsumtiven Willens des Erblassers, sehr skeptisch gegenüber. Diese fand breite Akzeptanz in den naturrechtlichen Privatrechtskodifikationen des späteren 18. und 19. Jh.[1162]. Die einzelnen aus dem römischen Recht stammenden Gründe des *ancien droit* widersprachen in dieser Hinsicht sowohl dem neuen durch die Ideale der Revolution geprägten französischen Rechtsverständnis als auch den gesetzgebungstechnischen Leitlinien des *Code civil*. Der französische Kodex suchte nach inhaltlich präzisen, prägnanten und rechtlich durchsetzbaren Regelungen, die Spielraum für mögliche Auslegungsversuche verhindern sollten. Die Indignitätsfälle des *ancien droit* erfüllten nicht immer diese Voraussetzungen, indem die aus der römischen Indignitätslehre stammenden Tatbestände aus inhaltlicher Sicht oft verwirrend und vor allem in einem Gerichtsverkehr schwer beweisbar waren[1163]. Die Aufgabe der Redaktoren war dies

1161 *Domat*, Les loix civiles 82.

1162 Dieser Einwand wurde durch *Treilhard* im Rahmen des Berichtes vor dem *Corps Législatif* vorgetragen: *Nous n'avons pas jugé convenable d'étendre davantage les causes d'indignité: il ne faut pas, sous le prétexte spécieux de remplir la volonté présumée d'un défunt, autoriser des inquisitions qui pourraient être également injustes et odieuses. Locré*, La législation civile, commerciale et criminelle de la France X (1827) 182.

1163 Einzelne Gründe der römischen Indignitätslehre bezeichnete *Treilhard* als ungerecht und odiös: *C'est par ce motif que nous n'avons pas cru devoir admettre quelques causes reçues cependant dans le droit romain; comme, par exemple, celles, qui seraient*

zu verhindern und eine reibungslose gerichtliche Anwendung des Indignitätsrechts des zukünftigen Gesetzbuches zu ermöglichen.

b. Celui qui serait condamné pour avoir donné ou tenté de donner la mort au défunt

Den ersten Tatbestand des französischen Indignitätsrechts bildet das *parricidium*. Der Art. 727 (1) C. civ. aF[1164] schloss denjenigen von der Erbfolge aus, der für die vollendete oder versuchte Ermordung des Erblassers verurteilt wurde. *Simeon*, der Orateur des Tribunats, sagte während der Sitzung des *Corps legsilatif* den Satz: *On n'hérite pas de ceux qu'on assasine*[1165]. Dieser Tatbestand wurde bereits im Rahmen des dritten Entwurfes des *Code civil*, der im Jahr 1796 von *Cambacérès* fertiggestellt wurde, niedergeschrieben: *Nul ne peut recueillir la succession de celui ququel il a donné volontairement la mort*[1166]. Der Inhalt des 727. Artikels des *Code civil* spiegelt den auf elementarem Gerechtigkeitsempfinden basierenden Rechtsgedanken, dass niemand aus einem anderen gegenüber verübten Vergehen Gewinn ziehen soll, wider. Den gegenständlichen Rechtssatz kann man als Ausdruck sowohl der germanischen[1167] als auch der römischen Rechtskultur bezeichnen.

Im Rahmen des 727. (1) Artikels formulierten die Redaktoren des *Code civil* zwei rechtliche Voraussetzungen, die im Falle eines *parricidium* für die Entstehung eines Indignitätsverhältnisses notwendig waren. Zum einen musste der Intestaterbe seinen Erblasser ermorden oder diese Tat zumindest im Versuchsstadium nicht vollenden. Zum anderen musste der unwürdig handelnde Erbe wegen dieser Tat gerichtlich verurteilt werden. Ein Ausschluss von der

---

fondées sur des habitudes criminelles entre le défunt et l'héritier, ou sur la disposition qu'on prétendrait avoir été faite par l'héritier, d'un bien du défunt avant son décès, ou sur l'allégation que l'héritier aurait empêché le défunt de faire son testament ou de le changer. Locré, La législation civile 182.

1164 Art. 727 C. civ. aF: *Sont indignes de succéder, et comme tels exclus des successions, 1. °Celui qui serait condamné pour avoir donné ou tenté de donner la mort au défunt;*

1165 *Locré*, La législation civile 283.

1166 *Cambacérès* 3ᵉ. Projet de Code civil liv. II tit. 7 art. 592. Text nach *Fenets* Ausgabe: Recueil complet des travaux préparatoires du Code civil 266. Im Gegensatz zur Endfassung des *Code civil* ordnete *Cambacérès* die erbrechtlichen Bestimmungen dem 2. Buch, das aus inhaltlicher Sicht das Sachenrecht behandelte, zu.

1167 Auf französischem Rechtsboden tauchte dieser Tatbestand in der *Lex Ribuaria (cap. 69)* und im Kapitular *Pro lege habendum Wormatiense (cap. 2)* aus dem Jahr 829 auf. Er gilt somit als Ausdruck des germanischen Rechtsverständnisses.

Intestaterbfolge konnte nur dann erfolgen, wenn diese beiden Voraussetzungen kumulativ vorlagen. Ein Indignitätsverhältnis konnte dann nicht entstehen, wenn z.B. der Erbe seinen Erblasser im Rahmen der Notwehr (Art. 328 C. pén. aF) getötet hatte oder wenn er aufgrund seines Alters deliktsunfähig (66 C. pén. aF) bzw. aufgrund seines geistigen Zustandes unfähig (Art. 64 C. pén. aF) war, seine Tat einzusehen[1168]. In den bereits erwähnten Fällen war eine gerichtliche Verurteilung wegen Mordes nicht möglich. Des Weiteren galt nach dem Wortlaut des gegenständlichen Artikels nur eine absichtliche Tötung des Erblassers als indignitätsrelevant. Eine fahrlässige Tötung löste somit keine Indignitätsfolgen aus. Die französischen Gerichte legten den Wortlaut dieses Rechtssatzes sehr strikt aus. Das Gleiche betraf die umstrittene Frage der indignitätsrechtlichen Beurteilung einer Komplizenschaft. Die Redaktoren erwähnten im gegenständlichen Artikel in keiner Weise die indignitätsrechtliche Relevanz eines Beihilfetäters. Zwar wurde der Komplize aus strafrechtlicher Sicht (Art. 59 C. pén.) gleichgestellt, jedoch wurde die Ausstreckung der Indignitätsfolgen auf seine Person durch die französische hL abgelehnt[1169].

In dieser Hinsicht waren die Redaktoren des *Code civil* viel restriktiver als die Erkenntnisse des *ancien droit*. Die französischen *parlements* verlangten eine kausale Verursachung des Todes des Erblassers. Darunter wurde nicht nur eine absichtliche Tötung, sondern auch eine fahrlässige (*per négligence*) subsumiert. Diese Meinung wurde auch von bedeutenden Rechtsgelehrten des *Ancien Régmie*, wie *Domat*, *Le Brun* oder *Furgole*, vertreten[1170]. Erst *Pothier*, der den strafrechtlichen Charakter der Indignität in seinem Werk stark vertrat, verwies diesbezüglich auf die schuldrechtliche Komponenten eines Verwandtenmordes und stufte nur eine absichtliche Tatausführung als indignitätsrelevant ein[1171]. Dagegen stimmten die Erkenntnisse des *ancien droit* mit den Inhalten des *Code civil* in Bezug auf die strafaufhebenden Maßnahmen überein. In dieser Hinsicht übten die Begnadigung des Täters, die strafrechtliche Amnestie und die Verjährung der Straftat (ausgenommen des Ausstreichens der Klagefrist) keinen Einfluss auf den indignitätsrechtlichen Ausschluss von der Erbfolge aus[1172].

1168 *Baudry-Lacantinerie/Barde*, Traité de droit civil 197–198. Vgl. *Mazeaud/Mazeaud*, Leçons de droit civil 56;

1169 *Aubry/Rau*, Cours de droit civil 416; *Baudry-Lacantinerie/Barde*, Traité de droit civil 197–198; *Mazeaud/Mazeaud*, Leçons de droit civil 56 (Anm. 1).

1170 Vgl. *Domat*, Les loix civiles 83; *Lebrun*, Traité des successiones 551–552; *Furgole*, Traité 589–590.

1171 Vgl. *Dupin*, Œuvre de Pothier 35.

1172 *Mazeaud/Mazeaud*, Leçons de droit civil 56; *Baudry-Lacantinerie/Barde*, Traité de droit civil 198; *Zachariae*, Handbuch IV 19–20.

c. Celui qui a porté conte le défunt une accusation capitale jugée calomnieuse

Der zweite Indignitätstatbestand des 727. Artikels schloss einen Erben von einer Intestaterbfolge als erbunwürdig aus, wenn dieser seinen Erblasser der Begehung eines Kapitalverbrechens, die durch ein Urteil für verleumderisch erklärt wurde, beschuldigt hatte – ein Kapitalverbrechen bildete eine strafrechtliche Tat, die mit der Todesstrafe sanktioniert wurde. Die römisch-klassische Herkunft dieses Tatbestandes ist ganz offensichtlich. Das römisch-klassische Indignitätsrecht stufte den klagenden Erben, der den Erblasser entweder gerichtlich verleumdet (Marcian. 6 inst. D. 34.9.1) oder seinen *status controversia* (Ulp. 14 l. Iul. Pap. D. 34.9.9.2) gerichtlich bestritten hatte, in Bezug auf die Erbfolge des angeklagten Erblassers als erbunwürdig ein. Die Rechtsquellen aus der Zeit des *Ancien Régime* lieferten wenige inhaltliche Erkenntnisse zur indignitätsrechtlichen Relevanz dieses Tatbestandes. Zu dieser Thematik äußerte sich lediglich *Domat*. Der Jurist stellte den Angriff eines Erben auf die Ehre des Erblassers, indem der Erbe diesen entweder selbst der Begehung eines gerichtlichen Verbrechens angeklagt oder dies als Zeuge unterstützt hatte, dem Angriff auf Leben gleich[1173]. *Domat* stufte somit diesen Tatbestand als indignitätsrelevant ein. *Furgole* bezeichnete diese Art des Fehlverhaltens allgemein als grobe Undankbarkeit gegenüber dem Erblasser[1174]. Zwar stuften die beiden Juristen den Angriff auf die Ehre des Erblassers als indignitätsrelevant ein, jedoch konnten sie diesbezüglich keine ausschlaggebenden Urteile der *parlements* wiedergeben. Aufgrund seiner römisch-rechtlichen Herkunft musste dieser Tatbestand vor allem in den *pays du droit écrit* Anerkennung in der Rechtspraxis finden. Seine gerichtliche Anwendung in den *pays du droit coutumier* scheint m.E. ausgeschlossen gewesen zu sein.

Die Gestalt dieses Tatbestandes, die von den Redaktoren des *Code civil* festgelegt wurde, setzte den Eintritt dreier Elemente voraus. Der Erbe musste zuerst den Erblasser der Begehung eines Kapitalverbrechens anklagen. Darunter wurde von der hL eine Denunziation (*plainte*) bei der dafür zuständigen Behörde verstanden – eine förmliche Anklage lag nach dem Inkrafttreten des *Code pénal* in den Händen der Staatsanwaltschaft. Dem Erblasser musste im Rahmen dieser Denunziation ein Kapitalverbrechen, welches das zuständige Gericht zur Verhängung der Todesstrafe berechtigte, vorgeworfen werden. Letztendlich fehlte auch in diesem Fall nicht der strafrechtliche Abdruck der französischen

1173 *Domat*, Les loix civiles 83.
1174 *Furgole*, Traité 518.

Indignitätslehre, indem der denunzierende Erbe wegen Verleumdung verurteilt sein musste[1175].

Warum aus der Fülle der römisch-rechtlichen Indignitätstatbestände des *ancien droit* genau dieser von den Redaktoren des *Code civil* gewählt wurde, ist fraglich. In den Beratungsprotokollen des *Conseil d'Ètat* wurde der Inhalt des gegenständlichen Artikels einstimmig und ohne inhaltliche Debatte angenommen[1176]. Eine Rolle in der Ausarbeitung dieses Rechtssatzes hätten m.E. die Ereignisse der Französischen Revolution spielen können – während dieser Epoche kam es zu zahlreichen ungerechtfertigten und politisch motivierten Prozessen, die letztendlich mit dem Tod des Angeklagten endeten.

d. Défaut de dénoncitation du meurtre du défunt

Der dritte Indignitätstatbestand des *Code civil* kann in gewisser Weise Verwunderung bei einem romanistisch interessierten Juristen hervorrufen. Von der Erbfolge wurde ein volljähriger Erbe, der *[…] instruit du meurtre du défunt, ne l'aura pas denoncé à la justice […]*[1177], als erbunwürdig ausgeschlossen. Dieser Indignitätstatbestand, der seine inhaltlichen Wurzeln im römischen Senatsbeschluss *Silanianum* hat, verpflichtete den Erben dazu, den ermordeten Erblasser zu rächen. Erfüllte der Erbe diese ihm auferlegte Pflicht nicht, so galt er in Bezug auf die Erbfolge des Ermordeten als erbunwürdig. Die Rezeptionsgeschichte dieses Indignitätstatbestandes reichte auf französischem Rechtsboden bis in das Frühmittelalter zurück. Die *Lex Romana Visigothroum* etablierte diesen Tatbestand als festen Bestandteil des in Südfrankreich geltenden *droit écrit*[1178]. Eine gesetzliche Anerkennung fand der gegenständliche Indignitätsgrund ebenfalls in den *pays du droit coutumier*. In der *Somme rurale*, die eine für die mittelalterliche Rechtspraxis Nordfrankreichs bedeutende Sammlung der geltenden Gewohnheiten darstellt, bildet die Unterlassung der Verfolgungspflicht des Mörders des Erblassers einen legitimen Ausschlussgrund des untätigen Erben von der Erbfolge[1179]. Der gegenständliche Indignitätstatbestand bildete ebenfalls einen festen Bestandteil des im Spätmittelalter und in der Neuzeit entwickelten und geltenden

1175 Vgl. *Planiol/Ripert*, Traité de droit civil français 98; *Baudry-Lacantinerie/Barde*, Traité de droit civil 202; *Mazeaud/Mazeaud*, Leçons de droit civil 56 Auch die Vertreter der „älteren" Lehre gingen von dieser Ansicht aus. Vgl. *Aubry/Rau*, Cours de droit civil 418; *Zachariae*, Handbuch IV 20.

1176 Vgl. *Locré*, La législation civile 72.

1177 Art. 727 (3) C. civ. aF.

1178 Vgl. L.Rom.Visg. PS 3,7,1 ; PS 3,7,10.

1179 Vgl. Somme rural, Titre LXXVIII.

ancien droit[1180]. Lediglich *Pothier* stand diesem Tatbestand skeptisch gegenüber und bezweifelte seine rechtliche Gültigkeit. Der Rechtsgelehrte sah in den staatlichen Institutionen den richtigen Empfänger dieser Verfolgungspflicht[1181].

Die oben erwähnte Verwunderungsmöglichkeit besteht im Inhalt der gegenständlichen Verfolgungspflicht. Die römische und gemeinfranzösische Ausrichtung dieser Obliegenheit widersprach der neuzeitlichen strafprozessualen Offizialmaxime. Der französische Rechtsstaat sah ausschließlich den *ministère public* zur strafrechtlichen Verfolgung verpflichtet. Die Beteiligung des Volkes an diesem strafrechtlichen Prozedere galt als Reliquie des römischen und mittelalterlichen Strafrechts. Die Antiquiertheit dieses Indignitätsgrundes wurde durch die gemeinrechtlichen Rechtsgelehrten des deutschen Reiches bemerkt. Diese lehnten die Anwendbarkeit dieses Grundes ab. Trotz des umstrittenen Inhalts des gegenständlichen Indignitätstatbestands fand er im *Code civil* Berücksichtigung. Die Redaktoren passten jedoch diesen Grund an das herrschende Rechtssystem an. Die Denunziation des Mordes verpflichtete den Erben nicht dazu, den Mörder des Erblassers zivilrechtlich zu verklagen – eine strafrechtliche Klage war in diesem Fall überhaupt nicht möglich. Der Intestaterbe war in dieser Hinsicht lediglich dazu verpflichtet, den Mord bei den zuständigen Organen, die nach französischem Recht zur strafrechtlichen Verfolgung verpflichtet waren, anzuzeigen[1182]. Von dieser Verpflichtung waren neben den minderjährigen Erben auch gemäß dem Inhalt des 728. Artikels des *Code civil*[1183] die nahen Verwandten des Mörders befreit. Diese Rechtfertigungsgründe stellten aus dogmatischer Sicht die inhaltliche Schöpfung des *ancien droit* dar. Das geltende Recht des *Ancien Régime* sah die Verpflichtung zur Denunziation des eigenen Sohnes bzw. des eigenen Vaters als Verstoß gegen die naturrechtlichen Rechtsprinzipien[1184].

1180 Vgl. *Bourjon*, Le droit commun de la France 812; *Domat*, Les loix civiles 83; *Le Brun*, Traité 552–553.

1181 Vgl. *Dupin*, Œuvre de Pothier 35.

1182 *Baudry-Lacantinerie/Barde*, Traité de droit civil 203; *Trencart*, De l'indignité 131; *Aubry/Rau*, Cours de droit civil francais 420–421; *Planiol/Ripert*, Traité de droit civil français 99.

1183 Art. 728 C. civ. *Le défaut de dénonciation ne peut être opposé aux ascendans et descendans du meurtrier, ni à ses frères ou sœurs, ni à ses oncles et tantes, ni à ses neveux et nièces.*

1184 Diese Bedenken wurden ebenfalls im Rahmen der parlamentarischen Beratungen zum *Code civil* erwähnt. *Treilhard* berichtete in seiner Zusammenstellung der *motifs*, die er vor dem *corps legislativ* vorgetragen hatte, Folgendes: *Nous avons donc pensé*

4. Die Erbrechtsreform 2002 und ihr Einfluss auf die französische Indignität

Zu der Neufassung des französischen Indignitätsrechts kam es im Rahmen der Erbrechtsreform, die mit dem Gesetz vom 4. Dezember 2001 über die Rechte des überlebenden Ehegatten und der Ehebruchskinder sowie über die Modernisierung verschiedener Bestimmungen im Erbrecht[1185] proklamiert wurde. Zwar bildete das Indignitätsrecht den kleineren Teil der gegenständlichen Reform, die vor allem auf die Stärkung des gesetzlichen Erbrechts des überlebenden Ehegatten und die Gleichstellung unehelicher Kinder abzielte, jedoch wurde das Rechtsinstitut der Indignität in einigen Punkten gravierend novelliert. Die seit dem Jahr 1804 bestehenden Indignitätsvorschriften wurden im Rahmen der Beratungen im französischen Senat als zu eng, zu restriktiv und in einigen Fällen als zu ungerecht kritisiert. Des Weiteren verwies der Vortragende *Hyest* auf das Bedürfnis der Schaffung fakultativer Indignitätsgründe[1186].

Das dogmatische Grundgerüst der französischen *indignité* wurde beibehalten. Die Indignität umfasst mit ihren Rechtsfolgen nur die Fälle einer Intestaterbfolge. Der Eingriff in das letztwillige Verfügungsrecht des Erblassers kann nur mittels der Widerrufsklage sanktioniert und behoben werden – die bisher geltenden Artikeln 955, 1047 und 1047 C. civ. wurden nicht verändert. Man

---

que le défaut de dénonciation ne pourrait être opposé à ceux qui, unis avec le meurtrier par les liens d'une parenté étroite, ne pourraient le dénoncer sans blesser les règles de la morale et de l'honnêteté publique (*Locré*, La législation civile 182). *Chabot* erwähnte in seinem Rapport, den er vor dem *tribunat* abgehalten hatte, dass der Inhalt des Art. 728 C. civ. zu eng, zu restriktiv und in einigen Fällen zu ungerecht ist (*Ces dispositions sont infiniment sages et morales, et n'ont pas besoin d'être justifiées.* Zitat nach *Locré*, La législation civile 222). Zu der gleichen Feststellung kam auch das *Tribunat* selbst (Siehe dazu *Locré*, La législation civile 160).

1185 LOI no 2001–1135 du 3 décembre 2001 relative aux droits du conjoint survivant et des enfants adultérins et modernisant diverses dispositions de droit successoral. Der originäre Text des Gesetzes ist unter der Internetadresse https://www.legifrance.gouv.fr/affichTexte.do; jsessionid=5681A371E7A724D167CBFCE92B832064.tpdila20v_3?idSectionTA=LEGISCTA000006083885&cidTexte=JORFTEXT000000582185&dateTexte=20011205 abrufbar. Siehe dazu *Rombach*, Reform des französischen Erbrechts, ZEV 2002, 271–273; *Frank*, Die Reform des Erbrechts in Frankreich – insbesondere: die neuen Rechte des überlebenden Ehegatten – Ein erster Überblick, RNotZ 2002, 270–277; *Zimmermann*, FS Koziol 496–497.

1186 *Hyest*, Rapport n°40 Proposition de loi relative aux droits du conjoint survivant 34. Der Text ist unter der Internetadresse https://www.senat.fr/rap/l01-040/l01-0401.pdf abrufbar.

hält ebenfalls weiterhin an der strafrechtlichen Ausrichtung der Indignität fest, indem man bei jedem Indignitätstatbestand eine gerichtliche Verurteilung voraussetzt. Die aus dem 19. Jh. stammenden strittigen Rechtsansichten, die das Eintreten eines Indignitätsverhältnisses betrafen, wurden letztendlich beseitigt. Das novellierte französische Indignitätsrecht sieht zwei Fälle einer *ipso iure* eintretenden Indignität und fünf fakultative Indignitätsgründe, die durch das *Tribunal de grande instance* ausgesprochen werden müssen, vor.

Als zwingende Indignitätsgründe bestimmt der Art. 726 C. civ. nF nicht nur die strafrechtliche Verurteilung des Erben als Täter oder Beihilfetäter wegen vollendeter oder versuchter Tötung, sondern auch die Verurteilung wegen Körperverletzung oder sonstiger Gewalt mit Todesfolge[1187]. Der Art. 727 C. civ. nF formuliert dagegen fünf fakultative Indignitätstatbestände, die erst aufgrund eines Antrages eines berechtigten Erben oder eines Vertreters des öffentlichen Interesses dem *Tribunal de grand instance* zur Entscheidung vorgelegt werden können. Die ersten zwei Tatbestände des gegenständlichen Artikels entsprechen den bereits erwähnten Fällen des Art. 726 mit der Ausnahme, dass der Erbe zu einer Vergehensstrafe (*la peine correctionelle*) und nicht zu einer Verbrechensstrafe (*la peine crimunelle*) verurteilt werden muss. Des Weiteren kann ein Richter aufgrund eines Antrages denjenigen Erben als erbunwürdig erklären, der wegen falscher Zeugenaussage in einem Strafprozess gegen den Erblasser, wegen unterlassener Hilfeleistung, die zum Tode des Erblassers führte, oder wegen falscher Denunziation verurteilt wurde[1188]. Im Rahmen der gegenständlichen Reform wurde der Indignitätstatbestand der Unterlassung der Anzeigepflicht des Mordes am Erblasser aufgehoben. Somit hört mit dem gegenständlichen Novellierungsgesetz die rechtliche Existenz eines im römischen Senatsbeschluss *Silanianum* wurzelnden Indignitätstatbestandes, dessen rechtliche Anwendbarkeit auf französischem Rechtsboden bis in das Frühmittelalter reichte, auf.

Des Weiteren führte die gegenständliche Novellierung eine endgültige Personalisierung der Indignität ein. Der im *ancien droit* wurzelnde Art. 730 C. civ. aF, der den Deszendenten des *indignus* den Antritt einer Erbschaft mittels des

---

1187 Art. 726 C. civ. nF: *Sont indignes de succéder et, comme tels exclus de la succession: 1° Celui qui est condamné, comme auteur ou complice, à une peine criminelle pour avoir volontairement donné ou tenté de donner la mort au défunt; 2° Celui qui est condamné, comme auteur ou complice, à une peine criminelle pour avoir volontairement porté des coups ou commis des violences ou voies de fait ayant entrainé la mort du défunt sans intention de la donner.*

1188 Vgl. *Rombach*, ZEV 2002, 272; *Malaurie*, Les successions les libéralités 43; *Zimmermann*, FS Koziol 496.

Repräsentationsrechts verwehrte, wurde aufgehoben[1189]. Eine ebenfalls erhebliche Änderung bildet die Anerkennung der rechtsbefreienden Wirkungen einer durch den Erblasser geäußerten Verzeihung. Damit passte sich der französische Gesetzgeber an die im europäischen Vergleich herrschende Meinung an – sowohl das vernunftrechtliche ABGB als auch das i.S.d. Pandektistik entstandene BGB sprechen einer geäußerten Verzeihung die rechtsaufhebenden Wirkungen eines Indignitätsverhältnisses zu. Der *Code civil* verlangt jedoch im Gegensatz zu seinen deutschsprachigen Äquivalenten strenge formelle Vorschriften, indem eine rechtswirksame Verzeihung in testamentarischer Form geäußert werden muss[1190].

III. Indignität des *Bürgerlichen Gesetzbuches* – Schutzschild der Testierfreiheit

1. Geschichtliche Einführung: Die *Historische Schule* und die theoretische Erneuerung des deutschen Rechtswesens – der Weg zum *Bürgerlichen Gesetzbuch*

Die europäische Kodifikationswelle des Privatrechts, die an der Wende vom 18. bis zum 19. Jh. in Erscheinung trat, stellte ein Erzeugnis des profanen Naturrechts und der politischen Aufklärung dar. Zum einen sollte das geltende zersplitterte Recht im Rahmen eines umfassenden, rationalen und übersichtlich geordneten Gesetzgebungsbuches niedergeschrieben werden. Der dogmatische Inhalt dieses Werkes nahm dabei die Form naturrechtlicher Rechtssätze, die aus allgemeinen vernunftrechtlich fundierten Grundsätzen im Rahmen einer streng durchgeführten logisch-mathematischen Deduktion gewonnen wurden, an. Zum anderen stellte ein zivilrechtliches Gesetzbuch einen Teil der Staatsreformen, mit denen die herrschenden Machtinhaber die Überreste des spätmittelalterlichen

1189 *Il met fin, par ailleurs, à l'injustice dont étaient victimes les enfants de l'indigne: ceux-ci, qui n'ont commis aucune faute, pourront désormais représenter leur auteur dans la succession dont il est exclu (art. 729-1). Bien qu'en règle générale, on ne puisse représenter que des personnes mortes, cette représentation pourra avoir lieu du vivant même de l'indigne. Hyest,* Rapport n°40, 34.

1190 Art. 728 C. civ. nF.: *N'est pas exclu de la succession le successible frappé d'une cause d'indignité prévue aux articles 726 et 727, lorsque le défunt, postérieurement aux faits et à la connaissance qu'il en a eue, a précisé, par une déclaration expresse de volonté en la forme testamentaire, qu'il entend le maintenir dans ses droits héréditaires ou lui a fait une libéralité universelle ou à titre universel.*

Staates i.S.d. aufgeklärten Absolutismus reformieren wollten, dar[1191]. Im Rahmen dieser Bewegung entstanden auf deutschem Rechtsboden die bayerische[1192], die preußische[1193] und die bereits in der Arbeit behandelte österreichische

1191 Vgl. *Wieacker*, Privatrechtsgeschichte 312–314; *Zweigert/Kötz*, Rechtsvergleichung 134–135.

1192 Den Vorläufer der Vernunftrechtsgesetzbücher stellt der *Codex Maximilianeus Bavaricus Civilis* (CMBC), der im Jahr 1756 unter der Leitung Vizekanzlers *Kreittmayr* als privatrechtlicher Teil der bayerischen Gesetzgebungsreform (*Codex Maximilianeus Juris Bavarici*) entstand, dar. Schaut man sich das gegenständliche Werk genauer an, so scheint die Bezeichnung „Vorläufer" sehr treffend. Das bayerische Gesetzbuch wies zwar aus systematisch-technischer Sicht Merkmale einer naturrechtlichen Kodifikation (wie die Formulierung klarer und deutlicher Rechtssätze in deutscher Sprache oder die Verwendung zahlreicher Verweisungen) auf, jedoch enthielt es aus inhaltlicher Sicht überwiegend Regelungen römisch-gemeiner Herkunft. Der Rechtsstoff des CMBC, der i.S.d. modifizierten Institutionssystems (Personen-, Sachen-, Erb- und Obligationsrecht) geteilt wurde, enthielt im Grunde genommen nichts Neues. Der CMBC fasste lediglich in geordneter Form das zur damaligen Zeit geltende Recht zusammen. Der Einfluss des Naturrechts war sehr gering. Der *Codex Maximilianeus* bildet deswegen vielmehr eine Kompilation des zur damaligen Zeit geltenden gemeinen Privatrechts als eine moderne und naturrechtliche Privatrechtskodifikation. Vgl. *Dölemeyer*, Bayerische Kodifikationen des Naturrechtszeitalters, in HRGdigital https://www.hrgdigital.de/id/bayerische_kodifikationen_des_naturrechtszeitalters (Stand 26.06.2017); *Wesener*, FS Kroeschell 1364–1368; Siehe dazu *Wieacker*, Privatrechtsgeschichte 326–327.

1193 Der zersplitterte Rechtszustand bildete ebenso bei dem preußischen Gesetzgeber den ausschlaggebenden Grund für den Wunsch nach der Erlassung einer einheitlichen Privatrechtskodifikation. Diese preußische Rechtserneuerung sollte i.S.d. gesunden Vernunft, d.h. unter der Berücksichtigung des naturrechtlichen Gedankengutes, erfolgen. Das *Allgemeine Landrecht für die Preußischen Staaten* trat am 1. Juni 1794 in Kraft und galt in den preußischen Gebieten bis zur Einführung der gesamtdeutschen Privatrechtskodifikation im Jahr 1900. Das Allgemeine Preußische Landrecht wird in der Literatur als *preußisches Naturrecht* bezeichnet. Es spiegelte die friderizianische Sonderart des preußischen aufgeklärten Spätabsolutismus wider. Das ALR erhob den Anspruch, eine umfassende und sämtliche Lebensbereiche regelnde Kodifikation zu sein. Einige Regelungen wiesen diesbezüglich kuriose Inhalte auf – wie die gesetzliche Verpflichtung der gesunden Mutter ihr Kind selbst zu säugen – ALR 2 II 67. Ihrem Anspruch gerecht enthielt die preußische Kodifikation nicht nur privatrechtliche Rechtssätze, sondern auch Regelungen öffentlich-rechtlicher Natur. Was das materielle Privatrecht betrifft, so entstammte es vorwiegend dem gemeinen Recht, das wiederum i.S. *Wollfs* Systems in zwei Teile gegliedert wurde: in das Sachenrecht und in die Vereinigungen. Vgl. *Wieacker*, Privatrechtsgeschichte 327–334; *Thieme*, Allgemeines Landrecht, in HRG I 99–108.

Privatrechtskodifikation[1194]. Die gegenständlichen Gesetzesbücher besaßen nach dem Zerfall des deutschen Reiches lediglich eine territoriale Geltung. Von einer gesamtdeutschen Kodifikation konnte man nicht sprechen.

Die naturrechtliche Prägung des Rechtswesens verlor im Verlauf des 19. Jh. an Bedeutung. Zum einen war der Leitgedanke des profanen Vernunftrechts – nämlich die Gewinnung allgemein-gültiger Rechtsgrundsätze mit Hilfe der Vernunft – in der geltenden Rechtstheorie des 19. Jh. nicht mehr haltbar. Zum anderen wurde der politische Schwung der Reformen des aufgeklärten Absolutismus immer blasser[1195]. In dieser politischen und rechtlichen Landschaft tauchte am „rechtlichen Horizont" eine neue Strömung, die durch ihre Anhänger als *Historische Schule* bezeichnet wurde, auf. Sie sah in der geschichtlichen Betrachtung des Rechtsgeschehens[1196] – und nicht in der abstrakten Vernunftarbeit – die Erkenntnisquelle des geltenden Rechts. Im Sinne der gegenständlichen Strömung wurde der Inhalt des geltenden Rechts im Rahmen eines geschichtlichen Prozesses, der alle Perioden der Rechtsgeschichte zu erforschen hatte, ermittelt. Das Recht stellte somit einen Bestandteil der Geschichte eines Volkes dar. Unter seiner Gestalt als geschichtlich gewordene Kulturerscheinung[1197] wurde es durch die gesamte Vergangenheit einer Nation vorgegeben und ging aus dem innersten Wesen einer Nation (dem sog. *Volksgeist*) und ihrer Geschichte hervor – das Recht *[...] wächst also mit dem Volk fort, bildet sich aus mit diesem, und stirbt endlich ab, so wie das Volk seine Eigenthümlichkeit verliert*[1198]. Das Anliegen dieses Prozesses ist rein dogmatischer und nicht rechtsgeschichtlicher Natur.

Die *Historische Schule* übte einen großen Einfluss auf die Entstehung einer gesamtdeutschen Privatrechtskodifikation aus. Noch in der ersten Hälfte des 19. Jh. teilte *Friedrich Carl von Savigny*, der Gründer und Protagonist der gegenständlichen Strömung, die Ansicht, dass der Zustand des deutschen Rechts für eine vollständige Privatrechtsvereinheitlichung, die im Rahmen eines gesamtdeutschen Gesetzbuches erfolgen sollte, noch unvorbereitet gewesen sei. Dieses

---

1194 Der französische *Code civil* stellte aus dogmatischer Sicht ebenfalls ein Werk des späteren profanen Naturrechts dar. Nichtsdestotrotz galt er nicht als Werk eines Herrschers des aufgeklärten Absolutismus. Der *Code* bildete dagegen ein Erzeugnis des revolutionären Gedankens und galt als Werk des *tiers états* (der Bourgeoise).

1195 *Zweigert/Kötz*, Rechtsvergleichung 13. Vgl. *Wieacker*, Privatrechtsgeschichte 347–353.

1196 Vgl. *Wesenberg/Wesener*, Privatrechtsgeschichte 155–156.

1197 *Zweigert/Kötz*, Rechtsvergleichung 137.

1198 *Savigny*, Vom Beruf unsrer Zeit für Gesetzgebung und Rechtswissenschaft (1814) 11. Vgl. *Wesenberg/Wesener*, Privatrechtsgeschichte 158.

vereinheitlichende Vorhaben konnte nicht auf dem zur damaligen Zeit gegebenen deutschen Rechtswesen aufgebaut werden[1199]. *Savingy* leugnete ausdrücklich die Fähigkeit der deutschen Rechtswissenschaft ein *löbliches Gesetzbuch hervorzubringen*[1200]. Der deutsche Rechtszustand musste zuerst erneuert werden. Diese Erneuerung sollte i.S.d. Pandektenwissenschaft erfolgen, indem das positive Recht aus der Exegese Justinians Digesten (Pandekten) gewonnen werden sollte. Nach *Savignys* Meinung besaß das römisch-klassische Recht eine überpositive geschichtliche Legitimation[1201] und es entsprach den Grundprinzipien der pandektistischen Vorstellung von einer gesamtdeutschen Privatrechtskodifikation, die vor allem ein liberales Recht (i.S.d. Eigentums-, Vertrags- und Testierfreiheit) darstellen sollte[1202]. Auf dieser Legitimationsbasis bearbeiteten die Vertreter der *Historischen Schule* die Inhalte Justinians Kompilation zu einem systematisch geschlossenen System von Institutionen und Begriffen um[1203]. Der dogmatische Ansatz dieses Vorgehens sah Folgendes vor: *[…] jeden gegebenen Stoff bis zu seiner Wurzel zu verfolgen, und so sein organisches Prinzip zu entdecken […]*[1204]. Das systematische Bestreben zielte dagegen auf die methodische und rationale Zuordnung des entwickelten Privatrechtsstoffes[1205] und auf seine

---

1199 Diese Grundhaltung der *Historischen Schule* zur Kodifikationsfrage wurde der Öffentlichkeit vor allem im Rahmen der berühmten rechtspolitischen Auseinandersetzung vom Herbst 1814 zwischen *Savigny* und dem Heidelberger Professor *Thibaut* bekannt. Der Streit erfolgte in Briefform und schilderte die Stellungnahmen beider Juristen zur Notwendigkeit eines kodifizierten bürgerlichen Rechts auf deutschem Boden. Die inhaltliche Auseinandersetzung leitete *Thibaut* mit seinem Aufsatz *Über die Nothwendigkeit eines allgemeinen bürgerlichen Rechts für Deutschland* ein. *Savigny* antwortete seinem Heidelberger Kollegen mit der Schrift *Vom Beruf unsrer Zeit für Gesetzgebung und Rechtswissenschaft.*

1200 *Savigny*, Vom Beruf 49.

1201 *[…] weil es das einzige Recht eines großen, lange bestehenden Volkes ist, welches eine ganz nationale, ungestörte Entwicklung gehabt hat, und zugleich in aller Perioden dieses Volkes mit vorzüglichen Liebe gepflegt worden ist […] zeigt die Geschichte des römischen Rechts bis zur classischen Zeit überall allmähliche, völlig organische Entwicklung. Entsteht eine neue Rechtsform, so wird dieselbe unmittelbar an eine alte, bestehende angeknüpft, und ihr so die Bestimmtheit und Ausbildung derselben zugewendet. Savigny*, Vom Beruf 28; 32.

1202 *Luig*, Pandektenwissenschaft, in HRG III 1423–1424.

1203 Vgl. *Zweigert/Kötz*, Rechtsvergleichung 139.

1204 *Savigny*, Vom Beruf 117.

1205 Als Schöpfer des Pandektensystems, das den Rechtsstoff in fünf Abschnitte (Allgemeinen Teil, Schuld-, Sachen-, Familien- und Erbrecht) gliederte, gilt Pandektist *Heise*, der die gegenständliche Einteilung zum ersten Mal in seinem Werk *Grundriß*

weitere methodische Bearbeitung, die im Rahmen der Deduktion aus Begriffen und Analogismen zu erfolgen hatte, ab[1206]. Im Zuge dieses Prozesses bauten die Pandektisten auf Grundlage des römisch-klassischen Rechts eine einheitliche deutsche Rechtsdoktrin auf. Zwar fehlte im 19. Jh. auf deutschem Rechtsboden sowohl ein einheitliches praxisorientiertes Privatrecht als auch ein zentrales Gerichtsorgan, jedoch erlangte zumindest die deutsche privatrechtliche Rechtstheorie ein einheitliches Bild. Die auf diese Weise geschaffene gesamtdeutsche Rechtsdogmatik konnte nach Ansicht der Pandektisten das inhaltliche Fundament einer einheitlichen Privatrechtskodifikation bilden[1207]. Diese entstandene Rechtstheorie gab somit aus dogmatischer Sicht den Weg zur Entstehung eines einheitlichen Privatrechts frei.

Der politische Weg zu einer einheitlichen Privatrechtskodifikation ermöglichte erst die Reichsgründung von 1871. Das neue deutsche Staatsgebilde, das aus dem Norddeutschen Bund hervorging, dehnte mit dem Gesetz vom 20.12.1873 (der sog. *Lex Lasker*) die Reichskompetenz auf das gesamte Privatrecht aus[1208]. Mit diesem Gesetzesakt fingen die fast 20 Jahre andauernden Arbeiten an einer gesamtdeutschen Kodifikation des Privatrechts an. Zur Ausarbeitung des zukünftigen Gesetzbuches wurde eine Kommission von elf Mitgliedern (die sog. *Erste*

---

eines Systems des gemeinen Civilrechts von 1807 verwendete. Das Pandektensystem stellte ab nun auf deutschem Rechtsboden ein dogmatisches Vorbild für nächste inhaltliche Werke und Kodifikationsentwürfe dar. Die gegenständliche Einteilung des Rechtsstoffes findet man im sächsischen BGB, im hessischen Entwurf und im „Abschlusswerk" der deutschen Kodifikationsbewegung, dem *Bürgerlichen Gesetzbuch. Heises* System stellt jedoch nicht seinen alleinigen Verdienst dar. Eine unverzichtbare dogmatische Vorarbeit bezüglich der systematischen Gliederung des Rechtsstoffes leisteten die Vertreter des profanen Naturrechts (wie *Wolff* und *Pufendrof*). Auch den römischen Juristen war eine inhaltliche Systematisierung nicht fremd. Man braucht nur die römische Institutionenliteratur zu betrachten. Das Institutionssystem wurde der abendländischen Forschung zum ersten Mal im 19. Jh. durch die Entdeckung *Gaius*' Institutionen übermittelt. *Gaius* teilte den Rechtsstoff in drei Abschnitte: *personae* (Rechtssubjekte), *res* (Rechtsobjekte) und *actiones* (Ansprüche, Einreden). Das Pandektensystem kann man somit als Weiterentwicklung des Institutionssystems bezeichnen. Vgl. *Kaser*, Der römische Anteil am deutschen bürgerlichen Recht, JuS 1967, 339.

1206 *Luig* in HRG III 1428.

1207 *Koschaker*, Europa und das römische Recht 259; 289.

1208 Der Norddeutsche Bund sah diese Kompetenz lediglich für das Obligationsrecht vor und erließ im Rahmen dieser Zuständigkeit den sog. *Dresdner Entwurf*, der die Schuldrechtsverhältnisse im Entwurfsstadium kodifizierte. Ein Teil dieses Entwurfs fand Eingang in die Inhalte des *Bürgerlichen Gesetzbuches.*

Kommission) ins Leben berufen. Ihre Aufgabe war die Ausarbeitung eines selbstständigen Entwurfs des Bürgerlichen Gesetzbuches unter der Berücksichtigung der geltenden Gesetzbücher, der bereits ausgearbeiteten Entwürfe der deutschen Einzelstaaten und der Erkenntnisse der neuen Rechtswissenschaft[1209]. Die Kommission ging von einer Verbindung von selbstständiger Einzelarbeit und zusammenfassender Gesamtarbeit aus[1210]. In dieser Hinsicht wurde der Rechtsstoff des zukünftigen Zivilgesetzbuches i.S.d. Pandektensystems in fünf Teile gegliedert und einem bestimmten Kommissionsmitglied zur Ausarbeitung zugeteilt. Nach der Ausfertigung der Teilentwürfe wurde im Rahmen eines gemeinsamen Gremiums über ihre Inhalte beraten[1211]. Der auf diese Weise hergestellte Entwurf wurde im Jahr 1887 der Öffentlichkeit vorgelegt und rief alsbald eine Welle stürmischer Kritik hervor. Kritisiert wurden vor allem der lehrbuchhafte, doktrinäre und abstrakte Charakter, die schwere und umständliche sprachliche Fassung, die aus inhaltlich-politischer Sicht mangelnde Berücksichtigung der sozialen Gerechtigkeit[1212] sowie die zahlreichen Verweisungen[1213]. In der gegenständlichen Rechtslage beschloss das Reichsjustizamt, das für die Ausführung

---

1209 *Schubert*, Materialien zur Entstehung des BGB – Einführung, Biographien, Materialen, in *Jakobs/Schubert* (Hgg.), Die Beratung des Bürgerlichen Gesetzbuches (1978) 165.

1210 *Schubert*, Materialien 176.

1211 Der gesamte „Arbeitsplan" der *Ersten Kommission* wurde durch die sog. *Vorkommission* bestimmt. Der Rechtsstoff wurde i.S.d. Pandektenwissenschaft in einen allgemeinen Teil, das Schuld-, Sachen-, Familien- und Erbrecht geteilt. Die Mitglieder der *Ersten Kommission* waren grundsätzlich Männer der rechtlichen Praxis wie hohe Richter und Ministerialbeamte. In dem elfköpfigen Gremium fanden sich lediglich drei Plätze für Rechtstheoretiker (*Windscheid, Roth, Mandry*). *Schubert*, Materialen 178–179. Für die detaillierte Auflistung der einzelnen Kommissionsmitglieder siehe *Dölemeyer*, Kodifikationen und Projekte, in *Coing* (Hg.), Handbuch der Quellen und Literatur der neueren europäischen Privatrechtsgeschichte III/2 (1982) 1581–1582. Siehe dazu *Benöhr*, Die Grundlagen des BGB – Das Gutachten der Vorkommission von 1874, JuS 1977, 80.

1212 Im Rahmen der Reichstagssitzung, die über die Erlassung des *Bürgerlichen Gesetzbuches* entschied, stimmten die sozialdemokratischen Abgeordneten gegen seine Proklamierung. Der sozialdemokratische Flügel des Reichstags stellte vor allem das schwach ausgeprägte soziale Element an den Pranger (in der Literatur etablierte sich die Ausdrucksweise der fehlenden *Tropfen sozialen Öls*). Die Kritik stieg nochmal an, nachdem zu den berufenen Mitgliedern der zweiten Kommission, die nicht nur aus Rechtspraktikern und -theoretikern, sondern auch aus Vertretern des wirtschaftlichen Lebens bestand, kein einziger Repräsentant der Sozialdemokratie gehörte.

1213 *Dölemeyer* in Coing III/2 1589; *Wieacker*, Privatrechtsgeschichte 469.

der Gesetzgebungsarbeiten zuständig war, den ersten Entwurf einer Revision zu unterziehen. Zu dieser Aufgabe wurde eine zweite Kommission, die aus elf ständigen und dreizehn nichtständigen Mitgliedern bestand, einberufen. Die zweite Kommission fügte aus inhaltlicher Sicht kaum gravierende Veränderungen hinzu. Es wurden lediglich sprachliche Korrekturen vorgenommen. Der fertige zweite Entwurf samt den Motiven wurde im Jahr 1896 vom Reichstag angenommen und als *Bürgerliches Gesetzbuch für das Deutsche Reich* (ab nun in der Arbeit als BGB bezeichnet) veröffentlicht. Der Zeitpunkt seines Inkrafttretens wurde nach dem Wunsch Kaiser Wilhelms II. auf den 1.1.1900 festgesetzt[1214].

Im gegenständlichen Kapitel wird aus rechtsdogmatischer Sicht der Entstehungsweg der Vorschriften des deutschen Zivilgesetzbuches über die Erbunwürdigkeit (§§ 2339ff BGB) dargestellt und erläutert. Im Rahmen dieser inhaltlichen Erörterung wird vor allem das Ausmaß des römisch-rechtlichen Niederschlags in den gegenständlichen Erbunwürdigkeitsregelungen ermittelt und sein Ursprung erforscht: Durch welche Gesichtspunkte ließen sich die Kommissionsmitglieder bei der Ausarbeitung des deutschen Erbunwürdigkeitsrechts leiten? Noch vor der inhaltlichen Auswertung der gesetzgeberischen Materialen zum BGB – vor allem der Beratungsprotokolle der ersten und zweiten Kommission samt den zusammengefassten Motiven – wird das vor dem Inkrafttreten des BGB geltende Indignitätsrecht, das durch zahlreiche partikuläre Rechtsordnungen und -systeme zersplittert war, wiedergegeben und sein Einfluss auf die endgültige Form der Erbunwürdigkeitsregelungen des BGB ausgewertet.

2. Am Vorabend des BGB: Indignität im Spiegel der partikulären Rechte Deutschlands

Am Vorabend der Proklamierung des deutschen Zivilkodexes gliederte sich die deutsche Rechtslandschaft in vier Rechtsgebiete: das Territorium des Allgemeinen Landrechts für die Preußischen Staaten, des französischen Rechts, des gemeinen Rechts und des Sächsischen Bürgerlichen Gesetzbuches. Das Allgemeine Preußische Landrecht galt vor allem in den westlichen Teilen des deutschen Reiches und in der Provinz Westfalen. Der *Code civil* dehnte seinen rechtlichen Geltungsraum auf das an den französischen Staat grenzende Rheinland aus. Das französische Recht galt darüber hinaus in übersetzter Form in den badischen Landterritorien[1215]. Das römisch-gemeine Recht erstreckte seinen

1214 Vgl. *Dölemeyer* in Coing III/2 1591–1596.

1215 Vgl. *Wagner*, Geltungsbereiche ausländischer Kodifikationen im Deutschen Reich vor Inkrafttreten des BGB, in *Coing*, Ius commune XVI (1987) 207–2016.

Anwendungsbereich zwischen diesen beiden Rechtsgebieten. Das gemeine Recht besaß jedoch lediglich eine subsidiäre Geltung. Nach dieser aus dem Spätmittelalter stammenden Maxime genoss ein partikuläres Recht gegenüber dem gemeinen Anwendungsvorrang, sobald es im gerichtlichen Verkehr bewiesen wurde[1216]. Aufgrund der fehlenden schriftlichen Aufzeichnungen der partikulären Rechte war das normalerweise nicht der Fall. Nichtsdestotrotz besaßen die partikulären Rechte vor allen in den Rechtsmaterien, welche eine starke kulturelle und traditionelle Färbung aufwiesen, wie das Ehegüter- und Erbrecht, eine fest etablierte Geltung. *Schmitt*, der Verfasser des erbrechtlichen Teils des bürgerlichen Gesetzbuchentwurfs, zählte im Rahmen seiner gesetzgeberischen Arbeiten weit über hundert lokal geltende Erbordnungen, die im Zeitraum von der Mitte des 13. bis zur Mitte des 19. Jh. gegolten hatten, auf[1217]. Das Rechtsinstitut der Indignität nahm im Zuge dieses rechtlichen Partikularismus in der deutschen Rechtspraxis unterschiedliche Gestalten an. Die Formulierung eines einheitlichen Indignitätsrechts erscheint in diesen Zusammenhang als außerordentlich schwere Aufgabe.

Das Allgemeine Preußische Recht bildete am Vorabend des Inkrafttretens des BGB auf deutschem Boden den größten Rechtskreis. Nach der Volkszählung vom Dezember 1890 lebten ca. 42,6 % der Bevölkerung des deutschen Reiches nach preußischem Recht[1218]. Das ALR regelte das Indignitätsrecht im 12. Abschnitt des ersten Teiles und ordnete es aus inhaltlicher Sicht den Bestimmungen über Testamente und Kodizille zu. Was die Auswahl der Indignitätstatbestände betraf, so spiegelte sie die römisch-rechtlichen Indignitätsgründe der klassischen und nachklassischen Periode wider: wie der vorsätzliche oder aus grobem Versehen begangene Mord am Testator (I 12 § 599)[1219], die Verhinderung an der Errichtung

1216 Eine Abbildung der am Vorabend der Proklamierung des BGB geltenden Rechtskreise ist aus dem Werk „Deutsche Rechts- und Gerichtskarte" (1896) zu entnehmen. Siehe dazu Schlosser, Privatrechtsgeschichte 123.

1217 *Staudinger/Honsell*, Einleitung zum Bürgerlichen Gesetzbuch (2013) RZ 24. Das Erb- und das Ehegüterrecht hatten mit dem Güterverkehr und Warentausch, die aus wirtschaftlicher Sicht relevant waren, weniger Kontakt.

1218 Siehe dazu *Staudinger/Honsell*, Einleitung zum Bürgerlichen Gesetzbuch RZ 24 Anm. 32.

1219 Sowohl die inhaltliche Zuordnung des Indignitätsrechts als auch der Wortlaut des § 599 deuten darauf hin, dass nach preußischem Landrecht nur die Fälle einer testamentarischen Erbfolge indignitätsrelevant waren. Mit Hilfe der Verweisungen und der Analogieschlüsse aus den anderen Bestimmungen des ALR kann man diesen Eindruck jedoch widerlegen. Den Verlust bzw. den Entzug des gesetzlichen Erbrechts eines Verwandtenmörders kann man i.S.d. germanischen Rechtssprichworts *Blutige*

eines Testaments (I 12 § 605), das arglistige oder gewaltsame Zwingen des Testators zur Errichtung eines bestimmten Testaments (I 12 § 609), die Verheimlichung eines Testaments (I 12 § 608), die Nichtübernahme der Vormundschaft am Testator (II 2 § 762) und das Verlassen eines geisteskranken Testators (II 3 §§ 23,24). Erst im Rahmen der rechtlichen Abwicklung eines Indignitätsverhältnisses kehrte der preußische Gesetzgeber vom römischen Vorbild[1220] ab und sprach dem Staat keine Rechte auf die Erbgüter eines für erbunwürdig erklärten Erben zu[1221]. Die gegenständlichen Erbschaftssachen blieben somit weiterhin im Nachlass und wurden von Rechts wegen durch die nächsten Erben erworben[1222]. Des Weiteren räumte das preußische Recht im Falle einer Tötung aus grobem Versehen der Verzeihung die rechtsbefreienden Wirkungen zu.

Neben dem französischen und dem gemeinen Rechtskreis, dessen Inhalte zum Indignitätsrecht in der vorliegenden Arbeit behandelt wurden, erscheinen noch zwei Rechtsgebiete, die eine schriftliche Kodifikation des Privatrechts vorweisen konnten, erwähnenswert. Die erste schriftliche partikuläre Rechtsquelle des deutschen Privatrechts, die in Form einer privatrechtlichen Kodifikation erstellt wurde, stellte der bayerische *Codex Maximilianeus* dar. Trotz seines aus rechtlicher Sicht antiquierten Inhalts – das bayerische Zivilgesetzbuch lieferte eigene dogmatische Schöpfungen in überschaubarer Form und bildete vor allem eine Zusammenstellung des zur damaligen Zeit geltenden gemeinen Rechts – behielt er auf bayerischem Boden seine Geltung bis zum Inkrafttretens des BGB. Der

---

Hand nimmt kein Erbe mit folgendem Rechtssatz des preußischen Gesetzes begründen: *Aus unerlaubten Handlungen überkommt der Handelnde zwar Verbindlichkeiten, aber keine Rechte* (I 3 § 35). Des Weiteren sah das kasuistisch aufgebaute preußische Landrecht vor, dass ein überlebender Ehegatte, der den Tod seines Ehepartners verursacht hatte, *[…] alle Vortheile, die er sonst aus den Nachlasse des Verstorbenen zu erwarten hatte […]*, verlor (II 1 §§ 828, 829). Vgl. *Förster*, Preußisches Privatrecht IV: Familienrecht. Erbrecht. Recht d. juristischen Personen[6] (1892) 636.

1220 Nur in den zwei letzten Fällen (der Nichtübernahme einer Vormundschaft und der Vernachlässigung des geisteskranken Erblassers) wurde ein Indignitätsverhältnis nach römischem Vorbild abgewickelt, indem der freiwillige Dritte, der die Vormundschaft oder die Verpflegung des geisteskranken Erblassers übernommen hatte, den dem aufgrund der Untätigkeit als erbunwürdig erklärten Erben zustehenden Erbanteil erwerben konnte. Diese römischen Indignitätstatbestände entstammten der nachklassischen Periode und bildeten in Bezug auf die klassische Indignitätslehre eine Ausnahmeregelung.

1221 ALR II 16 § 18: *Die bloße Unfähigkeit oder Unwürdigkeit des gesetzlichen, oder durch Willenserklärungen berufenen Erben, giebt also dem Staate auf den Nachlaß noch keinen gegründeten Anspruch.*

1222 *Förster*, Preußisches Privatrecht 637.

Inhalt des bayerischen Indignitätsrechts gab vollständig das dargestellte dogmatische Bild des CMBC wieder. Die Rechtsfolgen *von jenen, welche der Erbschaft unwürdig seynd* wurden im 20. Paragraphen des ersten Kapitels des dritten Teiles geregelt[1223]. In Bezug auf die rechtliche Abwicklung eines Indignitätsvorgangs spiegelte der CMBC vollständig die römisch-klassische Indignitätslehre wider. Ein *indignus* blieb in dieser Hinsicht erbfähig und war befugt, die Erbschaft zu erwerben. Er konnte jedoch diese nicht behalten, da er gegenüber dem Erblasser ein Verbrechen begangen hatte. Die Erbschaft wurde in der gegenständlichen Konstellation durch den Fiskus eingezogen. Dieser Entzug (*ereption*) erfolge jedoch nicht im strafrechtlichen Sinne, sondern im privatrechtlichen – d.h. der Fiskus erwarb ebenfalls die am Nachlass haftenden Forderungen. Der bayerische Kodex wich somit sogar von den Erkenntnissen des *Usus modernus*, die das *ereptorium* den nächstberufenen Erben des Erblassers zusprachen, ab. Die Indignitätsgründe des CMBC entsprachen ebenfalls der römisch-klassischen Indignitätslehre. Sie enthielten jedoch in einigen Fällen die aus dem *Usus modernus* stammenden inhaltlichen Modifikationen. Als erbunwürdig galt derjenige, der den Erblasser oder dessen *personae conjunctissimae* vorsätzlich getötet, den Testator nach der Errichtung einer letztwilligen Verfügung der Begehung eines schweren Verbrechens denunziert, den Testator zur Errichtung oder zur Unterlassung der Errichtung einer letztwilligen Verfügung gezwungen, den rechtlichen Status des Testators mittels des *status controversia* bestritten oder die Erbschaftssachen einem Erbunwürdigen *in fraude iuris* übergegeben hatte[1224].

1223 CMBC III 1 § 20: *Erben, welche der Erbschaft an sich nicht unfähig seynd, sich jedoch derselben gleichwol wegen eines an dem Erblasser selbst oder an der Erbschaft begangen Verbrechens oder anderer Ursach halber unwürdig gemacht haben, mögen solche zwar wie andere Erben acquiriren, aber nicht behalten, sondern sobald selbe mit Worten oder Werten einmal von ihnen angetretten ist, nimmt sie der Fiscus, jedoch andergestalt nicht als praevia Sententia declaratoria und mit allen darauf haftenden Legatis, Schuld = Forderungen, und anderen Onere, soviel nemlich den Antheil des Unwürdigen betrift, hinweg. Es werden aber heut zu Tag nur noch folgende für unwürdig geachtet. I*[mo] *Wer den Erblasser oder dessen Kinder und Elteren fürsetzlich um das Leben bringt. 2*[do] *Boshafter Weis Gelegenheit und Ursach dazu giebt. 3*[tid] *Denselben nach errichteter Disposition eines schweren Verbrechens beschuldiget, oder 4*[to] *Zwang braucht, damit die Disposition entweder gemacht, oder unterlassen werde. 5*[to] *Ihme Quaestionem Status movirt. 6*[to] *Sich dazu gebrauchen laßt, daß die Erbschaft einem Unwürdigen unter der Hand zugespielt werden möge.* Text nach Codex Maximilianeus Bavaricus, Civilis (1753; Nachdruck 1985) 222–223.

1224 Den letzten Tatbestand bildet m.E. die eigene Modifizierung des römischen Indignitätsgrundes des *tacitum fideicommissum in fraudem iuris* (D. 49.14.49), der

Dem römisch interessierten Juristen wird das *Sächsische Bürgerliche Gesetzbuch* aus dogmatischer Sicht viel interessanter erscheinen als der *Codex Maximilianeus*. Der bayerische Kodex stellte für sein Zeitalter auf jeden Fall ein löbliches Werk dar, dennoch gilt das sächsische Gesetzbuch[1225] als „erstes dogmatisches Kind" der Pandektenwissenschaft, das in schriftlicher Form verfasst wurde[1226].

---

denjenigen Erben als erbunwürdig erklärte, der im Rahmen eines stillschweigenden Fideikommisses einer erwerbsunfähigen Person die Nachlassteile übergab.

1225 *Das Bürgerliche Gesetzbuch für das Königreich Sachsen* trat am 1. März 1865 in Kraft und umfasste bis zur Proklamierung des BGB im Jahre 1900 mit seinem Geltungsraum das Territorium des sächsischen Königreichs. Am Ende des 19. Jh. lebten somit fast 11% der Bevölkerung des deutschen Reiches nach den Regeln des gegenständlichen Gesetzbuches. Aus dogmatischer Sicht wird der sächsische Zivilkodex als geistiger Erbe der *Historischen Schule* und der Pandektenwissenschaft bezeichnet. Der erste Entwurf „nahm" sich jedoch das österreichische ABGB zum inhaltlichen Vorbild. Der Inhalt und die Methode (vor allem *Zeillers* Gesetzgebungsprinzipien) des ABGB fanden Anerkennung bei den Verfassern des ersten Entwurfes, indem man die Inhalte des österreichischen Gesetzes auf sächsische Verhältnisse übertrug. In dieser Hinsicht war sogar der erste sächsische Entwurf ausführlicher als sein dogmatisches Vorbild. Nachdem der Entwurf in der Öffentlichkeit kritisiert wurde, zog man ihn zurück. Die Kritik bezog sich vor allem auf seine Unvollständigkeit, seine starken Änderungen gegenüber dem geltenden sächsischen Recht, seine sprachlichen Unklarheiten und seine Mängel in der Begriffsbildung. Auch das ausgewählte Muster, das österreichische ABGB, betrachtete man als veraltet im Lichte der neuen deutschen Pandektenwissenschaft. *Wächter* bezeichnete sogar den ersten sächsischen Entwurf als Fortschritt gegenüber dem ABGB und gleichzeitig als Novellierungsanregung für die österreichische Rechtswissenschaft. Die Revisionskommission wurde beauftragt, das erste sächsische Kodifikationsvorhaben zu bearbeiten. Der revidierte Entwurf, der die endgültige Grundlage des sächsischen BGB bildete, stellte dieses Mal eine eigene Kodifikation des in Sachsen geltenden Rechts dar. Die inhaltliche Basis dieses gesetzgeberischen Werkes bildete neben den lokal geltenden Statuten, den Landesgesetzen und dem gemeinen Sachsenrecht (dem Recht der privaten mittelalterlichen Rechtsbücher) vor allem das gemeine Recht. Das sächsische BGB übte einen nicht zu unterschätzenden Einfluss auf die Abfassung des BGB aus. Nicht nur die Gliederung des Rechtsstoffes i.S.d. Pandektensystems, sondern auch viele inhaltliche Regelungen der Endfassung des BGB finden ihre äquivalenten Formen in der sächsischen Privatrechtskodifikation. Diese Feststellung bezieht sich ebenfalls auf die Gestalt der Erbunwürdigkeit im BGB. Vgl. *Buschmann*, Sächsisches Bürgerliches Gesetzbuch, in HRG IV 1242–1248. *Dölemeyer*, Einflüsse von ALR, Code civil und ABGB auf Kodifikationsdiskussionen und -projekte in Deutschland, Ius Commune VII 1978, 214–222.

1226 *Koschaker* bezeichnete das sächsische BGB als umgegossenes Pandektenbuch. Vgl. *Koschaker*, Europa und das römische Recht 258.

Aufgrund der indignitätsrechtlichen Regelungen des sächsischen Gesetzbuches (§§ 2277–2280 sächs. BGB) ist sein inhaltlicher Vorsprung gegenüber anderen Rechtsquellen des deutschen Reiches eindeutig feststellbar. Aus dem Wortlaut des § 2277 sächs. BGB[1227], der die Auswirkungen und die Gründe der Erbunwürdigkeit festlegte, ist die neue *ratio legis* der Indignität zu erkennen – nämlich der Schutz vor der Beeinträchtigung der Testierfreiheit des Erblassers. Als erbunwürdig galt derjenige, der den Erblasser an der Ausübung seines Rechts zum freien und ungezwungenen Testieren beeinträchtigte, indem er den Testator vorsätzlich ermordet, ihn in einen Zustand der Testierunfähigkeit gesetzt, ihn durch den Zwang oder Betrug zur Errichtung oder Abänderung einer letztwilligen Verfügung gezwungen oder gehindert oder die von ihm verfasste letztwillige Verfügung unterdrückt, gefälscht oder beweisunfähig gemacht hatte. Im Rahmen der Erbfolge wurde der Erbunwürdige so betrachtet, als wäre er vor dem Erblasser gestorben – d.h. die nächstberufenen Erben konnten den ursprünglich dem unwürdigen Erben zustehenden Nachlass erwerben (§ 2278 sächs. BGB). Die Rechtsfolgen der Erbunwürdigkeit fielen jedoch weg, sobald der Erblasser dem unwürdig handelnden Erben verzieh (§ 2279 sächs. BGB). Die Erbunwürdigkeit trat nicht *ipso iure* ein, sondern musste auf gerichtlichem Weg geltend gemacht werden (§ 2280 sächs. BGB).

3. §§ 2239–2245 BGB – neuer und bisher unbekannter Weg des Indignitätsrechts

a. *Indignität nach* Schmitts Entwurf eines Rechtes der Erbfolge

Die allgemeinen Leitlinien zur Erstellung des Entwurfes des *Bürgerlichen Gesetzbuches*, die im Rahmen des Gutachtens der Vorkommission am 15. April 1874 bestimmt wurden, sahen vor, dass der nach dem Pandektensystem in fünf Bücher gegliederte Rechtsstoff einem jeweiligen Redaktor zur Erstellung eines Teilentwurfs zugeteilt wurde[1228]. Das Erbrecht samt dem ehelichen Güterrecht wurde

---

1227 *Unwürdig jedes Erbrechtes, auch des Rechtes auf den Pflichttheil, ist Derjenige, welcher den Erblasser vorsätzlich tödtet, oder zu Errichtung eines letzten Willens unfähig macht, welcher durch Zwang oder Betrug bewirkt, daß der Erblasser eine letztwillige Verfügung trifft oder nicht trifft, ändert oder nicht ändert, oder welcher einem schriftlichen letzten Willen des Erblassers oder eine über einem mündlichen letzten Willen abgefaßte Urkunde zum Nachtheile eines Dritten unterdrückt, fälscht oder beweisunfähig macht* Text nach *Wenglers/Brachmanns* Ausgabe: Das Bürgerliche Gesetzbuch für das Königreich Sachsen nach den hierzu ergangenen Entscheidungen der Spruchbehörden II (1878) 182.

1228 *Schubert*, Materialien 178.

auf Vorschlag des Kommissionsvorsitzenden *Pape* dem königlichen bayerischen Ministerialrat *Schmitt* zugewiesen[1229]. Der Jurist stellte seinen Teilentwurf samt den Begründungen im Jahre 1879 als Erster fertig[1230]. Da die Kommission über den erbrechtlichen Teil erst am Schluss beriet (d.h. zwischen den Jahren 1886 und 1888), legte *Schmitt* bis zu diesem Zeitpunkt eine revidierte Fassung seiner Arbeit, welche die Ergebnisse der übrigen Beratungen berücksichtigte, vor. Bei der Ausarbeitung seines Teilentwurfs folgte *Schmitt* den von der Vorkommission vorgegebenen Direktiven, indem er die Rechtssätze unter Berücksichtigung der bestehenden Gesetzbücher, der bereits ausgearbeiteten Entwürfe und der gemeinrechtlichen Wissenschaft[1231] entwarf und dabei kein anderes Gesetzbuch als unmittelbare Vorlage[1232] verwendete. Seine Arbeit wies in dieser Hinsicht nicht nur die Merkmale privatrechtlicher Dogmatik, sondern auch rechtsvergleichende Züge auf[1233]. *Schmitts* Teilentwurf besteht aus inhaltlicher Sicht aus

---

1229 Zur Biographie *Gottfried Schmitts* siehe *Hartmann*, Das Recht der vertraglichen Erbfolgeregelungen in der neueren deutschen Privatrechtsgeschichte (2005) 245–249; *Mertens*, Die Entstehung der Vorschriften des BGB über die gesetzliche Erbfolge und das Pflichtteilsrecht (1970) 7–10.

1230 Der Teilentwurf enthält 410 Paragraphen und 1234 Seiten Motive zur Begründung der gefallenen Entscheidungen. An der Erstellung des erbrechtlichen Teilentwurfs waren neben *Schmitt* auch „seine" drei Hilfsarbeiter (*Neubauer*, *Martini* und *Liebe*) beteiligt.

1231 *Schmitt*, Begründung des Entwurfes eines Rechtes der Erbfolge für das Deutsche Reich (1879) 1; *Schubert*, Materialien 182.

1232 Vgl. *Schmitt*, Begründung 35. Die Vorkommission sah weder im *Codex Maximilianeus* noch im ALR noch im *Code civil* ein der deutschen Rechtswissenschaft entsprechendes Gesetzbuch. *Schubert*, Materialien 171. Siehe dazu *Savignys* Kritik der gegenständlichen Gesetzbücher *Savigny*, Vom Beruf 54–110.

1233 *Schmitts* Hauptanliegen war die Vereinheitlichung der bestehenden erbrechtlichen Bestimmungen. Im Rahmen seiner legislativen Arbeiten behandelte und verglich er Erbvorschriften unterschiedlicher Herkunft. *Schmitt* stützte sich vor allem auf das gemeine Recht, das preußische ALR sowie das sächsische BGB. Des Weiteren zog er zu seinen rechtsvergleichenden Arbeiten die Lösungen des französischen und österreichischen Gesetzbuches sowie die Gesetze der Schweizer Kantone heran. Aus dem Kreis der Wissenschaft verwendete er vor allem *Windscheids* Pandektenbuch, *Roths* bayerisches Zivilgesetzbuch, *Beselers* Darstellung des gemeinen deutschen Privatrechts, *Försters* Werk zum preußischen Recht, *Zachariaes* Handbuch des französischen Privatrechts sowie *Ungers* Werke zum österreichischen Recht. Eine nicht zu unterschätzende Rolle bei seinen Arbeiten spielte *Mommsens* Erbrechtsentwurf, dessen Inhalt *Schmitt* sehr beeindruckte. Er schlug sogar vor, *Mommsens* Arbeit als Grundlage der Kommissionsberatungen zu verwenden. Vgl. *Mertens*, Die

zwei Teilen, die wiederum in vier Abschnitte gegliedert sind. Den ersten Teil bilden die Vorschriften über die Delationsgründe, welche die testamentarische, vertragliche und gesetzliche Erbfolge bestimmen. Der zweite Teil befasst sich mit den Vorschriften über die Erwerbung der Erbschaft und gestaltet das Rechtsverhältnis des Erben im Rahmen einer Erbfolge[1234]. *Schmitts* Teilentwurf weist grundsätzlich eine romanistische Prägung auf. Zwar enthält er einige germanische Rechtsinstitute – wie den Erbvertrag, die Parentelordnung der Intestaterbfolge oder den Testamentsvollstrecker –, jedoch ist sein Charakter grundsätzlich römisch-rechtlicher Natur. Diese Bemerkung gilt auch dann, wenn einige römische Rechtsinstitute in modifizierter Form übernommen wurden – z.B. die nicht römischen Testamentsformen[1235].

Schmitt regelte das Rechtsinstitut der Erbunwürdigkeit im dritten Abschnitt seines Teilentwurfs (§§ 314–317 TE), der die Regelungen der Intestaterbfolge zum Gegenstand hatte. Der Rechtsgelehrte folgte bei der rechtlichen Konstruktion der Erbunwürdigkeit der überwiegend herrschenden deutschen Rechtsmeinung und legte sie als Grund des erbrechtlichen Verlustes aus[1236]. Dieser Verlust umfasste sowohl die im Erbanfall begründete Möglichkeit eines bevorstehenden Erbschaftserwerbes als auch die bereits im Rahmen einer Erbfolge erworbenen

---

Entstehung der Vorschriften des BGB 11–12. Vgl. *Schmitt*, Begründungen 35. Für die Beurteilung des inhaltlichen Wertes und der Stellung *Mommsens* Entwurfs siehe *Anders*, Der Erbrechtsentwurf von Friedrich Mommsen (1995).

1234 Vgl. *Schmitt*, Begründungen 38.

1235 Die prominenten und scharfen Kritiker (wie *Gierke*, *Bähr* oder *Sohm*) des ersten Entwurfs waren in Bezug auf den erbrechtlichen Teil viel sanfter mit ihrer Kritik als gegenüber den anderen Teilentwürfen. Nichtsdestotrotz bezogen sich die Hauptkritikpunkte ebenfalls auf *Schmitts* Arbeit, indem ihr ein zu romanistischer Charakter und die Nichtberücksichtigung des germanischen Rechtsgedankengutes vorgeworfen wurden. *Gierke*, ein angesehener germanisch orientierter Jurist, bezeichnete den Inhalt des fünften Buches als modernisiertes und vereinfachtes Pandektenrecht. *Pfizer* sagte zu *Schmitts* Erbrechtsentwurf, dass es sich dabei um ein *römisches Recht in deutschen Worten* handle. Bezeichnend für diese Kritik waren die Forderungen des germanischen Flügels der *Historischen Schule* die gesetzliche Erbfolge, die ohnehin germanischer Ausrichtung war, im ersten Abschnitt des Entwurfes zu regeln und nicht die testamentarische Erbfolge. Vgl. *Mertens*, Die Entstehung der Vorschriften des BGB 17–18; *Kaser*, JuS 1967, 342.

1236 Der hessische Entwurf des Bürgerlichen Gesetzbuches, das sächsische BGB, der französische *Code civil* und das gemeine Recht unter der Gestalt der *Historischen Schule* sahen die Erbunwürdigkeit als Grund eines erbrechtlichen Verlustes und verwarfen die aus dem österreichischen ABGB und dem *Usus modernus* stammende Ansicht, die einen Erbunwürdigen wie einen Erbunfähigen behandelte.

Erbschaftsgüter. Dieser Verlust trat nicht *ipso iure* ein, sondern erst auf Verlangen der berechtigten Person[1237]. In diesem Fall folgte der Teilentwurf dem Grundsatz der Entreißbarkeit der Erbschaft[1238], der seine dogmatischen Wurzeln im römisch-klassischen Ereptionsvorgang des Fiskus hatte. *Schmitt* lehnte die Ansichtsweise, die einen Erbunwürdigen wie einen Erbunfähigen behandelte, ab. Diese Meinung vertraten vor allem das österreichische ABGB, *Mommsens* Erbrechtsentwurf[1239] und die Indignitätslehre des gemeinen Rechts des *Usus modernus*. *Schmitt*, der in seinem Teilentwurf keinen Platz für die Regelungen über die Erbunfähigkeit und Inkapazität fand, gestaltete die rechtliche Stellung eines *indignus* (mit anderen Worten sein rechtliches Verhältnis zur Erbschaft und zu anderen Erben) i.S. einer die Erbschaft entsagenden Person und verwies im § 316 auf die die Entsagung regelnden Bestimmungen[1240]: *Der Entsagende wird, vorbehaltlich besonderer Bestimmungen des Gesetzes, so angesehen, als sei er niemals Erbe geworden. Die ausgeschlagene Erbschaft fällt demjenigen an, welcher berufen gewesen wäre, wenn der Entsagende den Erblasser nicht überlebt hätte […]*[1241]. Die von einem erbunwürdig gewordenen Erben erworbenen Erbgüter, die er aufgrund eines Erbanfalles erworben hatte, konnten durch die berechtigte Person mit sachlicher Wirkung *ex tunc* rückgängig gemacht werden. Diese Rückwirkung umfasste nicht nur den Rückgabeanspruch der durch den *indignus* erworbenen Nachlassgegenstände, sondern auch dessen Erbenstellung – mit

---

1237 Vgl. § 2280 sächs. BGB, Art. 355 Hessischer Entwurf, § 16 *Mommsens* Erbrechtsentwurf.

1238 *Schmitt*, Begründungen 845.

1239 *Mommsens* Erbrechtsentwurf (§ 13) kam aus praktischer Sicht zum gleichen Ergebnis: *Im Fall der Unwürdigkeit eines Erben ist die Erbfolge so zu bestimmen, als wäre der Unwürdige vor dem Erblasser gestorben […]* – Text nach *Mommsens* Ausgabe: Entwurf eines Deutschen Reichsgesetzes über das Erbrecht nebst Motiven (1876) 5. In seinen Motiven legte *Mommsen* diesen Rechtssatz folgendermaßen aus: *Die Bestimmungen des § 13 ergeben sich daraus, daß der Erbunwürdige als erbunfähig angesehen wird […]. Mommsen*, Entwurf 134.

1240 Vgl. *Schmitt*, Begründungen 845.

1241 § 314 TE:. *Der Anfall an den weiter Berufenen gilt als mit dem Eintritt des Erbfalles erfolgt.* Text nach *Schmitts* Ausgabe: Entwurf eines Rechtes der Erbfolge für das Deutsche Reich (1879) 59. Der hessische Entwurf eines bürgerlichen Gesetzbuches behandelte aus rechtlicher Sicht ebenfalls einen Erbunwürdigen und einen Entsagenden gleich – Art. 314 Hessischer Entwurf: *Ein Erbe, welcher der Erbschaft entsagt hat, oder als erbunwürdig von derselben ausgeschlossen worden ist, wird angesehen, als sey er niemals Erbe geworden.* Entwurf eines bürgerlichen Gesetzbuchs für das Großherzogthum Hessen nebst Motiven: Von der Erbfolge III/1 (1845) 85.

diesem Moment hörte er auf ein Erbe zu sein. Es spielte in diesem Fall keine Rolle, ob der Nachlass im Rahmen einer gesetzlichen, testamentarischen oder vertraglichen Erbfolge erworben wurde. Ein unwürdiger Pflichtteilsberechtigter bzw. ein unwürdiger Vermächtnisnehmer, der aus materieller Sicht kein Erbe war, verwirkte in diesem Fall seinen Pflichtteilsanspruch bzw. seinen Vermächtnisanspruch. Der Erbanfall war in dieser Hinsicht mit einem zivilrechtlichen Mangel ausgestattet. Die *ex tunc* Rückerstattung der Erbgüter trat jedoch nur dann ein, wenn die berechtigte Person diese auch gerichtlich beantragte.

Die klageberechtigte Person war nach *Schmitts* Teilentwurf der durch das Gesetz oder durch den Willen des Erblassers nächstberufene Erbe. Das aus dem klassischen Indignitätsrecht stammende Ereptionsrecht des Fiskus wurde endgültig abgelehnt. Das Gleiche betraf die aus der nachklassischen Periode stammenden Indignitätsgründe, welche die dritten Personen zum Erwerb des *ereptorium* berechtigten. Das Klagebegehren der Erbunwürdigkeitsklage bestand aus einem Herausgabeanspruch der Erbschaftssachen und richtete sich gegen den besitzenden *indignus*. Sie entsprach diesbezüglich der römischen *hereditatis petitio*[1242]. Da der *indignus* bis zur Erbringung der Erbunwürdigkeitsklage der rechtmäßige Erbe und der Eigentümer der Erbschaftssachen war, konnte er laut *Schmitts* Ansicht nicht wie ein unredlicher Besitzer behandelt werden[1243]. Die rechtsbefreienden Wirkungen einer in einem Erbunwürdigkeitsfall durch den Erblasser gegenüber dem *indignus* geäußerten Verzeihung erlangten mittlerweile auf deutschem Rechtsboden eine allgemein anerkannte Rechtsansicht. Das österreichische Zivilgesetzbuch, das Sächsische Bürgerliche Gesetzbuch, der hessische Entwurf und *Mommsens* Entwurf sowie das ALR (allerdings nur im Falle einer fahrlässigen Tötung)[1244] hoben die Rechtsauswirkungen einer festgestellten

1242 *Schmitt*, Begründungen 854. *Mommsen* ging in seinem Entwurf ebenfalls von einer i.S.d. *herediatis peitio* gestalteten Unwürdigkeitsklage aus. Vgl. *Andres*, Der Erbrechtsentwurf von Friedrich Mommsen 350.

1243 Eine gegenteilige Meinung vertraten in dieser Frage das gemeine Recht und *Mommsens* Erbrechtsentwurf. Vgl. *Schmitt*, Begründungen 855.

1244 § 540 ABGB, § 2279 sächs. BGB, § 15 *Mommsens* Erbrechtsentwurf, ALR I 12. § 600, Art. 358 Hessischer Entwurf. Der Hessische Entwurf verlangte ausdrücklich eine in testamentarischer Form geäußerte Verzeihung. Interessanterweise wurde diese testamentarische Verzeihungsform ca. 150 Jahre später durch den französischen Gesetzgeber übernommen. Die französische Erbrechtsreform aus dem Jahr 2001 lässt in einem Indignitätsfall der ausgesprochenen Verzeihung nur dann rechtsbefreiende Wirkungen zu, wenn diese in testamentarischer Form geäußert wurden.

Erbunwürdigkeit auf, sobald der *indignus* beweisen konnte, dass der Erblasser ihm verziehen hatte[1245]. Dieser Meinung folgte ebenfalls *Schmitt*.

Die Erbunwürdigkeitsgründe *Schmitts* Teilentwurfs spiegelten die Indignitätstatbestände des zur damaligen Zeit geltenden gemeinen Rechts wider. Der § 314 TE[1246] sah denjenigen als erbunwürdig an, der den Erblasser vorsätzlich getötet oder in den Zustand der Testierunfähigkeit gebracht, zur Erlassung einer bestimmten letztwilligen Verfügung durch Gewalt, Drohung oder Betrug gezwungen, an der Errichtung einer letztwilligen Verfügung verhindert oder die schriftliche Urkunde des letzten Willens zum Nachteil eines Drittens vorsätzlich unterdrückt, unterschlagen, gefälscht, sie in einem gerichtlichen Verkehr unbeweisbar gemacht oder eine falsche Urkunde dieser Art hergestellt hatte. Mit Ausnahme des Tatbestandes, der die Versetzung des Erblassers in einen Zustand der Testierunfähigkeit mit Erbunwürdigkeitsfolgen sanktionierte, entstammten sämtliche Erbunwürdigkeitsgründe *Schmitts* Arbeit dem römisch-klassischen Indignitätsrecht. Diese Tatbestände wurden ebenso in anderen deutschen legislativen Arbeiten anerkannt[1247].

Bei der Auswahl der maßgeblichen Erbunwürdigkeitsgründe wies *Schmitt* auf die vor allem aus rechtsgeschichtlicher Sicht dünne Trennlinie zwischen der Enterbung und der Erbunwürdigkeit hin und betonte deren materiellen Unterschiede. Beide Rechtsinstitute schlossen einen bestimmten Erben auf unterschiedliche Weise von der Erbfolge aus. Die Enterbung stellte einen Ausdruck des Willens des Erblassers, der in testamentarischer Form geäußert wurde, dar. Die Erbunwürdigkeit bildete dagegen einen vom privaten Willen unabhängigen

---

1245 § 317 TE.

1246 § 314 TE: *Wer vorsätzlich den Erblasser getödtet, zu einer Verfügung von Todeswegen unfähig gemacht, daran verhindert, oder dazu durch Gewalt oder Drohungen oder Betrug gebracht, desgleichen, wer die über eine Verfügung von Todeswegen errichtete Urkunde vorsätzlich zum Nachtheile eines Dritten unterdrückt, gefälscht oder beweisunbrachbar gemacht, oder unterschlagen oder eine falsche Urkunde dieser Art untergeschoben hat, ist auf Antrag als der Erbfolge in den betreffenden Nachlaß wie des Pflichttheilsrechts für unwürdig zu erklären, gleichviel ob die erwähnte Verfügung oder Urkunde eine Zuwendung oder die Entziehung oder Schmälerung eines auf dem Gesetze beruhenden Erb- oder Pflichttheilsrechtes oder die Aenderung oder Aufhebung derselben bezielte. Die Anstiftung von Handlungen der bezeichneten Art, ferner die Theilnahme an solchen und der Versuch der Tödtung des Erblassers wird der Thäterschaft oder Vollendung der That gleich geachtet.* Text nach *Schmitts* Ausgabe: Entwurf 60.

1247 Vgl. ALR I 12 § 599; § 540 ABGB aF_{1811}; Bayerischer Entwurf (von 1811) III 1 § 13; Art. 8 Hessischer Entwurf; § 2277 sächs. BGB; § 12 *Mommsens* Erbrechtsentwurf.

Grund des Erbschaftsverlustes. Beide Rechtsinstitute bestimmten die Vergehen gegen den Erblasser zum rechtlichen Auslöser des vorgesehenen Erbschaftsausschlusses. Im Gegensatz zur Enterbung, die immer vom bewussten Willen des Erblassers ausging, sollte die Erbunwürdigkeit erst dann eintreten, wenn der Erblasser von der gegenständlichen Verfehlung entweder nicht gewusst hatte oder er rechtzeitig (d.h. vor seinem Tod) keinen Enterbungswillen äußern konnte, da der Erbe ihn an dieser Äußerung schuldhaft verhindert hatte. In beiden Fällen wurde die Erfüllung des Willens des Erblassers zur *ratio legis* erhoben. Im Falle der Enterbung konnte der tatsächliche Wille durch den Erblasser selbst geäußert werden. Dagegen wurde im Rahmen der Erbunwürdigkeit der Wille des Erblassers lediglich vom Gesetz vermutet. Somit spielte die Erbunwürdigkeit die Rolle eines Auffangnetzes, das nur solche Fälle umfassen sollte, die der Erblasser aufgrund der fehlenden Kenntnis oder der fehlenden Zeit nicht rechtzeitig wahrnehmen konnte. Eine ungerechtfertigte Ausdehnung der Erbunwürdigkeitsgründe hätte in diesem Fall zum Verwischen der dogmatischen Trennlinie zwischen diesen beiden Rechtsinstituten geführt. Diese inhaltliche Feststellung wurde bereits von *Pothier* bemerkt[1248]. *Schmitt* bezeichnete die Indignitätsgründe des gemeinen Rechts, des österreichischen Gesetzbuches, des hessischen und des bayerischen Entwurfes[1249] als zu „weitgehend" und lehnte sie für die zukünftige deutsche Regelung kategorisch ab[1250].

b. Schmitts *Erbunwürdigkeitsrecht in den kommissionellen Beratungen*

Die inhaltliche Ausrichtung *Schmitts* Erbunwürdigkeitsrechts stimmte sowohl in der Frage der rechtlichen Abwicklung als auch in Bezug auf die Auswahl der maßgeblichen Tatbestände grundsätzlich mit den Lösungen des Sächsischen

---

1248 Vgl. *Dupin*, Œuvre de Pothier 34.

1249 Der österreichische Zivilkodex erhob mit seiner Generalklausel (§ 540 ABGB iF_{1811}), die Angriffe auf Leib, Güter und Ehre sowohl des Erblassers als auch dessen *personae conjunctissimae* aus indignitätsrechtlicher Sicht als relevant betrachtet, ein breites Spektrum möglicher Verfehlungen zu Erbunwürdigkeitsgründen. Zu einer aus inhaltlicher Sicht ähnlichen Regelung kam – wahrscheinlich aufgrund der geographischen Nähe – der bayerische Entwurf eines Bürgerlichen Gesetzbuches von 1811 (III 1 § 13 rev. CMBC. Siehe dazu *Schubert/Demel*, Der Entwurf eines Bürgerlichen Gesetzbuchs für das Königreich Bayern von 1811, 299). Der Hessische Entwurf bestimmte dagegen nur einen Grund, der als zu „weitläufig" bezeichnet wurde – nämlich das „Nach dem Leben trachten" (Art. 8 Fall 1 Hessischer Entwurf).

1250 *Schmitt*, Begründungen 852. Zur gleichen Bemerkung kam *Mommsen* in seinen Motiven zum Erbrechtsentwurf. Vgl. *Mommsen*, Entwurf 140–142.

Bürgerlichen Gesetzbuches und *Mommsens* Erbrechtsentwurfs überein. Zwei Elemente stechen aus *Schmitts* Entwurf heraus. Zum einen bestimmte der bayerische Rechtsgelehrte das rechtliche „Zusammenspiel" zwischen der Enterbung[1251] und der Erbunwürdigkeit. Die Indignität sollte in dieser Hinsicht die Rolle der Ergänzung der Enterbungsvorschriften (bzw. der Pflichtteilsentziehungsvorschriften) übernehmen. Sie sollte erst dann eintreten, wenn der Erblasser durch eine schuldhafte Handlung des Erben diesen mittels seiner ausdrücklichen Willensäußerung nicht enterben bzw. seinen Pflichtteil nicht entziehen konnte, da der Erbe ihn durch eine Indignitätshandlung daran hinderte, indem er ihn tötete, in einen Zustand der Testierunfähigkeit setzte, ihn an der Errichtung einer letztwilligen Verfügung, die eine Enterbung beinhaltete, verhinderte etc.. Zum anderen ist aus *Schmitts* Arbeit kein einheitlicher Grundgedanke der Erbunwürdigkeit zu erkennen[1252]. M.E. kann die *ratio legis* entweder die Feststellung und die Erfüllung des präsumtiven Willens des Erblassers oder den Schutz vor der Beeinträchtigung der Testierfreiheit des Testators darstellen. Die endgültige Definierung des Erbunwürdigkeitsrechts wurde erst im Rahmen der kommissionellen Beratungen hervorgebracht.

Die endgültige Fassung des erbrechtlichen Entwurfs für das deutsche *Bürgerliche Gesetzbuch* weist im Vergleich zu *Schmitts* Arbeit nur wenige inhaltliche Veränderungen auf. Das dogmatische Gerüst der von ihm skizzierten Erbunwürdigkeit wurde im Rahmen der kommissionellen Beratungen beibehalten. Die Kommissionsmitglieder legten dagegen den Grundgedanken des deutschen Erbunwürdigkeitsrechts fest. Die *ratio legis* des gegenständlichen Rechtsinstituts bilden der Schutz der Testierfreiheit des Erblassers und die erbrechtliche Pönalisierung der Kränkung des Testierrechts[1253]. Den wahren Grund des Entzuges bzw. des Verlusts der Erbschaft bildet nicht die Schwere einer Verfehlung, die der Erbe seinem Erblasser zufügte – wie das bei der Enterbung der Fall ist –, sondern der Umstand, dass der Erbe den Erblasser am Gebrauch seiner Testierfreiheit verhinderte. Bei der Festlegung der *ratio legis* der Erbunwürdigkeit wollten die Kommissionsmitglieder eine Verbindung des gegenständlichen Rechtsinstituts mit dem strafrechtlichen Gedanken, der vor allem in der römisch-klassischen

1251 Der aus dem justinianischen Recht stammende Begriff der Enterbung entsprach aus inhaltlicher Sicht nach der endgültigen Fassung des BGB der Pflichtteilsentziehung (§ 2333 BGB).

1252 Vgl. *Hempel*, Erbunwürdigkeit 38.

1253 *Mugdan*, Die gesammten Materialen zum Bürgerlichen Gesetzbuch für das Deutsche Reich V (1899) 276 (Motive).

und französischen Rechtslandschaft Anerkennung fand, auf jeden Fall vermeiden[1254].

Der erste Fall des § 2339 BGB bestimmt denjenigen als erbunwürdig, der den Erblasser vorsätzlich tötete oder zu töten versuchte[1255] oder in einen Zustand versetzte, in Folge dessen dieser bis zu seinem Tod unfähig war, eine Verfügung von Todes wegen zu errichten oder sie aufzuheben. Die Kränkung der Testierfreiheit liegt in diesem Fall in dem Umstand, dass der Erblasser entweder durch den verursachten Tod oder durch die Versetzung in den Zustand der Testierunfähigkeit von der gegenständlichen Freiheit keinen Gebrauch machen konnte. Der Vorsatz des tötenden Erben bzw. des Erben, der den Erblasser in den Zustand der Testierunfähigkeit versetzte, musste in beiden Fällen nicht auf die Einschränkung der Testierfreiheit abzielen. Es reicht aus, wenn die Tötung oder die Versetzung vom Täter gewollt war. Der Tatbestand des Verwandtenmordes gilt als allgemein anerkannter Rechtsgedanke, der aus rechtsgeschichtlicher Sicht sowohl in germanischen als auch in römischen Rechtskreisen zu finden ist. Die Versetzung des Erblassers in einen Zustand der Testierunfähigkeit stellt dagegen ein Novum in der europäischen Rechtslandschaft dar. Der gegenständliche Indignitätstatbestand tauchte zum ersten Mal im Sächsischen Bürgerlichen Gesetzbuch auf und wurde später durch *Mommsens* Erbrechtsentwurf aufgenommen. M.E. stellt der gegenständliche Indignitätsgrund die dogmatische „Frucht" der neuen Gestalt und der neuen *ratio legis* der deutschen Erbunwürdigkeit dar. Den zweiten und dritten Erbunwürdigkeitsgrund stellt die Beeinflussung der Willensbildung des Erblassers an der Erstellung seiner letztwilligen Verfügung dar. Als erbunwürdig gilt derjenige, der den Erblasser an der Errichtung oder Aufhebung des letztwilligen Aktes vorsätzlich und widerrechtlich verhinderte. Des Weiteren wird demjenigen seine Erbschaft entzogen, der den Erblasser durch arglistige Täuschung oder widerrechtlich durch Drohung zur Errichtung oder Aufhebung einer letztwilligen Verfügung bestimmte[1256]. Das Prinzip der deutschen Erbunwürdigkeit ist anhand dieser Gründe eindeutig. Im Rahmen der gegenständlichen Handlungen verhinderte der Erbe den Testator an der Ausübung seines Rechts zum freien Testieren. Aufgrund dieses Leitgedankens wurde das Zwingen des Erblassers mittels körperlicher Gewalt

---

1254 Vgl. *Mugdan*, Materialien 817.

1255 Im ersten Entwurf lehnten die Kommissionsmitglieder noch die indignitätsrechtliche Relevanz einer versuchten Tötung ab. Man wollte diesbezüglich nicht vom Gesichtspunkt einer Strafe ausgehen. Vgl. *Mugdan*, Materialien 276.

1256 § 2399 Fall 2 und 3 BGB.

(*vis absoluta*) als möglicher Indignitätsgrund verworfen, da in diesem Fall nicht von einer Willensbeeinflussung des Erblassers gesprochen werden kann[1257]. Die gegenständlichen Indignitätsgründe entstammten dem römisch-klassischen Indignitätsrecht. Sie gehörten zur indignitätsrechtlichen Tatbestandsgruppe der *ratione testamenti* und bildeten einen festen Bestandteil des gemeinen Rechts. Die gleiche dogmatische Herkunft, nämlich das klassisch-römische Indignitätsrecht, weist die letzte Tatbestandsgruppe auf[1258]. Diese Gruppe bilden die aus strafrechtlicher Sicht relevanten Urkundsdelikte wie die Unterdrückung, die Fälschung, die Verleitung zur gerichtlichen Unbeweisbarkeit oder die Unterschlagung einer letztwilligen Verfügung. Die Ursache der Erbunwürdigkeit liegt in der Ausübung eines hindernden Einflusses auf die Feststellung des Willens des Erblassers. Durch die Handlung des Erben werden der wahre Wille des Erblassers und die klare Rechtslage verdunkelt. Das zivilrechtliche Schicksal des Nachlasses wird im gegenständlichen Fall durch einen scheinbaren Willen und nicht durch einen wirklichen bestimmt. Nach der Meinung der Kommissionsmitglieder sind diese Tathandlungen einer Kränkung der Testierfreiheit gleichzusetzen[1259].

Was die rechtliche Abwicklung eines Erbunwürdigkeitsverhältnisses betrifft, so geht das deutsche Zivilgesetzbuch von einer modifizierten Lösung des römisch-klassischen Indignitätsrechts aus. Wie bereits bekannt, konnte der *indignus* nach römischer Rechtslage die angefallene Erbschaft erwerben. Er blieb sogar aus formeller Sicht ein Erbe. Den materiellen Klagen, die ihm aus dieser Erbenstellung zustanden, wurde jedoch durch die festgestellte Erbunwürdigkeit die zivilrechtliche Gültigkeit verwehrt. Das deutsche Indignitätsrecht entschied sich diesbezüglich für eine Mittellösung, die durch das gemeine Recht inspiriert wurde. Ein Erbunwürdiger kann die angefallene Erbschaft erwerben und er kann sie bis zur gerichtlichen Feststellung seiner Unwürdigkeit behalten. Es spielte für die Redaktoren des BGB keine Rolle, ob die Erbschaft mittels der testamentarischen oder gesetzlichen Erbfolge oder mittels eines Erbvertrags erworben wurde. Die Erbunwürdigkeit umfasst ebenfalls einen unwürdig handelnden Vermächtnisnehmer und einen Pflichtteilsberechtigten. Die Kommissionsmitglieder gingen in der rechtlichen Abwicklung eines Indignitätsverhältnisses von der Anfechtbarkeit aus und lehnten die im österreichischen Recht verankerte

1257 Vgl. *Mugdan*, Materialien 276 (Motive).

1258 § 2399 Fall 4 BGB.

1259 *Mugdan*, Materialien 277 (Motive). Siehe dazu auch die Protokolle der Beratungen: *Mugdan*, Materialien 817.

Lösung der *ipso iure* eintretenden Indignität ab. Laut den Kommissionsmitgliedern sei eine von Amts wegen zu berücksichtigende Erbunwürdigkeit unvereinbar *[…] mit dem an der Kundbarkeit der Erbfolge bestehenden öffentlichen Interesse […]*[1260]. Ein Erbunwürdigkeitsverhältnis muss gerichtlich angefochten werden. Das Klagebegehren richtet sich auf die Erbunwürdigkeitserklärung eines Erben und focht ein Rechtsverhältnis „des Erbgewordenseins" an[1261]. Die anfechtungsberechtigte Person ist diejenige, der das Ausscheiden des *indignus* zustattenkommt[1262]. Aus praktischer Sicht sieht der gegenständliche Weg folgendermaßen aus: Ein rechtskräftiges Urteil spricht die entzogene Erbschaft dieser Person zu, die beim Wegfall des Erbunwürdigen als nächste an der Reihe ist[1263]. Entgegen der römisch-klassischen Lösung hört der Erbunwürdige mit dem rechtskräftigen Urteil auf, ein Erbe zu sein. Der Anfall gilt in diesem Fall als nicht erfolgt und die Erbschaft fällt an die nächstberechtigte Person. Das deutsche *Bürgerliche Gesetzbuch* erwähnt mit keinen besonderen Rechtsvorschriften die erbrechtlichen Ansprüche der Nachkommen des *indignus*. Entgegen der Urfassung des österreichischen ABGB und des französischen *Code civil* können die Abkömmlinge des *indignus* die Erbfolge der Person, gegenüber der sich ihr Aszendent als erbunwürdig erwies, antreten. Des Weiteren sahen die deutschen Redaktoren von der klassischen römischen und französischen Rechtslage ab, indem sie keine Regelungen in Bezug auf die Nutznießungsrechte eines Erbunwürdigen an einem ihm ursprünglich entzogenen *ereptorium*, das wiederum entweder durch seine Kinder oder den Ehepartner erworben wurde,

---

1260 *Mugdan*, Materialien 277 (Des Weiteren: *Es würde nicht angemessen sein, einem Thatbestande, welcher seiner Natur nach in der Regel dem Kundwerden sich entzieht, einen kraft Gesetzes wirkenden Einfluß auf den Eintritt der Erbfolge beizulegen.*). Siehe dazu *Schmitt*, Begründungen 102–103.

1261 In den Protokollen wurde die Anfechtbarkeit eines Erbunwürdigkeitsverhältnisses aus rechtlicher Sicht in Frage gestellt. Die Anfechtung stellt ein rechtstechnisches Mittel, das sich grundsätzlich gegen den Bestand eines Rechtsgeschäftes (wie §§ 1780 ff, 1948 ff, 2040 ff BGB) und nicht eines Rechtsverhältnisses richtet, dar. In den Beratungen wurde in diesem Zusammenhang auf eine ähnliche Vorgehensweise verwiesen. Der Endentwurf des BGB sieht vor, dass die Ehelichkeit eines Kindes, das aus dogmatischer Sicht ein Rechtverhältnis darstellt, ebenso einer Anfechtung unterliegt. Vgl. *Mugdan*, Materialien 278 (Motive).

1262 *Schmitts* Lösung wurde durch das Bürgerliche Gesetzbuch endgültig übernommen (§ 2341 BGB). Von diesem Standpunkt gingen ebenfalls das sächsische BGB (§ 2280), der hessische Entwurf (Art. 355) sowie *Mommsens* Erbrechtsentwurf (§ 16) aus.

1263 *Mugdan*, Materialien 822 (Protokolle).

bestimmten[1264]. Die rechtsbefreienden Wirkungen der von dem Erblasser geäußerten Verzeihung wurden von *Schmitts* Teilentwurf übernommen.

IV. Zusammenfassung

Die Vernunftgesetzbücher und das pandektistische *Bürgerliche Gesetzbuch* führten nicht nur zur nationalistischen Betrachtung der Rechtsbildung, sondern auch der Rechtswissenschaft. Die europäische Rechtseinheit des *ius commune* und die auf ihm aufgebaute einheitliche Rechtslehre (die *communis opinio doctorum*), die ihre Anfänge in der im 11. Jh. entstandenen italienischen Rechtswissenschaft hatten, wurden verworfen. Die französischen, deutschen und österreichischen Juristen behandelten die möglichen Sachverhalte nach eigenem Recht und die Rechtswissenschaft orientierte sich ab nun allgemein an den nationalen Kodifikationen[1265]. *On parle du droit civil. Je ne connais pas un droit civil, je ne connais que le code civil* war aus dem französischen Juristenkreis zu hören und der Titel der ersten Ausgabe der Deutschen Juristenzeitung lautet *Ein Volk. Ein Reich. Ein Recht.*. Die dargestellte Entwicklung, die eine nationale Betrachtung des geltenden Rechts forderte, betraf ebenfalls die römische Indignitätslehre. Die von dem *ius commune* vorgegebenen geistigen Rahmen des Indignitätsrechts wurden aufgegeben und durch nationale Lösungen ersetzt. Der Fluss der gemeinrechtlichen *indignitas* nahm durch den Einfluss der drei genannten nationalen Privatrechtskodifikationen die Form dreier unterschiedlicher Strömungen an. Ein vorher auf gemeinrechtlicher Ebene möglicher inhaltlicher Diskurs war ab nun nicht mehr möglich[1266].

Die aus zeitlicher Sicht erste Privatrechtskodifikation, die der gemeinrechtlichen Anwendung des Indignitätsrechts ein Ende setzte, stellte der französische *Code civil* dar. Die rechtliche Konstruktion der französischen Indignität spiegelt die dogmatischen Erkenntnisse des *droit commun français* zum Indignitätsrecht wider. Das gemeine französische Privatrecht entstand im Rahmen eines rechtsvergleichenden Prozesses, indem das eigene Gewohnheitsrecht (die *coutumes*) mit dem römischen Recht durch die unersetzliche Arbeit der französischen Rechtsgelehrten und der Rechtsprechung der französischen *parlements* zu einer Einheit geformt wurde. Im Gegensatz zu den rechtlichen Entwicklungen auf deutschem Rechtsboden kam es im französischen Königreich zu keiner

1264 *Mugdan*, Materialien 280. Siehe dazu Art. 729 C. civ. (Art. 730 C. civ. iF_{1804}) und Pap. 13 resp. D. 34.9.17.

1265 *Coing*, Ius Commune I 27.

1266 Vgl. *Zimmermann*, FS Koziol 510–511.

Rezeption *in complexu*. Das römische Recht nahm im Rahmen dieses Vorganges lediglich eine unterstützende Form, die das eigene Recht i.S.d. *ratio scripta* verbessern und weiterentwickeln sollte, an. Die Indignitätsregelungen des *Code civil* geben das Ergebnis dieses vergleichenden Prozesses wieder. Die drei Indignitätstatbestände des französischen Kodexes in seiner ursprünglichen Fassung – der Tatbestand des Verwandtenmordes und der Erhebung einer Kapitalanklage gegen den Erblasser sowie die Unterlassung der Anzeige gegenüber dem Mörder des Erblassers – entstammen dem römisch-klassischen Indignitätsgründen und sind in Justinians Kompilation[1267] zu finden. Der Abdruck des eigenen Rechtsverständnisses ist erst anhand der *ratio legis* und der rechtlichen Abwicklung der französischen Indignität ersichtlich. Der Grundgedanke des gegenständlichen Rechtsinstitutes in seiner französischen Ausgestaltung liegt m.E. in der erbrechtlichen Sanktionierung eines unwürdig handelnden Erben. Die strafrechtliche *ratio legis* ist vor allem anhand der rechtlichen Voraussetzung einer strafrechtlichen Verurteilung feststellbar. In den ersten beiden Tatbeständen gilt der Erbe erst dann als erbunwürdig, sobald er wegen seiner Handlung, die zugleich eine Straftat bildet, strafrechtlich verurteilt wurde. Der Entzug der Erbschaft stellt in diesem Fall eine privatrechtliche Folge einer strafrechtlichen Verurteilung dar. In der heutigen französischen Rechtsdogmatik bezeichnet man diesen Rechtsvorgang als *peine privée* – eine privatrechtliche und personenbezogene Strafe. Der gleiche Umstand betrifft auch den zweiten Grund der verleumderischen Anschuldigung des Erblassers der Begehung eines Kapitalverbrechens. Erst nachdem die Verleumdung durch ein Strafgericht festgestellt wurde, kann dem Erben der gesetzliche Erbanteil aufgrund seiner Erbunwürdigkeit entzogen werden. Die Nichterstattung einer Anzeige gegenüber dem Mörder des Erblassers musste ebenso vorher gerichtlich festgestellt werden. Die Erbrechtsreform aus dem Jahr 2001, die das französische Indignitätsrecht in einigen Punkten gravierend novellierte, verwarf die strafrechtliche Ausrichtung des Rechtsinstitutes nicht und bestimmte weiterhin die strafrechtliche Verurteilung als unabdingbare Voraussetzung eines rechtsgültigen Indignitätsverhältnisses. Von dieser pönalen Orientierung gingen vor allem die bekannten Rechtsgelehrten des *Ancien Régime* aus. *Pothier*, *Domat* oder *Le Brun* sahen den Entzug der Erbschaft, der aufgrund eines festgestellten Indignitätsverhältnisses eintrat, als privatrechtliche Folge des begangenen Verbrechens an. *L'indignité est une peine, et il ne doit point y avoir de peine où il n'y a point de faute […]*[1268] schrieb *Pothier* in Bezug

1267 Vgl. Marcian. 5 reg. D. 34.9.3; Ulp. 14 l. Iul. Pap. D. 29.5.5.2; Marcian. 6 inst. D. 34.9.1.

1268 *Dupin*, Œuvres de Pothier 35. Siehe dazu auch *Domat* : *Car la peine de l'héritier indigne ne doit tomber que sur luy […]. Domet*, Les loix civiles 81.

auf die erbrechtlichen Ansprüche der Nachkommen eines unwürdigen Erben. Der strafrechtliche Charakter der Erbunwürdigkeit und ihre gerichtliche Feststellung sind m.E. ebenfalls durch die Art der gerichtlichen Abwicklung eines Indignitätsverhältnisses nach dem *droit commun français* zu argumentieren. Die Indignitätsgründe waren nach gemeinem französischem Recht unbestimmt und undefiniert. Die Entscheidung, ob einem Erben die Erbschaft entzogen wurde oder auch nicht, hing von der Ermessungsmacht des entscheidenden Richters ab. Als materielle Grundlage dienten dem entscheidenden Richter die römischen Indignitätsgründe, sobald sie den Regeln der Billigkeit und der guten Sitten entsprachen. Ein weiteres Zeichen des strafrechtlichen Charakters bildet die Ablehnung der rechtsbefreienden Rechtsfolgen einer durch den Erblasser gegenüber dem Erbunwürdigen geäußerten Verzeihung. Dieser rechtliche Umstand änderte sich erst im Jahre 2001 mit der gegenständlichen Erbrechtsreform. Ein letztes besonderes Spezifikum des französischen Erbunwürdigkeitsrechts, das ebenfalls seine Wurzeln im französischen *ancien droit* hat, bildet die Ablehnung der aus dem gemeinen Recht stammenden Indignitätsgründe der *ratione testamenti*. Da das französische Erbrecht i.S.d. aus dem Frühmittelalter stammenden germanischen Rechtsmaxime – *Institution d'héritiers n'a point de lieu* – eine testamentarische Erbeinsetzung nicht vorsieht, kann die Erbunwürdigkeit nur im Falle einer gesetzlichen Erbfolge gerichtlich festgestellt werden. Die rechtswidrigen Beeinflussungen des letzten Willens des Erblassers bzw. die Kränkung seiner Testierfreiheit können nach französischem Recht nur mittels einer Widerrufsklage berücksichtigt werden.

Die zweite privatrechtliche Kodifikation, die in der Frage des Indignitätsrechts einen eigenen Weg einschlug, stellt das österreichische *Allgemeine Gesetzbuch* dar. Zwar weist der österreichische Zivilkodex wie der französische eine naturrechtliche Prägung auf, jedoch entstand er unter dem Einfluss des österreichischen Absolutismus. Er bildet das Ergebnis der aufgeklärten Staatsreformen und spiegelt nicht den revolutionären Ruf der bürgerlichen Bevölkerung (des dritten Standes) nach der rechtlichen Gleichbehandlung aller Bürger wider. *Martinis* und *Zeillers* Gesetzgebungswerk weist aus technischer Sicht Merkmale einer vernunftrechtlichen Kodifikation auf. Der Rechtsstoff des Gesetzbuches wurde i.S.d. naturrechtlichen Lehre systematisch geteilt und die Regelungen gaben in kurzer, bündiger und verständlicher Sprache den Inhalt ausführlich wieder. Die inhaltliche Ausrichtung der Rechtsvorschriften sollte nach der Vorstellung der Initiatorin der österreichischen Kodifikationsbewegung, Kaiserin Maria Theresia, das naturrechtliche Gedankengut berücksichtigen. Die gemeinrechtlichen Regeln sollten dabei in den Hintergrund gedrängt werden. Das Naturrecht konnte jedoch nicht alleine den Inhalt für ein zukünftiges und umfassendes

Zivilgesetzbuch liefern. In dieser Hinsicht wurden die Redaktoren des österreichischen Gesetzbuches im Rahmen der Kodifikationsarbeiten auf die Inhalte des gemeinen Rechts, welche naturrechtliche Elemente vorweisen, verwiesen.

Diese Vorgehensweise ist bei der Ausarbeitung der österreichischen Erbunwürdigkeitsregelungen zweifelsfrei feststellbar. Das österreichische Erbunwürdigkeitsrecht spiegelt in seiner Urfassung aus dem Jahr 1811 die Erkenntnisse der gemeinrechtlichen Indignitätslehre wider. Eine besonders charakteristische Stellung weist die Generalklausel des Paragraphen 540 ABGB iF_{1811}, auf. Diese subsumierte unter ihrem Inhalt nicht nur den Mord am Erblasser, sondern auch andere schwere Verfehlungen, die gegen den Leib, die Ehre und die Güter des Erblassers begangen wurden. Die rechtliche Formulierung eines Indignitätstatbestandes i.S. einer viele Tatbestände umfassenden Generalnorm entstammte den gemeinrechtlichen Ausführungen der *Holländischen Rechtsschule* zur römischen *indignitas.* Diese subsumierten unter dem Begriff *alia gravi injuria* eine Vielzahl gegenüber dem Erblasser rechtswidrig verübter Verfehlungen. Das österreichische Recht erklärte neben dem Erblasser selbst auch dessen allernächste Personen, wie Kinder, Eltern und Ehepartner, zu gesetzlichen Schutzobjekten. Die indignitätsrechtliche Relevanz der sog. *personae conjunctissimae* entstammte ebenfalls den inhaltlichen Erkenntnissen der *hollandse school.* Einen weiteren dogmatischen Niederschlag des *ius commune* des *Usus modernus* im österreichischen Erbunwürdigkeitsecht stellt die rechtliche Betrachtung eines unwürdigen Erben dar. Das österreichische Gesetzbuch behandelt aus rechtlicher Sicht einen *indignus* wie einen relativ Erbunfähigen. Diese Betrachtungsweise entstammte ebenfalls der *Holländischen Rechtsschule* und wurde auf deutschem Rechtsboden in den gemeinrechtlichen Schriften einiger Rechtsgelehrter (wie *Carpzov, Berger* oder *Hommel*) vertreten. Nach deren Auffassung gilt die Erbfolge an einem *indignus* als *non pro scripto habere.* Die nach dem Parentelsystem nächstberufenen Erben können den Erbanteil eines Erbunwürdigen erwerben. Es erscheint sehr interessant, dass die Erkenntnisse der sog. eleganten holländischen Jurisprudenz (*Hollandse Elegante School*) zum Indignitätsrecht Niederschlag im österreichischen Gesetzbuch fanden. Das *rooms-hollands recht* übte einen nicht zu unterschätzenden Einfluss auf die gemeinrechtlichen Entwicklungen des *Usus modernus* auf deutschem Rechtsboden aus. Ihre dogmatischen Erkenntnisse wurden von berühmten deutschen gemeinrechtlichen Rechtsgelehrten wie *Stryk, Carpzov, Hommel* oder *Lauterbach* vertreten und es kam so zu einer allgemein anerkannten Rechtsansicht des deutschen gemeinen Rechts im Zeitalter des *Usus modernus.* Auf diesem Weg fanden die Inhalte des gemeinen Indignitätsrechts der *Holländischen Rechtsschule* Berücksichtigung bei der Ausarbeitung der österreichischen Erbunwürdigkeitsregelungen.

Das österreichische Erbunwürdigkeitsrecht besteht jedoch nicht nur aus gemeinrechtlichen Inhalten. Der Einfluss der Naturrechtslehre ist ebenfalls ersichtlich. Der leitende Gedanke des gegenständlichen Rechtsinstitutes weist eine naturrechtliche Prägung auf – nämlich die Rücksichtnahme auf den vermutlichen Willen des Erblassers[1269]. Die Berücksichtigung des präsumtiven Willens des Erblassers bildet eines der Grundelemente des auf der Basis des profanen Vernunftrechts aufgebauten Erbrechts. Die gesetzliche Erbfolgeordnung sollte dem Willen des Erblassers entsprechen und beim Fehlen einer letztwilligen Verfügung nur solche Erben zur Intestaterbfolge berufen, die zu Lebzeiten des Erblassers in allernächster Beziehung zu diesem standen[1270]. Auf dieser dogmatischen Basis entstand die Parentelordnung, die sowohl in die österreichische als auch in die deutsche Privatrechtskodifikation übernommen wurde. Einen Abdruck der naturrechtlichen Lehre bildet außerdem die Anerkennung der rechtsbefreienden Wirkungen einer durch den Erblasser gegenüber dem Erbunwürdigen geäußerten Verzeihung.

Die dritte Privatrechtskodifikation, die der Geltung des gemeinen Rechts ein Ende setzte, stellt das deutsche *Bürgerliche Gesetzbuch* dar. Im Bereich des Erbunwürdigkeitsrechts hatte der Redaktor des erbrechtlichen Teilentwurfs, *Gottfried Schmitt*, eine Fülle möglicher gesetzlicher Vorbilder vor Augen. Der Rechtsgelehrte nahm keines der gegebenen Regelungsmodelle als Muster, sondern gestaltete das Indignitätsrecht neu. *Zimmermann* bezeichnet die Regelung des deutschen Erbunwürdigkeitsrechts als dritten Weg[1271]. Im Rahmen der Kodifikationsarbeiten bestimmten die Kommissionsmitglieder den Schutz der Testierfreiheit des Erblassers zur *ratio legis* des deutschen Erbunwürdigkeitsrechts. Dieser Grundgedanke war den Vernunftrechtsgesetzbüchern unbekannt. Als erbunwürdig gilt derjenige, der den Erblasser an der Ausübung seines Rechts zum freien und ungezwungenen Testieren beeinträchtigte. Aufgrund der festgestellten Kränkung der Testierfreiheit soll der Erbe von der Erbfolge ausgeschlossen

1269 Vgl. *Ehrenzweig*, System des Privatrechts 371; *Welser/Zöchling-Jud*, Grundriss des bürgerlichen Rechts II[14] (2015) 520.

1270 *Hat der Verstorbene keine letztwillige Verordnung hinterlassen, so wird wegen des angebornen Rechtes auf guten Leumund vermuthet, daß er das gewollt habe, was der Natur am meisten gemäß ist. Es wird also derjenige Erbe, welchen der Verstorbene der Natur nach am meisten lieben musste.* (*Martini*, Lehrbuch des Naturrechts § 790). Siehe dazu § 791. Martinis naturrechtliche Erkenntnisse zum Erbrecht stammen ursprünglich vom Pionier des profanen Naturrechts *Hugo Grotius* (Vgl. De iure belli ac pacis libri tres, Lib. II, Cap. VII § III).

1271 *Zimmermann*, FS Koziol 480–481.

sein. Die Erbunwürdigkeit stellt im deutschen Erbrechtssystem eine Ergänzung der Pflichtteilsentziehung dar[1272]. Die Pflichtteilsentziehung, wie man die Enterbung in der deutschen Rechtssprache bezeichnet, bildet ein Rechtsinstitut, das dem Erblasser einen rechtsgeschäftlichen Ausschluss eines bestimmten Erben von der Erbfolge ermöglicht. Das Adjektiv *rechtsgeschäftlich* weist darauf hin, dass dieser Ausschluss von der Willenserklärung des Erblassers abhängig ist. Die Entziehung des Pflichtteils bildet somit einen Teil der Testierfreiheit des Erblassers. Der Verfügende hat nicht nur das Recht, eine bestimmte Person nach seinem Willen zu seinem Erben einzusetzen, sondern auch das Recht, einer Person, die einen von den gesetzlich verankerten Pflichtteilsentziehungsgründen beging, den ihr zustehenden Pflichtteil zu entziehen. Ein Ausschluss von der Erbfolge (bzw. das Entreißen des erworbenen Nachlasses aufgrund der festgestellten Erbunwürdigkeit) tritt somit nur dann ein, wenn der Erbe den Erblasser an der Ausübung seiner Testierfreiheit hinderte. Der Erblasser hatte dadurch keine Möglichkeit mehr, den sittenwidrig bzw. rechtswidrig handelnden Erben zu enterben.

In dieser Hinsicht stellt sich die Frage nach der dogmatischen Herkunft dieses Regelungsmodells. Die französische *indignité* hat ihre inhaltlichen Wurzeln im Erbunwürdigkeitsrecht des *ancien droit*. Das französische System des *Ancien Régime* war im Bereich des Erbrechts so tief verwurzelt, dass seine Abänderung i.S.d. zur damaligen Zeit geltenden profanen Naturrechts nicht vorstellbar war. Das österreichische ABGB ging dagegen von der gemeinrechtlichen Indignitätslehre der *holländischen Rechtsschule* aus. Die neue Ausrichtung des Erbunwürdigkeitsrechts stellte jedoch vor der Proklamierung des *Bürgerlichen Gesetzbuches* auf deutschem Rechtsboden kein Novum dar. Die neue *ratio legis* wurde nämlich aus dem sächsischen Zivilgesetzbuch und aus *Mommsens* Erbrechtsentwurf entnommen. Ein dogmatisches Vorbild dieser Regelung kann weder der Epoche der Ausbreitung des gelehrten Rechts (der Rezeption) noch der Periode der zeitgenössischen Anpassung des rezipierten Rechts an das eigene Verständnis (der *Usus modernus*) entnommen werden. Der dogmatische Ursprung der deutschen Indignitätslehre liegt m.E. in den Erkenntnissen der neuen Rechtswissenschaft der *Historischen Schule*. Das gründlich formulierte Indignitätsrecht des deutschen Gesetzbuches stellt eine dogmatische Frucht der Pandektenwissenschaft dar. Mit ihren dogmatischen Leistungen schafften die Pandektisten eine einheitliche deutsche Rechtslehre, die das Fundament der zukünftigen Kodifikationsbewegung bildete. Die pandektistische Begriffsjurisprudenz führte dazu, dass man

1272 Vgl. *Schmitt*, Begründungen 852.

aus römischen Rechtsquellen einzelne Rechtsinstitute des Privatrechts herausbildete. Das gemeine Recht in seiner pandektistischen Gestalt galt als eines der wichtigsten inhaltlichen Vorbilder des deutschen Zivilgesetzbuches. Diese präzis ausformulierten Rechtsinstitute bildeten den Diskussionsstoff der kommissionellen Beratungen. *Schmitt* ging in seinem Teilentwurf bezüglich der Frage der *ratio legis* der Erbunwürdigkeit noch von der Berücksichtigung des Willens des Erblassers aus. Erst im Rahmen der kommissionellen Beratungen bekam die gegenständliche *ratio legis* – der Schutz der Testierfreiheit und die Sanktionierung ihrer Kränkung – ihre endgültige detaillierte Kontur. Ohne die Leistung der Pandektisten wäre wahrscheinlich eine derartig gründliche und abgetönte Formulierung des Indignitätsrechts im deutschen *Bürgerlichen Gesetzbuch* nicht möglich gewesen.

Dogmengeschichtliche Würdigung

1. Römische *indignitas* des *Corpus Iuris Civilis* – dogmengeschichtliches Vorbild der kontinentaleuropäischen Erbunwürdigkeit

Eine vergleichende Analyse der Dogmengeschichte des kontinentaleuropäischen Erbunwürdigkeitsrechts zeigt wie unterschiedlich das römische Privatrecht in der westeuropäischen Privatrechtsentwicklung durch die Augen der nationalen Rechtsgelehrten betrachtet und ausgelegt wurde[1273]. Alles begann im 11. Jh. in Bologna, als in der dort angesiedelten Rechtsschule die Glossatoren und die Kommentatoren die Entstehung des gelehrten römischen Rechts (des *ius commune*) und den Anfang der europäischen Privatrechtskultur durch die scholastische Glossierung der Inhalte des *Corpus Iuris Civilis* und ihre anschließende Anpassung an die herrschende Rechtspraxis einleiteten. Diese aus der justinianischen Kompilation gewonnenen Erkenntnisse bildeten den Stoff für den europäischen Rezeptionsprozess des römischen Rechts. Die im justinianischen Werk enthaltenen Bestimmungen zu der römischen *indignitas* stellen das dogmatische Fundament der heute geltenden Erbunwürdigkeitsrechte der westeuropäischen Privatrechtssysteme dar. Die Erbunwürdigkeitsregelungen der französischen, österreichischen und deutschen Privatrechtskodifikationen präsentieren sich trotz dieses gemeinsamen dogmatischen Fundaments als ein aus vielen einzelnen Elementen zusammengestelltes Mosaik. Im Rahmen des europäischen Rezeptionsvorgangs stand die römisch-gemeine *indignitas* in einem ständigen Austausch nicht nur mit den einheimischen Rechten germanischer Natur, sondern auch mit den anderen Rechtsströmungen (wie dem profanen Naturrecht). Die aus der gelehrten römischen Indignitätslehre stammenden Rechtselemente wurden durch die genannten nationalen Zivilgesetzbücher je nach eigenem Rechtsbedarf und -gebrauch ganz unterschiedlich übernommen. Die mannigfaltige Stärke der einheimischen Rechte in den jeweiligen Rezeptionsländern übte einen entscheidenden Einfluss auf den Umfang der rezipierten Inhalte der römisch-gemeinen Indignitätslehre aus. Dieses Aufeinandertreffen und das Zusammenspiel der römischen und der germanischen Rechtskulturen schlägt sich in den gegenwärtig geltenden Erbunwürdigkeitsrechten der untersuchten

1273 Vgl. *Rainer*, Römisches Recht Geschichte und System, in *Buschmann* (Hg.) Salzburger Universitätsreden 80 (1997) 10.

Privatrechtskodifikationen nieder. Den unterschiedlichen Rezeptions- und Entwicklungswegen der römischen *indignitas* und dem damit verbundenen Aufeinandertreffen der beiden genannten Rechtskulturen innerhalb der französischen, österreichischen und deutschen Privatrechtsentwicklung geht die vorliegende Studie nach.

Die Indignität stellte nach römischem Privatrecht ein Rechtsinstitut, das einem erbunwürdigen Erben die Vorteile der angefallenen bzw. bereits erworbenen Erbschaft entzog, dar. Ein Erbunwürdiger (*indignus*) blieb dabei ein rechtmäßiger Erbe. Der Nachlass fiel ihm an und er konnte ihn rechtsgültig erwerben. Aufgrund der Begehung eines Indignitätsgrundes wurde die ihm angefallene bzw. die von ihm bereits erworbene Erbschaft (*bona ereptoria* bzw. *ereptorium*) durch den kaiserlichen Fiskus mit Hilfe der *vindicatio caducorum* entzogen (*eripere*). Die Indignität unterschied sich somit von der Erbunfähigkeit (Mangel der *testamenti factio passiva*). Diese machte die Delation der Erbschaft gar nicht möglich. Sie unterschied sich ebenfalls von der Erwerbsunfähigkeit (*incapaces*). Diese ermöglichte zwar die Delation der Erbschaft, verhinderte jedoch ihren zivilrechtlichen Erwerb. Die römische klassische Indignitätslehre wurde nicht im Rahmen eines einzigen kaiserlichen Gesetzgebungsaktes, eines Senatsbeschlusses oder eines juristischen Gutachtens gebildet. Dieses Rechtsinstitut wurde durch den kontinuierlichen Erlass neuer Tatbestände von Fall zu Fall ständig fortgebildet, bis es im späteren Prinzipat seine inhaltliche Ausschöpfung erlebte.

Aus Sicht des Rezeptionsprozesses der römischen Indignität bildete der Fall des Verwandtenmordes ihren Hauptanwendungsfall. Er erfuhr im Laufe der Rezeption die meisten Umformulierungen. Den Ausgangspunkt der römischen *indignitas* und ihre dogmatische Grundlage bildete Kaiser Antoninus Pius' *decretum* zum Verwandtenmord, das in Marcianus' Digestenstelle[1274] zu finden ist. Diese zentrale Entscheidung[1275] enthielt jedoch keinen allgemeinen Rechtssatz, der einen vorsätzlichen und unmittelbar verübten Verwandtenmord (*parricidium*) durch einen Erben als Indignitätsgrund einstufte. Dem gegenständlichen Digest ist ein konkreter Einzelfall, der dem Kaiser zur Entscheidung vorgelegt wurde, zu entnehmen: Ein Ehemann, der von seiner Frau zum Erben eingesetzt

1274 Marcian. 5 reg. D. 34.9.3.

1275 *Müller-Eiselt* weist zurecht darauf hin, dass Pius' Dekret die erste römische Rechtsquelle darstellt, in welcher der Terminus technicus *indignus* verwendet wurde. In den späteren Entscheidungen römischer Juristen zu den Indignitätsfällen wurde diese Ausdrucksweise wiedergegeben. Vgl. *Müller-Eiselt*, Divus Pius Constituit 253.

wurde, verhielt sich so, dass diese durch seine Nachlässigkeit und seine Schuld zu Tode kam. Die Entscheidung des Kaisers lautete: Der Ehemann sollte daher in Bezug auf die Erbfolge seiner verstorbenen Ehefrau für erbunwürdig erklärt werden. In Paulus' und Modestinus'[1276] weiteren einschlägigen Digestenfragmenten, die ebenfalls einen Nächstenmord zum Gegenstand der indignitätsrechtlichen Beurteilung hatten, ist ebenso kein allgemeiner Indignitätstatbestand des vorsätzlichen und direkt verübten Verwandtenmordes zu entnehmen, sondern sind besondere Fallkonstellationen herauszulesen. Paulus referierte ein Reskript Antoninus Pius', das zwei kaiserliche Entscheidungen enthält. In der ersten ging es um die Berechnung der Vermögensquote des verurteilten Täters, die seinen Kindern trotz der verhängten Konfiskationsstrafe zum notwendigen Unterhalt zugebilligt wurde. Im Zuge der Berechnung dieser Quote wurde die vom Täter erworbene Erbschaft des Verwandten, den er umbringen lassen hatte, nicht berücksichtigt. Der zweite Fall beschäftigte sich mit dem Giftmord einer *filia familias* an einem *testator extraneus*, der sie testamentarisch zur Erbin eingesetzt hatte. Da sie unter der Gewalt ihres *pater familias* stand, konnte dieser die seiner Tochter angefallene Erbschaft aufgrund seiner *potestas* erwerben. In beiden Fällen ließ Kaiser Pius den Erwerb der Erbschaft nicht zu und berief sich dabei auf die Erbunwürdigkeit des Vaters (im ersten Fall) und der *filia familias* (im zweiten Fall). Pius verhinderte dabei einen mittelbaren Erbschaftserwerb, der durch die Begehung einer Straftat verursacht wurde. In einem weiteren Digest stufte Modestinus in seinem *responsorum* eine Ehefrau, die ihren Ehemann vergiftet hatte, auch nach ihrem Tod und vor ihrer strafrechtlichen Verurteilung als erbunwürdig ein. Ihre Erben waren somit von der Vererbung des aufgrund einer Straftat erworbenen Nachlasses ausgeschlossen.

Es ist kein Zufall, dass man in den klassischen römischen Rechtsquellen keinen Indignitätstatbestand des vorsätzlichen Verwandtenmordes finden kann[1277]. Das römische Strafrecht sah im Falle des *parricidium* die Konfiskation des Vermögens des Täters (*publicatio bonorum*) vor. Das Vermögen des Verwandtenmörders samt der erworbenen Erbschaft wurde somit im Rahmen seiner strafrechtlichen Verurteilung konfisziert. Konnte der Täter trotz seiner Schuld der Konfiskationsstrafe entgehen oder konnten vom verübten Mord dritte Personen wirtschaftlich profitieren, kam es auf diesem Weg zu einer ungerechtfertigten Bereicherung, die durch die römische Rechtsordnung beseitigt bzw. rückgängig gemacht werden musste. In Marcianus' Digestenfragment handelte

1276 Paul. port. lib. damn. conc. sing. D. 48.20.7; Mod. 17 resp. D. 49.14.9.
1277 Dieser tauchte erst im *Codex Iustiniani* auf.

es sich um die erbrechtlichen Ansprüche eines Ehemannes auf die Erbschaft seiner Frau, die durch seine Nachlässigkeit ums Leben kam. Da nach römischem Strafrecht die fahrlässige Tötung bzw. die Tötung durch eine nachlässige Handlung[1278] einer freien Person durch die Konfiskationsstrafe nicht erfasst wurde, konnte der Ehemann trotz seiner fahrlässigen Schuld von der Erbfolge seiner Frau wirtschaftlich profitieren. In Paulus' und Modestinus' Fällen reichte die strafrechtliche Konfiskation ebenfalls nicht aus, um die im Zuge einer Straftat erworbene Erbschaft zu entziehen. In den gegenständlichen Fällen hätten die Kinder des Anstifters zum Verwandtenmord, der *pater familias* der mörderischen Tochter und die Erben der mörderischen Ehefrau aufgrund der Verbrechen ihrer Angehörigen einen wirtschaftlichen Gewinn ziehen können, falls die erworbene Erbschaft im Rahmen der *publicatio bonorum* nicht entzogen wurde. Diese Rechtslücke des römischen Strafrechts und die Unzulänglichkeit der *publicatio bonorum* wurden auf privatrechtlichem Wege mit Hilfe der *indignitas* geregelt. Die Indignität übernahm die Funktion der strafrechtlichen Vermögenskonfiskation, die in den geschilderten Fällen nicht zur Anwendung kam. Sie erfüllte dabei nicht nur eine strafrechtliche Funktion, sondern auch eine zivilrechtliche, indem sie eine durch die Mordtat verursachte ungerechtfertigte Bereicherung verhinderte bzw. diese rückgängig machte. Die Erbschaft, die ein Erbunwürdiger erworben hatte, wurde durch den kaiserlichen Fiskus mit Hilfe der *vindicatio caducorum* vindiziert.

Die römische Falljurisprudenz beschränkte sich im Falle der Indignität jedoch nicht nur auf die Straftaten gegen den Erblasser, sondern erstreckte ihre Rechtsfolgen unter anderem auf die Fälle der Missachtung seines letzten Willens und der gegenüber ihm begangenen Feindseligkeiten. Zu dem Tatbestandskreis der sog. *ratione testamenti* gehörten nach römischem Privatrecht die Verhinderung des Testators an der Errichtung oder Abänderung eines Testaments, die Unterdrückung eines Testaments und das gerichtliche Anfechten eines Testaments als pflichtwidrig oder verfälscht[1279]. Neben dem Verwandtenmord wurden folgende rechts- und sittenwidrigen Vergehen bzw. Feindseligkeiten gegenüber dem Erblasser aus indignitätsrechtlicher Sicht relevant: der vorzeitige Antritt der gesetzlichen Erbfolge bzw. die vorzeitige Eröffnung des Testaments eines ermordeten Erblassers bei gleichzeitiger schuldhafter Unterlassung der Feststellung seines

1278 Man kann dies heute mit dem Begriff der groben Fahrlässigkeit des geltenden Rechts vergleichen.

1279 Siehe dazu Ulp. 48. ed. D. 29.6.1. pr; Marcell. 30. dig. D. 48.10.26; Paul. 7. l. Iul. Pap. D. 49.14.13.9; Ulp. 14. ed. D. 5.2.18.4.

Mörders, die Erhebung einer *status controversia* gegenüber dem Erblasser, die zu Unrecht geäußerte Denunziation und das Verschenken bzw. die Wegnahme der Erbgüter[1280]. Des Weiteren wurden nach römischem Privatrecht auch Fälle, die keine vorwerfbaren Taten gegenüber dem Erblasser oder seinem letzten Willen beinhalteten, zu Indignitätsgründen erhoben. Aus systematischer Sicht kann man diese Tatbestände als die Begehung eines der römischen Rechtsordnung widersprechenden Verhaltens bezeichnen – z.B. das Eingehen einer verbotenen Ehe bzw. einer Geschlechtsgemeinschaft, der Abschluss eines rechtswidrigen stillschweigenden Fideikommisses oder das Ausstreichen des Namens des Erben in einem Testament durch den Testator[1281].

Zwei Faktoren übten m.E. entscheidenden Einfluss auf den Leitgedanken der römischen Indignität aus. Zum einen wurde die Indignität von einem strafrechtlichen Gedanken beeinflusst: Einem moralisch und aus Sicht der guten Sitten zur Erbfolge ungeeigneten Erben sollte aufgrund einer die Unwürdigkeit initiierenden Handlung zur Strafe die Teilhabe an der Erbschaft verweigert werden. Zum anderen spielte die Beurteilung eines Erbschaftserwerbs aus Sicht der moralischen Gründe und des Gerechtigkeitsempfindens eine bedeutende Rolle. Diese Faktoren sind besonders anhand der gegenständlichen klassischen Indignitätsfälle zum Verwandtenmord ersichtlich. In diesen Digestenfragmenten wurde ein Erbschaftserwerb auch diesen Personen vindiziert, die zwar der strafrechtlichen Verurteilung entkamen (bzw. an der Straftat nicht beteiligt waren), jedoch von der Straftat durch einen Erbschaftserwerb wirtschaftlich profitierten. Dieser Leitgedanke ist besonders im letzten Satz Modestinus' Digestenstelle ersichtlich: *[…] quae scelere adquisita probari possunt, fisco competere posse*[1282]. Niemand soll aus einem anderen gegenüber verübten Verbrechen Gewinn ziehen können und somit ungerechtfertigt bereichert werden. Unter solchen Umständen widersprach ein derartiger Erbschaftserwerb den guten Sitten und der moralischen Ordnung. Der Täter und die durch diese Tat mittelbar bereicherten Personen sollten von der angefallenen bzw. erworbenen Erbschaft nicht wirtschaftlich profitieren. Im Falle einer festgestellten Indignität wurde der Erbe für unwürdig erklärt, um

1280 Ulp. 50 ed. D. 29.5.5.2; D. 29.5.3.18; Ulp. 14. l. Iul. Pap. D. 34.9.2; Marcian. 6. inst. D. 34.9.1; Pap. 10. resp. D. 39.5.29.2; Marcian. del. sing. D. 39.5.30; Paul. 11. resp. D. 36.1.50.

1281 Vgl. Valent./Theod./Arc. C. 5.5.4. pr; Pap. 30. quest. D. 34.9.13; Marcian. 11. inst. D. 34.9.2.1; Marcian. 2. inst. D. 30.128; Paul. tac. fideic. sing. D. 49.14.49; Pap. 16. quaest. D. 34.9.12.

1282 Mod. 17 resp. D. 49.14.9.

die angefallene Erbschaft zu behalten. Die Indignität verhinderte somit einen direkten Erbschaftserwerb eines Erbunwürdigen oder in besonderen Fällen einen mittelbaren Erbschaftserwerb durch dritte Personen. Seit der hochklassischen Periode kam es m.E. zu einer gewissen Abkehr von der ursprünglichen *ratio legis* dieses Rechtsinstitutes. Die neu erlassenen Tatbestände ließen nicht immer die Verletzung einer gegenüber dem Erblasser bestehenden Pflicht eines Erben erkennen[1283]. Der Profiteur einer festgestellten Indignität lässt sich dagegen einfach feststellen. Die hinfälligen Erbschaften wurden durch den kaiserlichen Fiskus für sich beansprucht und vindiziert. Dieser Rechtsvorgang führte somit zur Verbesserung der Staatsfinanzen. Inwiefern der Vorsatz der Bereicherung der öffentlichen Kasse eine Rolle bei der Entstehung neuer Indignitätstatbestände spielte, ist den römischen Rechtsquellen nicht zu entnehmen. Die Behauptung, dass die fiskalischen Bewegungsgründe bei der Herausarbeitung einiger neuer Indignitätsfälle des Spätklassizismus immer stärker im Vordergrund standen, ist m.E. nicht verfehlt.

Aus Sicht der europäischen Privatrechtsentwicklung bildeten diese im *Corpus Iuris Civilis* verstreuten und buntscheckigen Indignitätsfälle die Rezeptionsgrundlage der römischen *indignitas* in den europäischen Privatrechtssystemen. Nachdem dieses Rechtsinstitut durch die Leistungen der Glossatoren und der Kommentatoren aufnahmefähige Konturen erreichte, leitete der Rezeptionsprozess die allmähliche inhaltliche Auseinandersetzung zwischen dem germanischen Rechtsverständnis und dem in die europäische Rechtspraxis eindringenden gelehrten römischen Indignitätsrecht ein. Im Rahmen dieses Prozesses stellten die indignitätsrechtlichen Bestimmungen des *Corpus Iuris Civilis* eine dogmatische Klammer für die Indignitätsgesetze der entstandenen europäischen Privatrechtskodifikationen dar. Zwar divergieren die Zivilgesetzbücher Frankreichs, Österreichs und Deutschlands in Hinblick auf die jeweilige Ausgestaltung des Erbunwürdigkeitsrechts, jedoch nahmen diese divergenten Indignitätslösungen der genannten Privatrechtskodifikationen die einzelnen Elemente der römischen Indignitätslehre zum Vorbild.

1283 Die in der Fußnote 1280 aufgelisteten Indignitätstatbestände setzten ein gegenüber dem Erblasser begangenes Vergehen nicht einmal voraus.

2. Österreichischer Weg der Erbunwürdigkeit: die relative Erbunfähigkeit im Zeichen des römisch-holländischen Rechts

Der österreichische Gesetzgeber formulierte den Tatbestand des Verwandtenmordes im Rahmen einer Generalklausel, die in ihrem Inhalt sämtliche gegenüber dem Erblasser begangenen und gerichtlich strafbaren Verfehlungen subsumierte[1284]. Diese Lösung etablierte sich bereits in *Hortens* Entwurf und fand über *Martinis* Entwurf und das *Westgalizische Gesetzbuch* den Weg in die österreichische Privatrechtskodifikation. Ein Indignitätstatbestand, der im Rahmen einer Generalklausel verfasst wurde, war dem klassischen römischen Recht fremd. Marcianus, Paulus oder Modestinus gaben in ihren Digestenstellen i.S.d. römischen Falljurisprudenz Einzelfallentscheidungen wieder. Einen allgemein formulierten und nicht explizit bestimmten Tatbestand der Verwirkung der erbrechtlichen Ansprüche eines unwürdigen Erben findet man aus Sicht der europäischen Privatrechtsentwicklung in germanischen Rechtsquellen. Eine Generalnorm der Verwirkung des Erbrechts ist den *Coutumes de Beauvaisis* von *Philippe de Beaumanoir*, dem Mainzer Landrechtsfrieden von 1235 und dem Österreichischen Landrecht von 1237 zu entnehmen. Das in den französischen *parlements* angewendete Indignitätsrecht des *droit commun français* kannte im Fall einer festgestellten Indignität ebenfalls keinen fixen Katalog der maßgeblichen zur Erbunwürdigkeit des Erben führenden Tatbestände. Die französischen *parlements* beurteilten in ihrer Rechtsprechung die Indignitätsfälle auf der Basis der römischen Indignitätsgründe und der herrschenden guten Sitten. Sie wendeten somit auch eine Art eines generell und viele Tatbestände umfassenden Beurteilungskriteriums (Maßstabes) an.

Eine derartige Formulierung eines Indignitätstatbestandes findet man in der römisch-gemeinen Gelehrtenliteratur erst bei den Vertretern der holländischen eleganten Schule und des deutschen *Usus modernus pandectarum*. D.h. in jener Periode der Entwicklung des gemeinen Rechts, in der die Inhalte des *Corpus Iuris Civilis* aufgrund der Einflüsse der einheimischen Rechte den Uminterpretationen i.S.d. *limitationes* und *amplificationes* unterworfen waren. Die gemeinrechtlichen Juristen entwickelten auf diese Weise eine dogmatische Konstruktion, die

1284 § 540 ABGB iF$_{1811}$: *Wer den Erblasser, dessen Kinder, Aeltern oder Gatten, aus bösem Vorsatze an Ehre, Leib, oder Vermögen auf solche Art verletzt oder zu verletzen gesucht hat, daß gegen ihn von Amts wegen, oder auf Verlangen des Verletzen nach den Strafgesetzen verfahren werden kann, der ist so lange des Erbrechtes unwürdig, als sich aus den Umständen nicht entnehmen läßt, daß ihm der Erblasser vergeben habe.*

keine Vorlage im klassischen römischen Indignitätsrecht aufweist. Den Indignitätstatbestand einer groben gegenüber dem Erblasser begangenen Verfehlung findet man bei den holländischen Juristen. *Voet* bezeichnete die dogmatische Konstruktion dieses Indignitätstatbestandes als *alia gravi injuria*. Die klassische römische Indignitätslehre besteht aus der Fülle buntscheckiger Tatbestände, die in der justinianischen Kompilation vorwiegend verstreut sind. Die *alia gravi injuria* subsumierte in ihrem Inhalt diese zahlreichen Indignitätsgründe des klassischen römischen Rechts, sobald sie nicht als antiquiert und praxisfremd galten[1285]. Diese Konstellation ermöglichte somit den Einzug einzelner römischer klassischer Indignitätstatbestände in die gemeinrechtliche Praxis. *Matthaues* und *Voet* argumentierten die indignitätsrechtliche Relevanz dieser neuen Konstruktion mit dem analogen Verweis auf die gemeinrechtliche Rückforderung einer Schenkung durch einen Schenker. Dieser konnte nach gemeinem Recht einen Schenkungsakt rückfordern, sobald der Beschenkte gegenüber ihm eine schwere Verfehlung begangen hatte[1286]. Trotz der vier Novellierungen, welche die Urfassung des Paragraphen 540 erfuhr, bleibt seine dogmatische Konstruktion auch nach der neuesten Erbrechtsnovelle 2015 bestehen. Die zentrale Norm des österreichischen Erbunwürdigkeitsrechts bleibt somit ihrer Rechtstradition und dem einmal eingeschlagenen Pfad treu[1287]. Das ABGB umfasst somit den Hauptanwendungsfall der römischen Indignität, den Verwandtenmord, mit Hilfe einer dogmatischen Konstruktion der *alia gravi injuria*, die nach gemeinem Recht des *Usus modernus* unterschiedliche schwere Verfehlungen gegenüber dem Erblasser zum Indignitätsgrund bestimmte. Im Gegensatz sowohl zur

---

1285 Zum Beispiel die Erhebung einer Denunziations- bzw. Statuarklage (*status controversia*), die Ehrenbeleidigung, die schuldhafte Unterlassung der Verfolgung des Mörders des Erblassers, die Wegnahme oder das Verschenken der Erbgüter etc..

1286 *Voet*, Comentarius 475. *Voet* und *Matthaeus* beriefen sich dabei auf die einschlägige Stelle (*de revocandis donationibus*) des *Codex Iustianus*. Vgl. Iustinus C 8.50.10 (a. 530): *Generaliter sancimus omnes donationes lege confectas firmas illibatasque manere, si non donationis acceptor ingratus circa donatorem inveniatur, ita ut iniurias atroces in eum effundat vel manus impias inferat vel iacturae molem ex insidiis suis ingerat, quae non levem sensum substantiae donatoris imponit vel vitae periculum aliquid ei intulerit vel quasdam conventiones sive in scriptis donationi impositas sive sine scriptis habitas, quas donationis acceptor spopondit, minime implere voluerit.*

1287 § 539 ABGB: *Wer gegen den Verstorbenen oder die Verlassenschaft eine gerichtlich strafbare Handlung begangen hat, die nur vorsätzlich begangen werden kann und mit mehr als einjähriger Freiheitsstrafe bedroht ist, ist erbunwürdig, sofern der Verstorbene nicht zu erkennen gegeben hat, dass er ihm verziehen hat.*

klassischen als auch zur gemeinrechtlichen Indignität[1288] führte (und führt noch immer) nach österreichischem Recht eine fahrlässige Tötung bzw. die Tötung durch eine Nachlässigkeit nicht zur Erbunwürdigkeit des Erben.

Der Gesetzestext der Urfassung der österreichischen Generalklausel weist auf eine zweite aus der gemeinrechtlichen Praxis stammende Umformulierung der römischen *indignitas* hin. Diese zweite dogmatische Konstruktion bildet die Miteinbeziehung der Kinder, des Ehepartners und der Eltern des Erblassers zum geschützten Rechtsobjekt. Auch dieses aus Sicht der kontinentaleuropäischen Erbunwürdigkeitsrechte österreichische Spezifikum findet seine dogmatischen Wurzeln in der eleganten holländischen Schule und im deutschen *Usus modernus*. Die Begehung einer schweren Verfehlung gegenüber den nächsten Angehörigen des Erblassers – die gemeinrechtlichen Juristen verwendeten dabei den Rechtsbegriff der *personae conjunctissimae* – wurde als eine schwerwiegende Verletzung gegenüber seiner Person bewertet. Das dogmatische Fundament dieser Auslegung fand *Matthaeus* in Modestinus' Digestenstelle[1289]. Diesen Ausführungen der holländischen Rechtsgelehrten schloss sich *Stryk* an und vertrat die Geltung dieser Konstellationen in der gemeinrechtlichen deutschen Rechtspraxis[1290]. Diese gemeinrechtliche Auffassung wurde ebenfalls durch die österreichischen Rechtsgelehrten des 19. und des frühen 20. Jh. vertreten: Für die Geltung der Erbunwürdigkeit war nicht das tatsächlich zugefügte Leid maßgebend, sondern die Verwerflichkeit der Handlung und die Verletzung der Rechtssphäre (auch des Gefühlslebens) des Erblassers[1291]. Die indignitätsrechtliche

---

1288 Marcianus' Digest diente als dogmatisches Rezeptionsvorbild des Indignitätsgrundes eines fahrlässig begangenen *parricidium*. Die gemeinrechtlichen Rechtsgelehrten hoben im Falle einer fahrlässigen Schuld vor allem die Tötung durch eine Nachlässigkeit als Indignitätsgrund hervor. *Et meritò quidem; nam si indignus hereditate existimatur is, cujus negligentià vel culpa testator mortuus est [...]* (*Matthaei*, De criminibus 383). *Matthaeus* und *Carpzov* gaben in ihren Werken zu diesem Indignitätsfall konkrete Beispiele wieder, z.B. das Verlassen einer pestkranken Frau durch ihren Ehemann, die Ablehnung der Sorgepflicht für die kranke Frau durch ihren Ehemann oder das Verlassen der kranken Kinder durch die eigene Mutter. Vgl. *Matthaei*, Paroemia 187; *Matthaei*, De criminibus 383; *Stryk*, Usus 1030; *Stryk*, Tractatus 1408; *Carpzov*, Jurispridentia 1187.

1289 Mod. 17 resp. D. 49.14.9. Gemäß dem Inhalt Modestinus' Digestenfragment ermordete Maevia (die Ehegattin und Erbin) nicht den Erblasser (das nach dem Tod ihres Ehemannes geborene Kind), sondern ihren Ehemann Lucius. Somit galt Lucius' Tötung in Bezug auf das neugeborene Kind als ein Mord an einer *personae conjunctissimae*. Vgl *Zimmermann*, FS Knütel 1476 Anm. 36.

1290 Vgl. *Matthaei*, Paroemia 193; *Voet*, Commentarius 475; *Stryk*, Tractatus 1409–1410.

1291 Vgl. *Pfaff/Hofmann*, Commentar II 24; *Ehrenzweig*, System 340.

Berücksichtigung der *personae conjunctissimae* wurde mit der III. Teilnovelle zum ABGB aus dem Jahr 1916 aufgehoben. Sie fand jedoch mit dem ErbRÄG 2015 den Weg in das geltende österreichische Privatrecht zurück. Die Wiederkehr dieser Rechtsfigur[1292] erfolgte auf subsidiärem Weg, indem der österreichische Gesetzgeber einen relativen (bzw. subsidiären) Erbunwürdigkeitsgrund der Begehung einer gerichtlich strafbaren Handlung gegen den Ehegatten des Verstorbenen[1293] oder dessen Verwandten in gerader Linie bestimmte[1294]. Nach dem Wortlaut des Gesetzes tritt im gegenständlichen Fall die Erbunwürdigkeit des derart handelnden Erben nur dann ein, wenn der Erblasser aufgrund seiner Testierunfähigkeit, aus Unkenntnis oder aus sonstigen Gründen nicht in der Lage war, ihn wegen der Begehung dieses Grundes zu enterben. Die Indignität erfüllt in diesem Fall somit nach österreichischem Recht eine Art des Auffangnetzes. Sie kommt erst dann zur Anwendung, wenn die beabsichtigte dogmatische Funktion der Enterbung versagte. Diese subsidiäre Ausgestaltung einiger Erbunwürdigkeitsgründe stellt aus Sicht der europäischen Privatrechte kein Novum dar. Auf diese Funktion wies bereits *Pothier* im 18. Jh. hin. Der französische Gesetzgeber bestimmte im Rahmen der Erbrechtsreform fünf Indignitätstatbestände, die nur auf subsidiärem Wege geltend gemacht werden können. Diese „Auffangnetz-Funktion“ bestimmt die Indignität zu einer Art Ergänzungsinstitut der Enterbung. Diese Funktion ist bereits dem deutschen BGB zu entnehmen.

Die dogmatische Abwicklung eines Indignitätsverhältnisses entstammt ebenfalls der gemeinrechtlichen Indignitätslehre der eleganten holländischen Jurisprudenz und des deutschen *Usus modernus*. Das ABGB verstand und versteht die Indignität als relative Erbunfähigkeit[1295]. Im römisch-holländischen Recht wurden das als antiquiert und sittenwidrig bezeichnete Ereptionsrecht des Fiskus und die fein strukturierte Differenzierung zwischen der Erbunfähigkeit und

1292 *Mayer-Maly*, Wiederkehr von Rechtsfiguren, JZ 1964, 114–116.

1293 Das Gesetz zählt zu diesem Personenkreis auch den eingetragenen Partner und den Lebensgefährten des Verstorbenen.

1294 § 541 1. Fall ABGB: *Wer 1. gegen den Ehegatten, eingetragenen Partner oder Lebensgefährten des Verstorbenen oder gegen dessen Verwandte in gerader Linie eine gerichtlich strafbare Handlung begangen hat, die nur vorsätzlich begangen werden kann und mit mehr als einjähriger Freiheitsstrafe bedroht ist, […] ist erbunwürdig, wenn der Verstorbene aufgrund seiner Testierunfähigkeit, aus Unkenntnis oder aus sonstigen Gründen nicht in der Lage war, ihn zu enterben, und er auch nicht zu erkennen gegeben hat, dass er ihm verziehen hat.*

1295 Siehe dazu § 538 ABGB sowohl in seiner aus dem Jahr 1811 stammenden Urfassung als auch in dem im Jahr 2015 novellierten Gesetzeswortlaut.

der Erbunwürdigkeit nicht rezipiert. Die holländische Umformulierung der römischen Indignität behandelte einen *indignus* im Rahmen einer Erbfolge wie einen Erbunfähigen. Gemäß dieser rechtlichen Beurteilung ging das *ereptorium* an den nächstberufenen Erben über. D.h. die testamentarischen Verfügungen zugunsten eines Erbunwürdigen galten als *pro non scritpo habere*. Zur Erbfolge kam derjenige, der ansonsten die Erbschaft erhalten hätte. Im Falle einer Intestaterbfolge fiel die Erbschaft demjenigen an, der berufen worden wäre, wenn der *indignus* zum Zeitpunkt des Erbanfalls nicht gelebt hätte[1296]. Somit wirkte nach gemeinrechtlicher Ausrichtung die Indignität von Gesetzes wegen und verhinderte den Anfall und dadurch den Erwerb der Erbschaft. Sie bedurfte dabei keiner gerichtlichen Anfechtung. Diese Konstruktion etablierte sich von Anfang an im österreichischen Gesetzgebungsverfahren und ist jedem Entwurfsstadium (vom *Codex Theresianus* über *Hortens* Entwurf und das *Westgalizische Gesetzbuch* bis zu *Zeillers* Endredaktion des ABGB) zu entnehmen.

Die wahre römische klassische Gestalt bewahrte das österreichische Erbunwürdigkeitsrecht dagegen in Bezug auf die Indignitätsgründe der sog. *ratione testamenti*. Die in der Urfassung des Paragraphen 542 taxativ aufgelisteten Tatbestände entsprachen inhaltlich vollkommen ihren römischen klassischen Äquivalenten, die man im *Corpus Iuris Civlis* finden kann[1297]. Die direkte Aufnahme dieser Erbunwürdigkeitsfälle in das österreichische Zivilgesetzbuch verdankte man m.E. vor allem ihrer überdimensionalen *ratio legis*. Auch auf österreichischem Rechtsboden galt der gegenständliche Tatbestand als erster schriftlicher Indignitätsgrund. Diesen findet man in *Walthers* privatrechtlichen Traktaten. Der überdimensionale Gedanke dieses Tatbestandes ist ebenfalls an der Tatsache ersichtlich, dass der § 542 im Gegensatz zur Generalklausel des § 540, die mehrfach umgeändert wurde, erst im Rahmen des Erbrechts-Änderungsgesetzes 2015 (ErbRÄG 2015) novelliert wurde.

1296 Vgl. *Mathaei*, Paroemia 184–185; *Voet*, Commentarius 476 ; *Lee*, Hugo Grotius 180–181. Siehe dazu *Zimmermann*, FS Knütel 1477.

1297 Das Zwingen des Testators zur Errichtung eines Testaments, die Verhinderung an der Errichtung bzw. an der Abänderung einer letztwilligen Verfügung (Ulp. 48 ed. D. 29.6.1 pr.; Paul. 16 resp. D. 34.9.19; Diocl./Maxim. C. 6.34.2), die Unterdrückung (Marcell. 30 dig. D. 48.10.26) oder die Verfälschung einer letztwilligen Verfügung (Ulp. 8 disp. D. 48.10.4).

3. Französischer Weg der Erbunwürdigkeit: *L'indignité considérée comme une peine privée*

Die dogmatischen Wurzeln der Indignität (*l'indignité*) des *Code civil* liegen in den Erkenntnissen des *droit commun français* zu dieser Rechtsmaterie. Das gemeine französische Zivilrecht des *Ancien Régime* enthielt im Bereich des Erbrechts grundsätzlich die Inhalte des fränkisch germanischen Gewohnheitsrechts. Es verzichtete jedoch in seinem Entstehungsprozess nicht auf die Erkenntnisse des gelehrten römischen Rechts, welche die einheimische Rechtsbasis (*coutumes*) mit den juristischen Methoden, Begriffen, der Systematik und ebenfalls mit materiellen Inhalten verfeinerten und verbesserten[1298]. Diese Erkenntnisse galten nur i.S.d. Maxime *imperio rationis*. Sie mussten dem vernünftigen Gebrauch dienen und konnten den herrschenden Gewohnheiten nicht widersprechen. Diese Einschränkung der Aufnahme des gelehrten römischen Rechts wurde durch den *mos gallicus*, eine neue humanistisch geprägte Auslegungsmethode der römischen Rechtsquellen, verstärkt. Das Indignitätsrecht des *droit commun français* spiegelte in besonderem Maße diese Auseinandersetzung zwischen dem römischen und dem germanischen Recht wider. Die Indignität war dem fränkischen Rechtsverständnis nicht nur fremd, sondern widersprach ihm auch. Den fränkischen Leges sind die Rechtssätze mit einem indignitätsrechtlichen Charakter nicht zu entnehmen. Dieses Rechtsinstitut konnte somit den vollständigen Einzug[1299] in das französische *droit civil commun* nur durch die Pforten des gelehrten römischen Rechts finden. Im Rahmen dieses Rezeptionsprozesses war die *indignitas* den inhaltlichen Schranken des französischen Gewohnheitsrechts unterworfen. Die sittenwidrigen, antiquierten und dem herrschenden Rechtsverständnis widersprechenden Inhalte der gelehrten römischen Indignitätslehre wurden im Zuge der Rezeption entweder vollständig verworfen oder in modifizierter Form übernommen.

Gemäß dem Inhalt des 726. Artikels des *Code civil* ist eine erbunwürdige Person von der Intestaterbfolge ausgeschlossen[1300]. Das erste aus dem fränkischen

---

1298 *Koschaker*, Europa 121, 223.

1299 Die bereits erwähnten *coutumiers* wiesen in ihren indignitätsrechtlichen Bestimmungen eine sehr oberflächliche Beeinflussung durch die römische *indignitas* auf. Es wurden lediglich einzelne Tatbestände und einige Elemente des römischen Vorbildes, losgelöst von seiner dogmatischen Basis, übernommen. Von einer bewussten Rezeption der Indignität kann keine Rede sein.

1300 Art. 726 C.civ. *Sont indignes de succéder, et comme tels exlus des successions, [...].* Der gleiche Wortlaut ist der Urfassung dieses Artikels (Art. 727 C. civ. iF$_{1804}$) zu entnehmen.

Recht stammende Spezifikum des französischen Indignitätsrechts bildet die ausschließliche Beschränkung dieses Rechtsinstitutes auf die gesetzliche Erbfolge. Da der französische Kodex i.S.d. fränkisch-germanischen Grundsatzes *Institution d'héritier n'a point de lieu* die testamentarische Erbfolge nicht vorsieht, können die Indignitätsfolgen nur einen Intestaterben vom Erbschaftserwerb ausschließen. Im Gegensatz zum österreichischen ABGB, das den Eintritt der Erbunwürdigkeit klar bestimmte, ist aus der Urfassung des *Code civil* die dogmatische Konstruktion der Indignität nicht erkennbar: Folgte das französische Recht in der Frage der Abwicklung eines Indignitätsverhältnisses und der rechtlichen Stellung des *indignus* dem klassischen römischen Recht oder den gemeinrechtlichen Umformulierungen des *Usus modernus* und der holländischen Rechtsschule? Traten die Rechtsfolgen der Indignität von Gesetzes wegen ein oder musste man die Erbunwürdigkeit eines Erben in einem Gerichtsverfahren vorbringen? Diese lapidare und unkonkrete Formulierung des *Code civil* führte dazu, dass die Stellung des Erbunwürdigen und die rechtliche Abwicklung der Indignität der Rechtspraxis und der Rechtsprechung überlassen wurden. Bis zum Ende der ersten Hälfte des 20. Jh. folgten die französische Praxis und die herrschende Rechtslehre dem römischen Vorbild: Der *indignus* blieb bis zur gerichtlichen Feststellung seiner Indignität ein Erbe. Nach seiner festgestellten Erbunwürdigkeit wurde die ihm angefallene bzw. bereits von ihm erworbene Erbschaft zugunsten des nächstberufenen Intestaterben entzogen. Ab der zweiten Hälfte des 20. Jh. legten die französische Rechtspraxis und -lehre bis zum Inkrafttreten der Erbrechtsreform 2004 die Indignität als ein *ipso iure* eintretendes Hindernis des Erbanfalles aus. Ein legitimer Intestaterbe, der eine Indignitätshandlung begangen hatte, verlor sein gesetzliches Erbrecht. Erst im Rahmen der bereits erwähnten Erbrechtsreform aus dem Jahr 2004 wurden das rechtliche Verhältnis und die Abwicklung der Indignität im *Code civil* präzisiert. Ab nun sieht das französische Gesetzbuch zwei *ipso iure* eintretende und fünf fakultative (bzw. subsidiäre) Indignitätsgründe vor. Im ersten Fall wird ein Erbe durch die Begehung eines Tatbestandes erbunwürdig – ganz i.S.d. österreichischen Kodexes. Die Erbunwürdigkeit aufgrund der Begehung eines fakultativen Grundes kann nur auf Antrag eines anderen legitimen Erben durch eine Entscheidung des *tribunal de grande instance* festgestellt werden[1301].

Diese aus der Urfassung des *Code civil* unklar formulierte dogmatische Konstruktion der Indignität bildet m.E. ein Relikt des französischen *droit commun*. Das rechtliche Verhältnis zwischen der Erbunfähigkeit und der Indignität war

1301 Art. 727–1 C.civ.

im Rahmen dieses Zivilrechts nicht klar definiert. *Bourjon* betonte, dass die Indignität in der Rechtspraxis die gleichen Rechtsfolgen wie die Erbunfähigkeit verursachte[1302]: Ein Erbunwürdiger wurde von der Erbfolge ausgeschlossen und der nächstberufene Erbe trat an seine Stelle. Den ausschlaggebenden Faktor für diese Verwechslungspraktiken bildete m.E. die Nichtrezeption des fiskalischen Ereptionsrechts. Der Nachlass, den der Erbunwürdige aufgrund der Erbfolge ursprünglich hätte bekommen sollen, wurde nicht durch die königliche Staatskasse entzogen. Dieser Rechtsvorgang des Entzuges der familiären Erbgüter widersprach dem französischen Rechtsverständnis. *Domat* bezeichnete ihn als ungerecht und inhuman und behauptete, dass die Nachkommen des Erbunwürdigen nicht für seine Schuld haften. Das Gleiche betonte *Pothier*. Die fränkische Rechtsauffassung sah im Nachlass einen unausweichlichen Teil des familiären Vermögens, der innerhalb des verwandtschaftlichen Kreises bleiben musste und nicht durch die staatlichen Institutionen entzogen werden durfte. Das französische Zivilrecht übernahm diesbezüglich eine Lösung, die bereits der frühmittelalterlichen Periode der *Leges barbarorum* zu entnehmen ist: Der nächstberufene Erbe rückte auf den Platz des Erbunwürdigen.

Das zweite aus europäischer Sicht besondere Merkmal des französischen Indignitätsrechts bildet das Erfordernis einer strafrechtlichen Verurteilung des Erbunwürdigen. Um aufgrund der Erbunwürdigkeit von der Erbfolge ausgeschlossen zu werden, muss der Erbe wegen der Begehung eines Indignitätsgrundes durch ein Strafgericht verurteilt werden. Das französische Recht weicht somit von der gemeinrechtlichen Tradition ab. Dieses Erfordernis einer strafrechtlichen Verurteilung hat m.E. seine Wurzeln in der rechtlichen Betrachtung des Verwandtenmordes aus indignitätsrechtlicher Sicht durch die Vertreter des *droit commun français*. Die führenden französischen Rechtsgelehrten (wie *Pothier*, *Domat* oder *Doumelin*) legten die Indignität als eine Art Strafe aus und machten den Ausspruch der Indignität von der Schuld des Erben abhängig. Der französische *Cour de cassation chambre civile* bezeichnete in seinem Urteil aus dem Jahr 1984 die Rechtsfolgen eines festgestellten Indignitätsverhältnisses als *pein privée* – eine privatrechtliche und personenbezogene Strafe, die einem Erben seine erbrechtlichen Forderungen verwirkt, da dieser ein Fehlverhalten gegenüber dem Erblasser beging. Der Entzug der Erbschaft stellt somit eine privatrechtliche Folge eines Strafurteils dar.

1302 Vgl. *Bourjon*, Le droit commun de la France 812.

Sämtliche Indignitätsgründe des *Code civil* entstammen dem klassischen römischen Recht und haben ihre dogmengeschichtlichen Vorbilder im *Corpus Iuris Civilis*. Der Tatbestand des Verwandtenmordes ist Marcianus' Digestenfragment zu entnehmen. Im Gegensatz zum römischen und gemeinen französischen Recht beschränkt der *Code civil* die Anwendung dieses Tatbestandes nur auf die Fälle eines vorsätzlichen *parrcidium*. Die Rechtsgelehrten und die Rechtsprechung der Gerichte des *Ancien Régime* legten den Verwandtenmord aus indignitätsrechtlicher Sicht i.S.d. römischen Vorbildes sehr breit aus. Nicht nur ein vorsätzlicher und direkt ausgeführter Mord wurde indignitätsrelevant, sondern auch die Fälle einer durch die Nachlässigkeit des Erben kausal verursachten Tötung. In der französischen Rechtssprache wurde dazu der Begriff *par négligence* verwendet. Dazu gehörten die Fälle eines fahrlässigen oder durch eine Unterlassungstat (z.B. Unterlassung einer Hilfeleistung einem kranken Erblasser gegenüber oder im Stich lassen eines Verwandten im Falle eines gegen sein Leben gerichteten Attentates) verursachten Todes. Die dogmatische Rezeptionsgrundlage dieser Rechtsausführungen bildeten Marcianus' und Scaevolas Digestenstellen[1303]. Die Abkehr von dieser Auslegung liegt m.E. in *Pothiers* Ausführungen, der den Ausspruch der Indignität im Falle eines fahrlässigen oder durch eine Notwehrhandlung verursachten Todes nicht vorsah. Er argumentierte diese Ansicht mit dem strafrechtlichen Charakter der Indignität: *[...] car l'indignité est une peine, et il ne doit y avoir de peine où il n'y a point de faute [...]*[1304].

Der zweite und der dritte Indignitätsgrund des 727. Artikels der Urfassung des *Code civil* wurden durch das gemeine Recht inspiriert. Die Verurteilung wegen der verleumderischen Anschuldigung des Erblassers der Begehung eines Kapitalverbrechens und das gerichtlich festgestellte Nichtanzeigen eines am Erblasser verübten Mordes finden ihre Rezeptionsgrundlage jeweils in Marcianus' und Ulpians Digestenstellen[1305]. Vor allem der dritte Indignitätsgrund weist eine interessante und bemerkenswerte Dogmengeschichte auf. Die Rezeptionsgeschichte dieses Tatbestandes, der seine inhaltlichen Wurzeln im Ausführungsedikt zum Senatsbeschluss *Silanianum* hat, reicht auf französischem Rechtsboden bis in das Frühmittelalter zurück. Er ist der *Lex Romana Visigothorum*, die eine wichtige Rechtsquelle der mittelalterlichen südfranzösischen Rechtspraxis bildete, zu entnehmen. Dieser Tatbestand der Nichtverfolgung des Mörders des Erblassers bei gleichzeitigem Antritt seiner Erbschaft müsste somit in seiner vulgaren Form

1303 Marcian. 5 reg. D. 34.93; Scaev. 4 reg. D. 48.9.2.

1304 *Dupin*, Œuvres Pothier 35.

1305 Vgl. Marcian. 6 inst. D. 34.9.1; Ulp. 50 ed. D. 29.5.5.2; 29.5.3.18.

einen festen Bestandteil des südfranzösischen *droit écrit* bilden. Dieser Indignitätsgrund wurde sogar in das gewohnheitsrechtlich geprägte *droit coutumier* rezipiert und ist in *Somme rural* zu finden. Der im Art. 728 C.civ. i.F.$_{1804}$ formulierte Rechtfertigungsgrund dieses Indignitätstatbestandes bildet dagegen eine dogmatische Erkenntnis des *droit commun français* und der humanistisch geprägten naturrechtlichen Einflüsse. In diesem Sinne musste ein Erbe seine Erbunwürdigkeit aufgrund des Nichtanzeigens eines am Erblasser verübten Mordes nicht befürchten, sobald er durch diese Verpflichtung seine eigene Verwandtschaft bei der zuständigen öffentlichen Stelle hätte anzeigen müssen[1306]. Dieser Rechtfertigungsgrund entstammte der Rechtsprechung der französischen *parlements* des *Ancien Régime*, welche die gerichtliche Verfolgung bzw. das gerichtliche Anzeigen seiner eigenen Verwandtschaft als einen Widerspruch zum Naturrecht beurteilte: Das Recht soll nicht in das familiäre Band eingreifen. Dieser aus rechtsgeschichtlicher Sicht sehr interessante Indignitätstatbestand, der seit ca. 1500 Jahren auf französischem Boden gegolten hatte, wurde mit der Erbrechtsreform 2004 aufgehoben.

Der strafrechtliche Charakter der französischen Indignität und das damit verbundene Erfordernis einer strafrechtlichen Verurteilung übten einen hindernden Einfluss auf die Übernahme anderer römischer Indignitätsgründe in das französische Gesetzbuch aus. Das Erfordernis der strafrechtlichen Verurteilung verlangt von den französischen Erbunwürdigkeitstatbeständen inhaltlich präzise, prägnante und rechtlich durchsetzbare Regelungen, die strikt anzuwenden, nicht analogiefähig und eng auszulegen sind. Sie sollten vor allem aufgrund einer unabdingbaren strafrechtlichen Verurteilung in einem Gerichtsverfahren leicht beweisbar und feststellbar sein. Sowohl die römischen als auch die auf ihr basierenden gemeinen französischen Gründe entsprachen diesen Voraussetzungen nicht. Das *droit commun français* kannte keinen fixen Katalog der Indignitätsgründe, der mit Hilfe eines königlichen Gesetzgebungsaktes explizit bestimmt wurde. Die Indignität teilte dadurch das ihr bereits aus der klassischen römischen Periode bekannte Schicksal, indem sie in Form eines Juristenrechts durch die Entscheidungen der Praxis bestimmt und fortgebildet wurde. Die Indignitätstatbestände waren unbestimmt und undefiniert. Die Entscheidungsmacht, ob eine bestimmte sitten- bzw. rechtswidrige Handlung als erbunwürdig galt oder nicht, lag in den Händen des entscheidenden Richters. Als inhaltliches

---

1306 Art. 728 C. civ. iF$_{1804}$: *Le défaut de dénonciation ne peut être opposé aux ascendans et descendans du meurtrier, ni à ses alliés au même degré ni à son époux ou à son épouse ni à ses frères ou soeurs, ni à ses oncles et tantes, ni à ses neveux et nièces.*

Vorbild dieser Entscheidungen galten die Indignitätsfälle des römischen Rechts, sobald sie dem herrschenden Rechtsverständnis und den guten Sitten entsprachen. In den *travaux préparatoires* zum *Code civil* wurde genau dieser Faktor als ein Hindernis für die Übernahme weiterer römischer Indignitätsgründe genannt. Bereits *Pothier* äußerte sich sehr kritisch zur Fülle römischer Indignitätsfälle und lehnte ihre Geltung im *droit commun* grundsätzlich ab: *[...] il y a plusieurs autres causes d'indignité dans le droit romain, qui ne sont point recues par nos usages*[1307]. Die Redaktoren verlangten die *point fixes*, die eine gerichtliche Feststellung eines Indignitätsgrundes ermöglichen und seine weite Auslegung verhindern[1308]. Diese Beharrung des französischen Gesetzgebers auf die präzis und detailliert formulierten Indignitätsgründe schließt automatisch die naturrechtliche *ratio legis* der österreichischen Erbunwürdigkeit, die als Rechtsmaßnahme der Erfüllung des präsumtiven Willens des Erblassers gilt, aus. Die österreichische Auffassung der Indignität und der Versuch dem mutmaßlichen Willen des Erblassers genugzutun, würden nach den Ausführungen in den *travaux préparatoires* zu einer uferlosen Indignität und odiösen und ungerechten Ermittlungen führen[1309].

4. Deutscher Weg der Erbunwürdigkeit: Die neue dogmatische Konstruktion der deutschen Pandektenwissenschaft

Das deutsche *Bürgerliche Gesetzbuch* schlug im Bereich des Erbunwürdigkeitsrechts zur Zeit seiner Proklamierung aus Sicht der europäischen Privatrechtsentwicklung einen neuen Weg ein. Die Erbunwürdigkeit gilt nach deutschem Erbrecht als ein Rechtsinstitut, das die Ausübung des Rechts des Erblassers zum freien und ungezwungenen Testieren schützt und es gewährleistet[1310]. Ein Mord an einem Testator schließt den tötenden Erben von jeder Art der Erbfolge aus,

---

1307 *Dupin*, Œuvres Pothier 35. *Domat* vertrat dagegen in Bezug auf die buntscheckigen Tatbestände eine viel offenere Einstellung und bejahte die Geltung einiger römischer Indignitätstatbestände im gemeinen französischen Zivilrecht. Er zählte neben dem *parricidium* und der Nichtverfolgung des Mörders des Erblassers die Tatbestände der Verhinderung an der Errichtung eines Testaments, des Abschlusses eines stillschweigenden Fideikommisses, der Erhebung einer Denunziationsklage bzw. einer Statusklage oder des Angriffes auf Ehre zum geltenden gemeinen französischen Privatrecht. Vgl. *Domat*, Les loix civiles 81–82.

1308 *Locré*, La législation civile 182. Vgl. *Zimmermann*, FS Koziol 477–478.

1309 *Locré*, La législation civile 182.

1310 Vgl. *Zimmermann*, FS Koziol 480–481.

da dieser den Testator an der Ausübung seines Testierrechts verhinderte. Die dogmatische Konstruktion, die Abwicklung und die maßgeblichen Gründe der deutschen Indignität sind ein dogmatisches Verdienst der deutschen Pandektenwissenschaft. Die pandektistische Begriffsjurisprudenz baute aus der Exegese Justinians Digesten und somit auf Grundlage des klassischen römischen Indignitätsrechts das geschlossene System der neuen einheitlichen deutschen Erbunwürdigkeitslehre auf. Vor dem Einzug in das BGB findet diese Lehre zuerst Niederschlag im Sächsischen BGB, dem hessischen Entwurf und *Mommsens* Entwurf. Das dogmatische Fundament der deutschen Erbunwürdigkeit bildet somit das römische klassische Indignitätsrecht. Wie kein anderes Gesetzbuch basiert das deutsche BGB im Bereich der Indignität auf der römischen Rechtstradition. Die möglichen Einflüsse des germanischen Rechts kann man nur in der Ablehnung des fiskalischen Ereptionsrechts und der Berücksichtigung der nächstberufenen Erben im Falle der festgestellten Erbunwürdigkeit feststellen.

Im Rahmen der Abwicklung eines Erbunwürdigkeitsverhältnisses geht das deutsche Recht vom Grundsatz der Entreißbarkeit der Erbschaft, der seine dogmatischen Wurzeln im klassischen römischen Ereptionsrecht des Fiskus hat, aus. Die Erbunwürdigkeit ist nicht wie nach österreichischem Recht, das wiederum auf der gemeinrechtlichen Umformulierung der *indignitas* basiert, von Amts wegen zu berücksichtigen. Wie nach römischem klassischem Recht bedarf es in einem Erbunwürdigkeitsfall einer Anfechtungsklage. Diese oblag in Rom dem kaiserlichen Fiskus. Da nach deutschem Recht die Ereption nicht übernommen wurde, steht dieses Recht demjenigen zu, der berufen worden wäre, wenn der Erbunwürdige den Erblasser nicht überlebt hätte. D.h. der Erbunwürdige bleibt bis zur Feststellung seiner Erbunwürdigkeit Erbe und kann die ihm angefallene Erbschaft erwerben. Das Klagebegehren bestand aus einem Herausgabeanspruch der Erbschaftssachen und richtete sich gegen den besitzenden *indignus*. Es entspricht diesbezüglich der römischen *hereditatis petitio*. Den einzigen Unterschied (neben der Nichtberücksichtigung der fiskalischen Ereption) bildet nach deutschem Recht der Umstand, dass mit dem die Erbunwürdigkeit feststellenden Urteil der *indignus* seine Erbenstellung verliert. Nach römischem Recht konnte er diesen rechtlichen Titel, der ihm jedoch keine zivilrechtlichen Ansprüche gab, behalten.

Die Erbunwürdigkeitsgründe des BGB wurden i.S.d. neuen *ratio legis* der Erbunwürdigkeit – dem Schutz des Testierrechts des Erblassers und dem Schutz vor der Kränkung dieses Rechts – formuliert. Nichtsdestotrotz haben mit einer einzigen Ausnahme sämtliche Gründe des § 2339 ihre dogmatischen Vorbilder in der klassischen römischen Indignitätslehre. Die vollendete oder versuchte absichtliche Tötung des Erblassers, eine vorsätzliche und widerrechtliche Verhinderung an der Errichtung oder Aufhebung einer letztwilligen Verfügung, eine unlautere Einflussnahme auf die Errichtung oder Aufhebung einer letztwilligen Verfügung und bestimmte die letztwillige Verfügung betreffende Urkundendelikte haben ihre dogmengeschichtlichen Vorlagen in der justinianischen Kompilation. Die erwähnte Ausnahme und zugleich ein Novum des Erbunwürdigkeitsrechts aus Sicht der europäischen Privatrechtsentwicklung bildet der zweite Fall des ersten Absatzes des Paragraphen 2339. Die Versetzung des Erblassers in einen Zustand, in welchem er bis zu seinem Tod nicht in der Lage war, eine letztwillige Verfügung zu verfassen. Der Erbe verhindert ihn auf diese Weise, sein Recht zum freien und ungezwungenen Testieren auszuüben.

5. Germanische Erbunwürdigkeit im heutigen Recht

Auf der Grundlage der Erbunwürdigkeitsregelungen des deutschen BGB erkennt man, welchen tonangebenden Einfluss die durch die Vertreter der *Historischen Schule* entwickelte und auf dem klassischen römischen Recht basierende einheitliche Rechtsdoktrin Deutschlands auf dieses Zivilgesetzbuch ausübte. Die Erkenntnisse des germanischen Rechtsverständnisses spiegeln sich lediglich in der Ablehnung des fiskalischen Ereptionsrechts wider. Aus Sicht der französischen, österreichischen und deutschen Privatrechtsentwicklung setzte sich das germanische Rechtsgedankengut im Bereich des Erbunwürdigkeitsrechts in bedeutendem Ausmaß lediglich im französischen *Code civil* durch. Der ausschlaggebende Grund für diese Entwicklung lag im Umstand, dass es auf französischem Rechtsboden zur Zeit der europäischen Rezeption ein einheitliches französisches Privatrecht gab. Ein einheitliches Reichsprivatrecht konnte sich aufgrund des im deutschen Reich herrschenden Partikularismus des Rechtswesens nicht herausbilden. Ein derartiger Zustand dauerte in den österreichischen Alpenländern und in den übrigen deutschen Territorien bis zum Inkrafttreten der jeweiligen Privatrechtskodifikationen an. Die Erkenntnisse der germanischen Erbunwürdigkeit kann man daher innerhalb der deutschen und österreichischen Privatrechtsentwicklung nur im Zeitalter des Rezeptionsprozesses feststellen. Im Rahmen dieses Prozesses kam es in der Rechtspraxis zum Aufeinandertreffen des einheimischen germanischen Rechts mit der fremden römischen Rechtskultur.

Die inhaltlichen Wurzeln der germanischen Erbunwürdigkeit bildeten die Rechtssätze der *leges barbarorum* zum Tatbestand des Verwandtenmordes. In dieser Periode der Gründungen germanischer Königreiche und der Erlassungen deren Gesetze kam es zum ersten Aufeinandertreffen dieser beiden Rechtskulturen. Die römische *indignitas* war in diesen ersten Austauschprozess noch nicht involviert. M.E. waren zwei Gründe dafür verantwortlich. Zum einen stellte dieses Rechtsinstitut eine komplexe und inhaltlich verwirrende Materie dar: Ein Erbunwürdiger behielt zwar seine Erbenstellung, die angefallenen Erbgüter wurden ihm jedoch durch den kaiserlichen Fiskus entrissen. Die Leges bildeten dagegen aus inhaltlicher Sicht einfache Gesetzessammlungen, die das tägliche Leben mit Hilfe eines Bußgeldkatalogs regelten. Zum anderen war der Indignitätsvorgang des Entreißens der familiären Erbgüter dem germanischen Rechtsverständnis fränkischer und deutscher Ausrichtung fremd. Dieses ging von einem familiären Gesamteigentum, das im Falle des Todes eines Sippenmitgliedes durch das tatsächliche Vorrücken der Gegenstände auf die nächsten Verwandten überging, aus. Sein Entzug i.S.d. römischen Vorbildes war somit unvorstellbar. Diese Feststellung geben die einzelnen *Leges barbarorum* wieder. Ein Verwandtenmord war nach frühmittelalterlichem germanischem Recht mit der Vermögenskonfiskation sanktioniert[1311]. Ob im Rahmen dieser strafrechtlichen Maßnahme das vererbte Vermögen auch umfasst war, ist aus den gegenständlichen Quellen nicht zu entnehmen. Die *Lex Frisionum* und das langobardische *Edictum Rothari* gingen als einzige Vertreter der frühmittelalterlichen Volksrechte auf die erbrechtlichen Ansprüche eines Verwandtenmörders ein. Beide Gesetze schlossen den familiären Totschläger von der erbrechtlichen Anwachsung i.S.d. germanisch-erbrechtlichen Vermögensgemeinschaft aus. Diese beiden Rechtssätze wiesen somit die Merkmale der römischen Indignitätslehre auf. Ein Einfluss des römischen Rechts muss m.E. in diesen Regelungen verneint werden. Sowohl das friesische als auch das langobardische Volksrecht bestimmten den Nächstgesippten des Ermordeten zum rechten Erben. Die einem Erbunwürdigen entzogene Erbschaft blieb im Gegensatz zur römischen Indignitätslehre innerhalb des familiären Kreises und wurde nicht dem kaiserlichen Fiskus bzw. der königlichen Kasse zugewiesen. Die „öffentliche Hand“ war zu diesem Schritt nur dann berechtigt, sobald der Ermordete keine Verwandtschaft hinterließ. Als Bestätigung dieser aufgestellten Hypothese, dass die genannten Regelungen frei von römischen Einflüssen waren, gelten m.E. die rezipierten indignitätsrechtlichen Bestimmungen der *Lex Romana Visigothorum*. Dieses germanische Gesetz, das für die im westgotischen Reich lebende römische Bevölkerung vorgesehen war, rezipierte einzelne Tatbestände der römischen Indignitätslehre in vulgarer Fassung. Diese Tatbestände wurden mit Hilfe der Paulussentenzen wiedergegeben. Sie sprachen die einem unwürdigen Erben entzogenen Erbgüter dem Fiskus zu.

1311 Vgl. L. Visgothorum VI, 5, 17–18; L. Ribuaria 69; L. Alam. 40.

Diese Zuerkennung der einem Erbunwürdigen entzogenen Erbgüter den nächsten Verwandten des Ermordeten – und nicht den staatlichen Institutionen – stellt eine fundamentale Erkenntnis des germanischen Rechtsverständnisses, die im weiteren Verlauf der Rezeption der römischen Indignität auf fränkischem und deutschem Rechtsboden zum grundlegenden Prinzip aufstieg, dar. Eine einzige Ausnahme stellte der fränkische Kapitular *Pro lege habendum Wormatiense* aus dem Jahr 829 dar. Zwar verwirkte dieser königliche Gesetzgebungsakt einem Verwandtenmörder seine erbrechtlichen Ansprüche, jedoch sprach er die auf diese Weise entzogenen Erbgüter dem königlichen Fiskus zu. Somit weist dieses fränkische Gesetz das eindeutige Merkmal – die fiskalische Ereption – einer römischen *indignitas* in vulgarer Form auf. Es ist ungewiss, ob der Inhalt dieses Kapitulars durch die römische Indignitätslehre beeinflusst war oder nicht. M.E. handelt es sich hier um eine Parallelentwicklung – ein rechtliches Problem, das mit einem ähnlichen Instrument bzw. mit ähnlichen Rechtsfolgen gelöst wurde[1312]. Es fehlen m.E. die für ein römisches Indignitätsverhältnis ausschlaggebenden Termini technici. Diese sind z.B. in der *Lex Romana Visigothorum*, welche die einzelnen Indignitätstatbestände mit der fiskalischen Ereption in vulgarer Form rezipierte[1313], ersichtlich.

Mit der Rückkehr des germanischen Volkes zur schriftlichen Aufzeichnung des geltenden Gewohnheitsrechts tauchten die nächsten Erkenntnisse zum Entwicklungsweg der Indignität auf fränkischem und deutschem Rechtsboden auf. Seit dem Beginn des 13. Jh. wurden von Rechtspraktikern private Rechtsbücher, in denen das lokal geltende Gewohnheitsrecht gesammelt und aufgezeichnet wurde, verfasst. Diese Rechtsspiegel weisen in ihren Reihen nicht nur die Erkenntnisse des germanischen Rechtsverständnisses, sondern ebenfalls die ersten Einflüsse des römischen Rechts auf. Die Einflüsse der Glossatorenschule sind den einzelnen Indignitätstatbeständen der französischen Rechtsspiegel (*coutumiers*), die unter Heranziehung der einschlägigen Fragmente des *Corpus Iuris Civilis* entweder in modifizierter Form oder *in complexu* übernommen wurden, zu entnehmen. *Jean Boutillier* rezipierte in seinem Werk *Somme rural* den Indignitätstatbestand des Antretens einer Erbschaft bei gleichzeitiger

1312 Vgl. *Koschaker*, Autobiographie, in *Grass* (Hg.), Österreichische Geschichtswissenschaft der Gegenwart in Selbstdarstellungen II (1951), 113–114; *Luig*, Was bietet die Rechtsgeschichte der Rechtsvergleichung, in ZEuP 1999, 526.

1313 Siehe dazu die verwendete Ausdrucksweise in den Stellen der LRomVis. Paul. sent. 3, 7, 10; Paul. sent. 5, 13, 12: *Omnibus, qui contra voluntatem defuncti faciunt, ut indignis aufertur hereditas [...]* oder *Ei (etiam) velut indigno aufertur hereditas, qui [...].*

Nichtverfolgung des Mörders des Erblassers[1314]. *Philippe de Fontaines* schloss in seinem Werk *Conseil à un ami* i.S.d. römischen Vorbildes einen Erben von der Erbfolge aus, sobald dieser ein Testament als pflichtwidrig angefochten hatte[1315]. *De Fontaines* übersetzte in diesem Fall fast wortwörtlich die einschlägige Digestenstelle[1316]. Beide Rechtsgelehrten rezipierten ebenfalls die fiskalische Erepption der römischen Indignitätslehre. *Boutiller* sprach den entzogenen Nachlass dem *seigneur* – dem zuständigen Lehnsherrn – zu. *De Fontaines* sprach dagegen vom kaiserlichen Fiskus *[…] et la borse l'empereor le droit acoir (et id fisco vindicari) […]*[1317]. Der Einfluss des römischen Rechts ist in diesen beiden Rechtssätzen unumstritten. Diesen Umstand betonte sogar *Boutillier* in seinem Werk selbst. Er verwies dabei auf die Rechtslage des *droit écrit* – des in Südfrankreich geltenden Gewohnheitsrechts römischrechtlicher Herkunft. Somit kann man davon ausgehen, dass im Süden die *indignitas* ein bekannter Rechtsbegriff bzw. ein bekanntes Rechtsinstitut des geltenden Gewohnheitsrechts war. Man muss jedoch betonen, dass *Boutilliers* und *de Fontaines*' Tatbestände ohne den inhaltlichen Zusammenhang mit dem römischen Vorbild verfasst wurden. Es handelte sich hier m.E. um „Ausschlussbestimmungen von der Erbfolge", die einem rechtswidrig handelnden Erben eine Teilhabe am Nachlass verweigerten, und nicht um ein Rechtsinstitut der römischen Indignität. Diese rezipierten Bestimmungen bildeten oberflächliche Beeinflussungen, indem die Termini technici übernommen und die Rechtssätze der *coutumes* mit den Passagen des *Corpus Iuris Civilis* belegt wurden. Die zitierten Rechtssätze der französischen Rechtsspiegel wurden ohne Hinblick auf die vollständige dogmatische Konstruktion der römischen Indignitätslehre verfasst.

Welche Stellung und welche Funktion die *indignitas* in der südfranzösischen Rechtspraxis vor der königlichen Aufzeichnung der geltenden Gewohnheiten hatte, ist leider aufgrund der fehlenden Quellenbelege nicht zu beantworten. Es könnte sein, dass die römische *exheredatio* die Rolle der *indignitas* in der südfranzösischen Rechtspraxis übernahm, ihre Bedeutung verdrängte und ihre vollständige Rezeption verhinderte. Eine derartige Hypothese äußerte *de Capèle* in seiner aus dem 19. Jh. stammenden Dissertation[1318]. Diese beiden aus dem römischen Recht stammenden Rechtsinstitute erfüllten auf den ersten Blick den

1314 Somme rural, Tiltre LXXVIII. Siehe dazu *Le Caron*, Le Grand Coustumier 454.

1315 Le Conseil à un ami. Chapitre XXXIII § 17. Siehe dazu *Marnier*, La Conseil de Pierre de Fontaines 387.

1316 Ulp. 14. ed. D. 5.2.8.14.

1317 *Marnier*, Le Conseil de Pierre de Fontaines 387.

1318 Vgl. *de Capèle*, De l'indignité 78.

gleichen Gedanken – den Ausschluss eines gegenüber dem Erblasser rechts- bzw. sittenwidrig handelnden Erben von der Erbfolge. Eine derartige Vorgehensweise kann man m.E. in *Philippe de Beaumanoirs* Aufzeichnung der *Coutumes de Beauvaisis* beobachten, indem der Jurist die römische Enterbung auf eigene Weise modifizierte. Zwar machte er den Entzug der Erbschaft vom Enterbungswillen des Erblassers abhängig, jedoch rezipierte er nicht die justinianischen Enterbungsgründe. Der Enterbungsgrund wurde in der gegenständlichen Aufzeichnung als eine Art Generalklausel normiert. Der Ausschluss von der Erbfolge setzte in diesem Fall die Begehung einer rechts- bzw. sittenwidrigen Tat (wie die Begehung eines gegen den Testator gerichteten Verbrechens, eine unanständige Lebensführung und Verschwendungssucht) gegenüber dem Erblasser voraus[1319]. Die Enterbung hätte somit die Sinnhaftigkeit der Übernahme der römischen Indignität infrage gestellt. Zwar wurden auf französischem Boden neue Rechtsfakultäten nach dem italienischen Vorbild errichtet, jedoch war zur damaligen Zeit der Umgang mit dem gelehrten Recht sehr oberflächlich. Die römische Enterbung bildet m.E. aufgrund des justinianischen Enterbungskatalogs einen viel „freundlicheren" Rezeptionsstoff als die Indignität. Im Gegensatz zu sämtlichen Enterbungsgründen, die im 115. Kapitel der justinianischen Novelle[1320] taxativ aufgelistet wurden, waren die Indignitätsfälle über viele Stellen des *Corpus Iuris Civilis* verstreut. Die Verbindung und die wechselseitigen Einflüsse der *exheredatio* und *indignitas* kamen besonders auf deutschem Rechtsboden stark zum Ausdruck.

Parallel zu den französischen schriftlichen Aufzeichnungen der lokal geltenden *coutumes* entstanden ebenfalls auf deutschem Rechtsboden private Rechtsbücher, in denen das einheimische Recht niedergeschrieben wurde. Im Gegensatz zum französischen fand das deutsche Rechtswesen den Anschluss an das gelehrte römische Recht verhältnismäßig spät. Das führte dazu, dass auch die Voraussetzungen für die Entwicklung einer eigenen legistischen Wissenschaft – wie die Gründung der Universitäten, die Entstehung der gelehrten Rechtsliteratur und die Ausbildung gelehrter Juristen – vorerst fehlten. Die Rezeption erreichte das deutsche Rechtswesen erst im 14. und 15. Jh.. Die deutschen Rechtsbücher privater Hand entstanden in der Zeitperiode des allmählichen Eindringens und Einwirkens des gelehrten Rechts – der sog. Frührezeption. Dieses langsame „Antasten" an die Welt der italienischen Rechtsgelehrsamkeit gab m.E. einen

1319 *Coutumes de Beauvaisis, chapitre XII § 17.* Siehe dazu *Beugnot*, Les Coutumes de Beauvaisis 188.

1320 Novell. Iust. 155 c. 3–4.

wichtigen Impuls für die Entstehung der erwähnten deutschen Rechtsspiegel. In der rechtsgeschichtlichen Forschung ist die Frage der Romanisierung dieser privaten Rechtsbücher nicht eindeutig geklärt. In der gegenständlichen Arbeit ist dieser Aspekt nur anhand der römischen *indignitas* untersucht.

Im Sachsenspiegel, dem ausstrahlungsstärksten Rechtsbuch Norddeutschlands, ist eine derartige Beeinflussung zu verneinen. Das bedeutet jedoch nicht, dass das sächsische Gewohnheitsrechts den Sachverhalt des Verwandtenmordes aus erbrechtlicher Sicht unberücksichtigt ließ. Im dritten Buch des Landrechts sah der Sachsenspiegel zwei Gründe der germanischen Erbunwürdigkeit vor: den Tatbestand des willentlichen Verwandtenmordes und der gewaltsamen Wegnahme der Erbgüter[1321]. Ein Erbe verlor sein erbrechtliches Warterecht, wenn dieser seinen Verwandten, auf dessen Eigen oder Lehen er Anwartschaft hatte, wissentlich – eine Notwehrhandlung und eine fahrlässige Tötung blieben sanktionslos – umgebracht hatte. Ebenso verwirkte ein Erbe sein Warterecht auf die Erbgüter des Verstorbenen, wenn er sie vor dessen Tod gewaltsam weggenommen hatte. Zwar stellt man auf den ersten Blick die äquivalenten Lösungen der römischen Indignität[1322] fest, jedoch ist m.E. ein möglicher Einfluss des gelehrten Rechts zu verneinen. Diese Rechtssätze bildeten eine Erkenntnis der germanischen Rechtsüberzeugung und eine unabhängige Parallelentwicklung[1323] zum römischen Indignitätsrecht. Sie bildeten somit kein Ergebnis eines Rezeptionsprozesses und ihr Inhalt lässt eine mögliche gelehrte Beeinflussung nicht erkennen. Zum einen wurde das rechtliche Schicksal der Erbgüter, an denen man durch die begangene Tat die erbrechtliche Anwartschaft verlor, nicht bestimmt. Den Passagen des Sachsenspiegels ist nicht zu entnehmen, ob die Erbgüter i.S.d. römischen Indignitätslehre durch eine „öffentliche Institution" entzogen wurden oder ob sie i.S.d. germanischen Rechtsauffassung der einzelnen *Leges barbarorum* an die nächsten Verwandten übergingen. Der Sachsenspiegel ließ diese Frage, die für das römische Indignitätsrecht von grundlegender Bedeutung war, unbeantwortet. Zum anderen fehlte es an Verweisen auf einschlägige römische Rechtsquellen, die ein charakteristisches Merkmal der durch das gelehrte Recht beeinflussten germanischen Rechtsaufzeichnung bildeten. Diese Vorgehensweise ist z.B. den französischen Rechtsspiegeln (*coutumiers*) zu entnehmen.

Eine Erkenntnis der germanischen Erbunwürdigkeit ist ebenfalls im Emsiger Landrecht zu finden. Im Gegensatz zum sächsischen Äquivalent präsentiert sich

---

1321 Sachsp III 84 §1;3.

1322 Marc. 5 reg. D. 34.9.3; Marc. 22 dig. D. 34.9.6.

1323 Siehe dazu die FN 1313.

die inhaltliche Ausgestaltung der erbrechtlichen Sanktionierung des Verwandtenmordes des friesischen Gesetzes viel präziser und detaillierter. Beide Regelungen hatten gemeinsam, dass der Verwandtenmörder das Recht auf die Erbgüter des Ermordeten verwirkte. Das Emsiger Recht ging jedoch detailliert auf das zivilrechtliche Schicksal der verwirkten Erbschaft ein – was der Sachsenspiegel nicht tat. Im Sinne des aus dem friesischen Rechtskreis stammenden Rechtsprichworts *Blutige Hand nimmt kein Erbe* waren der Verwandtenmörder und seine Nachkommen von der Erbfolge ausgeschlossen. Der nächste Verwandte des Erschlagenen erhielt das Recht auf die Vererbung seiner Erbgüter[1324]. Genau wie der Sachsenspiegel weist das Emsiger Recht ebenfalls keinerlei Hinweise auf einen Rezeptionsvorgang der römischen *indignitas* auf. Die präsentierte Lösung stellte aus dogmengeschichtlicher Sicht jedoch kein Novum auf friesischem Rechtsboden dar. Derartige Vorgehensweisen – die Verwirkung des Rechts auf Erbgüter des Erschlagenen und ihre Zuerkennung an die nächsten Verwandten des Opfers – kann man der *Lex Frisionum* entnehmen. Dieses Volksrecht bildete m.E. das inhaltliche Vorbild der oben zitierten Regelung.

Eine römische Beeinflussung in Bezug auf die Verwirkung der erbrechtlichen Ansprüche eines Verwandtenmörders weist dagegen der Schwabenspiegel auf. Zwar verwendeten die Autoren des schwäbischen Spiegels ebenfalls nicht den Stil der gelehrten Rechtsliteratur, jedoch sind im Gegensatz zum sächsischen Äquivalent die Einflüsse der römischen Rechtskultur unumstritten. Die gegenständliche Problematik löste der Schwabenspiegel, indem er die römische Enterbung an das herrschende gewohnheitsrechtliche Verständnis anpasste. Mit zwei Ausnahmen wurden die justinianischen Enterbungsgründe in den schwäbischen Spiegeln[1325] aufgenommen. Der Verlust des Rechts auf die Erbschaft erfolgte jedoch nicht nach römischem Vorbild – d.h. mit Hilfe einer Enterbungserklärung –, sondern i.S.d. germanischen Rechtsverständnisses. Ein Erbe verwirkte durch die Begehung einer der aufgelisteten Handlungen *ipso iure* seine erbrechtlichen Forderungen i.S.d. mittelalterlichen deutschen Warterechts. Trotz der fehlenden Enterbungserklärung ist es unumstritten, dass die römische *exheredatio* das inhaltliche Vorbild dieses deutschrechtlichen Vorgangs der Verwirkung des Erbrechts darstellte. Ein möglicher Einfluss der römischen *indignitas* muss m.E. im Falle der schwäbischen Rechtsaufzeichnung verneint werden.

1324 Emsiger Pfenningsschuldbuch §41; Emsiger Bußtaxen §30. Siehe dazu *Richthofen*, Friesische Rechtsquellen 204–205, 237.

1325 Schwabsp. c.15 §1–13.

Zum Einflussbereich des schwäbischen Spiegels gehörten aus Sicht der europäischen Privatrechtsentwicklung ebenfalls die österreichischen Alpenländer. Die Romanisierung dieser Gebiete verlief im Gegensatz zu anderen deutschen Territorialstaaten, welche die Auswirkungen der profanen Rezeption zwischen dem 15. und 16. Jh. erlebten, erst im 16. und 17. Jh.. Somit verlief bis zum Jahr 1500 die Verbreitung römischer Rechtsquellen und gelehrter Literatur in geringerem Ausmaß. Die vorhandene Rechtsliteratur der damaligen Zeit bestand grundsätzlich aus den einzelnen Aufzeichnungen der geltenden einheimischen Gewohnheitsrechte und aus den praxisbezogenen Formalbüchern. Ein derartiger Zustand der Privatrechtsentwicklung bildete keinen förderlichen Boden für eine zumindest oberflächliche Rezeption einzelner Elemente der römischen Indignitätslehre. Das österreichische Gewohnheitsrecht lieferte in Bezug auf die erbrechtlichen Ansprüche des Verwandtenmordes keine eigenständigen dogmatischen Erkenntnisse. Um die gegenständliche Fallkonstellation rechtlich zu regeln, bediente sich das österreichische Gewohnheitsrecht den bereits bekannten Lösungen der deutschen Rechtsentwicklung und übernahm den Vorgang der Verwirkung des erbrechtlichen Warterechts. Im österreichischen Landrecht von 1237 wurde im 65. Artikel ein derartiger Tatbestand mit Hilfe einer Generalklausel konstruiert: Ein Sohn verwirkte seine Rechte auf die väterlichen und mütterlichen Erbgüter, sobald er gegenüber seinem Vater böswillig gehandelt hatte. Die maßgeblichen Fälle böswilliger Handlungen wurden von den Verfassern im Gesetzestext aufgelistet. Diese Regelung entstammte dem Mainzer Landfrieden aus dem Jahr 1235. Keine eigene Lösung im Falle des Verwandtenmordes ist ebenfalls im Wiener Stadtrechtsbuch, der zweiten bedeutenden österreichischen Rechtsaufzeichnung des 13. Jh., zu finden. Das gegenständliche Gesetz rezipierte im 108. Artikel die Lösung des Schwabenspiegels – nämlich die modifizierte Version der justinianischen Enterbung. Die am stärksten legistisch orientierte Rechtsquelle bildete jedoch die sogenannte *Summa legum*. Dieses kurze Lehrbuch des römisch-kanonischen Rechts, das ebenfalls die Einflüsse der partikularen Rechte enthielt, löste im 57. Kapitel das Problem eines Verwandtenmörders ebenfalls unter Heranziehung der römischen Enterbung. Zwar übernahm die *Summa legum* die schwäbische Variante des justinianischen Enterbungskatalogs, jedoch machte sie die Verwirkung der erbrechtlichen Ansprüche nach römischem Vorbild von der Enterbungserklärung des Erblassers abhängig.

Verzeichnisse

I. Literaturverzeichnis

A

Algra, Nikolaas Egbert, Grundzüge des friesischen Rechts im Mittelalter, in: *Munske, Horst Haider/Arhammar, Nils* (Hgg.), Handbuch des Friesischen, 2001, 555–570.

Amira, Karl von/Eckhardt, Karl August, Germanisches Recht. Rechtsdenkmäler. Band 1, in: *Hermann, Paul/Betz, Werner* (Hgg.) Grundriß der germanischen Philologie. Band 5, 1960, 28; 66–68.

Anders, Ingrid, Der Erbrechtsentwurf von Friedrich Mommsen. Ein Beitrag zur Entstehung des BGB, 1995, 351–356.

Aubry, Charles/Rau, Charles Frédéric, Cours de droit civil français d'après la méthode de Zachariae Tome 9, 1917, 402–426.

Auffroy, Henri, Evolution du testament en France des origines au XIII siècle, 1899, 441–450.

Avenarius, Martin, Der Pseudo-Ulpianische liber singularis regularum. Entstehung, Eigenart und Überlieferung einer hochklassischen Juristenschrift, 2005, 327–377.

B

Baltl, Hermann, Einflüsse des römischen Rechts in Österreich, in: Ius Romanum Medii Aevi. Pars V,7, 1962, 20–42.

Barth, Peter/Pesendorfer, Ulrich, Erbrechtsreform 2015. EF Spezial, 2015, 6–8.

Bartoli a Saxoferrato, Omnium Iuris Interpretum Antesignani. Commentaria In secundam Digesti Novi Partem. Tomus sextus, 1588, 570.

Bartoli a Saxoferrato, Omnium Iuris Interpretum Antesignani. Consilia, quaestiones et tractatus. Tomus decimus, 1590, 30.

Baudry-Lacantinerie, Gabriel/Barde, Louis Joseph, Traité théorique et pratique de droit civil. Des successions I, 1905. 197–227.

Bauer-Gerland, Friederike, Das Erbrecht der Lex Romana Burgundionum, 1994, 145–157.

Becker, Hans-Jürgen, Edictum Theoderici, in *Erler/Kaufmann* (Hgg.), Handwörterbuch zur deutschen Rechtsgeschichte I, 1971, 81–82.

Below, Georg von, Die Ursachen der Rezeption des römischen Rechts in Deutschland, 1905, 1–6, 120–139.

Beugnot, Arthur, Les Coutumes de Beauvoisis par Philippe de Beaumanoir I, 1842, 180–188, 209–243.

Beyerle, Franz, Die Gesetze der Langobarden, 1947, XIII (Seite), 48–59, 187–92, 358–359.

Beyerle, Franz, Gesetze der Burgunden, 1936, V-XIV (Seiten), 26.

Boerio, Nicolas, Decisiones supremi senatus Burdegalensis, 1665, 28–30.

Bourjon, François, Le droit commun de la France et la coutume de Paris réduits en principes I, 1770, 810–812.

Brauneder, Wilhelm, Walther zu Walthersweil, Bernhard, in *Erler/Kaufmann* (Hgg.), Handwörterbuch zur deutschen Rechtsgeschichte V, 1998, 1130–1131.

Brauneder, Wilhelm, Europas erste Privatrechtskodifikation: Das Galizische Bürgerliche Gesetzbuch, in: *Barta, Heinz/Palme, Rudolf/Ingenhaeff, Wolfgang* (Hgg.) Naturrecht und Privatrechtskodifikation. Tagungsband des Martini-Colloquiums, 1999, 303–320.

Bretonnioer, Barthélemy Joseph, Œuvres de M. Claude Henrys Tome II, 1771, 604–608

Bretonnier, Barthélemy Joseph, Œuvres de M. Claude Henrys Tome III, 1772, 723–753.

Breton, André, Successions Libéralités, in *Mazeaud, Henri/Mazeaud, Léon* (Hgg.), Leçons de droit civil V/II, 1982, 54–58.

Brodeau, Iulian, Recueil d'aucuns notables arrests donnez en la Cour du Parlement de Paris, 1616, 523–525, 1057–1064.

Brunner, Heinrich, Deutsche Rechtsgeschichte Band I, 1887, 45–46, 286–294, 333–375.

Buchka, Hermann von/Budde, Johann Friedrich (Hgg.), Entscheidungen des Großherzoglich Mecklenburgischen Oberappellationsgerichts IV, 1862, 289–293.

Buchner, Rudolf, Beiheft. Die Rechtsquellen, in *Wattenbach, Wilhelm/Levison, Wilhelm* (Hgg.), Deutschlands Geschichtsquellen im Mittelalter. Vorzeit und Karolinger, 1953, 2–5.

Bund, Elmar, Erbrechtliche Geldquellen römischer Kaiser, in *Behrends, Okko* (Hg.), Festschrift für Franz Wieacker zum 70. Geburtstag, 1978, 51–65.

Bühler, Theodor, Coutumes, in *Cordes, Albrecht/Lück, Heiner/Werkmüller, Dieter* (Hgg.), Handwörterbuch zur deutschen Rechtsgeschichte (HRGdigital) URL: http://www.HRGdigital.de/HRG.coutumes (Stand 27.11.2016).

C

Carpzov, Benedict, Jurisprudentia Forensis Romano-Saxonica, 1668, 1177–1188.

Carpzov, Benedict, Practicae novae imperialis Saxonicae rerum criminalium III, 1670, 289–290.

Chénon, Émile, Histoire général du droit français public et privé des origines à 1815 I, 1926, 487–531.

Coing, Helmut, Europäisches Privatrecht I. Älteres Gemeines Recht (1500 bis 1800), 1985, 561–619.

Coing, Helmut, Römisches Recht in Deutschland, in Ius Romanum Medii Aevi Pars V,6, 1964.

Coing Helmut, Die Anwendung des Corpus iuris in den Consilien des Bartolus, in *Kunkel, Wolfgang* (Hg.), L'Europa e il diritto romano. Studi in memoria di Paolo Koschaker I (1954) 79–85.

Conrad, Hermann, Deutsche Rechtsgeschichte I: Frühzeit und Mittelalter, 1962, 223–320, 350–357.

D

De Cambolas, François, Decisions notables sur diverses questions du droit, jugées par plusieurs arrêts du Parlement de Toulouse, 1744, 228–230.

De Capèle, Edmond, De L'Indignité en matière de succession en droit romain et en droit français, Toulouse 1866, 68–95, 135–136.

Denisart, Jean Baptiste, Collection de décisions nouvelles et de notions relatives à la jurisprudence actuelle I, 1766, 101–102.

Dernburg, Heinrich, Pandekten Band III: Familien- und Erbrecht,1901, 105–110.

Dernburg, Heinrich/Sokolowsky, Paul, System des römischen Rechts II, 1912, 910, 1008–1011.

Derschka, Harald, Der Schwabenspiegel übertragen in heutiges Deutsch mit Illustrationen aus alten Handschriften, 2002, 5–11, 209.

Dilcher, Gerhard, Langobardisches Recht, in *Cordes, Albrecht/Lück, Heiner/Werkmüller, Dieter* (Hgg.), Handwörterbuch zur deutschen Rechtsgeschichte (HRGdigital), URL: http://www.HRGdigital.de/HRG.langobardisches_recht (Stand 27.11.2015).

Dilcher, Gerhard, Libri feudorum in *Cordes, Albrecht/Lück, Heiner/Werkmüller, Dieter* (Hgg.), Handwörterbuch zur deutschen Rechtsgeschichte (HRGdigital) URL: http://www.HRGdigital.de/HRG.libri_feudorum (Stand 18.01.2017).

Domat, Jean, Les loix civiles dans leur ordre naturel III, 1697, 42–83.

Döbereiner, Christoph, Frankreich, in *Süß, Rembert* (Hg.), Erbrecht in Europa, 2015, 491–552.

Dölemeyer, Barbara, Bibliographie der Gesetzgebung des Privatrechts und Prozessrecht in Frankreich, in *Coing, Helmut* (Hg.), Handbuch der Quellen und Literatur der neueren europäischen Privatrechtsgeschichte II/2, 187.

Dölemeyer, Barbara, Bayerische Kodifikationen des Naturrechtszeitalters, *Cordes, Albrecht/Lück, Heiner/Werkmüller, Dieter* (Hgg.), Handwörterbuch zur deutschen Rechtsgeschichte (HRGdigital), https://www.hrgdigital.de/id/bayerische_kodifikationen_des_naturrechtszeitalters (Stand 26.06.2017).

Dölemeyer, Barbara, Einflüsse von ALR, Code civil und ABGB auf Kodifikationsdiskussionen und -projekte in Deutschland, Ius Commune VII 1978, 179–225.

Dölemeyer, Barbara, Joseph Ritter von Azzoni, in *Brauneder* (Hg.), Juristen in Österreich 1200–1980, Wien 1987, 72–76.

Dölemeyer, Barbara, Achter Abschnitt Deutschland. Kodifikationen und Projekte, in *Coing* (Hg.), Handbuch der Quellen und Literatur der neueren europäischen Privatrechtsgeschichte III/2 München 1982, 1403–1611.

Dupin, Andre, Œuvres de Pothier content les traités du droit français, 1825, 34–35.

Duysing, Bernhard Christian, Neue Sammlung bemerkenswerther Entscheidungen des Oberappellationsgerichts zu Cassel V, 1821, 9–11.

Duval, Institutions du droit françois, 1725, 441–459.

E

Ebel, Friedrich, Sachsenspiegel in: *Erler, Adalbert/Kaufmann, Ekkehard/Schmidt-Wiegand, Ruth* (Hgg.), Handwörterbuch zur deutschen Rechtsgeschichte II, 1978, 1228–1235.

Eck, Walter, Indignität und Enterbung nach römischem und gemeinem deutschen Recht, 1894, 11–80.

Eckhardt, Karl August, Das Dithmarscher Landrecht von 1447 nach der Ausgabe von Andreas Ludwig Jacob Michelsen, in Germanenrechte. Texte und Übersetzungen XVI, 1960, 21.

Eckhardt Karl August, Der Schwabenspiegel nach einer Handschrift vom Jahr 1827. Edit Friedrich Leonhard Anton FRHR. V. Lassberg, 1972 (Bibliotheca Rerum Historicarum), 11–12, 151, 234, 265–268.

Eckhardt Karl August, Sachsenspiegel Landrecht, 1955 (Monumenta Germaniae Historica Nova Series Tomi I Pars I), 234, 264.

Eckhardt Karl August, Die Gesetze des Karolingerreiches 714–911 I. Salische und ribuarische Franken,1934, 68, 95, 188–189.

Eckhardt Karl August, Die Gesetze des Karolingerreiches 714–911 II. Alemannen und Bayern, 1934, 23–29.

Eckhardt Karl August, Die Gesetze des Karolingerreiches 714–911 III: Sachsen, Thüringer, Chamaven und Friesen, 1934, 90–93

Eckhardt Karl August, Pactus Legis Salicae, 1962 (Monumenta Germaniae Historica 4, 1), 154, 225.

Eckhardt Karl August, Was waren die Kapitularien, Zeitschrift der Savigny-Stiftung für Rechtsgeschichte. Germanische Abteilung 1962, 237–241.

Ehrenzweig, Armin, System des österreichischen allgemeinen Privatrechts II/2: Familien- und Erbrecht, 1924, 339–372.

Eichhorn, Carl Friedrich, Deutsche Staats- und Rechtsgeschichte I, 1821, 86–90, 251–283.

Eisfeld, Jens, Naturrecht in *Cordes, Albrecht/Lück, Heiner/Werkmüller, Dieter* (Hgg.), Handwörterbuch zur deutschen Rechtsgeschichte (HRGdigital), http://www.HRGdigital.de/HRG.naturreccht (Stand 21.04.2017).

Endemann, Hermann Ernst, Das Keyserrecht nach der Handschrift von 1372 in Vergleichung mit anderen Handschriften und mit erläuternden Anmerkungen, 1846, 50–51.

Erler, Adalbert, Translatio Imperii in *Erler, Adalbert/Kaufmann, Ekkehard/Schmidt-Wiegand* (Hgg.), Handwörterbuch zur deutschen Rechtsgeschichte III, 1998, 300–301.

Erler Adalbert, Eintrittsrecht in *Erler, Adalbert/Kaufmann, Ekkehard* (Hgg.), Handwörterbuch zur deutschen Rechtsgeschichte I, 1971, 908–909.

F

Fenet, Pierre-Antoine, Recueil complet des travaux préparatoires Code civil I, 1836, 264–266.

Ferid, Murad/Sonnenberg, Hans Jürgen, Das französische Zivilrecht II/3: Famlienrecht Erbrecht, 1987, 479–534.

Ficker, Julius von, Der Spiegel deutscher Leute. Textabdruck der Innsbrucker Handschrift, Innsbruck 1859, 40–42.

Finkenauer, Thomas, Die Rechtsetzung Mark Aurels zur Sklaverei, 2010, 77–78.

Finsterwald, Die Gesetze des Reichstags von Roncalia vom 11. November 1158, Zeitschrift der Savigny-Stiftung für Rechtsgeschichte. Germanische Abteilung, 1931, 1–69.

Frank, Susanne, Die Reform des Erbrechts in Frankreich – insbesondere: die neuen Rechte des überlebenden Ehegatten – Ein erster Überblick, RNotZ 2002, 270–277.

Furgole, Jean-Baptiste, Traité des Testamens, codiciles, donations a cause de mort et autres dispositions de derniere volonté, 1745, 482–613.

G

Gál, Alexandre, Die Summa legum brevis levit et utilis des sogennanten Doctor Raymunds von Wiener – Neustadt I, 1926, 341–345.

Gans, Eduard, Das Erbrecht des Mittelalters II, 1835, 173–203.

Ganshof, François Louis, Recherches sur les capitulaires, 1958, 3–16, 53–62.

Gaupp, Ernst Theodor, Das Schlesische Recht oder eigentlich Landrecht des Fürstenthums Breslau von 1356 an sich und in seinem Verhältnisse zum Sachsenspiegel dargestellt, 1828, 190.

Gergen, Thomas, Französisches Recht, in *Cordes, Albrecht/Lück, Heiner/Werkmüller, Dieter* (Hgg.), Handwörterbuch zur deutschen Rechtsgeschichte (HRGdigital), URL: http://www.HRGdigital.de/HRG.franzoesisches_recht (Stand 27.11.2016).

Glasson, Ernest Désiré, Le droit de succession au moyen âge, 1893, 9–13, 60–64,151–159.

Glasson, Ernest Désiré, Le droit de succession dans les lois barbares, Nouvelle revue historique de droit français et étranger, 1885, 585–600.

Göschen, Otto, Die Goslarischen Statuten mit einer systematischen Zusammenstellung der darin enthaltenen Rechtsätze und Vergleichung des Sachsenspeigels und vermehrten Sachsenspiegels, 1840, 11.

Graf, Eduard/Dietherr, Graf, Deutsche Rechtssprichwörter, 1864, 211–214.

H

Harrasowsky, Philipp Harras von, Codex Theresianus und seine Umarbeitungen I, 1883, 16–25, 368–372.

Harrasowsky, Codex Theresianus und seine Umarbeitungen IV: Band I Entwurf Horten's, 1886, 193, 247–238, 259.

Harrasowsky, Codex Theresianus und seine Umarbeitungen V: Band II Entwurf Martini's, 1886, 120–122.

Harrasowsky, Geschichte der Codification des österreichischen Civilrechts, 1868, 38–59, 124–163. (Nachdruck 1968).

Hasenöhrl, Viktor, Beiträge zur Geschichte des deutschen Privatrechts in den österreichischen Alpenländern, in Archiv für österreichische Geschichte 97, Wien 1909, 1–160 (Hg. Historische Kommission der kaiserlichen Akademie der Wissenschaft).

Hasenöhrl, Viktor, Österreichisches Landesrecht im 13. und 14. Jahrhundert. Ein Beitrag zur deutschen Rechtsgeschichte, 1867, 162, 259.

Hebeis, Michael, Das juristische Werk des Karl Anton von Martini, in: *Barta, Heinz/Palme, Rudolf/Ingenhaeff, Wolfgang* (Hgg.) Naturrecht und Privatrechtskodifikation. Tagungsband des Martini-Colloquiums, 1999, 93–112.

Hempel, Ingeborg, Erbunwürdigkeit. Historische Entwicklung und geltendes Recht, 1969, 18–38.

Heusler Andreas, Institutionen des deutschen Privatrechts II, 1886, 519–523, 579–580, 644.

His, Rudolf, Das friesische Recht, in *Borchling, Conrad/Muuss, Rudolf*, Die Friesen, 1931, 108–120.

Hommel, Carl Ferdinand, Rhapsodia quaestionum in foro quotidie obventientium. Volumen V, 1785, 185–187.

Horn, Norbert, Die legistische Literatur der Kommentatorenzeit. Frankreich, in *Coing* (Hg.), Handbuch der Quellen und Literatur der neueren europäischen Privatrechtsgeschichte I, 1973, 279–285.

Hübner, Rudolf von, Grundzüge des deutschen Privatrechts, 1982, 764–766.

Hyest, Jean-Jacques, Rapport n°40 Proposition de loi relative aux droits du conjoint survivant 34. https://www.senat.fr/rap/l01-040/l01-0401.pdf (Stand 12.06.2017).

J

Jerouschek, Günter, Akkusationsprozess in *Cordes, Albrecht/Lück, Heiner/Werkmüller, Dieter* (Hgg.), Handwörterbuch zur deutschen Rechtsgeschichte in HRGdigital URL: http://www.HRGdigital.de/HRG.akkusationsprozess (Stand 03.02.2017).

Johnston, Thomas Stanley Baker, The Old Frisian Law Manuscripts and Law Texts, in: *Munske, Horst Haider/Arhammar, Nils*, Handbuch des Friesischen, 2001, 555–570.

Jörs, Paul, Die Ehegesetze des Augustus, 1893, 510.

Jud Brigitte, § 540 ABGB – Erbunwürdigkeit und Tod des Erblassers, Notariats-Zeitung 2016/13, 70–79.

K

Kaller, Paul, Der Sachsenspiegel. In hochdeutscher Übersetzung, 2002, 3–6, 139–140.

Kamińska, Krystyna, Summa Raymunda Partenopejczyka jako zabytek średniowiecznego prawa rzymskiego, Czasopismo prawno-historyczne 1974 (26/1), 147–157.

Kannowski, Bernd, Aufzeichnung des Rechts, in: *Cordes, Albrecht/Lück, Heiner/Werkmüller, Dieter* (Hgg.), Handwörterbuch zur deutschen Rechtsgeschichte in HRGdigital URL: http:ei//www.HRGdigital.de/HRG.aufzeichnung_des_rechts (Stand 27.09.2016).

Kantorowicz, Hermann Ulrich, Zu den Quellen des Schwabenspiegels, Neues Archiv der Gesellschaft für ältere deutsche Geschichtskunde, 1913, 688–700.

Kaser, Max, Der römische Anteil am deutschen bürgerlichen Recht, Juristische Schulung 1967, 337–344.

Kaser, Max, Handbuch der Altertumswissenschaft. Rechtsgeschichte des Altertums. Zehnte Abteilung, dritte Teil, dritter Band, erster Abschnitt: Das römische Privatrecht Erster Abschnitt. Das altrömische, das vorklassische und das klassische Recht, 1971.

Kaser, Max, Handbuch der Altertumswissenschaft. Rechtsgeschichte des Altertums. Zehnte Abteilung, dritte Teil, dritter Band, zweiter Abschnitt: Das römische Privatrecht. Zweiter Abschnitt: Die nachklassischen Entwicklungen, 1975.

Kaser, Max, Zum Begriff des spätrömischen Vulgarrechts, in Studi in onore die Emilio Betti II, Mailand 1962, 541–572.

Kaser, Max/Knütel, Rolf/Lohsee, Sebastian, Römisches Privatrecht (Kurzlehrbuch), München 2017.

Kaspers, Vom Sachsenspiegel zum Code Napoléon. Kleine Rechtsgeschichte im Spiegel alter Rechtsbücher, 1974, 34–43.

Keller, Friedrich Ludwig von, Institutionen, Grundriss und Ausführungen, 1861, 390–419.

Klenner, Hermann, Über Martinis Naturrechtsbegriff, in: *Barta, Heinz/Palme, Rudolf/Ingenhaeff, Wolfgang* (Hgg.) Naturrecht und Privatrechtskodifikation. Tagungsband des Martini-Colloquiums, 1999, 195–220.

Klimrath, Henri, Ètudes sur les coutumes, 1837, 34–71.

Knütel, Rolf/Kupisch, Berthold/Lohsse, Sebastian/Rüfner, Thomas (Hgg.), Corpus Iuris Civilis. Die Institutionen. Text und Übersetzung, 4. Auflage, 2013.

Koch, Christian Traugott, De bonis hereditariis heredi occisori tanquam indigno eripiendis, 1778, 29–31.

Korkisch, Die Entstehung des österreichischen Allgemeinen Bürgerlichen Gesetzbuches, Rabels Zeitschrift für ausländisches und internationales Privatrecht 1953, 263–294.

Koschembahr-Łyskowski, Ignacy, Zur Stellung des römischen Rechtes im allgemeinen bürgerlichen Gesetzbuche für das Kaisertum Österreich, in: Festschrift zur Jahrhundertfeier des ABGB I, 1911, 211–294.

Köppen, Albert, Lehrbuch des heutigen römischen Erbrechts, 1895, 146–157.

Kralik, Winfried, System des österreichischen allgemeinen Privatrechts IV: Das Erbrecht, 1983, 30–42.

Krey, Alexander, Inquisitionsprozess in: *Cordes, Albrecht/Lück, Heiner/Werkmüller, Dieter* (Hgg.), Handwörterbuch zur deutschen Rechtsgeschichte in HRGdigital URL: http://www.HRGdigital.de/HRG.inquisitionsprozess (Stand 03.02.2017).

Kroeschell, Karl, Söhne und Töchter im germanischen Erbrecht, in *Kroesschell* (Hg.), Studien zum frühen und mittelalterlichen deutschen Recht, 1995, 35–64.

Kroeschell, Karl, Germanisches Recht als Forschungsproblem, in *Kroesschell* (Hg.), Studien zum frühen und mittelalterlichen deutschen Recht, 1995, 65–88.

Krüger, Gustav, Indignität und Erbunwürdigkeit, 1906, 13–31.

Krüger, Paul, Quellen und Litteratur des Römischen Rechts, in: *Binding, Karl* (Hg.), Systematisches Handbuch der deutschen Rechtswissenschaft. Abth. 1. Th.2, 1912, 251.

Kunkel, Wolfgang, Das römische Recht am Vorabend der Rezeption, in: *Kunkel, Wolfgang* (Hg.), L'Europa e il diritto romano. Studi in memoria di Paolo Koschaker I, Milano 1954, 2–20.

Kunkel, Wolfgang/Thieme, Hans/Beyerle, Franz (Hgg.), Quellen zur neueren Privatrechtsgeschichte Deutschlands I,1 Stadtrechtsreformationen, 1936, 3; 302–303.

Kunkel, Wolfgang/Thieme, Hans/Beyerle, Franz (Hgg.), Quellen zur neueren Privatrechtsgeschichte Deutschlands I,2 Landrechte, 1938, 56–58; 141–144.

L

Laboulaye, Éduard René/Dareste, Rodolphe, Le Grand Coutumier de France. Nouvelle Èdition, 1968, 208.

Le Brun, Denis, Traité de succession diverse en quatre livres, 1692, 551–556.

Le Caron, Louys Charondas, Le Grand Coustumier et practique du droit civil et canon observé en France, 1621, 453–463.

Le Caron, Louys Charondas, Pandectes ou digestes du droict francois IV, 1610, 531–537.

Le Caron, Louys Charondas, Responses ou decisions du droict françois, 1605, 500–501.

Lehmann, Karl, Das langobardische Lehnrecht. Handschriften, Textentwicklung, ältester Text und Vulgattext nebst den capitula extraordinaria, Göttingen 1896, 182.

Lenel, Otto, Das Edictum Perpetuum. Ein Versuch zu seiner Wiederherstellung, 1927.

Lenel, Otto, Palingenesia Iuris Civilis I, 1889.

Lenel, Otto, Palingenesia Iuris Civilis II, 1899.

Lepointe, Gabriel, Droit romain et ancien droit français, 1958, 274–319; 457.

Lepsius, Susanne, Authenticae in: *Cordes, Albrecht/Lück, Heiner/Werkmüller, Dieter* (Hgg.), Handwörterbuch zur deutschen Rechtsgeschichte in HRGdigital URL: http://www.HRGdigital.de/HRG.authenticae (Stand 25.01.2017).

Leyser, Augustin, Meditationes ad Pandectas. Volumen VI., 1772, 299–308.

Levy, Ernst, Westen und Osten in der nachklassischen Entwicklung des römischen Rechts, Zeitschrift der Savigny-Stiftung für Rechtsgeschichte. Romanische Abteilung 1929, 230–259.

Levy, Ernst, West Roman Vulgar Law: The Law of Property, 1951, 14–16.

Lieberwirth, Rolf, Constitutio Criminalis Carolina in: *Cordes, Albrecht/Lück, Heiner/Werkmüller, Dieter* (Hgg.), Handwörterbuch zur deutschen Rechtsgeschichte in HRGdigital URL: http://www.HRGdigital.de/HRG.constitutio_criminalis_carolina (Stand 25.01.2017).

Liebs, Detlef, Lex Romana Visigothorum, in: *Cordes, Albrecht/Lück, Heiner/Werkmüller, Dieter* (Hgg.), Handwörterbuch zur deutschen Rechtsgeschichte in HRGdigital URL: http://www.HRGdigital.de/HRG.lex_romana_visigothorum (Stand 27.09.2016).

Loisel, Antoine, Institutes coutumières d'Antoine Loysel, 1846, II (Seite) ; 298–299.

M

Malaurie, Philippe/Aynès, Laurent, Les successions les libéralités, 2006, 42–43.

Marnier, Agne-Ignace, Le Conseil de Pierre de Fontaines ou traité de l'ancienne jurisprudence française, 1846, 387–389.

Martini, Karl Anton von, Lehrbegriff des Naturrechts, 1799, 302–316.

Marty, Gabriel/Raynaud, Pierre, Droti civil. Les successions et les libéralités, 1983, 26; 54–58.

Matthaei, Anthonii, Paroemia Belgarum Jurisconsultis Usitatissimae, 1667, 183–216 (opus posthumum).

Matthaei, Anthonii, De Criminibus ad lib. XLVII et XLVII dig. Commentarius, 1761, 383–386.

Marezoll, Gustav Ludwig Theodor, Mit welcher Klage kann der Ficus oder sonstige Dritte auftreten, um sein aus der Indignität des Berufenen hervorgehendes Ereptionsrecht geltend zu machen, Zeitschrift für Civilrecht und Prozeß I 1828, 380–391.

Maurer, Georg Ludwig von, Das Stadt- und das Landrechtsbuch Ruprechts von Freysing. Nach fünf Münchner Handschriften, 1839, 24–27.

Maynard, Géraud de, La troisiesme partie des notables et singulieres questions du droict escrit, 1617, 7–8.

Maynard, Géraud de, Notables et singuliéres questions de droit écrit jugées au Parlement de Toulouse I, 1751, 7–8 ; 388 ; 846–849.

Mazeaud, Henri/Mazeaud, Léon, Leçons de droit civil IV/2 Successions Libéralités, 1980, 56–58.

Merkel, Johannes, Die Justinianischen Enterbungsgründe, in *Gierke, Otto* (Hg.) Untersuchungen zur Deutschen Staats- und Rechtsgeschichte 94. Heft, 1908, 9; 46–86.

Merlin, Philippe, Repertoire universel et raisonné de jurisprudence VI, 1813, 77–84.

Mertens, Hans-Georg, Die Entstehung der Vorschriften des BGB über die gesetzliche Erbfolge und das Pflichtteilsrecht, 1970, 7–18.

Mertens, Hans-Georg, Überlegungen zur Herkunft des Parentelensystems, Zeitschrift der Savigny-Stiftung für Rechtsgeschichte. Germanische Abteilung 1973, 149–164.

Mette-Dittmann, Angelika, Die Ehegesetze des Augustus: eine Untersuchung im Rahmen der Gesellschaftspolitik des Princeps, 1991, 152–161.

Merzbacher, Friedrich, Landesherrschaft, in: *Erler, Adalbert/Kaufmann, Ekkehard/Schmidt-Wiegand, Ruth* (Hgg.), Handwörterbuch zur deutschen Rechtsgeschichte II, 1978, 1385–1387.

Mitteis, Heinrich, Die germanischen Grundlagen des französischen Rechts, Zeitschrift der Savigny-Stiftung für Rechtsgeschichte. Germanische Abteilung, 1943, 137–213.

Mommsen, Theodor, Römisches Strafrecht, 1955, 620–627; 644–645; 839; 1009.

Motloch, Theodor, Landesordnungen (geschichtlich) und Landhandfesten, in *Mischler, Ernst/Ulbrich, Josef* (Hgg.), Österreichisches Staatswörterbuch III, 1907, 331–356.

Muscheler, Karlheinz, Grundlagen der Erbunwürdigkeit, Zeitschrift für Erbrecht und Vermögensnachfolge, 2009, 58–62.

Müller-Eiselt, Klaus Peter, Divus Pius constituit: kaiserliches Erbrecht, 1982, 220–223; 245–257; 263–264.

N

Nehlsen, Hermann, Sklavenrecht zwischen Antike und Mittelalter. Germanisches und römisches Recht in den germanischen Rechtsaufzeichnungen, 1972, 37–61, 120–158, 251–258, 358–359.

Nehlsen, Hermann, Aktualität und Effektivität der ältesten germanischen Rechtsaufzeichnungen, in *Classen, Peter* (Hg.), Recht und Schrift im Mittelalter, Sigmaringen 1977 (Vorträge und Forschungen 23), 449–502.

Nehlsen, Lex Romana Burgundionum, in: *Erler, Adalbert/Kaufmann, Ekkehard/Schmidt-Wiegand, Ruth* (Hgg.), Handwörterbuch zur deutschen Rechtsgeschichte II, 1978, 1927–1933.

Nehlsen, Lex Burgundionum, in: *Erler, Adalbert/Kaufmann, Ekkehard/Schmidt-Wiegand, Ruth* (Hgg.), Handwörterbuch zur deutschen Rechtsgeschichte II, 1978, 1901–1913.

Nehlsen, Lex Visigothorum, in: *Erler, Adalbert/Kaufmann, Ekkehard/Schmidt-Wiegand, Ruth* (Hgg.), Handwörterbuch zur deutschen Rechtsgeschichte II, 1978, 1966–1977.

O

Olberg-Haverkate, Gabriele, Leges barbarorum, in: *Cordes, Albrecht/Lück, Heiner/Werkmüller, Dieter* (Hgg.), Handwörterbuch zur deutschen Rechtsgeschichte in HRGdigital URL: http://www.HRGdigital.de/HRG.leges_barbarorum (Stand 27.09.2016).

Olivier-Martin, François, Histoire de la Coutume de la Prévôté et Vicomte de Paris I, 1928, 24.

Ofner, Julius, Der Ur-Entwurf und die Berathungs-Protokolle des Österreichischen Allgemeinen Bürgerlichen Gesetzbuches I und II, 1889, III, 1–12, 327–328.

Ortloff, Friedrich, Das Rechtsbuch nach Distinctionen und ein Eisenachisches Rechtsbuch enthaltend, in *Ortloff* (Hg.) Sammlung Deutscher Rechtsquellen I, 1836, 72–73.

Otto, Karl/Schilling, Bruno/Sintenis, Carl Friedrich Ferdinand, Das Corpus Iuris Civilis, 1830, 144, 679, 959, 984, 1040–1041, 1085–1087, 1448.

P

Palme, Rudolf, Der naturrechtliche Hintergrund Martinis, *Barta, Heinz/Palme, Rudolf/Ingenhaeff, Wolfgang* (Hgg.) Naturrecht und Privatrechtskodifikation. Tagungsband des Martini-Colloquiums, 1999, 113–136.

Pesendorfer, Ulrich, Entstehung des Erbrechts, Erbverzicht, Erbschaftserwerb und Verjährung, in: *Barth/Pesendorfer* (Hgg.), Praxishandbuch des neuen Erbrechts, 2016, 17–28, 185–191.

Petit, Jacques, Plaidoyez de maistre Iean Guy Basset advocat consistorial au Parlement de, 1668, livre 5, page 3, chapitre III.

Perl, Gerhard, Tacitus Germania, 1990, 100.

Pfaff, Leopold/Hofmann, Franz, Commentar zum österreichischen allgemeinen bürgerlichen Gesetzbuche I, 1877, 22–36

Pfaff, Leopold/Hofmann, Franz, Commentar zum österreichischen allgemeinen bürgerlichen Gesetzbuche II, 1877, 19–27.

Planitz, Grundzüge des deutschen Privatrechts, 1949, 219–222.

Puchta, Georg Friedrich, Pandekten, 1877, 785–790.

R

Rainer, Johannes Michael, Das Römische Recht in Europa, 2012, 67.

Rainer, Johannes Michael, Römisches Recht Geschichte und System, in *Buschmann, Arno* (Hg.) Salzburger Universitätsreden 80, 1997, 10.

Rainer, Johannes Michael, Zur Entstehung des ABGB, in *Geistlinger, Michael/Harrer, Friedrich/Mosler, Rudolf/Rainer, Johannes Michael* (Hgg.), 200 Jahre ABGB - Ausstrahlungen, 2011, 25–34.

Ricard, Jean-Marie, Traité des donations entre vifs et testamentaires I, 1754, 488.

Rintelen, Max, Bernhard Walthers privatrechtliche Traktate aus dem 16. Jahrhundert vornehmlich agrarrechtlichen, lehen- und erbrechtlichen Inhalts, 1937, 29–51, 85, 174.

Rintelen, Max, Landsbrauch und gemeines Recht im Privatrecht der altösterreichischen Länder, in *Baltl, Hermann* (Hg.), Festschrift Artur Steinwenter zum 70. Geburtstag, 1958, 78–99.

Roch, Martin, Erbunwürdigkeit, 1991, 16–21.

Rombach, Paul, Reform des französischen Erbrechts, Zeitschrift für Erbrecht und Vermögensnachfolge 2002, 271–273.

S

Savingy, *Carl Friedrich von*, Geschichte des römischen Rechts im Mittelalter II, Heidelberg 1834, 84, 409, 477–483.

Savigny Carl Friedrich von, Vom Beruf unsrer Zeit für Gesetzgebung und Rechtswissenschaft, 1814, 11–117.

Schätzel, *Walter*, Hugo Grotius De jure belli ac pacis. Libri tres. Drei Bücher vom Recht des Krieges und des Friedens Paris 1625, 1950, 197–213.

Schirmer, *Theodor*, Handbuch des römischen Erbrechts I, 1863, 37.

Schlosser, *Hans*, Friesisches Recht, in: *Erler*, *Adalbert/Kaufmann*, *Ekkehard* (Hgg.), Handwörterbuch zur deutschen Rechtsgeschichte I, 1971, 1301–1303.

Schlosser, *Hans*, Grundzüge der neueren Privatrechtsgeschichte, 1996, 65–67, 123.

Schmidt-Wiegand, *Ruth*, Lex Salica, in: *Erler*, *Adalbert/Kaufmann*, *Ekkehard/Schmidt-Wiegand*, *Ruth* (Hgg.), Handwörterbuch zur deutschen Rechtsgeschichte II, 1978, 1949–1960.

Schmidt-Wiegand, *Ruth*, Lex Ribuaria, in: *Erler*, *Adalbert/Kaufmann*, *Ekkehard/Schmidt-Wiegand*, *Ruth* (Hgg.), Handwörterbuch zur deutschen Rechtsgeschichte II, 1978, 1923–1927.

Schmitt, *Gottfried*, Begründung des Entwurfes eines Rechtes der Erbfolge für das Deutsche Reich nebst dem Entwurfe eines Einführungsgesetzes, 1879, 1, 35–38, 102–103, 845–855.

Schmitt, *Gottfried*, Entwurf eines Rechtes der Erbfolge für das Deutsche Reich und des Entwurfes eines Einführungsgesetzes, 1879, 59–60.

Schmoeckel, *Mathias*, Lotharische Legende, in: *Cordes*, *Albrecht/Lück*, *Heiner/Werkmüller*, *Dieter* (Hgg.), Handwörterbuch zur deutschen Rechtsgeschichte in HRGdigital URL: http://www.HRGdigital.de/HRG.lotharische_legende (Stand 23.01.2017).

Schuster, *Heinrich Maria*, Das Wiener Stadtrechts- oder Weichbildbuch, 1873, 103–104.

Schott, *Clausdieter*, Der Stand der Leges-Forschung, in *Hack*, *Achim Thomas* (Hg.), Frühmittelalterlichen Studien XII, 1979, 29–55.

Schott, *Clausdieter*, Lex Alamannorum, in: *Erler*, *Adalbert/Kaufmann*, *Ekkehard/Schmidt-Wiegand*, *Ruth* (Hgg.), Handwörterbuch zur deutschen Rechtsgeschichte II, 1978, 1870–1886.

Schubert, *Werner*, Materialien zur Entstehungsgeschichte des BGB – Einführung, Biographien, Materialien, in: *Jakobs*, *Horst Heinrich/Schubert*, *Werner* (Hgg.), Die Beratung des Bürgerlichen Gesetzbuchs in systematischer Zusammenstellung der unveröffentlichten Quellen, 1978, 165–182.

Schulz, Fritz, Geschichte der römischen Rechtswissenschaft, 1961, 244–247.

Sellert, Wolfgang, Aufzeichnung des Rechts und Gesetz, in *Sellert, Wolfgang* (Hg.), Das Gesetz in Spätantike und frühem Mittelalter, 1992, 67–105.

Seuffert, Johann Adam, Blätter für Rechtsanwendung zunächst in Bayern nF. VI/ aF. XXVI (1861) 412–413.

Siegel, Heinrich, Das deutsche Erbrecht nach den Rechtsquellen des Mittelalters in seinem inneren Zusammenhang dargestellt, 1969 (Neudruck der Ausgabe Heidelberg 1853), 10–55, 82–88, 129–133, 148.

Siems, Harald, Lex Baiuvariorum, in: *Erler, Adalbert/Kaufmann, Ekkehard/Schmidt-Wiegand, Ruth* (Hgg.), Handwörterbuch zur deutschen Rechtsgeschichte II, 1978, 1887–1901.

Siems, Harald, Lex Frisionum, in: *Erler, Adalbert/Kaufmann, Ekkehard/Schmidt-Wiegand, Ruth* (Hgg.), Handwörterbuch zur deutschen Rechtsgeschichte II, 1978, 1916–1922.

Siems, Harald, Lex Romana Visigothorum, in: *Erler, Adalbert/Kaufmann, Ekkehard/Schmidt-Wiegand, Ruth* (Hgg.), Handwörterbuch zur deutschen Rechtsgeschichte II, 1978,1940–1947.

Sintenis, Carl Friedrich Ferdinand, Das practische gemeine Civilrecht III, 1851, 205, 663, 689.

Sirks, Boudewijn, Niederlande, in: *Cordes, Albrecht/Lück, Heiner/Werkmüller, Dieter* (Hgg.), Handwörterbuch zur deutschen Rechtsgeschichte in HRGdigital URL: http://www.HRGdigital.de/HRG.niederlande (Stand 16.03.2017).

Staudinger, Julius von/Honsell, Heinrich, Einleitung zum Bürgerlichen Gesetzbuch, in: *Staudinger, Julius von* (Hg.) Kommentar zum Bürgerlichen Gesetzbuch: Staudinger BGB-Buch 1: Allgemeiner Teil: Einleitung zum BGB, 2013, RZ 23.

Steinwenter, Artur, Der Einfluss des römischen Rechts auf die Kodifikation des bürgerlichen Rechts in Österreichs, in *Kunkel, Wolfgang* (Hg.), L'Europa e il diritto romano. Studi in memoria di Paolo Koschaker I, 1954, 405–426.

Steuer, Heiko, Germanen, in: *Cordes, Albrecht/Lück, Heiner/Werkmüller, Dieter* (Hgg.), Handwörterbuch zur deutschen Rechtsgeschichte in HRGdigital URL: http://www.HRGdigital.de/HRG.germanen (Stand 27.11.2015).

Stobbe, Otto, Geschichte der deutschen Rechtsquellen I, 1965 (Neudruck der Ausgabe 1860), 327–330, 435–442, 524–525, 557–560.

Stobbe, Otto, Geschichte der deutschen Rechtsquellen II, Aalen 1965 (Neudruck der Ausgabe 1860), 1–7, 233, 297–309.

Stobbe, Otto, Handbuch des deutschen Privatrechts: Erbrechts V, 1885, 247–248.

Stryk, Samuel, Tractatus de successione ab intestato, 1697, 1408–1418.

Stryk, Samuel, Usus moderni pandectarum a libro XXIII usque ad XXXVIII. Opus posthumum. 1747, 1024–1032.

Stubenrauch, Moriz, Commentar zum österreichischen allgemeinen bürgerlichen Gesetzbuche I, 1892, 698–702.

Stutz, Ulrich, Der Jüngste stimmt zuerst, Zeitschrift der Savigny-Stiftung für Rechtsgeschichte. Germanische Abteilung 1929, 435–438.

Sydow, Rudolf von, Darstellung des Erbrechts nach den Grundsätzen des Sachsenspiegels mit Rücksicht auf die verwandten Quellen, 1828, 16–17, 38–61, 70–79.

Swoboda, Ernst, Das Allgemeine Bürgerliche Gesetzbuch in Lichte der Lehren Kants, 1926, 11–20.

T

Thieme, Hans, Allgemeines Landrecht, in: *Erler, Adalbert/Kaufmann, Ekkehard* (Hgg.), Handwörterbuch zur deutschen Rechtsgeschichte I, 1971, 99–108.

Thüngen, W. v., Das Sächsische Weichbildrecht nach dem Codex Palatinus Nro. 461 mit einer Einleitung als Inaugural-Abhandlung, 1837, 41.

Trusen, Winfried, Römisches und partikuläres Recht in der Rezeptionszeit, in: *Lange, Heinricht/Kuschinke, Kurt,* Rechtsbewahrung und Rechtsentwicklung: Festschrift für Heinrich Lange zum 70. Geburtstag, 1970, 97–120.

Trusen, Winfried, Schwabenspiegel, in: *Erler, Adalbert/Kaufmann, Ekkehard/Schmidt-Wiegand, Ruth* (Hgg.), Handwörterbuch zur deutschen Rechtsgeschichte II, 1978, 1547–1550.

Trusen, Winfried, Der Rechtsspiegel und das Kaiserrecht, Zeitschrift der Savigny-Stiftung für Rechtsgeschichte. Germanische Abteilung 1985, 12–59.

V

Vering, Friedrich Heinrich, Römisches Erbrecht in historischer und dogmatischer Entwicklung, 1861, 284–287.

Voltelini, Hans von, Der Codex Theresianus im österreichischen Staatsrat, in Festschrift zur Jahrhundertfeier des ABGB I, 1911, 35–82.

Voet, Johannes, Commentarius ad Pandectas II, 1704, 472–476.

Voppel, Reinhard, Der Einfluß des Naturrechts auf den Usus modernus, 1996, 81–94, 180–188.

Holtzendorff, Franz von, Die Deportationsstrafe im römischen Altertum: hinsichtlich ihrer Entstehung und rechtsgeschichtlichen Entwicklung dargestellt, 1975 (Neudruck der Ausgabe 1859), 53, 71.

Völkl, Artur, Die österreichische Kodifikation und das römische Recht, in: *Barta, Heinz/Palme, Rudolf/Ingenhaeff, Wolfgang* (Hgg.) Naturrecht und Privatrechtskodifikation. Tagungsband des Martini-Colloquiums, 1999, 277–301.

Vries, Oebele, Geschichte der Friesen im Mittelalter: West- und Ostfriesland, in: *Munske, Horst Haider/Arhammar, Nils*, Handbuch des Friesischen, Tübingen 2001, 538–548.

W

Walter, Gerhard, Rechtsprechungs- und Konsiliensammlungen. Frankreich, in *Coing, Helmut* (Hg.), Handbuch der Quellen und Literatur der neueren europäischen Privatrechtsgeschichte II/2, 1264.

Wagner, Wolfgang, Geltungsbereiche ausländischer Kodifikationen im Deutschen Reich vor Inkrafttreten des BGB, Ius Commune XIV 1987, 203–223.

Wächter, Karl Georg von, Die neusten Fortschritte der Civiligesetzgebung in Württemberg, mit legislativen Bemerkungen und vergleichender Rücksicht auf das gemeine Recht, Archiv für die civilistische Praxis 23, 1840, 51–72.

Weill, Alex/Terré, François, Droit civil. Introduction générale, 1979, 91–97.

Weiss, Eugon, Hundertvierzig Jahre Allgemeines Bürgerliches Gesetzbuch, JBl 1951, 249–252.

Weiss, Eugon, Rezeption des röm. Rechts in den österreichischen Alpenländern, *Kunkel, Wolfgang* (Hg.), L'Europa e il diritto romano. Studi in memoria di Paolo Koschaker I, Milano 1954, 399.

Welser, Rudolf, Die Erbrechtsreform 1989, Notariatszeitung 1990, 137–150.

Welser, Rudolf, in: *Rummel, Peter/Lukas, Meinhard*, ABGB Kommentar zum Allgemeinen bürgerlichen Gesetzbuch § 542 (Stand: 1.11.2014, rdb.at).

Wenger, Leopold, Die Quellen des römischen Rechts, 1953, 513.

Wesenberg, Gerhard/Wesener, Gunter, Neuere deutsche Privatrechtsgeschichte im Rahmen der europäischen Rechtsentwicklung, 1976, 58–69, 76, 107, 129, 149–158.

Wesener, Gunter, Die Rolle des Usus modernus pandectarum im Entwurf des Codex Theresianus, in *Köbler, Gerhard/Nehlsen, Hermann* (Hgg.), Wirkungen europäischer Rechtskultur. Festschrift für Karl Kroeschell zum 70. Geburtstag, 1997, 1363–1388.

Wesener, Gunter, Zum Erbrecht des Codex Theresianus. Zwischen *ius commune* und Vernunftrecht, in: *Gerkens, Jean-François* (Hg.), Mélanges Fritz Sturm I, 1999, 943–957.

Wesener, Gunter, Zur Bedeutung des Usus modernus pandectarum für das österreichische ABGB, in: *Harrer, Friederich/Honsell, Heinrisch/Mader, Peter* (Hgg.), Gedächtnisschrift für Theo Mayer-Maly, 2011, 571–592.

Wesener, Gunter, Zur Verflechtung von Usus modernus pandectarum und Naturrechtslehre, in: *Koziol, Helmut/Rummel, Peter* (Hgg.), Im Dienste der Gerechtigkeit. Festschrift für Franz Bydlinski, 2002, 473–494.

Wesener, Gunter, Einflüsse und Geltung des römisch-gemeinen Rechts in den altösterreichischen Ländern in der Neuzeit (16. bis 18. Jahrhundert), in *Schlosser, Hans/Wesener, Gunter* (Hgg.), Forschungen zur neueren Privatrechtsgeschichte XXVII, 1989, 11–13.

Wesener, Gunter, Geschichte des Erbrechtes in Österreich seit der Rezeption, in *Kunkel, Wolfgang/Beyerle, Franz* (Hgg.), Forschungen zur neueren Privatrechtsgeschichte IV, 1957, 11–16.

Wesener, Gunter, Zur Bedeutung der österreichischen Landesordnungsentwürfe des 16. und 17. Jh., in: *Carlen, Loius* (Hg.), Festschrift Nikolaus Grass, 1974, 613–631.

Wieacker, Franz, Privatrechtsgeschichte der Neuzeit unter besonderer Berücksichtigung der deutschen Entwicklungen, 1967,.

Wieacker, Franz, Volgarismus und Klassizismus im Recht der Spätantike, 1955, 21.

Wilda, Wilhelm Eduard, Geschichte des deutschen Strafrechts I: Das Strafrecht der Germanen, 1842, 714.

Windscheid, Bernhard/Kipp, Theodor, Lehrbuch des Pandektenrechts. Dritter Band, 1963, (Neudruck der Ausgabe 1887), 438, 670–680, 723, 830.

Wohlhaupter, Eugen, Gesetze der Westgoten, 1936, XI–XIV (Seiten), 69, 90–91, 98, 167.

Wolff, Christian, Grundsätze des Natur- und Völkerrechts worin alle Verbindlichkeiten und alle Rechte aus der Natur des Menschen in einem beständigen Zusammenhange hergeleitet werden, 1754, 665–682.

Z

Zachariae von Lingenthal, Karl Salomo, Handbuch des französischen Civilrechts I, 1894, 22–24, 37–46.

Zachariae von Lingenthal, Karl Salomo, Handbuch des französischen Civilrechts V, 1895, 14–20.

Zeiller, Franz von, Commentar über das allgemeine bürgerliche Gesetzbuch für die gesammten Deutschen Erbländer der Oesterreichischen Monarchie I, 1881, 7–9.

Zeiller, Franz von, Commentar über das allgemeine bürgerliche Gesetzbuch für die gesammten Deutschen Erbländer der Oesterreichischen Monarchie II, 1881, 393–400.

Zeumer, Karl, Geschichte der westgotischen Gesetzgebung I, in: Neues Archiv der Gesellschaft für Ältere Deutsche Geschichtskunde zur Beförderung einer Gesamtausgabe der Quellenschriften deutscher Geschichten des Mittelalters 1898, 419–516.

Zeumer, Karl, Quellensammlung zur Geschichte der deutschen Reichsverfassung in Mittelalter und Neuzeit, 1914, 68, 285

Zimmermann, Friedrich, Besteht heutzutage noch das Recht des Fiskus auf Entziehung des Vermögens in den sogenannten Indignitätsfällen, Goltdammer's Archiv für Strafrecht 29, 1881, 6–15.

Zimmermann, Friedrich, Zur Revision der Lehre von der Indignität, Archiv für practische Rechtswissenschaft aus dem Gebiete des Civilrechts, des Civilprozzesses und des Criminalrechts mit namentlicher Rücksicht auf Gerichtsaussprüche und Gesetzgebung 12, 1880, 355–390.

Zimmermann, Reinhard, „De bloedige hand en neemt geen erffenis" – Erbunwürdigkeit aufgrund Tötung des Erblassers: Römisches und römisch-holländisches Recht, in: *Altmeppen, Holger* (Hg,), Festsschrift für Rolf Knütel zum 70. Geburtstag, 2009, 1469–1492.

Zimmermann, Reinhard, Erbunwürdigkeit. Die Entwicklung eines Rechtsinstituts im Spiegel europäischer Kodifikationen, in: *Apathy, Peter* (Hg.), Festschrift für Helmut Koziol zum 70. Geburtstag, 2010, 465–511.

Zimmermann, Reinhard, „Nemo ex suo delicto meliorem suam condicionem facere potest": Kränkung der Testierfreiheit des Erblassers – englisches im Vergleich zum kontinentaleuropäischen Recht, in: *Grundmann, Stefan* (Hg.), Festschrift für Klaus J. Hopt zum 70. Geburtstag, 2010, 269–302.

Zimmern, Sigmund Wilhelm, Grundriss des gemeinen in Deutschland geltenden Erbrechts: Zum Gebrauch für seine Vorlesungen, 1823, 83.

Zoepfl, Heinrich, Deutsche Rechtsgeschichte I,1, 1871, 172–175, 186–190, 820.

Zöchling-Jud, Brigitte, Die Neuregelung des Pflichtteilsrechts im ErbRÄG 2015, in: *Rabl, Christian/Zöchling-Jud, Brigitte* (Hgg.), Das neue Erbrecht. Erbrechts-Änderungsgesetz 2015, 2015, 71–88.

Zweigert, Konrad/Kötz, Hein, Einführung in die Rechtsvergleichung, 1996, 62–17

II. Quellenverzeichnis

Das Quellenverzeichnis unterscheidet zwischen lateinischen, mittelalterlichen und neuzeitlichen Quellen. Innerhalb dieser drei Kategorien sind die Titel alphabetisch nach dem Namen des Verfassers oder dem (Kurz-)Titel der Quelle sortiert.

1. Lateinische Quellen

Anonymus

Pauli sententiae

3.7.1-2

3.7.10

4.5.10

5.12.2

5.13.2-3

Liber singularis regularum

Ulp. tit. 13.1

Ulp. tit. 15.1

Ulp. tit. 16.1-2

Ulp. tit. 17.1-3

Ulp. tit. 18.1

Ulp. tit. 19.17

Ulp. tit. 25.1

Ulp. tit. 28.7

Codex Theodosianus

3.8.1

9.19.1

Corpus Iuris Civilis

Codex

5.5.4 pr

5.9.1 pr

5.9.1.1-4

5.9.3

6.18.1

6.24.1-2

6.34.1-2

6.35.7

6.35.9

6.35.9

6.35.11 pr

6.37.25

9.1.13

9.22.14

9.47.1-2

Digesta

5.2.18.4

Gaius Institutiones

2.150

2.185

2.286

2.286a

Lex Alamannorum

c. 35

c. 40

Lex Frisonum

c. 19

Lex Gundobada

c. XII.5

Lex Ribuaria

c. 69

Lex Romana Burgundionum

c. II.5

c. XI.2-4

c. XVI.1

c. XXXVI.4

Lex Salica

c. 5

c. 41

c. 59

c. 60

Lex Visigothorum

c. III.2.8

c. IV.2.1

c. VI.5.17-18

Liutprandi Leges

VIII. c. 17

Tacitus

Germania
20.5

2. Mittelalterliche Quellen

Coutumes de Beauvaisis

c. XII § 13

c. XII § 17

c. XII § 18

c. XIV § 22

c. XIV § 31

Emsiger Bußtaxen

§ 30

Emsiger Pfenningsschuldbuch

§ 41

Friedrichs II. Mainzer Reichs-Landfriede

c. 1.15

Freiburger Stadtrecht

III.5.62

Le Conseil à un ami

c. XXXIII § 17

Libri Feudorum

II tit. 56

3. Neuzeitliche Quellen

Salzburger Studien zum Europäischen Privatrecht

Herausgegeben von J. Michael Rainer

Band 1 Marc Herzog: Die Haftung des Gastwirts für eingebrachte Sachen des Gasts nach §§ 701 - 703 des Deutschen Bürgerlichen Gesetzbuchs. 1999.

Band 2 Andreas Reinhart: Familienplanungsschaden. Wrongful birth, wrongful life, wrongful conception, wrongful pregnancy. Eine rechtsvergleichende Untersuchung anhand des deutschen und des anglo-amerikanischen Rechts. 1999.

Band 3 Markus Frank: Untersuchungen zu den *Politika* des Aristoteles. 1999.

Band 4 Stefan Josef Schermaier: Der Gemeinschaftsrechtliche Staatshaftungsanspruch. Entwicklung, Perspektiven und Auswirkungen auf das österreichische Recht. 1999.

Band 5 Carmen Windhaber: Reiserecht in Österreich, Deutschland und Kanada. 2000.

Band 6 Korbinian Dietl: Unfallhaftung beim Expeditions- und Trekkingbergsteigen. Zugleich ein Beitrag zum Reiserecht für den Bereich der Bergreisen sowie zum Sporthaftungsrecht für den Bereich des Bergsports. 2000.

Band 7 Erich Jeroscheg: Eigentum an beweglichen Sachen. Französisches Recht und Rechtsvergleich. 2000.

Band 8 Thomas Tschaler: Das Moment der Gefahr als Element der Schadenszurechnung im System des Haftpflichtrechts. Eine rechtstheoretische Untersuchung der möglichen Schwächen gängiger Haftungsmodelle. 2000.

Band 9 Christian Hellenthal: Zulässigkeit einer supranationalen Fußball-Europaliga nach den Bestimmungen des europäischen Wettbewerbsrechts. 2000.

Band 10 Wolfgang Bengen: Die Systematik des § 823 I BGB im Deliktsrecht. Zugleich ein Beitrag zu den Verkehrspflichten. 2000.

Band 11 Gerhard Pöttler: Vergleichende Verbraucherschutzrichtlinienumsetzung in europäischen Mitgliedsstaaten. Anhand ausgewählter Beispiele der Pauschalreise-, Timesharing- und Produkthaftungsrichtlinie. 2001.

Band 12 Johannes Michael Rainer: Europäisches Privatrecht. Die Rechtsvergleichung. 2., überarbeitete und ergänzte Auflage. 2007.

Band 13 Erwin Schön: Allgemeines Vertragsrecht und Kaufvertragsrecht - ein Rechtsvergleich Österreich, USA, Spanien und UN-Kaufrecht. Unter Einbeziehung von PECL und UNIDROIT-Prinzipien. Gemeinsamkeiten, Unterschiede, Bewertungsversuche. 2003.

Band 14 Patrick Schenner: Skiunfall! Wer haftet? Schadenersatz im österreichischen Skirecht. 2003.

Band 15 Peter Unterkofler: Die rechtliche Stellung des Pflichtteilsberechtigten im Spannungsverhältnis zwischen Erbrecht und Privatstiftungsrecht. 2003.

Band 16 Susanne Spaun: Der Herausgabeanspruch bei Diebstahl oder illegalem Export von Kulturgütern. 2003.

Band 17 Josef Wolff: Trust, Fiducia und fiduziarische Treuhand. Historisch-rechtsvergleichende Untersuchung mit einer Darstellung des Trust in Schottland sowie des römischen und österreichischen Fideikommiss. 2005.

Band 18 Johannes Michael Rainer / Johanna Filip-Fröschl: Transfer of Title Concerning Movables Part I – Eigentumsübertragung an beweglichen Sachen in Europa Teil I. Introduction, Estonia, Italy, Poland, Portugal, Scotland, Slovenia, Spain. Einführung, Estland, Italien, Polen, Portugal, Schottland, Slowenien, Spanien. Edited by Johannes Michael Rainer – Herausgegeben von Johannes Michael Rainer. 2006.

Band 19 Mary-Rose McGuire: Transfer of Title Concerning Movables Part II – Eigentumsübertragung an beweglichen Sachen in Europa Teil II. National Report: Germany. Edited by Johannes Michael Rainer – Herausgegeben von Johannes Michael Rainer. 2006.

Band 20 Claes Martinson: Transfer of Title Concerning Movables Part III – Eigentumsübertragung an beweglichen Sachen in Europa Teil III. National Report: Sweden. Edited by Johannes Michael Rainer – Herausgegeben von Johannes Michael Rainer. 2006.

Band 21 Arthur Salomons: Transfer of Title Concerning Movables Part IV – Eigentumsübertragung an beweglichen Sachen in Europa Teil IV. National Report: The Netherlands. Edited by Johannes Michael Rainer – Herausgegeben von Johannes Michael Rainer. 2006.

Band 22 Viola Heutger: Ein gemeineuropäisches Kaufrecht. Vision oder nahe Zukunft? 2007.

Band 23 Thomas Käferböck: Erleichterungen und Erschwernisse zur Realisierung des Erblasserwillens im internationalen Erbrecht. Das Haager Testamentsübereinkommen einerseits und die Problematik der Pflichtteilsermittlung bei Nachlassspaltung andererseits. 2008.

Band 24 Astrid Hauser: Der Europäische Gerichtshof und der U.S. Supreme Court. Eine vergleichende Analyse ausgewählter Aspekte. 2008.

Band 25 Philipp Riesenkampff: Die Beweisbarkeit der Übermittlung unverkörperter Willenserklärungen unter Abwesenden in Deutschland, Österreich und England. 2009.

Band 26 Daniele Mattiangeli: Vorteile der *Romanitas* im Bereich des Vertragsrechts aus einer historisch-vergleichenden Perspektive. 2009.

Band 27 Johannes Michael Rainer (Hrsg.): Vis a potestas legum. Liber amicorum Zoltán Végh. Herausgegeben von Michael Rainer. 2010.

Band 28 Lorenz Wolff: Pflichtteilsrecht – Forced Heirship – Family Provision. Österreich – Louisiana – Schweiz – England und Wales. Ein Rechtsvergleich. 2011.

Band 29 Karin Schwarz: Mediation und Collaborative Law unter besonderer Berücksichtigung relevanter Rechtsbereiche im österreichischen Zivilrecht. 2011.

Band 30 Daniele Mattiangeli: Die Anwendung des ABGB in Italien im 19. Jahrhundert und seine historischen Aspekte. 2012.

Band 31 Susanne Markmiller: Die Stellung des Ehegatten im nordischen Erbrecht. 2013.

Band 32 Antonio Merlino: Kelsen im Spiegel der italienischen Rechtslehre. 2013.

Band 33 Peter Kröll: Das Städelsche Testament sowie Mühlenbruchs Rechtsverständnis bei der Beurteilung des Beerbungsfalles. 2013.

Band 34 Martin Lilja: Transfer of Movable Property under U.S. Law. Discussed from a Functional Perspective. 2014.

Band 35 Daniele Mattiangeli (Hrsg.): Emptio-Venditio. Europäische Studien zur Geschichte des Kaufvertrags. 2014.

Band 36 Michal Stefan Krupa: Blutige Hand nimmt kein Erbe. Eine rechtshistorische und -vergleichende Studie zum Rezeptionsweg der römischen *indignitas* in den französischen, österreichischen und deutschen Privatrechtskodifikationen. 2019.

www.peterlang.com

www.ingramcontent.com/pod-product-compliance
Ingram Content Group UK Ltd.
Pitfield, Milton Keynes, MK11 3LW, UK
UKHW021130041026
8980IPUK00034B/1453

9 783631 795132